MARTIN LUTHER SELECTIONS FROM HIS WRITINGS

루터 선집

KB192611

● **독자 여러분들께 알립니다!**

'CH북스'는 기존 '크리스천다이제스트'의 영문명 앞 2글자와
도서를 의미하는 '북스'를 결합한 출판사의 새로운 이름입니다.

세계기독교고전 35

루터 선집

1판 1쇄 발행 1994년 5월 15일
2판 1쇄 발행 2017년 12월 4일
2판 2쇄 발행 2020년 12월 24일

발행인 박명곤
사업총괄 박지성
기획편집 채대광, 김준원, 박일귀, 이은빈
디자인 구경표, 한승주
마케팅 박연주, 유진선, 이호, 김수연
재무 김영은
펴낸곳 CH북스
출판등록 제406-1999-000038호
전화 070-4917-2074 **팩스** 031-944-9820
주소 경기도 파주시 회동길 37-20
홈페이지 www.hdjisung.com **이메일** main@hdjisung.com
제작처 영신사 월드페이퍼

세계
기독교
고전

35

MARTIN LUTHER SELECTIONS FROM HIS WRITINGS

루터 선집

마르틴 루터 | 존 딜렌버거 편집 | 이형기 옮김

CH북스
크리스천
다이제스트

세계 기독교 고전을 발행하면서

한국에 기독교가 전해진 지 벌써 100년이 넘었습니다. 그동안 수많은 기독교 서적들이 간행되어 한국의 교회와 성도들에게 많은 공헌을 해 왔습니다. 그러나 기독교 역사 100년을 넘어선 우리의 교회와 성도들에게 더 큰 영적 성숙과 진정한 신앙을 심어주기 위해서는 가치있는 기독교 서적들이 많이 나와야 한다고 생각합니다. 그리하여 영혼의 양식이 될 수 있는 훌륭한 기독교 서적들이 모든 성도들의 가정뿐만 아니라 믿지 아니하는 가정에도 흘러 넘쳐야만 합니다.

믿는 성도들은 신앙의 성장과 영적 유익을 위해서 끊임없이 좋은 신앙 서적들을 읽고 명상해야 하며, 친구와 이웃 사람들의 구원을 위하여 신앙 서적 선물하기를 즐기고 읽도록 권해야 할 것입니다. 이것은 하나님의 백성으로서 살기 원하는 사람은 누구나 마땅히 해야 할 의무라고도 하겠습니다.

존 웨슬리는 "성도들이 책을 읽지 않는다면 은총의 사업은 한 세대도 못 가서 사라져 버릴 것이다. 책을 읽는 그리스도인만이 진리를 아는 그리스도인이다"라고 말했습니다. 우리는 이제 한국에서 최초로 세계의 기독교 고전들을 총망라하여 한국의 교회와 성도들에게 소개하고자 합니다. 전세계의 기독교 고전은 모든 기독교인들에게 영원한 보물이며, 신앙의 성숙과 영혼의 구원을 위하여 이보다 더 귀한 것은 없을 것입니다.

이러한 취지로 어언 2천여 년의 세월이 지나는 동안 세계 각국에서 저술된 가장 뛰어난 신앙의 글과 영속적 가치가 있는 위대한 신앙의 글만을 모아서 세계 기독교 고전 전집으로 편찬하고자 합니다.

우리는 이 세계 기독교 고전 전집을 알차고, 품위있게 제작하여 오늘날 한국의 교회와 성도들에게 제공하고 후손들에게도 물려줄 기획을 하고 있습니다. 우리는 다시 한번 다니엘 웹스터가 한 말을 깊이 생각해 보아야 할 것입니다.

"만약 신앙 서적들이 우리 나라 대중들에게 광범위하게 유포되지 않고, 사람들이 신앙적으로 되지 않는다면, 우리나라가 어떤 나라가 될지 걱정스럽다 … 만약 진리가 확산되지 않는다면, 오류가 지배할 것이요, 하나님과 그의 말씀이 전파되고 인정받지 못한다면, 마귀와 그의 궤계가 우세할 것이요, 복음의 서적들이 모든 집에 들어가지 못한다면, 타락하고 음란한 서적들이 거기에 있을 것이요, 우리나라에서 복음의 능력이 나타나지 못한다면, 혼란과 무질서와 부패와 어둠이 끝없이 지배할 것이다."

독자들의 성원과 지도 편달을 바라마지 않습니다.

CH북스
발행인 박명곤

역자 서문

딜렌버거(John Dillenberger)의 본 루터 저작선은 루터의 주요 작품들을 거의 망라한 600여쪽에 달하는 매우 유익한 책이다. 여기에 실린 저서들 가운데 대부분은 전문(全文)이고, 그중 몇몇은 발췌되었는데, 후자의 경우도 그 핵심내용을 잘 나타내고 있다 하겠다. 본 저작선에 실린 작품들은 무조건 연대적으로 나열된 것이 아니라 루터의 "복음의 재발견"에 따른 루터의 본격적인 복음의 신학을 독자들에게 소개하기 위한 의도에서 그 우선 순위가 결정되었다. 역자의 확신으로는 여기에 실린 작품들만 이해하면 루터신학의 진수를 파악할 수 있다고 판단된다. 그래서 본 저작선은 루터의 기본 사상을 알려는 성도들이나 루터 강의나 루터 세미나에 참여하는 신학생들에게 더없이 유익하고 실용적인 단행본이 아닐 수 없다.

그런데 본 선집의 올바르고 철저한 이해를 위해선 로제(Bernhard Lohse)의 「루터 연구 입문」(크리스챤 다이제스트, 1993)을 꼭 읽는 것이 좋다. 그 이유는 본래 역자의 생각이 이 입문서를 통하여 루터 당시 유럽의 정치, 사회, 경제, 종교(기독교)적인 상황, 루터 자신의 생애와 작품들, 특히 각 작품들이 나올 수밖에 없었던 역사적이고 논쟁적인 상황들 및 루터의 원작품들의 다양한 판들을 알고 난 다음에 본 저작선을 읽어야 된다고 하는 것이었기 때문이다. 그리고 본 저작선을 읽은 후에는 (곧 출간될) 알트하우스(Paul Althaus)의 「루터의 신학」에 나타날 조직신학적 주제들을 접하는 것이 좋을 것이다. 루터의 신학사상들은 연대를 따라 다양한 역사적인 상황과 신학논쟁에서 형성된 것으로서 전혀 조직신학적이 아니지만, 이처럼 산만하게 흩어진 많은 주제들을 조직화한 알트하우스의 작품도 우리에게 꼭 필요하리라 생각된다.

현재 우리나라에 나와있는 루터 자신의 작품들의 역서들 가운데 본 저작선 만큼 단행본에다가 그처럼 많은 작품들을 실은 책은 아직 없다. 물론 우리는 본 저작선을 읽고 루터의 원작품모음 중 가장 평판이 높은 바이마르판 (*WA*) 루터 전집으로 인도되어야 하지만, 우선 본서를 통해서 루터 신학의 정수를 포착하는 일은 매우 중요하다 하겠다. 물론 *WA*가 너무 방대하여 로제의 「루터 연구 입문」의 끝 부분에 소개된 *WA*를 위한 색인(Index)을 구해서 사용해야 할 것이다. 예컨대, 색인에서 "하나님의 義"에 대한 항목을 찾아 루터의 어떤 작품들에서 이 주제가 발견되는지 알아, 연구에 임해야 한다. 끝으로 부언하고 싶은 것은 번역에 있어서 세심한 주의를 기울여 완벽을 기하려고 했다.

1994. 2. 28.

이 형기

장로회 신학대학 교수

차례

역자 서문　　　　　6

독자들에게　　　　11

서론: 마르틴 루터　　13

제I부　　루터의 라틴어 저작 전집 서문　　　39

성경과 관련된 서문들　　　　　　　50

　서문　　　　　　　　　　　　　51

　로마서 서문　　　　　　　　　57

　야고보서와 유다서 서문　　　74

　시편 서문　　　　　　　　　　77

그리스도인의 자유　　　　　　　83

두 종류의 의　　　　　　　　　133

제II부　　갈라디아서 주석　　　　　　147

노예 의지론　　　　　　217

제III부 | 요리문답에 관한 설교들, 1528   265

라이프치히의 플라이센부르크 성에서의 설교, 1539   303

교회의 바벨론 포로   314

제IV부 | 세속권세: 어느 정도까지 복종하여야 하는가   435

기독교계의 상태 개선에 관하여 독일 민족의 귀족에게 호소함   480

제V부 | 부록

95개 조항   571

하이델베르크 논제   584

참고문헌   588

독자들에게

이 책에 수록되어 있는 글들은 일반 독자들을 염두에 두고 루터의 저술 가운데 선별하여 엮은 것들이다. 이 글들은 비록 제한적이긴 하지만 루터의 저술을 직접적으로 접하여 알게 된 것을 바탕으로 루터의 본질적인 통찰들과 그의 지속적인 의의(意義)를 파악하고자 하는 사람들을 대상으로 엮어졌다. 이 점을 고려하여 글의 형태와 내용에 있어서 다양한 것들을 포괄할 수 있도록 세심하게 글들을 선별하였다. 그래서 이 책에 강해, 논설, 성경 주석, 설교, 논제들을 포함시켰다. 나아가 루터가 쓴 주요한 주제들을 포괄하고자 하였다. 이와 동시에 루터의 핵심적이고 확고한 개념들이 앞부분에서 다루어질 수 있도록 전체적인 배열 순서를 정하였다. 이렇게 했기 때문에 독자들은 루터의 사상의 핵심을 미리 파악한 후에 그 핵심적인 사상이 특정한 문제들과 관련하여 어떠한 의의를 갖는가를 검토할 수 있을 것이고 또한 그의 사상 속에서 그 핵심적인 사상을 이전 또는 이후의 발전된 사상들과 대비하여 볼 수도 있을 것이다.

차례에서 알 수 있듯이 여기에 선별하여 수록한 글들은 서로 관련있는 주제별로 묶어서 배열하였다. 대부분의 경우에 있어서 후기의 작품들을 전기의 작품들보다 앞에 놓았다. 제1부와 제2부에 있어서 이러한 순서 배치는 루터의 중심적인 개념들의 정수를 파악하는 지름길인 것으로 보였다. 제3부와 제4부에서는 후기의 작품으로서 대체로 더 확고하면서 덜 논쟁적인 것들을 먼저 읽는 것이 한층 유익할 것으로 생각되었다. 이러한 순서로 읽어나가는 것이 더 논쟁적인 글들을 이해하는 데 실제로 도움을 줄 것이다. 제5부는 부록의 형식으로 되어 있다. 그렇게 한 이유는 거기에 나오는 글들은 직접적으로 또는 필연적으로 종교개혁의 교회론을 내포하고 있는 것이 아니기 때문이었다. 루터가 이때에 복음에 관한 새로운 이해에 도달하여 있었는지의 여부는 지금도 논란되고 있는 문제이다. 새로운 이해나 그러한 것을 암시하고 있는 내용들이 분명하게 나오지 않는다는 것은 논란의 여지가 없다. 여기에 선별하여 엮은 글들을 연대순으로 읽고자 하는 독자들을 위하여 차례에 그 저작연대를 표시해 두었다.

각각의 글들에 대해서 간단한 안내의 말을 덧붙여 놓았다. 각주와 성구 인용은 대체로 이 글들을 원래 수록하고 있던 각 책들의 번역자들과 편집자들이 해놓은 것을 그대로 사용하였다. 그러나 자주 간략하게 압축하였고, 가능한 곳에서는 지면을 고려하여 아주 빼버리기도 하였다. 〔 〕는 편집자 주 (註)임을 나타낸다.

루터의 글을 읽기 전의 준비로서 또는 읽고 난 후의 마무리로서 당시 시대 상황 속에서의 루터의 생애와 그의 종교개혁 사상 전반을 개괄하기 원하는 독자들을 위하여 서론을 마련해 놓았다.

비록 루터는 16세기 초에 살았지만 그의 저술들 전체를 수록한 전집이 지금까지 간행된 적이 없었다는 것을 아는 것은 흥미로운 일이다. 바이마르 전집은 1883년 독일에서 시작되었는데 대략 1970년에 가서야 작업이 완료될 예정이다. 이 바이마르 전집은 루터의 여러 종류의 글들 57권, 독일어 성경과 관련된 그의 작품 12권, 서신 11권, 탁상 담화 6권으로 구성되어 있는데, 탁상 담화는 루터와 대화를 나눈 학생들과 그밖의 사람들이 기록한 글들이다. 루터의 저술을 광범위하게 수록한 최초의 영어판 전집이 현재 준비 중에 있다: 물렌베르크 출판사와 컨콜디아 출판사의 공동 작업으로 출간될 55권으로 된 전집이 바로 그것이다. 해마다 적어도 상당수의 루터에 관한 주요한 저작들과 대략 50편의 논문들, 꽤 많은 수의 소책자들이 쏟아져 나오고 있다. 게다가 거의 모든 독일 개신교 신학자들과 상당수에 달하는 그들의 미국인 동료들은 그들이 신학적인 작업을 하는 과정에서 루터를 광범위하게 논하지 않을 수 없음을 느끼고 있다.

존 딜렌버거

서론 : 마르틴 루터

중세 세계의 갑작스러운 중단과 그 결과로서 진행된 역사의 노정을 루터의 재능으로 돌리는 것은 루터를 당시 새로운 세상을 탄생시킨 제 요인들의 단순한 산물에 지나지 않는 것으로 해석하는 것과 마찬가지로 잘못된 것이리라. 한때 교회, 국가, 문화에서 똑같이 보여졌던 집단적인 기독교 세계는 여러 가지 다양한 요인들에 의해 침식을 당하고 있었다. 하나님과의 직접적인 만남을 강조하였던 신비주의(mysticism), 구체적인 것과 불연속적인 것을 강조하였던 유명론(nominalism)과 같은 다양한 운동들은 부지불식간에 성직위계제와 집단체제와 관련된 교회의 주장에 도전하였다. 고전학 분야에 있어서의 그들의 새로운 발견들과 관련하여 열심을 품고 있었던 인문주의자들은 스콜라주의 신학자들의 시시콜콜한 연구보다도 헬라와 로마의 문화를 더 선호하였다. 제국 전체는 새로 발흥하는 인종과 민족 감정들에 대한 자각으로 들끓었다. 그 결과 제국의 요구들은 흔히 그러한 새로운 집단들의 공격적인 요구들, 독일 땅에서는 통상적으로 군주들과 귀족들에 의해 대표되었던 요구들에 맞춰 조정되어야 했다. 이러한 사회적 상황에서 봉건체제는 교역과 통상에 관심을 갖고 있던 중산층의 등장으로 도전을 받았다. 작은 성읍들은 도시의 중심지가 되었고, 봉건 영주들로부터 독립해야 한다는 새로운 정서가 형성되고 있었다. 자신들의 운명에 불만을 품고 있었던 농민들은 반란을 준비하고 있었고, 이들은 종교개혁 시대에 실제로 반란을 일으켰다. 콜럼버스와 마젤란의 세계 여행, 코페르니쿠스의 새로운 사상, 무엇보다도 인쇄술을 통한 정보의 확산은 이제까지 이용할 수 없었던 지식의 새로운 지평들을 열어주었다.

이러한 세력들이 없었다면 루터는 또 한 사람의 순교자가 되었을 뿐이라는 것은 분명하다. 때로 사람들은 복음에 관한 루터의 주장과 확신들이 올바르다고 믿었기 때문에 그를 후원하였고, 때로는 루터가 새로운 시대에 속한 인물로 보였고 새로운 형태의 사회적 응집을 이루어내는 데 도움이 될 수 있는 것으로 보였기 때문에 그를 후원하기도 하였다. 종종 루터 자신도 자기가 직면했던 새로운 세계에 의해 당혹감을 느꼈고, 그러한 순간들에 있어서 루터의 본능적 반응은 보수적인 것이었다.

루터는 새로운 사고와 행동의 양식들의 많은 부분에 형태와 방향을 제공하는 데 도움을 주었지만, 종교개혁의 진행 방향 및 그것이 역사에 미친 영향은 상당 부분 그의 손을 떠나 있었다.

근본적으로 루터의 의의는 그가 형성하였던 종교적 이해에서 찾아져야 한다. 그러한 종교적 이해는 새로운 문화적 요인들을 통해서가 아니라 루터가 성경을 이해하려고 고군분투하는 과정에서 얻었던 통찰들을 통하여 왔다. 이 통찰들은 중세 교회와의 단절을 불가피하게 만들었던 복음에 관한 이해를 형성하는 데 있어서 결정적인 것이 되었다. 그러한 단절이 일어날 수 있었던 것은 앞에서 언급한 종교 외적인 발전들로 인하여 가능할 수 있었다. 그러나 이러한 발전들은 종교개혁에 발전을 가져왔던 신앙을 결코 설명해주지 못한다. 루터라는 인물과 시대는 역사에서 거의 찾아보기 힘든 방식으로 결합되어 있었다. 중세 시대 후기에 교회는 자신의 권세를 공고히 하였고 권세에 대한 자신의 권리 주장을 극명하게 표명하였다. 그러나 이와 동시에 새로운 조류의 삶과 사고들이 생겨났고, 이 모든 것들은 폭발할 가능성을 잠재적으로 가지고 있었다. 이러한 제반 세력들 가운데 다수는 루터의 종교개혁적 통찰들을 통하여 새로운 형태와 힘을 부여받았다.

이 점은 언제나 분명하게 이해되어 왔던 것은 아니다. 우리는 오늘날에 와서야 루터의 생존 시대 이래로 그 어느 때보다도 더 적절하고 광범위한 루터에 관한 지식을 이용할 수 있게 되었다. 또한 대체로 우리는 루터라는 실제의 인물과 그를 둘러싸고 형성되었던 전설들을 구별해낼 수 있게 되었고, 이것은 신학적 사고에 대한 루터의 공헌을 보다 현실적으로 인식할 수 있는 기반을 마련해주었다. 이것은 루터가 이제 비판을 받을 여지가 없는 것으로 생각되고 있다는 것을 뜻하지는 않는다. 이를테면 칼 바르트(Karl Barth)는 독일 민족은 "율법과 복음, 현세의 질서와 권세 및 영적인 질서와 권세 사이의 관계에 관한 마르틴 루터의 그릇된 견해"로 인해 많은 고통을 겪었으며 히틀러 사상은 "최초에 루터교라는 형태로 기독교화되었던 독일 이교(異敎)의 악한 꿈"이었다고 말한 적이 있다.[1] 그러나 바르트는 다른 해석자들과 마찬가지로 루터는 신앙의 본질과 곁가지들을 역사에서 거의 찾아볼 수 없을 정도로 극명하게 파악한 인물이었다고 평가하였다.

　　루터에 대한 현재의 몇몇 비판은 지나치게 교조적이다. 이전의 로마 가톨릭의 주장은 요셉 롤츠(Joseph Lortz)와 같은 학자들의 책임있는 연구의 결과로서 대체로 극복되어졌다.[2] 지나치게 교조적인 논평은 이제 심리학적이고 정신의학적인 해석자들로부터 행해지고 있다.[3] 루터의 어떤 부분들을 다른 부분들로부터 분리하여 보는 경우에는 많은 것들이 병리학적인 것에 접해 있다는 것은 의문의 여지가 없다. 그러나 병리학적인 특징들을 드러내는 많은 사람들은 다른 사람들이 보지 못하는 실존과 신앙의 깊은 면과 차원들을 본다. 그러한 사람들을 단지 병리학적 견지에서 바라본다는 것은 그들을 오해하는 것이다.

　　루터는 자신의 존재에 있어서 많은 면모들을 지니고 있었던 거친 인물이었다. 사건들과 문제들의 복잡성에 예민한 감수성을 지니고 있었던 그는 성미가 급했다. 사고의 미묘한 차이가 중요한 차이를 가져온다는 것을 잘 알고 있었음에도 불구하고 그는 스콜라주의 신학자들의 시시콜콜한 변증을 거부하

---

1) Karl Barth, *This Christian Cause* (New York: Macmillan, 1941). 어느 부분에서 인용하였는지는 밝히고 있지 않다.

2) Joseph Lortz, *Die Reformation in Deutschland*, I and II (Freiburg, 1939-40).

3) 이를테면 Erik H. Erikson, *Young Man Luther* (New York: W. W. Norton Co., 1958)를 보라. 이 책은 선의로 씌어진 책이기는 하지만, '치료자의 판단'이 지나치게 많이 들어가 있고 루터로부터 나온 내용은 충분치 못함으로써 독단적으로 되었다. 보다 시사하는 바가 큰 글로는 비록 자료들과 관련하여 무비판적으로 받아들여져서는 안 되기는 하지만 Norman O. Brown, *Life Against Death* (Middletown, Conn.: Wesleyan University Press, 1959)에 나오는 루터에 관한 장(章)이다.

였다. 그는 열의와 열정을 천부적으로 지니고 있었고, 부조화되는 것들에 대하여 건전한 감각을 가지고 있었다. 그러나 또한 그는 다른 사람들에 대한 공격에 있어서 가차 없었고 그의 행동거지는 거의 속되지 않았다. 많은 위인들과 마찬가지로 그는 계속적으로 발생하는 문제들에 직면했는데, 우리는 그가 어떻게 그것들을 완수할 힘을 발견할 수 있었는지 의아해하게 된다. 실제로 루터가 했던 그 어떤 것도 사전에 계획하거나 예상할 수 있는 것이 아니었다. 일단 방향성이 분명해지자 그는 끊임없이 발생하는 문제들을 직면하여 서양사의 모습을 새롭게 이루어나가는 데 깊이 영향을 미칠 결단들을 단호하게 해나갔다.

I. 개혁자로의 성장

　　루터의 초기의 발전은 인습적인 중세의 교육과 종교적 삶의 테두리 안에서 진행되었다. 1483년 농민이었다가 구리 광산업으로 직업을 바꿔 부유하게 된 한스 루터(Hans Luther)와 어느 정도 사회적 지위가 있었던 가문의 딸이었던 마가레테 지글러(Margarete Ziegler) 사이에서 태어난 마르틴 루터는 어린 시절을 투링기아(Thuringia)의 광산 지대의 중심부에 위치해 있던 만스필드(Mansfield) 시에서 보냈다. 만년에 루터의 회상을 보면 어린 시절의 가정과 학교 생활은 다소 억압적이고 엄격한 분위기였음을 알 수 있다. 어쨌든 열네 살 이후로 루터는 대부분의 시간을 집에서 떠나 살았다. 마그데부르크(Magdeburg)의 공동생활 형제단의 라틴어 학교에서 일 년을 보내고 아이제나하(Eisenach) ― 그의 부모는 이 고향 땅으로 그를 보냈었다 ― 에서 삼사 년을 보낸 후에 루터는 1501년에 에르푸르트(Erfurt) 대학의 입학 허가를 받았다. 1502년에 그는 학사 학위를 취득했고, 1505년에는 문학석사 학위를 받았다. 루터는 열여덟 살의 나이 ― 당시의 평균 연령보다 수년 늦은 나이 ― 에 대학에 입학하였지만 허용된 최소한의 기간에 대학의 학위 과정들을 모두 마치고 학위를 받을 수 있는 최연소 연령인 스물두 살에 석사 학위를 취득하였던 것이다.

　　그후 곧 루터는 부친이 자기에게 바란 대로 존경과 부를 동시에 누릴 수 있는 법조계로 진출하기 위한 준비를 위해 에르푸르트 대학의 법학부에서 연구를 시작하였다. 같은 해 7월 가족을 방문하고 에르푸르트로 돌아오는 길에 심한 폭풍우를 만났다. 벼락을 맞고 땅바닥에 쓰러져 거의 목숨을 잃을 뻔한 순간에 루터는 젊은 시절에 알게된 광부들의 수호 성인에게 부르짖었다: "성자 앤(St. Anne)이시여, 도와주소서! 그러면 수도사가 될 것입니다!" 그로부터 대략 두 주 후에 루터는 자신의 서원에 순종하여 에르푸르트에 있던 아우구스티누스 수도회에 들어갔다.

이 극적인 사건 그 자체는 이해될 수 없다는 것은 분명하다. 루터는 오랫동안 종교적인 문제들로 갈등을 겪어왔다는 것을 보여주는 많은 증거들이 있다. 더욱이 그 자신의 교육은 그의 이러한 관심과 흥미를 없애주기는커녕 강화시켜주었었다. 어떻게 사람이 하나님의 의로 인해 저주를 받는 것이 아니라 하나님의 은혜를 받을 가치가 있게 될 수 있는가라는 문제로 극도로 민감해져 있었기 때문에 루터는 수도사가 되는 한층 고고한 길을 받아들일 결심을 할 준비가 되어 있었다고 보아야 한다. 수도사가 되는 것은 은혜의 중보에 있어서 책임과 아울러 특별한 지위와 안전을 획득하는 것이기도 하였다. 폭풍우는 수도사가 되는 결단을 촉진시키기는 했지만 그러한 행위를 취할 가능성은 루터의 천부적인 자질과 교육 과정에 깃들어있었음은 분명했다. 수도원에서 에르푸르트 출신의 다른 사람들과 마찬가지로 루터는 자신이 하나님 앞에 설 수 있는 토대가 됨과 아울러 세상에서 하나님의 목적과 뜻을 반영하고 있는 그러한 거룩함을 얻으려고 고군분투하였다.

수도원에서 보낸 첫 두 해는 분명히 전통을 그대로 답습한 것이었다. 이 시기는 루터가 규정된 방식을 충실히 따를 뿐만 아니라 요구된 것보다도 더한 것을 행하려고 진지하게 노력을 경주하였던 시기였다. 두 해 후에 우리는 루터가 거룩한 의식을 처음으로 집전하는 사람들에게 수반되는 통상적인 불안감을 안은 채 자신의 최초의 미사를 거행하는 장면을 보게 된다. 루터의 아버지와 몇몇 고향 사람들이 이 미사와 이에 따른 행사를 보기 위해 참석하였다. 한스 루터는 처음에는 그의 아들이 수도원에 들어가는 것을 반대하였지만 그 동안에 아들이 가야 할 길을 가까스로 용인하게 되었던 것이다. 그러나 루터는 이 기회를 타서 자기 아버지의 완전한 승인을 얻어내기는커녕 아버지의 잊혀지지 않은 말을 재촉하였을 따름이었다: "이것이 마귀의 모습이 아니기를." 하지만 루터는 아버지의 감정 폭발로 인해 괴로워하기보다는 실망을 하였다. 우리는 다른 곳에서 루터의 가중되어가는 불안의 원천을 살펴보아야 한다.

우리는 수도원에 들어가기 전부터 루터를 괴롭혔던 문제, 즉 어떻게 사람이 의롭고 엄위하신 하나님 앞에서 거룩함으로 설 수 있는가 하는 문제를 떠올려야 한다. 이 문제는 루터가 수도사가 되었을 때에도 ― 즉, 하나님과 인간의 관계의 축도(縮圖)인 바로 그 소명을 수행하고 있었을 때에도 ― 변함없이 그를 괴롭혔다. 루터의 어려운 곤경을 이해하기 위해서는 우리는 중세 가톨릭 교회의 사상과 관행을 알아야 한다. 중세 가톨릭 교회의 이해에 있어서 근본적인 것은 은혜를 성례들의 거행을 통해 주어지는 객관적인 실체로 믿었다는 점이었다. 성례들을 통하여 인간은 하나님 보시기에 흠없고 열납될 수 있는 것으로 드러졌다. 출생으로부터 죽음에 이르기까지, 영세로부터 종부성사에 이르기까지 사람의 생존의 모든 경우와 문제들을 위한 성례들이 마련되어 있었다. 하나님의 은혜는 자유롭게 이용할 수 있었다. 그러한 부요들을 받기 위해서는 단지 한 가지 조건만 충족시키면 되었는데, 그것은 자신의 죄를 고백함으로써 은혜를 받을 가치가 조금도 없다는 것을 드러내는 것이었다. 무엇이 이것보다 더 합리적일 수 있었겠는가!

거의 합리적일 수 없는 예민한 감수성을 지니고 있었던 루터는 이러한 전망의 견지에서 살아가려고 노력하는 것이 엄청나게 어렵다는 것을 알게 되었다. 사람이 자신의 모든 죄를 고백했다는 것을 어떻게 확실할 수 있는가? 그러한 확실성을 발견하려고 루터는 흔히 자신의 죄들을 고백하였다. 그의 동료 수도사들은 루터가 시도 때도 없이 고해신부 역할을 해달라고 자주 요청해오는 것에 넌더리를 냈고 게다가 루터가 고백하는 범죄들은 명백히 사소한 것들이어서 어이없어 했다. 루터가 그리스도께서 자신의 죄를 사해줄 것을 기대한다면 그가 열거하는 사소한 것들 말고 살인이나 간음과 같은 실제로 죄용서받을 필요가 있는 것을 가지고 와야 하며, 하나님이 루터에게 화를 내지 않고 있기 때문에 루터는 하나님에게 화를 내어서는 안된다는 수도원장 슈타우피츠(Staupitz)의 충고는 루터의 고뇌를 진정시키지 못했다. 루터에게 있어서 교회의 명확히 확립되어 있는 견해들은 진지하게 받아들이든지 아니면 의도적으로 수정되어야 했다. 그것들은 신부의 충고에 의해 타파될 수 있는 것이 아니었다.

더욱이 널리 받아들여진 견해들에는 그 이상의 난점이 내재해 있었다. 사람이 외형적으로 요구사항들을 충족시켰다고 할지라도 사람에게 기대되고 요구된 내적 변화는 실제로 일어났는가? 물론 하나님의 은혜에 뿌리를 둔 사람은 완전한 통회, 즉 자신의 죄를 고백하고 하나님과의 적절한 관계를 유지할 수 있다고 믿어졌다. 어렵기는 하지만 사람은 하나님이 우리를 사랑하시는 그러한 자발성을 상당히 가지고 하나님을 사랑할 수 있다고 믿어졌다. 루터는 그러한 것들이 도저히 납득이 가지 않았다. 자신의 행실이나 자신의 태도 속에서 루터는 소망의 근거를 발견할 수 없었다. 그 대신에 그는 그 속에서 절망을 보았고, 하나님은 사랑으로서가 아니라 진노로서 나타났다.

이러한 의문제기에도 불구하고 루터의 감독자들은 그를 신뢰하였던 것이 분명하다. 그들은 루터에게 신학을 공부하도록 권장하였고 1508년에 비텐베르크 대학으로 차출되어 철학을 강의하였으며 에르푸르트로 돌아와서 성경과 교부들, 때로는 중세 시대에 신학 강의의 기초가 되었던 스콜라주의 신학자들의 저작들로부터 주제별로 문장들을 모은 피터 롬바르드(Peter Lombard)의 「명제집」(*Sentences*)을 강의하였다. 1510년에 루터는 어떤 관할권 분쟁과 관련하여 에르푸르트에 있는 아우구스티누스 수도원의 주장을 탄원하는 로마 사절단의 일원이기도 하였다. 1511년에 그는 비텐베르크 대학으로 영속적으로 이적하였고, 이듬 해에 신학박사 학위를 취득하였다. 이 마지막의 여러 일들 배후에는 그의 감독인 요한 슈타우피츠의 손길이 있었다. 그는 루터를 비텐베르크 대학의 성경학부에서 자신의 후계자로 지목하였던 것이었다. 대학 강의와 아울러 루터는 설교를 해야 했고, 곧 대학에서 행정 책임도 맡아야 했으며, 그 지역의 수도원들을 감독하는 일도 해야 했다. 1513년에서 1515년 사이에 루터는 시편에 대한 일련의 강의들을 했으며, 이어서 1515-16년에는 로마서 강의, 1516-17년에는 갈라디아서를 최초로 강의하였다.

루터는 1513년과 1519년 사이에 복음에 대한 새로운 이해에 도달하였다. 이러한 재인식 과정에 있어서 가장 극적인 사건은 일반적으로 "기도탑 체험"(tower experience)으로 알려져 있다. 그의 새로운 통찰은 분명히 비텐베르크의 아우구스티누스 수도원의 기도탑에 있을 때 그에게 왔기 때문이다. 그러나 정확히 언제 이런 일이 일어났으며 그 체험의 정확한 의미가 무엇이었는지에 대해서는 정설이 없다. 1545년의 「루터의 라틴어 저작 전집 서문」에서 루터는 친히 이 발견이 자기가 1518년에 시편에 관한 두번째의 일련의 강의들을 준비하고 있는 때에 일어났다고 말하고 있다. 그러나 아주 최근까지도 루터에 관한 일반적인 해석은 이것을 잘못된 회상으로 치부하고 대신에 "기도탑 체험"을 시편에 관한 최초의 강의들이 있었던 1513-15년 사이에 일어난 것으로 추정하고 있다. [4]

다른 해석자들은 정확한 연대를 추정하는 일을 단념하였다. 이 사건의 정확한 의미는 연대를 확실하게 추정하는 일만큼이나 어렵다. 사실 그 정확한 의미는 연대와 어느 정도 관련이 있을 수 있다. "기도탑 체험"이 루터가 복음에 관한 새로운 이해에 이르게 되었던 순간을 나타내는 것으로서 나중에 이와 관련하여 광범위한 변화를 겪었는지 아니면 그 체험은 성숙한 루터의 견해를 나타내는 것으로서 이후에 모든 다른 문제들과 관련하여 세련되어졌는지의 여부에 따라 그 의미는 차이가 난다. 우리는 이 점을 논의하느라고 지체하지 않을 것이다. 비록 회고를 통해서이긴 하지만 루터는 그의 「라틴어 저작 전집 서문」에서 어떻게 자기의 눈이 복음의 핵심에 대하여 열려졌는지를 감동적으로 보여주고 있기 때문이다. 이 작품은 이 책에 수록되어 있다. 그것은 그것이 실제로 "기도탑 체험"을 반영하고 있든 없든 루터의 성숙한 이해의 핵심에 대한 자신의 인식을 잘 전달해준다.

루터의 커다란 공헌은 하나님의 의에 관한 성경의 의미를 회복한 것을 중심으로 하고 있다. 일반적으로 중세 교회는 하나님의 의를 하나님이 요구하시는 의로 정의하였다. 이와는 대조적으로 성숙한 루터에 있어서 하나님의 의는 근본적으로 하나님의 자비였다. 이러한 이해에 있어서의 변화는 세 단계를 거쳐 이루어졌다. 중세 교회의 견해가 하나님의 의를 하나님이 요구하시는 의로 해석하는 한 근본적인 문제는 어떻게 사람이 그러한 하나님 앞에 설 수 있는가 하는 것이었다.

중세 교회는 사람이 자기 자신의 의에 의해서 이것을 행할 수 있다고 믿지 않았다. 오히려 중세 교회의 일반적인 견해를 따르면, 사람은 그 불완전성이 은혜로 말미암아 보충되는 진지한 결단과 의로운 행위들의 결합, 사람

---

4) Ernst Bizer, *Fides ex Auditu, Eine Untersuchung Uber die Entdeckung des Gerechtigkeit Gottes durch Martin Luther* (Neukirchen Kreis Moers, 1958). 또한 F. Edward Cranz, *An Essay on the Development of Luther's Thought on Justice, Law, and Society* (Cambridge: Harvard University Press, 1959); Hans Pohlmann, *Hat Luther Paulus entdeckt?* (Berlin, 1959)를 보라.

의 모든 국면들을 포괄하는 성례라는 실체에 의하여 하나님의 의 앞에서 서기를 소망하였다. 그것은 은혜와 사람의 가장 선한 행위들의 결합이었다. 우리는 이미 이러한 입장과 루터가 그 속에서 발견하였던 난점들을 대략 살펴보았다.

인식의 변화에 있어서 두번째 단계는 시편에 대한 루터의 최초의 강의들에서 찾아볼 수 있고 로마서에 대한 그의 강의들에서도 어느 정도 엿볼 수 있다. 루터의 사고에 있어서 강조점의 중요한 두 가지 변화는 이 단계에서 분명히 나타난다. 먼저 하나님의 의는 더이상 단순히 사람이 자신의 선한 행위들과 하나님의 죄사하시는 은혜로 인하여 설 수 있는 바 요구하시는 의로 보아지지 않는다. 이제 하나님의 의는 일차적으로 사람을 변화시키고 의롭게 만드는 은혜이다. 하나님의 의는 더이상 하나님에 대하여 보속을 행하는 거래라는 견지에서 만나지지 않는다. 다음으로 인간의 행위는 사람의 운명을 결정함에 있어서 더이상 아무런 역할도 하지 않는다. 오직 은혜만이 사람으로 하여금 하나님의 의 앞에 서게 할 수 있다. 이러한 전반적인 견해는 어느 정도 중세 시대의 아우구스티누스 수도회의 전통을 대변하고 있는 인물들에 의해서 공유되어 있었다. 그러나 루터는 그것에 좀더 고전적이고 복음적인 표현을 부여하였고, 이런 이유로 많은 사람들은 루터의 새로운 통찰들이 이 시기에 나온 것으로 추정하고 있다.

세번째 입장은 루터의 만개한 종교개혁적 인식이다. 외형상으로 그것은 그의 이전의 이해와 유사성들을 지니고 있다. 하나님의 의와 그분의 은혜는 동일시된다 — 물론 이제와서는 이전보다 더 강조되고 있긴 하지만. 오로지 은혜만이 결정적이다 — 물론 이제와서는 전혀 새로운 방식으로이긴 하지만. 결정적인 차이는 사람이 의롭게 되는 데 있어서 더이상 하나님의 은혜가 도움이 된다고 하는 사실에 강조점이 두어지고 있지 않다는 것이다. 하나님의 의이기도 한 하나님의 은혜는 사람의 삶의 상태가 어찌 되었든 하나님이 사람을 의로운 존재로 취급한다는 점에서 드러난다. 여전히 사람은 하나님의 요구들 앞에서 의롭게 서야 할 필요가 있다는 중세적인 언어를 활용하고 있긴 하지만 루터는 하나님께 열납받는 것은 사람에게 주입된다는 것을 선언하였다. 의는 사람에게 돌려지는 것이다. 이제 사람은 오로지 하나님의 은혜라는 견지에서 하나님 앞에 선다. 그리고 다른 맥락에서는 아주 중요한 사람의 삶과 행위의 의로움은 여기서는 아무 상관도 없다.[5]

　제1부에서 여러 다양한 국면 속에서 정교하게 살펴볼 이러한 이해는 근본적인 의미에 있어서 종교개혁을 탄생시켰다. 이를 토대로 중세의 성례적 이해는 최고조로 도전을 받았다. 의로운 하나님과 사람의 관계는 행위와 실제적인 의의 주입에 의존한다는 사상은 사라졌다. 그 자리에 오직 은혜만이 들어섰다.

　이러한 인식은 면죄 제도에 관한 논쟁을 촉진시킬 목적으로 1517년에 비텐베르크 성(城) 교회의 문에 라틴어로 쓴 95개 조항을 붙였을 당시만 해도 루터의 사고 속에 아직 충분히 발전되어 있지 않았다. 95개 조항은 분명히 나중에 명확하게 된 내용을 암시해 주고 있다. 이미 여기에서 루터는 마태복음 4:17에 나오는 회개에 대한 언급은 "신자들의 삶 전체가 회개의 삶이어야 한다"는 것을 의미하며 참회의 성례를 언급하는 것이 아니라고 주장하였다. 참회는 단번의 행위라기보다는 거룩하신 동시에 은혜로우신 하나님의 임재 앞에서 지속적인 정서이자 영혼의 결단이었다. 그가 95개 조항을 통하여 면죄 제도의 관행과 주장을 공격하게 된 것은 루터 자신이 하나님 앞에서 신자의 증표로서 아주 진지하게 회개하였기 때문이었다.

　면죄는 사람의 죄들이 사함을 받았다고 할지라도 죄에 대한 피할 수 없는 형벌을 충족시키고 하나님에 대하여 보속을 행하기 위하여 그리스도의 공로를 끌어오는 방식이었다. 교회에 대하여 어느 정도의 돈을 지불하거나 다른 덕스러운 행위를 고려하여 어떤 사람의 죄들에 대한 형벌의 상당 부분 ― 모두는 아니라 할지라도 ― 은 사면되는 것으로 말해졌고, 이러한 사면을 표시하는 증서는 교황의 대리자에 의해 제공되었다. 이러한 면죄는 교황의 직위에 의해 선포된 경우에는 자기 자신만이 아니라 죽은 자들의 행복을 위해서도 대단한 가치를 지닌 것으로 생각되었다. 면죄는 십자군의 복무를 위해서도 선포되었던 적이 있었다. 하지만 좀더 최근에는 면죄는 특별한 재정 목표들을 충족시킬 목적으로 교회의 이익을 위해 제공되었다.

　95개 조항을 게시하게 된 직접적인 계기는 도미니쿠스 수도회의 요한 테첼(Johann Tetzel)의 면죄부 설교였다. 로마의 성 베드로 성당을 완공하는데 필요한 돈을 마련하려는 목적으로 그는 형벌의 사면만이 아니라 죄사함

---

5) 루터가 「루터의 라틴어 저작 전집 서문」에서 자신의 초기의 발견과 후기의 발견을 뒤섞어놓아서 그 구별을 모호하게 하였을 가능성도 있다. 무의식적인 이러한 혼합은 이전의 학설들에서 주장한 바 있는 잘못된 사실 확인과는 다르다.

까지도 분명하게 약속하였다. 95개 조항에서 루터는 면죄는 연옥이나 하나님에 대하여 보속을 하는 것과 아무런 상관도 없다고 주장하였다. 면죄는 단지 교황이 죄의 중대함을 보여주는 표지로서, 교황 혹은 교황주의 교회가 신자들에게 부과할 권리를 갖고 있는 형벌들의 사면과만 관련을 갖고 있었다. 그러나 이렇게 말하게 되면 면죄는 교회의 치리와 상관이 있을 뿐, 영원한 것 (the Eternal)에는 구속력을 갖지 못하는 것이 된다. 그것은 오랫동안 용인되어져 왔고 표준적인 관행이 되었던 중세의 전통을 공격하는 것이었다. 따라서 95개 조항에서 복음주의적 복음은 단지 부분적으로만 드러나 있다고 할지라도 로마 가톨릭의 전통은 직접적으로 공격을 받은 셈이다.

복음적 관심은 루터가 1518년 봄에 하이델베르크에서의 논쟁을 위하여 준비한 하이델베르크 논제에서 좀더 분명하게 드러난다. 이것은 95개 조항이 면죄부의 남용을 바로잡는 것에 대한 것인 반면에, 하이델베르크 논제는 죄, 자유의지, 은혜와 같은 중심적인 문제들과 직접적으로 관련이 있다는 사실에 기인한다. 하이델베르크의 아우구스티누스 수도원에서의 논쟁을 주재하였던 슈타우피츠는 루터에게, 그의 좀더 복음적인 생각들을 분명히 드러내어 공개적인 시험대에 올려볼 목적으로 이러한 사항들을 집중적으로 다루어보도록 요청하였던 것이다. 하이델베르크 논제에서 루터는 영광의 신학과 대비하여 십자가의 신학을 고전적으로 표현하였다. 즉, 눈에 보이는 피조물을 토대로 하나님을 인식하는 것과 대조적으로 고난과 낮아짐 속에서 하나님을 인식하는 것. 또한 그는 아리스토텔레스에 대한 단도직입적인 공격을 통하여 스콜라주의 신학을 공박하였다. 95개 조항의 토대를 이루고 있는 신학은 95개 조항 자체에서보다도 하이델베르크 논제에서 더욱 분명하게 드러나기 때문에, 하이델베르크 논쟁을 위한 신학적 논제들도 이 선집에 포함시켰다.

95개 조항의 공표 이후에 잇따라 일어난 사건들은 루터가 예기치 못했던 것들이었다. 95개 조항은 학자들의 토론을 촉발시킨 것이 아니라 비밀리에 독일어로 번역되어 널리 보급되었다. 이런 일이 일어났다는 것은 독일에서의 가톨릭 교회의 관행들에 대한 불만과 불안이 널리 확산되어 있었음을 증명해준다. 자신이 의도했던 것을 더욱 명확히 하고 오해를 피할 목적으로 루터는 95개 조항 해설을 써서 공표하였다. 95개 조항의 사본은 교황에게 보내졌는데, 처음에는 거의 반응이 없었다. 이는 분명히 이 문제가 대단치 않은 것으로 여겨졌기 때문일 것이다. 그러나 루터에 대한 대중의 관심과 지지, 사람들을 연옥으로 넘기는 권능과 같은 중대한 문제들과 관련하여 교황의 권능에 대한 루터의 공격으로 인하여 상황은 근본적으로 변화되었다. 루터가 자신이 교황의 파문 아래 있음을 들었을 때 그는, 교황권은 하나님에 대한 인간의 관계에 있어서 궁극적인 권능을 가지고 있지 않다고 선언하였다. 이것은 사태를 악화시켰다. 바로 이때에 교황은 도미니쿠스 수도회의 실베스터 프리에리아스(Sylvester Prierias)로 하여금 루터에게 답변하도록 요청하였다. 나아가 교황은 루터가 로마에 와서 이단 및 최고 당국을 우롱한 죄목에 대하여 답변하도록 요구하였다. 그러나 선제후 프리드리히(루터가 살고 있었던 영지의 통치자)는 부분적으로는 정치적 동기에서 이 문제를 로마가 아니라 독일에서 해결하도록 성공적으로 압력을 가하였다. 루터는 아우그스부르크 의회에 앞서서 교황의 대리인인 카예타누스(Cajetan) 추기경의 개인적인 심문을 받았다. 그러나 합의는 이루어지지 않았고, 루터는 교황으로부터 공의회로 상소를 하였다. 그러는 동안에 바티칸은 면죄에 대한 자신의 이해를 분명히 밝혔고 가장 걸림돌이 되었던 관행들 가운데 몇몇을 일소하였다. 나아가 로마에 호의적이었던 잉골슈타트(Ingolstadt)의 독일 대학 교수인 요한 에크(John Eck)는 라이프치히 대학을 설득하여 루터와의 토론을 주선해주도록 하였다. 그리고 1519년에 라이프치히 토론이 열렸는데, 이 논쟁이 끝난 후 교황 측과 루터 측은 모두 자신의 승리를 주장하였다.

누가 승리를 거두었는가 하는 것보다도 더 중요한 것은, 이 토론에서 루터는 교황의 권능에 가해져야 하는 제한들을 한층 극명하게 보고 표현하지 않을 수 없었다는 사실이었다. 이제 최후의 갈등은 불가피한 것으로 보였고, 그가 1521년에 보름스(Worms) 신성로마제국 의회 앞에 서도록 호출을 받았을 때 취해야 했던 자세를 위한 지반은 완료되어 있었다.

여기에서 95개 조항의 게시로부터 라이프치히 토론을 거쳐 보름스 의회에 이르기까지에 걸친 기간 동안에 일어났던 복잡한 정치적 사건들 또는 위협들과 반격들을 자세히 논하는 것은 별로 도움이 되지 않을 것이다. 우리에게 더 중요한 것은 이 시기가 루터의 종교개혁적 신앙 — 많은 세월에 걸쳐 이미 존재해 있었든 아니면 지금 새로이 출현하였든 — 이 조성되어서 완전히 자각되고 그것이 내포하고 있는 의미들이 알려지게 된 시기라는 것이다. 로마 당국과의 논쟁을 통하여 루터가 항의하였던 면죄부 남용이라는 최초의 문제는 뒷전에 밀려났고, 중세 교회의 기반 자체를 거부한 기독교 개념이 출현하였다. 그 시점으로부터 다름아닌 교회의 총체적인 개혁이 행해질 것이었다. 이 시기의 토론들에서 루터는 어떤 확고하고 피할 수 없는 신념들을 견지하고 있었다. 그 신념들에 있어서 근본적이었던 것은 교회의 삶의 준칙은 오직 성경으로부터만 취해질 수 있다는 것이었다. 그러므로 그는 로마 교황이 신앙의 문제들에 있어서 오류를 범할 수 없으며 오직 교황만이 성경을 해석할 수 있다는 개념을 거부하였다.

더욱이 루터는 여러 공의회들의 결정들은 서로 모순되고 있기 때문에 공의회를 전적으로 신뢰할 수 있는 것은 아니라는 결론을 내리지 않을 수 없었다. 루터가 마침내 1521년에 보름스 제국의회의 회의에 호출을 받아 그의 저작들을 부인하도록 요구를 받았을 때, 그는 이미 삼 년 전에 분명해졌던 확신의 견지에서 답변하였다: "황제 폐하와 군주 각하들께서 간단한 대답을 요구하시기 때문에, 저는 뿔로 치받거나 이를 드러내지 않는 방식으로 답변하고자 합니다. 제가 성경의 증언이나 분명한 이성에 의해 확신한 것이 아니라면(저는 교황이나 공의회를 신뢰하지 않는데, 이는 교황이나 공의회는 흔히 오류를 범하고 서로 모순되고 있다는 것이 잘 알려져있기 때문입니다) 저는 제가 인용한 성경에 의해 구속을 받으며 저의 양심은 하나님의 말씀에 사로잡혀 있습니다. 저는 양심에 반하는 것은 안전하지도 않으며 옳지도 않기 때문에 그 어떤 것도 철회할 수 없고 철회하지도 않을 것입니다 … 하나님께서 저를 도와주시기를 바라나이다. 아멘."[6]

그 이전 해인 1520년에 루터의 모든 저작들을 단죄하고 루터에게 그의 저작들을 철회하도록 60일의 유예기간을 준다는 교황의 칙서(勅書)가 내려졌었다. 그러나 이 기간은 저술 활동의 측면에서 볼 때 아주 왕성한 해였다. 이때 「선행에 관하여」, 「로마의 교황권」, 「독일 귀족에게 호소함」, 「교회의 바벨론 포로」, 「그리스도인의 자유」와 같은 주요한 저작들이 나왔다. 훌륭한 가치를 지닌 마지막 세 가지 저작은 흔히 종교개혁 논저들이라 불리어 왔다. 「독일 귀족에게 호소함」에서 루터는 귀족들에게 교회를 개혁하도록 요청하고 이것이 꼭 필요한 이유들을 보여주었다. 「교회의 바벨론 포로」에서 그는 교회의 성례 제도 전체, 특히 미사를 공격하였고, 성례들에 관한 자신의 인식

---

6) *Luther's Works* (Philadelphia: Muhlenberg Press, 1958), volume 32, pp. 112-13.

을 개략적으로 서술하였다. 「그리스도인의 자유」는 기독교적 신앙과 삶의 본질에 관한 웅변적인 설명이다. 이 글들은 이 책에 수록되어 있고 또 우리는 다른 곳에서 루터의 사상을 개략적으로 다룰 것이기 때문에, 이 저작들의 내용은 여기서 요약하지 않을 것이다. 그러나 보름스 제국의회를 눈앞에 둔 1520년 말에 루터가 새로이 획득한 신학적 견해들과 그것들이 교회의 삶에 대하여 내포하는 의미들은 완전히 표명되어 있었다. 이때로부터 종교개혁 교회의 출현은 불가피했다.

우리는 보름스 제국의회 시기까지의 루터의 삶과 행적의 주요한 개략을 살펴보았다. 보름스 의회 직후의 시기에 루터는 교황 지지자들에 의한 공격으로부터 자신의 생명을 보호하기 위하여 바르트부르크 성(城)에서 후원자의 보호를 받으며 지냈다. 이 강요된 연금 생활 동안에 그는 성경을 독일어로 번역하기 시작하였다. 그러는 동안에 비텐베르크에서는 지역 교회의 예식과 삶이 루터의 동료들인 필립 멜랑히톤(Philip Melanchthon)과 가브리엘 츠빌링(Gabriel Zwilling)의 지도 아래 종교개혁의 이념 아래 재편되는 일이 일어나기 시작하였다. 그러나 이웃 도시인 츠비카우(Zwickau)로부터 자칭 선지자들이 비텐베르크에 와서 성경보다 우위에 있는 특별 계시를 주장하였다. 그들은 몇몇 동조자들을 얻어서 교회의 개혁이 아니라 교회를 근본적으로 재편하는 데 성공하였던 것으로 보였기 때문에 루터는 자신의 연금 생활을 청산하고 위험을 무릅쓰고 비텐베르크로 돌아와서(처음에는 일시적으로, 다음에는 영구적으로) 사건들을 진두지휘하였다.

일반적인 개관을 위해서는 그 이후의 루터의 행적들을 연대순으로 나열하는 것은 불필요할 것이다. 그후 이 개혁자는 설교, 가르침, 저술, 헤아릴 수 없이 많은 문제들 및 교회와 국가의 위기들을 처리하는 일로 바쁘게 보냈다. 그는 성미가 급했기 때문에 문제들도 증폭되었다. 오랫동안 병을 앓은 시기가 있었는데, 이 기간 동안에 그가 써낸 저작은 놀라울 정도로 방대한 양에 이르렀다. 보름스 의회와 바르트부르크 성에서의 체류 이후에 루터는 로마 교황의 교만과 오류들을 논박하는 일뿐만 아니라 교회의 삶과 사상의 개혁이라는 적극적인 과업에 자신의 정력을 쏟아부었다. 예전(禮典)의 개혁과 새로운 양식의 교회의 삶의 조직을 통한 대중들의 덕세움과 교육을 위하여 말씀을 설교하는 일에 있어서 그 정상적인 일처리 과정에서조차도 많은 문제들이 있었을 것이다. 한 가지 예로도 이 점을 충분히 알 수 있다. 루터

가 수도원 생활은 사람의 삶 가운데에서의 다른 직업들보다 더 고귀한 소명
이라는 것을 부인하자 수도원 제도를 위한 토대는 독일의 많은 지역에서 무
너졌고, 종교개혁은 기독교적 직업에 관한 전반적인 이해를 재인식하는 어려
운 과제와 아울러 수도원을 빠져나온 수많은 수도사들과 수녀들의 재활(再
活)이라는 문제에 직면하였다. 이러한 사건들 가운데 봉쇄 수도원을 빠져나
온 몇몇 수녀들이 있었는데 루터는 다름아닌 루터 자신만으로 만족하였을 것
이 분명한 그 수녀들 가운데 한 사람을 아내로 맞이하였다. 루터가 사랑하고
소중하게 여기게 된 카타리네 폰 보라(Katharine von Bora)는 큰 규모의
가계를 꾸려나간 비상한 능력의 소유자였고 언제나 그녀의 남편 주위에 있으
면서 "그림자처럼 따라다닌 사람"이었다.

　또한 출현하고 있던 개신교 내에서의 차이들 그리고 종교적 열망과 정치
적 열망의 밀접한 관계로 인하여 발생한 문제들이 있었다. 세례의 문제에 있
어서 루터는 로마 가톨릭의 성례적 견해들과 신자의 세례에 관한 재세례파의
개념 중간에 있었다. 후자에 있어서 세례는 신자들이 이미 서있었던 믿음을
표현하는 것이었고, 그러므로 그들은 유아세례를 거부하였다. 성찬에 있어서
루터는 화체설(미사의 어느 시점에 떡과 포도즙은 그리스도의 실제의 몸과
피로 변화된다는 설)과 츠빙글리의 기념설(성찬식은 그리스도의 삶과 죽으심
과 부활하심을 극적으로 회상하는 것이라는 설)의 중간에 있었다. 그리고 나
중에 살펴보겠지만 성찬에 관한 일치된 의견에 도달하고자 하는 수많은 시도
들에도 불구하고 궁극적인 합의에는 이르지 못하였다.

　농민들이 기독교인의 새로운 자유를 자신의 곤경에 호의적인 방향으로
해석하여 반란을 일으키자 루터는 단호한 반대의 입장을 보여주었다. 그들의
처지에는 동정을 하면서도 신학적 사회적 근거들에 관한 루터 자신의 판단은
그들의 행동은 세상을 무정부상태로 이끌어가게 될 것이므로 기존의 권세는
모든 면에서 지지되어야 한다는 것이었다. 상대방을 용납하지 않는 그의 가
장 단호한 저작들의 다수는 이 시기에 나왔다. 권세에 관한 루터의 가장 균
형잡힌 관점을 보여주는 한 예 — 비록 사람들은 그것이 잘못되었다고 말할
지라도 — 는 이 책에 수록되어 있는 「세속 권세」에 관한 그의 저작이다. 루
터에 관하여 어떠한 논쟁이 있든 없든 그의 확고한 공적은 독자적으로 복음
을 회복하였고 그 복음이 교회의 삶과 사상에 있어서 내포하는 의미들을 명
확히 밝혀놓은 데 있다고 할 것이다.

II. 루터의 종교개혁과 관련된 주장들

종교개혁과 관련된 슬로건이 "믿음으로 말미암아 의롭게 됨"(justification by faith)과 "오직 성경만으로"(Scripture alone)였다는 것은 우연이 아니다. 전자는 루터에 의해 회복된 기독교의 핵심을 가리키고, 후자는 믿음을 하나의 현실로 바꾸어놓는 원천을 가리킨다. 전자를 살펴보기 위해서 우리는 의(righteousness), 의롭게 됨(justifcation), 은혜(grace), 믿음(faith)이라는 단어들에 루터가 부여한 의미를 좀더 자세하게 개관할 필요가 있다. 종교개혁의 중심적 의미는 통상적으로 "은혜로 인한 믿음으로 말미암아 의롭게 됨"이라는 어구로 표현된다. 이 정식(定式)은 하나님의 의는 우리를 하나님 앞에서 올바르고 의롭다고 간주하는 은혜 속에서 아주 분명하게 드러난다는 것을 명확히 하고 있다. 또한 그것은 부적절한 표현이기는 하지만 믿음을 은혜를 수용하는 모체라는 개념으로 파악하고 있음을 보여준다. 믿음은 알려지고 받아들여진 은혜의 생생한 인식 외에 다른 것이 아니다. 믿음은 신자가 알았고 신뢰하고 있는 은혜의 결과로서의 신자의 자세이다. 그러므로 "믿음으로 말미암아"라는 어구는 은혜를 인식하는 수단이 아니라 하나님의 은혜로우심의 권능에 의해 그리고 그 권능 속에서 살아가는 방식으로 이해되어야 한다.[7]

루터의 중심적인 개념의 급진적인 성격에 유의하는 것이 특히 중요하다. 그것은 하나님 앞에서 스스로를 의롭다고 하거나 무죄주장을 하려는 모든 시도를 배제하였다. 사람은 하나님 앞에서 믿음을 통하여, 즉 하나님의 사랑과 자비의 말씀에 대한 생생한 인식을 통하여 열납되어지거나 의롭게 될 수 있다. 하나님 앞에서 바로 이것만이 신뢰의 근거였다.

이 발견이 루터에게 가져다준 해방을 아무리 강조해도 지나치지 않는다. 그는 단순히 자신의 행위들을 토대로 하나님 앞에서 스스로를 의롭다고 하려

---

7) "은혜를 인하여 믿음으로 말미암아 의롭게 됨"(cf. 엡 2:8) 또는 "믿음으로 말미암아 의롭게 됨"(롬 5:1)이라는 어구는 확실한 바울적 이해의 회복을 통하여 중세의 발전의 한복판을 뚫고나간 방식을 보여주는 슬로건이다. 우리 시대에서는 그것들을 정의하는 데 있어서 "칭의"라는 용어를 사용하기보다는 "은혜"와 "자유"라는 말을 사용하는 것이 더 낫다. 이런 식으로 루터의 고전적 통찰은 보다 쉽게 우리의 것이 될 수 있다.

고 하지 않았었다. 그는 인간이 하나님 앞에서 의롭게 되는 것을 보증해준다고 주장되었던 중세의 성례 제도에 따라 신뢰하고 살아가는 것의 결합을 통해 의롭게 되려고 한 적이 있었다. 그의 새로운 발견은 성례와 행위의 결합이라는 규정된 방식의 견지에서 하나님 앞에서 스스로를 의롭게 하려는 자신의 종교적 시도에 종지부를 찍었다. 이런 이유로 루터는 행위의 길이 가능하다고 할지라도 그는 꺾여진 갈대, 즉 자기 자신을 의지하기를 원치 않는다고 선언하였다. 그러한 가능성은 단지 불확실하고 답답할 뿐이다. 루터에게 있어서 그리스도인의 기쁨과 자유는 믿음 안에서 그는 자기 자신을 볼 필요가 없고 단지 자신의 운명을 담당하고 계신 하나님만을 바라보면 된다는 것이었다. 이것으로부터 논리적으로 모든 다른 죄들의 토대가 되는 죄인 인간의 근본적인 죄는 스스로를 의롭게 하려는 인간의 시도, 인간의 미래는 하나님의 은혜로운 행위에만 달려있다는 것을 받아들이려 하지 않는 것이라는 결론이 나왔다. 그것은 인간이 하나님을 자신의 하나님이 되게 하지 않으려고 하는 것이다.

이러한 맥락에서 두 가지 질문이 즉시 생겨난다. 첫째, 믿음은 어디에서 생겨나는가? 둘째, 행위가 하나님 앞에서 아무 소용이 없다고 한다면 무엇이 그 자리를 차지하는가? 교회의 전통 속에서 양육된 루터 자신은 불신앙으로부터 신앙으로의 움직임, 즉 하나님의 존재를 믿지 않는 것으로부터 의미있는 방식으로 하나님의 존재를 믿는 것으로의 움직임으로서 믿음이 생겨나는 것에 관한 문제에 결코 직면한 적이 없었다. 그러나 루터가 알고 있었던 구별, 하나님의 존재 자체만을 믿는 것과 그리스도 안에서의 하나님의 실체를 생생하게 인식하는 것의 차이는 우리 시대에 있어서 하나님의 존재를 부인하는 것과 하나님과의 참된 만남을 단언하는 것의 차이에 상응한다. 그의 시대의 다른 많은 사람들과 마찬가지로 루터에게 있어서 하나님이 자기 자신의 하나님임을 알지 못하고 하나님이 계시다는 것만을 믿는 것은 무신론, 즉 하나님의 존재가 자기에게 아무런 차이도 가져오지 않는 것처럼 행동하는 것과 동일한 것이었다. 오늘날에 있어서와 마찬가지로 당시에도 신앙과 불신앙의 문제는 동일하였다. 결정적인 이행은 측량할 수 없는 거저 주시는 하나님의 자비를 인식하느냐에 달려있다.

불신앙으로부터 신앙으로의 이행은 믿음의 기적을 통하여 주어지고 받아들여지는 말씀 ― 통상적으로 선포된 말씀 ― 을 통하여 일어난다. 변화가 충격적이었느냐 점진적이었느냐와는 상관없이 믿음의 개시 "이전"과 "이후" 사이에는 강력한 불연속의 요소가 존재한다. 환경을 제약하는 요인들은 새로운 상황을 설명해주지 못한다. 이 점은「노예의지론」에서 분명히 밝혀지고 있다. 이 저작은 에라스무스(Erasmus)에 대한 강력한 답변으로서 루터는 이 저작을 자신의 최고의 걸작이라고 생각하였다. (이 저작을 발췌한 글이 이 책에 수록되어 있다.) "노예의지론"이라는 말을 통해 루터는 인간이 중요하고 의미있는 결정들을 할 수 없다는 것을 뜻하지 않았다. 또한 그는 인간 자체가 돌이나 짐승이나 악당이라는 것을 뜻하지도 않았다. 그러나 그는 인간의 자아가 스스로 하나님과의 적절하고도 알맞은 관계로 성공적으로 들어갈 수 있는 행위나 의지능력이 없다는 것을 뜻하였다. 좀더 현대적인 언어를 사용한다면 인간은 자기 자신의 결단과 노력을 통해 하나님으로부터의 소외를 극복할 수 없다. 신학적 견지에서 그것은 이전 세대들이 "인간의 전적 타락"이라고 불렀던 무능력이다. 이러한 명칭은 상당한 오해를 불러일으켰었다. 그것은 실존의 중요한 사항에 있어서 인간이 최선을 다해도 어찌할 수 없는 무능력이다.

　　루터는 하나님의 "모든 것을 주장하시고 주권적으로 역사하시는" 본성이라는 개념과 예정설을 통하여 이 점을 발전시켰다. 그가 대면해서 싸운 상황으로 인하여 이 두 개념은 결정론적인 범주들로 전개되었다. 하나님이 모든 것을 결정한다면 그 누구도 자기 변호나 칭찬을 할 여지는 없게 된다는 것이 논지인 듯하였다. 「노예의지론」이 마땅히 받아야 할 주목을 받지 못했던 것은 부분적으로 숙명과 운명이라는 흑암의 권세들에 대항하여 싸우는 강력한 신뢰의 원천으로서 역사적으로 전개되었던 결정론적인 준거틀 때문이었다. 오늘날 우리가 알고 있는 자유의 문제는 종교개혁에 뒤이은 발전의 산물이기 때문에 루터가 작업하고 있었던 상황을 우리가 파악하기란 어렵다.

　　그러나 정교화된 형태와는 구별되는 중요한 신학적 논점은 예정은 신자에게 위안이 되는 것이라는 것이었다. 그것은 신자 편에 있어서 하나님은 신뢰받을 만하며 사람의 신앙이 약하고 흔들리고 있을 때일지라도 신뢰할 만하다는 확언이었다. 그것은 하나님은 신뢰할 수 있으며 또한 하나님은 우리에 있어서 확실하고 안전한 운명이라는 고백이었다. 예정은 오직 하나님에게만 돌려질 수 있는 기적으로 인하여 그들의 의지의 무능력으로부터 자신이 구원받았음을 발견하고 이제는 하나님의 은혜와 약속으로 말미암아 살아가는 사람들에 의해 고백되었다.

여기서 믿음은 기본적으로 어떤 명제에 동의한다는 결단이 아니라 삶의 근본적인 재정향(再定向)과 방향 설정을 뜻한다는 것을 강조하는 것이 중요하다. 믿음의 삶은 하나님의 죄 사하시고 새롭게 하시는 은혜 속에서 그 중요한 원천과 중심을 발견하는 생존 방식이다. 이것은 나아가 믿음은 결단의 새로운 가능성을 포함한다는 것을 뜻한다. 결단 자체는 은혜의 관계의 역학 '안에' 놓여진다. 은혜가 주어진 다음에 사람이 그것을 받아들일 것인가 말 것인가를 결단하는 것이 아니다. 이것은 사람의 최후의 행위, 스스로를 의롭게 하려는 사람의 최후의 시도일 것이다. 오히려 하나님의 행위의 신비는 최우선적으로 인간의 결단의 능력의 재지향(再指向)을 병합하고 포괄한다는 고백이다. 이것을 다른 식으로 표현하자면 믿음은 사람의 결단의 능력보다 무한히 더 많은 것을 포함한다고 말할 수 있다. 분명히 의지와 인간의 자발적인 측면들을 포함함이 없이는 믿음은 성숙한 인간에 있어서 온전히 믿음이 아닐 것이다. 그러나 선물로서의 믿음은 합리적이고 자발적인 수준으로 격하될 수 없다. 루터는 자발적인 측면들이 신자의 세례(성인세례:역자주)를 주장한 사람들 사이에서 너무 두드러졌다고 믿었기 때문에 그는 계속해서 유아세례를 주장하였고 "유년의 믿음"이라는 개념을 제시하였다. 이 개념은 거의 명확히 밝혀질 수 없다. 그러나 그것은 자발적이고 결단적인 측면들이 믿음을 말하는 데 있어서 두드러졌던 사람들에 대항하여 하나님의 주도적인 선물과 행위의 신비를 보호해주었다.

인간은 은혜의 빛 가운데 믿음으로 하나님 앞에 선다. 인간에게 있어서는 그가 최선을 다한다고 할지라도 다른 가능성은 존재하지 않는다. 그런 까닭에 루터에 있어서 선행은 하나님에 대한 인간의 관계를 결정하지 못한다. 낮이 밤의 뒤를 따라 오고 좋은 열매가 좋은 나무로부터 나오듯이 선행은 믿음으로부터 생겨난다. 행위가 없는 곳에는 믿음도 없다. 하나님에게 속하는 것의 중대함과 기쁨을 알지 못한다. 그러나 신자는 그가 믿음 속에서 행하는 행위들을 바라보고는 돌연히 바로 복음의 자유의 성채 안에서 행위들과 공로를 새로운 형태의 종노릇으로 재조직해버리려고 하는 유혹을 받는다. 루터에게 있어서 신약의 가르침과 율법의 윤리적 엄격성은 그리스도인에게 자기가 여전히 죄인임을 확신시켜주는 역할을 한다. 더욱이 자신의 행위들을 바라보는 것은 그 행위들을 망쳐놓는다. 진정한 행위들은 자기가 아니라 하나님을 가리킨다. 이것이 루터가 믿음으로부터 떠난 모든 행위들은 "참으로 악하고 저주받을 죄들"에 지나지 않는다고 선언할 수 있었던 이유이다.[8] 외적이고 도덕적인 수준에서 그것들은 다른 행동들보다 더 나을 수 있다. 그러나 그 행위들의 총체적인 지향의 견지에서, 즉 하나님 앞에서의 그 사람의 신분 (status)의 견지에서 그 행위들은 아무런 효력이 없다. 그 수준에서 모든 것은 관계의 문제, 사람이 하나님의 측량할 수 없는 행위의 덕택으로 들어가게 되는 관계의 문제이다. 하나님과 직면한 인간은 행위와 믿음 또는 믿음과 행위의 결합에 의존할 수 없고 오로지 행위가 없지 않은 믿음 또는 사랑으로 역사하는 믿음에 의존할 수 있다. 그리스도인은 살아가고 투쟁하며 자기 이웃에 대하여 하나의 그리스도가 되어야 하며 무엇보다도 하나님을 신뢰하여야 한다. 이 소재에 대한 루터의 강력한 개관은 이 책에 수록되어 있는 「그리스도인의 자유」에서 찾아볼 수 있다.

하나님이 인간에게 의를 전가하신다는 견지에서 인간은 전적으로 성도이다. 이것을 떠나서는 인간의 처지의 실제는 전적으로 죄인이다. 인간은 성도인 동시에 아울러 죄인이다. 인간이 여전히 죄인이라는 인식은 하나님 앞에서의 그의 삶에 관한 기술(記述)이다. 하나님 앞에서의 그의 처지에 있어서의 죄는 그의 삶의 죄들 속에 반영되어 있다. 그러나 후자를 따로 떼어 보는 것은 죄의 문제를 오해하는 것이다. 이것은 신학적인 견해라기보다는 인류학적 견해일 것이며 하나님 앞에서의 인간의 신뢰 또는 신뢰의 결여라는 근본적인 문제를 모호하게 해버릴 것이다.

성경의 계명들과 가르침들은 인간이 하나님에 대하여 적절한 관계에 있지 못하다는 것을 밝혀주지만 또한 인간의 책임에 대하여 방향성을 부여하는 데 도움을 준다. 율법의 소극적인 기능과 적극적인 기능은 믿음이 인간의 궁극적인 운명과 관련하여 율법의 모든 측면을 뛰어넘는 방식과 아울러 1531년 루터의 갈라디아서 강의에 아주 생생하게 묘사되어 있는데, 이 강의로부터 발췌한 것들이 이 책에 수록되어 있다.

우리는 종교개혁과 관련된 두번째 슬로건이 "오직 성경만으로"임을 말하였다. 그것은 그리스도인과 교회에 대한 유일한 권위의 원천은 성경으로부터 나온다는 것을 뜻한다. 슬로건으로서 그것은 여러 가지 다양한 해석들에도

---

8) p. 111를 보라.

불구하고 교회는 성경의 합법적인 해석자로 생각되었던 중세 시대의 맥락 속
에서 이해되어야 한다. 중세적 견해의 보다 극단적인 형태들에서는 계시들은
성경과는 별도로 교회에 주어진다고 주장되었다. 루터가 성경의 유일한 권위
를 역설한 것은 바로 이러한 상황에서였다. 그러나 루터의 성경의 권위에 대
한 역설은 문자적 의미나 근본주의적 의미로 이해되어서는 안된다. 루터는
16세기 인물로서 성경의 문자적 정확성에 도전하지 않았을 것이지만 이러한
문자적 정확성은 관심의 대상이 아니었다. 성경은 성경이 증거하고 있는 대
상, 즉 그리스도에 비추어 의의가 있는 것이었고, 성령의 능력으로 말미암아
성경이 믿음을 낳고 믿음을 키우는 대리자가 되었기 때문에 의의가 있었다.
성경을 통하여 살아계신 하나님의 말씀이 각양각색의 인간들에게 알려졌기
때문에 성경은 하나님의 말씀이었다. 사실 이것은 루터에게 지당한 사실이었
기 때문에 그는 성경 자체는 그 중심, 즉 그리스도에 비추어 해석되어야 한
다고 믿었다. 이것은 그가 성경의 모든 책들을 동일한 가치가 있는 것으로
보지 않았던 이유이다. 루터가 성경을 해석한 방식을 보여주는 것으로 우리
는 성경 각 책들에 대한 그의 서문들 가운데 몇몇을 이 책에 포함시켰다.

루터가 교황권과 공의회의 권리 주장들에 직면하여 이러한 성경에 대한
특별한 해석을 역설하기란 쉬운 일이 아니었다. 그럼에도 불구하고 루터의
역사적 작업은 그의 해석에 장점이 있으며 또한 교회가 성경을 자신의 이익
의 포로로 잡았다고 주장할 수 있다는 것을 그에게 보여주었다. 루터가 성
경과 나란히 또는 성경과 관련하여 "올바른 이성"이라는 용어를 사용한 것
— 아우그스부르크와 보름스에서의 논쟁에서 — 은 믿음의 원천으로서의 이
성을 주장한 것(그가 싫어한 견해)이 아니라 교회의 주제넘은 권리 주장에
대항하여 성경을 건전하게 해석하라는 요구였다. 또한 루터는 성경은 해석될
필요가 있다고 믿었다. 이것을 그는 자신의 설교와 가르침을 통하여 광범위
하게 수행하였다. 그러나 또한 그는 교회 공동체에서 성경은 그 자신의 해석
자라고 믿었다. 이러한 해석은 성경의 말씀과 성경의 공동작업에 의해 어떤
사람이 본문이 말하는 것보다 더 많은 것에 의해 사로잡힌 것을 포함하였다.
그것은 살아계신 말씀에 의해 깊은 내면에서 사로잡혀서 마음과 사고를 포함
한 자신의 존재 전체의 방향이 재설정되는 것이었다.

복음에 관한 루터의 이해는 중세 시대에 통용되었던 것과는 다른 교회에
대한 개념을 강요하였다. 교회는 더이상 근본적으로 성례의 대리자가 아니라

신자들의 공동체였다. 참 교회, 즉 하나님의 택하신 자들은 당시 눈에 보이는 중세교회에 감추어져 있었다. 교회의 표지들과 특징들을 묘사하면서 루터는 눈에 보이는 공동체를 언급한다. 교회는 말씀이 선포되고 성례들이 정당하게 거행되는 곳에 존재한다고 그는 주장하였다. 하나님의 말씀은 피조물의 그 어디에서도 인식될 수 있다. 그러나 하나님의 말씀은 하나님이 스스로를 드러내신 곳, 즉 선포와 성례들 속에서 찾아져야 한다. 예배하는 공동체는 자신의 신앙을 고백하고, 심판 그리고 무엇보다도 은혜의 말씀을 듣는다. 내용에 있어서 선포된 말씀과 성례 속에서의 말씀은 구별되지 않아야 한다. 그것들은 인간 존재의 다양성과 총체성 안에서 인간을 향하여 발해진 두 가지 제도화된 형태들이다. 그러므로 그것들은 한 무리를 이룬다. 루터에 의하면 말씀의 선포 뒤에는 성찬이라는 성례가 뒤따라야 하고, 말씀의 선포 없이는 어떠한 성례의 거행도 있어서는 안된다. 성례들은 꼭 있어야 한다. 그러나 그것들은 선포된 말씀 속에서 나눠지지 못한 특별한 은혜를 함축하고 있지는 않다. 사람은 자비 속에서의 하나님의 임재의 약속이 성취될 것을 기대하는 마음으로 말씀을 들으러 나아오는 것처럼 성례에 나아와야 한다.

세례의 성례는 그리스도의 공동체에 합체되는 것, 자기에 대하여 죽고 그리스도 안에서의 새 생명에 합체되는 것을 의미한다. 그것은 영생이라는 믿음의 선물과 실체를 포함한다. 루터는 마음이 산란한 신자들에게 세례의 성례 속에서 그들에게 주어진 하나님의 임재의 약속을 기억하도록 자주 충고하였다. 의심과 걱정에 싸여있는 사람들에게 루터의 세례는 예정과 마찬가지로 하나님 아래에서의 인간의 안전한 운명의 징표이자 서약이자 위로였다.

루터의 견해들이 로마 가톨릭과 그밖의 개신교 전통들과 두드러지게 대조되게 한 것은 성찬에 있어서 그리스도의 임재 방식에서이다. 루터는 미사의 어느 시점에서 떡과 포도즙이 그리스도의 실제의 몸과 피로 변화된다는 설을 거부하였다. 그러나 그는 신자나 불신자나 똑같이 떡과 포도즙에 참여함으로써 그리스도의 몸과 피를 씹는다는 견해를 주장하였다. 루터에게 있어서 그리스도는 성찬에 임재하시는데, 이는 하나님의 대리자인 사제로 인하여 어느 시점에 떡과 포도즙이 변화되기 때문이 아니라 하나님이 임재하시겠다고 약속하셨기 때문이다. 나아가 루터에게 있어서 그러한 임재는 총체적인 임재를 의미하였다. 이런 이유로 그는 떡과 포도즙에의 그리스도의 실체적 임재설을 주장하였다. 루터에게 있어서 "영적인 임재"라는 명칭은 완전하고도 총체적인 임재를 충분히 표현하지 못하고 있는 것이었다. 그러나 루터의 실체적 임재설은 공간적 특징들을 함축하고 있지는 않았다. 루터에게는 성찬에서 사람들은 그리스도의 삶과 죽음과 부활을 회상한다고 말하는 것으로는 충분치 않았다. 그는 "이는 내 몸이니(is)"의 실체적 의미를 주장하였다. 그러나 그는 "이니"(is)의 형이상학에 관한 논의에 말려들기를 거부하였다.

성례들에 관한 이러한 이해는 사람은 성례들을 믿음 안에서 받아들인다는 것을 전제로 하고 있다. 성례는 믿음을 떠나서는 하나님을 기쁘시게 하거나 효력을 발휘하지 못한다. 그러나 성례를 만드는 것은 믿음이 아니다. 성례는 하나님에 의해 믿음으로 나아오는 자에 대하여 약속과 결부된 눈에 보이는 징표로서 제정되었다. 그러므로 성례는 믿음 이상의 것이다. 그렇지만 성례는 믿음이 없이는 성례가 아니다.

루터는 성례들에 관하여 광범위하게 글을 썼다. 나아가 그는 자신의 저작들 속에서 성례들을 다루었고, 이런 이유로 성례들에 관한 별도의 특별한 작품은 이 책에 수록되지 않았다. 이후에 나오는 각 부(部)에서 성례들은 「교회의 바벨론 포로」 속에서 가장 광범위하게 다루어진다.

신자들의 공동체로서 그리스도인들은 그리스도께서 그들 앞서 행하신대로 서로의 짐을 지고 세상의 짐을 진다. 루터에게 있어서 교회를 인식하는 방식은 두 가지 근본적인 가정을 포함하고 있었다. 첫째, 성직자는 더이상 '필수적인' 중보자직으로 이해되지 않았다. 즉, 그것은 더이상 하나님과 인간의 특별한 중개를 나타내지 않았다. 오히려 교회 공동체에서 모든 사람은 서로에 대하여 사제들이었다. 즉, 은혜와 후원의 계기들이요 전달자들이었다. 이것은 모든 신자들의 제사장직이라는 개념으로 표현되었다. 그것은 그리스도인들의 상호 관계 및 하나님에 대한 그들의 공통적인 직접적인 관계를 묘사하였다. 그러나 이것은 특별한 성직자가 불필요하다는 것을 뜻하지는 않았다. 말씀의 선포와 성례의 거행은 그 효력과 본질에 있어서 별도의 성직자에 의존하지는 않았지만, 말씀의 충실한 선포는 시간과 재능과 노력을 요구하였고, 성례의 충실한 거행은 예식과 질서를 요구하였다. 그러므로 특별히 교육받은 성직자는 필수적이었다.

이 점에서 두번째 가정은 분명해진다. 성직자는 존재론적으로가 아니라 기능적으로 구별된다. 그것은 특별한 신분(status)이 아니다. 이전의 수도사와 평신도의 구별과 같이 좀더 고귀한 소명과 저급한 소명은 폐지된다. 루터는 모든 소명이 똑같이 존귀하다는 것을 뜻하지는 않는다. 그러나 성직자, 구두 수선공, 행정관이 똑같이 그들의 책임을 다하면서 하나님을 섬길 수 있다. 우리 모두는 우리의 소명이나 직업이 무엇이든 삶의 갈등들과 불확실한 것들에 자신을 가지고 직면하여서 시대를 구원하는 그릇으로 하나님에 의해 사용되기를 소망할 수 있다. 이것은 믿음의 선물을 통하여 우리가 우리 자신의 미덕이 아니라 만물을 주관하시며 악으로부터 선을 가져오실 수 있는 유일한 분인 하나님을 신뢰하는 법을 배웠기 때문에 가능하다.

제I부

루터의 라틴어 저작 전집 서문[1]

비텐베르크, 1545년

〔루터의 라틴어 저작에 대한 1545년의 서문은 연대적으로 볼 때 이 선집에서 가장 뒤늦게 소개될 것이지만 일부러 제일 앞에 두기로 하였다. 루터는 죽음을 앞두고 여기서 자신의 생애,, 자기가 살았고 일했던 시대 상황, 믿음으로 말미암아 의롭게 된다는 것의 의미에 대한 발견을 회고하고 있기 때문이다. 따라서 이 글은 루터가 어떻게 자기 자신과 자신의 일을 보았는가를 잘 보여주고 있다. 이것은 루터가 틀림없이 모든 것들을 일어난 그대로 정확하게 기억하지 못하고 있다는 사실로 인해 생겨나는 역사적인 문제들이 있음에도 불구하고 사실이다. 서론에서 이미 살펴본 대로[2] 칭의 (justification)의 이해에 있어서 비약적 발전을 이룬 시기를 확정하는 문제 는 역사가들을 끊임없이 괴롭혀왔다. 그러나 이 문제에도 불구하고 이 서문 은 루터를 이해하고 루터의 저작을 읽어감에 있어서 훌륭한 출발점이 된 다.〕

---

1) Lewis W. Spitz가 편집하고 번역한 *Luther's Works*, volume 34, Career of the Reformer: IV (Philadelphia: Muhlenberg Press, 1960), pp. 327-38에서 발행인의 허락을 얻어 전재함.
2) 본서, p. 20를 보라.

마르틴 루터는 신실한 독자들에게 구원이 있기를 빈다!

오랫동안 나는 사람들이 나의 저술들, 더 정확하게는 나의 잡동사니 노작(勞作)들을 간행하라는 권유를 끈질기게 뿌리쳐왔다. 나는 고대 저술가들의 수고가 나의 새로운 작품들에 의해 묻혀짐으로써 독자들이 그들의 저작들을 읽지 않게 되는 것을 바라지 않았다. 게다가 하나님의 은혜로 아주 많은 체계적인 책들이 지금 나와 있다. 그 가운데 필립(Philip)의 「신학요론」(*Loci communes* : 주제별 신학강요-역자주)이 가장 뛰어나다.[3] 신학자와 주교는 특히 성경이 이제는 거의 모든 언어로 나와 있기 때문에 이 책(*Loci communes*)으로 아름답고 풍부하게 준비를 하면 경건의 가르침을 권능있게 설교할 수 있다. 그러나 나의 저작들은, 사건들이 일어난 순서가 일정치 않았기 때문에 불가피한 일이었지만, 조악하고 질서잡히지 않은 뒤죽박죽의 상태여서 지금 나로서도 정리하기가 쉽지 않을 정도이다.

이러한 이유들 때문에 나는 나의 모든 저작들이 아주 잊혀지고 묻혀져서 더 나은 저작들이 나올 여지를 남겨둘 수 있기를 바랐다. 그러나 내가 살아 있는 동안 나의 저작들이 간행되는 것을 허락하지 않는다면 이 운동과 사건들의 시기를 전혀 모르는 사람들이 거의 틀림없이 그 저작들을 간행하게 될 것이고, 하나의 혼란으로부터 많은 혼란들이 일어나게 될 것이라는 불평을 완강하고 끈질긴 다른 사람들로부터 귀에 못이 박히게 매일 듣게 되었다. 말하자면 그들의 완강함에 내가 손을 들었고, 나는 나의 저작들을 간행하는 것을 허락하였다. 이와 동시에 우리의 가장 걸출한 군주이신 선제후 요한 프리드리히(John Frederick)[4]의 바람과 명령이 있었다. 그는 인쇄업자들로 하여금 인쇄하도록 했을 뿐만 아니라 간행을 서두르도록 명령하고 독촉하였다.

그러나 다른 무엇보다도 나는 신실한 독자들에게 부탁하고자 하는데, 나는 이 저작들을 신중하게 분별력을 가지고, 그러니까 많은 동정심을 가지고 읽어주기를 우리 주 예수 그리스도를 위하여 부탁한다. 내가 이 운동을 시작하였을 당시 나는 수도사였고 매우 열렬한 교황지지자였다는 사실을 기억해 주기를 바란다. 나는 교황의 교의(敎義)에 탐닉해 있었기 때문에 내가 할 수

---

3) Philip Melanchthon을 가리킨다.
4) 선제후 작센의 요한 프리드리히(1554년에 죽음)는 강력한 복음적 소신을 가진 인물이었다. 그는 자기 영지에 있는 교회를 보다 강화하였고 비텐베르크 대학교에 새로이 지원을 하였으며 루터의 개혁자로서의 일을 격려하였다.

만 있었다면 모두를 죽일 준비가 되어 있었다. 곧 교황에 대한 순명(順命)이라는 한 마디로서 모든 사람을 죽이는 살인자들과 기꺼이 협력할 준비가 되어 있었다. 오늘날 많은 사람이 그러하듯이 나는 이토록 대단한 사울이었다. 나는 에크(Eck)[5]를 비롯한 부류들과 같이 교황권을 옹호하는 데 있어서 차가운 얼음 한 덩어리가 아니었다. 내가 보기에는 그들은 실제로 문제를 진지하게 추구하는 것이 아니라 그들 자신의 배를 위하여 교황을 옹호하는 듯하다. 실제로 내게 그들은 오늘날 에피쿠로스학파의 사람들처럼 교황을 비웃는 듯이 보인다! 나는 마지막 날을 두려워하는 가운데 그러면서도 나의 마음 깊은 곳에서부터 구원받기를 원하는 자로서 문제를 정말 진지하게 추구하였다.

따라서 독자들은 내가 초기 저작들에서 얼마나 중요한 문제들을 겸손하게 교황에게 양보하였는가를 발견할 것이다. 나는 그것을 나중에 그리고 지금도 가장 나쁜 신성모독이자 가증스러운 것으로 보고 혐오한다. 그러므로 신실한 독자들은 이 오류, 아니 그들이 비방하듯이 모순을 시대와 나의 미숙함으로 돌려주기를 바란다. 처음에 나는 완전히 혼자였고 그러한 큰 일을 수행하는 데 있어서 분명히 아주 서투르고 미숙했다. 나는 이러한 소용돌이에 나의 의지나 의도에 의해서가 아니라 우연히 휘말려들게 되었기 때문이다. 이에 대해서는 하나님께서 나의 증인이다.

그러므로 1517년에 이 지역들에서 매우 부끄러운 수입을 위하여 면죄부를 판매하게(나는 촉진시켰다고 말하기를 원했다) 되었을 때 — 그때 나는 말하자면 일개 설교자, 젊은 신학박사였다 — 나는 사람들에게 면죄부 행상들의 호객행위에 귀를 기울이지 말도록 설득하고 강권하기 시작하였다. 그들은 더 낫게 일들을 할 수 있었다. 나는 분명히 이 경우에 있어서 교황이라는 후원자를 가지고 있다고 생각하였다. 그때 나는 교황을 강하게 의지하고 신뢰를 두고 있었다. 왜냐하면 교황의 칙서들에서 교황은 아주 분명하게 심문관(quaestor)들 — 교황은 면죄부 설교자들을 이렇게 불렀다 — 의 오만불손함을 저주하였기 때문이다.

곧 나는 두 통의 편지를 썼는데, 하나는 마인츠의 대주교 알브레히트(Albrecht)에게 보내는 것이었고 다른 하나는 브란덴베르크의 주교 평범한 제롬(the ordinary Jerome, 사람들이 그를 이렇게 부른다)에게 보내는 것

---

5) 라이프치히 논쟁에서.

이었다. 그런데 면죄부 판매 수입 가운데 절반은 교황에게 들어갔고 절반은 알브레히트에게 배당되었다 — 당시에 나는 이 사실을 몰랐다. 나는 그들에게 심문관들의 후안무치한 신성모독을 중지해줄 것을 간청하였다. 그러나 가엾은 작은 형제는 경멸을 당했다. 경멸을 당한 후에 나는 「95개 조항」을 공표하였고, 이와 동시에 독일어로 된 「면죄부에 대한 설교」[6], 그 직후에 「95개 조항 해설」[7]을 출간하였는데, 여기서 나는 교황을 높이는 가운데 면죄부는 실제로 단죄될 것이 아니라 사랑에 의한 선행보다 우위에 두어져서는 안된다는 생각을 개진하였다.

　　이것은 불을 가지고 하늘을 파괴하고 땅을 태우는 격이었다. 나는 교황에 의해 고발되어 로마로 호출 명령을 받았고 교황 지지자들은 나 혼자를 대항하여 벌떼처럼 일어났다. 이 모든 일들은 막시밀리안(Maximilian)이 아우그스부르크에서 의회를 열었던 1518년에 일어났다. 그 의회에서 카예타누스 추기경이 교황의 라테란 대성당의 특사로서 왔다. 가장 걸출한 작센의 선제후 프리드리히 공이 나를 대신하여 그와 교섭하여 내가 로마로 가지 않고 그 자신이 나를 불러 문제를 검토하고 해결하도록 하였다. 곧 의회는 휴회하였다.

　　그러는 사이에 로마 불한당들의 약탈과 밀매와 끝없는 사취(詐取)로 고통을 받아 완전히 지쳐있던 독일 사람들은 숨을 죽이고 이전에 그 누구도 주교도 신학자도 감히 건드리지 못했던 아주 중대한 문제의 결말을 지켜보고 있었다. 어쨌든 대중들의 기운은 내게 유리하였다. 그들이 온 땅을 가득 채웠던 관행들과 "로마 가톨릭화"는 이미 모든 사람의 미움을 사고 있었다.

　　그래서 나는 의회와 몇몇 호의적인 사람들에게 보내는 선제후 프리드리히의 추천장과 식량을 지니고 걸어서 누추한 모습으로 아우그스부르크로 왔다. 거기서 추기경은 날마다 어떤 웅변가를 보내어 나를 날마다 호출하였지만 나는 사흘을 보낸 후에 추기경에게로 갔다. 왜냐하면 몇몇 뛰어난 사람들이 황제로부터의 신변보장을 받기 전에는 추기경에게로 가지 말도록 아주 끈질기게 나를 설득하였기 때문이다. 그 웅변가는 내가 나의 말을 취소하기만 한다면 모든 것은 잘 될 것이라고 강요하면서 나를 다소 괴롭혔다! 그러나

---

6) The Sermon on Indulgences and Grace, March, 1518.
7) The Explanations of the Ninety-five Theses, August, 1518.

잘못된 것이 크기 때문에 그것을 교정하는 길도 먼 것이다.

마침내 사흘째 되던 날에 그는 나를 아주 자비롭게 기다리고 있는 추기경에게 왜 내가 오지 않는가를 알기 위하여 왔다. 나는 선제후 프리드리히로부터 추천을 받은 아주 좋은 사람들의 충고를 존중하여야 했는데, 황제의 보호 또는 신변보장이 없이는 추기경에게로 결코 가서는 안된다는 것이 그들의 충고였다고 대답하였다. 이것은 얻는다면(그러나 그들은 제국 의회 편에서 그것을 얻을 조치를 취하였다) 나는 곧 갈 것이었다. 이때 그는 화를 냈다. "당신을 위해서 군주 프리드리히가 무장을 할 것이라고 생각하는가?"라고 그는 말했다. 나는 "나는 그것을 전혀 원치 않습니다."라고 대답했다. "그러면 당신은 어디에 머무를 것인가?" 나는 "하늘 아래"라고 대답했다. 그러자 그는 "당신이 교황과 추기경들을 당신의 세력권 안에 가지고 있다면 당신은 무엇을 할 것인가?"라고 말했다. "나는 그들 모두에게 존경과 존귀를 돌릴 것입니다."라고 나는 말했다. 그는 손가락을 이탈리아인들이 하듯이 흔들면서 "흠!"하고는 떠나서 돌아오지 않았다.

바로 그 날에 제국 의회는 추기경에게 황제의 보호 또는 신변보장이 내게 허용되었음을 알리고 그에게 나를 너무 심하게 다루지 말 것을 권고하였다. 그는 "좋습니다. 그렇지만 나는 나의 의무가 요구하는 것은 무엇이든지 할 것입니다."라고 대답했다고 한다. 이러한 것들은 이 소동의 시작이었다. 나머지 일들은 이후에 수록된 글들에서 알 수 있다.

필립 멜랑히톤은 이미 같은 해에 군주(선제후) 프리드리히에 의해 이곳에 불려와서 헬라 문학을 가르치고 있었기 때문에 나는 신학 연구에 있어서 동료를 가지게 되었다. 사단과 그의 모든 추종자들은 미쳐 날뛰고 있는 가운데 그의 연구들은 주님께서 문학에서만이 아니라 신학에서도 이 도구를 통하여 무엇을 행하셨는가를 충분히 입증해주고 있다.

이듬 해 1519년 2월에 막시밀리안이 죽고 제국법에 따라 프리드리히 공이 황제 대리가 되었다. 그러면서 폭풍은 어느 정도 몰아쳐오기를 그쳤지만, 점차로 파문의 불명예 또는 교황의 벼락이 떨어졌다. 에크와 카라키올리(Caraccioli)가 루터를 단죄하는 로마로부터의 칙서를 가져와서 에크는 여기에서, 카라키올리는 그때 최근에 선출된 찰스(Charles) 5세를 만나기 위하여 다른 제후들과 함께 쾰른(Cologne)에 있던 프리드리히 공에게 공개했을 때, 프리드리히는 격노하였다. 그는 불굴의 용기를 가지고 그 교황의 불한당을 꾸짖었다. 왜냐하면 그가 없는 사이에 카라키올리와 에크는 그와 그의 형제 요한의 영주국을 소란스럽게 하였기 때문이었다. 그는 그들에게 심한 모욕을 주었기 때문에 그들은 수치감과 굴욕감 속에서 그를 떠났다. 믿을 수 없을 정도의 통찰력을 지닌 이 제후는 로마 가톨릭의 책략을 눈치채었고 적절한 방식으로 그들을 다루는 방법을 알고 있었다. 그는 로마교도들이 바라거나 두려워하는 것보다 훨씬 더 날카로운 코를 가지고 있어서 예민하게 낌새를 알아차렸던 것이다.

그러므로 그들은 그를 시험하지 못했다. 왜냐하면 그는 같은 해 레오 10세에 의해 그에게 보내진, 그들이 "황금"이라고 불렀던 장미를 조금도 귀하게 여기지 않고 실제로 조소하였기 때문이다. 그래서 이 로마 가톨릭주의 자들은 이토록 위대한 제후를 속이려던 자신들의 시도들을 포기하지 않을 수 없었다. 복음은 그 제후의 그늘 아래에서 다행히도 퍼져나갔고 널리 선전되었다. 그의 권세는 매우 많은 사람들에게 영향을 끼쳤다. 왜냐하면 그는 매우 현명하고 아주 날카로운 통찰력을 지닌 제후여서 그를 미워하는 자들만이 그가 이단과 이단자들을 육성하고 보호하기를 원한다는 의구심을 받았기 때문이다. 이것은 교황권에 커다란 해를 가하였다.

같은 해에 라이프치히 토론이 열렸고, 에크는 칼슈타트(Karlstadt)[8]와 나에게 도전하였다. 그러나 나는 나의 모든 편지에도 불구하고 게오르게 (George) 공[9]으로부터 신변보장을 얻을 수 없었다. 따라서 나는 토론자로서가 아니라 칼슈타트에게 허용된 신변보장 아래에서 방청객으로 라이프치히로 갔다. 누가 나를 방해했는지 나는 모른다. 그때까지 게오르게 공은 내게 적대적이지 않았기 때문이다. 나는 이 점을 확실히 알고 있다.

거기에서 에크는 나의 숙소로 나를 찾아왔고, 내가 토론에 참여하기를 거부하였다는 것을 들었다고 말하였다. 나는 "게오르게 공으로부터 신변보장을 얻지 못하였는데 어떻게 토론에 참여할 수 있느냐?"고 대답하였다. "내가 당신과 토론할 수 없다면 나는 칼슈타트와 토론하기를 원치 않는다. 나는 당신 때문에 여기에 왔기 때문이다. 내가 당신을 위해 신변보장을 얻어준다면

---

8) 1513-23에 비텐베르크 대학교 신학 교수였던 Andreas Bodenstein von Karlstadt(1480-1541).

9) 1485년에 선거구인 에르네스틴 작센으로부터 분리된 알베르틴 작센의 게오르게 공작(1471-1539)은 종교개혁에 대한 비타협적인 적으로 남았다.

어떻게 할 것인가? 그때에는 나와 토론하겠는가?" 하고 그는 말했다. "신변 보장을 얻는다면 그렇게 할 것이다."라고 나는 말했다. 그는 떠났고 곧 내게 도 신변보장과 토론에 참여할 기회가 주어졌다.

에크가 이렇게 한 것은 그는 교황은 천부적으로 교회의 수장(首長)임을 부인하는 나의 주장으로 인하여 자기 앞에 놓여 있는 모종의 영광을 알아차 렸기 때문이었다. 여기에 넓은 장(場)이 그에게 열려 있었고, 교황을 찬양하 며 아첨함으로써 그의 호의를 얻을 최고의 기회, 또한 미움과 시기로 나를 파멸시킬 기회가 열려 있었다. 그는 토론을 하는 과정 전체를 통하여 열심히 그렇게 하였다. 그러나 그는 자기 자신의 입장을 입증하지도 못했고 나의 입 장을 반박하지도 못했기 때문에 게오르게 공조차도 아침 식사 시간에 에크와 내게 "그가 인간적인 권리에 의해서 교황이든 천부적인 권리에 의해서 교황 이든 어쨌든 그는 교황이다"라고 말했다. 그가 이 논쟁에 의해 영향을 받지 않고 단지 에크의 의견만에 찬성하였다고 한다면 결코 이렇게 말하지 않았을 것이다.

여기서 나의 경우에 독자들은 또한 온 세계의 예(例)에 의해 확증되어 있고 오랜 습관에 의해 자연스러운 일이 되어 버린 오류들과 싸우고 그것들 로부터 벗어나는 것이 얼마나 어려운 일인가를 볼 수 있을 것이다. "습관을 버리기는 어렵다.", "습관은 제2의 천성이다."라는 격언이 얼마나 참된지를 알 수 있다. "어느 누가 습관에 저항하지 않는다면 그것은 필연이 되어버린 다"는 아우구스티누스의 말은 또 얼마나 올바른지. 그때 나는 이미 성경을 아주 부지런히 사적으로나 공적으로 7년 동안 읽고 가르쳐왔기 때문에 성경 을 거의 모두 암기하고 있을 정도였다. 또한 나는 그리스도를 아는 지식과 그리스도에 대한 믿음의 초보를 획득하고 있었다. 즉 행위로써가 아니라 그 리스도에 대한 믿음으로써 우리는 의롭게 되고 구원을 받는다는 것을 말이 다. 끝으로 나는 이미 교황은 천부적으로 교회의 수장이 아니라는 명제를 공 적으로 옹호하여 왔다. 그럼에도 불구하고 나는, 말하자면 교황은 마귀에 속함에 틀림없다는 결론을 도출하지 않았다. 하나님께 속하지 않은 것은 필 연적으로 마귀에게 속한 것임에 틀림없다.

이미 말한대로 나는 나 자신의 습관과 아울러 거룩한 교회의 모범과 칭 호에 탐닉해 있었기 때문에 나는 교황에 대하여 인간적 권리를 시인하였다. 그럼에도 불구하고 그것이 하나님의 권세를 토대로 하고 있지 않다면 그것은 마귀적인 거짓말이다. 우리가 부모와 통치자들에게 복종하는 것은 그들이 그 것을 명령하기 때문이 아니라 그것이 하나님의 뜻이기 때문이다 — 베드로전서 3장〔2:13〕. 그러한 이유로 성경을 그토록 많은 세월동안 아주 부지런히 읽은 내가 여전히 끈질기게 교황권을 고수하고 있기 때문에, 나는 너무도 끈질기게 교황권을 고수하는 덜 밉살스러운 영혼들, 특히 성경을 읽지 않은 사람들 또는 하나님을 욕되게 하는 사람들을 참을 수 있다.

1519년에 레오 10세는 이미 말한 대로 교황과 화해하도록 나를 간곡하게 강권하였던 칼 폰 밀티츠(Karl von Miltitz)에게 장미를 보냈다. 그는 교황이 장미를 통하여 요청한 대로 제후 프리드리히가 나를 그에게로 넘긴다면 그는 각 도시에서 사람을 붙여서 나를 로마로 안전하게 호송하라는 70통의 교황서한을 가지고 있었다. 그러나 "오, 마르틴, 나는 당신이 난로 뒤에 앉아서 자기 자신과 논쟁을 하는 노련한 신학자인 줄 믿었다. 이제 나는 당신이 여전히 젊고 강함을 본다. 내게 이만오천 명의 무장된 군사가 있다고 해도 내가 당신을 로마로 호송할 수 있을 것으로 믿지 않는다. 왜냐하면 나는 내내 백성들의 마음으로부터 들려나오는 소리를 통해 백성들이 당신에 대하여 어떻게 생각하는가를 알게 되었기 때문이다. 보라, 한 사람이 교황 편에 서는데 세 사람이 교황을 반대하여 당신 편에 서 있음을 나는 알게 되었다."라고 그가 말함으로써 그는 자신의 마음 속에 있는 계획을 드러내었다. 그러나 그것은 말도 되지 않는 것이었다! 그는 또한 여인숙에 있는 단순한 작은 여인들과 소녀들에게 그들이 로마 교황좌(the Roman Chair)에 대하여 생각하는 바를 물었던 것이기 때문이었다.[10] 이 용어를 모르고 가정용 의자를 생각한 그들은 "당신이 로마에서 목재로 된 의자를 갖고 있는지 철제로 된 의자를 갖고 있는지를 우리가 어떻게 알겠어요?"라고 대답하였다.

그러므로 그는 내게 교황과 화해를 할 어떤 것을 찾아보도록 간청하였다. 그는 교황도 그렇게 하도록 온갖 노력을 기울여 볼 것이었다. 또한 나는 모든 것을 많이 약속하였다. 내가 진리와 관련하여 선한 양심으로 할 수 있는 것은 무엇이든 아주 즉각적으로 할 것이다. 또한 나는 화평을 바랐고 이에 열심이었다. 억지로 이러한 소동에 휘말려들었고 어쩔 수 없어서 내몰린 후로 나는 내가 할 수 있는 모든 것을 다 했다. 죄는 나의 것이 아니었다.

---

10) 교황청.

　　그러나 그는 이 비극의 일차적인 장본인인 설교 수도회[11]의 요한 테첼 (Johann Tetzel)을 호출하여 교황으로부터의 장황한 위협들을 가지고 사람들을 부숴놓았는데 그때까지 모든 사람들에게 너무도 공포스러운 겁없는 행상인으로서 그때 이래로 그는 악한 생각에 의해 소모되고 마침내 삼켜져 버렸다. 나는 이것을 그가 죽기 전에 발견해내고는 그에게 나의 기억을 두려워하지 말고 미소를 띠라고 호의적으로 한 통의 편지를 써서 그를 위로하였다. 그러나 아마 그는 자신의 양심과 교황의 진노의 희생물이 되어버렸을 것이다.

　　칼 폰 밀티츠의 일은 수포로 돌아갔고 그의 충고도 소용없었다. 그러나 내 생각으로는 마인츠의 사람[12]이 처음부터 내가 그에게 권고했을 때 이 충고를 들었고 또 마침내 교황이 나의 말을 들어보지도 않고 격노하여 칙서를 내려 나를 단죄하기 전에 이 충고를 들었더라면, 문제는 그렇게 큰 소란으로 발전하지 않았을 것이다. 물론 칼은 이 충고를 들었지만 너무 시기가 늦었고 한때는 테첼의 노여움을 가라앉히기도 하였다. 이 모든 죄는 마인츠의 사람의 것이다. 그의 우아함과 영리함이 그를 바보로 만들었는데, 그러한 것들로써 그는 나의 가르침을 억누름으로써 면죄부로 인하여 얻어진 돈을 안전하게 갖기를 희망하였다. 이제 헛되이 책략들을 찾고 있다. 헛된 시도들이 행해지고 있다. 주님께서는 깨어나셔서 백성들을 판단하기 위하여 서 계시다. 그들은 우리를 죽일 수 있지만, 그들은 여전히 그들이 원하는 것을 가지지 못하고 있다. 그렇다. 그들이 가진 것보다 덜 가지고 있으며, 우리는 안전하게 살아가고 있다. 완전히 무딘 코를 가지고 있지 않은 사람들은 이제 충분히 냄새를 맡고 있다.

　　한편 나는 이미 그 해 동안에 시편을 새롭게 해석하는 일로 돌아와 있었다. 나는 대학에서 로마서, 갈라디아서, 히브리서를 강의한 후에 좀더 능숙해졌다는 사실을 확신하였다. 나는 실제로 로마서에서 바울을 이해하는 데 있어서 비상한 향기에 심취해 있었다. 그러나 그때까지 나의 길을 방해한 것은 마음의 차가운 피가 아니라 "하나님의 의가 나타나서"라는 1장〔:17〕에 나오는 한 단어였다. 왜냐하면 나는 "하나님의 의"라는 단어를 미워하였기 때

---

11) 도미니쿠스 수도회.
12) 브란덴부르크의 알브레히트

문이다. 모든 교사들의 용법과 관습에 따라 나는 이 단어를 그들이 부르는 바 형성적 또는 능동적 의를 의미하는 것으로 철학적으로 이해하도록 가르침을 받았기 때문이다. 하나님은 이런 식으로 의로우시며 불의한 죄인을 벌하신다는 것이다.

나는 수도사로서 흠 없이 생활하였지만 내가 극도로 혼란스러운 양심 속에서 하나님 앞에서 죄인이라고 느꼈다. 나는 하나님께서 나의 보속을 통하여 달래졌다고 믿을 수 없었다. 나는 죄인들을 벌하시는 의로운 하나님을 사랑하지 않았다. 아니 그러니까 미워하였다. 그리고 은밀하게 신성모독은 아니지만 분명히 나는 하나님에게 화를 내고 있다고 중얼거렸고 "실제로 원죄로 인하여 영원히 잃어버려진 저 비참한 죄인들은 하나님이 복음으로, 즉 그의 의로움과 진노로써 우리를 위협하는 복음으로 고통에 고통을 더하지 않는다고 하더라도 십계명의 율법에 의해 온갖 종류의 재난에 의해 분쇄되고 있다는 것만으로는 충분하지 않은 듯!"이라고 말했다. 그래서 나는 격렬하고 고통스러운 양심으로 화를 냈다. 그럼에도 불구하고 나는 바울의 그 말씀에 끈덕지게 매달렸고 아주 열렬히 성 바울이 원하는 것을 알고자 하였다.

마침내 하나님의 자비로 밤낮으로 묵상하는 가운데 나는 그 단어들이 나오는 문맥에 주의를 기울였다. "하나님의 의가 나타나서 … 기록된 바 오직 의인은 믿음으로 말미암아 살리라 함과 같으니라." 거기서 나는 하나님의 의는 이 의에 의하여 의인이 하나님의 선물 즉 믿음으로 말미암아 살아가는 바 그 의라는 것을 이해하기 시작하였다. 그리고 이것은 이런 의미이다: 하나님의 의는 복음에 계시된 바, 즉 자비로우신 하나님이 믿음으로 말미암아 우리를 의롭다고 하시는 바 수동적인 의에 의해 드러나는데, 기록된 바 "오직 의인은 믿음으로 말미암아 살리라." 여기서 나는 내가 완전히 새로 거듭나서 열린 문들을 통하여 낙원으로 들어갔다는 것을 느꼈다. 거기에서 성경 전체의 전혀 다른 면모가 내게 보여졌다. 그러면서 나는 성경을 기억 속에서 꿰뚫으면서, 성경의 다른 용어들 속에서 유비(類比)를 발견하였다. 하나님이 우리 속에서 하시는 것으로서의 하나님의 역사, 그가 우리를 강하게 만드시는 것으로서의 하나님의 권능, 그가 우리를 지혜롭게 하는 것으로서의 하나님의 지혜, 하나님의 힘, 하나님의 구원, 하나님의 영광.

그리고 나는 "하나님의 의"라는 단어를 이전에 미워하였던 것만큼이나 이제 사랑으로 나의 가장 달콤한 단어로 찬양하였다. 이렇게 해서 바울의 바로 그 구절은 내게 진정으로 낙원으로 들어가는 문이 되었다. 나중에 나는 아우구스티누스의 「영과 의문(儀文)」을 읽었는데, 거기에서 소망과는 반대로 나는 그가 하나님의 의를 비슷한 방식으로, 즉 하나님이 우리를 의롭다고 하실 때 우리에게 덧입히시는 의로 해석하였음을 발견하였다.[13] 이것은 지금까지 불완전하게 말해졌고 그는 전가(轉嫁, imputation)에 관한 모든 것들을 분명하게 설명하지 않았지만, 그럼에도 불구하고 우리를 의롭다고 하시는 하나님의 의가 가르쳐졌다는 것은 기쁜 일이었다. 이러한 사고들로 더욱 완벽하게 무장한 나는 시편을 두번째로 해석하기 시작하였다. 그리고 내가 다시 이렇게 시편주석을 시작하도록 강요받지 않았다면, 방대한 주석서를 써야 했었다. 왜냐하면 이듬 해에 황제 찰스 5세가 보름스에서 의회를 열었기 때문이었다.

나는 훌륭한 독자들에게 이러한 것들을 말한 것은 당신이 나의 보잘것없는 저작들을 읽는 독자라면, 내가 위에서 말한 대로 나는 완전히 혼자였고 아우구스티누스가 스스로에 대하여 말하듯이 저술과 가르침을 통하여 숙달되게 되었던 사람들 가운데 한 사람이었음을 명심해 두기를 바라는 마음에서이다. 나는 아무것도 아니었고 아무 수고도 안했고 유혹을 받지도 않은 상태에서 무(無)로부터 갑자기 최고가 된 것이 아니라, 성경을 한 번 보는 데도 자신의 모든 힘을 다 쏟았던 사람들 가운데 한 사람이었다.

1520년과 21년 어간에도 면죄부 문제는 계속되었다. 그 뒤에 성례와 재세례 문제가 발생하였다. 이런 것들에 관해서는 내가 살아 있다면 다른 책들에서 서문으로 쓸 것이다.

독자들에게 주님 안에서 작별을 고하며 사단에 대항하여 말씀으로 성장해나가기를 기도한다. 강하고 악하며 지금도 매우 맹렬하고 사나운 사단은 자신이 활동할 기간이 짧으며 그의 교황의 왕국이 위기에 처해 있다는 것을 알고 있다. 그러나 하나님께서 우리 안에서 시작하셨던 자신의 역사를 이루시고 완전케 하신 것을 우리 속에 확증해주시기를 바라며 하나님께 영광이 있으시기를. 아멘. 1545년 3월 5일.

---

13) Augustine, *The Spirit and the Letter*, chapter xi.

성경과 관련된 서문들

(신약, 로마서, 야고보서, 유다서, 시편)

〔루터는 1521년 바르트부르크에서 신약을 독일어로 번역하는 작업에 착수하였고, 그것은 1522년 9월에 간행되었다. 1523년 이래로 구약의 몇 몇 책들이 번역되어 출간되다가 1534년에 이르러 성경 전체가 번역되어 간행되었다. 성경이 독일어로 번역됨으로써 성경은 널리 읽힐 수 있게 되었지만, 루터는 성경을 이해하는 데 도움을 줄 목적으로 성경의 책들 가운데 여러 책들에 서론을 마련하였다. 이 서문들 가운데 몇몇은 책들에 대한 요약으로서가 아니라 복음의 명료한 표현들로서 또 그가 성경을 해석하는 방식을 이해하는 실마리로서 주목할 만하다. 이 점을 염두에 두고 신약 전체에 대한 서문과 로마서 서문은 그것들이 루터의 복음 이해에 빛을 던져준다는 이유로 선별되어 수록되었다. 야고보서와 유다서에 대한 서문은 복음에 비추어 성경의 각 책들을 자유롭게 판단하고 있음을 보여주기 위하여 수록하였다. 시편 서문은 시편이 루터가 특별히 좋아한 책이었기 때문에 수록하였다. 시편 서문은 신약과 관련된 서문들 뒤에 놓았는데, 이는 루터가 시편을 기독론적으로 또는 그리스도적 의미로 이해하였음을 보여주기 위함이다. 신약과 관련된 서문들은 1522년 독일어판 신약에 나온다. 여기에 수록된 시편 서문은 1524년에 처음으로 간행된 시편을 담은 별도의 1528년 판 책자에 나온다.〕

서문[1]

〔후기 판들에는 '신약에 대한 서문' 이라고 되어 있다.〕

이 책을 서문 없이 또는 제목 없이 간행함으로써 그 자신의 이름으로써 스스로에 대하여 말하도록 하는 것이 올바르고 적절할 것이다. 하지만 많은 비학문적인 강해들과 입문서들이 기독교인들의 이해를 왜곡시켜놓음으로써 율법과는 구별되는 복음의 의미, 구약과 구별되는 신약의 의미를 어렴풋이나마 알지도 못하게 되었다. 이같은 참담한 사태는 보통 사람들이 갖고 있는 친숙하지만 그릇된 개념들로부터 그들을 자유롭게 하고 곧바른 대로로 인도하며 약간의 교훈을 주기 위하여 서문이라는 형식으로 모종의 지침을 줄 필요가 있게 하였다. 이 책에서 복음과 약속들을 찾아야 함에도 불구하고 계명들과 율법들을 찾지 않도록 하기 위하여 이 책에서 무엇을 기대해야 하는가를 보여주어야 한다.

그러므로 첫번째로 우리는 네 개의 복음서, 오직 네 명의 복음서 기자가 있다는 헛된 생각을 제거하는 것이 얼마나 중요한가를 파악하여야 한다. 그리고 우리는 신약의 책들이 율법서, 예언서, 지혜서로 구분되어야 한다는 견해를 단번에 없애버려야 한다. 이렇게 구분하는 목적은 신약을 구약과 비슷하게 만드는 것이다(나 자신은 둘 사이의 유사성을 알지 못하지만). 도리어 우리는 한편으로 구약은 하나님의 율법과 계명을 담고 있는 책임을 분명하고 명확하게 마음에 새겨두어야 한다. 또한 구약은 하나님의 율법과 계명을 지

---

1) Bertram Lee Woolf가 번역하고 편집한 *The Reformation Writings of Martin Luther*, volume II, *The Spirit of the Protestant Reformation* (London: Lutterworth Press, 1956), pp. 278-83에서 발행인의 허락을 얻어 전재(轉載).

켰거나 지키지 못한 사람들의 기록을 보존하고 있다. 다른 한편으로 신약은 하나님이 약속하신 복음을 담고 있는 책으로서 그것을 믿거나 믿지 않았던 사람들의 기록이다. 그러므로 우리는 신약이 한 권의 책임과 마찬가지로 오직 하나의 복음이 있다는 것을 확신할 수 있다. 따라서 오직 하나의 믿음, 오직 한 분의 하나님, 약속을 주신 하나님만이 존재한다.

복음은 기쁜 소식, 좋은 소식, 환영할 만한 정보, 환호성, 사람으로 하여금 기뻐 노래하며 말하게 하는 그 무엇을 의미하는 헬라어이다. 다윗이 거인 골리앗을 물리쳤을 때 커다란 환호성이 있었고, 무시무시한 대적이 죽었으며 자유롭게 자유와 평화를 누릴 수 있게 되었다는 가슴벅찬 소식이 유대인들 사이에 전해졌다. 그러자 그들은 노래를 부르며 춤을 추고 즐거워 했다. 마찬가지로 하나님의 복음인 신약은 한편의 좋은 소식이자 함성이다. 그것은 사도들에 의해 온 세계에 울려퍼졌다. 그들은 죄와 죽음과 마귀와 싸워 승리를 획득한 참된 다윗을 선포하였다. 그렇게 함으로써 그분은 죄에 묶이고 죽음에 의해 위협을 받고 마귀에 억눌렸던 모든 이들을 사로잡았다. 그들은 아무런 보상도 받을 자격이 없었지만, 그분은 그들을 구속하였고 의롭다 하였고 그들에게 생명과 구원을 줌으로써 그들에게 평화를 가져다주었으며 하나님께로 다시 인도하였다. 이런 이유들로 인하여 그들은 감사의 노래를 부르며 하나님께 찬양을 드린다. 그리고 그들은 믿음에 확고하게 서있기만 한다면 계속해서 언제나 행복할 것이다.

이런 유의 함성, 이러한 가슴벅찬 소식, 이러한 기쁜 하나님의 메시지를 새로운 언약이라 부른다. 또한 그것은 죽음을 앞둔 사람이 어떻게 자신의 재산을 자기가 거명하는 상속자들 사이에서 분배할 것인가를 결정하는 유언과 같다. 마찬가지 방식으로 그리스도는 자신이 죽기 전에 이 복음이 자신이 죽고 난 후에 온 세상에 선포되도록 하라고 명령했고 그렇게 결정하였다. 그렇게 함으로써 그분은 모든 믿는 자들에게 그분의 모든 좋은 것들을 주셨다: 즉, 그분이 죽음을 정복할 때 사용한 그분의 생명, 그분이 죄를 없이하실 때 사용한 그분의 의, 그분이 영원한 저주를 극복하실 때 사용한 그분의 거룩함. 죄와 죽음과 음부에 묶인 가없은 사람은 그리스도에 관한 이 귀하고 사랑스러운 메시지보다 더 위로가 되고 고무적인 것을 들을 수 없다. 죄인은 그가 그 진리를 받아들일 때 자신의 가슴 밑바닥으로부터 환호하며 이를 기뻐하지 않을 수 없다.

이제 하나님은 그러한 믿음을 굳게 하기 위하여 흔히 구약의 선지자들을 통하여 이 복음, 자신의 이 언약을 약속하였다. 따라서 바울은 로마서 1장〔:1〕에서 "하나님의 복음을 위하여 택정함을 입었으니 이 복음은 하나님이 선지자들로 말미암아 그의 아들에 관하여 성경에 미리 약속하신 것이라 이 아들로 말하면 육신으로는 … "이라고 말하고 있다. 그리고 우리가 이 말씀들을 우리 자신에게 적용하게 하기 위하여, 하나님이 뱀에게 내가 너와 여자와 원수가 되게 하고 너의 후손도 여자의 후손과 원수가 되게 할 것이라고 말씀하셨을 때 하나님의 첫번째 약속이 말씀되어졌다. 여자의 후손은 네 머리를 상하게 할 것이요 너는 그의 발꿈치를 상하게 할 것이니라〔창 3:15〕. 그리스도는 여자의 후손으로서 죄와 죽음과 음부와 그 모든 권세를 의미하는 마귀의 머리를 밟았다. 이 후손이 없었다면 어떤 사람이라도 죄와 죽음과 음부를 피할 수는 없다.

게다가 창세기 22장〔:18〕에는 아브라함을 향한 하나님의 약속이 있다: "네 씨로 말미암아 천하 만민이 복을 얻으리니." 갈라디아 3장〔:16〕에서 성 바울에 따르면 그리스도는 아브라함의 후손으로서 복음을 통하여 천하 만민에게 축복을 주었다. 그리스도가 발견되지 않는 곳에서는 아담의 범죄 후에 아담과 그의 후손들에게 선언된 저주가 있기 때문이다. 이 저주의 효력은 그들도 죄를 범하게 되고 죽음과 음부가 그들의 운명이 된다는 것이었다. 그러나 저주와는 반대로 아브라함의 후손을 믿는 자는 누구나 축복을 받는다는 것, 즉 죄와 죽음과 음부로부터 구원을 받는다고 복음이 그 듣는 모든 자에게 선포하였을 때 그것은 온 세상에 축복을 가져다 주었다. 이렇게 의롭게 된 사람은 영원한 지복(至福) 속에서 살게 될 것이다. 이것이 그리스도 자신이 요한복음 11장〔:26〕에서 "나를 믿는 자는 영원히 죽지 아니하리니"라고 말씀하신 뜻이다.

그분은 열왕기 17장에서 다윗에게 이와 비슷한 약속을 주었다: 내가 네 뒤로 너의 후손을 일으켜 나를 위해 집을 짓게 하겠고, 그의 나라를 영원히 서게 하리라. 나는 그의 아비가 될 것이며 그는 나의 아들이 되리라. 이것이 복음에 의해 선포된 그리스도의 나라이다. 그것은 생명과 복됨과 의의 영원한 나라이다. 믿는 자는 모두 그 나라에 들어가며 죄와 죽음의 속박으로부터 벗어난다. 이런 유의 약속들은 다른 선지서들에 나오는 복음에 의해 풍부하게 주어지고 있다. 예를 들면, 미가 5장〔:1〕, "베들레헴 에브라다야 너는 유다 족속 중에 작을지라도 이스라엘을 다스릴 자가 네게서 내게로 나올 것이라"; 또한 호세아 13장[:14], "내가 저희를 음부의 권세에서 속량하며 사망에서 구속하리니."

이것은 오직 한 분 그리스도가 계신 것과 마찬가지로 오직 하나의 복음만이 있다는 것을 입증해준다. 왜냐하면 '유앙겔리온'(euangelion), 즉 복음은 다름아닌 하나님의 아들이자 다윗의 자손이며 참 하나님이자 인간이신 그리스도를 선포하는 것이기 때문이다. 그분의 죽음과 부활을 통하여 그분은 우리 및 그분을 믿는 모든 자를 위하여 죄와 죽음과 음부를 정복하였다. 복음은 몇 마디 말로도 많은 말로도 선포될 수 있다. 어떤 기자는 복음을 간략하게 기술할 수도 있고 어떤 기자는 길게 기술할 수도 있다. 만약 길다면 사복음서의 경우처럼 그리스도의 사역과 말씀을 많이 기록하게 될 것이다. 베드로나 바울처럼 복음을 간략하게 기술하는 사람들은 그리스도의 생애와 지상사역에 관해서는 자세하게 말하지 않고 어떻게 그리스도께서 자신의 죽음과 부활을 통하여 자기를 믿는 자들을 위하여 죄와 죽음과 음부를 정복하였는지를 간결하게 말한다.

그러므로 제롬의 몇몇 서문들을 비롯하여 이전에 많은 사람들이 행했던 것처럼 그리스도를 모세로 바꾸어버리거나 복음을 율법책이나 교리책으로 바꾸어버리지 않도록 주의하여야 한다. 하지만 사실 복음은 우리를 거룩하게 만들고 우리를 구속하기 위하여 어떠한 행위도 요구하지 않는다. 실제로 복음은 그러한 행위들을 정죄하며 오로지 그리스도에 대한 믿음만을 요구한다. 왜냐하면 그분이 우리를 위하여 죄와 죽음과 음부를 이겼기 때문이다. 따라서 그분이 우리를 의롭게 만들고 우리에게 생명과 구원을 주시는 것은 우리 자신의 행위들에 의해서가 아니라 그분의 사역, 그분의 수난과 죽음에 의해서이다. 이것은 우리가 마치 그것들이 우리 자신의 것인 양 그분의 죽음과 승리를 우리 자신에게로 취할 수 있도록 하기 위함이다.

복음서들과 베드로와 바울 서신들 속에 나오는 그리스도는 많은 교리들과 규례들을 제시하고 그러한 것들을 설명하였다. 그러한 것들이 행해져야 한다는 것은 그리스도의 많은 자비로운 사역들 가운데 하나로 여겨져야 한다. 그분의 사역들과 그분의 생애를 아는 것은 복음을 아는 것과 동일한 것이 아니다. 왜냐하면 그것은 당신이 그분이 죄와 죽음과 마귀를 정복하였다는 것을 안다는 것을 의미하지 않기 때문이다. 마찬가지로 당신이 이런 유의 교리들과 준칙들만을 안다면 그것은 복음을 아는 지식이 아니다. 그러나 당신이 그리스도의 삶, 가르침, 사역, 죽음, 부활, 그분이 가진 모든 것 그리고 그분이 행하고, 할 수 있는 모든 것과 아울러 그리스도 자신이 당신의 것이라는 것을 당신에게 말해주는 음성을 당신이 듣는다면 당신은 복음을 알게 될 것이다.

또 한 가지 유의해야 할 점은 그분은 우리를 속박하는 것이 아니라 우리를 부드럽게 이끄신다는 사실이다: "가난한 자는 복이 있나니"〔마 5:3〕; 그리고 마찬가지로 사도들도 "내가 권하건대", "내가 간구하건대", "내가 기도하건대"라는 말을 쓴다. 모든 점에서 '유앙겔리온'은 율법책이 아니라 그리스도께서 우리가 믿기만 한다면 우리를 위하여 우리에게 제공하는 좋은 것들을 선포하는 것임은 분명하다.

반면에 모세는 그의 책들에서 강권하며 몰아부치며 위협하며 채찍질하며 엄하게 벌한다. 왜냐하면 모세는 율법을 만든 자요 시행자이기 때문이다. 나아가 그것은 율법이 신자들에게 명해지지 않는 이유이다. 그것은 디모데전서 1장〔:9〕에서 성 바울이 말하고 있는 대로이다: 알 것은 이것이니 의와 생명과 구원은 믿음으로 말미암아 사람에게 주어지고, 이 믿음을 증명하기 위하여 그에게 아무것도 요구되지 않는다.

신자가 믿음을 가지고 있다면 신자는 속박을 받을 수 없다. 그는 자기 자신을 드러낸다. 그는 깨뜨리고 나온다. 그는 목숨을 걸고 이 복음을 다른 사람들에게 고백하고 가르친다. 그의 삶 전체와 그의 모든 노력은 이웃의 유익을 위하여 경주되는데, 이것은 그가 동일한 은혜를 얻는 데 도움이 되기 때문이 아니라 그는 그리스도께서 자기에게 행했던 것을 본 그대로 자신의 힘과 좋은 것들을 사용하고 자신의 명성을 걸면서 그분의 본보기를 따른다. 그리스도는 결코 사랑의 계명 이외의 다른 계명을 주신 적이 없다. 왜냐하면 그분은 그 계명이 자신의 제자됨과 진정한 신자됨의 시금석이 되도록 하였기 때문이다. 선행과 사랑이 꽃피지 않는다면 그것은 진정한 믿음이 아니며 복음은 아직 발판을 얻지 못한 것이 되고 그리스도는 아직 올바르게 알려져 있지 않은 것이 된다. 당신이 신약의 각 책들을 전심전력으로 연구하므로써, 신약을 이런 식으로 읽는 법을 배울 수 있도록 하라.

신약에 있어서 가장 좋고 고상한 책들[2]

당신은 지금 당장 모든 책들을 구별하고 어느 책이 가장 좋은 책인가를 결정할 입장에 놓여 있다. 모든 책들 가운데서 참된 핵(核)과 정수, 제일 첫째로 꼽혀져야 할 책들은 요한복음과 성 바울의 서신들, 특히 로마서 그리고 성 베드로의 첫번째 서신이다. 모든 그리스도인들은 이 책들을 먼저 그리고 매우 자주 읽는 것이 좋고, 매일 성경 통독을 통해 자신의 일용할 양식처럼 친숙해지는 것이 좋다. 당신은 이 책들에서 그리스도의 생애와 이적들에 관하여 말하고 있는 것들을 많이 찾아볼 수 없고 어떻게 그리스도에 대한 믿음이 죄와 죽음과 음부를 정복하며 생명과 의와 구원을 주는지에 관한 뛰어난 설명을 발견하게 될 것이다. 이것은 이미 당신이 배웠듯이 복음의 참된 정수이다.

내가 선택하지 않을 수 없고 그리스도의 생애와 그리스도에 대한 설교 가운데 어느 하나를 택하라고 한다면 후자를 택하겠다. 왜냐하면 생애에 대한 단순한 역사적 묘사는 내게 아무 유익이 없는 반면에, 그리스도의 말씀은 그분 자신이 선포한 대로의 그의 말씀은 생명을 주기 때문이다. 요한은 그리스도의 생애에 관해서는 거의 기록하고 있지 않고 그분의 설교를 상당히 많이 기록하고 있는 반면에 다른 세 복음서 기자들은 그리스도의 생애를 많이 기록하고 그분의 말씀은 거의 기록하고 있지 않다.

따라서 요한복음은 유일하게 사랑스러우며 진리와 관련하여 최고 우위의 복음으로서 다른 세 복음서보다 훨씬 더 뛰어나며 많이 선호되어야 한다고 할 수 있겠다. 그리고 동일한 방식으로 성 바울과 성 베드로의 서신들은 마태와 마가, 누가의 복음서들보다 훨씬 더 앞서 있다.

요약해서 말한다면 요한복음과 요한일서, 바울 서신들, 특히 로마서, 갈라디아서, 에베소서, 베드로전서는 그리스도를 당신에게 보여주는 책들이다. 그 책들은 당신이 그밖의 다른 책이나 다른 가르침을 듣거나 보지 않더라도 당신의 구원을 위해 알 필요가 있는 모든 것을 당신에게 가르쳐준다.

이 책들에 비하여 야고보서는 지푸라기로 가득 차 있는 서신이다. 왜냐하면 야고보서는 복음에 관한 그 어떤 것도 포함하고 있지 않기 때문이다. 그러나 이에 관해서는 다른 서문들에서 자세히 얘기하기로 하자.

---

2) 이 결론 부분은 초판 곧 1522년 "9월 성경"에만 나온다.

로마서 서문[1]

　이 서신은 진실로 신약에서 가장 중요한 문헌으로서 복음을 가장 순수하게 표현하고 있는 책이다. 이 서신은 그리스도인이 시간을 들여서 한 단어 한 단어를 마음 속에 새겨둘 가치가 있을 뿐만 아니라 날마다 묵상할 가치도 있다. 이 서신은 영혼의 일용할 양식이며 아무리 자주 읽거나 많이 연구한다고 해도 결코 지나칠 수 없다. 당신이 이 서신을 더 많이 탐구하면 할수록 이 서신은 보다 더 귀하게 되며 그 향기가 더 좋아질 것이다. 하나님께서 나를 도우신다면 나는 최선을 다해서 이 서문이 모든 사람들로 하여금 이 서신을 가장 좋은 방식으로 이해할 수 있게 할 안내의 글이 되도록 할 것이다. 지금까지 이 서신은 논평들과 온갖 종류의 별 상관없는 것들로 덮여서 질식 상태에 있어 왔다. 그렇지만 그 핵심에 있어서 이 서신은 성경 전체를 조명하기에 거의 충분할 정도로 밝게 빛나는 등불이다.

　첫번째로 필요한 것은 용어를 익히는 일이다. 우리는 율법, 죄, 은혜, 믿음, 의, 육, 영과 같은 단어들을 통해 성 바울이 의미하는 바를 알아야 한다. 그렇게 하지 않고 읽는다면 우리는 공연히 시간만 허비하게 될 것이다. 당신은 "율법"이라는 용어를 일상적인 의미로, 즉 어떤 행위들이 허용되어 있거나 금지되어 있다는 것을 설명해주는 그 무엇으로 이해해서는 안된다. 이것은 통상적인 법률들에 해당하는 바, 당신은 비록 법률을 마음으로부터 순종하지 않는다고 하더라도 그것들이 명하고 있는 것을 겉으로 행함으로써 지킨다. 그러나 하나님은 당신의 내면의 확신들을 따라 판단하신다. 하나님

---

1) Bertram Lee Woolf가 번역하고 편집한 *The Reformation Writings of Martin Luther*, volume II, *The Spirit of the Protestant Reformation* (London: Lutterworth Press, 1956), pp. 284-300에서 발행인의 허락을 얻어 전재함.

의 율법은 바로 당신의 마음 속에서 성취되어야 한다. 당신이 단지 어떤 행위들을 행하기만 한다면 하나님의 율법을 성취하는 것이 아니다. 율법의 형벌들은 실제로 외식(hypocrisy)과 거짓말과 같이 우리의 내적인 확신들과 동떨어진 어떤 행위들에 적용된다. 시편 117편[116:11]은 모든 사람이 다 거짓말쟁이라고 선언하고 있다. 왜냐하면 아무도 자신의 마음으로부터 하나님의 율법을 지키고 있지 않기 때문이다. 또한 사람은 그렇게 할 수도 없다. 왜냐하면 선함을 싫어하고 악을 좋아하는 것이 모든 사람들 속에서 발견되는 특징들이기 때문이다. 우리가 선함을 자유롭게 선택하지 않는다면, 우리는 하나님의 율법을 마음으로부터 지키고 있는 것이 되지 못한다. 그러므로 비록 겉보기에 우리가 많은 미덕들을 행하고 영예로운 삶을 살고 있는 듯이 보일지라도 죄가 들어오고 하나님의 진노가 불러일으켜진다.

그러므로 2장에서 성 바울은 유대인들은 모두 죄인이라고 단언한다. 그는 율법을 지키는 자들만이 하나님 앞에서 의롭다고 말하지만 그가 말하려는 요지는 아무도 율법을 "행위"를 통하여 지키지 못한다는 것이다. 오히려 바울은 유대인들에게 이렇게 말한다: "간음하지 말라 말하는 네가 간음하느냐 남을 판단하는 것으로 네가 너를 정죄함이니 판단하는 네가 같은 일을 행함이니라"[롬 2:1, 22f.]. 바울은 이렇게 말하고 있는 것처럼 보인다: '겉으로 보기에 당신은 율법을 꼼꼼하게 지키고 있고 율법을 지키지 않는 사람들을 정죄하며 재빨리 모두 다 가르치려고 하고 있다. 당신은 다른 사람의 눈에 있는 티는 보면서 당신 자신의 눈에 있는 들보는 알지 못하고 있다. 겉보기와 행실에 있어서 당신이 형벌이 두렵거나 보상을 바라고 율법을 지킨다고 한다면 당신은 자유로운 선택과 율법에 대한 사랑으로부터 하는 것이 아니라 마지못해서 그리고 강제 아래에서 율법을 지키고 있는 것이 되고 만약 율법이 없다면 당신은 다른 식으로 행동했을 것이다.'

이로부터 논리적 결론은 당신의 마음 속 깊은 곳에서 당신은 율법을 미워한다는 것이다. 당신이 자신의 마음 속에서 도적이고 실제로 도적이 될 수 있다고 한다면 다른 사람들에게 도적질하지 말라고 가르치는 것이 무슨 소용인가? 물론 이런 유의 외적인 행실은 이런 유의 속임수로 인해 오래 지속되지 않는다. 당신이 다른 사람들을 가르치고 당신 자신을 가르치지 않는다면 당신은 당신이 가르치는 것을 알고 있지 않으며 율법의 본질을 올바르게 이해하지 못했다는 말이 된다. 아니 오히려 바울이 5장[:20]에서 말하고 있는 바와 같이 율법은 당신의 죄를 증가시킨다. 사람이 율법을 미워하면 할수록 율법은 사람이 할 수 없는 것을 더욱 더 요구한다.

　이것이 7장(:14)에서 바울이 율법을 영적이라고 부르는 이유이다. 율법이 구체적이고 실제적이라면 우리의 행위는 그 요구를 충족시켜야 할 것이기 때문에 영적이다. 하지만 율법이 영적이기 때문에 당신이 행하는 모든 것이 당신의 내적인 마음에서 우러나오지 않는다면 아무도 율법을 지키지 못한다. 그러한 마음은 오직 하나님의 영에 의해 우리에게 주어지며, 이 영은 우리로 하여금 율법의 요구들을 감당할 수 있게 만든다. 따라서 우리는 율법을 행하고자 하는 진정한 소원을 얻게 되고 모든 것은 두려움이나 강제 아래에서가 아니라 기꺼운 마음으로 행해진다. 그러므로 율법은 영적이기 때문에 율법이 영적인 마음들에 의해 사랑을 받고 율법이 그러한 유의 마음을 요구할 때 그 영이 우리 마음 속에 있지 않다면 죄는 그대로 존재한다. 율법 자체는 옳고 선하고 거룩하지만 율법에 대한 적대감과 불평불만은 그대로 존재한다.

　그러므로 율법이 명하는 것을 행하는 것과 율법을 성취하는 것은 전혀 별개의 것이라는 생각에 익숙해져야 한다. 사람이 자신의 자유로운 의지와 힘으로 행할 수 있는 모든 것은 율법에 의해 요구된 행위들을 행하는 것이다. 그럼에도 불구하고 그러한 모든 행위들은 우리가 율법을 싫어하며 율법을 속박이라고 느끼는 한 헛되며 소용없다. 이것이 3장(:28)에서 바울이 말하고 있는 바이다: "사람이 의롭다 하심을 얻는 것은 율법의 행위에 있지 않고." 학교에서 논쟁을 일삼는 궤변론자들이 우리에게 행위를 통하여 은혜를 받을 준비를 하라고 가르치는 것은 우리를 그릇 인도하고 있는 것임은 분명하다 — 그렇지 않은가? 사람이 자신의 마음 속에서 마지못해서 선행을 하는 것이라면 어떻게 그가 그런 행위들을 통하여 스스로 선하게 될 준비를 할 수 있겠는가? 마지못한 적대적인 마음으로부터 나오는 행위들을 하나님이 기뻐하실 까닭이 있겠는가?

　율법을 성취하기 위해서 우리는 그 요구사항들을 기쁘고 사랑스럽게 충족시켜야 한다. 마치 율법이나 그 형벌들이 존재하지 않는 양 율법에 대한 속박감을 느끼지 않고 덕스럽고 올바른 삶을 살아라. 그러나 이 기쁨, 이 속박받지 않는 사랑은 성 바울이 5장(:5)에서 말하고 있는 바와 같이 성령에 의해 우리 마음 속에 부어진다. 그러나 바울이 자신의 첫 단락에서 말했듯이 성령은 오직 예수 그리스도 안에서 그리고 예수 그리스도와 더불어, 예수 그리스도를 통하여 주어진다. 마찬가지로 믿음 자체는 오직 하나님의 말씀, 복음을 통해서만 온다. 이 복음은 그리스도를 하나님의 아들로 선포한다. 바울이 3, 4, 10장에서 말하는 바와 같이 그분이 사람이었는데 우리를 위하여 죽으셨다가 부활하셨다고 선포한다.

우리는 믿음만이 우리를 의롭게 하며 율법을 성취한다는 결론에 도달한다. 그리고 이것은 믿음이 우리에게 그리스도의 공로에 의해 얻어진 영을 가져다주기 때문이다. 이번에는 영은 우리에게 율법이 목표로 하고 있는 행복과 자유를 준다. 그리고 이것은 선행이 진실로 믿음으로부터 나온다는 것을 보여준다. 이것이 바울이 율법의 행위를 정죄한 후에 믿음으로 말미암아 율법을 폐하는 것이 아니라 도리어 우리는 믿음을 통하여 율법을 굳게 세운다고, 즉 믿음으로 말미암아 율법을 성취한다고 말하고 있는 3장〔:31〕의 의미이다.

성경에서 '죄'라는 단어는 우리의 육체적 행위에 의해 행해진 외적 행위들 이상의 것을 의미한다. 그것은 행위와 관련된 모든 상황들, 우리로 하여금 행위를 하도록 유인하거나 촉발시키는 모든 상황들을 의미한다. 특히 우리 마음 속 깊은 곳에서 작용하는 충동들. 또한 이것은 "행함"이라는 단일한 용어가 사람이 완전히 굴복하여 죄로 떨어지는 경우를 포함한다는 것을 의미한다. 외적으로 아무것도 행해지지 않았다고 하더라도 사람은 여전히 몸과 영혼의 완전한 파멸에 떨어져 있을 수 있다. 특히 성경은 우리의 마음을 꿰뚫어보며 모든 죄의 뿌리이자 근원, 즉 우리 마음 속 깊은 곳의 불신앙을 바라본다. 믿음만이 우리에게 명백하게 선한 행위들을 행하고자 하는 영과 소원을 주듯이 불신앙은 죄의 유일한 원인이다. 그것은 육을 높이며 창세기 3장〔:6〕에서 에덴 동산에서의 아담과 하와의 경우에 일어났던 것처럼 명백하게 잘못된 행위들을 행하고자 하는 소원을 준다.

그러므로 그리스도는 불신앙을 따로 지적하여 그것을 죄라고 불렀다. 요한복음 16장〔:8f.〕에서 그리스도는 영이 와서 "죄에 대하여 세상을 책망할 것인데 … 죄에 대하여라 함은 저희가 나를 믿지 아니함이요"라고 말한다. 마찬가지로 선행 또는 악행이 행해지기 전에, 그것들이 선한 열매 또는 악한 열매로 드러나기 전에 신앙 또는 불신앙이 이미 우리 마음 속에 존재하고 있음에 틀림없다. 여기에 모든 죄의 뿌리, 수액(樹液), 주요한 동력이 있다. 이것은 성경이 뱀의 머리, 옛 용의 머리라고 부르는 것으로서 여자의 후손인 그리스도는 아담에게 약속한 대로 그 머리를 부수었음에 틀림없다.

은혜의 참된 의미는 하나님이 자기 자신의 선택에 의해 우리를 향하여 지니시는 인자 또는 호의이고, 이를 통하여 하나님은 우리에게 기꺼이 그리스도를 주고 우리 위에 성령과 하나님의 축복을 부어주신다고 할 때 은혜 (grace)와 은사(gift)는 서로 다르다고 하겠다. 바울은 그리스도의 은혜와 호의 등을 말하고 있는 5장〔:15f.〕에서 이 점을 명확히 하고 있다. 그럼에도 불구하고 우리는 은사와 영을 날마다 받아야 한다. 그렇게 할지라도 오히려 그것들은 부족하다. 왜냐하면 바울이 로마서 7장〔:14-23〕과 갈라디아서 5장 〔:17f.〕에서 말하고 있는 바와 같이 옛 욕망들과 죄악들이 여전히 우리 속에 아른거리며 영에 대항하여 싸우기 때문이다. 또한 창세기 3장〔:15〕은 여자의 후손과 뱀의 후손이 원수될 것을 말하고 있다. 그렇지만 우리가 하나님 보시기에 전체적으로 완벽하게 의로운 것으로 여겨질 수 있을 정도로 은혜는 충분하다. 왜냐하면 하나님의 은혜는 다른 많은 은사들처럼 파편으로 나뉘어 오는 것이 아니라 우리를 완벽하게 사로잡아 우리의 중보자인 그리스도의 품에 안기게 하며 은사들이 우리 속에 뿌리를 내릴 수 있도록 하기 때문이다.

이러한 관점은 바울이 자기 자신을 여전히 죄인으로 묘사하고 있는 7장 〔:9f.〕과 그럼에도 불구하고 영과 (여전히 불완전한) 은사들로 인하여 "그리스도 안에" 있는 자들에 대하여 어떠한 고발도 있을 수 없다고 선언하고 있는 8장을 당신이 이해하는 데 도움을 줄 것이다. 우리의 육이 아직 죽지 않은 한 우리는 여전히 죄인이다. 그럼에도 불구하고 우리가 그리스도를 믿고 성령을 받기 시작하는 한 하나님은 우리에게 호의와 선의를 보여주신다. 하나님은 우리에게 남아 있는 죄들을 보지 않으시며 그것들을 판단하지 않으시고 죄가 죽을 때까지 우리가 그리스도에 대하여 갖고 있는 믿음에 따라 우리를 다루신다.

믿음(faith)은 꿈꾸는 그 무엇, 인간적인 환상이 아니다. 그런데도 많은 사람들은 그 용어를 그렇게 이해하고 있다. 그들이 믿음에 도덕적인 진보나 선행들이 수반되지 않음을 보면서 여전히 믿음에 관하여 많은 말을 하게 될 때, 그들은 믿음으로는 충분치 않으며 우리가 올바르게 되고 구원을 얻으려면 "행위들"을 하여야 한다고 선언하는 오류에 빠진다. 그 이유는 그들이 복음을 들을 때 핵심을 놓치고 있다는 것이다. 그들의 마음 속에서 그리고 그들 자신의 추리력으로 그들은 그들이 진정한 믿음이라고 여기는 한 생각을

날조하여 이것을 "신앙"이라고 부른다. 그렇지만 그것은 단지 사람이 만들어
낸 것에 불과하며 사람의 마음 속 깊은 곳에서 그에 상응하는 체험을 갖고
있지 않은 한낱 공상에 지나지 않는다. 그러므로 그것은 아무 효력을 발휘하
지 못하며 더 나은 삶을 가져오지도 못한다.

하지만 믿음은 하나님이 우리 속에서 일으키는 그 무엇이다. 그것은 우
리를 변화시키며, 우리는 하나님으로부터 다시 태어난다 ─ 요한복음 1장
〔:13〕. 믿음은 옛 아담을 죽이고 우리를 마음과 생각과 우리의 모든 힘에 있
어서 전혀 다른 사람으로 만들어 놓는다. 그리고 믿음은 성령이 동반된다.
오, 믿음에 이르게 되면 그것은 얼마나 생생하고 창조적이고 적극적이고 강
력한 것인지. 믿음은 내내 좋은 것 외에 다른 것을 행할 수가 없다. 믿음은
결코 행해야 할 선행이 어디 있느냐고 묻지 않고, 오히려 그러한 질문이 던
져지기 전에 선행을 이미 행하고 계속해서 선행을 행하고 있다. 이런 식으로
활동적이 되지 않은 사람은 믿음이 없는 사람이다. 그는 믿음을 손으로 더듬
어 찾으며 선행을 찾아다니지만 믿음이 무엇이며 선행이 무엇인지를 알지 못
한다. 그럼에도 불구하고 그는 계속해서 믿음과 선행에 대하여 말도 되지 않
는 소리들을 지껄인다.

믿음은 하나님의 은혜에 대한 살아있고 흔들림없는 신뢰이자 신앙인데
그것이 너무도 확고하기 때문에 사람은 믿음을 인하여 천 번이라도 죽을 수
있다. 이런 유의 하나님의 은혜에 대한 신뢰, 이런 유의 하나님의 은혜에 대
한 지식은 우리를 기쁘고 활기차게 만들며 하나님 및 모든 인류와의 관계에
서 열심을 내도록 만든다. 이것이 성령이 믿음을 통하여 역사하는 것이다.
그러므로 믿음의 사람은 무엇에 내몰려서가 아니라 자발적으로 기쁘게 모든
사람들에게 선행을 하고 모든 사람을 섬기며 자기에게 그러한 은혜를 보여주
었던 하나님의 사랑과 영광을 위하여 온갖 종류의 곤경을 겪고자 한다.

실제로 불로부터 열과 빛을 분리하는 것이 불가능한 것처럼 믿음으로부
터 행위를 분리하는 것은 불가능하다. 그러므로 당신 자신의 그릇된 인식들
과 자기들이 믿음과 행위에 관하여 영리한 판단을 하고 있다고 생각하고 있
지만 사실은 가장 어리석은 자들의 모습을 드러내고 있는 터무니 없는 말을
하는 다른 사람들의 그릇된 인식들을 주의하라. 하나님께 기도를 드리고 당
신 안에 믿음을 창조해주시도록 간구하라. 그렇게 하지 않는다면 당신이 아
무리 스스로를 속이려고 할지라도 또는 당신의 노력과 능력이 무엇일지라도

당신은 언제나 믿음이 부족하게 될 것이다.

　의(righteousness)는 바로 우리가 마음 속에 갖고 있는 믿음과 같은 것으로서 "하나님의 의"라고 불려질 수 있는 것을 의미한다. 이 의는 하나님 보시기에 선하다. 왜냐하면 이 의는 하나님의 선물이고 모든 사람에게 자신의 의무를 다하도록 사람의 본성을 형성하기 때문이다. 믿음으로 말미암아 그는 죄로부터 해방되며 하나님의 계명들 속에서 즐거움을 발견한다. 이런 식으로 그는 하나님이 마땅히 받으셔야 할 존귀를 하나님께 드리며 하나님의 것을 하나님께 돌려드린다. 그는 자신의 능력을 따라 기꺼이 사람들을 섬기며 모든 사람들에게 자신의 의무를 이행한다. 이런 유의 의는 우리 자신의 자유 의지나 우리 자신의 능력을 통하여 통상적인 자연적 과정 속에서 생겨날 수 없다.

　아무도 스스로에게 믿음을 줄 수 없으며 불신앙으로부터 스스로를 해방시킬 수 없다. 그렇다면 어떻게 사람은 자신의 가장 작은 죄악들조차도 없이 할 수 있는가? 믿음이 없이 행해진 것이나 불신앙의 결과로서 행해진 것은 그것이 아무리 그럴듯하게 꾸며졌다고 하더라도 거짓된 것, 자기 기만, 죄 이외의 다른 것이 아니라는 결론이 나온다 ― 로마서 14장〔:23〕.

　육(flesh)과 영(spirit)은, 육은 오로지 도덕적 불결과 관련이 있고 영은 오로지 우리의 마음의 상태와 관련이 있다는 식으로 이해되어서는 안된다. 오히려 성 바울과 요한복음 3〔:6f.〕에서 그리스도에 따르면 육은 육으로부터 생겨난 모든 것, 즉 우리의 이성과 우리의 모든 감각을 포함하여 몸과 영혼, 자기 자신 전체를 의미한다. 이것은 우리 속에 있는 모든 것이 육에 기울기 때문이다. 그러므로 은혜를 아직 받지 못한 사람이 갈라디아서 5장〔:19f.〕이 육체의 일로 묘사하면서 육체의 외식과 가증스러운 행위들로 부르고 있는 바로 그러한 방식으로 영의 고상한 것들에 관하여 유쾌하게 횡설수설하고 있을 때 그 사람을 "육적인" 사람이라고 부르는 것이 적절하다. 게다가 로마서 8장〔:3〕은 율법이 육에 의해 약화된다고 말하고 있다. 이것은 단지 도덕적 불결만이 아니라 모든 죄들에 대하여 말하고 있는 것이다. 특히 그것은 다른 무엇보다도 성격상 좀더 영적인 일종의 악함인 믿음의 결여에 대하여 언급한다.

　반면에 영적이라는 용어는 그리스도께서 제자들의 발을 씻기셨을 때, 베드로가 배를 띄워 고기를 잡고 있었을 때처럼 가장 외적인 행위들에 몰두해 있는 사람에게 흔히 적용되고 있다. 그러므로 "육"이라는 용어는 사고와 사실에 있어서 몸과 현세의 삶에 봉사하며 살아가며 수고하는 사람에게 적용된다. "영"이라는 용어는 사고와 사실에 있어서 영과 내세의 삶에 봉사하며 살아가며 수고하는 사람에게 적용된다. 당신이 이 용어들에 이러한 의미를 부여하지 않는다면 결코 바울의 로마서나 성경의 어떤 책도 이해할 수 없게 될 것이다. 그러므로 그들이 제롬이든지 아우구스티누스든지 암브로스든지 오리겐이든지 아무튼 그 누구든지 이 용어들을 다른 식으로 사용하는 모든 교사들을 경계하라. 그들보다 더 뛰어난 인물일지라도 마찬가지이다. 그러나 이제 서신 자체에로 눈을 돌려보자.

복음을 설교하는 자의 첫번째 의무는 하나님의 율법을 선포하고 죄의 본질을 기술하는 것이다. 영으로부터 나오지 않거나 그리스도에 대한 믿음의 결과로서 경험되지 않는 모든 것은 죄악된 것이다. 설교자의 메시지는 사람들에게 그들 자신의 모습과 그들의 통탄스러운 상태를 보여줌으로써 그들로 하여금 겸손히 도움을 간청하게 만들어야 한다. 성 바울은 이러한 지침을 따라서 1장에서 당시에 몇몇 중대한 죄들과 불의들을 정죄하는 것으로 시작하고 있다. 이러한 것들은 이교도들의 죄악들이었고 여전히 지금도 그러하다. 왜냐하면 그들은 하나님의 은혜와 동떨어져서 살고 있기 때문이다. 그러므로 바울은 복음을 통하여 하나님의 진노가 그들의 불경건함과 악함으로 인하여 하늘로부터 모든 사람들에게 나타난다고 말하고 있다. 그들은 하나님이 계시다는 것을 알고 있고 날마다 인정하지만 은혜로부터 떨어진 인간의 본성은 그 자체가 너무도 악하기 때문에 하나님께 감사하거나 예배하지 않는다. 오히려 인간의 본성은 눈이 멀어서 끊임없이 악으로 떨어진다. 그 결과 거짓된 우상들을 섬기는 것에 더하여 불미스러운 죄들과 온갖 종류의 악을 범하게 된다. 수치를 모르기 때문에 처벌받지만 않는다면 다른 죄들도 범한다.

2장에서 바울은 이러한 벌들을 확장해서 겉으로 보기에 경건해 보이지만 은밀하게 죄들을 범하는 사람들에게 적용한다. 그러한 사람들은 유대인이었고, 또한 그러한 사람들은 모두 위선자들이다. 왜냐하면 그들은 기쁨과 사랑 없이 살아가기 때문이다. 그들의 마음 속에서 그들은 하나님의 율법을 미워하고, 모든 위선자들이 그러하듯이 그들은 습관적으로 다른 사람들을 정죄한다. 그들은 시기, 증오, 교만, 온갖 종류의 부도덕으로 가득 차있지만 스스로를 흠이 없는 것으로 여긴다 — 마태복음 23장〔:28〕. 이들은 바로 하나님의 선하심을 멸시하는 사람들로서 그들의 마음의 완악함으로 인해 하나님의 진노를 쌓고 있다. 그러므로 성 바울은 율법의 참된 설교자로서 죄 없는 사람은 아무도 없다고 단언한다. 오히려 그는 하나님의 진노가 그들 자신의 본성이나 터무니없는 공상에 따라 살아가고자 하는 모든 사람들에 대하여 내릴 것이라고 선언한다. 그는 이런 유의 사람들을 명백한 죄인들보다 더 나은 것으로 여기지 않는다. 그는 그들은 완악하며 회개치 않는 자들이라고 말하기까지 한다.

3장에서 그는 이 두 부류를 함께 다루면서 둘 다 하나님 앞에서 죄인들이라고 말한다. 더욱이 비록 그들 가운데 많은 사람들이 하나님의 말씀을 믿지 않았지만 유대인들에게는 하나님의 말씀이 주어져 있었다. 이러한 태도는 하나님의 진리나 믿음을 효력없게 하지 못했다. 그는 아울러 시편 50편[2]이 말하고 있는 것, 즉 하나님은 자신의 말씀에 신실하시다는 것을 인용한다. 그런 다음 바울은 모든 사람들이 죄인이라는 사실로 돌아가서 자신의 주장을 성경을 통해 입증한다. 그는 아무도 율법의 요구사항들을 성취함을 통하여 의롭게 되지 못할 것이라고 선언한다. 왜냐하면 율법은 단지 죄의 본질을 보여주기 위하여 주어진 것이기 때문이다. 그런 후에 그는 경건하고 거룩하게 되는 올바른 방식에 관한 자신의 가르침을 정교하게 제시한다. 그는 모든 사람들이 죄인이며 아무도 하나님에 의해 시인을 받지 못한다고 말한다. 구원은 오직 그리스도에 대한 믿음으로 말미암아 그들에게 아무런 공로없이 올 수 있을 따름이다. 그리스도는 자신의 피를 통하여 우리를 위하여 구원을 얻었다. 우리를 위하여 그분은 하나님의 "속죄소"가 되었고, 그래서 하나님은 우리가 과거에 범했던 모든 죄들을 사하신다. 이런 식으로 하나님은 믿음을 매개로 하여 수여하는 자신의 의만이 우리의 유일한 살 길임을 보여준다. 하나님은 복음이 설교될 때 이 의를 나타내신다. 그러나 율법과 선지자는 이미 그 복음을 증언하였었다. 그러므로 믿음은 율법에 따라 행해진 행위들을 폐기하고 그 행위들에게 돌려지는 존중을 부인하지만 율법을 지지한다.

처음 세 장에서 죄의 본질을 보여주고 어떻게 믿음이 의로 이어지는가를 가르친 후에 4장에서 바울은 몇몇 반론들과 난점들을 다루기 시작한다. 첫번째로 논의되는 것은 믿음이 행위와는 상관없이 우리를 의롭게 한다는 것을

---

2) 불가타 역본이 아니라 히브리 성경을 따르고 있는 1546년판에서는 시편 51:6.

듣고서 그렇다면 선행을 할 필요가 과연 있는 것이냐고 문제를 제기하는 사람들의 공통적인 주장이다. 이에 대하여 바울은 아브라함의 예를 들어 아브라함이 행위와 관련하여 무엇을 했으며 그 행위들은 모두 헛된 것이며 그의 행위들은 무가치한 것이었는가 하고 묻는다. 그는 아브라함은 행위와는 상관없이 단지 믿음으로 말미암아 의롭게 되었다는 결론을 내린다. 실제로 아브라함이 할례라는 "행위"를 하기 전에 성경에 의하면 단지 그의 믿음에 의거해서 그에게 의가 돌려졌다 ― 창세기 15장〔:6〕. 할례라는 행위는 그의 의에 아무런 기여도 하지 않았지만, 하나님은 그것을 명하셨고 순종의 행위로서 그것은 선행이었다. 따라서 또한 그밖의 다른 선행들도 사람을 의롭게 하는 데 기여하지 못한다는 것은 확실하다. 아브라함의 할례와 마찬가지로 그 선행들은 단지 그의 의가 그의 믿음 안에 담겨져 있다는 것을 입증하는 외적인 표지일 따름이다. 결론적으로 우리는 선행은 단순히 그리고 전적으로 외적인 표지라고 이해하여야 한다. 선행들은 믿음으로부터 나오며, 좋은 열매와 마찬가지로 사람 자체는 이미 하나님 보시기에 마음에서 의롭다는 것을 입증한다.

이런 식으로 바울은 3장에 나오는 믿음에 관한 자신의 가르침을 밑받침하기 위하여 성경으로부터 친숙한 예를 끌어와 예증한다. 이제 그는 다윗을 또 하나의 증인으로 불러오는데, 다윗은 시편 32편〔:32:1f.〕에서 우리는 일단 의롭게 된 이후에는 행위들 없이 살아가지는 못할 것이지만 어쨌든 행위와는 상관없이 의롭게 될 것이라고 말한다. 그런 후에 바울은 이 예를 더 넓게 적용하여 그것을 율법을 지키는 모든 사람들에게 확대한다. 그는 유대인들이 단지 아브라함의 자손이라는 이유로 아브라함의 상속자들이 될 수는 없으며 율법의 행위들을 준수함을 통하여는 더더욱 그러할 수 없다고 결론을 내린다. 오히려 유대인들이 진정으로 아브라함의 상속자들이라면 그들은 아브라함의 믿음을 상속하여야 한다. 왜냐하면 모세의 율법과 할례 이전에 아브라함은 믿음으로 말미암아 의롭게 되었으며 모든 믿는 자들의 아버지로 묘사되었기 때문이다.

더욱이 율법은 은혜가 아니라 진노를 가져온다. 왜냐하면 아무도 율법을 기꺼이 그리고 기쁨으로 성취하지 않기 때문이다. 그러므로 율법의 행위들은 은혜가 아니라 마지못함을 낳는다. 오직 믿음만이 아브라함에게 약속된 은혜를 얻을 수 있다는 결론이 나온다. 그리고 이와 같은 예들은 우리를 위하여 성경에 기록되어 있는 것이기 때문에 우리도 믿음을 가질 수 있다.

5장에서 바울은 믿음이 가져오는 열매 또는 행위에 도달한다. 그러한 것들은 평안, 기쁨, 하나님과 모든 인간에 대한 사랑이다. 이에 더하여 슬픔과 고난에도 불구하고 존재하는 확신, 용기, 신뢰, 소망이다. 믿음이 자리를 잡고 있는 곳에는 하나님께서 그리스도 안에서 우리에게 보여주시는 넘쳐흐르는 선의로 인하여 이런 유의 모든 것들이 수반된다. 우리를 위하여 하나님은 우리가 하나님을 향한 기도 속에서 중보기도할 수 있기 전에는 물론이고 우리가 여전히 원수되었을 때조차도 죽음을 겪으셨다. 그러므로 우리는 선행을 할 필요가 없다는 결론을 도출해서는 안되겠지만 믿음은 행위와는 상관없이 우리를 의롭게 한다고 주장한다. 아니 오히려 올바른 유의 행위들은 무시되지 않아야 한다. 이러한 행위들은 단순한 의식주의자들이 알지 못하는 것이다. 그들은 그들 유의 행위들을 날조해내지만, 이러한 행위들은 평안이나 기쁨, 확신, 사랑, 소망, 용기, 확실성, 진정한 그리스도인의 행실이나 믿음에 속하는 그 어떤 것도 지니고 있지 못하다.

이제 바울은 흥미있는 여담을 하며 죄와 의, 죽음과 생명의 기원을 논한다. 그는 어떻게 아담과 그리스도가 두 가지 상반되는 유형을 대표하는지를 보여주면서 실제로 그리스도가 둘째 아담으로 와서 믿음 안에서의 새로운 영적인 출생으로 인하여 그의 의를 전하여야 했다는 것을 말하고 있다. 이것은 아담이 우리의 이전의 육체적 출생을 통하여 우리에게 죄를 전하였을 때 아담이 행했던 것과 짝을 이룬다. 이것이 바울이 아무도 자신의 육체적 출생을 막을 수 없듯이 아무도 죄로부터 스스로 구원받을 수 없으며 행위로 말미암아 의에 도달할 수 없다는 자신의 단언을 입증하는 방식이다. 이와 아울러 바울은 의에 도달하는 데 어떤 것이 도움이 될 수 있다면 아마 도움을 주었을 하나님이 주신 율법은 그것이 왔을 때 아무런 도움도 주지 못했을 뿐만 아니라 죄를 증가시켰다는 것을 입증한다. 우리의 악한 본성은 율법에 더욱 더 적대적이 되고, 그 율법의 엄격성에 비례하여 우리의 본성 자신의 고안물들을 추구하는 것을 선호한다. 따라서 율법은 우리에게 그리스도를 더욱 필요하게 만들고 우리의 본성을 구할 은혜에 대한 필요성을 증대시킨다.

6장에서 바울은 믿음의 특별한 기능을 논한다. 현안 문제는 육에 대항하여 싸우는 영의 싸움으로서 우리의 칭의 후에도 살아남아 있는 죄와 정욕들을 마침내 철저하게 죽이게 된다. 그는 믿음은 우리가 죄가 더이상 존재하지 않는 양 느슨해져서 나태와 자기 확신에 빠져있게 되면 우리를 죄로부터 해방시킬 수 없다고 가르친다. 죄는 여전히 존재한다. 그러나 믿음으로 인하여 죄와의 싸움은 우리를 정죄로 이끌지는 않는다. 우리의 삶 전체를 통하여 우리는 우리의 모든 힘을 다하여 우리의 몸을 길들이고 몸의 정욕을 죽이며 그 지체들을 통제하는 일을 그것들이 정욕이 아니라 영에 순종할 때까지 계속해야 할 것이다. 우리가 그리스도의 죽음과 부활과 하나가 되고 우리의 세례의 의미를 완성하기 위해서는 이러한 자기 훈련이 필요하다. 왜냐하면 세례는 또한 죄의 죽음과 은혜의 새로운 삶을 의미하기 때문이다. 최종적인 목표는 우리가 죄로부터 완전히 해방되어 그리스도와 함께 몸으로 부활하여 영원히 사는 것이다.

바울은 우리가 율법 아래가 아니라 은혜 아래 있을 때 이것이 가능하다고 선언한다. 그는 "율법 아래 있지 않는다"는 것이 무엇을 의미하는지를 분명하게 설명해준다. 이것은 율법이 우리를 속박하지 못하며 우리 모두는 우리 자신의 고안물들을 따를 수 있다고 말하는 것과 똑같은 말이 아니다. 오히려 "율법 아래" 있다는 것은 은혜와는 상관없이 살면서 율법의 행위들을 성취하는 데 몰두하는 것을 의미한다. 이와 같은 경우에 죄는 율법을 통하여 우리를 지배한다는 것이 확실하다. 왜냐하면 아무도 율법을 자연적으로 기뻐하지 않기 때문이다. 그리고 그때 우리의 상태는 매우 죄악된 것이다. 그러나 은혜는 우리로 하여금 율법을 기뻐하게 만든다. 그때 죄는 더이상 들어오지 못하며, 율법은 더이상 우리를 대항하는 것이 아니라 우리 편을 든다.

율법이 우리 편이 되는 것은 죄와 율법으로부터의 자유의 본질 자체인데, 바울은 이 장 끝까지 이러한 상태에 관한 논의를 계속한다. 그는 이 자유는 율법에 의해 선행을 하도록 속박되지 않고 단순히 선행을 행하며 올바르게 살아가는 것을 기뻐하는 데 있다고 말한다. 그러므로 이 자유는 영적인 자유이다. 그것은 율법을 폐하지 않는다. 오히려 율법에 부족한 것, 즉 자발성과 자유를 제공해준다. 따라서 율법은 침묵하고 활동을 멈추게 된다. 율법은 더이상 요구를 하지 않는다. 그것은 당신이 채권자에게 빚을 지고 있고 갚을 수 없는 상태에 있는 것과 같다. 문제를 해결하여 당신이 해방되는 방법에는 두 가지가 있을 것이다. 첫번째는 채권자가 당신으로부터 채무를 받기를 거절하고 자신의 장부에서 당신의 채무를 완전히 지워버리는 것이다. 아니면 어떤 친절한 사람이 채무를 지불하고 해결할 수 있을 정도로 충분한 돈을 당신에게 주는 방법이 있을 것이다. 그리고 이것이 그리스도께서 우리를 율법으로부터 해방한 방법이다. 우리의 자유는 우리가 어떤 것을 행하기를 거절할 수 있는 조악하고 육체적인 자유가 아니라 그보다 많은 것, 실제로 모든 것을 행한다. 그것은 율법의 요구들과 의무들로부터의 자유이다.

7장에서 바울은 결혼생활에서 이끌어온 유비를 가지고 자신의 주장을 확고히 한다. 남편이 죽으면 아내는 결혼의 속박으로부터 해방된다. 남편의 죽음으로 인하여 아내는 자유롭게 되고 해방되는 것이다. 여자는 다른 남편을 얻어야 하는 것이 아니며 그러한 것이 단순히 허용되는 것도 아니다. 오히려 요지는 여자는 이제 처음으로 다른 남편을 얻는 데 있어서 자기 마음대로 할 수 있는 자유로운 상태에 있다는 것이다. 여자는 이전 남편으로부터 자유롭게 되기 전에는 그렇게 할 수 없었다. 마찬가지로 우리의 양심은 옛 죄악된 자기의 이전 상태에서는 율법에 속박되어 있다. 그러나 이 자기가 영에 의해 죽을 때 우리의 양심은 해방되고 각자 율법으로부터 놓여나게 된다. 이것은 우리의 양심이 무력하게 되었다는 것이 아니라 이제 처음으로 우리의 양심이 두번째 남편으로서의 그리스도를 진정으로 부여잡고 생명의 열매를 낼 수 있게 되었음을 의미한다.

그런 다음 바울은 죄와 율법의 본질에 관하여 더욱 폭넓게 설명해 나가면서 오직 율법으로 말미암아 죄는 실제로 살아나고 강하게 되었다고 설명한다. 옛 자기는 율법이 요구하는 것을 더이상 할 수 없게 될 때 율법에 대하여 더욱더 적대적이 된다. 옛 자기의 본성은 죄악된 것이며 그럴 수밖에 없다. 그러므로 그 자기에게 율법은 죽음과 모든 죽음의 고통들을 의미한다. 이것은 율법이 악하기 때문이 아니라 우리의 악한 본성이 선함, 율법에 의해 요구되는 선함을 싫어하기 때문이다. 마찬가지로 병자에게 걷고 뛰라고 하며 건강한 사람이 할 수 있는 것을 하라고 요구하는 것은 불가능하다.

그러므로 성 바울은 이 시점에서 율법을 올바로 이해하고 가장 좋은 방식으로 해석한다면 율법은 단지 우리에게 죄를 생각나게 하고 죄들을 사용하여 우리를 죽이며 우리로 하여금 영원한 진노를 받기 쉽게 만든다고 단언한다. 우리가 율법을 정면으로 만날 때 이 모든 것을 우리의 양심은 경험을 통해 철저하게 배운다. 그러므로 우리가 올바르게 되어 구원에 이르고자 한다면, 우리는 율법과는 다르고 율법보다 더 나은 그 무엇을 필요로 할 것이다. 율법을 올바르게 이해하지 못한 사람들은 맹목적이다. 주제넘게 그들은 자기들이 율법을 행위를 통하여 성취할 수 있다고 생각한다. 그들은 율법이 얼마나 많은 것을 요구하는지를 알지 못한다. 특히 자유롭고 열심이고 기뻐하는 마음을 요구한다는 것을 알지 못한다. 그러므로 그들은 모세를 올바르게 읽지 못한다. 여전히 수건이 그의 얼굴을 덮어 감추고 있다.

이제 바울은 어떻게 육과 영이 우리의 마음 속에서 서로 다투는지를 설명한다. 그는 우리가 어떻게 우리의 내재하는 죄를 죽여야 하는지를 적절하게 배울 수 있도록 하기 위하여 자기 자신을 하나의 예로 든다. 그러나 그는 율법이라는 명칭을 영과 육 모두에 적용한다. 왜냐하면 요구를 하는 것이 하나님의 율법의 본질이듯이 육은 영에 대항하여 싸우며 사납게 날뛰고 자기 자신의 길을 고집하기 때문이다. 역으로, 영은 육에 대항하여 싸우며 자기 자신의 길을 고집한다. 이러한 씨름은 우리가 살아 있는 동안 우리 안에서 계속된다. 육이 더 강한가 영이 더 강한가에 따라 어떤 사람들은 더 많이, 어떤 사람들은 덜 이러한 씨름이 일어난다. 그러나 우리는 우리의 완전한 자기는 두 요소, 즉 영과 육으로 이루어져 있다는 것을 이해하여야 한다. 우리는 완전히 영적으로 될 때까지 우리 자신과 싸운다.

8장에서 바울은 이러한 싸움에 참여하고 있는 사람들을 위로하면서 육은 그들을 정죄하지 못할 것이라고 말한다. 또한 그는 육과 영의 본질을 보여주고 영이 우리에게 자신의 성령을 주시는 그리스도로부터 온다는 것을 설명한다. 이것은 우리를 영적으로 만들며 육에 제한을 가하며 우리에게 죄가 우리 안에서 아무리 격렬하게 날뛴다고 하여도 우리는 영에 순종하고 죄를 죽이고자 하는 한 하나님의 자녀임을 확신시켜 준다. 그러나 우리가 짊어져야 하는 우리의 십자가와 고난만큼 육을 길들이는 데 효과적인 것도 없기 때문에, 그는 고난 속에 있는 우리에게 영과 사랑과 모든 피조물들의 지지를 확신시켜줌으로써 우리를 위로한다. 특히 영은 우리 안에서 탄식할 뿐만 아니라 모든 피조물도 육과 죄로부터 해방되고자 하는 우리의 갈망을 공유한다. 따라서 우리는 이 세 장(章)이 어떻게 옛 아담을 죽이고 육을 통제하는가 하는 믿음의 실제적인 작용을 논하고 있다는 것을 알게 된다.

9, 10, 11장에서 바울은 하나님의 영원한 섭리를 다룬다. 이 섭리에 의해서 누가 믿음을 갖게 되고 갖게 되지 않는지, 누가 죄를 정복하고 누가 그렇게 할 수 없는지가 먼저 결정되었다. 이것은 우리의 손을 떠난 문제로서 오직 하나님에게만 달려 있다 — 따라서 우리는 참되게 의롭게 될 수 있다.

그리고 이것은 우리의 가장 큰 필요이다. 우리는 연약하고 흔들리기 때문에 그러한 섭리가 우리에게 남겨져 있지 않다면 단 한 사람도 구원을 받지 못하고 마귀는 분명히 우리 모두를 압도할 것이다. 그러나 이와는 반대로 하나님은 변함 없으시며 그분의 섭리는 실패하지 않을 것이고 그 누구도 그 섭리의 성취를 방해할 수 없다. 그러므로 우리는 죄에도 불구하고 소망을 갖게 된다.

이 단계에서 우리는 여기서 먼저 그들의 추리력을 사용하여 고상하고 힘 있는 방식으로 그들이 선택받은 자들 가운데 있는지의 여부를 쓸데 없이 물으면서 하나님의 섭리의 깊은 곳을 탐사하기 시작하는 불경건하고 교만한 사람들의 시도를 멈추게 하여야 한다. 그들은 실패에 의해서 또는 쓸모없는 모험을 거는 것을 통하여 그들 자신에게 재난을 가져오지 않을 수 없다. 그러나 당신은 이 서신의 각 장(章)을 스스로 연구하여야 한다. 당신의 죄를 깨닫고 그분의 은혜를 아는 방법을 배우기 위하여 무엇보다도 먼저 그리스도와 그의 복음에 집중하라. 다음으로 1, 2, 3, 4, 5, 6, 7, 8장에서 논의되고 있는 죄의 문제와 씨름하라. 그런 다음 그리스도의 십자가와 수난에 의해 지배되고 있는 8장에 이르렀을 때 당신은 9, 10, 11장에 나오는 하나님의 섭리를 올바르게 이해하는 방식을 배우게 될 것이고 섭리가 주는 확신을 알게 될 것이다. 우리가 수난, 십자가, 죽음의 무게를 느끼지 못한다면, 우리는 섭리의 문제에 부딪쳤을 때 우리 자신이 상처를 입거나 하나님에게 은밀하게 화를 내지 않을 수 없게 된다. 이것이 우리 안에 있는 아담을 완전히 죽여야만 우리가 아무런 해도 받지 않고 이 교리를 짊어지고 이 독한 포도주를 마실 수 있는 이유이다. 따라서 주의하라! 당신이 여전히 젖을 먹는 어린아이일 때 포도주를 마시는 것을 삼가라. 모든 가르침은 우리에게 적절한 나이가 되고 적절하게 성숙하여 합당한 능력을 갖추게 될 것을 요구한다.

12장에서 바울은 하나님을 참되게 섬기는 방법에 관하여 말한다. 그는 모든 그리스도인들이 제사장이며 그들이 드리는 희생제물은 율법에 규정되어 있는 돈이나 가축이 아니라 그들의 정욕을 죽인 후의 그들 자신임을 보여준다. 그런 후에 그는 영의 훈육 아래에서의 그리스도의 외적인 행실을 기술한다: 어떻게 그들은 친구, 대적, 동료에게 가르치고 설교하고 규율하고 섬기고 주고 고난받고 사랑하고 살아가고 사랑하고 행해야 하는지. 이러한 것들은 이미 말한 대로 믿음이 죽어 있는 것이 아니라면 그리스도인이라면 의당

해야 하는 행위들이다.

13장에서 그는 우리에게 세속 권세들을 존중하고 순종할 것을 가르친다. 이 주제는 실제로 그러한 행실이 사람들을 하나님 보시기에 선하게 만들기 때문이 아니라 그렇게 하는 것이 공공의 평화를 보장해주고 선한 시민들을 보호해주며 반면에 악한 자들은 두려움 없이 또는 편한 마음으로 악을 행할 수 없을 것이기 때문에 도입되었다. 그러므로 선량한 사람들이 그 권세에 봉사할 필요는 없지만 그러한 권세는 선량한 사람들에 의해 존중되어야 한다. 그러나 바울은 사랑은 다른 모든 것을 포괄한다는 것을 보임으로써 끝을 맺는다. 그리고 그는 이 전체를 우리도 그리스도를 따라 해야 하는 것을 우리를 위해 하셨던 그리스도의 본으로 결말을 짓는다.

14장에서 바울은 약한 양심을 가진 사람들을 어떻게 다루고 아껴야 하는지를 우리에게 가르친다. 그는 우리에게 약한 자에게 상처를 주는 것이 아니라 그들을 돕기 위하여 우리의 그리스도인으로서의 자유를 사용하도록 가르친다. 이렇게 하지 않을 때 모든 것이 복음에 달려 있음에도 불구하고 분열이 일어나서 복음이 멸시 받게 된다. 그러므로 그들이 강하게 될 때까지 복음을 완전히 상실해버리게 하는 것보다는 믿음이 약한 자들을 어느 정도 달래는 것이 더 낫다. 사랑만이 이와 같은 일을 할 수 있는데, 고기를 먹는 문제 및 자유롭게 선택할 수 있는 다른 문제들이 무절제하고 냉정하게 논의됨으로써 쓸데없이 약한 양심을 가진 사람들이 진리를 알기 전에 혼란에 빠뜨리게 되는 경우에 이것은 특히 필요하다.

15장에서 바울은 그리스도의 본을 인용하여 우리가 명백한 죄인들과 비위에 거슬리는 습관들을 가진 사람들을 포함하여 연약한 자들의 짐을 짊어져야 한다고 가르친다. 우리는 그들을 내팽개쳐서는 안되고 그들이 변화될 때까지 그들에 대하여 참아야 한다. 이것이 그리스도께서 우리에 대하여 하신 것이고 날마다 계속해서 행하고 계시는 것이다. 그리스도는 우리의 온갖 종류의 불완전한 것들과 아울러 많은 단점들과 악한 습관들을 참으셨다. 그렇지만 그리스도는 우리를 돕는 데 결코 실패하지 않으신다.

그런 다음 결론적으로 바울은 그들을 위해 기도하며 그들을 칭찬하며 그들을 하나님께 추천한다. 그는 자기 자신의 지위와 메시지를 설명하며 그들에게 예루살렘에 있는 가난한 자들을 위하여 열심히 연보를 하도록 간청하고 자기가 전적으로 사랑에서 그렇게 말하고 행하는것이라고 주장한다. 그러므

로 이 서신은 그리스도인이 마땅히 알아야 하는 것, 즉 율법, 복음, 죄, 형
벌, 은혜, 믿음, 의, 그리스도, 하나님, 선행, 사랑, 소망, 십자가의 의미를
가능한 최대한도로 풍부하게 설명을 하고 있다고 할 수 있겠다. 이 서신은
의인이든 죄인이든 강한 자든 약한 자든 친구이든 적이든 우리의 동료 인간
들에 대한 우리의 태도가 어떠해야 하며 자기 자신에 대하여는 어떠해야 하
는가를 말해주고 있다. 게다가 모든 것을 성경으로부터 친숙하게 입증하고
있으며, 바울 자신의 경우나 선지자들의 예를 들어 설명해주고 있다. 이 서
신은 아쉬운 점을 남겨놓고 있지 않다. 그러므로 성 바울은 이 서신에서 단
번에 기독교 교리 전체를 간략하게 설명함으로써 이 서신이 구약전체를 준비
하는 길잡이가 되도록 의도했던 것으로 보인다. 왜냐하면 우리가 이 서신을
우리 마음 속에 진정으로 잘 간직한다면 우리는 구약에서 발견되는 빛과 권
능을 소유할 것임은 의심의 여지가 없기 때문이다. 그러므로 모든 그리스도
인들은 로마서를 정규적이고도 지속적으로 연구하여야 한다. 하나님께서 이
러한 목적에 은혜를 베풀어주시기를 바라나이다. 아멘.

　　마지막 장은 인사로 되어 있다. 이 장은 또한 복음과 나란히 유포되면서
복음에 해를 끼치고 있었던 사람이 만든 가르침과 관련된 고상한 경고를 포
함하고 있다. 이것은 정확히 성 바울이 로마와 로마 가톨릭주의자들로부터
사람들을 그릇 인도하고 귀찮게 하는 교회법과 교령(敎令)들이 사람이 만든
법률과 규례들의 우글거리는 온갖 구더기들과 아울러 나올 것을 예견했던 것
같다. 이러한 것들은 지금에 와서 온 세상을 먹어버렸고 이 서신과 성경 전
체를 삼켜버렸을 뿐만 아니라 영의 역사를 방해하고 우리의 신앙을 파괴함으
로써 그들의 하나님, 곧 배 이외의 다른 것은 하나도 남아 있지 않게 되었
다. 여기서 바울은 그들을 배를 위하는 자들로 묘사한다. 하나님께서 우리를
그들로부터 구하시기를. 아멘.

야고보서와 유다서 서문[1]

이전에 야고보서를 거부하였지만 이제 나는 야고보서를 높이 평가하며 그것을 가치있는 것으로 본다. 야고보서는 인간의 가르침을 설명하고 있는 것이 아니라 하나님의 법에 많은 강조점을 두고 있다. 그렇지만 다른 사람의 견해에 대하여 편견 없이 나 자신의 견해를 피력하자면 나는 다음과 같은 이유로 야고보서를 사도적 저작으로 볼 수 없다:

첫째로, 성 바울 및 성경의 다른 모든 책들과는 직접적으로 상치되게 야고보서는 칭의를 행위에 의한 것으로 돌리고 있으며 아브라함은 자기 아들을 제물로 드린 자신의 행위로 말미암아 의롭게 되었다고 선언하고 있다. 이와는 반대로 성 바울은 로마서 4장[:3]에서 아브라함은 행위 없이 그의 믿음만으로 의롭게 되었다고 가르친다. 여기에서 증거는 창세기 15장[:6]인데, 이것은 그가 자기 아들을 희생제물로 드리기 전이었다. 여기에서 행위로 인한 칭의를 올바로 그럴싸 하게 해석함으로써 이 서신을 "구하는 것"은 가능하겠지만 야고보서가 창세기 15장에 나오는 아브라함의 행위에 대한 모세의 말 (이것은 바울이 로마서 4장에서 분명히 하고 있듯이 아브라함의 행위가 아니라 그의 믿음에 관하여 말하고 있다)을 가리키고 있다는 것을 부인하는 것은 불가능하다. 이러한 결점은 이 서신이 사도로부터 나오지 않았다는 것을 입증한다.

둘째로, 야고보서 전체를 통하여 야고보서는 그리스도인들에게 그리스도의 수난, 부활, 성령에 관한 가르침이나 회상을 한 번도 주지 않고 있다.

---

1) Bertram Lee Woolf가 번역하고 편집한 The Reformation Writings of Martin Luther, volume II, The Spirit of the Protestant Reformation (London: Luttherworth Press, 1956), pp. 306-8에서 발행인의 허락을 얻어 전재함.

야고보서는 그리스도를 두 번 언급하고 있지만 그리스도에 관하여 아무것도 가르치지 않는다. 이 서신은 단지 하나님에 대한 상식적인 믿음에 관해서만 말하고 있다. 그리스도의 수난과 부활과 사역을 설교하고 그리스도 자신이 요한복음 15장〔:27〕에서 너희는 나의 증인이 될 것이라고 말씀하고 있듯이 이러한 믿음을 위한 참된 근거를 설명하는 것은 참된 사도의 직무이다. 모든 진정한 성경 책들은 이 점에서 한결같으며, 모두 그리스도를 강조하여 설교하고 있다. 모든 책을 시험하는 참된 시금석은 그 책이 그리스도의 우월성을 강조하고 있느냐의 여부를 발견하는 것이다. 모든 성경은 그리스도를 제시하고 있으며 — 로마서 3장〔:24f.〕, 바울은 그리스도 외에는 아무것도 알지 않기로 했다 — 고린도전서 2장〔:2〕. 그리스도를 가르치지 않는 것은 사도적이 아니다. 그 사람이 베드로나 바울이라도 마찬가지이다. 반면에 그리스도를 가르치는 것은 사도적이다. 그 사람이 유다나 안나스나 빌라도나 헤롯일지라도 마찬가지이다.

하지만 야고보서는 우리를 율법과 그 행위들로 몰아간다. 야고보는 율법과 행위들을 섞어놓음으로써 나는 이 서신이 어떤 선량한 사람이 사도들의 제자들이 말한 것을 약간 모아놓은 다음 그것들을 기록한 것이거나 그의 설교를 적은 다른 사람에 의해 기록된 것이 아닐까 의구심을 품게 된다. 성 바울은 율법을 종됨, 진노, 사망, 죄의 율법이라고 부르고 있지만 야고보는 율법을 자유의 율법이라고 부르고 있다.

그렇지만 그는 "사랑은 허다한 죄를 덮는다", "주 앞에서 낮추라"라는 성 베드로의 말을 인용하고 있고, 나아가 영은 미움을 대항하여 불타오른다는 갈라디아서 5장에 나오는 성 바울의 말도 인용하고 있다. 그러나 성 야고보는 성 베드로가 죽기 이전에 예루살렘에서 헤롯에게 죽임을 당하였다. 이는 이 기자가 성 베드로나 성 바울보다 훨씬 후대에 속하였음을 보여준다.

요약하여 말한다면, 야고보는 계속적으로 행위를 하지 않고 믿음에 의존하는 자들을 경계하기를 원했지만 그 작업에 걸맞는 정신이나 사고나 풍부한 표현력을 갖추지 못했다. 그는 성경의 주된 내용을 범하고 있는 바, 바울과 모든 성경과 모순된다. 그는 율법을 강조함으로써 사도들이 사람들을 사랑으로 이끄는 것을 통하여 가져왔던 것을 수행하고자 한다. 그러므로 나는 야고보가 내 성경의 진정한 정경의 기자들 가운데 자리하는 것을 거부한다. 그러나 나는 그 누가 그가 좋아하는 자리에 그를 놓거나 그를 일으켜세우는 것을

76

방해하지 않을 것이다. 왜냐하면 이 서신은 많은 뛰어난 구절들을 포함하고 있기 때문이다. 한 사람은 세상의 눈으로 볼 때 한 사람으로 여겨지지도 않는다. 그런데 하물며 어떻게 이 고립된 한 사람의 기자가 바울과 그밖의 성경 전체에 대항할 수 있겠는가?

유다서

아무도 이 서신이 베드로후서의 초록(抄錄) 또는 베낀 것임을 부인할 수 없다. 왜냐하면, 그가 말하고 있는 모든 것은 거의 동일하게 반복하고 있는 것이기 때문이다. 더욱이 그는 훨씬 후대의 제자인 것처럼 사도들에 관하여 말하고 있다. 그는 성경의 다른 곳에서 찾아볼 수 없는 단어들과 사건들을 인용하고 있는데, 이로 인해 교부들은 이 서신을 정경에 넣기를 거부하였다. 게다가 사도 유다는 헬라어를 사용하는 지역이 아니라 페르시아로 갔다. 그리고 그는 헬라어를 쓸 수 없었다고 한다. 그러므로 나는 이 책을 소중히 여기지만, 이 서신을 믿음의 토대가 되는 정경에 속하는 것으로 반드시 보아야 할 필요는 없다.

시편 서문[1]

본문과 주석

교부들 가운데 많은 이들은 성경의 다른 책들보다도 시편을 사랑했고 찬양하였다. 시편 자체가 기자(記者)들에게 충분한 기념비이지만 우리는 우리 자신의 찬양을 표현하고 이에 감사하여야 한다. 지나간 세월 동안에 우리의 모든 관심은 널리 유포되어 있었던 헤아릴 수 없이 많은 성인들에 관한 전설들, 많은 성자의 수난 이야기들,[2] 교화를 위한 책들, 도덕 이야기들에 쏠려 있었고, 시편은 선반 위에 올려놓아진 채 완전히 무시되었기 때문에 시편은 단 한 편도 제대로 이해되지 않았다. 그렇지만 시편은 계속해서 달콤하고 사랑스러운 향기를 뿜어내었기 때문에 모든 경건한 사람들은 시편의 익숙치 않은 구절들을 접했을 때 격려를 받고 힘을 얻었으며 그렇게 시편을 사랑하게 되었다. 이제까지 씌어졌거나 앞으로 씌어질 도덕 이야기들과 성인들에 관한 전설들은 그 어느 것도 내 생각에는 시편만큼 고상하지 않다. 그리고 나의 목적이 모든 교화를 위한 책들, 성인들에 관한 전설들, 도덕 이야기들 가운데서 가장 좋은 것을 선택하여 그것들을 모아서 가능한 가장 좋은 방식으로 제시하는 것이라면, 나는 불가피하게 시편을 선택하게 될 것이다.

시편에서 우리는 이런 저런 성인이 행했던 것을 발견하는 것이 아니라 모모든 성인들 가운데 최고의 성인이 행했던 것, 모든 성인들이 여전히 행하고 있는 것을 발견하게 된다. 시편에는 하나님과 그들의 친구들과 그들의 적들에 대한 그들의 태도가 나타나 있다. 그리고 다양한 위험들과 고난들을 맞이

---

1) Bertram Lee Woolf가 번역하고 편집한 *The Reformation Writings of Martin Luther*, volume II, *The Spirit of the Protestant Reformation* (London: Lutterworth Press, 1956), pp. 267-71에서 발행인의 허락을 얻어 전재함.
2) 성인들의 삶과 고난에 관한 글들.

하여 그들이 보여준 삶의 태도와 행동이 나타나 있다. 이 모든 것 위에 시편은 온갖 종류의 하나님의 도움이 되는 가르침들과 계명들을 담고 있다. 시편은 그리스도의 죽음과 부활을 매우 분명하게 약속하고 그분의 나라와 모든 그리스도의 백성들의 본질과 지위를 묘사하고 있다는 이유만으로도 시편은 우리에게 귀하고 사랑스럽다. 시편은 가장 간결하고 가장 아름다운 형태로 성경 전체에서 발견될 수 있는 모든 것을 담고 있기 때문에 "작은 성경"이라고 부를 수 있는 책으로서 성경 전체를 통독할 수 없는 사람들이 성경의 거의 전체를 하나의 책자 속에 담겨 있는 요약된 형태로 갖게 하기 위하여 전체 기독교 세계와 성인들로부터 좋은 모범들을 모아놓은 책이다.

　　우리가 시편을 끊임없이 성인들과 그들의 행적들에 관하여 종알거리면서도 그들의 말은 거의 인용하지 않거나 아예 인용하지 않고 있는 수많은 다른 책들과 비교해볼 때 유일무이한 시편의 장점은 다른 책들보다 더 뚜렷하게 드러난다. 이 점에서 시편은 유일무이하다. 시편은 그것을 읽는 사람들에게 좋고 달콤하며, 성인들이 행하고 말했던 것을 충실하게 기록하고 있다: 어떻게 그들이 하나님과 친교를 나누었으며 그 옛날에 하나님께 기도하였으며, 어떻게 그러한 사람들이 여전히 하나님과 친교를 나누며 하나님께 기도하는가를 기록하고 있다. 시편에 비하면 다른 책들, 성인들의 전설들과 다른 본보기가 되는 것들을 담고 있는 책들은 거룩한 성인들의 입을 봉해 놓은 채로 묘사하고 있다. 반면에 시편은 성인들을 생생하고 포괄적으로 우리에게 제시해준다. 그것은 말할 수 있는 사람 옆에 벙어리인 사람을 갖다놓은 것과 같다. 후자는 단지 반만 살아 있다. 말은 인간의 능력들 가운데 가장 강력하고 고상한 능력이다. 사람은 모양이나 형태 또는 다른 활동보다도 말을 할 수 있는 능력으로 인하여 동물들과 구별된다. 통나무는 조각가의 기술을 통하여 사람 모양이 될 수 있다. 동물은 보고, 듣고, 냄새맡고, 노래하고, 달리고, 서있고, 먹고, 마시고, 굶주리고, 목마르고, 배고픔과 추위와 곤경을 견디는 것에 있어서 사람과 마찬가지이다.

　　시편은 다른 뛰어난 점들도 갖고 있다: 시편은 성인들이 말한 사소하고 일상적인 것들이 아니라 그들의 가장 깊고 고상한 말들, 하나님에 대하여 철저히 진지하고 절박한 마음으로 말을 할 때 그들이 사용했던 말들을 보존하고 있다. 시편은 그들이 그들의 일과 행실에 관하여 말하고 있는 것을 말해 줄 뿐만 아니라 그들의 영혼 속에 숨겨져 있는 그들의 마음과 가장 깊은 보화들을 드러내준다. 그리고 이것은 우리로 하여금 그들의 말과 행위들의 원인과 원천들을 묵상할 수 있도록 하는 방식으로 행해지고 있다. 달리 말하면 시편은 우리로 하여금 그들의 마음을 꿰뚫어보고 그들의 생각의 본질을 이해할 수 있게 해준다: 그들이 삶의 변화하는 여러 상황들과 위기와 고통 속에서 마음 속에서 어떤 입장을 취하였는가 하는 것을 보게 해준다.

전설들과 도덕 이야기들은 이러한 것을 할 수 없고 하지도 않고, 성인들의 이적들과 업적들만을 잔뜩 말하고 있다. 그러나 내가 어떤 사람의 많은 주목할 만한 행위들을 보거나 듣는 것만으로 그 사람의 마음의 상태를 알기는 불가능하다. 그리고 내가 어떤 성인의 행위들을 보는 것이 아니라 그가 말하는 것을 듣기를 원하는 것처럼 또한 그의 말을 듣는 것보다는 그의 마음과 그의 영혼의 보화들을 들여다보기를 원한다. 시편이 성인들과 관련하여 아주 풍부하게 우리에게 제공해주는 것은 그들이 자신들의 마음 속에서 느꼈던 것, 그들이 하나님과 그들의 동료 인간들에게 말을 할 때 사용한 말에 대한 충만한 확신이다.

사람의 마음은 하늘의 사방으로부터 불어오는 바람에 의해 폭풍우 치는 바다에서 이미 몰리고 저리 몰리는 배와 같다. 어떤 사람 속에는 임박한 재난에 대한 공포와 걱정이 있고, 또 어떤 사람은 주위 사방의 모든 악을 보고 신음하고 한탄한다. 어떤 사람은 자기가 내다보는 길한 운명으로 인해 소망과 교만을 함께 갖고 있고, 또 어떤 사람은 자신의 현재의 소유물에 대한 신뢰와 즐거움으로 부풀어 있다. 하지만 그러한 폭풍우는 우리에게 신실하고 정직하게 말하고 깨끗한 가슴을 가지라고 가르친다. 두려움이나 고뇌에 빠져 있는 사람은 행복으로 가득 차 있는 사람과는 전혀 달리 재난에 관하여 말한다. 기쁨으로 가득 차 있는 사람은 두려움에 사로잡혀 있는 사람과는 전혀 달리 행복에 관하여 말하고 노래한다. 그들은 슬퍼하는 사람이 웃거나 행복한 사람이 울 때 그의 웃음과 그의 울음은 마음으로부터 나오지 않은 것이라고 말한다. 달리 말하면 이러한 사람들은 그들의 마음 밑바닥을 있는 그대로 드러내놓지 않는다.

시편은 이런 유의 폭풍우가 치는 동안에 발해진 가슴 저미는 말들로 가득 차 있다. 찬양의 시편이나 감사의 시편에서보다 기쁨을 표현하는 더 고상한 말을 우리는 어디에서 찾을 수 있는가? 그 시편들 속에서 우리는 당신이 사랑스러운 기쁨의 동산을 보거나 하늘을 들여다보는 것처럼 모든 성인들의 마음 속을 들여다볼 수 있다. 거기서 당신이 발견하게 될 꽃들은 하나님과 그분의 은혜에 관한 온갖 종류의 아름다운 생각들로부터 자라난 것들로서 얼마나 아름답고 매력적이고 기쁨에 넘치는 것인지. 또는 탄식의 시편에서보다 슬픔을 표현하는 데 있어서 더 깊고 더 참회하고 더 슬픈 말을 우리는 어디에서 찾아볼 수 있는가? 이 시편들에서 우리는 당신이 죽음을 보거나 음부를 들여다보고 있는 것처럼 모든 성인들의 마음을 들여다본다. 그 모습은 하나님의 진노의 변화하는 그림자에 의해 아주 어둡고 희미하다. 또한 시편이 두려움이나 소망에 관하여 말할 때 그 시편들은 두려움과 소망을 그 어떤 화가보다도 생생하게, 키케로나 다른 가장 위대한 웅변가들의 웅변보다도 더 웅변적으로 묘사하고 있다. 그리고 이미 말했듯이 무엇보다도 가장 좋은 것은 이 말들은 성인들이 하나님을 향하여 말할 때 사용했다는 것이다. 그들은 말의 힘과 진지함을 배가시키는 어조로 하나님과 더불어 말하고 있다. 사람이 이러한 주제들에 관하여 다른 사람에게 말할 때, 그는 자신의 마음 가장 깊은 곳으로부터 말하지 않는다. 그의 말은 하나님을 향하여 말하고 있을 때만큼 불타오르지도 흥분으로 떨리지도 간절하지도 않게 된다.

그러므로 왜 시편이 모든 성인들이 좋아하는 책이 되었는지를 이해하기란 쉽다. 누구든지 어떤 경우에나 시편 속에서 자기의 필요에 꼭 들어맞는 시편, 마치 그 시편이 자기를 위하여 거기에 있는 것처럼 적절하게 느껴지는 시편을 발견할 수 있기 때문이다. 다른 책에서 그는 자기에게 꼭 맞는 말이나 더 좋은 말을 발견할 수 없다. 또한 그는 그것을 원하지도 않는다. 그리고 이로부터 그와 같은 말씀이 가슴에 와닿아서 자신의 필요에 대답해주는 것으로 느낄 때 그는 자기가 성인들의 반열에 있으며 성인들에게 일어났던 모든 일들이 자기에게 일어나고 있다는 확신을 갖게 된다는 또 하나의 장점이 도출될 수 있다. 그는 그들이 했던 것과 똑같이 하나님과 더불어 말하는 그들의 말을 사용할 수 있기 때문에 그들 모두가 그와 함께 작은 노래를 부르는 데 동참하게 된다. 이 모든 것은 믿음을 가진 사람에게 해당된다. 왜냐하면 불경건한 사람들은 그 말씀들이 무엇을 의미하는지도 모르기 때문이다.

끝으로, 시편은 우리가 아무런 위험 없이 모든 성인들을 좇을 수 있다는 확신과 그렇게 좇는 데 사용할 수 있는 유효한 통행권을 담고 있다. 말들이 전혀 주어지지 않는 도덕 이야기들과 성인들의 전설들은 아무도 흉내낼 수 없는 행적들, 대부분의 경우에 분열과 파당의 시초가 되고 성인들과의 교제로부터 멀어지게 하는 행적들을 주창한다. 반면에 시편은 당신을 파당으로부터 막아주고 성인들과의 교제로 이끈다. 왜냐하면 기뻐하든 두려워하든, 소망 중에 있든 슬퍼하든 시편은 모든 성인들과 마찬가지로 당신에게 마음을 한결같이 하고 말씀 속에서 평온하라고 가르치기 때문이다. 요약하여 말한다면, 당신이 살아있는 색채로 묘사되고 생생한 형태로 주어졌으며 축소판으로 그려진 거룩한 기독교회를 보고자 한다면 시편을 당신 앞에 갖다놓으라는 것이다. 당신은 기독교가 무엇인지를 당신에게 보여줄 아름답고 빛나고 광채나는 거울을 갖게 될 것이다. 아니 당신은 그 안에서 당신 자신을 보게 될 것이다. 왜냐하면 여기에 참된 '너 자신을 알라' (γνῶθι σεαυτόν)[3]가 있기 때문이다. 이를 통하여 당신은 만물을 창조하신 하나님과 아울러 너 자신을 알 수 있다.

그러므로 이 측량할 수 없는 유익들로 인하여 하나님께 감사를 드리는 것을 잊지 말자. 우리의 감사치 않음으로 인하여 우리가 더 나쁜 것을 얻지 않도록 하나님의 영광과 존귀를 위하여 진지하고 부지런히 이 유익들을 받아서 사용하고 실행하자. 이전의 어두운 시대에 어떤 사람이 시편 한 편이라도 올바르게 이해하고 그것을 평이한 독일어로 읽거나 들을 수 있었다면 그것은 얼마나 보배로운 일로 여겨졌을 것인가. 하지만 오늘날에는 우리가 보는 것을 보는 눈과 우리가 듣는 것을 듣는 귀는 복되도다. 그러나 우리의 영혼을 이 하찮은 양식으로부터 돌리는 일이 하늘의 만나에 관하여 말하였던 광야의 유대인들에게와 마찬가지로 우리에게 일어나지 않도록 경계하자(불행히도 우리는 이런 일을 목격하고 있다). 우리는 그런 일이 우리에게도 일어나지 않도록 하기 위하여 "그들은 전염병으로 고통을 받고 죽었다"고 기록된 것을 이해하여야 한다. 이러한 목적을 위하여, 대중적인 독일어로 된 시편과 그분의 모든 헤아릴 수 없고 이루 다 말할 수 없는 자비를 인하여 영원히 찬양과 감사와 존귀와 영광을 받으실 우리 주 예수 그리스도를 통하여, 모든 은혜와 자비의 아버지께서 우리를 도우시기를 비나이다. 아멘.

---

3) 너 자신을 알라.

그리스도인의 자유[1]

〔「그리스도인의 자유」는 이와 함께 덧붙여져 있는 「교황 레오 10세에게 보내는 공개서한」과 더불어 로마와 화해하려는 루터의 마지막 시도들 가운데 하나였다. 이 공개서한에서 루터는 자기가 공격한 것은 교황 자신이 아니라 교황권을 둘러싼 불경건한 가르침들과 부패라고 역설한다. 「그리스도인의 자유」는 "화평과 선한 소망의 증표"로서 교황에게 헌정된 소논문이다. 루터 자신의 말을 빌면 "그것은 그리스도인의 삶 전체를 간략한 형태로 담고 있다. …" 만약 우리가 루터 신앙의 내용과 정신을 대표하는 하나의 짧은 글을 골라내려고 한다면, 「그리스도인의 자유」가 단연 일순위가 될 것이다. 이 글은 「기독교계의 개선에 대하여 독일 귀족에게 호소함」(보통 「독일 귀족에게 호소함」으로 불린다)과 「교회의 바벨론 포로」가 나온 직후인 1520년 11월에 출간되었다.〕

뮐포르트 시장에게 바치는 글

박학다식한 명사(名士)이시고 나의 특별히 자비로운 친구요 보호자이신 츠비카우의 시장 히에로니무스 뮐포르트[2]에게 아우구스티누스 수도회의 수도사인 나 마르틴 루터는 경의와 호의를 표하는 바입니다.

나의 박학다식한 선생이며 자비로운 친구여, 당신의 훌륭한 설교자인 존

---

1) Harold J. Grimm (Philadelphia: Muhlenberg Press, 1957)이 편집한 *Luther's Works*, volume 31, *Career of the Reformer*: I, pp. 333-77에서 발행인의 허락을 얻어 전재(轉載)함. 번역은 W. A. Lambert가 하였고 Harold J. Grimm이 수정을 하였다.
2) 뮐포르트는 실제로 헤르만(Hermann)으로 알려져 있었다.

경하는 요한 에그란 선생은 당신이 성경을 사랑하며 기뻐하여 모든 사람들 앞에서 열심히 성경을 고백하고 끊임없이 찬양한다고 나에게 칭찬을 했습니다. 이런 이유로 그는 내게 당신을 소개하고자 한 것입니다. 나는 기꺼이 그의 설득에 응했습니다. 왜냐하면 하나님의 진리를 사랑하는 사람의 말을 듣는 것은 특별한 기쁨이기 때문입니다. 불행히도 자신의 직함을 자랑하며 자신의 모든 권력과 간계로 진리를 거역하는 사람들이 많이 있습니다. 잘 아시다시피 걸림돌 및 비난 받는 표적으로 세우심을 받은 그리스도께서는 많은 사람들을 넘어지게 하거나 일어나게 하는 원인이 될 것이 틀림없습니다(고린도전서 1:23; 누가복음 2:34).

　우리의 사귐과 교제의 좋은 시작을 위하여 나는 이미 라틴어로 교황에게 헌정한 이 논문 또는 강론을 독일어로 당신에게 헌정하기를 원했습니다. 이것은 교황권에 관한 나의 가르침들과 저서들이 누구에게나 이의 없는 것이 되기를 바라는 마음에서입니다.[3] 나는 내 자신을 당신과 하나님의 은혜에 맡깁니다. 아멘.

비텐베르크에서, 1520년.

교황 레오 10세에게 보내는 공개서한

로마에 계신 교황 레오 10세에게 마르틴 루터는 우리 주 그리스도 예수 안에서 구원이 있으시기를 바라나이다. 아멘.

　3년째 싸워오는 이 세대의 괴물들과 싸우면서 이들 가운데서 살고 있는 제가 가장 복되신 아버지 레오 귀하를 때때로 우러러보며 또한 생각하지 않을 수 없습니다. 실제로 귀하는 때때로 나의 싸움의 유일한 원인으로 여겨지기 때문에 나는 귀하를 생각하지 않을 수 없습니다. 어리석은 전횡으로 이러한 호소를 금했던 귀하의 전임자들인 피우스(Pius)와 율리우스(Julius)의 칙령에도 불구하고 나에 대한 귀하의 불경건한 아첨꾼들의 부당한 광란은 나

---

3) 독일어판이 아니라 교황에게 헌정된 라틴어판이 이 영역의 저본(底本)으로 사용되었다.

로 하여금 귀하의 교황직과 미래의 공의회에 호소하지 않을 수 없게 했습니다. 그러나 나는 나의 온 마음을 다하여 귀하와 귀하의 교황직에 모든 축복이 있기를 바라지 않을 정도로 복되신 귀하로부터 멀어진 적이 결코 없었습니다. 오히려 나는 나의 전력을 기울여 진지한 기도로써 하나님께 귀하와 귀하의 교황직에 모든 축복이 있기를 간구하였습니다. 물론 귀하의 이름과 권위의 위엄을 빌어 나를 위협하려고 했던 자들을 멸시하고 경멸할 만큼 내가 대담했던 것은 사실입니다. 그러나 내가 무시할 수 없고 또한 복되신 귀하에게 다시 한번 글을 써보내는 동기가 된 한 가지 일이 있습니다. 그것은 내가 귀하의 인격을 아랑곳하지 않았다고 하는 것으로서 그것은 나의 큰 불찰이요 잘못이라고 내가 비난받고 있다는 것을 알게 되었다는 것입니다.

내가 알기로는 내가 귀하를 생각할 때마다 귀하에 대하여 오직 좋고 영예스러운 말만을 했음을 나는 거리낌 없이 맹세합니다. 만일 내가 달리 말한 일이 있다면 내 자신이 결코 그것을 묵과할 수 없었을 것이며 다른 사람들이 내게 대하여 내린 판단에 전적으로 동의했을 것입니다. 그리고 나는 그러한 경솔함과 불경건함을 기꺼이 버렸을 것임에 틀림없습니다. 나는 귀하를 바벨론에 있는 다니엘이라 불렀습니다. 그리고 내가 쓴 글을 읽은 사람은 누구나 내가 얼마나 열렬히, 귀하를 중상하는 자인 실베스터(Sylvester)[4]에 대하여 귀하의 결백함을 변호했는지를 알 것입니다. 사실 전 세계에 걸쳐 많은 위대한 사람들의 저서들에 의해 찬양을 받는 귀하의 명성과 흠없는 삶에 관한 평판은 너무나 잘 알려져 있고 너무나 고귀하기 때문에 아무리 위대한 사람이라고 할지라도 귀하를 공격할 수는 없을 것입니다. 나는 모든 사람들이 찬양하는 분을 공격할 정도로 어리석지 않습니다. 사실 나는 일반 사람들이 망신을 주는 사람들까지도 공격하지 않으려고 언제나 노력했으며 앞으로도 늘 그렇게 할 것입니다. 왜냐하면 내가 내 자신의 눈 속에 있는 들보를 깨달은 까닭에 다른 사람의 과오들을 기뻐할 수 없기 때문입니다. 사실 나는 간음한 여자에게 돌을 던지는 첫번째 사람이 될 수 없었습니다[요한복음 8:1-11].

물론 나는 불경건한 일반적인 가르침들을 신랄하게 공격했으며, 나의 대적자들의 부도덕함이 아니라 그들의 불경건함을 비난했습니다. 이런 나의 행

---

4) 흔히 프리에리아스(Prierias)라 불렸던 실베스터 마촐리니(Sylvester Mazzolini, 1456-1523)는 교황의 권위를 지나치게 과장하였었다.

위를 조금이라도 뉘우칠 용의는 없고 오히려 나는 자신의 열심으로 자신의 대적자들을 "독사의 자식들", "눈먼 어리석은 자들", "외식하는 자들", "마귀의 자식들"〔마태복음 23:13, 17, 33; 요한복음 8:44〕이라 불렀던 그리스도의 본을 따라 그 불타는 열심을 고수하고 사람들의 판단을 무시하기로 결심했습니다. 바울은 박수 엘루마를 "모든 궤계와 악행이 가득한 … 마귀의 자식"〔사도행전 13:10〕이라 불렀으며 다른 사람들을 "개들", "궤휼의 역군", "간음한 자들"〔빌립보서 3:2; 고린도후서 11:13; 2:17〕이라 부르고 있습니다. 만약 귀하가 예민한 감수성을 지닌 사람들에게 판단하는 것을 허용하신다면, 그들은 바울보다 더 신랄하고 거리낌 없이 규탄할 사람이 하나도 없을 것이라고 생각할 것입니다. 선지자들보다 더 신랄한 자가 누가 있습니까? 오늘날 사실 우리는 미처 날뛰는 아첨꾼들로 인해 너무나 예민해져 있기 때문에 반대에 부딪치면 곧 아프다고 소리칩니다. 우리가 어떤 다른 구실을 가지고 진리를 피하지 못하게 될 때 그 진리를 사나운 성미와 인내없음과 근신치 못함에 돌림으로써 그 진리로부터 달아나버립니다. 만약 소금이 짠 맛을 내지 못한다면 소금의 이점이 무엇입니까? 만약 칼날이 어떤 것을 베지 못한다면 무슨 소용이 있습니까? "여호와의 일을 태만히 하는 자는 저주를 받을 것이요 … "〔예레미야 48:10〕.

그러므로 영명하신 레오 성하(聖下)여, 나는 이 편지로 내 자신을 변호한 후에 귀하께서 나의 말을 들어 주시기를 간청합니다. 또한 내가 결코 사적으로 귀하를 나쁘게 생각한 적이 없었고, 나는 귀하에게 모든 좋은 것이 영원히 있기를 바라는 그런 부류의 사람이며, 나는 어떤 사람과도 그의 도덕성에 관해서 싸우지 않고 다만 진리의 말씀에 관해서만 싸운다고 내가 말할 때 나를 믿어 주시기 바랍니다. 나는 다른 모든 문제에 있어서는 어떤 사람들에게나 양보할 것입니다. 그러나 나는 하나님의 말씀을 부인할 권능이나 의지를 가지고 있지는 않습니다. 만약 어떤 사람이 나에 대하여 다른 의견을 가지고 있다면, 그는 왜곡되게 생각한 것이거나 내가 실제로 말한 것을 이해하지 못한 것입니다.

사실 나는 귀하의 교황직, 곧 로마 교황청을 경멸해 왔습니다. 하지만 귀하나 어느 다른 사람도 로마 교황청이 지금까지 있었던 어떤 바벨론이나 소돔보다도 더 부패하였다는 것을 부인할 수 없을 것이고, 또한 내가 보기로는 로마 교황청은 완전히 타락하고 절망적이며 악명높은 불경건이라는 특징을 지니고 있습니다. 나는 선한 그리스도인들이 귀하의 이름과 로마 교회의 가면 아래에서 조롱당하고 있다는 사실에 대해 매우 분노했습니다. 내 안에 신앙의 정신이 살아 있는 한 나는 귀하의 교황직에 저항했으며 또한 계속해서 저항할 것입니다. 나는 불가능한 일을 위하여 싸운다든지 또는 그토록 많은 아첨꾼들의 분노가 내게 향하여져 있는, 극도로 혼란한 바벨론에서 나의 노력만으로 어떤 것이 이루어지리라는 소망을 가지고 싸우는 것도 아닙니다. 그러나 나는 나의 그리스도인 형제들에게 빚을 지고 있음을 인정합니다. 나는 로마의 재앙으로 인하여 보다 적은 수가 파멸되고 적어도 그 파멸이 덜 비참하도록 하기 위하여 그들에게 경고해야 할 의무가 있습니다.

귀하께서 잘 아시다시피 로마에서는 근래 여러 해 동안 ― 세상을 뒤덮은 홍수처럼 ― 가장 악한 것들의 최악의 모범, 곧 사람들의 몸과 영혼과 재산을 파멸시키는 것 외에는 아무것도 흘러나오고 있지 않습니다. 이 모든 사실은 모든 사람들에게 대낮보다도 더 명백하며, 한때 가장 거룩했던 로마 교회는 가장 음탕한 강도들의 굴혈〔마태복음 21:13〕, 가장 파렴치한 매음굴, 죄와 죽음과 지옥의 왕국이 되어버렸습니다. 이것은 너무도 악하기 때문에 만약 적그리스도가 온다고 할지라도 그는 이 사악함에 아무것도 더 보탤 것이 없다고 생각할 것입니다.

한편 레오 귀하께서는 이리들 가운데 있는 양〔마태복음 10:16〕과 사자 가운데 있는 다니엘〔다니엘서 6:16〕같이 앉아 있습니다. 귀하는 에스겔처럼 전갈 속에서 살고 있습니다〔에스겔 2:6〕. 어떻게 귀하께서 홀로 이 괴물들을 대항할 수 있겠습니까? 귀하께서 매우 박학하고 전적으로 신뢰할 수 있는 서너 명의 추기경을 불러 귀하를 돕도록 한다고 할지라도 그렇게 많은 괴물들 가운데서 그들이 무엇을 하겠습니까? 귀하가 이러한 사태를 바로잡을 목적으로 칙령을 내리기도 전에 귀하는 독살을 당하실 것입니다. 로마 교황청은 이미 망했습니다. 왜냐하면 하나님의 진노가 교황청 위에 가차없이 내려졌기 때문입니다. 로마 교황청은 공의회를 몹시 싫어하고 개혁을 두려워하며 그 자신의 부패를 일소하지 못합니다. 그리고 그의 어머니 바벨론에 대해서 말해진 것은 그 자신에게도 적용됩니다: "우리가 바벨론을 치료하려 하여도 낫지 아니한즉 버리고 각기 고토로 돌아가자"〔예레미야 51:9〕.

이러한 악들을 치유하는 것이 귀하의 의무였고 또한 귀하의 추기경들의 의무였으나 이러한 악들의 응어리는 그런 치유의 손길을 조롱하며 마차도 말도 고삐에 응하지 아니합니다〔Virgil 「*Georgics*」 i. 514〕.

영명하신 레오 성하여, 귀하에 대한 이러한 애정으로 인하여 나는 언제나 귀하가 이러한 때에 교황이 되신 것을 애석하게 여겨 왔습니다. 귀하는 더 나은 시절에 교황이 되시는 것이 합당하기 때문입니다. 로마 교황청은 귀하나 귀하와 같은 사람들을 교황으로 모실 자격이 없고, 오히려 사단 자신을 교황으로 모셔야 할 것입니다. 왜냐하면 사실상 지금 귀하가 아니라 사단이 저 바벨론에서 다스리고 있기 때문입니다.

귀하께서는 귀하의 매우 방자한 원수들이 귀하의 영광이라고 자랑스레 주장하는 것을 버리시고 귀하 자신의 성직자로서의 적은 수입이나 귀하 가족의 상속 재산으로 살게 되시기를 바랍니다! 멸망의 자식들인 배신자들 외에는 그러한 명예를 영광으로 생각할 사람은 아무도 없습니다.

나의 레오 성하여, 귀하는 로마 교황청에서 무엇을 이루고 있습니까? 어떤 사람이 보다 많이 범죄하고 혐오할 만한 사람일수록 그는 사람들의 재산과 영혼을 파멸시키고 범죄를 더하며 신앙과 진리와 하나님의 전체 교회를 억누르기 위하여 보다 더 기꺼이 귀하의 이름을 사용할 것입니다. 오, 불행한 레오 성하여, 귀하는 가장 위태로운 보좌 위에 앉아 있습니다. 나는 귀하가 평안하기를 바라기 때문에 귀하에게 사실을 말하고 있는 것입니다.

로마 교황청이 비록 매우 부패해 있긴 하였지만 개선의 전망 가운데서 다스려지던 때에 베르나르(Bernard)는 유게니우스(Eugenius)[5]에 대하여 유감을 나타냈는데, 삼백 년 동안이나 이렇게 누적된 부패와 악을 겪어온 우리가 왜 불평을 해서는 안 됩니까? 이 넓은 하늘 아래에서 로마 교황청보다 더 부패하고 더 유해하고 더 불쾌한 것은 아무것도 없다는 것이 사실이 아닙니까? 이것은 회교도들의 불경건을 비교할 수 없을 정도로 능가하는 것으로서 실제로 한때는 하늘의 문이었던 로마 교황청은 이제는 하나님의 진노 때문에 닫아질 수도 없는 지옥의 열린 입구가 되어 있습니다. 내가 이미 말한 대로 오직 한 가지 일만을 시도해 볼 수 있을 뿐입니다: 우리는 소수의 사람들을 로마의 저 크게 벌린 틈바구니에서 불러내어 구원할 수 있을 것입니다.

나의 교황 레오 성하여, 이제 귀하는 어떻게 그리고 왜 내가 저 유해한

---

5) 클레르보의 베르나르는 「숙고에 대하여」(*On Consideration*)라는 경건서를 교황 유게니우스 3세(1145-53)에게 써보냈는데, 이 글에서 그는 교황의 의무들, 교황의 직무와 관련된 위험들을 논하였다.

교황권을 그토록 맹렬하게 공격했는지를 아실 것입니다. 내가 귀하의 생지옥인 저 감옥을 강력하고 신랄하게 공격했으나, 귀하 자신을 격하게 공격한 적은 없으며 도리어 나는 귀하의 호의를 얻고 귀하를 구원할 수 있기를 바라기까지 했습니다. 왜냐하면 귀하와 귀하의 구원과 귀하와 같이 있는 많은 사람들의 구원은 유능한 사람들이 이 악한 교황청의 혼란에 대항하여 행할 수 있는 모든 것에 의하여 도움을 받을 것이기 때문입니다. 교황청에 온갖 해를 끼치는 자들은 귀하의 직분을 섬기며, 온갖 방식으로 교황청을 저주하는 자들은 그리스도에게 영광을 돌립니다. 요컨대 그들은 로마 교황청의 사람이 아닌 그리스도인들인 것입니다.

여기서 더 확대하여 나는 로마 교황청을 공격하거나 로마 교황청과 관련하여 어떤 논란을 일으키려고 한 적이 없었습니다. 도리어 나는 교황청을 구출하려는 모든 노력들이 수포로 돌아간 것을 알았을 때 로마 교황청을 경멸하고 이혼장을 주며〔신명기 24:1〕"불의를 하는 자는 그대로 불의를 하고 더러운 자는 그대로 더럽고"〔요한계시록 22:11〕라고 말했습니다. 그런 다음 나는 내 주변에 있는 형제들에게 도움이 될 수 있도록 조용하고 평화로운 성경 연구로 방향을 돌렸습니다. 내가 이 연구에 어느 정도 진전을 보았을 때, 사단은 눈을 떴고 그리스도의 악명높은 적인 사단의 종 요한 에크(Johann Eck)를 영화(榮華)에 대한 만족할 줄 모르는 욕망으로 충만케 하여 그를 일으켜서 내가 로마 교회의 수위권(首位權)에 대해 말한 한 작은 낱말로 나를 옭아가지고 부지불식간에 나를 논쟁으로 이끌어들였습니다. 이리하여 입에 거품을 물며 이를 가는 저 뻔뻔스런 허풍선이는 하나님의 영광과 로마 교황청의 영예를 위해서는 모든 위험을 무릅쓰겠다고 선언했습니다.

귀하의 권위를 모욕할 것이라고 내다보고 한껏 교만해진 그는 나를 이기리라는 큰 확신을 가지고 기다리고 있었습니다. 그의 관심은 베드로의 수위권을 확립하는 데 있었던 것이 아니라 우리 시대의 신학자들 가운데서 자기 자신의 지도력을 보여주자는 데 있었습니다. 그러한 목적하에서 그는 루터를 이긴다는 것을 적지 않은 이득으로 생각했던 것입니다. 토론이 그 궤변론자에게 불리하게 끝나자 믿을 수 없을 정도의 광기가 그 자를 압도했습니다. 왜냐하면 그는 내가 로마의 모든 추문을 공개한 데 대한 책임이 완전히 그의 과오에 있다고 믿었기 때문입니다.

영명하신 레오 성하여, 청컨대 이번 한 번만 나의 주장을 변호하고 귀하의 진짜 원수들을 고발하는 것을 허용해 주시기 바랍니다. 귀하는 어리석고 불운한, 아니 정확히 말하면, 신뢰할 수 없는 자인 귀하의 특사 세인트 시스토(St. Sisto)의 추기경[6]이 나를 어떻게 다루었는가를 아시리라고 나는 믿습니다. 귀하의 이름을 존중해서 내 자신과 나의 주장을 그의 손에 맡겼을 때 그는 화평을 이루고자 애쓰지 않았습니다. 그는 말 한 마디로 쉽게 그렇게 할 수 있었습니다. 왜냐하면 당시에 나는 만약 나의 대적자들이 침묵을 지키도록 명령을 받는다면, 나도 침묵을 지키고 그 논쟁을 끝내겠다고 약속했기 때문입니다. 그러나 그는 자신의 영광을 구하는 자였고 이러한 합의로는 만족하지 않았기 때문에 나의 대적자들을 변호하고 그들에게 충분한 자유를 주며, 비록 그의 훈령에 포함되어 있지 않음에도 불구하고 나에게 취소하라고 명령하기 시작했습니다. 일이 꽤 잘 되어가고 있을 때, 그는 자신의 야비한 자의(恣意)로 일을 훨씬 더 악화시켜 버렸습니다. 그러므로 루터는 일어난 일에 대하여 아무 허물도 없습니다. 모든 허물은 내가 그때에 매우 진지하게 그에게 요구한 대로 나로 하여금 침묵을 지키도록 허용치 않은 카예탄(Cajetan)에게 있습니다. 그 이상 더 내가 무엇을 해야 했겠습니까?

다음에는 역시 교황 성하의 사절인 칼 밀티츠(Karl Miltitz)가 뒤를 이어 카예탄이 경솔하고 방자하게 흐트러뜨려 놓은 질서를 회복하는 데 도움이 될 수 있는 일을 하나도 빼놓지 않고 많은 노력을 기울였으며 자주 왕래도 했습니다. 마침내 그는 고명하신 군주 프리드리히 선제후(The Elector Frederick)의 도움으로 몇 차례 나와 사적인 회합을 가졌습니다. 다시 한번 나는 귀하의 이름을 존중하여 양보하기로 하고 침묵을 지키기로 작정했으며 트리엘의 대주교나 나움부르크의 주교를 중재인으로 받아들이기까지 했습니다. 그렇게 모든 것이 준비되었습니다. 그러나 보십시오, 성공할 것이라는 기대 속에서 이러한 준비가 진행되고 있을 때, 귀하의 저 다른 더 큰 원수인 에크가 칼슈타트 박사(Dr. Karlstadt)에게 도전하여 라이프치히 논쟁에 돌연히 끼어들었습니다. 교황의 수위권에 대한 새로운 문제가 제기되었을 때, 그는 갑자기 그의 무기를 나에게 돌리고 화평을 유지하기 위한 우리의 준비를 완전히 뒤엎어놓고 말았습니다. 그 동안 칼 밀티츠는 기다리고 있었습니

---

6) 카예탄 추기경.

다. 논쟁이 시작되고 심판관들이 선정되었습니다. 그러나 이번에도 결판이
나지 않았는데, 이것은 놀랄 일이 아닙니다. 왜냐하면 에크의 거짓과 속임수
와 간계로 모든 것이 이전보다 더 나쁘게 동요되고 악화되고 혼란케 되었기
때문입니다. 어떤 결정이 내려졌을지라도 더 큰 불이 일어났을 것입니다. 이
는 그가 진리가 아니라 영광을 구했기 때문입니다. 또 내가 마땅히 했어야
할 일을 하지 않은 채로 남겨 놓은 것은 하나도 없었습니다.

　이 때에 로마 가톨릭의 관행들의 적지 않은 부패상이 드러났다는 것을
나는 인정합니다. 그러나 그릇되게 행해진 것이 있다면 그것은 자신의 능력
을 뛰어넘는 일을 수행한 에크의 과실이었습니다. 자기 자신의 영광을 위하
여 광분하여 분투한 그는 로마 교황청의 수치를 온 세상에 드러내고 말았습니
다. 나의 경애하는 레오 성하여, 이 사람이 바로 귀하의 원수이며, 더 정
확히 말하면 귀 교황청의 원수입니다. 우리는 그의 본보기만을 보아서도 아
첨꾼보다 더 유해한 원수가 없다는 것을 알 수 있습니다. 그는 자신의 아첨
으로 어느 왕도 이룰 수 없었던 악을 이룬 것 외에 또 무엇을 이루었습니까?
로마 교황청이라는 이름은 오늘날 전세계에 퍼진 악취이고, 교황의 권위는
기울었으며, 한때 존경을 받던 로마의 무지(無知)는 나쁜 평판을 받고 있습니
다. 만약 에크가 밀티츠(Karl von Miltitz)와 나에 의해 마련된 화평의
준비를 뒤엎지 않았다면, 우리는 이 모든 것에 대해 아무것도 듣지 못했을
것입니다. 에크 자신도 이제 분명히 이 점을 알고 있으며, 또한 비록 너무
늦고 전혀 소용없기는 하지만 그는 나의 책들이 출판된 것에 대해서 격노하
고 있습니다. 귀하를 통하여 그리고 귀하에게 커다란 위험을 안겨주면서 낑
낑거리는 말처럼 자기 자신의 영광을 미친듯이 구하며 자신의 이익을 택했을
때, 그는 이러한 것을 생각하여야 했을 것입니다. 그 무익한 자는 내가 귀하
의 이름을 두려워하여 모든 것을 중지하고 침묵을 지키리라고 생각했습니다.
왜냐하면 나는 그가 전적으로 자신의 영리함과 학식에 의존했다고 믿지 않기
때문입니다. 이제 그는 내가 그가 생각했던 것보다 더 용기를 가지고 있다는
것과 또한 침묵을 지키게 하지 못했다는 것을 알고 자신의 경솔함을 뉘우치
고 있긴 하지만 이미 너무 늦었으며 ― 만약 그가 마침내 참으로 깨닫는다면
― 교만한 자를 대적하고 거만한 자를 낮추시는 이는 하늘에 계신 하나님이
신 것을 알 것입니다〔베드로전서 5:5; 유딧서 6:15〕.

　우리가 이 논쟁에서 로마의 주장에 대한 더 큰 혼란 외에는 아무것도 얻

지 못했기 때문에, 칼 밀티츠는 화평을 가져오려는 세 번째 시도에서 총회에 모인 아우구스티누스 수도회의 신부들에게 와서 매우 소란하고 위태롭게 되어버린 작금의 분쟁을 해결하는데 필요한 충고를 그들에게 구했습니다. 하나님의 돌보심으로 인하여 그들은 폭력적인 수단으로 나를 대항할 가망이 없다는 것을 알았기 때문에 그들 중에서 가장 저명한 몇 사람을 내게 보냈습니다. 이 사람들은 내가 적어도 귀하 자신에게 존경의 뜻을 보일 것과 겸손한 편지를 통해 그 문제에 있어서 귀하의 결백함과 나의 결백함을 변호할 것을 요구하였습니다. 만약 레오 10세가 그의 타고난 착한 성품으로 이 문제에 관여하신다면 문제는 아직 절망스러운 것은 아니라고 그들은 말했습니다.

나는 내가 보다 조용하고 보다 유용한 연구에 헌신할 수 있도록 언제나 화평을 제안하기도 했고 원하기도 했으며, 또한 단지 나와 상대도 되지 않는 대적자들을 다름아닌 지성적인 다량의 말에 의한 폭력으로 압도할 목적으로 그토록 커다란 분노로 몰아부친 것에 불과한 것이기 때문에, 나는 기꺼이 그 모든 것을 그만두었을 뿐만 아니라 우리의 소망이 실현될 수 있다면 이러한 제안을 내게 대한 매우 환영할 만한 친절이라고 즐겁게 그리고 감사하게 생각했습니다.

가장 복되신 아버지여, 나는 귀하 앞에 와서 무릎을 꿇고 가능하다면 귀하께서 개입하셔서 화평을 지키는 체하나 실은 화평의 원수들인 저 아첨꾼들을 막아주시기를 기도합니다. 그러나 만약 그가 모든 문제를 한층 더 큰 소란 가운데 휩쓸어 넣지 않는다면 내가 나의 말들을 취소할 것이라는 생각을 그 누구도 해서는 안 됩니다. 더욱이 나는 하나님의 말씀의 해석에 있어서 아무런 고정된 법칙들을 인정하지 않습니다. 이는 모든 다른 문제들에 있어서 자유를 가르치는 하나님의 말씀이 구속되어서는 안 되기 때문입니다〔디모데후서 2:9〕. 만약 이 두 가지 점이 허용된다면, 내가 아주 기꺼이 행할 수 없거나 참지 못할 것이 아무것도 없을 것입니다. 나는 다투는 것이 질색입니다. 나는 아무에게도 도전하려고 하지 않습니다. 반면에 나는 다른 사람들이 내게 도전하는 것도 원하지 않습니다. 만약 그들이 도전한다면 그리스도가 나의 선생인 까닭에 나는 묵과하지 않을 것입니다. 일단 이 분쟁이 귀하 앞에서 행해지고 확정된다면, 귀하는 간결하고 준비된 말로써 두 당사자들을 침묵시키고 또한 화평을 지키도록 명령하실 수 있을 것입니다. 그것이 내가 언제나 듣기를 바랐던 바로 그것입니다.

    나의 교황 레오 성하여, 그러므로 귀하는 단순한 사람이 아니라 반신반인(半神半人)이기 때문에 귀하가 원하는 것을 무엇이든지 명령하고 요구할 수 있다고 주장하는 저 나팔 소리들을 듣지 마십시오. 그렇게 되지 않을 것이며, 귀하는 그러한 유별난 권능을 가지고 있지 못할 것입니다. 귀하는 종들의 종이시며, 다른 모든 사람들보다 더 비참하고 위태로운 자리에 있습니다. 귀하가 세상의 주(主)이신 듯이 주장하며 또한 만약 어떤 사람이 귀하의 권위를 받아들이지 않고 귀하가 하늘과 지옥과 연옥을 다스릴 권세를 가졌다고 말하지 않는 사람은 누구든지 그리스도인으로 생각하지 못하게 하라는 자들에 의해 속지 마십시오. 이런 자들은 귀하의 영혼을 멸망시키려고 하는 귀하의 원수들입니다〔열왕기상 19:10〕. 이사야는 "나의 백성이여 너의 인도자가 너를 유혹하여 너의 다닐 길을 훼파하느니라"〔이사야 3:12〕고 말하고 있습니다. 귀하를 공의회와 보편교회(the church universal=catholic church)를 능가하는 존재로 높이는 사람들은 잘못을 저지르는 것입니다. 귀하만이 성경을 해석할 권리가 있다고 하는 사람들은 잘못을 저지르고 있는 것입니다. 귀하의 이름을 방패막이로 삼아 그들은 교회 안에서 그들의 모든 사악한 행위에 대한 지지를 획득하고자 합니다.

    슬프도다! 그들을 통하여 사단은 이미 귀하의 전임자(前任者)들 밑에서 많은 진척을 이루었습니다. 요컨대 귀하를 높이는 자들은 아무도 믿지 마시고, 귀하를 깎아내리는 자들을 믿으십시오. "권세있는 자를 그 위에서 내리치셨으며 비천한 자를 높이셨고 … "〔누가복음 1:52〕라고 하신 것은 하나님의 심판입니다. 비록 그리스도의 후계자들은 모두 그의 대리자가 되기를 원하기는 했으나, 얼마나 그리스도와 그들이 다른가를 보십시오. 그들의 대부분은 너무나 말로만 그리스도의 대리자들이 아니었던가 합니다. 사람은 오직 그의 웃사람이 없을 때에만 대리자가 됩니다. 그리스도께서 그의 마음 가운데 계시지 않고 거하시지 않을 때 만약 교황이 다스린다면, 그는 그리스도의 대리자 이외에 다른 무엇이겠습니까? 그러한 대리자 아래에 있는 교회는 그리스도 없는 사람들의 집단 이외에 그 무엇이겠습니까? 참으로 그러한 대리자는 적그리스도와 우상이 아니고 무엇이겠습니까? 사도들은 그들 자신을 가리켜 부재(不在)하는 그리스도의 대리자가 아니라 임재해 계시는 그리스도의 종들이라고 불렀는데, 이는 얼마나 적절합니까?

    귀하의 저 유해한 작자들이 자랑하는 바와 같이 우리가 모두 그에게서 배워야 하고 또한 재판관들도 그들의 판정을 받아야 할 고귀한 분을 가르치려고 하는 나는 아마 무례할 것입니다. 그러나 나는 모든 교황들이 암송해야 할 책, 즉 교황 유게니우스에게 보낸「숙고에 대하여」(*On Consideration*)라는 책에 나오는 성 베르나르의 본을 따르고 있습니다. 내가 그의 본을 따르는 것은 내가 귀하를 열심히 가르치려고 하기 때문이 아니라 우리의 이웃이 보호를 받고 있을 때조차도 그들에 대한 모든 문제에 대하여 관심을 가지지 않을 수 없게 하고 또한 오직 그들이 직면하는 위험들이나 그들이 얻을 수 있는 이익에만 관심을 갖고 그들의 존엄성이나 존엄성의 결여에는 관여하지 못하게 하는 순수하고 충성스러운 관심 때문입니다. 나는 귀하가 로마에서 휘몰리며 시달리고 있다는 것, 즉 멀리 바다 위에서 귀하가 사방에서 위협을 받으며 또한 귀하의 가장 보잘 것 없는 형제의 가장 작은 도움까지라도 필요로 하실 정도로 비참한 상황에서 고군분투하고 계시다는 것을 압니다. 그러므로 내가 이제 귀하의 높은 직위를 잊고 형제의 사랑이 요구하는 것을 행하는 것을 나는 외람되다고 생각하지 않습니다. 나는 이토록 심각하고 위태로운 문제에 있어서 귀하에게 아첨할 마음이 전혀 없습니다. 만약 사람들이 내가 귀하의 친구이고 또한 이 문제에 있어서 귀하의 가장 겸손한 신민(臣民)이라는 것을 사람들이 깨닫지 못한다면, 이를 이해하고 판단하실 분은 오직 한 분 계십니다〔요한복음 8:50〕.

복되신 아버지여, 마지막으로 귀하에게 빈손으로 나아가지 않으려고 나는 화평과 좋은 소망의 징표로서 귀하에게 헌정된 이 작은 논문을 보냅니다. 만약 귀하의 불경건한 아첨꾼들이 내게 허용하고 또한 과거에 허용했더라면, 내가 보다 유익이 많은 어떠한 연구에 몰두하기를 원했을 것이라는 것을 이 책을 통해 귀하께서는 판단하실 수 있을 것입니다. 귀하께서 이 책의 분량만을 보신다면 이것은 작은 책입니다. 그러나 내가 잘못 파악한 것이 아니고 귀하께서 이 책의 의미를 이해하신다면, 이 책은 그리스도인의 삶 전체를 간략한 형태로 포함하고 있다고 할 것입니다. 나는 가난한 사람으로서 귀하에게 드릴 선물이 없습니다. 그리고 귀하께서는 영적인 선물 외에 어떤 다른 것으로 부유하게 되실 필요가 없습니다. 주 예수께서 귀하를 영원히 지켜주시기를 빕니다. 아멘.

비텐베르크에서, 1520년 9월 6일.

마르틴 루터의 그리스도인의 자유에 관한 소고(小考)

〔그리스도인의 자유〕

많은 사람들이 그리스도인의 신앙을 쉬운 것으로 생각해 왔으며 또한 적지 않은 사람들이 그 신앙을 덕목들 가운데 하나라는 지위를 부여해 왔다. 그들이 그렇게 하는 것은 이 신앙을 체험하지 못했고 또한 신앙 속에 있는 커다란 힘을 맛보지 못했기 때문이다. 만약 어떤 사람이 시련이 자기를 억누르를 때 신앙이 그에게 주는 용기를 어느 때고 경험하지 못하였다면 신앙에 대하여 잘 쓰거나 신앙에 관하여 기록된 것을 이해하는 것은 불가능하다. 그러나 신앙의 맛을 조금 본 사람도 신앙에 관하여 충분하게 글로 쓰거나 말하거나 묵상하거나 들을 수 없다. 신앙은 그리스도께서 요한복음 4〔:14〕에서 말씀하고 있는 바와 같이 "영생하도록 솟아나는" 살아있는 "샘물"이다.

나로서는 비록 자랑할 만한 부요한 신앙을 가지고 있지 않고 나의 가진 것이 얼마나 적은가도 알고 있으며 또한 내가 여러 가지 큰 시험에 의해 공격을 당해 왔지만 나는 적은 신앙에라도 도달하였기를 바란다. 그리고 나는 자신들이 쓴 것을 이해조차 못하는 저 문자주의자들과 교묘한 논쟁자들보다 더 고상하지는 못할지라도 분명히 더 요령있게 신앙을 논할 수 있기를 바란다.

배우지 못한 사람들에게 더 쉽게 하기 위하여 ― 사실 나는 그들에게만 도움이 된다 ― 나는 정신의 자유와 속박에 관한 다음의 두 명제를 들고자 한다:

그리스도인은 전적으로 자유로운 만물의 주(主)이며 아무에게도 예속되어있지 않다. 그리스도인은 전적으로 충실한 만물의 종이며 모든 사람에게 예속되어 있다.

이 두 명제는 서로 모순되는 듯이 보인다. 그러나 만약 이것들이 서로 잘 조화된다면 우리의 목적에 훌륭하게 이바지할 것이다. 이 둘은 다 바울 자신의 말이다. 그는 고린도전서 9〔:19〕에서 "내가 모든 사람에게 자유하였으나 스스로 모든 사람에게 종이 된 것은 더 많은 사람을 얻고자 함이라"고 말하고 있으며, 로마서 13〔:8〕에서는 "피차 사랑의 빚 외에는 아무에게든지 아무 빚도 지지 말라"고 말하고 있다. 사랑은 본질상 사랑의 대상이 되는 사람을 섬기고 그 사람에게 예속되고자 한다. 따라서 그리스도께서는 만물의 주

(主)이셨지만 "여자에게서 나셨고 율법 아래 나셨다"[갈라디아서 4:4]. 그러므로 그리스도는 "하나님의 형상"과 "종의 형상"을 입은[빌립보서 2:6-7] 자유자이신 동시에 종이셨던 것이다.

우리가 다루는 주제와는 좀 거리가 있지는 하지만 보다 분명한 주제로부터 시작해보자. 사람은 이중의 본성, 즉 영적인 본성과 육체적인 본성을 지니고 있다. 사람들이 영혼이라고 지칭하는 영적인 본성에 의하면 사람은 영적인 사람, 속사람, 새 사람으로 불린다. 사람들이 육(肉)이라고 지칭하는 육체적인 본성에 의하면 사람은 육신적인 사람, 겉사람, 옛 사람으로 불리는데, 이에 대해 사도는 고린도후서 4[:16]에서 "겉사람은 후패하나 우리의 속은 날로 새롭도다"라고 쓰고 있다. 이러한 본성의 다양성 때문에 성경은 동일한 사람에 대하여 대립되는 내용을 단언한다. 이는 동일한 사람 안에서 이두 사람이 서로 대립되고 있기 때문이다. 갈라디아서 5[:17]은 "육체의 소욕은 성령을 거스리고 성령의 소욕은 육체를 거스리나니"라고 하고 있다.

먼저, 의롭고 자유롭고 경건한 그리스도인 곧 영적이고 새로운 속사람이 어떻게 그와 같은 사람이 되었는가를 살펴보기 위하여 속사람을 생각해 보도록 하자. 어떤 외적인 것이 그리스도인의 의(義)와 자유를 만들어내거나 불의와 예속을 만들어내는 데 아무런 영향도 끼치지 못한다는 것은 분명하다. 하나의 간단한 논증을 통해 이 말을 입증할 수 있다. 육체가 건강하고 자유롭고 활동적이며 또한 소원대로 먹고 마시고 행동한다고 할지라도 어떻게 그것이 영혼을 이롭게 할 수 있겠는가? 왜냐하면 이와 같은 면들에 있어서는 가장 불경건한 악의 노예들조차도 번성할 수 있기 때문이다. 한편 허약과 속박과 굶주림과 목마름과 그밖의 다른 외적인 불행이 어떻게 영혼을 해치겠는가? 가장 경건한 사람들과 깨끗한 양심으로 인하여 자유로운 사람들조차도 이러한 것들로 괴로움을 당한다.

이러한 것들 가운데서 그 어느 것도 영혼의 자유나 예속에 손을 대지 못한다. 비록 육체가 사제의 거룩한 옷으로 장식되고 성소에 거하며 거룩한 직책에 종사하며 기도하고 금식하고 어떤 음식을 삼가고 또는 육체로써 또한 육체 안에서 할 수 있는 무슨 일을 한다고 할지라도 그것은 영혼을 돕지 못한다. 영혼의 의(義)와 자유는 이와는 전혀 다른 것을 요구한다. 왜냐하면 위에 언급한 것들은 악한 사람에 의해서도 행해질 수 있기 때문이다. 그러한 행위들은 위선자 외에는 아무것도 만들어내지 못한다. 반면에 비록 육체가

속된 옷을 입고 성별되지 않은 곳에 거하며 다른 사람들처럼 먹고 마시며 큰
소리로 기도하지 않으며 또한 위선자들이 할 수 있는 위에서 말한 모든 것을
게을리한다도 할지라도 그것은 영혼을 해하지 못할 것이다.

더욱이 온갖 종류의 행위는 그만두고라도 정관(靜觀)과 명상을 비롯하여
영혼이 할 수 있는 모든 일조차 아무런 도움이 되지 못한다. 한 가지, 오직
한 가지만이 그리스도인의 생명과 의(義)와 자유를 위하여 필수적이다. 그
한가지란 바로 그리스도의 복음인 하나님의 가장 거룩한 말씀인데, 이에 대
해 그리스도께서는 요한복음 11〔:25〕에서 "나는 부활이요 생명이니 나를 믿
는 자는 죽어도 살겠고"라고 말씀하고 있으며, 또 요한복음 8〔:36〕에서 "그
러므로 아들이 너희를 자유케 하면 너희가 참으로 자유하리라"고 말씀하고
있고, 또 마태복음 4〔:4〕에서 "사람이 떡으로만 살 것이 아니요 하나님의 입
으로 나오는 모든 말씀으로 살 것이라"고 말씀하고 있다. 그러므로 하나님의
말씀만 있다면 그밖의 다른 모든 것이 없다고 할지라도 영혼은 살아갈 수 있
으며, 또한 하나님의 말씀이 없는 곳에서는 영혼을 위하여 전혀 도움이 없음
을 확고부동한 사실로 생각하자.

만약 하나님의 말씀을 가진다면 영혼은 부유하고 부족함이 없을 것이다.
왜냐하면 하나님의 말씀은 생명과 진리와 빛과 평화와 의(義)와 구원과 기쁨
과 자유와 지혜와 권능과 은혜와 영광과 헤아릴 수 없는 모든 축복의 말씀이
기 때문이다. 이것이 선지자가 하나의 시편 전체〔119편〕와 많은 다른 곳들에
서 하나님의 말씀을 사모하고 동경하며 또한 하나님의 말씀을 서술하기 위하
여 그토록 많은 이름들을 사용한 이유이다.

반면에 하나님이 아모스〔8:11〕에서 말씀하고 있는 바와 같이 사람들에
게 가해지는 하나님의 진노 가운데서 하나님의 말씀을 듣지 못하는 기근보다
더 무시무시한 재앙은 없다. 마찬가지로 "저가 그 말씀을 보내어 저희를 고
치사 위경에서 건지시는도다"라고 시편 107〔:20〕에 기록되어 있는 바와 같
이 하나님께서 자신의 말씀을 보내실 때보다 더 큰 자비는 없다. 그리스도께
서 이 세상에 보내심을 받은 것은 다름아닌 바로 이 말씀의 사역을 위함이었
다. 더욱이 모든 영적인 직위 — 모든 사도들과 주교들과 사제들 — 는 오직
말씀의 사역을 위하여 부르심을 받고 제정되었다.

아마 당신은 "하나님의 말씀이라고 하는 것이 너무도 많은데, 과연 무엇
이 하나님의 말씀이며 어떻게 그것을 사용할 것인가?"라고 물을 것이다. 나

는 이렇게 대답한다: 사도는 이것을 로마서 1장에서 설명하고 있다라고 말이다. 하나님의 말씀이란 육(肉)이 되셔서 고난을 받으시고 죽음에서 부활하셨으며 거룩하게 하시는 성령을 통하여 영광을 받으신 그의 아들에 관한 하나님의 복음이다. 그리스도를 전하는 것은 그 설교를 믿는 영혼을 먹이고 의롭게 하며 자유롭게 하고 구원하는 것을 의미한다.

로마서 10〔:9〕에 따르면 신앙만이 구원을 가져오도록 하나님의 말씀을 유효하게 사용하는 것이다: "네가 만일 네 입으로 예수를 주로 시인하며 또 하나님께서 그를 죽은 자 가운데서 살리신 것을 네 마음에 믿으면 구원을 얻으리라." 더욱이 "그리스도는 모든 믿는 자에게 의를 이루기 위하여 율법의 마침이 되시니라"〔로마서 10:4〕. 또한 로마서 1〔:17〕은 "의인은 믿음으로 말미암아 살리라"고 하고 있다. 하나님의 말씀은 어떤 행위에 의해서가 아니라 오직 믿음에 의해서만 받을 수 있고 품을 수 있다. 그러므로 영혼이 그 생명과 의(義)를 위하여 오직 하나님의 말씀만을 필요로 하는 것과 마찬가지로 의롭게 되는 것도 행위로가 아니라 오직 믿음만으로 된다는 것은 분명하다. 왜냐하면 만약 어떤 다른 것으로 의롭게 될 수 있다면 말씀이 필요없을 것이고 따라서 믿음도 필요로 하지 않을 것이기 때문이다.

이 믿음은 행위와 관련하여 존재할 수 없다. 즉 그 행위의 성격이 어떤 것이든지 만약 당신이 행위에 의하여 의롭게 될 수 있다고 주장한다면 그것은 "두 개의 서로 다른 의견 사이에서 머뭇거리는 것"〔열왕기상 18:21〕과 같고 바알을 섬기며 욥이 말한 것처럼 매우 부정한 자기 자신의 손에 입맞추는 것〔욥기 31:27-28〕과 같기 때문이다. 그러므로 당신이 신앙을 가지기 시작한 순간 당신은 당신 안에 있는 모든 것이 극히 비난받을 만하고 죄악되며 저주받을 것임을 알게 된다. 이에 대해 사도는 로마서 3〔:23〕에서 "모든 사람이 죄를 범하였으매 하나님의 영광에 이르지 못하더니"라고 하고 있고 또한 "의인은 없나니 하나도 없으며 … 다 치우쳐 한가지로 무익하게 되고 …"〔로마서 3:10-12〕라고 하고 있다. 당신이 이것을 알았을 때 비로소 당신은 당신을 위하여 고난 받으시고 부활하신 그리스도를 필요로 한다는 것을 알게 될 것이다. 그리하여 만약 당신이 그리스도를 믿는다면 당신의 죄가 사함을 받고 다른 사람의 공로, 즉 그리스도만의 공로에 의해 의롭다 함을 얻는 한 그 믿음에 의하여 새 사람이 될 것이다.

그러므로 로마서 10〔:10〕에서 "사람이 마음으로 믿어 의에 이르고"라고 말하고 있듯이 이 신앙은 오직 속사람 안에서만 지배할 수 있고 또한 신앙만이 우리를 의롭게 하기 때문에, 속사람은 결코 어떤 외적인 행위나 활동에 의해 의롭게 되거나 자유롭게 되거나 구원받을 수 없으며 또한 그 성격이 어떠하든지 이러한 행위들은 이 속사람과는 아무런 관계가 없다는 것이 분명하다. 반면에 외적인 행위가 아니라 오직 마음의 불경건함과 불신만이 그를 죄악되게 하고 죄의 저주받을 종이 되게 한다. 그런 까닭에 행위에 대한 모든 신뢰를 버리고 더욱더 믿음만을 굳게 하며 또한 믿음을 통하여 행위에 대한 지식이 아니라 그리스도 예수에 대한 지식 가운데서 자라는 것이 모든 그리스도인의 첫째가는 관심사가 되어야 한다.

그리스도 예수는 베드로가 그의 첫번째 서신인 베드로전서 마지막 장〔5:10〕에서 가르치고 있는 바와 같이 우리 각자를 위하여 고난 받으시고 부활하셨다. 다른 어떤 행위도 그리스도인을 만들지 못한다. 그러므로 요한복음 6〔:28〕에 기록되어 있는 것처럼 유대인들이 그리스도에게 "하나님의 일을 하기 위하여" 무엇을 해야 하느냐고 물었을 때 그리스도께서는 그들이 매우 잘 한 것으로 생각한 많은 일들을 일소(一掃)해 버리시고 "하나님의 보내신 자를 믿는 것이 하나님의 일이니라"〔요한복음 6:29〕, "인자는 아버지 하나님의 인치신 자니라"〔요한복음 6:27〕고 말씀하시면서 한 가지 행위를 제안하셨다.

그러므로 그리스도에 대한 참된 신앙은 완전한 구원을 가져오며 인간을 모든 악에서 구원하는 비할 데 없는 보화이다. 이에 대해 그리스도께서는 마가복음의 마지막 장〔16:16〕에서 "믿고 세례를 받는 사람은 구원을 얻을 것이요 믿지 않는 자는 정죄를 받으리라"고 말씀하셨다. 이사야는 이 보화를 살펴보고 "여호와가 땅 위에 작고 훼멸하시는 말씀을 발하시리니 이것이 의로 넘치리라"〔참조. 이사야 10:22〕고 예고하였다. 그는 마치 이렇게 말한 듯하다: "율법의 작고도 완전한 성취인 신앙이 믿는 자들을 아주 큰 의로 채울 것이기 때문에 그들은 의롭게 되기 위하여 아무것도 더 필요로 하지 않을 것이다." 그러므로 바울은 로마서 10〔:10〕에서 "사람이 마음으로 믿어 의에 이르고"라고 말하고 있다.

성경에는 아주 많은 행위들과 의식들과 율법들이 규정되어 있다는 사실을 감안할 때 어떻게 신앙만이 우리를 의롭게 하며 우리에게 아무런 행위 없이 크고 유익한 보화를 줄 수 있느냐고 당신이 묻는다면 나는 이렇게 대답할 것이다: 무엇보다도 이미 말한 것, 즉 행위 없이 신앙만이 우리를 의롭게 하고 자유롭게 하며 구원한다는 것을 기억하라. 이 점에 대해서 우리는 계속해서 좀더 분명히 밝힐 것이다. 여기에서 우리는 하나님의 성경 전체가 계명과 약속이라는 두 부분으로 구분된다는 것을 지적하지 않을 수 없다. 비록 계명이 선한 것들을 가르치기는 하지만 그 가르쳐진 것들은 그것이 가르쳐지자마자 바로 행해지는 것은 아니다. 왜냐하면 계명은 우리가 마땅히 해야 할 것을 보여주기는 하지만 이를 행할 힘은 주지 않기 때문이다. 계명은 사람으로 하여금 자기 자신을 알라고 가르치는 것이 목적인데, 계명을 통하여 사람은 선을 행할 수 없는 자신의 무력을 알게 되고 자신의 능력에 대하여 절망하게 된다. 이것이 계명이 옛 계약(the Old Testament)이라고 불리며 또한 이 옛 계약을 구성하는 이유이다.

예를 들면, "탐내지 말지니라"〔출애굽기 20:17〕는 계명은 우리 모두가 죄인임을 입증해 주는 명령이다. 왜냐하면 사람이 아무리 탐내지 않으려고 애를 써도 아무도 탐내는 것을 피할 수 없기 때문이다. 그러므로 탐내지 아니함으로써 계명을 이루기 위하여 사람은 자기 자신에 대하여 절망하고 자기 자신 안에서 찾지 못하는 도움을 다른 곳에서, 그리고 어떤 다른 분에게서 찾지 않을 수 없게 된다. 이에 대해 호세아서〔13:9〕에서는 "이스라엘아 네가 패망하였나니 이는 너를 도와주는 나를 대적함이니라"고 하고 있다. 우리는 어느 한 계명에 대해서와 마찬가지로 모든 계명과 관련을 맺는다. 이는 그 계명들 가운데 어느 하나도 우리가 지킬 수 없는 것은 마찬가지이기 때문이다.

이리하여 어떤 사람이 계명으로 말미암아 자신의 무력함을 인식하게 되고 어떻게 율법을 충족시킬 수 있을까에 대하여 근심하게 될 때 ― 율법은 일점 일획도 빼놓지 않고 이루어져야 하기 때문에 그렇지 못할 때 인간은 아무런 소망 없이 정죄를 받게 될 것이다 ― 그는 참으로 겸비하게 되며 자기 자신의 눈에도 자기가 아무것도 아니라는 것을 알게 되어 자기 자신 속에서 자기가 의롭게 되고 구원받을 수 있는 그 어떤 것도 찾지 못하게 된다. 여기서 성경의 두번째 부분이 우리를 돕게 된다. 즉 하나님의 영광을 선포하는 하나님의 약속은 "만약 네가 율법이 명령하고 있는 대로 율법을 이루고 탐내지 않기를 원한다면, 이리로 와서 그리스도를 믿으라. 그리스도 안에서 은혜와 의와 평화와 자유를 비롯한 모든 것들이 너에게 약속되어 있다. 만약 네가 믿으면 모든 것을 가지게 될 것이고, 믿지 않는다면 모든 것을 가지지 못할 것이다"라고 말한다. 율법의 모든 행위들 ― 이것들 모두는 많고 쓸모없는 것들이다 ─ 을 이루고자 애써도 이룰 수 없었던 것들을 당신은 신앙을 통하여 빠르고 수월하게 이룰 것이다. 우리 아버지 하나님께서 모든 것을 신앙에 의거하도록 해놓으셨기 때문에 신앙을 가지고 있는 자는 누구나 모든 것을 가질 것이고 신앙을 가지고 있지 않은 자는 누구나 아무것도 가지지 못할 것이다.

이는 "하나님이 모든 사람을 순종치 아니하는 가운데 가두어두심은 모든 사람에게 긍휼을 베풀려 하심이로다"라고 로마서 11〔:32〕에 기록되어 있는 바와 같다. 이와 같이 하나님의 약속은 하나님의 계명이 요구하는 것을 주며 또한 율법이 규정하고 있는 것을 이룸으로써 계명 자체와 계명의 성취가 모두 오직 하나님의 것이 되도록 한다. 하나님만이 명령하시며, 하나님만이 이루신다. 그러므로 하나님의 약속은 새 언약(the New Testament)에 속한다. 사실 하나님의 약속이 새 언약인 것이다.

하나님의 약속들은 거룩하고 참되며 의롭고 자유롭고 화평한 말씀으로서 선(善)이 가득하므로 확고한 신앙으로 이 말씀을 부여잡는 영혼은 이 말씀과 아주 밀접하게 결합되고 완전히 이 말씀에 동화되기 때문에 이 말씀의 모든 능력에 동참할 뿐만 아니라 그 말씀에 젖어 도취될 것이다. 그리스도를 접촉한 것이 병을 치유했다면, 이렇게 하나님의 말씀에 동화되는 것인 가장 부드러운 영적인 접촉은 말씀에 속한 모든 것을 영혼에게 얼마나 더 많이 전하여 주겠는가. 그러므로 이것은 영혼이 행위 없이 신앙만에 의하여 하나님의 말씀으로 의롭게 되고 거룩하게 되며 참되고 화평하고 자유케 되고 모든 축복으로 충만케 되며 진정으로 하나님의 아들이 되는 방식이다. 이에 대해 요한복음 1〔:12〕에서는 "그 이름을 믿는 자들에게는 하나님의 자녀가 되는 권세를 주셨으니"라고 말하고 있다.

이제까지 말한 것으로 미루어볼 때 어떤 원천으로부터 신앙이 이렇게 커다란 권능을 얻으며 또한 왜 하나의 선행이나 모든 선행들이 신앙에 비길 수 없는가를 쉽게 알 수 있다. 어떠한 선행도 하나님의 말씀에 의지하거나 영혼 안에 거할 수 없다. 왜냐하면 신앙과 하나님의 말씀만이 영혼 속에서 다스리기 때문이다. 달구어진 쇠가 불처럼 이글거리며 타오르는 것은 불과 결합되었기 때문이듯이 말씀은 그 속성들을 영혼에 나누어준다. 그러므로 그리스도인은 신앙 가운데서 자기가 필요한 모든 것을 가지며 자기를 의롭게 하기 위하여 어떠한 행위도 필요로 하지 않는다는 것이 분명하다. 그리고 만약 그가 행위를 필요로 하지 않는다면 율법도 필요로 하지 않을 것이며 또한 그가 율법을 필요로 하지 않는다면 확실히 그는 율법에서 자유로운 것이다. "법은 옳은 사람을 위하여 세운 것이 아니요"〔디모데전서 1:9〕라고 한 것은 참되다. 이것이 바로 우리의 신앙이요 그리스도인의 자유로서, 그것은 우리를 게으름이나 사악함 가운데서 살게 하지 않고 인간의 의(義)와 구원을 위하여 율법과 행위들을 불필요하게 만든다.

　　이것이 신앙의 첫번째 능력이다. 이제 신앙의 두번째 능력도 살펴보도록 하자. 진실되고 믿음직하게 생각하기 때문에 지극한 존숭과 가장 높은 존경을 가지고 자신이 신뢰하는 사람을 존경하는 것은 신앙의 한층 더한 기능이다. 우리가 신뢰하는 사람을 존경하는 그 진실함과 의로움에 비견할 만한 다른 존경은 없다. 우리가 진실함과 의로움과 완전한 선보다 더 큰 무엇을 어떤 사람에게 돌릴 수 있겠는가? 반면에 우리가 어떤 사람을 신뢰하지 않을 때에 하는 것처럼 그를 거짓되고 악하다고 생각하고 의심하는 것보다 더 큰 경멸을 보여줄 수 있는 방법은 없다. 이와 같이 영혼이 하나님의 약속을 굳게 신뢰할 때 영혼은 하나님을 참되고 의롭다고 여긴다. 하나님께 드리는 가장 고귀한 예배는 우리가 진실함과 의로움과 신뢰하는 사람에게 돌리는 모든 것을 하나님께 돌리는 바로 그것이다. 이렇게 할 때 영혼은 하나님의 뜻에 합치하게 된다. 따라서 영혼은 하나님의 이름을 거룩하게 하며 하나님의 선하시고 기뻐하시는 뜻에 따라 자신이 다루어지도록 허용한다. 왜냐하면 하나님의 약속에 매어달릴 때, 참되고 공정하며 지혜로우신 하나님께서 모든 것을 선하게 행하시고 처리하시며 공급해 주실 것이 확실하기 때문이다.

　　이러한 영혼은 모든 일에 있어서 이 신앙으로 하나님께 가장 잘 순종하지 않겠는가? 이와 같은 순종이 철저히 이루어지지 못한 곳에 무슨 계명이 있겠는가? 모든 일에 있어서 순종하는 것보다 더 완벽한 성취가 무엇이겠는가? 그러나 이 순종은 행위에 의해 되는 것이 아니라 신앙만으로 된다. 반면에 하나님의 약속을 믿지 않는 것보다 하나님에게 대항하는 더 큰 반항과 사악함과 경멸이 어디 있겠는가? 이것은 하나님을 거짓말장이로 만들고 또 하나님의 참되심을 의심하는 것이 아니고 무엇인가? 곧 자기 자신은 참되다고 하고 거짓과 허위는 하나님에게 돌리는 것이 아닌가? 이렇게 하는 사람은 하나님을 부인하고 자기 자신을 자기 마음 속의 우상으로 만들고 있는 것이 아닌가? 그러한 사악함 가운데서 행해진 것이라면 비록 그것이 천사들과 사도들의 행위라고 할지라도 무슨 선함이 있겠는가? 그러므로 하나님께서는 율법에 의하여 요구된 사랑과 자비의 행위들(시민과 인간으로서의 덕목들)을 행함으로 율법을 이루고 있다고 생각하는 사람들이 구원을 받지 못하도록 모든 것을 분노나 정욕이 아니라 불신앙 가운데 옳게 포함시키셨던 것이다. 그들은 불신앙의 죄 가운데 포함되어 있으며 자비를 구하거나 공정하게 정죄를 받지 않으면 안 된다.

그러나 우리가 하나님을 참되다고 생각하고 우리 마음의 신앙으로 하나님께 마땅히 드려야 할 큰 존경을 드리는 것을 하나님이 보실 때 하나님은 우리의 신앙 때문에 우리를 참되고 의롭다고 생각하시는 그 큰 영예를 우리에게 베풀어주신다. 신앙은 하나님에게 속한 것을 하나님에게 드림으로써 진리와 의(義)를 이룬다. 그러므로 하나님은 오히려 우리의 의를 칭찬하신다. 하나님께서 참되시고 의로우신 것이 사실이고 당연하며 하나님을 그렇게 생각하고 고백하는 것도 마찬가지로 참되고 의로운 것이다. 따라서 하나님께서는 사무엘상 2〔:30〕에서 "나를 존중히 여기는 자를 내가 존중히 여기고 나를 멸시하는 자를 내가 경멸히 여기리라"고 말씀하고 계신다. 그러므로 바울은 로마서 4〔:3〕에서 아브라함이 믿음으로 하나님에게 가장 완전하게 영광을 돌렸기 때문에 그의 믿음은 "저에게 의로 여기신 바 되었느니라"고 말하며 또한 만약 우리가 믿는다면 동일한 이유로 우리의 신앙이 우리에게 의(義)로 여김을 받게 될 것이라고 말하고 있다.

비길 데 없이 큰 신앙의 세번째 유익은 신부가 그의 신랑과 하나되게 하는 것과 같이 영혼과 그리스도를 하나되게 한다는 것이다. 사도가 가르치는 바와 같이 이러한 비밀에 의하여 그리스도와 영혼은 한 몸이 된다〔에베소서 5:31-32〕. 그리고 만약 이 둘이 한 몸이고 그들 사이에 참된 결혼 ─ 인간의 결혼은 이 참된 결혼의 빈약한 예들에 지나지 않는 까닭에 모든 결혼 가운데서 가장 완전한 결혼 ─ 이 존재한다면, 그들이 가진 모든 것은 좋은 것이나 나쁜 것이나 공동으로 소유하는 것이라는 결론이 나온다. 따라서 믿는 영혼은 그리스도께서 가지신 것은 무엇이나 자기 자신의 것인 양 자랑하고 기뻐할 수 있으며 그리고 영혼이 가진 것은 무엇이나 그리스도가 자기 자신의 것으로 주장하신다. 이것들을 비교해 보면 우리는 측량할 수 없는 은혜를 보게 될 것이다. 그리스도는 은혜와 생명과 구원으로 충만하시다. 영혼은 죄와 죽음과 저주로 가득차 있다. 이제 신앙을 그들 사이에 개입되도록 하자. 그러면 죄와 죽음과 저주는 그리스도의 것이 될 것이고 은혜와 생명과 구원은 영혼의 것이 될 것이다. 왜냐하면 만약 그리스도가 신랑이라면 그는 그의 신부의 것을 스스로 취하여야 하고 그의 것을 신부에게 주어야 하기 때문이다. 만약 그리스도가 그의 몸과 자기 자신을 신부에게 준다면 어떻게 그가 자기에게 속한 모든 것을 그 여자에게 주지 않겠는가? 그리고 만약 그가 신부의 몸을 취한다면 어떻게 그가 그 여자에게 속한 모든 것을 취하지 않겠는가?

여기에서 우리는 친교(communion)의 가장 좋은 모습뿐만 아니라 복된 싸움과 승리와 구원과 속죄의 가장 좋은 모습도 보게 된다. 그리스도는 한 위격(person) 안에서 하나님과 인간이시다. 그는 죄를 짓지도 않았고 죽지도 않았으며 정죄받지도 않았으며 또한 그는 죄를 짓거나 죽거나 정죄받으실 수도 없다. 그의 의(義)와 생명과 구원은 정복될 수 없고 영원하며 전능하다. 신앙의 결혼 반지로 그는 그의 신부의 것인 죄와 죽음과 지옥의 고통에 동참하시는 것이다. 실로 그는 그것들을 자기 자신의 것으로 삼아서 마치 그것들이 자기 자신의 것인 양 행하시며 또한 자기 자신이 마치 죄를 지으신 것처럼 행하신다. 그는 이 모든 것들을 이기기 위하여 고난을 받으시고 죽으시고 음부에 내려가셨다. 이 모든 것을 행하신 분이 바로 그였고 또한 죽음과 지옥이 그를 삼킬 수 없었기 때문에 죄와 죽음과 지옥의 고통들은 권능있는 결투를 통해 그에 의해 삼키워질 수밖에 없었다. 왜냐하면 그의 의(義)는 모든 사람들의 죄보다 더 크고 그의 생명은 죽음보다 더 강하며 그의 구원은 지옥보다 더 강하기 때문이다.

이와 같이 믿는 영혼은 그의 신앙을 담보로 하여 그의 신랑인 그리스도 안에서 자유하게 되고 모든 죄에서 해방을 받고 죽음과 지옥에 대해서 안전하게 되며 또한 그의 신랑인 그리스도의 영원한 의와 생명과 구원을 수여받는다. 이러므로 그는 "물로 씻고 생명의 말씀 곧 생명과 의와 구원의 말씀에 대한 신앙으로 그 여자를 깨끗케 하여 티나 주름이 없는"〔참조. 에베소서 5:26-27〕 영광스러운 신부를 맞이하신다. 호세아서 2〔:19-20〕에서 말씀하고 있는 바와 같이 이런 식으로 그리스도께서는 신앙과 견실한 사랑 그리고 자비와 의(義)와 공의로 그 여자와 결혼하시는 것이다.

그러면 누가 이러한 훌륭한 결혼이 의미하는 것을 충분히 음미할 수 있는가? 누가 이 은혜의 영광의 부요를 이해할 수 있는가? 여기서 이 부유하고 거룩하신 신랑 그리스도는 이 가난하고 사악한 매춘부와 결혼하시고 그 여자를 모든 악에서 구속하시며 그 여자를 자기의 모든 선한 것으로 치장하신다. 그녀의 죄들은 이제 그 여자를 멸망시킬 수 없다. 왜냐하면 그 죄들은 그리스도에게 지워지고 그리스도에 의하여 삼키운 바 되었기 때문이다. 그리고 그 여자는 그의 남편인 그리스도 안에 있는 의(義)를 가진다. 그 의를 자기 자신의 것으로 자랑할 수 있고 죽음과 지옥에 대항하여 자신있게 자기의 죄 곁에 놓으며 "비록 나는 죄를 지었으나 내가 믿는 나의 그리스도는 죄를 짓지 않으셨으며 그의 모든 것은 나의 것이고 나의 모든 것은 그의 것이다"라고 말할 수 있다. 아가[2:16]에서 신부는 "나의 사랑하는 자는 내게 속하였고 나는 그에게 속하였구나"라고 말하고 있다. 이것은 바울이 고린도전서 15[:57]에서 "우리 주 예수 그리스도로 말미암아 우리에게 이김을 주시는 하나님에게 감사하노니", 곧 죄와 죽음에 대한 승리를 하나님에게 감사한다고 말하며 또한 거기에서 "사망의 쏘는 것은 죄요 죄의 권능은 율법이라"[고린도전서 15:56]고 말할 때 의미하는 바이다.

이로부터 당신은 많은 것들이 신앙에 돌려지고 있다는 것을 다시 한번 알 수 있을 것이다. 즉 신앙만이 율법을 이룰 수 있고 행위 없이 의롭게 할 수 있음을 알게 된다. "너는 한 하나님을 섬길지니라"고 말하고 있는 첫번째 계명이 오직 신앙에 의하여 이루어지는 것을 당신은 알게 된다. 비록 당신이 발바닥으로부터 머리의 관에 이르기까지 선행 그 자체라 할지라도 당신은 의롭게 되거나 하나님을 섬기거나 첫번째 계명을 이루지 못할 것이다. 이는 당신이 하나님에게 돌려야 할 참되심의 영광과 하나님께 합당한 모든 선의 영광을 하나님께 돌리지 아니한다면 하나님을 섬길 수 없기 때문이다. 이것은 행위에 의해서가 아니라 오직 마음의 신앙에 의해서만 될 수 있다. 행위들을 행함으로써가 아니라 신앙으로써 우리는 하나님을 영화롭게 하며 그가 참되시다는 것을 시인하는 것이다. 그러므로 신앙만이 그리스도인의 의(義)이며 모든 계명의 성취이다. 왜냐하면 첫번째 계명을 이루는 사람은 다른 모든 계명을 이루는 데 아무런 어려움이 없기 때문이다.

만약 신앙이 있다면 행위들은 하나님의 영광을 위하여 행해질 수는 있지만, 행위라는 것은 생명이 없는 것이기 때문에 하나님을 영화롭게 할 수는 없다. 여기에서 우리는 무슨 행위와 어떤 종류의 행위들이 행해지는가를 묻는 것이 아니고 그것들을 행하는 사람 곧 하나님을 영화롭게 하는 행위들을 행하는 사람이 누구인가를 묻는다. 이것은 마음 가운데 있으며 우리의 모든 의(義)의 원천이자 본질인 신앙에 의하여 행해진다. 그러므로 계명이 행위에 의하여 이루어져야 한다고 가르치는 것은 맹목적이고 위험스러운 가르침이다. 앞으로 살펴보겠지만 계명은 어떤 행위들이 행해질 수 있기 전에 성취되어야 하며 또한 행위들은 계명의 성취로부터 나온다[로마서 13:10].

우리의 속사람이 그리스도 안에서 가지는 그 은혜를 보다 더 깊이 검토하기 위해서는 우리는 구약에서 하나님이 모든 처음 난 수컷들을 자기 자신에게 성별하여 바치게 하셨다는 것을 알아야 한다. 장자권(長子權)은 이중의 영예인 제사장직과 왕직의 영예를 포함하고 있었기 때문에 높이 평가되었다. 장자는 모든 다른 형제들에게 대하여 제사장과 주였고, 아버지 하나님과 동정녀 마리아의 참되고 유일한 맏아들이시고 참된 왕과 제사장이었으며 그의 나라가 이 세상에 속한 것이 아닌 까닭에[요한복음 18:36] 육(肉)과 이 세상의 방식을 따르지 아니하신 그리스도의 예표였다. 그는 하늘에 속한 영적인 것들 ― 의, 진리, 지혜, 평화, 구원과 같은 것들 ― 을 다스리며 그것들을 하나님께 성별해 드린다. 이는 이 땅과 지옥에 있는 모든 것들이 그에게 예속되어 있지 않다는 말이 아니라 ― 그렇지 않다면 어떻게 그가 우리를 그것들로부터 보호하고 구원할 수 있겠는가? ― 그의 나라가 그것들 안에 있다든지 그것들로 이루어져 있지 않다는 것을 의미한다. 또한 그의 제사장직은 아론과 오늘날 우리의 교회의 인간적인 제사장직처럼 법복이나 자세의 외적인 화려함에 있는 것이 아니라 영적인 것들로 이루어져 있다.

이 영적인 것들을 통하여 그는 보이지 않는 예배로써 하늘의 하나님 앞에서 우리를 위하여 대도(代禱)하시고 거기서 자기 자신을 희생제물로 드리시며 또한 제사장이 행해야 할 모든 것을 행하신다. 바울은 히브리서에서 멜기세덱이라는 예표를 통하여 그리스도를 묘사하고 있다[히브리서 6-7장]. 또한 그는 우리를 위하여 기도하시고 대도하실 뿐만 아니라 우리의 내면에서 그의 성령의 산 교훈을 통하여 우리를 가르치시기도 한다. 그리하여 그는 제사장의 두 가지 실제적인 직무를 수행하고 계시는 것이다. 인간적인 제사장들의 기도와 설교는 그것에 대한 가시적인 예표들이라고 할 수 있다.

그리스도께서 자신의 장자권에 의해 이 두 가지 대권(大權)을 얻으신 것과 마찬가지로 아내가 남편에게 속한 것은 무엇이나 다 소유한다는, 앞에서 말한 결혼의 법칙에 따라 그리스도께서는 자기를 믿는 모든 사람들에게 그 대권들을 나누어주시며 공유하신다. 그런 까닭에 그리스도를 믿는 우리는 모두 그리스도 안에서 제사장들이자 왕들이다. 베드로전서 2〔:9〕은 "오직 너희는 택하신 족속이요 왕 같은 제사장들이요 거룩한 나라요 그의 소유된 백성이니 너희를 어두운 데서 불러내어 그의 기이한 빛에 들어가게 하신 자의 아름다운 덕을 선전하게 하려 하심이라"고 말하고 있다.

이 제사장직과 왕직의 본질은 다음과 같은 것이다: 먼저, 왕직에 대해서 말하자면, 모든 그리스도인은 신앙에 의해 만물보다 높아졌기 때문에 영적인 능력으로 인하여 예외 없이 만물의 주(主)이다. 그러므로 어떤 것도 그에게 해를 입힐 수 없다. 실로 만물은 그에게 예속되게 되어 있으며, 구원을 얻기 위하여 그를 섬기지 아니하면 안 된다. 이에 따라 바울은 로마서 8〔:28〕에서 "하나님을 사랑하는 자 곧 그 뜻대로 부르심을 입은 자들에게는 모든 것이 합력하여 선을 이루느니라"고 말하고 있으며, 또한 고린도전서 3〔:21-23〕에서는 "만물이 다 너희 것임이라 … 생명이나 사망이나 지금 것이나 장래 것이나 다 너희의 것이요 너희는 그리스도의 것이요 … "라고 하고 있다. 이것은 모든 그리스도인이 육체적인 힘 ― 몇몇 교인들이 괴로움을 당하고 있는 광기 ― 으로 만물을 소유하고 지배할 수 있도록 만물 위에 높여져 있다는 것을 말하는 것이 아니다. 왜냐하면 이러한 힘은 이 땅에 있는 왕들과 제후들과 그밖의 다른 사람들에게 속하기 때문이다. 우리의 일상 경험은 우리가 모든 것에 예속되어 많은 괴로움을 받으며 마침내 죽기까지 한다는 것을 보여 준다.

실로 처음 난 왕자이신 그리스도와 그의 모든 형제들인 성도들에서 우리가 보는 바와 같이 어떤 사람이 그리스도인이 되면 될수록 그는 더욱더 악과 고난과 죽음을 견뎌야 한다. 우리가 말하는 힘은 영적인 것이다. 그 힘은 원수들 가운데에서 지배하며 압제 속에서 권능을 발휘한다. 이것은 "내 능력이 약한 데서 온전하여짐이라"〔고린도후서 12:9〕는 것과 나는 모든 것 속에서 구원을 위하여 유익한 것을 발견할 수 있기 때문에 십자가와 죽음조차도 나에게 기여하고 나의 구원을 위하여 나와 협력하지 않을 수 없다는 것을 의미할 뿐이다. 이는 훌륭한 특권이고 얻기 어려운 것이며 참으로 전능한 능력인 영적 지배권이다. 거기에는 지나치게 선한 것도 없고 지나치게 악한 것도 없으므로 다만 믿기만 하면 내게 합력하여 유익할 따름이다. 그렇다. 믿음만이 구원을 위하여 충분하기 때문에 나는 신앙 자체의 자유의 능력과 지배권을 행사하는 신앙 외에 아무것도 필요로 하지 않는다. 보라, 이것은 그리스도인들의 측량할 수 없는 능력과 자유이다.

우리는 왕들 가운데서 가장 자유로운 자들일 뿐만 아니라 영원히 제사장들이기도 하다. 이것은 왕이 되는 것보다도 훨씬 더 훌륭한 일이다. 왜냐하면 제사장으로서 우리는 하나님 앞에 나가 다른 사람들을 위하여 기도하고 거룩한 일들을 서로에게 가르칠 자격이 있기 때문이다. 이것들은 제사장의 직무들이며 이 직무들은 불신자들에게는 주어질 수 없다. 이와 같이 그리스도는 우리가 그를 믿기만 하면 그의 형제와 공동상속인과 동료 왕이 되게 할 뿐만 아니라 그의 동료 제사장이 될 수 있게 하셨다. 그러므로 우리는 신앙의 정신으로 하나님의 존전에 담대히 나와〔히브리서 10:19, 22〕 "아바, 아버지여"라고 부르짖으며 서로를 위하여 기도하고 제사장들의 외적이고 가시적인 업무에서 행해지고 예시되는 모든 것을 행할 수 있다.

그러나 믿지 않는 사람들은 어떤 것에 의해서도 도움을 받지 못한다. 정반대로 아무것도 그에게 유익하게 되지 않으며, 오히려 그 자신이 모든 것의 종이 되며 모든 것은 그에게 해롭게 된다. 왜냐하면 그는 하나님의 영광을 위해서가 아니고 자기 자신의 유익을 위하여 그것들을 악하게 사용하기 때문이다. 그러므로 그는 제사장이 아니라 악한 사람이며 그의 기도는 죄가 되고 또한 하나님께서는 죄인들의 말을 듣지 아니하시므로〔요한복음 9:31〕 그는 결코 하나님의 존전에 나아가지 못한다. 그렇다면 누가 그리스도인의 고상한 존엄을 이해할 수 있는가? 그리스도인은 자신의 왕같은 능력으로 만물과 죽음과 생명과 죄를 다스리며 자신의 제사장적인 영광을 통하여 하나님이 요구하시고 원하시는 일을 행하기 때문에 하나님과 더불어 전능하다. 성경에는 "그는 그를 두려워하는 자들의 소원을 이루실 것이며 또한 그들의 부르짖음을 듣고 그들을 구원하실 것이다"〔참조. 빌립보서 4:13〕라고 기록되어 있다. 사람은 확실히 어떤 행위에 의해서가 아니라 오직 신앙으로써 이 영광에 이른다.

이로부터 그리스도인은 만물로부터 자유로우며 만물에 대하여 자유로우므로 자기를 의롭게 하고 구원하기 위하여 어떠한 행위를 필요로 하지 않는다는 것을 누구나 분명히 알 수 있다. 신앙만이 이 모든 것을 풍족하게 공급해주기 때문이다. 그러나 만약 그가 어떤 선행으로 의롭고 자유롭게 되며 구원을 받고 그리스도인이 된다고 생각할 정도로 어리석게 된다면, 그는 즉시 신앙과 신앙의 모든 유익을 잃게 될 것이다. 그러한 어리석음은 입에 한 덩

이의 고기를 물고 시냇물을 따라 가다가 물 속에 비친 고기의 그림자에 속아서 그것도 물려고 입을 벌림으로써 고기도 그림자도 다 잃어버린 개의 이야기에서 적절히 예증된다.

"만약 교회 안에 있는 모든 사람이 다 제사장이라면 우리가 지금 제사장이라고 부르는 사람들은 평신도들과 어떻게 다른가?"라고 당신은 물을 것이다. 나는 이렇게 대답하겠다: "사제", "성직자", "영적인 신분계층", "교회의 직분"이라는 말들이 그릇된 용법에 따라 모든 그리스도인들로부터 현재 "성직자들"이라 불리고 있는 소수 사람들에게 잘못 적용되고 있다. 성경은 지금 교황, 주교, 고위 성직자라고 자랑스럽게 불리지만, 사실은 말씀의 사역에 따라 다른 사람들을 섬기고 그리스도에 대한 신앙과 신자들의 자유를 가르쳐야 하는 사람들인바, 이들에게 "사역자", "종", "청지기"라는 이름을 붙이기는 하나 이런 칭호들을 서로 구별하지는 않는다. 비록 우리가 다같이 제사장들이기는 하나 그렇다고 해서 우리가 다 공적으로 사역을 하거나 가르칠 수는 없다. 우리가 할 수 있다고 할지라도 그렇게 해서는 안 된다. 이에 따라 바울은 고린도전서 4〔:1〕에서 "사람이 마땅히 우리를 그리스도의 일군이요 하나님의 비밀을 맡은 자로 여길지어다"라고 쓰고 있다.

그러나 그 청지기직은 지금 너무도 크게 권력을 과시하고 너무도 무시무시한 횡포를 부리게 되어서 이방 제국이나 지상의 어떤 다른 권력도 이에 견줄 수 없게 되었고 마치 평신도들은 그리스도인이 아닌 것과 같이 되어 있다. 이러한 왜곡으로 인하여 기독교의 은혜와 신앙과 자유와 그리스도 자신에 대한 지식은 완전히 사라져 버렸으며 그 지위는 인간의 행위들과 율법의 견딜 수 없는 속박에 의하여 빼앗겨 버렸다. 예레미야 애가〔1장〕가 말하고 있는 바와 같이 우리는 우리의 불행을 악용하여 그들의 비열하고 파렴치한 뜻만을 섬기게 하는 이 세상의 가장 사악한 자들의 종이 되기에 이르렀다.

우리의 원래 목적으로 돌아가 살펴본다면, 나는 마치 그리스도의 사역과 삶과 말씀에 대한 지식이 삶의 처신을 위하여 충분한 것처럼 그것들을 역사적인 사실로만 설교하는 것은 충분치 못하거나 또는 어떤 의미로 기독교적이 아니라는 점이 이제 명백해졌다는 것을 확신한다. 그러나 이런 견해는 오늘날 우리의 최고의 설교자로 여김을 받아야 할 사람들 가운데 유행되고 있다. 그리스도에 대해서는 아무것도 말하지 않고 오히려 인간의 법령들과 교부들의 교령(敎令)을 가르치는 것은 훨씬 더 불충분하거나 기독교적이 아니다.

지금 사람들의 감정을 움직여 그리스도를 동정하고 유대인에 대하여 분노하도록 그리스도에 관하여 설교하고 해석하는 것 같은 그런 유치하고 나약한 헛소리를 하는 사람들이 적지 않다. 도리어 그리스도에 대한 신앙이 확립되어 그리스도께서 그리스도될 뿐만 아니라 당신과 나를 위한 그리스도가 되며 또한 그리스도에 대하여 말해진 것과 그의 이름으로 표시된 것이 우리 가운데서 효력을 발휘할 수 있게 그리스도가 설교되어야 한다. 이러한 신앙은 왜 그리스도께서 오셨고 무엇을 그가 가져와서 주셨으며 그를 받아들이는 것이 우리에게 무슨 유익이 되는가를 설교함으로써 우리 안에서 생기고 보존된다. 이것은 그리스도께서 주시는 저 그리스도인의 자유가 올바로 가르쳐질 때 이루어지며, 또한 내가 이미 말한 바와 같이 어떻게 하여 우리 그리스도인들이 모두 왕들이자 제사장들이며 아울러 만물의 주이며 우리가 행한 것은 무엇이나 하나님을 기쁘시게 하고 하나님에게 열납된다는 것을 굳게 믿을 수 있는가 하는 것이 말해질 때 이루어진다.

이러한 것들을 들을 때 충심으로 기뻐하지 않는 사람이 누가 있으며 또한 이러한 위로를 받을 때 율법이나 행위에 의해 결코 사랑할 수 없었던 그리스도를 사랑할 마음이 생기지 아니할 사람이 누가 있겠는가? 누가 그러한 마음을 해하거나 위협할 힘을 가지고 있을 것인가? 만약 죄에 대한 지식이나 죽음에 대한 공포가 마음 가운데 갑자기 침입한다면, 그것은 주님 안에서 소망을 갖게 될 조짐이다. 마음은 악에 대한 소식을 들을 때 두려워 하지 않으며, 그의 원수들을 볼 때 불안해 하지 않는다. 이는 그리스도의 의(義)가 그의 것이고 그의 죄가 자기 자신의 것이 아니라 그리스도의 것이며 모든 죄가 그리스도의 의에 의하여 삼키어진다는 것을 확신하기 때문이다. 위에서 말한 대로 이것은 그리스도에게 대한 신앙으로 인한 필연적인 결과이다.

그러므로 마음은 죽음과 죄를 비웃으며 사도와 더불어 이렇게 말하게 된다: "사망아 너의 이기는 것이 어디 있느냐 사망아 너의 쏘는 것이 어디 있느냐 사망의 쏘는 것은 죄요 죄의 권능은 율법이라 우리 주 예수 그리스도로 말미암아 우리에게 이김을 주시는 하나님께 감사하노라"〔고린도전서 15:55-57〕. 죽음은 그리스도의 승리에서 뿐만 아니라 우리의 승리에 의해서도 삼키어진다. 왜냐하면 믿음으로 말미암아 그리스도의 승리는 우리의 것이 되었고 그 신앙 안에서 우리도 역시 정복자가 되기 때문이다.

속사람과 그의 자유 그리고 그의 자유의 원천, 신앙의 의(義)에 대하여는 이 정도로 충분하리라. 인간은 율법이나 선행을 필요로 하지 않는데, 만약 그러한 것들에 의하여 의롭게 된다고 믿는다면 그는 오히려 그것들에 의하여 해를 입게 된다.

이제 우리는 두번째 부분인 겉사람에 대하여 생각해 보기로 하자. 여기에서 우리는 "신앙"이란 말과 지금까지 말한 모든 내용에 반감을 품고 "만약 신앙이 모든 것을 행하고 홀로 의(義)에 이르기에 충분하다면 왜 선행이 명령되고 있는가? 우리는 편안히 쉬면서 아무 일도 하지 않고 신앙으로 만족하리라"고 말하는 모든 사람들에게 대답하고자 한다. 나는 이렇게 대답하겠다: 그렇지 않다. 너희 악한 자들아, 그렇지 않다. 만약 우리가 완전히 영적인 속사람들이라면 그것은 참으로 지당할 것이다. 그러나 우리는 다만 마지막 날, 죽은 자들의 부활의 날에 그러할 것이다. 우리가 육(肉) 가운데 사는 동안에는 우리는 장래의 삶에서 완성될 것에 있어서 어느 정도 진보를 이루어 나가기 시작할 뿐이다. 이러한 이유로 바울은 로마서 8[:23]에서 우리가 이 세상에서 얻는 모든 것을 "성령의 처음 열매"라고 부르고 있다. 이는 우리가 참으로 더 큰 부분인 성령의 충만을 장래에 받을 것이기 때문이다. 여기서 위에서 말한 것, 즉 그리스도인은 모든 사람의 종이며 모든 사람에게 복종한다는 것을 다시 천명하겠다. 그리스도인은 자유로운 한에 있어서는 일하지 아니하나, 그가 종인 한에 있어서는 그는 모든 일을 행한다. 어떻게 이것이 가능한가를 살펴보기로 하자.

내가 이미 말한 바와 같이 인간은 자신의 영에 있어서 내면적으로 신앙에 의해 풍부하게 그리고 충분하게 의롭게 되기 때문에 그가 필요로 하는 모든 것을 가지고 있기는 하지만, 이 신앙과 이 부요는 내세에 이르기까지 날마다 자라지 않으면 안된다. 어쨌든 인간은 이 땅에서 이러한 유한(有限)의 생명 속에서 지낸다. 현세에서 인간은 자기 자신의 육신을 제어해야 하며 사람들을 대하여야 한다. 여기에서 행위가 시작되며, 여기에서 사람은 그저 한가롭게 지낼 수 없게 된다. 여기서 그는 금식, 절제, 노동 및 다른 적합한 훈련을 통해 자신의 육신을 잘 다스리고 육신을 성령의 지배 아래 두도록 힘써야 한다.

그렇게 함으로써 그의 육신은 속사람과 신앙에 복종하고 순응하며 신앙에 항거하지 않고 속사람을 훼방하지 않게 될 것이다. 제어를 하지 않으면 그렇게 행하는 것이 육신의 본성이기 때문이다. 신앙에 의하여 하나님의 형상대로 지음받은 속사람은 그 안에서 매우 많은 유익이 그에게 주어지는 그리스도 때문에 기쁘기도 하며 행복하기도 하다. 그러므로 강요되지 않은 사랑으로써 이득을 생각하지 않고 기쁘게 하나님을 섬기는 것이 그의 한 직무이다.

사람이 이렇게 하는 동안에, 과연 그는 자기 자신의 육 가운데서 세상을 섬기려고 하고 자기 자신의 유익을 구하려고 하는 반대된 의지에 부딪치게 된다. 신앙의 정신은 이것을 용납할 수 없으며 오히려 즐겁게 열심으로 육신을 제어하고 저지하려고 한다. 바울은 로마서 7〔22-23〕에서 "내 속 사람으로는 하나님의 법을 즐거워하되 내 지체 속에서 한 다른 법이 내 마음의 법과 싸워 내 지체 속에 있는 죄의 법 아래로 나를 사로잡아 오는 것을 보는도다"라고 말하고 있고, 다른 곳에서는 "내가 내 몸을 쳐 복종하게 함은 내가 남에게 전파한 후에 자기가 도리어 버림이 될까 두려워함이로다"〔고린도전서 9:27〕라고 말하며, 또한 갈라디아서〔5:24〕에서는 "그리스도 예수의 사람들은 육체와 함께 그 정과 욕심을 십자가에 못 박았느니라"고 말하고 있다.

그러나 이러한 행위들을 행함에 있어서 인간이 그것들에 의해 하나님 앞에서 의롭게 된다고 생각해서는 안 된다. 왜냐하면 하나님 앞에서 의(義)가 되는 신앙은 그러한 잘못된 생각을 용인할 수 없기 때문이다. 그러나 우리는 이러한 행위들이 몸을 복종하게 하고 몸의 악한 정욕을 깨끗케 하며 우리의 모든 목적이 오직 정욕을 몰아내는 것만을 지향한다는 것을 깨달아야 한다. 신앙으로 말미암아 영혼이 깨끗하게 되고 하나님을 사랑하게 되기 때문에 영혼은 모든 것 특히 자기 자신의 몸이 깨끗케 되어 모든 것이 그와 함께 하나님을 사랑하고 찬미하는 데 동참하기를 바란다.

그런 까닭에 그의 몸의 필요가 그를 강제하고 또한 그의 몸을 복종시키기 위하여 많은 선행들을 행하지 않으면 안 되기 때문에 사람은 게으를 수 없다. 그럼에도 불구하고 행위 자체는 사람을 하나님 앞에서 의롭게 하지 못한다. 그러나 그는 자발적인 사랑으로 하나님께 순종하는 가운데 행위들을 행하며 자기가 모든 일에 있어서 가장 세심하게 순종하고자 하는 하나님의 허락 외에는 아무 것도 고려하지 않는다.

이런 식으로 각자는 자신의 육체적인 징계의 한계와 임의성을 스스로 쉽게 알 수 있을 것이다. 왜냐하면 그는 자신의 몸의 음탕함과 정욕을 억제하기에 충분하다고 생각할 정도로 금식하고 철야하며 노동할 것이기 때문이다.

그러나 행위로 의롭게 될 수 있다고 생각하는 사람들은 정욕을 극복하는 것을 생각하지 않고 행위 자체만을 생각하며, 만약 그들이 가능한 최대한의 많고 큰 일을 행하기만 하면 그것으로 잘 했고 의롭게 되었다고 생각한다. 때때로 그들은 행위들로 머리를 썩히고 그들의 자연적인 힘을 소멸시키거나 적어도 쓸모없이 만들어 버리기까지 한다. 인간이 신앙 없이 행위로 의롭게 되고 구원을 받으려고 하는 것은 가장 어리석은 짓이며 그리스도인의 삶과 신앙에 대한 전적인 무지의 발로(發露)이다.

우리가 말한 것을 더 쉽게 이해시키기 위하여 비유를 들어서 설명하려고 한다. 우리는 마치 아담과 하와가 낙원에서 행한 바 있고 또한 그들이 범죄하지 아니했다면 그들의 모든 후손들이 행했을 행위에 대하여 우리가 생각하는 것과 마찬가지로 하나님의 순수하고 자유로운 자비 때문에 신앙으로 의롭게 되고 구원받은 그리스도인의 행위들을 생각해야 한다. 창세기 2〔:15〕에서는 "여호와 하나님이 그 사람을 이끌어 에덴 동산에 두사 그것을 다스리며 지키게 하시고"라고 하고 있다. 그때에 아담은 하나님에 의해 의롭고 바르게 죄없이 지음받았기 때문에 동산을 경작하고 지키는 것에 의해 의롭게 되고 바르게 될 필요가 없었다. 그러나 그가 게으르지 않도록 하기 위해 여호와께서는 그에게 행할 일 곧 동산을 경작하고 보호하는 일을 주셨던 것이다. 이 일은 오직 하나님을 기쁘시게 하려는 목적으로 행해진 참으로 가장 자유로운 행위로서, 아담이 이미 충분히 가지고 있었고 또한 우리 모두의 생래의 권리가 되었을 의(義)를 얻기 위한 행위가 아니었다.

믿는 자의 행위도 이와 같다. 자신의 믿음으로 말미암아 그는 낙원으로 회복되어 새로 지음을 받았으므로, 의롭게 되거나 의롭기 위하여 행위를 필요로 하지 않는다. 그러나 그는 게으르지 않고, 자신의 몸에 필요한 것을 공급하고 보존하며, 오직 하나님을 기쁘시게 하기 위해서 자유롭게 이러한 행위를 행해야 한다. 그러나 우리가 온전히 다시 지음받지 못하고 우리의 신앙과 사랑이 아직도 완전하지 못하기 때문에, 이러한 것들은 외적인 행위들에 의해서가 아니라 저절로 커져야 한다.

두번째 예를 들면, 어떤 주교가 교회를 봉헌하거나 아이들에게 견신례(堅信禮)를 베풀거나 자신의 직무에 속하는 어떤 다른 의무를 이행할 때 이와 같은 일들이 그를 주교가 되게 하는 것이 아니다. 사실 만약 그가 먼저 주교가 되지 않았다면 이러한 행위들은 그 어느 것도 유효하지 않을 것이다.

그것들은 어리석고 유치하고 우스꽝스러울 것이다. 그러므로 자신의 신앙에 의하여 성별된 그리스도인이 선을 행하는 것이지 선행이 그리스도인을 더 거룩하게 하거나 더 그리스도인답게 하지는 않는다. 그것은 오직 신앙의 역사(役事)이기 때문이다. 그리고 만약 어떤 사람이 먼저 신자와 그리스도인이 되지 않는다면, 그의 모든 행위는 전혀 아무것도 아니게 되고 참으로 악하고 저주받을 죄가 될 것이다.

그러므로 다음과 같은 말이 옳다: "선행이 선한 사람을 만드는 것이 아니라 선한 사람이 선행을 한다. 악행이 악한 사람을 만드는 것이 아니라 악한 사람이 악행을 한다." 따라서 언제나 필연적으로 어떤 선행이 있으려면 먼저 본질 또는 사람 자체가 선해야 하며, 그리스도께서 "좋은 나무가 나쁜 열매를 맺을 수 없고 못된 나무가 아름다운 열매를 맺을 수 없느니라"〔마 7:18〕고 말씀하셨듯이 선행은 선한 사람의 뒤를 따르고 그로부터 나온다. 열매가 나무를 낳지 못하며 나무가 열매에서 자라지 못하고 그와 반대로 나무가 열매를 맺으며 열매가 나무에서 자란다는 것은 분명한 일이다. 그러므로 필연적으로 나무가 그 열매보다 먼저 존재하며, 열매가 나무를 좋거나 나쁘게 만들지 못하고 오히려 나무가 좋고 나쁨에 따라 그것들이 맺는 열매도 좋고 나쁘게 되는 것과 마찬가지로, 사람도 선하거나 악한 행위를 하기 전에 먼저 선하거나 악해야 하며, 그의 행위가 그를 선하거나 악하게 만들지 못하고 그 자신이 자신의 행위를 선하거나 악하게 만드는 것이다.

이와 동일한 진리를 보여주는 예증들은 모든 직업에서 찾아볼 수 있다. 좋거나 나쁜 집이 좋거나 나쁜 건축가를 만드는 것이 아니라 좋거나 나쁜 건축가가 좋거나 나쁜 집을 만든다. 그리고 일반적으로 결코 일이 일하는 사람을 그 일 같이 만들지 못하며, 오히려 일하는 사람이 일을 그 자신과 같이 만든다. 이것은 사람의 행위에 있어서도 마찬가지이다. 사람이 신자인가 불신자인가에 따라 역시 그의 행위도 결정된다. 만약 그 행위가 신앙으로 행해졌다면 선할 것이고, 불신앙으로 행해졌다면 악할 것이다. 그러나 이와 반대로 행위가 사람을 신자나 불신자로 만든다는 것은 옳지 않다. 행위가 사람을 신자로 만들지 못하는 것과 마찬가지로 행위가 그를 의롭게 만들지 못한다. 신앙이 어떤 사람을 신자로 만들고 의롭게 만드는 것과 마찬가지로 신앙은 선행을 한다.

그러므로 행위가 인간을 의롭게 만들지 못하고 인간은 선을 행하기 전에 먼저 의로워야 하기 때문에, 그리스도와 하나님의 말씀 가운데 나타난 하나님의 순수한 자비로 인하여 인간을 가치있게 그리고 충분히 의롭게 하고 구원하는 것은 오직 신앙뿐이라는 것은 매우 분명하다. 그리스도인은 믿음을 통하여 모든 율법에서 자유롭고 모든 것을 순수한 자유함으로부터 자유롭게 행하는 까닭에 구원을 받기 위하여 어떤 행위나 율법을 필요로 하지 않는다. 그는 이미 모든 것이 풍족하고 또한 하나님의 은혜로 말미암아 구원을 받았기 때문에 이제는 신앙 가운데서 오직 하나님을 기쁘시게 하려고만 할 뿐 어떤 이득이나 구원을 얻으려고 하지 않는다.

더욱이 어떤 선행도 불신자를 의롭게 하거나 구원하는 데 도움이 되지 못한다. 반면에 어떤 악행도 그를 악하게 만들거나 파멸시키지 못한다. 오히려 사람과 나무를 악하게 만드는 불신앙이 악하고 저주받을 일을 행하는 것이다. 그런 까닭에 어떤 사람이 선하거나 악할 때 이것은 행위가 아니라 신앙이나 불신의 결과인 것이다. 이는 "사람이 하나님에게서 떨어지는 것이 죄의 시작이다"〔참조. 시락서 10:14-15〕라고 현인〔賢人〕이 말한 것과 같은데, 이런 일은 그가 믿지 않을 때 일어난다. 그리고 바울은 히브리서 11〔:6〕에서 "하나님께 나아가는 자는 … 믿어야 할지니라"고 말한다. 그리고 그리스도도 동일하게 말씀하신다: "나무도 좋고 실과도 좋다 하든지 나무도 좋지 않고 실과도 좋지 않다 하든지 하라"〔마태복음 12:33〕. 이것은 마치 "좋은 열매를 가지고자 하는 사람에게는 좋은 나무를 심는 것으로부터 시작하게 하라"고 말씀하시는 듯하다.

따라서 선행을 하기를 원하는 사람에게는 행위를 행하는 것으로부터가 아니라 그 사람을 선하게 만드는 신앙으로부터 시작하게 하라. 신앙 외에 그 어떤 것도 사람을 선하게 만들지 못하며 불신앙 외에 그 어떤 것도 사람을 악하게 만들지 못하기 때문이다.

사람들의 눈으로 보기에는 어떤 사람은 그의 행위들에 의해 선하게 되거나 악하게 되는 것이 사실 옳다. 그러나 이렇게 선하거나 악하게 된다는 것은 단지 선하거나 악한 사람이 그렇게 지목되고 알려진다는 것을 의미할 뿐이다. 이것은 그리스도께서 마태복음 7〔:20〕에서 "그의 열매로 그들을 알리라"고 말씀하시는 것과 같다. 그러나 이 모든 것은 피상적인 것에 지나지 않는 것으로써, 아주 많은 사람들이 이 겉모양에 속아서 신앙에 대해서는 일언반구도 언급하지 않은 채 우리가 선행에 의해 의롭게 될 수 있을 것이라고 쓰고 가르쳐 왔다. 그들은 항상 속고 속이는 가운데 자의(自意)로 행하며〔디모데후서 3:13〕 진척을 보는 것 같으나 사실은 한층 더 나쁜 상태로 들어가고 소경들을 인도하는 소경이며 많은 행위들로 스스로를 피곤케 하나 여전히 참된 의(義)에는 결코 이르지 못한다〔마태복음 15:14〕. 이러한 사람들에 대하여 바울은 디모데후서 3〔:5,7〕에서 "경건의 모양은 있으나 경건의 능력은 부인하는 자니 … 항상 배우나 마침내 진리의 지식에 이를 수 없느니라"고 말한다.

그러므로 이러한 눈먼 자들과 함께 어그러진 길로 나가기를 원하지 않는 사람은 누구나 행위들 너머를 보아야 하고 행위들에 관한 율법 및 가르침 너머를 보아야 한다. 행위에서 자신의 눈을 돌려 그 사람의 인격을 보고 어떻게 그가 의롭게 되는가를 물어야 한다. 왜냐하면 인간은 행위나 율법에 의해서가 아니라 하나님의 말씀 곧 하나님의 은혜의 약속과 신앙에 의해 의롭게 되고 구원받기 때문이다. 이는 영광이 우리가 행한 의(義)의 행위로써가 아니라〔디도서 3:5〕 우리가 믿을 때 하나님의 은혜의 말씀에 의해 하나님의 자비로〔고린도전서 1:21〕 우리를 구원하신 하나님의 것이 되게 하기 위해서이다.

이상으로부터 어느 정도까지 선행이 거부되거나 거부되지 않아야 하는지 또한 어떤 기준에 의해 행위에 관한 인간의 모든 가르침들이 해석되어야 하는지를 알기는 쉽다. 만약 행위가 의(義)에 이르는 수단으로 추구되고 저 사악한 괴물에 의해 괴롭힘을 당하며 또한 행위를 통하여 인간이 의롭게 된다는 그릇된 인상 속에서 행해진다면, 행위는 필수적인 것이 되고 자유와 신앙은 파괴된다. 그리고 행위에 이렇게 덧붙이는 것은 행위를 더이상 선한 것이 아니라 참으로 저주받을 행위가 되게 만든다. 이러한 행위들은 자유롭지 않으며 하나님의 은혜를 모독한다. 왜냐하면 신앙에 의해 의롭게 하고 구원하는 것은 오직 하나님의 은혜에 속하기 때문이다. 행위들이 해낼 능력을 가지고 있지 않은 것을 행위들 — 우리의 어리석음으로 인한 불경건한 주제넘음에 의해 — 은 행하는 체하며, 이로써 은혜의 직무와 영광을 강제로 침해한다. 그러므로 우리는 선행을 거부하는 것이 아니라 오히려 가능한 한 많이 선행을 소중히 여기며 가르친다. 우리가 행위를 정죄하는 것은 행위 자체 때문이 아니라 거기에 덧붙여진 이러한 악한 부가물과 이를 통하여 의를 얻을 수 있다는 악한 생각 때문이다. 행위는 사실 선하지 않은데 그런 그릇된 부가물이 행위를 겉으로 보기에 선하게 보이게 만든다. 행위는 양의 옷을 입고 약탈하는 이리들과 같이〔마태복음 7:15〕 사람들을 속이며 사람들을 서로 속이게 만든다.

그러나 이 괴물 또는 행위에 관한 그릇된 개념은 진지한 신앙이 없는 곳에서는 정복될 수 없다. 이와 같이 그릇된 점을 파괴하는 신앙이 그들의 마음 가운데 들어가 지배하지 않는다면 이와 같이 행위로 인한 성인들은 그런 그릇된 것을 제거할 수 없을 것이다. 인간 본성 자체는 이것을 몰아낼 수 없을 뿐만 아니라 그것을 인식조차 할 수 없으며 오히려 그것을 가장 거룩한 의지의 표지(標識)로 생각한다. 악한 교사들이 그렇게 하여 왔던 것처럼 만약 관습의 영향력이 덧붙여져 본성의 이러한 왜곡을 확증한다면, 그것은 치유할 수 없는 악이 되어 전혀 회복의 가망이 없을 정도로 무수한 사람들을 어그러진 길로 인도하고 파멸시킬 것이다. 그러므로 참회, 고해, 보속(報贖)에 대하여 설교하고 쓰는 것이 좋은 일이기는 하지만, 만약 우리가 거기에서 그치고 더 나아가 신앙에 대하여 가르치지 않는다면 우리의 가르침은 의심할 여지 없이 거짓되고 마귀적인 것이 될 것이다.

그리스도께서는 자신의 선구자 요한과 같이 "회개하라"〔마태복음 32:2; 4:17〕고 말씀하셨을 뿐만 아니라 신앙의 말씀을 더하여 "천국이 가까왔다"고 하셨다. 우리는 이러한 하나님의 말씀 가운데서 오직 한 면만을 설교할 것이 아니라 두 면을 다 설교해야 한다. 우리는 우리의 보화 중에서 새 것과 낡은 것, 율법의 음성과 은혜의 말씀을 내와야 한다〔마태복음 13:52〕. 사람들로 하여금 두려워 하게 하고 자신들의 죄를 알게 되어 뉘우쳐 회개하고 더 선한 삶을 살 수 있도록 하기 위해 우리는 율법의 음성을 내와야 한다. 그러나 우리는 거기에서 그쳐서는 안 된다. 왜냐하면 그것은 다만 상하게만 하고 동여매주지는 않으며, 때리기만 하고 낫게 하지는 않으며, 죽이기만 하고 살게 하지는 않으며, 지옥에 끌어넣기만 하고 다시 끌어내주지는 않으며, 천하게만 하고 높이지는 않기 때문이다. 그러므로 우리는 신앙을 가르치고 생겨나게 하는 은혜의 말씀과 죄사함의 약속도 설교해야 한다. 이러한 은혜의 말씀이 없이는 율법과 통회와 참회와 그밖의 다른 모든 행위가 헛되이 행해지고 가르쳐지게 된다.

참회와 은혜의 설교자들이 우리 시대에도 남아 있으나 그들은 하나님의 율법과 약속을 설명해줌으로써 어떤 사람으로 하여금 그것들로부터 회개와

118

은혜의 근원을 배울 수 있게 하지 않는다. 회개는 하나님의 율법에서 나오나 믿음과 은혜는 하나님의 약속에서 나온다. 로마서 10〔:17〕은 "그러므로 믿음은 들음에서 나며 들음은 그리스도의 말씀으로 말미암았느니라"고 말하고 있다. 따라서 사람은 하나님의 율법의 위협과 그것에 대한 두려움에 의해 낮아지고 자기 자신을 알게 된 후에 하나님의 약속에 대한 믿음에 의해 위안을 받고 높임을 받는다. 그러므로 시편 30〔:5〕에서는 "저녁에는 울음이 기숙할 찌라도 아침에는 기쁨이 오리로다"라고 하고 있다.

　일반적인 행위와 그리스도인이 자발적으로 행하는 행위에 대한 논의는 이것으로 충분하리라. 마지막으로, 우리는 그리스도인이 자신의 이웃에 대하여 행하는 일들에 관하여도 말하고자 한다. 인간은 죽을 수밖에 없는 육신 가운데서 자기 자신만을 위하여 사는 것이 아니라 이 땅에 있는 모든 사람들을 위해서도 산다. 오히려 그는 오직 다른 사람들을 위하여 살며, 자기 자신을 위하여는 살지 않는다. 이러한 목적으로 그는 다른 사람들을 더 진실하고 자유롭게 섬길 수 있도록 하기 위하여 자기 몸을 쳐 복종시킨다. 바울은 로마서 14〔:7-8〕에서 "우리 중에 누구든지 자기를 위하여 사는 자가 없고 자기를 위하여 죽은 자도 없도다 우리가 살아도 주를 위하여 살고 죽어도 주를 위하여 죽나니"라고 말하고 있다. 그리스도인은 항상 이 세상에서 게으를 수 없으며 자기 이웃을 위하여 일하지 않을 수 없다. 왜냐하면 그리스도인은 필연적으로 사람들과 더불어 말하고 대하고 의견을 나눌 것이기 때문이다. 그리스도께서도 사람들과 같이 되어〔빌립보서 2:7〕 바룩서 3〔:38〕이 말하고 있는 바와 같이 사람의 모양으로 나타나셨고 사람들과 더불어 대화하셨다.

　그러나 인간은 자신의 의(義)와 구원을 위하여 이러한 것들을 하나도 필요로 하지 않는다. 그러므로 인간은 자기 이웃의 필요와 유익 외에는 아무것도 고려하지 않고, 자기가 행하는 모든 일에 있어서 다른 사람들을 섬기고 유익하게 하기 위하여 모든 행위에 있어서 이 생각을 지침으로 삼아야 하며 이 한 가지만을 생각해야 한다. 따라서 사도는 우리에게 궁핍한 사람들을 도울 수 있도록 우리 손으로 친히 일하라고 명령한다. 물론 사도는 우리 자신을 부양하기 위하여 일해야 한다고 말했을 것이지만 "빈궁한 자에게 구제할 것이 있기 위하여"〔에베소서 4:28〕라고 말씀하신다.

　몸을 돌보는 것이 그리스도인의 일인 것은 몸의 건강과 편안함을 통하여 우리가 일하고 획득하고 기금을 저축하여 궁핍한 사람들을 도와줄 수 있게 하며, 이런 식으로 강한 지체가 약한 지체를 섬기게 하며, 우리가 하나님의 자녀들이 되어 서로 다른 사람을 위하여 돌보고 일하며 서로 다른 사람의 짐을 지고서 그리스도의 법을 성취하게 하려는 것이다〔갈라디아서 6:2〕. 이것이 참된 그리스도인의 삶이다. 여기에서 믿음은 사랑을 통하여 참으로 활동하게 된다〔갈라디아서 5:6〕. 즉 믿음은 보답을 바라지 않고 기꺼이 섬기는 가장 자유로운 행위, 즐거움과 사랑으로 행해지는 행위로 표현된다. 그리스도인 자신은 신앙의 충만함과 부요함으로 만족한다.

따라서 바울은 빌립보 교인들에게 그들이 그리스도에 대한 신앙을 통하여 모든 것을 얻고 얼마나 부유해졌는지를 가르친 후에 그들에게 이렇게 가르치고 있다: "그러므로 그리스도 안에 무슨 권면이나 사랑에 무슨 위로나 성령의 무슨 교제나 긍휼이나 자비가 있거든 마음을 같이 하여 같은 사랑을 가지고 뜻을 합하며 한 마음을 품어 아무 일에든지 다툼이나 허영으로 하지 말고 오직 겸손한 마음으로 각자가 자기보다 남을 낫게 여기고 각각 자기 일을 돌아볼 뿐더러 또한 각각 다른 사람들의 일을 돌아보아 나의 기쁨을 충만케 하라"〔빌립보서 2:1-4〕. 여기에서 우리는 사도가 이러한 준칙을 그리스도인의 삶을 위하여 규정하였다는 것, 즉 다른 사람들의 복리를 위하여 우리의 모든 행위들을 바쳐야 한다는 준칙을 규정하였음을 분명히 본다. 그렇게 하는 이유는 그리스도인 각자는 자신의 신앙 속에서 부요함을 갖고 있기 때문에 자신의 다른 모든 행위들과 자신의 온 생애는 여분의 것으로서 자발적인 박애심으로 자신의 이웃을 섬기고 이웃에게 선을 행할 수 있기 때문이다.

이러한 삶의 본보기로 바울은 그리스도를 들면서 이렇게 말한다: "너희 안에 이 마음을 품으라 곧 그리스도 예수의 마음이니 그는 근본 하나님의 본체시나 하나님과 동등됨을 취할 것으로 여기지 아니하시고 오히려 자기를 비어 종의 형체를 가져 사람들과 같이 되었고 사람의 모양으로 나타나셨으매 자기를 낮추시고 죽기까지 복종하셨으니 곧 십자가에 죽으심이라"〔빌립보서 2:5-8〕. 사도의 이러한 유익한 말씀은 "하나님의 본체", "종의 형체", "사람의 모양", "사람들과 같이 됨"이란 말들을 전혀 이해하지 못하고 이것들을 하나님의 본성과 인간의 본성에 적용시킨 사람들 때문에 우리에게 모호하게 되었다.

바울의 말은 이런 것을 의미한다: 비록 그리스도께서 하나님의 본체로 충만하고 모든 선한 일들에 부요하셔서 자기를 의롭게 하고 구원하기 위하여 어떠한 일과 고난도 필요로 하지 않으셨지만(그리스도께서는 이 모든 것을 영원히 가지고 계셨기 때문이다), 그리스도는 이런 것들로 교만하게 되지 않으셨고 자기 자신을 우리보다 더 높이지 않으셨으며 우리에 대해 지배권을 행사하려 하지 않으셨다. 물론 그리스도께서 그렇게 하셨더라도 정당하신 일이었을 것이다. 그러나 그와 반대로 그리스도께서는 마치 자기가 이 모든 것을 필요로 하시고 하나님의 본체를 전혀 가지지 않으신 것처럼 사시고, 노동하시고 일하시고 고난받으시고 죽으심으로써 다른 사람들과 같이 되셨고 모양과 행동에 있어서 하나의 인간에 지나지 않으셨다. 그러나 그가 이 모든 것을 우리를 위하여 행하신 것은 우리를 섬기시기 위한 것이었으며 또한 이러한 종의 형체로 이루신 모든 것이 우리의 것이 되게 하기 위함이었다.

이러므로 그리스도인은 그의 머리되신 그리스도와 같이 신앙으로 충만하게 되고 부요하게 되며 또한 믿음에 의해 얻은 이러한 하나님의 본체로 만족해야 한다. 내가 이미 말한 바와 같이 그리스도인은 이 믿음이 온전해 질 때까지 오직 그 믿음을 키워야 한다. 이 믿음은 그리스도인의 생명이요 의(義)요 구원이기 때문이다.

믿음은 그를 구원하고 그를 열납되게 하며 그리스도에게 속한 모든 것을 그에게 수여한다. 이것은 위에서 말한 바 있고 또 바울이 갈라디아서 2〔:20〕에서 "이제 내가 육체 가운데 사는 것은 나를 사랑하사 나를 위하여 자기 몸을 버리신 하나님의 아들을 믿는 믿음 안에서 사는 것이라"고 말하며 단언하고 있는 것과 같다. 그리스도인은 이와 같이 모든 행위에서 자유롭기는 하지만 이 자유 속에서 스스로를 비워 종의 형체를 가져야 하며 사람들과 같이 되어 사람의 모양으로 나타나서 섬기고 도우며 모든 점에 있어서 하나님이 그리스도로 말미암아 자기를 대했고 여전히 대하고 있는 그런 식으로 자기 이웃을 대해야 한다. 그리스도인은 하나님의 칭찬 외에는 아무 것도 고려하지 말고 이것을 아낌 없이 행하여야 한다.

그리스도인은 이렇게 생각해야 한다: '비록 나는 무가치하고 저주받은 사람이지만, 나의 하나님은 내 편에서의 어떠한 공로도 없이 순수하고 값없이 주시는 자비로 의(義)와 구원의 모든 부요를 그리스도 안에서 내게 주셨기 때문에 이제부터 나는 이것이 참되다는 것을 믿는 신앙 외에는 아무것도 필요로 하지 않는다. 따라서 내가 자신의 측량할 수 없는 부요로 나를 압도하신 이 아버지를 기쁘시게 하고 아버지께 열납될 수 있는 모든 것을 자유로

이 기쁘게 온 마음을 다하여 열심으로 행해야 하지 않겠는가? 그러므로 마치 그리스도께서 자신을 내게 주신 것과 같이 나는 하나의 작은 그리스도로서 내 자신을 내 이웃에게 줄 것이다. 나는 내 이웃에게 필요하고 이롭고 유익하다고 생각되는 것 외에는 이 세상에서 아무것도 행하지 않을 것이다. 이는 믿음을 통하여 나는 그리스도 안에서 모든 선한 것들을 풍부하게 가지고 있기 때문이다.'

자, 이와 같이 신앙으로부터 주님 안에서의 사랑과 기쁨이 흘러나오며, 사랑으로부터 이웃을 기꺼이 섬기고 감사나 배은망덕, 칭찬이나 비난, 이득이나 손실을 고려치 않는 기쁘고 자발적이고 자유로운 생각이 흘러나온다. 왜냐하면 어떤 사람이 다른 사람들을 섬기는 것은 그 사람들에게 의무를 지워주기 위함이 아니기 때문이다. 그는 친구와 원수를 구별하지 않으며 또한 그들의 감사나 감사치 않음을 기대하지 않고 오히려 감사하다는 말도 듣지 못하면서 모든 것을 허비하든지 보답을 받든지간에 가장 자유로이 그리고 가장 기꺼이 자기 자신과 자기가 가진 모든 것을 소비한다. 아버지께서 모든 것들을 모든 사람에게 풍부하고도 값없이 나누어주시고 "그의 해를 악인과 선인에게 비춰게"[마태복음 5:45] 하시는 것과 같이 이들도 그리스도를 통하여 그와 같이 큰 유익들을 나누어주시는 하나님 안에서 기쁨을 경험할 때 그의 즐거움이 되는 이 값없이 주시는 기쁨을 가지고 모든 것들을 행하며 모든 것들을 견딘다.

그러므로 만약 우리가 우리에게 주어진 크고 귀중한 것들을 깨닫는다면 바울이 말하고 있는 바와 같이[로마서 5:5] 우리의 마음은 성령에 의해 우리를 자유롭고 기쁘고 전능한 일군, 모든 고난의 정복자, 우리 이웃의 종이자 모든 것의 주로 만드는 사랑으로 충만하게 될 것이다. 그러나 그리스도를 통하여 그들에게 주어진 은혜들을 깨닫지 못하는 사람들에게는 그리스도께서 헛되이 나신 것이 된다. 그들은 자의적인 행위로 행하며 결코 이러한 것들을 체험하거나 느끼지 못할 것이다.

우리의 이웃이 궁핍하여서 우리가 풍부하게 가지고 있는 것을 결여하고 있는 것과 마찬가지로 우리는 하나님 앞에서 궁핍하여 그의 자비를 결여하고 있다. 그런 까닭에 하늘에 계신 우리 아버지가 그리스도 안에서 값없이 우리를 도와주신 것과 같이 우리도 값없이 우리의 육신과 행위를 통하여 이웃을 도와야 하며, 우리가 서로에 대하여 한 작은 그리스도가 됨으로써 우리가 이웃을 위한 그리스도가 되고 그리스도께서 모든 사람 가운데서 동일한 그리스도가 되게 하여야 한다. 즉 우리가 진실한 그리스도인들이 되게 하여야 한다.

그러면 누가 그리스도인의 삶의 부요와 영광을 이해할 수 있는가? 그리스도인의 삶은 모든 것을 할 수 있고 모든 것을 소유하며 아무것도 부족한 것이 없다. 그리스도인의 삶은 죄와 죽음과 지옥을 정복한 주(主)이며 이와 아울러 모든 사람을 섬기고 보살피며 유익하게 한다. 그러나 통탄스럽게도 우리 시대에는 이러한 삶이 전 세계에 걸쳐 알려져 있지 않다. 그런 삶은 설교되지도 않으며 추구되지도 않는다. 우리는 우리 자신의 이름에 대해서 전혀 알지 못하며, 왜 우리가 그리스도인이고 그리스도인이라는 이름을 지니고 있는지를 모른다. 분명히 우리는 그리스도를 따라 이름지어졌다. 이는 그리스도가 우리에게 없으시기 때문이 아니라 그가 우리 가운데 거하시기 때문이다. 즉 우리가 그리스도를 믿고 서로에 대하여 작은 그리스도들이며 또한 그리스도가 우리에게 행하시는 것과 같이 우리도 이웃에게 행하기 때문이다. 그러나 우리 시대에 우리는 사람들의 가르침에 의하여 공로와 보답과 우리에게 속한 것들 외에는 아무것도 구하지 못하도록 가르침을 받고 있으며 또한 그리스도를 모세보다 훨씬 더 엄격한 감독자로 만들어 놓았다.

우리는 복되신 동정녀 마리아에게서 이러한 신앙의 뛰어난 모범을 본다. 누가복음 2〔:22〕에 기록되어 있는 바와 같이 마리아는 율법에 구속을 받지 않으며 결례를 받을 필요가 없었으나 모든 여자들의 관습대로 모세의 율법에 따라 결례를 받았다. 그러나 마리아가 다른 여자들에게 걸림돌이 되거나 다른 여자들을 경멸하지 않기 위하여 다른 여자들과 같이 율법에 복종한 것은 자유롭고 자발적인 사랑에서였다. 마리아는 이 행위에 의해 의롭게 된 것이 아니라 의로웠기 때문에 그러한 행위를 자유롭고 자발적으로 행했던 것이다. 이와 같이 우리의 행위들도 행해져야 하기는 하지만, 이것은 그 행위들에 의해 우리가 의롭게 되기 위해서가 아니다. 왜냐하면 우리는 신앙에 의해 이미 의롭게 되어 있으므로 다른 사람들을 위하여 모든 것을 자유롭고 즐겁게 행해야 하기 때문이다.

성 바울도 자신의 제자 디모데에게 할례를 베풀었지만, 이것은 할례가 디모데의 의(義)를 위하여 꼭 필요했기 때문이 아니라, 신앙에 있어서 약하고 신앙의 자유를 아직도 파악할 수 없었던 유대인들에게 걸림돌이 되거나 그들을 경멸하지 않기 위해서였다. 그러나 이와 반면에 유대인들이 신앙의 자유를 경멸하고 할례가 의(義)를 위하여 필요하다고 주장할 때 바울은 그들에게 대항하였고 디도가 할례받는 것을 허락하지 않았다 ― 갈라디아서 2〔:3〕. 바울은 다른 사람의 약한 신앙에 걸림돌이 되거나 그 신앙을 경멸하지 않으려고 한 것과 마찬가지로 그는 신앙의 자유가 완고하고 행위로 의로워지려고 한 사람들에 의해 침해받거나 경멸받는 것도 좋아하지 않았다. 바울은 모든 사람을 회심시켜서 신앙의 자유를 누리게 하기 위하여 약한 사람을 잠시 관용하고 완고한 사람에 대해서는 항상 저항함으로써 중도를 택하였다. 우리가 행하는 것은 로마서 14〔:1〕에 있어서와 같이 신앙에 있어서 약한 자들을 부축해주려는 그런 열심으로 행해져야 한다. 그러나 우리는 행위를 가르치는 완고한 교사들에 대하여 강경히 대항해야 한다. 이에 대해서는 나중에 더 자세히 말하고자 한다.

그리스도께서도 마태복음 17〔:24-27〕에서 그의 제자들에게 세금을 바치라는 요구가 있었을 때 왕의 아들들은 세금을 내지 않아도 되지 않느냐고 성 베드로와 함께 의논하셨고, 베드로는 그렇다고 긍정하였다. 그럼에도 불구하고 그리스도는 베드로에게 바닷가로 가도록 명하시고, "우리가 저희로 오해케 하지 않기 위하여 네가 바다에 가서 낚시를 던져 먼저 오르는 고기를 가져 입을 열면 돈 한 세겔을 얻을 것이니 가져다가 나와 너를 위하여 주라"고 말씀하셨다. 이 사건은 우리의 주제와 꼭 들어맞는다. 왜냐하면 여기서 그리스도는 자기 자신과 자신의 자녀가 된 자들을 아무것도 필요로 하지 않는 왕의 아들들이라고 부르고 있기 때문이다. 그러면서도 그리스도는 자유로이 복종하셔서 세금을 내신다. 이런 행위가 그리스도의 의 또는 구원을 위하여 필요하고 도움이 된 것과 마찬가지로 그와 그를 따르는 자들의 모든 다른 행위들도 의를 위하여 유익하다. 왜냐하면 그것들은 모두 의를 추구하며 자유로우며 오직 다른 사람들을 섬기고 그들에게 선행의 본을 보여주기 위하여 행해지기 때문이다.

바울이 로마서 13〔:1-7〕에서 주고 있는 교훈도 같은 성질의 것이다. 즉 그리스도인들은 정부의 권세에 복종하고 모든 선행을 기꺼이 행해야 한다. 그들은 이미 신앙으로 의롭게 되어 있기 때문에 이런 식으로 의롭게 되려는 것이 아니라, 성령의 자유 가운데서 그렇게 함으로써 다른 사람들과 권세들을 섬기며 자유한 가운데서 사랑으로 그들의 뜻에 복종하는 것이다. 모든 성직자단과[7] 수도원들과 사제들의 행위들은 이러한 성질의 것이어야 한다. 각자가 자신의 직업과 신분에 맞는 행위를 행해야 하는데, 그 행위로 의를 얻고자 애쓰는 것이 아니라 그것을 통하여 자신의 육체를 제어하고 또한 육체를 제어할 필요가 있는 다른 사람들에게 본이 되며, 마지막으로 그러한 행위들에 의해 사랑의 자유 가운데서 자신의 뜻을 다른 사람들의 뜻에 복종시키기 위한 것이다. 그러나 아무도 그릇된 확신 속에서 이러한 행위에 의해 자기가 의롭게 되거나 공로를 얻거나 구원을 받으리라고 생각하지 않도록 언제나 매우 주의를 기울여야 한다. 내가 이미 반복하여 말한 것 같이 이것은 오직 신앙의 사역이기 때문이다.

　　이것을 아는 사람은 누구나 교황과 주교들, 수도원, 교회, 제후, 위정자들의 저 무수한 명령과 교훈들을 통과하여 스스로의 길을 쉽고 위험 없이 찾아나갈 수 있다. 이에 대하여 어떤 무지한 성직자들은 전혀 그런 것이 아님에도 불구하고 그러한 명령과 교훈들을 "교회의 교훈"이라 부르면서 마치 의와 구원을 위하여 필요한 것처럼 주장한다. 왜냐하면 그리스도인은 자유인으로서 이렇게 말할 것이기 때문이다: "나는 금식하고 기도하며 사람들이 명령하는 대로 이런 저런 일을 할 것이다. 그러나 그것은 나의 의와 구원을 위하여 필요하기 때문이 아니라 내가 교황이나 주교나 공동체나 위정자나 나의 이웃에 대하여 적절한 경의를 표하며 그들에게 본을 보여주기 위함이다. 그리스도께서는 자신을 위하여 이 모든 것 가운데 어떤 것도 필요로 하지 않았지만 나를 위하여 훨씬 더 많이 행하시고 고난을 받으셨으며 또한 율법 아래 있지 않았지만 나를 위하여 율법 아래 서게 되신 것과 같이 나도 모든 것을 행하고 고난을 받을 것이다." 비록 폭군들이 폭력을 휘두르거나 부정을 저지르며 그들의 요구를 한다고 할지라도 그들이 하나님을 거스르는 것을 요구하지 않는 한 그것은 아무런 해도 끼치지 않을 것이다.

　　이상에서 말한 것을 토대로 모든 사람은 모든 행위와 율법에 대하여 건전한 판단을 내릴 수 있고 그것들을 신뢰성 있게 구별을 할 수 있으며 또한 누가 맹목적이고 무지한 목회자들이고 누가 선하고 참된 목회자들인가를 알 수 있을 것이다. 오직 육신을 제어하거나 이웃을 섬길 목적으로 행해지지 않는 행위는 무엇이나 하나님에게 반대되는 것을 요구하지 않는다고 하더라도

---

7) "college"라는 말은 여기서 성직자단을 의미한다.

선하지 않으며 그리스도인다운 것이라고 할 수 없다. 이런 이유로 성직자단, 수도원들, 제단들, 교회의 직무들이 우리 시대에 있어서 참으로 그리스도인다운 것이 못 되며 또한 특정한 성인들의 날에 드리는 특별한 금식과 기도가 전혀 기독교적인 것이 아니지 않나 크게 염려된다.

말하자면 그것들을 통하여 우리의 죄가 정화되고 그것들 가운데서 구원을 발견할 수 있다고 생각함으로써 우리는 이 모든 것들 가운데서 오직 우리의 이익만을 구하지나 않는가 염려되는 것이다. 이런 식으로 그리스도인의 자유는 완전히 사라져버린다. 이것은 기독교 신앙과 자유에 대한 우리의 무지의 결과이다.

자유에 대한 이와 같은 무지와 억압을 매우 많은 맹목적인 성직자들은 조장하려고 애를 쓴다. 그들은 이런 행동들 속에서 그러한 행위들을 찬양함으로써 백성들을 선동하고 강요하며 면죄부로 백성들을 교만케 하면서도 결코 신앙을 가르치지 않는다. 그러나 만약 당신이 교회에서 기도하거나 금식하거나 기금을 세우려고 한다면, 현세적인 것이든 영원한 것이든 어떤 유익을 얻기 위하여 그렇게 행하지 않도록 조심할 것을 나는 충고한다. 왜냐하면 그렇게 하면 당신은 당신에게 모든 것을 제공해주는 신앙을 손상시킬 것이기 때문이다. 당신이 한 가지 조심할 것은 신앙이 행위에 의해서 단련이 되든 고난에 의해서 단련이 되든 신앙이 자랄 수 있도록 해야 한다는 것이다. 다른 사람들이 당신의 선물들에 의해 유익을 얻고 당신과 당신의 선함 때문에 잘 지낼 수 있도록 당신의 선물들을 어떠한 고려도 없이 거저 주라. 이렇게 함으로써 당신은 참으로 선하게 되고 진짜 그리스도인이 될 것이다. 당신 자신의 몸을 제어하기 위하여 필요한 것이 아닌 선행이 당신에게 무슨 유익이 있겠는가? 당신에게는 신앙만으로 충분한데, 이 신앙으로 말미암아 하나님께서는 당신에게 모든 것을 주셨기 때문이다.

보라, 이러한 법칙에 따라 우리가 하나님으로부터 받은 좋은 것들은 이 사람에게서 다른 사람에게로 흘러가게 되어 만인의 공유물이 되기 때문에 모든 사람은 이웃처럼 되어 마치 자기 자신이 다른 사람의 입장에 있는 것처럼 행동할 것이다. 그리스도로부터 좋은 것들이 우리에게 흘러들어 왔으며 지금도 흘러들어 오고 있다. 그리스도는 우리처럼 되시었고 또한 마치 그가 우리이신 것처럼 우리를 위하여 행하셨다.

좋은 것들이 우리로부터 그것들을 필요로 하는 사람들에게 흘러감으로써 내 자신이 담당한 내 이웃의 죄를 덮고 중보하게 되고 또한 마치 이웃의 죄가 내 자신의 죄인 것처럼 그 가운데서 일하고 섬길 수 있도록 내 믿음과 의를 하나님 앞에 바치게 된다. 그것이 그리스도께서 우리를 위하여 행하신 일이다. 이것이 참된 사랑이며 그리스도인의 삶의 참된 준칙이다. 참되고 진실한 신앙이 있을 때 사랑은 참되고 진실하게 된다. 그런 까닭에 사도는 고린도전서 13〔:5〕에서 사랑에 대하여 말하면서 "자기의 유익을 구치 아니하며"라고 말하고 있다.

그러므로 그리스도인은 자기 자신 안에서가 아니라 그리스도와 그 이웃 안에서 산다고 우리는 결론을 내린다. 그렇지 않다면, 그는 그리스도인이 아닌 것이다. 그는 신앙으로 그리스도 안에서 살며, 사랑으로 그의 이웃 안에서 산다. 신앙에 의해 그는 자기 자신 이상으로 하나님에게 올려지며, 사랑에 의해 그는 자기 자신 이하로 이웃에게 내려간다. 그러나 그는 언제나 하나님과 그의 사랑 가운데 머문다. 그리스도께서는 요한복음 1〔:51〕에서 "진실로 진실로 내가 너희에게 이르노니 하늘이 열리고 하나님의 사자들이 인자 위에 오르락 내리락하는 것을 보리라"고 말씀하고 계시다.

자유에 대한 설명은 이것으로 충분하리라. 당신이 알다시피 이 자유는 영적이고 참된 자유이며, 모든 죄와 율법과 계명에서 우리의 마음을 해방시켜 준다. 바울은 디모데전서 1〔:9〕에서 "법은 옳은 사람을 위하여 세운 것이 아니요"라고 말하고 있다. 하늘이 땅보다 더 뛰어난 것과 마찬가지로 이 자유는 외적인 다른 모든 자유보다 더 뛰어나다. 그리스도께서 우리에게 이 자유를 이해하고 보존하게 하옵소서. 아멘.

끝으로, 아무리 잘 말해도 그 말을 오해하여 손상을 입는 사람들을 위하여 덧붙여두어야 할 것이 있다. 여기에서 말하려고 하는 것조차도 그들이 이해할지가 의심스럽다. 이 신앙의 자유에 대한 말을 듣는 즉시 그 자유를 육체에 대한 하나의 기회로 바꾸어서 이제는 모든 것이 그들에게 허용되어 있다고 생각하는 사람들이 매우 많다. 그들은 의식(儀式)들과 전통들과 인간의 법들을 경멸하고 비난하는 것만을 통해 자기들이 자유인이고 그리스도인임을 보이고자 한다. 어떤 특정한 날에 다른 사람들이 금식할 때 금식하지 않거나 고기를 먹음으로써 또는 관례가 된 기도문을 사용하지 않으며 인간의 교훈들을 조소하고 멸시함으로써 마치 그리스도인이 된 것처럼 행세한다. 그러나 그들은 기독교에 속한 다른 모든 것들을 전적으로 무시한다.

이와 정반대의 부류는 마치 그들이 일정한 날에 금식하거나 고기를 금하거나 일정한 기도를 드림으로써 구원받는 양 그들의 구원을 위하여 전적으로 의식의 준수에만 의존하는 사람들이다. 이들은 교회와 교부들의 교훈을 자랑하며 신앙의 본질에 속하는 것들에 대해서는 아랑곳하지 않는다. 분명히 둘 다 잘못되어 있다. 왜냐하면 그들은 구원을 위하여 필요한 더 중요한 것들은 도외시하면서 사소하고 불필요한 문제들에 대해서는 그렇게도 요란하게 다투기 때문이다.

"먹는 자는 먹지 않는 자를 업신여기지 말고 먹지 못하는 자는 먹는 자를 판단하지 말라"〔로마서 14:3〕고 말하면서 우리로 하여금 중도를 택하고 양 극단을 단죄하라고 명하고 있는 사도 바울의 가르침이 더할 나위 없이 좋지 않은가. 여기서 우리는 경건으로부터가 아니라 단순한 경멸로부터 의식들을 무시하고 헐뜯는 사람들이 책망을 받고 있는 것을 볼 수 있다. 의식들을 경멸하지 말라고 사도가 우리에게 가르치고 있기 때문이다. 이러한 사람들은 지식에 의해 교만해져 있다. 이와 반대로 바울은 의식을 고집하는 사람들에게 다른 사람들을 판단하지 말라고 가르친다. 왜냐하면 어느 쪽도 다른 쪽에 대하여 덕을 세우는 사랑에 따라 행하지 않고 있기 때문이다. 그러므로 우리는 좌로나 우로 치우치지 말고〔신명기 28:14〕 올바르며 "마음을 기쁘게 하는"〔시편 19:8〕 주님의 명령을 따르라고 가르치고 있는 성경에 귀를 기울여야 한다. 사람이 의식의 행위와 형식을 지키고 거기에 매어달린다고 해서 의롭게 되는 것이 아닌 것과 마찬가지로 그것들을 무시하고 경멸한다고 하여 의롭게 여겨지지도 않을 것이다.

그리스도에 대한 우리의 신앙은 행위로부터 우리를 해방시키는 것이 아니라 선행에 대한 그릇된 견해 곧 칭의(稱義)가 행위에 의해 얻어진다는 어리석은 가정(假定)에서 해방시키는 것이다. 신앙은 우리의 양심을 구속(救贖)하고 올바르게 하며 보존함으로써 우리는 행위가 없을 수도 없고 없어서도 안 되지만 의(義)가 행위에 달려 있지 않다는 것을 안다. 이는 마치 우리가 음식과 음료 및 유한한 육신의 모든 행위가 없이 살 수는 없으나 우리의 의(義)가 그런 것들에 달려 있지 않고 믿음에 달려 있지만, 육신의 이러한 행위가 그러한 이유로 경멸되거나 무시될 수 없는 것과 같다. 이 세상에서 우리는 육신적인 삶의 필요들에 의하여 매여 있기는 하지만 그것들 때문에 의로운 것은 아니다.

"내 나라는 이 세상에 속한 것이 아니라"〔요한복음 18:36〕라고 그리스도께서 말씀하신다. 그러나 그리스도께서 "내 나라는 여기 즉 이 세상에 있지 않다"라고 말씀하신 것은 아니다. 그리고 바울은 "우리가 육체에 있어 행하나 육체대로 싸우지 아니하노니"라고〔고린도후서 10:3〕 말하며 또한 갈라디아서 2〔:20〕에서 "이제 내가 육체 가운데 사는 것은 나를 사랑하사 나를 위하여 자기 몸을 버리신 하나님의 아들을 믿는 믿음 안에서 사는 것이라"고 말한다. 이와 같이 우리가 행위들과 의식들 가운데서 행하고 살고 존재하는 것은 이 세상의 삶의 필요성과 우리의 몸을 다스리려는 노력 때문에 하는 것이다. 그럼에도 불구하고 우리가 의롭게 되는 것은 이런 것들을 통해서가 아니라 하나님의 아들을 믿는 믿음을 통해서이다.

그런 까닭에 그리스도인은 중도를 택하고, 저 두 부류의 사람들에 맞서야 한다. 그리스도인은 먼저 귀먹은 살무사처럼 자유의 진리를 들으려고 하지 않고〔시편 58:4〕 오히려 신앙이 없기 때문에 의식(儀式)을 의롭게 되는 수단으로 자랑하고 규정하며 고집하는 완강하고 완고한 의식주의자들을 만나게 될 것이다. 선을 행하는 방법을 배우려고 하지 않은 옛날 유대인들이 이런 부류의 사람들이었다.

이와 같은 사람들이 그들의 불경건한 견해로써 많은 사람들을 오류에 빠뜨리지 못하도록 하기 위하여 그리스도인은 그들에게 대항하고 정반대의 것을 행해야 하며 그들을 대담하게 배격해야 한다. 그러한 사람들 앞에서는 고기를 먹고 금식을 중단하며 신앙의 자유를 위하여 그들이 가장 큰 죄로 생각하는 다른 것들을 행하는 것이 좋다. 그들에 대해서 우리는 "내버려두라. 그들은 눈먼 인도자들이다"라고 말해야 한다. 이러한 원칙에 따라 바울은 디도가 할례를 받아야 한다고 유대인들이 주장했을 때 그에게 할례를 시키지 않았으며〔갈라디아서 2:3〕, 그리스도께서는 제자들이 안식일에 밀 이삭을 잘랐을 때 그들을 변호했던 것이다〔마태복음 12:1-8〕. 이와 비슷한 예들은 많다. 그리스도인이 만나게 될 두번째 부류의 사람들은 사도가 부르는 바와 같이 그들에게 그렇게 할 마음이 있다고 할지라도 아직 신앙의 자유를 파악할 수 없어서 신앙이 약하고 고지식하고 무지한 사람들이다〔로마서 14:1〕.

그리스도인은 이런 부류의 사람들에게 걸림돌이 되지 않도록 조심해야 한다. 그들이 더 온전히 가르침을 받을 때까지 그들의 약함에 대하여 양보해야 한다. 그들은 완고하게 악해서가 아니라 다만 그들의 믿음이 약해서 그와 같이 행하고 생각하는 것이기 때문에, 그들이 필요하다고 생각하는 금식과 그밖의 다른 것들은 그들에게 걸림돌이 되지 않도록 하기 위하여 준수되어야 한다. 이것은 아무도 해하지 말고 모든 사람을 섬기라는 사랑의 명령이다. 그들이 약한 것은 그들 자신의 잘못에 의한 것이 아니라 전통의 덫으로 그들을 사로잡고 이러한 전통을 그들을 때리는 채찍으로 악용한 성직자들의 잘못에 의한 것이다.

그들은 믿음과 자유에 대한 가르침을 통해 이러한 성직자들로부터 구출을 받아야 할 것이다. 그러므로 사도 바울은 로마서 14장에서 우리에게 "만일 식물이 형제를 넘어지게 하면 나는 결코 고기를 먹지 않을 것이다"〔참조. 로마서 14:21; 고린도전서 8:13〕라고 가르치며 또한 "내가 주 예수 안에서 알고 확신하는 것은 무엇이든지 스스로 속된 것이 없으되 다만 속되게 여기는 그 사람에게는 속되니라"〔로마서 14:14〕고 가르친다.

이런 이유로 비록 우리가 이러한 전통들을 가르치는 교사들에게 대담하게 대항하고 교황들이 하나님의 백성을 약탈하는 수단으로 사용하는 법령들을 날카롭게 비난하기는 해야 하지만, 우리는 저 불경건한 폭군들이 이러한 법령들을 가지고 사로잡은 소심한 무리가 해방을 받을 때까지 그들을 아껴야 한다. 그러므로 이리들을 대항하여 끈질기게 싸울 것이지만 양들을 위하여 싸우고 양들에 대항하여 싸우지는 말아야 한다.

만약 당신이 법령들과 입법자들에 대하여 통렬히 비난하고 이와 동시에 약한 자들이 폭정을 깨닫고 그들의 자유를 알 때까지 거리낌을 받지 않도록 그들과 더불어 법령들을 지킨다면, 당신은 그렇게 하고 있는 것이 될 것이다. 만약 당신이 당신 자신의 자유를 행사하려고 하면, 바울이 로마서 14〔:22〕에서 "네게 있는 믿음을 하나님 앞에서 스스로 가지고 있으라"고 말하는 바대로 은밀하게 행하라. 그러나 약한 자들 앞에서 당신의 자유를 행사하지 않도록 조심하라. 이와 반면에 폭군들과 완고한 자들로 하여금 그들이 불경건하고 그들의 법령들이 의를 위하여 무익하며 또한 그들이 법령들을 만들 권리가 없다는 것을 알 수 있도록 하기 위하여 그들 앞에서 끊임없이 일관되게 당신의 자유를 행사하라.

우리는 의식과 행위 없이 삶을 영위할 수 없고 고집세고 훈련되지 않은 젊은이는 이러한 속박에 의해 제약을 받고 해(害)로부터 보호받을 필요가 있으며 또한 개개인은 이러한 행위를 통하여 자신의 몸을 제어해야 하기 때문에, 그리스도의 일군은 선견지명이 있고 신실한 필요가 있다. 그는 이 모든 일에 있어서 그리스도인들을 다스리고 가르침으로써 그들의 양심과 신앙이 거리낌을 받지 않고 또한 그들 가운데서 의심과 쓴 뿌리가 나서 많은 사람들이 그것에 의해 더럽힘을 받지 않도록 해야 한다.

이에 대해서 바울은 히브리 교인들에게 경고한 바 있다〔히브리서 12:15〕. 즉 그들이 행위의 가치에 대한 그릇된 평가로 말미암아 신앙을 상실하고 더럽힘을 받지 않게 하며 그들이 선행으로 의롭게 되어야 한다고 생각하지 않도록 하라는 것이다. 이와 아울러 만약 신앙이 끊임없이 가르쳐지지 않는다면, 해롭고 불경건하며 영혼을 죽이는 교황들의 전통과 신학자들의 견해들을 통하여 이제까지 행해진 것처럼 이런 일이 쉽게 일어나서 매우 많은 사람들을 더럽힐 것이다. 당신이 여기에서 적그리스도의 역사(役事)를 볼 수 있을 정도로 이러한 덫으로 말미암아 헤아릴 수 없이 많은 영혼들이 지옥으로 이끌려갔다.

요컨대, 부(富)는 가난의 시험이고, 일은 충성스러움의 시험이며, 명예는 겸손의 시험이고, 잔치는 절제의 시험이며, 즐거움은 정절(貞節)의 시험인 것처럼 의식(儀式)은 신앙의 의(義)의 시험이다. "사람이 불을 품에 품고야 어찌 그 옷이 타지 아니하겠으며"〔잠언 6:27〕라고 솔로몬은 묻는다. 그러나 사람이 부(富), 일, 명예, 즐거움, 잔치 가운데서 살지 않으면 안 되는 것과 같이 사람은 의식 가운데서, 즉 위험들 가운데서 살지 않으면 안 된다. 사실 아기들은 죽지 않기 위하여 다른 무엇보다도 아이 보는 소녀의 품과 손에 안겨 보호를 받을 필요가 있지만 만약 그들이 장성했을 때 소녀들과 교제한다면 그들의 구원이 위태롭게 되는 것과 마찬가지로, 미숙하고 고집센 젊은이는 그들의 억제되지 않은 정열이 악에서 악으로 돌진하지 못하도록 하기 위하여 의식의 철장에 의해 제약을 받고 훈련을 받을 필요가 있다.

이와 반면에 그런 것이 그들을 의롭게 하는 줄로 생각하고 언제나 의식에 속박되어 있는 것은 그들에게 죽음이 될 것이다. 그들은 의식으로 의롭게 되거나 큰 공로를 얻는 것이 아니라 악을 행하지 않게 되고 신앙의 의에 대하여 더 쉽게 가르침을 받을 수 있도록 하기 위하여 의식에 갇혀 있는 것이라고 가르쳐져야 한다. 그들의 젊음의 충동이 제약을 받지 않는다면 이러한 가르침을 그들은 견뎌내지 못할 것이다.

그런 까닭에 의식들은 모형(模型)과 설계도가 건축가와 장인(匠人) 사이에서 차지하는 것과 동일한 지위를 그리스도인의 삶에서 차지해야 한다. 의식들은 영구적인 구조물은 아니지만 그것들 없이는 아무것도 세울 수 없고 만들 수 없기 때문에 준비된 것이다. 구조물이 완성되면 모형과 설계도는 버려진다. 당신이 알다시피 의식들은 경멸해서는 안 되고 오히려 상당히 추구되어야 한다. 우리가 경멸하는 것은 참되고 영구적인 구조로 볼 수 없는 그 모형과 설계도에 대한 그릇된 평가이다.

만약 어떤 사람이 너무도 지나치게 어리석어서 평생 동안 설계도와 모형을 많은 돈을 들여 세심하고 끈기있게 준비하는 것 외에는 아무것도 돌보지 않고 전혀 구조물 자체에 대해서는 생각하지 않으며 그러한 설계도와 단순한 보조물을 만들어 내는 일로 만족하고 이것을 자랑으로 삼는다면, 모든 사람은 그의 정신질환을 동정할 것이며 그가 허비한 것을 가지고 어떤 큰 일을 이루어낼 수 있었을 것이라고 생각할 것이 아니겠는가?

그러므로 우리는 의식과 행위를 경멸하지 않고 오히려 그것들을 중요시한다. 그러나 우리는 행위에 대한 열심으로 온 생애를 소비하며 상실하면서도 그 행위로 말미암아 이루어져야 할 목표에는 결코 이르지 못하는 저 위선자들, 곧 사도가 말하는 바 "항상 배우나 마침내 진리의 지식에 이를 수 없는"[디모데후서 3:7] 저 위선자들이 믿는 것처럼 아무도 그 행위들이 참으로 의롭다고 생각하지 못하게 하도록 행위에 대한 그릇된 평가를 경멸한다. 그들은 세우기를 원하는 듯하며 또 준비를 하기는 하나 결코 세워지는 못한다. 그들은 종교의 형식에 붙잡혀 있고 그 능력에는 이르지 못한다[디모데후서 3:5]. 한편 그들은 그들의 노력으로 기뻐하며, 행위 등과 같은 허식(虛飾)으로 빛나지 않는 다른 모든 사람들을 감히 판단하기까지 한다. 그러나 만약 그들이 신앙으로 충만했다면 그들이 헛되이 허비하고 오용한 하나님의 은사들을 가지고 그들 자신의 구원과 다른 사람들의 구원을 위하여 큰 일을 이룰 수 있었을 것이다.

이른바 인간의 본성과 자연적인 이성은 본질적으로 미신적인 것으로서 율법과 행위가 규정될 때 의(義)는 율법과 행위를 통해 얻어져야 한다고 생각하는 경향이 있고, 더욱이 그것들의 이러한 생각은 지상의 모든 입법자들의 실천에 의해 훈련되고 강화되기 때문에, 그것들이 스스로 행위의 노예상태에서 벗어나 신앙의 자유에 대한 지식에 이르게 되는 것은 불가능하다. 그러므로 주님께서 우리에게 주시고 우리로 하여금 "데오디닥티"

〔theodidacti〕, 즉 하나님에 의해 가르침을 받는 자들〔요한복음 6:45〕이 되게 하시며 또한 그가 약속하신 바와 같이 그의 율법을 우리 마음 가운데 기록하시도록 하기 위한 기도가 필요하다. 그렇지 않으면 우리에게는 소망이 없다.

만약 하나님 자신이 비밀 가운데 숨겨져 있는 지혜〔고린도전서 2:7〕를 우리 마음에 가르치시지 않는다면, 인간의 본성은 그것을 거리끼고 그것을 어리석은 것으로 생각하기 때문에 오직 그것을 정죄하고 이단적인 것으로 판단할 수밖에 없다. 따라서 우리는 옛날에 사도들과 예언자들의 경우에 그런 일을 당했고 또한 불경건하고 맹목적인 교황들과 그들의 아첨꾼들이 나와 및 나와 같은 사람들에게 그렇게 행하는 것을 본다.

하나님이여, 영원히 복되신 하나님이여〔고린도후서 11:31〕, 우리가 땅 위에서 그의 길을 알고 만민 중에서 그의 구원을 알도록 마침내 그들과 우리에게 자비를 베푸시고 주의 얼굴을 우리에게 비추소서〔시편 67:1-2〕. 아멘.

두 종류의 의[1]

〔아마도 1519년에 행해진 것으로 보이는 이 설교는 그리스도 안에 있는 하나님의 의가 어떻게 받아들여져서 그리스도인의 삶과 관련을 맺게 되는가를 보여주고 있다.〕

형제들이여, "너희 안에 이 마음을 품으라 곧 그리스도 예수의 마음이니 그는 근본 하나님의 본체시나 하나님과 동등됨을 취할 것으로 여기지 아니하시고"〔빌 2:5-6〕.

인간의 죄가 두 종류이듯이 그리스도인의 의에도 두 종류가 있습니다.

첫번째는 **외래적인 의**(義=iustitia aliena)로서 밖으로부터 스며들어온 다른 분의 의입니다. 이것은 그리스도의 의로서 고린도전서 1〔:30〕에 "예수는 하나님께로 나와서 우리에게 지혜와 의로움과 거룩함과 구속함이 되셨으니"라고 기록된 것처럼 그리스도께서는 이 의를 통해 믿음으로 말미암아 우리를 의롭다 하십니다. 요한복음 11〔:25-26〕에서 그리스도께서는 친히 이렇게 말씀하고 계십니다: "나는 부활이요 생명이니 나를 믿는 자는 … 영원히 죽지 아니하리니." 조금 뒤에 그리스도께서는 요한복음 14〔:6〕에서 이렇게 덧붙이십니다. "내가 곧 길이요 진리요 생명이니." 그런데 이 의는 세례를 받을 때, 그리고 참으로 회개할 때마다 사람들에게 주어지는 것입니다. 그러

---

1) Harold J. Grimm (Philadelphia: Muhlenberg Press, 1957)이 편집한 *Luther's Works*, volume 31, *Career of the Reformer*: I, pp. 297-306에서 발행인의 허락을 얻어 전재(轉載)함. 이 글은 Lowell J. Satre가 번역하였다.

므로 사람은 그리스도 안에서 확신을 가지고 자랑하며 이렇게 말할 수 있습니다: "그리스도의 사심과 행하심과 말씀하심, 그분의 고난과 죽으심은 마치 내가 그분처럼 살고 행하고 말하고 고난받고 죽은 것인 양 나의 것이다." 신랑이 신부의 모든 것을 소유하고 신부가 신랑의 모든 것을 소유하듯이 — 둘이 한 몸이기 때문에 모든 것을 공유하는 것입니다〔창 2:24〕 — 그리스도와 교회는 한 영입니다〔엡 5:29-32〕. 그래서 베드로는 복되신 자비의 하나님 아버지께서 그리스도 안에서 매우 크고 귀중한 선물들을 우리에게 허락하셨다고 합니다〔벧후 1:4〕. 바울은 고린도후서 1〔:3〕에서 "찬송하리로다 그는 우리 주 예수 그리스도의 하나님이시요 자비의 아버지시요 모든 위로의 하나님이시며 그리스도 안에서 하늘에 속한 모든 신령한 복으로 우리에게 복 주시되"[2]라고 기록하고 있습니다.

　　말로 표현할 수 없는 이 은혜와 축복은 오래 전에 창세기 12〔:3〕에서 아브라함에게 약속되었던 것들입니다: "땅의 모든 족속이 너를 인하여(즉, 그리스도 안에서) 복을 얻을 것이니라."[3] 이사야 9〔:6〕은 이렇게 말씀하고 있습니다: "이는 한 아기가 우리에게 났고 한 아들을 우리에게 주신 바 되었는데." "우리에게"라고 말한 것은 로마서 8〔:32〕에서 "자기 아들을 아끼지 아니하시고 우리 모든 사람을 위하여 내어 주신 이가 어찌 그 아들과 함께 모든 것을 우리에게 주지 아니하시겠느뇨"라고 되어 있는 것처럼 우리가 그분을 믿으면 그분은 그분의 모든 유익과 더불어 전적으로 우리의 것이 되기 때문입니다. 그러므로 그리스도께서 가지신 모든 것이 우리의 것입니다. 우리는 진노와 정죄, 그리고 또한 지옥을 받아 마땅했지만 하나님의 한량없는 자비로 말미암아 이 모든 것이 우리 무가치한 인간에게 은혜로 주어진 것입니다. 그러므로 자기 아버지의 가장 거룩한 뜻을 행하러 왔다고 말씀하신〔요 6:38〕 그리스도 자신도 아버지께 복종하셨습니다. 그리고 "나는 섬기는 자로 너희 중에 있느니라"〔눅 22:27〕고 말씀하시면서 그분은 무엇을 행하든 그 모든 것을 우리를 위하여 하셨으며 또한 우리의 것이 되기를 바라셨습니다. 또한 그분은 "이것은 너희를 위하여 주는 내 몸이라"〔눅 22:19〕고 말씀하십니

---

2) "찬송하리로다 … "라는 부분은 루터가 표시해 놓은 것처럼　고린도후서가 아니라 에베소서 1:3에 나온다.
3) 창세기 12:3에는 "네 씨를 인하여"가 아니라 "너를 인하여"로 되어 있다. 위의 인용문은 실제로 창세기 22:18로부터 온 것이다.

다. 이사야 43〔:24〕장은 "너는 … 네 죄짐으로 나를 수고롭게 하며 네 죄악
으로 나를 괴롭게 하였느니라"고 말씀하고 있습니다.

　그러므로 그리스도에 대한 믿음으로 말미암아 그리스도의 의는 우리의
의가 되며 그분이 가진 모든 것이 우리의 것이 됩니다. 아니 차라리 그분 자
신이 우리의 것이 된다고 말하는 것이 좋겠습니다. 그러므로 사도는 로마서
1〔:17〕에서 그것을 "하나님의 의"라고 부릅니다. 즉, 복음에는 "하나님의 의
가 나타나서 … 기록된 바 의인은 믿음으로 말미암아 살리라 함과 같으니라"
고 말합니다. 그리고 마침내는 같은 서신 3〔:28〕에서 그러한 믿음을 "하나님
의 의"라고 부릅니다: "사람이 의롭다 하심을 얻는 것은 … 믿음으로 되는
줄 우리가 인정하노라." 이것은 제한이 없는 의이며 모든 죄를 한순간에 삼
켜버리는 의입니다. 왜냐하면 죄가 그리스도 안에 존재한다는 것은 불가능하
기 때문입니다. 이와 반대로 그리스도를 신뢰하는 자는 그리스도 안에 존재
합니다. 그는 그리스도와 함께 하는 자이며 그리스도와 똑같은 의를 가진 자
입니다. 그러므로 죄가 그 안에 남아 있다는 것은 불가능합니다. 이 의가 일
차적입니다. 그것은 우리 자신의 모든 실제적 의(iustitia propria=actual
righteousness)의 근거이며 원인이며 근원입니다. 왜냐하면 이 의는 아담
안에서 잃어진 원래의 의 대신에 주어진 의이기 때문입니다. 그것은 원래의
의가 수행했을 일과 똑같은 일을 수행합니다. 오히려 그보다 더 많은 일을
수행합니다.

　우리는 시편 30편〔31:1〕에 있는 기도, "여호와여 내가 주께 피하오니
나로 영원히 부끄럽게 마시고 주의 의로 나를 건지소서"를 그러한 의미로 이
해해야 합니다. 이 구절은 "나의 의로"라고 말하지 않고 "주의 의로", 즉 믿
음으로 말미암아 그리고 하나님의 은혜와 자비로 인하여 우리의 것이 된 나
의 하나님, 그리스도의 의로 라고 말합니다. 시편의 많은 구절에서 믿음은
"주의 일", "고백", "하나님의 능력", "자비", "진리", "의"라고 불립니다.
이 모든 것들은 그리스도에 대한 믿음, 좀더 정확히 말하자면 그리스도 안에
있는 의를 일컫는 명칭들입니다. 그러므로 사도는 갈라디아서 2〔:20〕에서
"이제는 내가 산 것이 아니요 오직 내 안에 그리스도께서 사신 것이라"고 과
감하게 말합니다. 나아가 그는 에베소서 3〔:14-17〕에서 "내가 … 아버지 앞
에 무릎을 꿇고 비노니 … 믿음으로 말미암아 그리스도께서 너희 마음에 계
시게 하옵시고"라고 말합니다.

그러므로 우리의 행함 없이 다만 은혜로 인하여 — 물론 아버지께서 내적으로 우리를 그리스도에게로 인도하십니다만 — 우리 안에 스며들어온 이 외래적 의는 원죄와 상반되는 것입니다. 이 원죄도 마찬가지로 우리가 우리의 행함 없이 다만 출생에 의해서 얻은 외래적인 것입니다. 그리스도에 대한 믿음과 지식이 자라가는 정도에 따라 그리스도께서 날마다 옛 아담을 점점 더 몰아내십니다. 왜냐하면 외래적 의는 한꺼번에 스며들어오는 것이 아니라 시작되어서 진보하고 마침내 마지막에 가서 죽음을 거쳐 완성되기 때문입니다.

두번째 종류의 의는 우리 자신의 고유한 의입니다. 그러나 우리가 홀로 그것을 행하기 때문이 아니라 외래적인 첫번째 의와 더불어 우리가 그것을 행하기 때문에 두번째 의가 됩니다. 이것은 첫째로 육을 죽이고 자기와 관련된 욕망을 십자가에 못 박는 가운데 선한 행실을 하면서 유익하게 보내는 삶의 방식입니다. 이에 대해 갈라디아서 5〔:24〕에서는 "그리스도 예수의 사람들은 육체와 함께 그 정과 욕심을 십자가에 못 박았느니라"라고 말씀하고 있습니다. 둘째로 이 의는 이웃을 사랑하는 데 있으며, 셋째로 하나님에 대하여 유순하고 경외하는 데 있습니다. 사도(바울:역자주)는 성경의 다른 모든 책들과 마찬가지로 이에 대한 언급으로 가득차 있습니다. 하지만 그는 디도서 2〔:12〕에서 모든 것을 이렇게 간략하게 요약하고 있습니다: "근신함(자기 자신의 육을 십자가에 못 박는 것과 관련하여)과 의로움(자기 이웃과 관련하여)과 경건함(하나님과 관련하여)으로 이 세상에 살고."

이 의는 첫번째 유형의 의의 산물인데, 실제로 그 열매이자 결과입니다. 갈라디아서 5〔:22〕에는 "오직 성령〔즉, 그의 존재 자체가 그리스도에 대한 믿음에 의존해 있는 영적인 사람〕의 열매는 사랑과 희락과 화평과 오래 참음과 자비와 양선과 충성과 온유와 절제니"라고 기록되어 있기 때문입니다. 여기에 언급된 행위들은 사람들의 행위들이기 때문에 이 구절에서 영적인 인간을 "성령"이라고 부른 것이 분명합니다. 요한복음 3〔:6〕에서는 이렇게 말씀하고 있습니다: "육으로 난 것은 육이요 성령으로 난 것은 영이니." 이 의는 항상 옛 아담을 제거하고 죄의 몸을 멸하려고 노력하면서 첫번째 의를 완성해 나가는 일을 계속합니다. 그러므로 이 의는 자신을 미워하고 이웃을 사랑하며 자신의 유익을 구하지 않고 다른 사람의 유익을 구합니다. 그리고 이러한 것이 그 의의 전체 생활 방식입니다. 그 의는 자신을 미워하고 자신의 것을 구하지 않기 때문에 육을 십자가에 못박습니다. 그 의는 다른 사람의 유익을 구하기 때문에 사랑을 행합니다. 그래서 그 의는 모든 영역에서 하나님의 뜻을 행하여 자기에 대해서는 근신하며 이웃에 대해서는 의로우며 하나님에 대해서는 경건하게 삽니다.

이 의는 이 점에서 그리스도의 본을 따르는 것이며[벧전 2:21] 그리스도의 형상으로 변화되는 것입니다(고후 3:18). 그리스도께서 요구하시는 것이 바로 이것입니다. 그리스도 자신이 우리를 위하여 모든 것을 행하며 자신의 유익을 구하지 않고 우리들의 유익만을 구했듯이 ― 그리고 이렇게 함으로써 하나님 아버지께 참으로 순종하셨습니다 ― 우리도 우리 이웃을 위해 그 같은 본을 보이기를 그리스도께서는 바라고 계십니다.

우리는 로마서 6[:19]에서 이 의가 우리 자신의 실제적 죄와 상반된다는 것을 알게 됩니다: "전에 너희가 너희 지체를 부정과 불법에 드려 불법에 이른 것같이 이제는 너희 지체를 의에게 종으로 드려 거룩함에 이르라." 그러므로 첫번째 의를 통해 영혼에게 "나는 너의 것이다"라고 말하는 신랑의 음성이 울려나오는 반면에, 두번째 의를 통해 "나는 당신의 것입니다"라고 대답하는 신부의 음성이 나옵니다. 그때에 그 결혼은 완성되며, 아가서[2:16]의 "나의 사랑하는 자는 내게 속하였고 나는 그에게 속하였구나"라는 말씀에 따라 그 결혼은 굳고 완전하게 됩니다. 그때에 영혼은 더 이상 자신 안에서 그리고 자신을 위해서 의롭게 되기를 구하지 않고 그리스도를 자신의 의로 가지며 그러므로 다른 영혼들의 행복만을 구하게 됩니다. 그러므로 회당의 주님은 선지자를 통하여 이렇게 경고하십니다: "내가 유다 성읍들과 예루살렘 거리에 기뻐하는 소리, 즐기는 소리, 신랑의 소리, 신부의 소리가 끊쳐지게 하리니"[렘 7:34].

이것이 지금 우리가 살펴보고 있는 본문이 말하고 있는 것입니다: "너희 안에 이 마음을 품으라 곧 그리스도 예수의 마음이니"[빌 2:5]. 이것은 그리스도께서 여러분을 향해 행하신 것을 여러분이 안 것만큼 서로를 향해 관심을 기울이고 행해야 한다는 것을 의미합니다. 어떻게 하라는 것입니까? 그것은 "그는 근본 하나님의 본체시나 하나님과 동등됨을 취할 것으로 여기지 아니하시고 오히려 자기를 비어 종의 형체를 가져"[빌 2:6-7]라는 말씀에 분명히 나와 있습니다. 여기서 "하나님의 본체"라는 말은 "하나님의 본질"을 의미하지 않습니다. 왜냐하면 그리스도는 결코 자기 자신에게서 하나님의 본질을 비운 것은 아니기 때문입니다. 또한 "종의 형체"라는 어구는 "인간의 본질"을 의미한다고 할 수 없습니다. 그러나 "하나님의 본체"는 지혜와 능력과 의와 선이며 또한 자유이기도 합니다. 그리스도는 자유롭고 능력 있고 지혜로운 인간이었으며 다른 모든 인간들이 종속되어 있었던 악이나 죄들에 종속되어 있지 않았습니다. 그분은 특히 하나님의 본체에 고유한 속성들을 뛰어나게 가지고 계셨습니다. 하지만 그분은 그러한 본체를 가졌다고 교만하지 않았으며 그것을 가지고 스스로를 기쁘게 하지 않았습니다[롬 15:3]. 또한 그분은 여러 가지 악에 사로잡히고 종속된 사람들을 경멸하거나 멸시하지 않았습니다.

그리스도는 "하나님이여 나는 다른 사람들 … 과 같지 아니함을 감사하나이다"[눅 18:11]라고 말한 바리새인과 같지 않았습니다. 그 바리새인은 다른 사람들이 비참한 것을 기뻐했기 때문입니다. 어쨌든 그 바리새인은 다른 사람들이 자기와 같게 되는 것을 바라지 않았습니다. 이것은 자기를 위해 물건을 강탈하는 강도 행위와 같은 것입니다. 아니 이렇게 말하는 것이 좋겠습니다. 그 바리새인은 자기가 가진 것을 움켜 쥐고 하나님의 것을 하나님께 분명하게 돌리지 않습니다. 또한 그는 다른 사람들이 자기와 같게 될까 하여 하나님의 것들을 가지고 다른 사람들을 섬기지 않습니다. 이런 유의 사람들은 하나님과 같게 되기를 바라며 자만하며 스스로를 기쁘게 하며 스스로를 영광스럽게 하며 아무에게도 책임을 지지 아니하고자 합니다. 하지만 그리스도는 그런 생각을 품지 않았으며 그분의 지혜는 그런 종류의 것이 아니었습니다. 그분은 하나님의 본체를 하나님 아버지께 돌려주고 자신을 비웠으며 자신의 지위를 우리를 억누르는 데 사용하려 하지 않았으며 우리와 달리 되기를 원하지도 않았습니다. 더욱이 그분은 우리를 위하여 우리 가운데 한 사람처럼 되었으며 종의 형체를 지녔습니다. 즉, 그분은 모든 악들에 자신을 종속시켰습니다. 그분은 자유로웠지만 사도(바울:역주)가 스스로에 대하여 말하고 있는 것과 마찬가지로[고전 9:19] 스스로 모든 사람의 종이 되었으며 [막 9:35] 마치 우리의 모든 악들이 실제로 자신의 것인 양 살았습니다.

따라서 그분은 우리의 죄와 형벌을 짊어지셨고, 우리를 위해 그것들을 정복하면서도 마치 자신을 위해 그것들을 정복하는 것처럼 행하셨습니다. 그분과 우리의 관계로 말하자면 그분은 우리의 하나님과 주님이 될 능력을 지니고 계셨지만 그렇게 하시려고 하지 않고 오히려 로마서 15:[1, 3]에 기록된 바와 같이 우리의 종이 되기를 바라셨습니다: "우리 강한 자가 … 자기를

기쁘게 하지 아니할 것이라 … 그리스도께서 자기를 기쁘게 하지 아니하셨나
니 기록된 바 주를 비방하는 자들의 비방이 내게 미쳤나이다〔시 69:9〕 함과
같으니라.” 이 시편으로부터의 인용문은 바울로부터의 인용문과 동일한 의미
를 가지고 있습니다.

　　이 구절은 많은 사람들이 긍정으로 이해해 왔지만 다음과 같이 부정으로
이해해야 합니다. 즉, 그리스도가 자신을 하나님과 동등하게 여기지 않았다
는 것은 주제넘게 하나님과 동등하게 되기 위해 하나님을 붙들고 “만약 당신
이 내게 당신의 영광을 주시지 않는다면(성 베르나르가 말하는 것처럼) 나는
스스로 그것을 강탈할 것입니다”라고 말하는 자들과 같이 되기를 그리스도는
원하지 않았다는 것을 뜻합니다. 이 구절을 다음과 같이 긍정으로 이해해서
는 안 됩니다: 그분은 자신이 하나님과 동등하다고 생각하지 않았다. 즉, 그
분은 자기가 하나님과 동등하다는 사실을 강도 행위로 여기지 않았다. 이 해
석은 본래적 이해를 바탕으로 하고 있는 것이 아닙니다. 왜냐하면 본래적 이
해는 사람인 그리스도에 대해 말하고 있기 때문입니다. 사도는 개개 그리스
도인은 그리스도의 본을 따라 다른 사람의 종이 되어야 할 것이라고 말하고
자 한 것입니다. 만약 어떤 사람이 다른 사람보다 뛰어난 지혜와 의와 능력
을 가지고 있다면, 말하자면 “하나님의 형체”를 자랑할 수 있다면, 그는 이
모든 것을 자기 속에 품어두지 말고 그것들을 하나님께 드려서 마치 그것들
을 소유하지 않은 것처럼〔고후 6:10〕 그러한 것들을 가지고 있지 않은 자들
가운데 한 사람처럼 되어야 합니다.

　　바울의 의도는 각 사람이 자신을 잊어 버리고 자기에게서 하나님의 선물
들을 비울 때 이웃의 연약함과 죄와 어리석음을 바로 자신의 것인 것처럼 행
해야 한다는 것입니다. 그는 자랑하거나 우쭐대어서는 안 됩니다. 또한 그는
마치 자기가 이웃의 신이라도 되거나 하나님과 동등하게 된 양 이웃을 멸시
하거나 이웃에 대해서 의기양양해 해서는 안 됩니다. 하나님의 특권은 오로
지 하나님에게만 돌려져야 하기 때문에 어떤 사람이 거만하고 우둔하여 이
사실을 무시할 때 그것은 강도행위가 됩니다. 그래서 이런 방식으로 사람은
종의 형체를 취하며 “사랑으로 서로 종노릇하라”는 갈라디아서 5〔:13〕에 나
오는 사도의 명령을 성취합니다. 바울은 로마서 12:〔4-5〕과 고린도전서
12〔:12-27〕에서 몸의 지체의 비유를 통해 어떻게 강하고 귀하고 건강한 지
체들이 약하고 덜 귀하고 병든 지체들 위에 주인과 신이라도 되는 것처럼 위

세를 뽐내지 않을 것을 가르칩니다. 이와는 반대로 그 지체들은 자신의 존귀와 건강과 능력을 잊어 버리고 다른 지체들을 더욱 섬깁니다. 이와 같이 몸의 어느 지체도 자기에게 봉사하지 않으며 자신의 행복을 구하지 않고 다른 지체의 행복을 구합니다. 그리고 한 지체가 더 약하고 더 병들고 덜 귀할수록 다른 지체들은 더욱 그 지체를 섬깁니다. 바울의 말을 빌면〔고전 12:25〕 "몸 가운데서 분쟁이 없고 오직 여러 지체가 서로 같이하여 돌아보게" 하기 위한 것입니다. 이것으로부터 우리가 각각의 상황에서 이웃에 대해 어떻게 행동해야 하는지가 이제 분명해집니다.

　그리고 우리가 하나님의 형체를 벗어 버리고 종의 형체를 취할 마음이 자발적으로 생기지 않는다면 우리의 의지에 반해서 그렇게 하도록 합시다. 이와 관련해서 누가복음 7〔:36-50〕에 나오는 이야기를 생각해보도록 하겠습니다. 거기서 문둥병자 시몬은 하나님의 형체를 지니고 있는 듯이 가장하고 자기의 의를 내세우면서 막달라 마리아가 종의 형체를 취하는 것을 보고 오만하게 판단하고 멸시했습니다. 그러나 그리스도께서 "너는 내게 입맞추지 아니하였으되 … 너는 내 머리에 감람유도 붓지 아니하였으되"라고 말씀하심으로써 즉시 그에게서 의의 형체를 벗겨 버리고 죄의 형체를 입히는 모습을 보십시오. 시몬이 보지 못했던 죄들이 얼마나 큰 것이었습니까! 또한 그는 자기가 그런 역겨운 형체로 인하여 보기 흉했다는 것을 생각하지 못했습니다. 그가 행한 좋은 일들은 조금도 기억되고 있지 않습니다.

　그리스도는 시몬이 거만하게 그것(하나님의 형체)으로 스스로를 기쁘게 하고 있는 바 그 하나님의 형체를 무시해 버립니다. 그리스도는 그가 초대하고 식사를 제공하고 대접한 사실을 열거하지 않습니다. 문둥병자 시몬은 지금 죄인에 지나지 않습니다. 스스로를 의롭게 여긴 그는 스스로 원했든 원치 않았든 종의 형체로 낮아지신 하나님의 형체의 영광을 빼앗아 가지고 앉아 있습니다. 반면에 그리스도는 "이 여자는 내 발에 기름을 붓고 입맞추었으며 눈물로 내 발을 적시고 머리털로 닦았다"고 말씀하시면서 마리아를 하나님의 형체로 영광스럽게 하며 시몬 위로 높입니다. 마리아나 시몬이 보지 못했던 공로들이 얼마나 큰 것이었습니까. 마리아의 잘못들은 더이상 기억되고 있지 않습니다. 그리스도는 그녀 안에 있는 종의 형체를 무시해 버리고 주인의 형체로 높였습니다. 마리아는 하나님의 형체의 영광으로 높여져서 의롭기만 합니다.

우리가 의나 지혜나 능력이 있다고 해서 불의하거나 어리석거나 우리보다 능력이 적은 자들에 대해 거만하게 굴거나 화를 낼 때마다 그리스도는 위와 같은 방식으로 우리 모두를 다룰 것입니다. 우리가 그렇게 행동할 때 — 이것은 가장 큰 타락입니다 — 의가 의에 대항해서, 지혜가 지혜에 대항해서, 능력이 능력에 대항해서 역사하기 때문입니다. 여러분이 능력이 있는 것은 약한 자를 압제하여 더 약하게 하기 위한 것이 아니라 그들을 일으켜 세우고 보호해 줌으로써 그들을 능력 있게 만들기 위한 것입니다. 여러분이 지혜로운 것은 어리석은 자를 비웃고 그래서 그들을 더욱 어리석게 만들기 위한 것이 아니라 여러분 자신이 배우기를 바라는 것만큼 그들을 가르치도록 하기 위한 것입니다. 여러분이 의로운 것은 불의한 자를 옹호하고 용서하기 위한 것이지 단순히 정죄하고 비난하고 판단하고 처벌하기 위한 것이 아닙니다. 이것이 우리를 위한 그리스도의 본이며, 이는 그분이 "하나님이 그 아들을 세상에 보내신 것은 세상을 심판하려 하심이 아니요 저로 말미암아 세상이 구원을 받게 하려 하심이라"〔요 3:17〕고 말씀하신 것과 같습니다. 나아가 그분은 누가복음 9〔:55-56〕에서 "너희는 무슨 정신으로 말하는지 모르는구나 인자는 사람의 생명을 멸하러 온 것이 아니요 구하러 왔노라"고 말씀하십니다.

그러나 인간의 육적인 본성은 거세게 거역합니다. 그것은 처벌과 자기 의를 자랑함과 이웃이 불의하여 창피를 당하고 당혹해 하는 것을 크게 기뻐합니다. 그러므로 그것은 자신의 처지를 변호하며 자신의 처지가 이웃보다 더 나은 것을 기뻐합니다. 그러나 그것은 이웃의 처지를 반대하고 그것이 천하게 보이기를 원합니다. 이러한 왜곡된 성품은 전적으로 악한 것이며 사랑에 반대되는 것입니다. 사랑은 자신의 유익을 구하지 않고 다른 사람의 유익을 구합니다〔고전 13:5; 빌 2:4〕. 이웃의 처지가 자신의 처지보다 더 좋지 않은 것을 괴로워해야 합니다. 이웃의 처지가 자신의 처지보다 더 낫기를 바라야 하며, 만약 이웃의 처지가 더 낫다면 자신의 처지가 더 나을 때 기뻐하는 것 못지 않게 기뻐해야 합니다. "이것이 율법이요 선지자니라"〔마 7:12〕.

그러나 여러분은 이렇게 말할 것입니다. "악한 자를 징벌하는 것이 허락되어 있지 않습니까? 죄를 처벌하는 것이 적절하지 않은가요? 누가 의를 옹호하지 말아야 합니까? 그렇게 하지 않는다면 무법천지가 되어 버릴 걸요."

저는 이렇게 대답합니다. 이 문제에 대해 단일한 해결책을 제시할 수는 없습니다. 그러므로 우리는 사람들을 구별해야 합니다. 사람들은 공인(公人)과 사인(私人)으로 구분될 수 있기 때문입니다.

　이제까지 말한 것들은 공인들, 즉 하나님에 의해 책임있는 직위에 있게 된 사람들에게는 전혀 해당되지 않습니다. 악한 자들을 처벌하고 판결하고 압제받는 자들을 옹호하고 보호하는 것은 그들이 꼭 수행해야 하는 역할입니다. 이것을 행하는 이는 그들이 아니라 하나님이시기 때문입니다. 사도가 로마서 13(:4)에서 "그가 공연히 칼을 가지지 아니하였으니 … "라고 다소 길게 설명하고 있는 바와 같이 그들은 바로 이 문제에 있어서 하나님의 종들입니다. 그러나 이것은 자기 자신의 경우가 아니라 타인의 경우에만 해당되는 것으로 이해해야 합니다. 아무도 자기 자신과 자기 자신의 일을 위해서 하나님을 대신하여 행하는 것이 아니라 타인을 위해서 행하는 것이기 때문입니다. 그렇지만 공직자가 자기 자신이 관여된 문제가 생겼을 경우에는 자기 이외의 다른 사람이 하나님의 대리자의 역할을 하도록 요청해야 합니다. 그러한 경우에는 그는 판단자가 아니라 이해 당사자들 가운데 하나이기 때문입니다. 그러나 이 문제들에 관해서는 누군가가 다른 기회에 말해 주기를 바랍니다. 이것은 지금 다루기에는 너무 광범위한 주제이기 때문입니다.

　자기 자신의 문제들을 가지고 있는 사인(私人)들은 세 종류로 나눠 볼 수 있습니다. 첫째 부류로 하나님의 대리자들에게 복수와 판결을 해주도록 요청하는 자들이 있습니다. 지금 이런 사람들의 수는 대단히 많습니다. 바울은 그런 사람들을 용인합니다. 그러나 고린도전서 6(:12)에서 "모든 것이 내게 가하나 다 유익한 것이 아니요"라고 말한 것으로 보아 바울은 그들에게 찬성하고 있지는 않습니다. 도리어 그는 그 동일한 장(章)에서 "너희가 피차 송사함으로 너희 가운데 이미 완연한 허물이 있나니"(고전 6:7)라고 말합니다. 하지만 그는 더 큰 악을 피하기 위하여 이보다 작은 악을 용인합니다. 이는 그들이 자신의 이익을 요구하면서 자신들을 변호하고 서로 폭력을 사용하고 악을 악으로 갚지 않도록 하기 위한 것입니다. 그럼에도 불구하고 그런 사람들은 단순히 합법적인 것에 불과한 일들을 버리고 유익한 일을 추구함으로써 좀더 낫게 변화되지 않는다면 하늘나라에 들어가지 못할 것입니다. 자신의 이익을 위한 그러한 열정은 멸해져야 하기 때문입니다.

　둘째 부류에는 복수를 바라지 않는 사람들이 있습니다. 오히려 그들은 복음서에 따라(마 5:40) 속옷을 취하고자 하는 자들에게 겉옷도 줄 준비가 되어 있으며 어떤 악에도 대항하지 않습니다. 이런 사람들은 하나님의 아들들이며 그리스도의 형제들이며 장래 축복의 상속자들입니다. 그러므로 성경에서는 그들을 "아비 없는 자", "과부", "버림받은 자"라고 부릅니다. 그들은 스스로 복수하지 않기 때문에 하나님은 그들의 "아버지"와 "재판장"이 되기를 원하십니다〔시 68:5〕. 그들은 스스로 복수하는 일이 없으며, 만약 관헌들이 그들을 대신해서 복수하고자 한다면 그것을 바라지 않고 구하지 않거나 아니면 단순히 그것을 허용할 따름입니다. 또는 만약 그들이 가장 고귀한 이들에 속한 사람들이라면 복수를 금하고 막으며 오히려 다른 소유물까지 잃을 준비를 하고 있을 것입니다.

"그런 사람들은 매우 드물며 그렇게 하는 사람이 어떻게 이 세상에서 살아남을 수 있겠는가?" 하고 말한다고 합시다. 저는 이렇게 대답합니다. 즉, 구원받는 사람이 적고 생명으로 인도하는 문은 좁으며 그것을 찾는 자는 적다〔마 7:14〕는 것은 오늘날 새롭게 발견한 것이 아니라고 말입니다. 그러나 아무도 이렇게 하지 않는다면 가난한 자, 고아, 과부들을 "그리스도의 백성"이라고 부르고 있는 성경이 어떻게 타당하겠습니까? 그러므로 이 둘째 부류에 속한 사람들은 자신들의 손해나 피해보다 자기에게 피해를 입힌 사람들의 죄에 대해 더욱 슬퍼합니다. 그리고 그들이 슬퍼하는 것은 자신들이 당한 손해를 복수하기 위해서가 아니라 그 가해자들에게 그들의 죄를 생각나게 하기 위한 것입니다. 그러므로 그들은 자신들의 의의 형체를 벗어버리고 다른 사람들의 형체를 입고 핍박하는 자들을 위해 기도하며 저주하는 자들을 축복하고 악을 행하는 자들을 선대하며 바로 자기의 원수들이 구원받도록 그들을 위해 형벌을 감당하고 보속을 할 준비가 되어 있습니다〔마 5:44〕. 이것이 복음이요 그리스도의 모범입니다〔눅 23:34〕.

셋째 부류로는 신념에 있어서는 방금 말한 둘째 유형과 같으나 실천에 있어서는 그들과 같지 않은 사람들이 있습니다. 그들은 자기의 소유를 반환하기를 요구하거나 그에 상응하는 처벌을 요구하는 자들입니다만, 그들이 이렇게 하는 것은 자기들의 유익을 구해서가 아니라 자기들의 소유에 대한 처벌이나 배상을 통해 자기 소유를 훔치거나 피해를 준 자의 개선을 구해서입니다. 그들은 범죄자는 처벌 없이는 개선될 수 없다고 생각합니다. 이들은 "열심당"이라 불리며 성경은 그들을 칭찬합니다. 그러나 방금 말한 둘째 부류에서 그 누구도 성숙되고 고도로 경험을 쌓지 않은 경우에는 이런 일을 시도해서는 안 됩니다. 이는 그가 분노를 열심으로 착각하지 않도록 하기 위해서이며 자기가 정의에 대한 사랑에서 행하고 있다고 믿는 것이 분노와 성급함에서 행하고 있다는 정죄를 받지 않도록 하기 위한 것입니다. 분노는 열심과 비슷하고 성급함은 정의에 대한 사랑과 비슷하기 때문에 가장 영적인 사람 이외에는 그것들을 충분히 구별해낼 수 없기 때문입니다. 요한복음 2〔:14-17〕에 기록되어 있는 것처럼 그리스도는 매매하는 자들을 채찍으로 성전에서 쫓아내었을 때 그런 열심을 보였습니다. 마찬가지로 바울은 "내가 매를 가지고 너희에게 나아가랴 사랑과 온유한 마음으로 나아가랴"〔고전 4:21〕라고 말했을 때 이와 동일한 열심을 보였던 것입니다.

제II부

갈라디아서 주석[1]

〔루터는 1519년과 1523년에 갈라디아서를 강의한 적이 있지만 이 책에 수록된 글의 바탕이 된 1531년의 강의를 보존할 가치가 있는 자신의 소수의 저작들 가운데 하나로 생각하였다. 이것은 그 강의의 신학적 의의 때문이었다. 이 강의에서 그는 다시 한번 칭의(稱義)의 의미를 새로운 힘으로 해결하였었다. 내용의 상당 부분은 논쟁적이지만 이 주석에서는 복음과 율법에 관한 루터의 충분히 발전된 사고들에 초점이 맞추어져 있다. 루터는 이 글에 대한 서론을 제공하고 그 내용을 승인하였지만, 이 글 자체는 강의에 참석하였던 믿을 만한 사람들의 노트들로부터 나온 것이다.〕

〔서론〕

나는 주님의 이름으로 다시 한번 이 갈라디아서를 해설하는 데 착수하였다. 이는 내가 그대들이 이전에 들어본 적이 없는 새로운 것들을 가르치기를 원하기 때문이 아니다. 특히 하나님의 은혜로 바울은 이제 여러분들에게 철저하게 알려져 있다. 사단이 우리로부터 믿음에 관한 순수한 가르침을 앗아가버리고 교회에 다시 한번 행위의 가르침과 사람들의 유전(遺傳)을 들여오지 못하도록 하기 위해서이다. 우리는 이것을 가장 크고 우리 가까이 있는

1) 이 초록은 Philip S. Watson의 "미들턴"판(London: James Clarke and Co., Ltd., 1953, 1956), pp. 21-28, 136-41, 158-66, 223-29, 268-72, 297-302, 501-18을 저본으로 하여 수정하고 편집한 *A Commentary on St. Paul's Epistle to the Galatians*에서 발행인의 허락을 얻어 전재함.

위험으로서 두려워하여야 한다(내가 자주 여러분에게 경고하였듯이). 그러므로 믿음에 관한 순수한 가르침은 끊임없이 실행되어야 하고 공공연하게 읽고 들려져야 할 필요가 있다. 그리고 그것은 아주 잘 알려져 있지 않고 아주 정확하게 알고 있는 것도 아니지만, 우리를 고발하는 자인 마귀는 아직도 죽지 않고 끊임없이 우리를 삼키려고 날뛰고 있다. 마찬가지로 우리의 육과 옛 사람도 아직 살아 있다. 이밖에도 온갖 종류의 유혹들이 우리를 사방에서 괴롭히고 억누르고 있다. 그러므로 이 가르침을 아무리 많이 가르치고 강권하고 반복한다고 하더라도 충분치가 않을 것이다. 이 가르침을 잃어버린다면, 진리와 생명과 구원에 관한 지식 전체를 잃어버리게 된다.

이 가르침이 풍성하게 된다면, 모든 좋은 것들 곧 경건, 하나님을 향한 참된 섬김, 하나님의 영광, 만물과 생명의 상태들에 관한 올바른 지식이 풍성하게 될 것이다. 그러므로 우리는 이에 몰두하고 게으르지 않아야 할 것이기 때문에, 우리는 시락(Sirach)의 아들의 말을 따라 우리가 끝을 낸 바로 그 지점에서 시작할 것이다: "사람이 자기가 할 수 있는 것을 다했을 때 사람은 다시 시작해야 한다"(집회서 18:6).

갈라디아서의 논점

무엇보다도 먼저 우리는 이 서신의 논점에 관하여 말할 필요가 있다. 즉 성 바울이 여기에서 주로 다루고 있는 문제가 무엇인가를 말할 필요가 있다. 그러므로 논점은 이것이다.

성 바울은 우리가 그리스도의 의와 그밖의 온갖 종류의 의에 관한 완벽한 지식과 그 차이를 알 수 있도록 하기 위하여 믿음, 은혜, 죄사함, 그리스도의 의에 관한 가르침을 확립하고자 한다. 여러 종류의 의가 있을 것이다. 이 세상의 황제들과 제후들, 철학자들과 법률가들이 다루는 정치적 또는 시민적 의가 있다. 또한 사람들의 유전들이 가르치는 의식(儀式)과 관련된 의도 있다. 이 의를 부모들과 학자들은 아무런 위험 없이 가르칠 수 있다. 왜냐하면 그들은 그 의에 죄를 보속하고 하나님을 달래거나 은혜를 받을 만한 어떤 힘을 부가하지 않기 때문이다. 그러나 그들은 행동거지들의 교정에 꼭 필요한 예법들과 이 세상의 삶에 관한 어떤 관찰들을 가르친다. 이것들 외에도 모세가 가르치고 있는 율법의 의, 십계명의 의라고 부를 수 있는 의가 있다. 이것을 우리는 믿음의 가르침 이후에 가르치기도 한다.

그렇지만 이 모든 것들보다 뛰어난 또 하나의 의가 있다: 즉 믿음의 의, 그리스도의 의가 있다. 이 의를 우리는 앞에서 말한 다른 의로부터 부지런히 구별하여야 한다. 왜냐하면 그 의들은 이 의와 완전히 상반되기 때문이다. 그 의들은 황제들의 법, 교황의 전통들, 하나님의 계명들로부터 나오고 우리의 행위들로 구성되어 있으며 전적으로 우리의 자연적인 힘(궤변론자들이 이런 용어를 사용한다)이나 하나님의 은사에 의해 우리에게 만들어질 수 있다. 이런 유의 의들은 우리가 누리는 그밖의 좋은 것들과 마찬가지로 하나님의 은사에 속한다.

그러나 이 가장 뛰어난 의, 믿음의 의(하나님은 이 의를 행위 없이 그리스도로 말미암아 우리에게 전가하신다)는 정치적인 것도 의식(儀式)과 관련된 것도 아니며 하나님의 율법의 의도 아니며 우리의 행위들로 이루어진 것도 아니며 그와는 반대로 깨끗하다. 즉 위에서 말한 다른 의들이 능동적인 의(*iustitia actina*)라고 한다면 이 의는 전적으로 수동적인 의(*iustitia passiva*)이다. 이 의와 관련해서 우리가 하는 것이라고는 아무것도 없으며, 우리는 하나님께 아무것도 드리지 않고, 단지 우리는 우리 안에서 역사하는 하나님을 받아들이며 경험한다. 그러므로 내게는 이 믿음의 의 또는 그리스도의 의를 수동적 의라고 부르는 것이 좋을 듯 싶다.

이것은 세상이 알지 못하고 또한 그리스도인들도 완전히 이해하지 못하며 그들의 유혹들 속에서 그것을 거의 붙잡을 수 없는 신비에 싸인 의이다. 그러므로 이 의는 부지런히 가르쳐져야 하고 끊임없이 행해져야 한다. 그리고 이 의를 환난과 양심의 공포들 속에서 이해하지 못하는 사람은 완전히 뒤집어질 필요가 있다. 이 수동적 의가 주는 것만큼 확고하고 확실한 양심의 위로는 없기 때문이다.

그러나 인간의 연약함과 비참함이 너무 크기 때문에 양심의 공포들과 죽음의 위험 속에서 우리는 우리의 행위들, 우리의 가치있음과 율법만을 바라보게 된다. 그것이 우리에게 우리의 죄를 보여줄 때 점차로 과거의 우리의 악한 삶은 기억나게 된다. 그런 후에 엄청난 고뇌에 싸인 영을 가진 가엾은 죄인은 신음하고 스스로에 대하여 생각하게 된다: "아! 나는 얼마나 비참하게 살아왔던가! 내가 하나님에 대하여 더 오래 살 수 있다면 나는 내 삶을 고칠 수 있을텐데." 이렇게 하여 사람의 이성은 이 능동적 또는 행위에 의한 의, 즉 자기 자신의 의를 바라보게 된다. 이성의 눈은 수동적 또는 기독교적 의를 바라보지 못하고 능동적 의에 완전히 의존하게 된다. 이렇게 이 악은 우리 속에 깊이 뿌리를 내린다.

반면에 사단은 우리 본성의 확고치 못함을 이용하여 우리 안에 있는 이러한 생각들을 증대시키고 심화시킨다. 그러면 가엾은 양심은 보다 참담하게 고통을 받고 두려워하며 혼란스럽게 되지 않을 수 없다. 사람의 마음 자체는 어떠한 위로를 인식하거나 죄의 의식과 공포 속에서 은혜만을 바라보거나 행위들에 관한 모든 논쟁과 추리를 항상 거부하는 것이 불가능하기 때문이다. 이것은 인간의 힘과 능력을 넘어서는 것이고 또한 하나님의 율법을 넘어서는 것이기도 하다. 세상에 있는 만물 가운데서 율법이 가장 뛰어나다는 것은 사실이다. 그렇지만 율법은 괴로워 하는 양심을 고요하게 하지 못하고 공포를 증대시키며 양심을 절망으로 몰고 갈 뿐이다. 왜냐하면 계명으로 인해서는 죄는 극도로 죄로 되기 때문이다〔롬 7:13〕.

그러므로 환난을 당하고 괴로워 하는 양심은 그리스도 안에서 거저 주어지는 은혜의 약속, 즉 이 믿음의 수동적 의 또는 그리스도의 의를 부여잡지 않는다면 절망과 영원한 죽음에 대항한 다른 치료책을 갖지 못한다. 이것이 깨달아질 때 양심은 고요를 되찾고 담대하게 이렇게 말할 수 있다: 나는 능동적 또는 행위에 의한 의를 가져야 하고 그것을 성취해야 한다는 것을 알고 있지만 그러한 의를 구하지 않는다. 그러나 비록 내가 그러한 의를 지녔고 그것을 실제로 성취했다고 하더라도 나는 그것을 신뢰하거나 그것에 의거해서 감히 하나님의 심판을 피할 수는 없다. 따라서 나는 나 자신과 하나님의 율법으로 인한 모든 능동적 의를 포기하고 오로지 은혜와 자비와 죄사함의 의인 수동적 의만을 부여안는다. 간단히 말해서 〔나는 오로지〕 우리가 행하지 않고 단지 경험하며 가지지 않고 단지 받아들이는 그리스도와 성령의 의를 〔신뢰한다〕. 하나님 아버지께서는 그 의를 예수 그리스도로 말미암아 우리에게 거저 주셨다.

땅이 비를 낳지 않고 자신의 힘과 수고와 땀으로는 비를 획득할 수 없고 그것을 단지 위로부터의 하나님의 선물로서 받듯이, 이 하늘의 의는 우리의 행위나 자격 없이 하나님에 의해 우리에게 주어진다. 그러므로 땅이 계절에 따른 비를 스스로 얻거나 낳아서 결실이 있게 하지 못하는 것과 마찬가지로 우리 사람들은 우리의 힘과 행위를 통해서 이 영원한 하늘의 의를 얻을 수 없다. 그러므로 하나님께서 전적인 전가(轉嫁)와 이루 말할 수 없는 그분의 은사에 의해 그 의를 우리에게 부여하시지 않는다면 우리는 결코 그 의를 얻을 수 없다. 따라서 그리스도인들의 가장 큰 지식, 가장 큰 지혜는 율법을 아는 것이 아니라 특히 양심이 하나님의 심판과 씨름을 할 때 능동적 의 전체와 행위를 모르는 것이다. 이와는 반대로 하나님의 백성들에 속하지는 않은 사람들 가운데 가장 큰 지혜의 요점은 율법과 행위와 능동적 의를 알고 진지하게 추구하는 것이다.

그러나 그리스도인들에게 율법에 대하여 무지하고 마치 율법이 없는 양 하나님 앞에서 살아가는 법을 배우라고 가르치는 것은 세상에 대하여 매우 이상한 것이고 세상이 모르는 것이다. 그렇지만 당신이 율법을 모르고 당신의 마음 속에 율법도 없고 하나님의 진노도 없으며 오로지 그리스도로 인하여 은혜와 자비만이 있다는 것을 확신하지 않는다면 당신은 구원받을 수 없다. 왜냐하면 율법은 죄를 알게 하는 것일 뿐이기 때문이다〔롬 3:20〕. 이와는 반대로 행위들과 율법의 준수는 마치 약속이나 은혜는 없는 양 세상에서 아주 단도직입적으로 요구되고 있음에 틀림없다. 완고하고 교만하고 완악한 사람들, 그들의 눈 앞에는 율법 외에는 아무것도 없는 것이 분명한 사람들은 두려움에 떨고 비천해질 수밖에 없다. 왜냐하면 율법은 그러한 사람들을 두렵게 하고 죽이며 옛 사람에게 힘을 가하기 위하여 주어졌기 때문이다. 사도에 따르면 은혜라는 말과 진노라는 말은 올바르게 나누어져야 한다〔딤후 2:15f.〕.

그러므로 여기에 율법을 적정하게 다루어서 그것을 자신의 테두리 내에 놓아둘 수 있는 지혜롭고 신실한 하나님의 말씀의 분배자가 요구된다. 사람은 율법의 준수를 통해 하나님 앞에 의롭게 된다고 가르침으로써 율법의 테두리를 넘어서고 능동적 의와 수동적 의라는 두 종류의 의를 혼동하는 사람은 논리가 부족한 사람일 뿐이다. 왜냐하면 그는 그것들을 올바르게 나누고 있지 못하기 때문이다. 이와는 반대로 율법과 행위를 옛 사람에게 할당하고 죄사함의 약속과 하나님의 자비를 새 사람에게 할당하는 사람은 말씀을 잘 나누고 있는 것이다. 육 또는 옛 사람은 율법 및 행위와 짝을 이루어야 하고, 영 또는 새 사람은 하나님의 약속 및 하나님의 자비와 짝을 이루어야 한다. 그러므로 내가 이미 율법에 의해 충분히 멍들고 억압을 받고 있으며 죄로 인해 두려움에 떨고 있는 가운데 위로를 갈망하고 있는 사람을 볼 때 그것은 내가 그의 시야로부터 율법과 능동적 의를 제거하고 그 사람 앞에 복음을 통해 기독교적 수동적 의를 갖다놓아야 할 때이다. 이 의는 모세와 그 율법을 배제하고 환난당하는 자들과 죄인들을 위하여 오신 그리스도 안에서 이루어진 약속을 제공한다. 이럴 때 사람은 다시 일어서서 좋은 소망을 인식하게 되며, 더이상 율법 아래 있지 않고 은혜 아래 있게 된다(롬 6:14). 어떻게 율법 아래 있지 않게 되는가? 율법이 간섭하지 못하는 새 사람에 따라 그렇게 한다. 바울이 나중에 말했듯이 율법은 그리스도 앞에서 자신의 테두리를 긋고 멈춘다: "그리스도는 … 율법의 마침이 되시니라"(갈 3:24; 롬 10:4). 그리스도가 오심으로써 모세와 그의 율법, 할례, 희생제사, 안식일 그리고 모든 선지자들은 효력을 멈춘다.

이것이 우리의 신학이다. 이로써 우리는 능동적 의와 수동적 의라는 두 종류의 의 사이의 차이를 구별하는 방법을 가르친다: 행동거지들과 믿음, 행위와 은혜, 정책과 경건을 혼동하지 않고 전자를 후자로 간주하지 않도록 하기 위하여. 이 둘은 다 필요하지만 각각 자신의 한계를 지켜야 한다. 그리스도의 의는 새 사람에게 속하고, 율법의 의는 육체와 피로부터 태어난 옛 사람에게 속한다. 이 옛 사람에게는 나귀에게와 마찬가지로 그를 내리누르는 짐이 지워져 있음에 틀림없고, 그는 먼저 그리스도에 대한 믿음을 통하여 새 사람을 입지 않는다면 성령의 자유를 누리지 못한다(그럼에도 이것은 이 세상에서는 완전히 행해지지는 않는다). 그런 후에 그는 은혜의 나라와 이루 말할 수 없는 은혜의 선물을 누릴 수 있다.

이것을 내가 말하는 목적은 교황주의자들이 그들 스스로 말하는 것을 이해하지도 못하고 우리가 가르치는 것도 이해하지도 못하면서 우리를 그릇되게 비방하듯이 우리가 선행을 거부하거나 금한다고 아무도 생각하지 못하도록 하기 위해서이다. 그들은 단지 율법의 의만을 알 뿐인데, 그런데도 그들은 육적인 사람이 판단하기가 불가능하고 율법을 훨씬 뛰어넘는 저 가르침을 판단하려고 한다. 그러므로 그들에게 걸림돌이 되는 것은 당연하다. 왜냐하면 그들은 율법보다 더 높이 볼 수 없기 때문이다. 따라서 율법을 뛰어넘는 것은 무엇이나 그들에게 커다란 걸림돌이다.

그러나 우리는 두 세계, 즉 하늘의 세계와 땅의 세계가 있는 것으로 생각한다. 이 두 세계에 우리는 두 종류의 의를 각각 배치하는데, 하나는 다른 하나와 분리되어 있다. 율법의 의는 땅에 속하며 땅의 것과 관련이 있으며, 이로써 우리는 선행을 한다. 그러나 먼저 물을 주고 위로부터 결실이 주어지지 않는다면 땅이 열매를 낼 수 없듯이(왜냐하면 땅은 하늘을 판단하고 새롭게 하고 다스릴 수 없고, 반대로 하늘이 땅을 판단하고 새롭게 하고 다스리고 결실을 맺게 함으로써 땅은 주께서 명하신 것을 할 수 있기 때문이다), 먼저 우리의 공로나 행위 없이 우리가 율법의 의나 이 땅의 능동적인 의에 아무것도 속하지 않은 그리스도의 의로 말미암아 의롭게 되지 않는다면, 율법의 의를 가지고는 우리는 많은 것들을 행함에 있어서 아무것도 하지 못하고 율법을 성취함에 있어서 우리는 율법을 성취하지 못한다. 그러나 이 의는 하늘에 속한 것이고 수동적이다. 그것을 우리는 우리 자신으로부터 갖는 것이 아니라 하늘로부터 받는다. 그것을 우리는 성취하는 것이 아니라 믿음으로 말미암아 그것을 인식한다. 그것을 통하여 우리는 모든 율법과 행위들 위로 오르게 된다. 그러므로 우리가 땅에 속한 아담의 형상을 지녔던 것과 마찬가지로(성 바울이 말했듯이) 거기에는 율법도 죄도 양심을 쏘는 것도 죽음도 없고 완벽한 기쁨, 의, 은혜, 평안, 생명, 구원, 영광만이 있는 새로운 세상에서의 새 사람인 하늘에 속한 아담의 형상을 지니도록 하자.

그렇다면 왜 우리는 아무것도 하지 못하는가? 우리는 이 의를 얻는 데 있어서 아무런 영향도 끼치지 못하는가? 나는 이에 대해 이렇게 대답한다: 전혀 영향을 끼치지 못한다. 이 의의 본질은 율법이나 행위에 대하여 아무것도 하지 않고 아무것도 듣지 않고 아무것도 모르는 것이며 오직 이것, 즉 그리스도께서 아버지께로 가셔서 지금은 볼 수 없으며 하늘에서 아버지의 우편에 앉아 심판자로서가 아니라 하나님으로부터 우리에게 지혜와 의와 거룩함과 구속을 주신다는 것을 알고 믿는 것이다. 간단히 말해서 그리스도는 우리를 위하여 간구하며 은혜에 의해서 우리 안에서와 우리 위에서 우리를 다스리시는 우리의 대제사장이시라는 것이다. 여기에서는 어떠한 죄도 인식되지 않으며 어떠한 양심의 공포나 후회도 느껴지지 않는다. 왜냐하면 이 하늘에 속한 의에는 죄가 들어설 여지가 없기 때문이고, 율법도 없고 율법이 없는 곳에는 범죄함도 없기 때문이다〔롬 4:15〕.

그러므로 여기에 죄가 들어설 여지가 없음을 알기 때문에 양심의 고뇌, 두려움, 침체란 있을 수 없다. 그러므로 성 요한은 이렇게 말했다: "하나님

께로서 난 자마다 죄를 짓지 아니하나니"〔요일 3:9〕. 그러나 양심의 두려움
이나 슬픔이 있다면 그것은 이 의가 철회되고 은혜가 감춰지고 그리스도가
어두워져 시야로부터 사라졌다는 징표이다. 그러나 그리스도가 참으로 보여
지는 곳에는 양심의 평안과 더불어 주님 안에서의 충만하고 완전한 기쁨이
있음에 틀림없다. 따라서 이 양심은 이렇게 생각할 것이 거의 확실하다: 나
는 율법의 의에 접하면 율법에 따라 죄인이지만 나는 절망하지 않고 나는 죽
지 않는다. 나의 의이시며 나의 하늘에 속한 영원한 생명이신 그리스도께서
살아계시기 때문이다. 그 의와 생명 속에서 내게는 어떠한 죄도, 양심을 쏘
는 것도, 죽음에 대한 염려도 없다. 나는 이 세상의 삶과 이 세상의 의에 접
할 때 아담의 자손으로서 참으로 죄인이다: 거기에서는 율법이 나를 고소하
며, 죽음이 나를 지배하고 마침내 나를 삼켜버릴 것이다. 그러나 나는 또 다
른 의와 이 세상의 삶을 뛰어넘는 또 다른 생명을 가지고 있는데, 이는 죄와
죽음을 알지 못하고 영원한 의와 생명이신 하나님의 아들 그리스도이시다.
바로 그분으로 말미암아 죽어 먼지로 돌아갈 나의 몸조차도 다시 부활하여
율법과 죄의 종노릇으로부터 해방되어 영과 함께 거룩하게 될 것이다.

　　따라서 이 둘은 우리가 이 세상에 살아가는 동안에 계속될 것이다. 육은
율법의 능동적 의에 의해 고발 당하고 유혹을 받으며 암담함과 슬픔으로 억
눌리며 상처를 입는다. 그러나 영은 다스리며 기뻐하며 이 수동적인 그리스
도의 의로 말미암아 구원을 받는다. 왜냐하면 영은 자기가 하늘에서 아버지
의 우편에 앉아 계신 주님을 갖고 있음을 알고 있기 때문인데, 그분은 율법
과 죄와 죽음을 폐하고 모든 악들을 발로 밟았으며 그것들을 사로잡아 자기
자신 안에서 그것들에 대하여 승리를 거두셨다 ─ 골로새서 2〔:15〕.

　　그러므로 성 바울은 이 서신에서 이 가장 기독교적이고 뛰어난 의에 관
한 완전한 지식으로 우리를 교훈하며 위로하며 붙들려고 부지런히 애를 쓴
다. 칭의라는 신조를 일단 놓쳐버리면, 모든 참된 기독교적 가르침들은 잃어
져버리기 때문이다. 그리고 이 세상에는 이 가르침을 부여잡지 않은 사람들
이 많듯이 유대인, 터키인, 교황주의자들, 이단들이 있다. 율법의 의와 그리
스도의 의, 능동적 의와 수동적 의 사이에는 중간이라는 것이 없다. 그러므
로 이 그리스도의 의로부터 떨어져나간 사람은 능동적 의에 떨어질 수밖에
없다. 즉, 그가 그리스도를 잃어버렸을 때 그는 자기 자신의 행위를 신뢰하
는 것으로 떨어질 수밖에 없다는 말이다.

　이것을 우리는 오늘날 이 은혜의 의에 관하여 아무것도 가르치지 않고 또한 아무것도 올바르게 가르칠 수 없는 많은 분파들의 황당무계한 인물들과 창시자들 속에서 본다. 실제로 그들은 이 말들을 우리의 입과 저술로부터 취했으며, 오직 그 말들만을 그들은 말하고 쓸 뿐이다. 그러나 그 말들의 본질을 그들은 전달하거나 바르게 강권할 수 없다. 왜냐하면 그들은 오로지 율법의 의에만 집착하고 있음으로 해서 그것을 행하거나 이해할 수 없기 때문이다. 그러므로 그들은 율법의 철저한 집행자에 머무를 뿐 그 능동적 의보다 더 높이 오를 힘을 갖고 있지 못하다. 따라서 그들은 교황 아래에서도 똑같은 모습으로서 새로운 이름들과 새로운 행위들을 만들어내지만 본질은 그대로이다. 터키인들이 교황주의자들과는 다른 행위들을 하고 교황주의자들은 유대인들과는 다른 행위들을 하는 것 등등. 그러나 어떤 사람들이 다른 사람들보다 월등하게 눈부시고 위대하고 어려운 행위들을 한다고 하더라도 실질은 동일하며 단지 질(質)만이 다를 뿐이다. 즉, 행위들은 단지 외관과 이름만 다를 뿐이고 행위라는 면에서는 다르지 않다. 왜냐하면 그것들은 그 모든 것에도 불구하고 여전히 행위이고, 행위를 하는 그들은 유대인이든 회교도이든 교황주의자이든 그리스도인이 아니라 고용인들이기 때문이다.

　그러므로 우리는 이 믿음의 교리 또는 그리스도의 의를 아주 진지하게 표명하고 아주 자주 되풀이함으로써 그것이 지속적으로 실행될 수 있게 하고 율법의 능동적 의와 명백하게 분별될 수 있게 한다. (왜냐하면 오직 이 교리에 의해서만 교회는 세워지며, 이 교리로 교회는 이루어지기 때문이다.) 그렇지 않으면 우리는 결코 참된 신학을 부여잡을 수 없게 되어 점점 더 교회법주의자, 의식의 준수자, 율법의 준수자, 교황주의자가 되고, 그리스도는 아주 희미해져서 교회에 있는 그 누구도 올바로 가르침을 받거나 위로를 받을 수 없게 될 것이다. 그러므로 우리가 다른 사람들의 교사와 지도자라면 우리가 이러한 문제들에 지극한 관심을 기울여서 율법의 의와 그리스도의 의의 이러한 구별을 잘 할 필요가 있다. 이러한 구별은 말로 하기는 쉽지만 실제 경험 속에서는 매우 힘들다. 물론 그러한 구별을 그렇게 부지런히 행하지도 않고 있긴 하지만 말이다. 왜냐하면 죽음의 순간에 또는 양심이 고뇌하는 다른 경우들에 이 두 종류의 의는 당신이 원하거나 바라는 것보다 더 가까이 만나기 때문이다.

　그러므로 나는 다른 사람들은 제쳐두고라도 양심의 훈육자와 지도자가 될 당신에게 권하노니 그대들은 연구와 읽기와 하나님 말씀에 대한 묵상과 기도를 통하여 끊임없이 연습하여서 유혹의 때에 그대들이 당신 자신의 양심과 다른 사람들의 양심을 가르치고 위로하며 그들을 율법으로부터 은혜로, 능동적이며 행위에 의한 의로부터 수동적이며 받아지는 의로, 즉 모세로부터 그리스도로 이끌어올 수 있도록 해야 한다. 마귀는 환난과 양심이 갈등하는 때에 율법을 통하여 우리를 두려워하게 하고 우리에게 죄의식과 우리의 악한 과거의 삶, 하나님의 진노와 심판, 지옥과 영원한 죽음을 제시함으로써 우리를 절망에 빠뜨리고 우리 자신(사단:역주)에 대한 노예로 만들며 그리스도로부터 떼어놓으려고 한다. 게다가 마귀는 우리로 하여금, 그리스도 자신이 우리에게 행위를 요구하고 분명한 말로 그 행위들을 행하지 않는 사람들을 저주로 위협하는 복음서의 입장에 반감을 품게 하고자 한다. 이제 여기서 우리가 이 두 종류의 의를 분간할 수 없고 믿음으로 말미암아 우리 불쌍한 죄인들을 위하여 아버지께 중보 기도를 올리는 하나님 우편에 앉아계신 그리스도를 붙잡지 않는다면[히 7:25] 그때 우리는 은혜 아래 있는 것이 아니라 율법 아래 있게 되고 그리스도는 더이상 구주가 아니라 율법의 수여자가 된다. 이때 더이상 구원은 있을 수 없으며 어떤 절망과 영원한 죽음이 필연적으로 뒤따라올 수밖에 없다.

그러므로 이 두 종류의 의를 분간하는 법을 부지런히 배워서 어느 정도 우리가 율법에 복종하여야 하는지를 알 수 있도록 해야 한다. 전에 우리는 그리스도인에 있어서 율법은 자신의 한계를 벗어나지 않은 채 율법에 종속되어서 율법 아래 있는 육(肉)만을 지배하게 하여야 한다고 말한 바 있다. 그러할 때 율법은 자신의 한계를 지키게 된다. 그러나 율법이 그대의 양심에 기어올라와서 지배하고자 한다면, 그대는 예리한 논리학자처럼 참된 구별을 하라. 더이상 율법에 속하지 말고 이렇게 말하라: 오, 율법이여, 그대는 내 양심의 왕국으로 기어올라서 양심을 지배하고 죄로 책망하며 내게서 내가 그리스도에 대한 믿음으로 말미암아 갖고 있는 내 마음의 기쁨을 앗아가고 나를 절망에 빠뜨림으로써 모든 소망을 잃고 철저하게 망하게 하고자 하는구나. 이것은 그대의 직무를 넘어서는 것이다. 그대의 한계를 지켜서 육에 대해서만 그대의 권능을 행사하고 나의 양심은 건드리지 말아라. 왜냐하면 나는 세례를 받았고 복음으로 말미암아 의와 영원한 생명, 그리스도의 나라에 참여하도록 부르심을 받았기 때문이다. 그리스도의 나라에서 나의 양심을 쉼은 누리며, 거기에는 율법은 없고 죄사함과 평안과 평온함과 기쁨과 건강과 영원한 생명만이 있다. 나를 이러한 문제들로 괴롭히지 말아라. 견딜 수 없는 압제자이며 잔혹하게 괴롭히는 자인 그대는 나의 양심을 지배할 수 없다. 왜냐하면 나의 양심은 의와 평화의 왕, 나의 가장 온유한 구주이자 중보자이신 하나님의 아들 그리스도의 거처이자 성전이기 때문이다. 그리스도는 내 양심이 복음의 건전하고 순수한 가르침 속에서 그리고 이 수동적인 하늘에 속한 의(義)에 관한 지식 속에서 기뻐하고 평온하게 하실 것이다.

내가 이 의로 하여금 내 마음을 다스리게 할 때, 나는 비가 땅을 기름지게 하듯이 하늘로부터 내려온다. 즉, 나는 또 다른 나라로 나와서 언제 어떤 기회가 주어지든지 선행을 하게 된다. 내가 말씀의 사역자라면, 나는 설교하고 상한 마음을 위로하며 성례를 베푼다. 내가 가장이라면, 나는 나의 집과 가족을 다스리며 하나님을 아는 지식과 경외 속에서 나의 자녀를 기른다. 내가 행정장관이라면, 위로부터 내게 주어진 의무를 부지런히 수행할 것이다. 내가 종이라면, 나는 내 주인의 일을 충성스럽게 행한다. 결론적으로 말하면, 그리스도가 자신의 의임을 확신하고 있는 사람은 누구나 자신의 직업 속에서 즐겁고 기쁘게 잘 일할 뿐만 아니라 사랑으로 말미암아 행정장관들과 그들의 법이 가혹하고 엄하고 잔혹하다고 하더라도 거기에 복종하며 (꼭 필요하다면) 이 현세의 모든 짐들과 위험들을 감수한다는 것이다. 왜냐하면 그는 이것이 하나님의 뜻이요 이러한 복종이 하나님을 기쁘시게 한다는 것을 알기 때문이다.

이제까지 거짓 교사들이 갈라디아인들 가운데서 이러한 믿음의 의를 어둡게 한 것을 기회로 자신의 권위와 직무를 옹호하고 천거하고 있는 바울이 간절히 부탁하고 있는 이 서신의 논지에 관하여 알아 보았다.

기독교의 참된 규범

이러한 헛된 사소한 것들과 노망한 꿈들과는 반대로(우리가 이미 말했듯이) 우리는 믿음을 가르치며 다음과 같은 기독교의 참된 준칙을 가르친다:

첫째, 사람은 율법을 통해 자기 자신을 알도록 가르침을 받아서 선지자가 말한 바를 배울 수 있어야 한다: "모든 사람이 죄를 범하였으매 하나님의 영광에 이르지 못하더니"〔롬 3:23〕; 또한 "의인은 없나니 하나도 없으며 깨닫는 자도 없고 하나님을 찾는 자도 없고 다 치우쳐 한가지로 무익하게 되고"〔롬 3:10ff.; 시 14:1ff.; 53:1ff.〕; 또한 "내가 주께만 범죄하여"〔시 51:4〕. 따라서 우리는 〔후기 중세의 스콜라주의자들과는:역주〕 정반대의 방식으로 사람들을 부합(congruence:자연인의 최선의 선행이 하나님 앞에 부합된다는 뜻:역주)과 자격있음(worthiness)의 공로로부터 멀어지게 한다. 이제 사람이 율법에 의해 겸손해지고 스스로를 알게 되기에 이르렀을 때 참된 회개(참된 회개는 하나님에 대한 두려움과 심판에서 시작되기 때문이다)가 따르고, 그는 자기가 크나큰 죄인이어서 자기 힘과 노력과 행위를 통해서는 자기 죄로부터 결코 건져질 수 없다는 것을 발견할 수 있다. 그때 그는 바울이 사람은 죄의 종이며 노예이고〔롬 7:14〕 하나님께서 모든 사람을 죄 아래 가둬놓으셨으며〔롬 11:52; 갈 3:22〕 온 세상이 하나님 앞에서 죄악되다고〔롬 3:19〕 말한 의미를 잘 깨닫게 된다. 그러면 그는 부합과 자격있음을 말하는 학자들의 모든 신학이 어리석은 말에 지나지 않으며 그럼으로써 교황의 모든 권위는 땅에 떨어졌음을 보게 된다.

여기서 그는 한숨을 쉬면서 이런 식으로 말한다: "그렇다면 누가 구원을 줄 수 있단 말인가?" 율법으로 인해 두려움에 싸인 그는 자신의 힘에 대하여 철저하게 절망한다: 그는 사방을 둘러보고 중보자와 구주의 도움을 탄식하며 찾는다. 이때 복음의 건강한 말씀은 와서 이렇게 말한다: "소자야 … 네 죄 사함을 받았느니라"〔마 9:2〕. 그대의 죄를 위하여 십자가에 못 박히신 예수 그리스도를 믿으라 등등. 그대의 죄와 그 죄의 무게를 느낀다면 그 죄들을 보지 말고 그 죄들을 그리스도께서 대신 짊어지셨으며 그가 채찍에 맞음으로 그대가 온전케 되었다는 것을 기억하라〔이사야 53:5〕.

이것이 건강과 구원의 시작이다. 이를 통하여 우리는 죄로부터 구원받고 의롭다 여기심을 받아 영원한 생명의 상속자가 된다. 우리 자신의 행위와 공로로써가 아니라 우리가 그리스도를 부여잡은 바 그 우리의 믿음으로써 말이다. 그러므로 또한 우리는 마음 속에서 속성과 형식적 의를 인정한다: 자비(궤변론자들이 말하는 것처럼)가 아니라 믿음으로 된다는 것과 그럼에도 불구하고 마음은 구주이신 그리스도만을 바라보고 이해하여야 한다는 것. 그리고 여기서 당신은 그리스도의 참된 정의를 알 필요가 있다. 학교 선생들은 이에 대하여 전혀 무지하기 때문에 그리스도를 심판자와 괴롭히는 자로 가르쳐왔고 부합과 자격있음에 관한 제멋대로의 허구를 고안해내었다.

그러나 참된 정의에 따르면 그리스도는 율법의 수여자가 아니라 죄를 사하시는 자이며 구주이시다. 믿음은 이를 이해하며 그리스도께서 부합과 자격있음의 행위들과 공로들을 풍부하게 성취하셨다는 것을 의심없이 믿는다. 그분은 세상의 모든 죄를 위하여 그분의 피 단 한 방울로도 보속하실 수 있었을 것이다. 그러나 실상 그분은 피를 많이 흘리셨고 풍부하게 보속하셨다. "오직 자기 피로 영원한 속죄를 이루사 단번에 성소에 들어가셨느니라", 히브리서 9〔:12〕; 그리고 "그리스도 예수 안에 있는 구속으로 말미암아 하나님의 은혜로 값없이 의롭다 하심을 얻은 자 되었느니라", 로마서 3〔:24f.〕. 그러므로 믿음으로 말미암아 세상 죄를 지신 그리스도를 붙잡는 것은 큰 일이다. 그리고 이 믿음만이 의로 여기심을 받는다, 로마서 3-4장.

여기서 주목해야 할 것은 이 세 가지 즉 믿음, 그리스도, 받으심(용납) 또는 전가(轉嫁)는 함께 결합되어야 한다는 것이다. 믿음은 그리스도를 붙잡고 그분을 임재케 하며 반지 속에 보석이 박혀 있듯이 그분을 우리 속에 있게 한다. 그리고 그리스도에 대한 이러한 확신을 가지고 있는 것으로 발견된 사람들은 누구나 마음 속에서 하나님이 자기를 의롭다고 여긴다는 것을 알았다. 이것이 우리가 죄를 사함받고 의에 이르는 수단이자 공로이다. 그대가 나를 믿고 그대의 믿음이 그리스도를 붙잡고 있기 때문에 나는 그대에게 그것들을 거저 주어서 그대의 중보자와 대제사장이 되고 그대를 의롭다고 할 것이며 의롭게 만들 것이다. 그러므로 하나님은 우리를 오직 그리스도에 대한 우리의 믿음 때문에 의로운 것으로 받으시며 의롭게 여기신다.

그리고 이러한 받으심 또는 전가는 아주 필요하다: 첫째, 우리는 아직 완벽하게 의롭지 않고 이 세상에 사는 동안에 죄는 여전히 우리의 육에 머무르기 때문이다. 그리고 이 남아 있는 죄를 하나님은 우리 속에서 몰아내신다. 더욱이 우리는 때로 베드로, 다윗을 비롯한 다른 성인들이 그러하였듯이 성령을 떠나 죄에 빠진다. 그럼에도 불구하고 우리는 언제나 다음과 같은 신조에 매어달린다: 우리 죄는 덮여졌으며 하나님은 그 죄들을 우리의 책임으로 돌리지 않으실 것이라는 것, 로마서 4장.

죄가 우리 안에 없는 것이 아니라(궤변론자들은 우리 안에 죄가 남아 있지 않다고 느낄 때까지 언제나 잘 행하여야 한다고 가르쳐왔다) 죄는 실제로 언제나 우리 안에 있으며 경건한 자들은 그것을 느낀다. 그러나 죄는 덮여졌고, 그리스도로 인하여 하나님께서는 그 죄를 우리에게 전가하지 않으신다. 우리는 믿음에 의하여 이해하기 때문에 우리의 모든 죄들은 이제 죄가 아니다. 그러나 그리스도와 믿음이 없다면, 거기에는 죄사함도 죄를 덮어주는 것도 존재하지 않고 오직 죄의 전가와 정죄만이 존재하게 된다. 이렇게 하여 하나님은 자기 아들을 영화롭게 하며 자기 아들을 통하여 우리 속에서 스스로를 영화롭게 하실 것이다.

이렇게 우리가 그리스도에 대한 믿음을 가르칠 때 우리는 선행도 가르친다. 그대가 믿음으로 말미암아 그리스도를 붙잡았고 그분으로 인하여 의롭게 되었기 때문에 그대는 이제 선행을 하기 시작한다. 하나님을 사랑하고 이웃을 사랑하며, 하나님께 간구하고, 하나님께 감사를 드리며, 하나님을 찬양하며, 하나님께 고백하라. 이웃을 선대하며 섬기라. 그대의 직무를 다하라. 이러한 것들은 참다운 선행으로서 마음 속에 알고 있는 이 믿음과 기쁨으로부터 흘러나오는 것이다. 우리는 그리스도로 말미암아 값없이 죄사함을 받았기 때문이다.

이제 그후로 십자가나 환난이 뒤따라온다고 해도 그것들을 수월하게 짊어지고 기쁘게 받는다. 그리스도께서 우리에게 지우시는 멍에는 유쾌한 것이며 그분의 짐은 가볍기 때문이다[마태복음 11:30]. 죄를 용서받고 양심이 짐과 죄의 쏘는 것으로부터 구원을 받았을 때 그리스도인은 모든 것들을 쉽게 짊어질 수 있다. 그는 모든 것을 유쾌하고 편안하게 느끼기 때문에 모든 것들을 기꺼이 행하고 겪는다. 그러나 사람이 자신의 의로 걸을 때 그가 무엇을 하든 그것은 괴롭고 지루하다. 왜냐하면 그는 그것을 마지못해 하기 때문이다.

그러므로 우리는 그리스도인을 이렇게 정의한다. 그리스도인이란 죄를 지니고 있지 않거나 죄를 느끼지 못하는 사람이 아니라 하나님께서 그리스도에 대한 그의 믿음으로 말미암아 그의 죄를 그에게로 돌리지 아니하는 바로 그런 사람이다. 이러한 가르침은 심각한 내면의 공포 속에서 괴로움을 겪는 양심들에게 강력한 위로를 가져다준다. 그러므로 우리가 그토록 자주 죄사함과 그리스도로 인한 의의 전가, 또한 그리스도인은 특히 유혹의 때에 율법이나 죄와 아무 상관도 없다고 되풀이 말하고 우리 마음 속에 울려퍼지게 하는 것은 타당한 이유가 없는 것이 아니다. 그가 그리스도인이라면 그는 율법과 죄를 뛰어넘는다. 왜냐하면 그는 반지 속에 보석이 박혀 있듯이 율법의 주이신 그리스도를 자기 마음 속에 모시고 있기 때문이다(우리가 이미 말했듯이).

그러므로 율법이 그를 고소하고 죄가 그를 두렵게 할 때 그는 그리스도를 바라보며, 그가 믿음으로 말미암아 그리스도를 이해하였을 때 그에게는 그리스도가 율법과 죄와 죽음과 마귀의 정복자로 임재해 계신다. 그리스도는 그러한 것들을 지배하고 통치하시기 때문에 그것들이 그를 해칠 수 없다. 그러므로 그대가 그리스도인을 올바르게 정의한다면 그리스도인은 모든 율법으로부터 자유로우며 안이나 바깥의 온갖 피조물에 종속되지 않는다. 그가 자연인이 아니라 그리스도인이라면, 즉 이 믿음, 이 위대하고 이루 말할 수 없을 정도로 귀한 보화 또는 바울이 말했듯이 "말할 수 없는 그의 은사"〔고린도후서 9:15〕로써 아름답고 풍요롭게 치장된 양심을 갖고 있다면 그러하다는 것이다. 왜냐하면 그것이 우리를 하나님의 자녀와 상속자로 되게 하기 때문이다. 그리고 그렇기 때문에 그리스도인은 온 세상보다 더 크다. 그는 그러한 은혜, 그러한 보화를 가슴 속에 갖고 있기 때문에 그것이 비록 작게 보여도 그 작은 것이 하늘과 땅보다 더 크다. 이 은혜 자체이신 그리스도께서 하늘과 땅보다 더 크기 때문이다.

이 가르침이 양심을 평온하고 잔잔케하며 순수하고 더럽혀지지 않은 채 남아 있는 한, 그리스도인들은 온갖 종류의 가르침에 대한 판단자이며 온 세상의 법들에 대한 주(主)이다. 그러므로 그리스도인들은 터키인들과 그들의 코란은 저주받은 것이라 분명히 판단할 수 있다. 왜냐하면 터키인들은 올바른 길로 가지 않고 있기 때문이다. 즉 그들은 자기들이 비참하며 저주받을 죄인임을 인정하지 않으며 믿음으로 말미암아 그리스도를 인정하지도 않기 때문이다. 바로 이 그리스도로 말미암아 그들의 죄가 용서받았다는 것을 확신하여야 함에도 불구하고 말이다. 마찬가지로 그리스도인들은 교황에 대해서도 그는 그의 모든 나라와 더불어 정죄를 받고 있다고 담대하게 선고한다. 왜냐하면 교황은, 부합의 공로로 말미암아 우리는 은혜에 이르게 되며 그후에 자격있음의 공로로 인하여 우리는 하늘로 받아들여진다고 가르치고 행하기 때문이다(교황의 모든 궤변론자들과 학자들의 경건한 오합지졸들과 더불어).

여기서 그리스도인은 이렇게 말한다: 이것은 우리를 의롭게 하는 올바른 길이 아니며 이 길은 하늘로 인도하지도 못한다. 나는 나의 행위로 말미암아 은혜 앞에 갈 수 없으며 부합을 통하여 은혜를 받을 수도 없고 나의 행위로 말미암아 은혜를 따를 수 없으며 자격있음으로 인해 영원한 생명을 얻을 수도 없다. 그리스도를 믿는 자에게 죄는 사해지고 의는 전가된다. 이러한 신뢰와 이러한 확신이 그를 하나님의 자녀와 하나님 나라의 상속자가 되게 한다. 소망 속에서 그는 이미 영생을 소유하고 있는데, 약속에 의해 그에게 확신이 주어진다. 그러므로 그리스도에 대한 믿음으로 말미암아 모든 것들, 즉 은혜, 평안, 죄사함, 구원, 영생이 우리에게 주어지며 부합과 자격있음의 공로로 인해서 주어지는 것이 아니다.

그러므로 스콜라주의 신학자들의 이러한 가르침은 그들의 의식(儀式)들, 미사들, 교황의 나라의 무한히 많은 토대들과 아울러 하나님에 대한 가장 가증스러운 신성모독들이며 베드로가 다음과 같은 말로 미리 말했듯이 그리스도에 대한 명백한 부인이다: "이와같이 너희 중에도 거짓 선생들이 있으리라 저희는 멸망케 할 이단을 가만히 끌어들여 자기들을 사신 주를 부인하고 …", 베드로후서 2〔:1〕. 마치 이것은 이렇게 말하는 듯하다: 주께서 자기 피로 우리를 구속하시고 사셔서 우리를 의롭게 하시고 구원하셨다. 이것이 의와 구원의 길이다. 그러나 거짓 선생들이 나타나서 주를 부인하고 진리와 의와 구원의 길을 모독할 것이다. 그들은 거짓과 파멸의 새로운 길들을 발견할 것이고 많은 이들이 그들의 저주받을 길을 좇을 것이다. 베드로는 이 장(章) 전체에 걸쳐 복음과 그리스도에 대한 믿음을 무시하고 멸시하며 행위들과 사람들의 유전을 가르쳤던 교황 제도를 아주 생생하게 그려놓았다: 부합과 자격있음의 공로, 날들의 차이, 고기와 사람, 맹세, 성인들에게 기도하는 것, 순례, 연옥 등. 이 허구적인 견해들 속에서 교황주의자들은 그릇 인도되어 그들이 복음, 믿음, 그리스도를 한 마디라도 이해할 수 없다.

그리고 이것은 사태를 보면 잘 드러난다. 그들은 오직 그리스도에게만 속해 있는 특권을 스스로 취하고 있다. 그리스도만이 죄로부터 구원할 수 있으며, 그리스도만이 의와 영생을 줄 수 있다. 그리고 그들은 매우 뻔뻔스럽고 악하게 우리는 부합과 자격있음의 공로로 말미암아 그리스도 없이도 이러한 것들을 얻을 수 있다고 뽐낸다. 베드로와 다른 사도들이 말했듯이 이것은 저주받을 이단들과 지옥에 떨어질 분파들을 가져올 수 있다. 이러한 수단들

을 통하여 그들은 그리스도를 부인하고 그리스도의 피를 발로 밟으며 성령을
모독하고 하나님의 은혜를 멸시한다. 그러므로 아무도 교황주의자들의 우상
숭배가 얼마나 무시무시한 것인지를 충분히 알 수 없다. 그리스도로 말미암
아 우리에게 주어진 은사는 측량할 수 없듯이 교황주의자들의 이러한 신성모
독들은 그에 못지않게 가증스럽다. 그러므로 그러한 것들은 가볍게 보아지거
나 잊혀져서는 안되고 부지런히 숙고되어야 한다. 그리고 이것은 반대로 하
나님의 은혜와 그리스도의 유익을 풍성하게 하는 데 아주 많은 공헌을 하고
있다. 우리가 교황주의자들의 미사의 신성모독을 알면 알수록 우리는 더욱더
그것을 혐오하고 싫어하며 미사의 참된 사용을 부여안게 된다. 교황은 미사
의 참된 사용을 없애버렸고 그것을 장사 수단으로 만들어 돈으로 사고팔므로
써 다른 사람들을 이롭게 하고 있을 것이라고 생각했다. 왜냐하면 교황은 미
사를 올리는 사제, 그리스도를 부인하고 성령을 모독하는 배교자는 제단에
서서 스스로를 위해서 뿐만이 아니라 다른 이들을 위해서 그리고 교회 전체
를 위해서 빠르고 확실하게 선행을 하고 있다고, 그것도 다른 수단이 아니라
오직 수행되는 행위를 통하여 그렇게 하고 있다고 말하기 때문이다.

그러므로 이것만으로도 우리는 하나님이 오래 전에 교황 제도 전체를 멸
하지 않고 그것을 소돔과 고모라처럼 불과 유황으로 태워버리지 않았다는 점
에서 하나님의 헤아릴 수 없는 인내를 분명히 볼 수 있다. 그러나 이제 이
대단한 자들은 자신들의 불경건과 추악함을 덮으려고 할 뿐만 아니라 막무가
내로 밀어붙이려고 한다. 이를 우리는 결코 간과할 수 없다. 그러므로 우리
는 모든 부지런함으로 칭의의 신조를 표명으로써 아주 밝은 태양처럼 그것
이 그들의 위선의 어두움을 밝히고 그들의 추악함과 수치를 드러낼 수 있도
록 하여야 한다. 이런 이유로 우리는 믿음의 의를 자주 되풀이 말하고 진지
하게 표명함으로써 대적들이 혼란에 빠지고 이 신조가 우리 가슴 속에 정착
되고 확증될 수 있도록 해야 한다. 그리고 이것은 아주 필요한 것이다: 왜냐
하면 우리가 일단 이 태양을 잃어버리면, 우리는 다시 이전의 어두움으로 빠
져버리게 되기 때문이다. 그리고 교황이 복음과 성례를 통하여 그리스도를
부인하며 발로 짓밟고 침을 뱉으며 신성모독을 자행하는 일이 교회에서 일상
적으로 일어나게 할 수 있다는 것은 너무도 무시무시한 일이다. 교황은 너무
도 어두워져 있고 복음과 성례들을 그리스도에 반하여 자기를 섬기는 도구로
만들어 버리고 그러한 무시무시한 남용을 자신의 가증스러운 것들을 확립하

고 확증하는 것으로 바꾸어버렸다. 오, 깊은 어두움이여! 오, 무시무시한 하나님의 진노여!

우리도 그리스도 예수를 믿나니 … 이는 우리가 … 그리스도를 믿음으로써 의롭다 함을 얻으려 함이라

이것 즉 율법의 행위로 말미암아서가 아니라 예수 그리스도에 대한 믿음으로 말미암아 의롭게 된다는 것은 그리스도인이 되는 것의 참된 의미이다. 우리는 사랑과 선행이 함께 결합된 믿음이 우리를 의롭게 한다고 말하는 학자들의 악한 해설이 아니라 바로 위에서 말한 것 위에 서야 한다. 이 치명적인 해설을 통하여 궤변론자들은 바울의 이 말과 다른 말들을 어둡게 하였고 타락시켰다. 그러한 말들 속에서 바울은 의롭게 되는 것은 오직 그리스도에 대한 믿음을 통해서라고 분명히 말하고 있다. 그러나 그리스도를 믿어야 하지만 믿음은 사랑의 행위를 통해 형성되지 않는다면 우리를 의롭게 하지 못한다는 말을 듣게 되면 그 사람은 점점 믿음으로부터 떨어지고 이렇게 생각하게 된다: '사랑의 행위 없는 믿음이 우리를 의롭게 하지 못한다면, 믿음은 헛되며 유익이 없고 오직 사랑의 행위만이 우리를 의롭게 한다. 왜냐하면 사랑의 행위를 통해 형성되고 치장되지 않은 믿음은 아무것도 아니기 때문이다.'

그리고 악성의 치명적인 해설을 확증하기 위하여 대적들은 고린도전서 13장〔:1f.〕을 전거로 든다: "내가 사람의 방언과 천사의 말을 할지라도 … 사랑이 없으면 내가 아무것도 아니요." 그리고 이 구절은 그들의 요새이다. 그러나 그들은 이해력이 없는 인간들이어서 바울에 있는 그 무엇도 제대로 보거나 이해할 수 없다. 그리고 이 그릇된 해석으로 인하여 그들은 바울의 말을 왜곡할 뿐만 아니라 그리스도를 부인하고 그리스도의 모든 유익들을 묻어버렸다. 그러므로 우리는 이 해설을 아주 치명적이고 마귀적인 독으로 보고 피하여야 하고, 바울과 더불어 우리는 사랑의 행위가 수반된 믿음을 통해서가 아니라 오직 믿음만으로 의롭게 된다고 결론을 내려야 한다. 우리는 의롭게 하는 힘이 사람을 하나님에게 받음직하게 만드는 저 형식〔즉 사랑의 행위〕에 돌려서는 안되고 그 힘을 마음 속에서 구주이신 그리스도를 인정하고 소유하는 믿음에 돌려야 한다. 이 믿음은 사랑의 행위 없이 그리고 사랑의 행위 이전에 우리를 의롭게 한다.

우리는 선행과 사랑의 행위도 가르쳐야 한다는 것을 인정하지만 그러한 가르침은 적시적소에서 행해져야 한다. 즉 이 칭의의 신조와 상관없이 행위들에 관한 것이 문제일 때 가르쳐져야 한다는 것이다. 그러나 여기서 문제가 되고 있는 것은 무슨 수단을 통하여 우리가 의롭게 되고 영생을 얻느냐 하는 것이다. 이에 대하여 우리는 바울과 더불어, 오직 그리스도에 대한 믿음을 통하여서만 우리는 의롭다고 선언되며 율법의 행위나 사랑의 행위를 통해서는 아니다라고 말한다. 이는 우리의 대적들이 우리를 고소하듯이 우리가 선행을 거부하기 때문이 아니라 우리는 이 현재의 문제의 제1의 논점에서 비켜나가고자 하지 않기 때문인데, 그렇게 하기를 사단은 가장 원하고 있다 …

내가 율법으로 말미암아 율법을 향하여 죽었나니 이는 하나님을 향하여 살려 함이니라

이 말은 기가 막힌 말이고 사람에게 알려져 있지 않은 말로서 사람의 이성은 이를 결코 이해할 수 없다. 그리고 그러한 말들은 소수이지만 큰 열심과 열렬한 정신으로 그리고 큰 불쾌함으로 말해진다. 마치 그는 이렇게 말하는 것 같다: 이 경우에 내가 모르는 율법에 관하여 왜 그대는 그토록 자랑하는가? 그러나 그대가 율법을 가질 필요가 있다면 나도 나의 율법을 갖고 있다. 그러므로 마치 그는 성령의 의분으로 마음이 움직인 듯이 은혜 자체를 율법이라 부르면서 율법은 칭의에 꼭 필요하다고 주장했던 거짓 사도들과 모세의 율법을 경멸하는 가운데 은혜의 효력과 역사에 새로운 이름을 부여하고 있다. 이렇게 그는 율법에 대항하는 율법을 내세운다. 그리고 성경에서 그리고 특히 바울에서 율법이 율법에 대항하여 내세워지고 죄가 죄에 대항하여, 죽음이 죽음에 대항하여, 사로잡음이 사로잡음에 대항하여, 음부가 음부에 대항하여, 제단이 제단에 대항하여, 어린양이 어린양에 대항하여, 유월절이 유월절에 대항하여 내세워질 때 그것은 감미로운 말이며 위로로 가득 차 있다.

로마서 8〔:3〕에는 이렇게 되어 있다: "죄를 인하여 … 죄를 정하사"; 시편 68〔:18〕과 에베소서 4〔:8〕에서는 "사로잡힌 자를 사로잡고"; 호세아서 13〔:14〕에는 "사망아 네 재앙이 어디 있느냐 음부야 네 멸망이 어디 있느냐." 따라서 그는 여기서 율법으로 말미암아 자기가 율법에 대하여 죽었다고 말한다. 마치 이렇게 말하는 듯하다: 모세의 율법은 나를 고발하고 정죄한다. 그러나 그러한 고발하고 정죄하는 율법에 대항하여 나는 또 다른 율법을 갖고 있는데, 그것은 은혜와 자유이다. 이 율법은 고소하는 율법을 고소하고, 정죄하는 율법을 정죄한다. 그래서 사망이 사망을 죽인다. 그러나 이 죽이는 사망은 다름아닌 바로 생명이다. 그러나 그것은 사망에 대한 영의 격렬한 의분으로써 사망의 사망으로 불린다. 따라서 의는 죄라는 이름을 지닌다. 왜냐하면 그것은 죄를 정죄하고, 이 정죄하는 죄는 참된 의이기 때문일다.

그리고 여기서 바울은 이단, 그것도 모든 이단 중에서 가장 큰 이단인 듯하다. 그리고 이 이단은 이상하고 괴이하다. 율법에 죽은 그는 하나님을 향하여 살아있다고 말하기 때문이다. 거짓 사도들은 다음과 같은 교리를 가르쳤다: 그대가 율법에 대하여 살지 않는다면 그대는 하나님에 대하여 살지 못한다. 즉 그대가 율법을 따라 살지 않는다면 그대는 하나님 앞에서 죽은 것이다. 그러나 바울은 정반대로 말한다: 그대가 율법에 대하여 죽지 않는다면 그대는 하나님에 대하여 살 수 없다.

오늘날 우리의 대적들은 그 옛날의 거짓 사도들의 가르침과 똑같다. 그대가 하나님에 대하여 살고자 한다면 율법에 대하여 혹은 율법을 따라 살라고 그들은 말한다. 그러나 이와는 반대로 우리는 이렇게 말한다: 그대가 하나님에 대하여 살고자 한다면 그대는 율법에 대하여 철저히 죽어야 한다. 사람의 이성과 지혜로는 이 가르침을 이해할 수 없다. 그러므로 그것은 언제나 반대로 가르친다: 즉 그대가 하나님에 대하여 살고자 한다면 율법을 지켜야 한다. 기록된 바 "이를 행하면 살리라." 그리고 이것은 모든 신학들 가운데서 특별한 원칙이다: 율법을 따라 사는 사람은 하나님에 대하여 살아 있다. 바울은 분명하게 그 반대로 말한다: 즉, 우리가 율법에 대하여 죽지 않는다면 우리는 하나님에 대하여 살 수 없다. 그러므로 우리는 이 하늘에 속한 고도(高度)만큼 올라와서 우리가 율법을 훨씬 뛰어넘어 있다는 것, 우리는 율법에 대하여 철저히 죽었다는 것을 확신할 수 있어야 한다. 이제 우리가 율법에 대하여 죽어 있다면 율법이, 우리를 율법으로부터 구하여 하나님에 대하여 살게 한 그리스도에 대하여 힘을 발휘하지 못하듯이 우리에게 힘을 발휘하지 못한다. 이 모든 것들은 우리가 율법에 의해서가 아니라 오직 예수 그리스도에 대한 믿음에 의해서 의롭다 여김을 받는다는 것을 입증하고 있다.

그리고 여기서 바울은 의식법(儀式法)에 관하여 말하고 있는 것이 아니다. 왜냐하면 바울은 성전에서 희생제사를 드렸고 디모데로 하여금 할례를 받게 하였으며 겐그레아에서 자신의 머리를 깎았기 때문이다. 그가 의식법에 대하여 죽은 것이었다면 그는 이러한 것들을 하지 않았을 것이다. 따라서 바울은 율법 전체에 관하여 말하고 있는 것이다. 그러므로 그것이 의식법이든 도덕법이든 율법 전체는 그리스도인에게 완전히 폐기된 것이다. 그리스도인은 율법에 대하여 죽었기 때문이다. 율법이 완전히 없어진 것이 아니다. 오히려 율법은 여전히 악한 자들 속에 머물러 있고 살아서 그들을 지배한다. 그러나 경건한 사람은 그가 죄, 마귀, 죽음, 음부에 대하여 죽었듯이 율법에 대하여도 죽었다. 그럼에도 불구하고 이러한 것들은 여전히 남아 있어서 세상의 모든 악한 자들 속에 그것들은 살아 있다. 그러므로 궤변론자들이 의식법만이 폐기되었다고 이해할 때 그대는 바울과 모든 그리스도인들은 율법 전체에 대하여 죽었지만 율법은 여전히 남아 있다고 이해하라.

예를 들어보자. 죽음으로부터 부활하신 그리스도는 무덤으로부터 자유롭지만, 무덤은 여전히 남아 있다. 베드로는 옥에서 놓여났고, 중풍병자는 침상에서 풀려났으며, 청년은 관에서, 소녀는 침대에서 일어났지만, 옥과 침상과 관과 침대는 여전히 남아 있다. 이렇게 내가 율법에 종속되지 않을 때 율법은 폐기되고 내가 율법에 대하여 죽었을 때 율법은 죽은 것이지만 그래도 율법은 여전히 남아 있다. 그러나 나는 또 다른 율법(복음 혹은 생명의 성령의 법:역자주)으로 말미암아 율법에 대하여 죽은 것이기 때문에 율법은 내게 대하여 죽었다: 그리스도의 무덤, 베드로의 감옥, 소녀의 침대 등이 여전히 남아 있지만 그리스도는 자신의 부활을 통하여 무덤에 대하여 죽었고 베드로는 감옥에서 풀려남으로써 감옥으로부터 자유로웠고, 소녀는 살아서 침대로부터 놓여났다.

그러므로 "내가 율법에 대하여 죽었다"는 말은 매우 적절하다. "나는 잠시 동안 율법으로부터 자유롭다." 또는 "나는 율법을 지배하고 있다."라고 말하지 않고 단지 "나는 율법에 대하여 죽었다", 즉 나는 율법과 아무 상관이 없다고 말한다. 바울은 "나는 율법에 대하여 죽었다"고 말하는 것, 즉 나는 율법과 아무 상관이 없으며 따라서 나는 율법으로써 의롭게 되지 않는다고 말하는 것보다 율법으로 인해 의롭게 된다는 것을 대항하는, 더 적절한 말을 할 수가 없었다.

그러니까 율법에 대하여 죽는 것은 율법에 얽매이지 않는다는 것이 아니라 율법으로부터 자유롭게 되어 율법을 알지 않는 것이다. 그러므로 하나님에 대하여 살고자 하는 사람은 율법 없는 것으로 발견될 수 있도록 노력하라. 그리고 그리스도와 더불어 무덤으로부터 나오도록 하라. 그리스도께서 무덤으로부터 부활하셨을 때 군사들은 놀랐다. 그리고 죽었다가 살아서 일어난 소녀를 보았던 사람들도 놀랐다. 이렇게 사람의 이성과 지혜는 우리가 율법에 대하여 죽지 않는다면 의롭게 되지 못한다는 것을 들을 때 놀라고 어리석게 된다. 왜냐하면 사람의 이성과 지혜는 이 신비에 도달할 수 없기 때문이다. 그러나 우리는 믿음으로써 우리가 우리 양심 속에서 그리스도를 인정할 때 어떤 새로운 율법에 들어서고 그 율법은 우리를 사로잡은 옛 율법을 삼켜버린다는 것을 안다. 그리스도가 죽어서 누워 있었고 또 거기서 그리스도가 다시 부활한 바 있는 그 무덤은 텅 비었고, 그리스도는 사라져버렸다. 이렇게 내가 그리스도를 믿을 때 나는 그리스도와 더불어 함께 부활하고 나의 무덤, 즉 나를 사로잡았던 율법에 대하여 죽는다. 그래서 이제 율법은 텅 비게 되고 나는 나의 감옥과 무덤, 즉 율법으로부터 벗어나게 된다. 그러므로 율법은 나를 고소하거나 나를 붙잡고 있을 권리를 더이상 갖고 있지 않다. 왜냐하면 나는 부활하였기 때문이다.

사람의 양심이 율법의 의와 은혜의 의의 차이를 이해할 수 있도록 부지런히 가르칠 필요가 있다. 은혜의 의 또는 양심의 자유는 결코 육에 속하지 않는다. 육은 자유롭지 않고 언제나 무덤, 감옥, 침대에 있어야 하기 때문이다. 그것은 율법에 종속되어 있으며 애굽인들에 의해 실행되어야 한다. 그러나 그리스도인의 양심은 율법에 대하여 죽어야 한다. 즉 율법으로부터 자유롭고 율법과 전혀 상관이 없어야 한다. 이것을 아는 것은 좋은 일이다. 왜냐하면 그것은 가엾게 괴로움을 당하는 양심들을 위로하는 데 아주 많은 도움이 되기 때문이다. 그러므로 당신이 자신의 죄의식과 죄책감으로 두려워하고 의기소침해 있는 사람을 볼 때 그에게 이렇게 말하라: 형제여, 그대는 올바로 분간하지 못하고 있다. 그대는 육에 적용해야 할 율법을 양심에 적용하고 있다. 깨어서 일어나라. 그대는 율법과 죄를 정복하신 자 그리스도를 믿어야 한다는 것을 기억하라. 이 믿음으로써 그대는 율법을 뛰어넘어 율법이나 죄가 없는 은혜의 하늘로 들어가게 될 것이다. 그리고 율법과 죄가 여전히 남아 있지만, 그것들은 그대에게 아무것도 아니다. 왜냐하면 그대는 율법과 죄에 대하여 죽었기 때문이다.

이러한 것들은 말하기는 쉽다. 그러나 양심의 괴로움 속에서 그러한 것들을 확실하게 부여잡는 방법을 아는 사람, 즉 죄가 양심을 내리누르고 율법이 자기를 고발하고 두렵게 할 때 이렇게 말할 수 있는 사람은 복되다: 오, 율법이여, 그대가 나를 고소하고 내가 많은 죄를 범했다고 말하는 데 그것이 내게 무슨 소용인가? 그래, 내가 많은 죄를 범했고 또 여전히 매일 수도 없이 죄를 범하고 있다고 하자. 이것은 나를 조금도 건드리지 못한다. 나는 이제 귀가 멀어서 그대의 말을 들을 수 없기 때문이다. 그러므로 그대가 내게 아무리 말해보았자 허사이다. 나는 그대에 대하여 죽었기 때문이다. 그러나 그대가 나의 죄를 문제삼음으로써 나와 다투고자 한다면 나의 종들인 나의 육과 지체들과 하라. 그것들에게 가르치고 그것들에게 힘을 행사하여 못을 박아라. 그러나 나와 나의 양심을 괴롭히지는 말아라. 양심은 나의 여왕으로서 그대와 아무 상관이 없다. 나는 그대에 대하여 죽었고 이제 그리스도에 대하여 살았기 때문이다. 그리스도와 더불어 나는 또 다른 율법, 즉 죄와 율법을 다스리는 은혜의 율법 아래 있다. 어떤 수단을 통해서냐고? 바울이 나중에 밝히고 있듯이 그리스도에 대한 믿음을 통하여.

그러나 율법에 대하여 사는 것이 하나님에 대하여 죽는 것이요, 율법에 대하여 죽는 것이 하나님에 대하여 사는 것이라는 말은 이상하고 기이한 정의인 것처럼 보인다. 이 두 명제는 이성에 전적으로 반하기 때문에 교묘한 궤변론자들이나 율법 행위자들은 그 말들을 이해할 수 없다. 그러나 그대는 그 말들의 참된 이해를 배우라. 율법에 대하여 사는 자, 즉 율법의 행위로써 의롭게 되려고 하는 자는 죄인이며 죄인으로 남는다. 그러므로 그는 죽었고 정죄를 받았다. 왜냐하면 율법은 그를 의롭게 하거나 구원할 수 없고 그를 고소하며 두렵게 하며 죽이기 때문이다. 그러므로 율법에 대하여 사는 것은 하나님에 대하여 죽는 것이다.

이와는 반대로 율법에 대하여 죽는 것은 하나님에 대하여 사는 것이다. 그러므로 그대가 하나님에 대하여 살고자 한다면, 그대는 율법에 대하여 죽어야 한다. 그러나 그대가 율법에 대하여 살고자 한다면, 그대는 하나님에 대하여 죽을 것이다. 그러니까 하나님에 대하여 산다는 것은 율법과 행위 없이 그리스도 덕분으로 은혜로 인하여 또는 믿음으로 말미암아 의롭게 되는 것이다.

이것이 그리스도인에 대한 적절하고도 참된 정의이다: 그리스도인은 율법 아래 있지 않고 율법과 죄와 죽음과 음부를 뛰어넘은 은혜와 죄사함의 자녀이다. 그리고 그리스도께서 무덤으로부터 자유롭고 베드로가 감옥으로부터 자유롭듯이 그리스도인은 율법으로부터 자유롭다. 그리고 그러한 것은 의롭게 된 양심과 율법, 무덤으로부터 부활하신 그리스도와 무덤, 감옥으로부터 풀려난 베드로와 감옥에도 적용된다. 그리스도께서 자신의 죽음과 부활을 통하여 무덤에 대하여 죽었으므로 그것이 그리스도에 대하여 이제 힘을 발휘하지 못하고 그리스도를 더이상 붙잡을 수 없고 돌이 굴려지고 봉인이 뜯어지며 지키는 자들이 놀라고 그리스도께서 부활하셔서 아무런 방해 없이 떠나셨고, 베드로가 감옥에서 놓여남으로써 감옥에 대하여 죽었고 자기가 원하는 대로 갔듯이, 양심은 은혜로 말미암아 율법으로부터 놓여난다. "성령으로 난 사람은 다 이러하니라"[요한복음 3:8]. 그러나 육은 이것이 어디로부터 오며 어디로 가는지를 알지 못한다. 왜냐하면 육은 율법을 따라서 밖에는 판단할 수 없기 때문이다. 그러나 이와는 반대로 성령은 이렇게 말한다: 율법으로 하여금 나를 고발하게 하거나 죄와 죽음으로 하여금 나를 그렇게 많이 두려워하지 못하게 하라. 그러므로 나는 절망하지 않는다. 나는 율법에 대항하는 율법, 죄에 대항하는 죄, 사망에 대항하는 사망을 갖고 있기 때문이다.

그러므로 내가 죄로 인한 양심의 뉘우침과 가책을 느낄 때, 나는 십자가에 매달린 놋뱀이신 그리스도를 바라본다. 거기서 나는 나를 고소하고 삼키는 나의 죄에 대항하는 또 다른 죄를 발견한다. 그리고 온 세상의 죄를 없이 한 이 다른 죄(즉 그리스도의 육에 전가된 죄)는 전능하여서 나의 죄를 정죄하고 삼켜버린다. 그래서 나를 고소하거나 정죄하여서는 안되는 나의 죄는 죄에 의해서, 즉 십자가에 못 박히신 그리스도에 의해서 정죄받는다: "우리를 대신하여 죄를 삼으신 것은 우리로 하여금 저의 안에서 하나님의 의가 되게 하려 하심이니라"[고린도후서 5:21]. 마찬가지로 나는 나의 육 속에서 나를 괴롭히고 나를 죽이는 사망을 발견한다. 그러나 나는 내 속에 그와 상반되는 사망, 나의 사망을 죽이는 사망을 갖고 있다. 그리고 이 사망은 나의 사망을 십자가에 못 박고 삼켜버린다.

이러한 것들은 율법이나 행위에 의해서가 아니라 십자가에 못 박히신 그리스도에 의해서 되어진 것들이다. 그리스도의 어깨 위에는 인류의 모든 악들과 비참들, 율법, 죄, 사망, 마귀, 음부가 놓여 있다. 그리고 이 모든 것들은 그리스도 안에서 죽는다. 그의 죽음을 통하여 그는 그것들을 죽였기 때문이다. 그러나 우리는 확실한 믿음으로써 그리스도의 이러한 유익을 받아야 한다. 율법이나 행위가 아니라 그리스도만이 그러한 것들을 줄 수 있다. 따라서 오직 믿음 외에는 아무것도 우리에게 요구되지 않는다. 이 믿음을 통해서 우리는 그리스도를 이해하며 우리의 죄와 우리의 사망이 그리스도의 죄와 죽음 속에서 정죄되고 폐기되었다는 것을 믿는다.

따라서 우리는 언제나 오직 믿음을 통해서만 의롭게 된다고 필연적으로 결론을 내리게 되는 가장 확실한 논거들을 갖는다. 바울이 그토록 진지하게 율법과 행위에 반대하고 우리가 하나님에 대하여 살고자 한다면 율법에 대하여 죽어야 한다고 분명하게 말한 것을 보면서도 어떻게 율법과 행위가 칭의에 유용하다고 할 수 있겠는가? 그러나 우리가 율법에 대하여 죽었고 율법이 우리에 대하여 죽었다면 율법은 우리와 아무 상관이 없다. 그런데 어떻게 그것이 우리의 칭의에 유용할 수 있는가? 그러므로 우리는 우리가 율법과 행위 없이 오직 은혜만으로 또는 그리스도에 대한 믿음만으로 의롭다고 선언되었다고 말해야 한다.

이것을 눈먼 궤변론자들은 이해하지 못하고 믿음은 사랑의 행위를 수반하지 않으면 우리를 의롭게 하지 못한다는 몽상에 잠겨 있다. 이로써 그리스도를 믿는 믿음은 무익하게 되고 아무 효력도 없게 된다. 왜냐하면 사랑의 행위를 수반하지 않는 믿음은 우리를 의롭게 하지 못한다고 생각하기 때문이다. 그러나 또 다른 시기가 올 때까지 율법과 사랑의 행위를 구분하고 이 현안 문제의 주요한 논점에만 관심을 기울이자. 하나님의 아들 예수 그리스도는 십자가 위에서 죽으셨고 그의 몸에 나의 죄, 율법, 죽음, 마귀와 음부를 짊어지셨다. 이 무적의 원수들과 압제자들은 나를 억누르고 괴롭힌다. 그래서 나는 어떻게 해야 내가 그것들의 손아귀에서 벗어나 의롭게 되고 구원받을 수 있는지를 주의깊게 살펴본다. 여기서 나는 율법이나 행위, 사랑의 행위가 나를 그것들의 압제로부터 건져낼 수 없다는 것을 발견한다. 자신의 몸으로 율법을 없이 하고 나의 죄를 죽이고 나의 죽음을 멸함으로써 음부를 약탈하고 마귀를 심판하여 못박고 마귀를 음부에 던져버린 그리스도만이 있을 따름이다. 간단히 말해서, 이전에 나를 괴롭히고 압제했던 모든 원수들을 예수 그리스도는 아무것도 아닌 것으로 만들어버렸다. 그리스도는 그것들을 약탈하여 그것들의 모습을 만천하에 공개하였고 그것들에 대하여 승리하셨다〔골로새서 2:15〕. 그래서 그것들은 더이상 나를 지배하거나 다스리지 못하고 마지못해 나를 섬기고 있다.

이로써 우리는 여기서 우리가 할 것은 아무것도 없다는 것을 분명히 알게 된다. 오직 우리에게 속한 일은 이러한 것들이 그런 식으로 행해졌다는 것을 듣고 확실하고 자신만만한 믿음으로써 그것들을 이해하는 것이다. 그리고 이것이야말로 참으로 잘 갖춰진 참된 믿음이다. 이렇게 내가 믿음을 통하여 그리스도를 이해하고 그리스도로 말미암아 율법에 대하여 죽고 죄로부터 벗어나 의롭게 되며 죽음과 마귀와 음부로부터 건져질 때, 나는 선행을 하게 되고 하나님을 사랑하게 되며 하나님께 감사를 올리게 되며 이웃에 대하여 사랑의 행위를 행하게 된다. 그러나 이러한 사랑의 행위 또는 행위들은 나의 믿음으로부터 따라나오는 것이지 나의 믿음을 형성하거나 장식하는 것이 아니다. 오히려 나의 믿음이 사랑의 행위를 형성하고 장식한다. 이것이 우리의 신학이다: 이것은 육적인 이성을 가진 자들에게는 이상하고 기이하며 다소 어리석게 보일지 모른다. 즉, 나는 율법에 대하여 귀 먹고 눈 멀었고 율법으로부터 벗어나 자유로울 뿐만 아니라 율법에 대하여 전적으로 죽었다.

"율법으로 말미암아 나는 율법에 대하여 죽었다"는 바울의 말은 위로로 가득 차 있다. 이 말씀이 적절한 시기에 사람에게 들어가서 좋은 이해력으로 그의 가슴 속에 확고히 자리를 잡는다면, 그 말씀은 역사를 해서 그로 하여금 죽음의 모든 위험과 양심과 죄의 모든 공포들이 그를 공격하고 고소하고 절망으로 이끌지 못하게 맞설 수 있게 할 것이다. 모든 사람이 유혹을 받는다는 것은 사실이다. 그의 삶에서가 아니라 그의 죽음에서.

율법이 그를 고소하고 그에게 그의 죄를 보여줄 때 그의 양심은 점점 이렇게 말한다: 그대는 죄를 범했다. 그러므로 그대가 바울이 여기서 가르치고 있는 것을 잘 부여잡고 있다면 이렇게 대답할 것이다: 내가 범죄했음을 인정한다. 그렇다면 하나님은 그대를 벌하실 것이다. 아니, 하나님은 그렇게 하지 않으실 것이다. 왜, 하나님의 율법이 그렇게 말씀하고 있지 않느냐? 나는 그러한 율법과 아무 상관이 없다. 왜 그런가? 나는 이 율법을 아연실색케 하는 또 다른 율법, 즉 자유를 가지고 있기 때문이다. 그것은 어떤 자유인가?

그리스도의 자유이다. 왜냐하면 그리스도로 말미암아 나는 율법으로부터 완전히 자유롭게 되었기 때문이다. 그러므로 악한 자들에게 여전히 율법으로 남아 있는 저 율법은 내게는 자유이며, 나를 정죄하는 저 율법을 속박한다. 그리고 이로써 나를 속박하고 나를 사로잡으려는 저 율법은 이제 나의 율법인 은혜와 자유에 의해 꽁꽁 묶이게 되며 사로잡히게 된다. 그것은 저 고발하는 율법에게 이렇게 말한다: 그대는 이 사람을 묶거나 사로잡거나 죄책감을 가지게 할 수 없다. 그는 나의 것이기 때문이다. 그러나 나는 그대를 사로잡고 그대의 손을 묶어서 그대가 그를 해치지 못하게 할 것이다. 그는 이제 그리스도에 대하여 살았고 그대에 대하여 죽었기 때문이다.

이렇게 하는 것은 율법의 이빨을 빼는 것이요 율법의 쏘는 것과 그의 모든 무기들을 빼앗는 것이며 그의 모든 힘을 망쳐놓는 것이다. 그렇지만 이와 같은 율법은 악한 자와 믿지 않는 자들에게 여전히 계속해서 힘을 발휘한다. 그리고 비록 약하긴 하지만 우리에게 믿음이 부족할 때 이 율법은 우리에게도 여전히 힘을 발휘한다. 여기에 율법의 날카로운 이빨이 숨어있는 것이다. 그러나 내가 그리스도를 믿는다면 죄가 나를 절망으로 몰아넣지는 못하고, 내가 그리스도 안에서 갖고 있는 이 자유에 머물러서 나는 내가 범죄했음을 고백하지만 이미 정죄받은 죄인 나의 죄는 죄의 정죄인 그리스도 안에 있다. 이제 이 죄를 정죄함은 정죄받는 죄보다도 더 강하다. 왜냐하면 그것은 의롭게 하는 은혜, 의, 생명, 구원이기 때문이다. 따라서 내가 죽음의 공포를 느낄 때 나는 이렇게 말한다: 오, 죽음이여, 그대는 나와 아무 상관이 없다. 왜냐하면 나는 나의 죽음인 그대를 죽이는 또 다른 죽음을 가지고 있고 죽이는 죽음은 죽는 죽음보다 더 강하기 때문이다.

따라서 신실한 사람은 오직 그리스도에 대한 믿음으로써 스스로를 일으켜 세우고 확실하고 건전한 위로를 인식할 수 있기 때문에 마귀와 죄와 죽음과 그 어떤 악도 두려워할 필요가 없다. 그리고 마귀가 혼신의 힘을 다하여 그에게 덤벼들어서 세상의 모든 공포들로 그를 억누르려 한다고 할지라도 그는 그런 가운데서도 굳건한 소망을 품고 이렇게 말한다: "마귀야, 나는 그대의 위협과 공포들을 두려워하지 않는다. 내게 한 분이 있는데, 그분은 내가 믿는 예수 그리스도이시다. 그분은 율법을 폐하였고 죄를 정죄하였으며 죽음을 정복하고 음부를 파괴하였다. 그분은 그대를 괴롭히는 분이시다, 오 사단이여. 그분은 그대를 묶고 그대를 사로잡아 더이상 나를 비롯하여 그분을 믿는 사람들을 해치지 못하도록 하셨다.” 이 믿음을 마귀는 이길 수 없고 도리어 그 믿음에게 정복당한다. 성 요한은 이렇게 말한다: “세상을 이긴 이김은 이것이니 우리의 믿음이니라 예수께서 하나님의 아들이심을 믿는 자가 아니면 세상을 이기는 자가 누구뇨”〔요한일서 5:4f.〕.

그러므로 바울은 격렬한 열심과 영의 의분으로 바로 은혜 자체를 율법이라 부르지만 그 율법이란 우리가 예수 그리스도 안에서 갖는 측량할 수 없을 정도로 큰 은혜의 자유이다. 더욱이 그리스도는 우리로 하여금 이제 율법에 주어진 새로운 이름이 있으며 따라서 이제 율법은 더이상 살아있지 않으며 죽었고 정죄받았음을 이해하도록 우리의 위로를 위하여 율법에 이 모욕적인 이름을 부여하신다. 그리고 여기에서(이것은 보기에 즐거운 광경이다) 그리스도는 율법을 내놓으시는데, 이미 정죄받고 사형선고를 받은 절도와 강도로서 우리 앞에 놓으신다. 그리스도는, 율법이 손발이 꽁꽁 묶인 죄수이며 그의 모든 힘은 박탈당해서 압제를 행할 수 없는, 즉 더이상 고소하거나 정죄할 수 없는 모습으로 율법을 묘사한다. 그리고 이 아주 즐거운 광경을 통하여 그리스도는 양심으로 하여금 율법을 경멸할 수 있게 만든다. 그래서 이제 그리스도를 믿는 자는 담대하게 그리고 확실하고 거룩한 긍지를 가지고 다음과 같은 방식으로 율법을 이긴다: 나는 죄인이다. 그대가 내게 해를 가할 수 있다면, 오 율법이여, 자 그대의 최선을 다해보라. 이제 율법이 믿는 자를 두렵게 할 수 있다는 것은 어림없는 일이다.

그리스도는 죽음으로부터 부활하셨는데 왜 이제 그분이 무덤을 두려워하겠느냐? 베드로가 감옥으로부터 놓여났는데, 왜 그가 이제 감옥을 두려워하겠느냐? 소녀가 죽음 직전에 놓여 있을 때 그녀는 참으로 침상을 두려워했을 것이다. 그러나 이제 살아난 그녀가 왜 침상을 두려워하겠느냐? 마찬가지로 진실로 믿음으로 말미암아 그리스도를 소유한 그리스도인이 왜 율법을 두려워하겠느냐? 그리스도인이 율법의 공포들을 느끼는 것은 사실이지만 그 공포들은 그를 이기지 못한다. 그러나 그가 그리스도 안에서 갖고 있는 자유에 머물러서 이렇게 말한다: 오 율법이여, 나는 그대가 나를 고발하고 정죄하고자 중얼거리는 소리를 듣는다. 하지만 이것은 나를 전혀 괴롭히지 못한다. 그대와 나의 관계는 빈 무덤과 그리스도와의 관계와 같다. 나는 그대가 손발이 꽁꽁 묶인 것을 보기 때문이다. 나의 율법이 그와 같이 하였다. 그것은 무슨 율법인가? 자유이다. 그 자유를 율법이라 부르는 이유는 그것이 나를

묶기 때문이 아니라 나의 율법을 묶기 때문이다. 십계명의 율법은 나를 묶는
다. 그러나 그 율법에 대항하여 나는 또 다른 율법을 갖고 있는데, 바로 은
혜의 율법이다. 그럼에도 불구하고 내게는 아무런 율법도 없으며 율법이 나
를 묶지도 못하며 나를 해방시킬 뿐이다. 그리고 이것은 저 고발하고 정죄하
는 율법에 대항하는 율법이다. 그것은 저 율법을 묶기 때문에 그 율법은 더
이상 나를 묶을 힘을 갖고 있지 못하다. 마찬가지로 나를 묶는 나의 죽음에
대항하여 나는 또 다른 죽음을 갖고 있는데, 그것은 나를 그리스도 안에서
깨운 생명이다. 이 죽음은 나를 나의 죽음의 끈으로부터 풀어주고 자유케 하
고, 바로 그 끈으로 나의 죽음을 묶는다. 이렇게 나를 묶었던 죽음은 이제
꽁꽁 묶여 있다. 나를 죽인 그 죽음은 이제 죽음, 즉 바로 생명 자체에 의해
죽임을 당한다.

　　이렇게 그리스도는 가장 감미로운 이름들, 즉 율법과 죄와 죽음에 대항
하는 나의 율법, 나의 죄, 나의 죽음으로 불린다. 반면에 사실은 그분은 다
름아닌 자유, 의, 생명, 영원한 구원일 뿐이다. 그리고 이런 이유로 그분은
율법의 율법, 죄의 죄, 죽음의 죽음이 되어 율법의 저주로부터 나를 구속하
고 나를 의롭게 하며 나를 깨운다. 그러므로 그리스도가 율법이기 때문에 그
분은 자유이기도 하며, 그리스도가 죄이기 때문에 그분은 의이며, 그리스도
가 죽음이기 때문에 그분은 생명이다. 그분은 자기를 고발하는 율법, 자기를
정죄하는 죄, 자기를 삼키는 죽음을 맛보셨기 때문에 그분은 율법을 폐하고
죄를 정죄하고 죽음을 멸하고 나를 의롭다 하며 구원하였다. 이렇게 그리스
도는 율법과 죄와 죽음에 대하여 독약이며 자유와 의와 영생을 얻는 데는 치
료약이다.

　　바울이 여기서 말하는 방식은 그에게만 적절한 것으로서 매우 유쾌하고
위로로 가득 차 있다. 마찬가지로 로마서 7장에서 바울은 지체의 법과 영의
법을 대비시켜 놓는다. 그리고 이것은 이상하고 기이한 방식으로 말하는 것
이기 때문에 마음 속에 더 쉽게 들어오며 오랫동안 기억에 남는다. 게다가
바울이 "나는 율법으로 말미암아 율법에 대하여 죽었다"고 말할 때 그 말은
"나는 자유로 말미암아 율법에 대하여 죽었다"고 말한 것보다 더 감미롭게
들린다. 왜냐하면 바울은 마치 율법이 율법에 대항하여 싸우고 있는 듯한 모
습을 우리 앞에 묘사하고 있기 때문이다. 마치 그는 이렇게 말하는 듯하다:
오 율법이여, 그대가 나를 고발하고 나를 두렵게 하고 나를 묶을 수 있다면,

나는 그대 위에 그리고 그대에 대항하여 또 다른 율법, 즉 그대를 고소하고 그대를 묶으며 그대를 압제할 또 다른 압제자와 괴롭히는 자를 세울 것이다. 정말 그대는 나를 괴롭히는 자이지만, 나는 또 다른 괴롭히는 자를 갖고 있는데, 그분은 그리스도로서 그대를 죽기까지 괴롭힐 것이다. 그대가 이렇게 묶이고 괴롭힘을 당하고 억눌려질 때 나는 자유롭다. 마찬가지로 마귀가 나를 채찍질한다면 나는 더 강한 마귀를 갖고 있다. 그 마귀는 이번에 그를 채찍질하며 그를 이길 것이다. 그러므로 은혜는 나를 묶지 않기 때문에 내게 대하여서가 아니라 나의 율법에 대하여 율법이다. 이 율법이 저 율법을 묶기 때문에 저 율법은 나를 더이상 해칠 수 없다.

이렇게 하여 바울은 우리를 율법과 죄와 죽음과 모든 다른 악들을 바라보는 것으로부터 우리를 온전히 끌어내어 우리를 그리스도에게로 데려가서 우리로 하여금 이 즐거운 불화를 보게 하고자 한다. 즉, 율법에 대항하여 싸우는 율법, 이것은 내게 자유를 가져온다. 죄에 대항하여 싸우는 죄, 이것은 내게 의를 가져다준다. 죽음에 대항하여 싸우는 죽음, 이것은 내게 생명을 얻게 한다. 마귀에 대항하여 싸우는 그리스도, 이로 인하여 나는 하나님의 자녀가 된다. 음부를 멸함으로써 나는 하늘나라를 누릴 수 있다.

하나님을 향하여 살려함이니라

이것은 내가 하나님 보시기에 살아 있기 위해서이다 라고 말하는 것이다. 그대들에게 율법이 없지 않다면, 즉 그대들이 양심 속에서 율법에 대하여 전적으로 죽지 않았다면 생명이 없다는 것을 그대들은 안다. 그럼에도 불구하고 형편이 좋지 않은 시기에 (내가 흔히 말했듯이) 육체가 살아 있는 동안에는 율법은 육에 대하여 힘을 행사하고 육은 율법의 착취와 형벌들로 괴롭힘을 당할 수밖에 없다. 그러나 속 사람은 율법에 종속되지 않고 율법으로부터 건져지며 자유롭게 되었기 때문에 생래적으로나 본질상 그런 것이 아니라 그리스도 안에서 살아있고 의롭고 거룩한 인격이다. 왜냐하면 그는 다음과 같이 그리스도를 믿기 때문이다. 그리스도의 의는 마음의 믿음과 하나님의 전가로 이루어진다.

하나님이 창세기 15장에 다음과 같은 말을 덧붙이고 있는 것은 이유가

없지 않은 것이다: "이를 그의 의로 여기시고." 기독교적 의는 두 가지로 이루어져 있기 때문이다. 즉, 마음의 믿음과 하나님의 전가. 믿음은 실제로 의를 구축하지만 이 의만으로는 충분치 않다. 믿음 이후로도 여전히 우리의 육에는 죄가 잔존해 있기 때문이다. 이 믿음의 희생제사는 아브라함에서 시작되었지만 마침내 그것은 죽음으로 끝났다. 그러므로 우리 속에 있는 의를 완성하기 위해서는 다른 부분의 의가 더해져야 한다: 즉, 하나님의 전가.

믿음은 불완전하고 구성적이기 때문에 하나님께 충분한 것을 드리지 못한다. 우리의 믿음은 단지 믿음의 작은 불꽃으로서 단지 하나님에게 그분의 참된 신성을 돌려드리기 시작할 뿐이다. 우리는 성령의 첫 열매를 받았지만 아직 다는 받지 못했다. 이 세상의 삶에서 이성은 완전히 죽여지지 않는다. 이것은 우리의 탐욕과 진노와 참지 못함에 의해 드러날 수 있고, 육의 다른 열매들과 불의도 여전히 우리 속에 남아 있다. 그렇다, 가장 거룩하게 살고 있는 사람도 아직 하나님 안에서 완전하고 지속적인 기쁨을 지니고 있지는 못하고 성경이 선지자들과 사도들에 관하여 증거하고 있듯이 때로는 슬프고 때로는 기쁜 갖가지 감정들을 갖고 있다. 그러나 그러한 결점들은 그리스도에 대한 믿음 때문에 그들의 책임으로 돌려지지 않는다. 만약 그러한 것들에 대하여 책임을 져야 한다면 구원받을 사람은 아무도 없을 것이다. 그러므로 우리는 이렇게 결론을 내린다: "이를 그의 의로 여기시고", 즉 의는 실제로 믿음으로 말미암아 시작되며 이 믿음으로 말미암아 우리는 성령의 첫 열매를 갖는다. 그러나 믿음은 연약하기 때문에 그것은 하나님의 전가 없이는 완전해지지 못한다. 그러므로 믿음과 더불어 의는 시작되지만 전가가 믿음을 그리스도의 날까지 완전하게 만든다.

교황을 옹호하는 궤변론자들과 학자들은 그들이 행위의 타당한 용납에 관하여 말할 때 전가에 대해서도 논한다. 그러나 성경과는 상관없이 그리고 성경에 정면으로 배치되게 논한다. 왜냐하면 그들은 전가를 오직 행위와만 관련시키기 때문이다. 그들은 모든 악의 원천이자 원인인 가장 치명적이며 위험한 짐승인 회의, 의심, 하나님에 대한 경멸과 증오와 같은 가슴 속에서 어른거리는 더러움과 내면의 독을 생각하지 않는다. 그들은 이 원천들로부터 흘러나오는 작은 강들에 지나지 않는 외면적이고 큰 잘못들과 불의만을 생각한다. 그러므로 그들은 선행만을 받으신다고 한다. 즉 하나님은 우리의 행위, 실제로 의무로서의 행위가 아니라 부합한 행위(works of congruence)

만을 받으신다는 것이다. 이와는 반대로 우리는 모든 행위들을 배제하고 이성이라고 부르며 모든 악의 원천이자 원류인 이 짐승의 머리로 바로 간다. 왜냐하면 이성은 하나님을 두려워하지 않으며 하나님을 사랑하지 않으며 하나님을 신뢰하지 않고 교만하게 하나님을 경멸하기 때문이다. 이성은 하나님의 위협이나 약속들로 움직여지지 않는다. 이성은 하나님의 말씀이나 역사(役事)들로 기뻐하지 않고 하나님에 대하여 불평불만을 늘어놓고 하나님에 대하여 화를 내며 하나님을 판단하고 미워한다. 간단히 말하면, "하나님과 원수가 되나니", 로마서 8장[:7], 하나님께 영광을 돌리지 않는다. 이 치명적인 짐승(이성을 말한다)이 일단 베임을 당하면 모든 외적인 큰 죄들은 없어지게 된다.

그러므로 우리는 모든 것들보다 먼저 믿음으로써 불충, 하나님에 대한 경멸과 증오, 하나님의 심판과 진노와 그분의 모든 말씀과 역사(役事)들에 대한 불평을 죽이고자 하여야 한다. 그때 우리는 이성을 죽이게 된다. 이성은 하나님이 어리석고 불합리하고 이성으로 불가능한 것들을 말씀하신다고 하더라도 하나님을 믿음으로써 하나님께 영광을 돌리는 믿음에 의해서만 죽여질 수 있다. 그럼에도 불구하고 하나님이 이성과는 다른 방식으로 스스로를 드러내신다는 것은 다음과 같은 방식으로 판단하거나 인식될 수 있다: 나는 그대를 율법을 준수해서가 아니라, 그대의 행위와 공로로 인해서가 아니라 그대의 죄를 위하여 태어나 고난받고 십자가에 못 박혀 죽은 나의 독생자 예수 그리스도에 대한 그대의 믿음으로 인하여 그대를 의롭다고 선언하고 받을 것이다. 그대 안에 남아 있는 죄를 나는 그대에게 돌리지 않을 것이다. 이성이 죽여지지 않고 하나님 앞에서 의롭게 되기 위하여 사람들에 의해 만들어진 하늘 아래에서의 하나님에 대한 온갖 종류의 종교와 의식이 정죄되지 않는다면, 믿음의 의는 생겨날 수 없다.

이성이 이것을 들을 때 점점 이성은 화가 난다. 이성은 하나님에 대하여 자신의 온갖 악의를 드러내며 이렇게 말한다: 그렇다면 선행은 아무것도 아니란 말인가? 그렇다면 내가 이날까지 땀흘리고 짐을 짊어진 것은 헛되다는 말인가? 이에 대하여 주와 그리스도에 대항하여 열방들과 왕들의 소요가 일어난다[시편 2:2]. 세상은 세상의 지혜와 의와 경건과 예배들을 질책하고 정죄할 수 없기 때문이다. 교황은 모든 그의 요란한 말들에 있어서 오류를 범하는 듯이 보이지 않을 것이고 더군다나 스스로를 정죄하지는 않을 것이다.

그러므로 성경을 연구하는 자들에게 다음과 같은 말씀에서 배우게 하라: "아브라함이 하나님을 믿으니 이를 그의 의로 여기셨다." 이 말씀은 다음과 같이 참된 기독교적 의를 진실로 그리고 올바르게 표명하고 있다: 그것은 하나님의 아들에 대한 믿음이자 신뢰 또는 예수 그리스도로 말미암은 하나님에 대한 마음의 신뢰이다. 그리고 그들로 하여금 이 구절을 차이로서 덧붙이도록 하라: 믿음과 신뢰는 그리스도 덕분으로 의로 여기심을 받는다. 이 두 가지(내가 앞에서 말했듯이)가 기독교적 의를 가져온다: 즉 그리스도를 확실하게 믿는 바 하나님의 선물인 마음 속에서의 믿음, 내가 믿기 시작한 그리스도 덕분으로 하나님이 이 불완전한 믿음을 완전한 의로 여기시는 것. 그리스도에 대한 이러한 믿음으로 인하여 하나님은 나를 향하신 하나님의 선의에 대한 나의 의심, 나의 불신, 영의 침체, 여전히 내 속에 있는 다른 죄들을 보지 않으신다. 내가 육 가운데 살아 있는 동안 죄는 진정 내 속에 있다. 그러나 나는 병아리가 암탉의 날개 아래 있듯이 그리스도의 날개의 그늘 아래 덮여서 아무 두려움 없이 내 위에 펼쳐져 있는 죄사함이라는 저 풍요롭고 커다란 하늘 아래에 거하기 때문에 하나님은 내 속에 있는 나머지 죄를 덮어주시고 용서해주신다. 즉 내가 그리스도에게 둔 그 믿음으로 인하여 하나님은 나의 불완전한 의를 완전한 의로 받으시고 실제로 죄임에도 불구하고 나의 죄를 죄로 여기지 아니하신다.

그래서 우리는 하나님이 우리의 죄를 보지 않도록 하기 위하여 "낮에는 구름 기둥 밤에는 불기둥"[출애굽기 13:21]이신 그리스도의 육체의 그늘 아래에 우리 자신을 숨긴다. 그리고 우리는 우리의 죄를 보고 양심의 공포들을 느끼지만 우리의 중보자이자 화해자이신 그리스도(그분을 통하여 우리는 완전케 된다)에게로 날아가기 때문에 우리는 확실하고 안전하다: 모든 것들이 그분 안에 있듯이 그분을 통하여 우리는 모든 것들을 갖고 있기 때문이다. 그분은 우리에게 없는 것들을 무엇이든지 마련해주신다. 우리가 이것을 믿을 때 하나님은 우리의 육에 아직도 붙어 있는 나머지 죄를 묵과하고 마치 그것들이 죄가 아닌 양 그 죄들을 덮어주신다. 그대가 나의 아들을 믿기 때문에 그대가 많은 죄를 갖고 있지만 그대가 죽음으로써 그것들로부터 건져질 때까지 그것들은 사해질 것이라고 하나님이 말씀하신다.

그리스도인들로 하여금 궤변론자들이 결코 이해할 수 없는 그리스도의 의라는 이 신앙 항목을 이해할 수 있도록 모든 부지런함으로 배우게 하라.

그러나 그들로 하여금 그들이 그것을 한 번의 수업으로 다 배울 수 있다고 생각하지 않게 하라. 그러므로 그들로 하여금 바울을 자주 그리고 정말 부지런히 읽게 하고 처음과 나중을 비교해 보게 하라. 그들로 하여금 바울을 자기 자신과 철저하게 비교해보게 하라. 그러면 그들은 그리스도의 의가 이 두 가지로 이루어진다는 것이 사실임을 알게 될 것이다: 즉, 하나님께 영광을 드리는 믿음과 하나님의 전가.

믿음은 연약하기 때문에(내가 이미 말했듯이) 하나님의 전가가 꼭 결합되어야 한다. 즉, 하나님은 나머지 죄를 우리의 책임으로 돌리지 않으실 것이고 그 죄를 벌하거나 그 죄로 인하여 우리를 정죄하지 않으실 것이다. 오히려 그 죄가 아무것도 아닌 양 그 죄를 덮어주시고 거저 그 죄를 사하실 것이다. 이는 우리로 인해서도 아니고 우리가 그럴 만한 자격이 있거나 우리의 행위로 인해서도 아니며 오직 우리가 믿는 예수 그리스도를 인하여서이다.

이렇게 그리스도인은 의로운 동시에 죄인이며, 거룩한 동시에 속되며, 하나님의 원수인 동시에 하나님의 자녀이다. 이러한 모순들을 궤변론자들은 인정하지 못할 것이다. 왜냐하면 그들은 칭의의 참된 방식을 알지 못하기 때문이다. 그리고 이것은 그들이 그토록 오랫동안, 즉 사람들이 자기 자신 속에서 죄를 전혀 느끼지 못할 때까지 사람들을 행위에 얽매어놓은 이유였다. 그렇게 함으로써 그들은 많은 사람들(완벽하게 의로워지려고 온갖 노력을 다했음에도 거기에 도달할 수 없었던)을 미치게 만들었다. 그렇다, 이 마귀적인 견해의 장본인들이었던 사람들 가운데 수없이 많은 사람도 죽음의 순간에 절망에 빠져들었다. 그리스도께서 나를 불쌍히 여기셔서 이 오류로부터 건져주지 않으셨다면 이런 일은 내게도 일어났을 것이다.

이와는 반대로 우리는 괴로움을 당하는 죄인에게 다음과 같은 식으로 가르치고 위로한다: 형제여, 그대가 이 세상의 삶 속에서 의롭게 되는 것은 불가능하다. 그대가 죄를 전혀 느끼지 못하거나 그대의 육신이 태양처럼 한 점 흠 없고 점 없이 맑게 되는 것은 불가능하다. 그대는 아직 점과 흠을 갖고 있지만 그럼에도 불구하고 거룩하다. 그러면 그대는 이렇게 말할 것이다: 내가 내 속에 죄를 지니고 있고 그 죄를 느끼는데 어떻게 내가 거룩할 수 있느냐? 이에 대해 나는 이렇게 대답한다: 그대가 그대의 죄를 느끼고 인정한다는 것은 선한 징표이다. 하나님께 감사를 드리고 절망하지 말아라. 병자가 자신의 연약함을 인정하고 고백할 때 그것은 건강으로의 첫걸음이다. 그러나 어떻게 내가 죄로부터 구원받을 수 있을까? 마음이 상한 자들을 고치시고 죄인들을 구원하시는 의사이신 그리스도에게로 달려가라. 하나님은 죄인들에게 화를 내신다고 그대에게 말하는 이성의 판단을 좇지 말아라. 이성을 죽이고 그리스도를 믿으라. 그대가 믿는다면, 그대는 의롭다. 이는 그대가 전능하시며 자비로우시며 참되신 하나님께 영광을 돌리기 때문이다. 그대는 하나님을 의롭다 하고 찬양하고 있다. 간단히 말해서 그대는 하나님께 그분의 하나님 됨과 그분께 속하는 모든 것을 돌려드리고 있는 것이다. 그리고 그대 안에 남아 있는 죄는 그대의 책임으로 돌려지지 않고 그대가 믿는 완벽하게 의로우신 그리스도로 인하여 용서를 받는다. 그분의 의는 그대의 의이며 그대의 죄는 그분의 죄이다.

여기서 우리는 모든 그리스도인이 참된 사제임을 알게 된다. 왜냐하면 먼저 그는 자기 자신의 이성과 육의 지혜를 죽여서 드린다. 다음으로 그는 의로우시며 참되시며 오래 참으시며 자비로우신 하나님께 영광을 드린다. 그리고 이것은 아침 저녁으로 드려져야 하는 새 언약의 매일마다의 희생제사이다. 저녁의 희생제사는 이성을 죽이는 것이다. 아침의 희생제사는 하나님께 영광을 돌리는 것이다. 따라서 그리스도인은 매일 지속적으로 이 두 번의 희생제사와 그 실행에 참여하고 있다. 그리고 아무도 이 그리스도인의 희생제사의 뛰어남과 고상함을 충분하게 설명할 수 없다.

그러므로 그리스도의 의는 이미 내가 말했듯이 그리스도에 대한 우리의 믿음으로 인하여 또는 그리스도를 위하여 의에 대한 하나님의 전가이다. 교황을 옹호하는 학자들이 이성으로는 알 수 없는 이 이상하고 기이한 정의를 들을 때 그들은 이를 비웃는다. 왜냐하면 그들은 의는 영혼에 부어지는 어떤 속성이며 그 이후에 사람의 모든 부분들에 퍼진다고 생각하기 때문이다. 그들은 올바른 판단, 선의 또는 훌륭한 재능이 참된 의라고 가르치는 이성의 생각을 떨쳐버릴 수 없다. 그러므로 이 말로 다할 수 없는 은사는 모든 이성보다 훨씬 뛰어나며, 하나님은 어떠한 행위가 없어도 우리를 위해 세상에 보내심을 받아 태어나서 고난을 받고 십자가에 못 박혀 죽은 하나님의 아들을 오직 믿음만으로 부여안는 자를 의롭다고 여기시며 인정하신다.

이 문제는 말로 할 때는 쉽다(즉, 교황주의자들은 아리스토텔레스로부터 추리하여 의는 우리 안에 있는 것이 아니라 우리 바깥에 오직 하나님의 은혜와 그분의 전가 속에 있다고 말한다. 그리고 우리 안에는 연약한 믿음 또는 믿음의 첫열매 외에는 핵심적인 의의 실질이 없으며 바로 이 믿음으로 우리는 그리스도를 이해하기 시작하고 죄는 여전히 우리 안에 남아 있다고 말한다). 그러나 실제로 그것은 결코 작거나 가벼운 문제가 아니고 매우 무겁고 중대한 중요성을 지니고 있다. 우리에게 주어지고 우리가 믿음으로써 이해하는 그리스도는 우리를 위하여 결코 작은 일을 하신 것이 아니었다. (바울이 이전에 말했듯이) "그는 나를 사랑하사 나를 위하여 자기 몸을 버리신 … 그는 우리를 위하여 저주를 받은 바 되사"〔갈라디아서 2:20; 3:13〕. 그리고 이것은 헛된 사변이 아니다. 그리스도는 나를 영원한 죽음으로부터 건지시기 위하여 나의 죄로 인하여 건네졌고 나를 위하여 저주를 받으셨다. 그러므로 그 아들을 믿음으로써 이해하고, 하나님에 의하여 우리를 위하여 우리에게 주어진 그분을 마음으로 믿는 것은 하나님이 그 믿음을 — 비록 불완전하기는 하지만 — 완전한 의로 여기시게 만든다. 그리고 여기에 우리는 우리가 무엇을 하여야 하고 무슨 행위를 하여야 우리가 은혜와 죄사함을 받을 수 있는가를 논하는 이성의 세계와는 거리가 먼 또 다른 세계에 와 있게 된다. 우리는 지극히 높고 하늘에 속한 신학에 관심을 갖는다. 여기서 우리는 그리스도께서 우리를 위하여 죽으셨고 이것을 믿는 우리는 여전히 우리 속에 죄가 남아 있고 그것도 큰 죄들임에도 불구하고 의로 여기심을 받는다는 복음 또는 기쁜 소식을 듣는다.

따라서 그리스도도 믿음의 의를 밝힌다. 그분이 말씀하시기를 "아버지께서 친히 너희를 사랑하심이니라"〔요한복음 16:27〕. 어째서 하나님이 너희를 사랑하시느냐? 그대들이 율법의 의로 책망받을 것이 없고 할례를 받았으며 선행과 금식 등등을 행한 바리새인이기 때문이 아니라 "내가 너희를 세상으로부터 택하였고"〔요한복음 15:19〕 그대들은 아무것도 하지 않았지만 "너희가 나를 사랑하고 내가 아버지로부터 왔음을 믿었기" 때문이다. 아버지로부터 세상으로 보내심을 받은 '나'라는 이 대상이 너희를 기쁘게 하였다. 그리고 너희가 이 대상을 이해하고 부여안았기 때문에 아버지께서 너희를 사랑하고 너희가 그분을 기쁘시게 하고 있다. 그리고 그럼에도 불구하고 다른 곳에서 하나님은 그들을 악하다고 하고 그들에게 그들의 죄를 용서해주기를 청하도록 명한다. 이 두 가지 것은 상반되는 것이다: 즉, 그리스도인이 의롭고 하나님의 사랑을 받고 있음에도 불구하고 그는 죄인이라는 것.

하나님은 자기 자신의 본성을 부인할 수 없다. 즉, 하나님은 죄와 죄인들을 미워하지 않을 수 없다. 그리고 하나님은 필연적으로 그럴 수밖에 없다. 그렇지 않다면 하나님은 불의하고 죄를 사랑하여야 하기 때문이다. 그런데 어떻게 이 두 모순된 것이 함께 설 수 있는가: 나는 죄인이고 하나님의 진노를 받아 마땅하다; 그런데도 하나님은 나를 사랑하신다? 여기에는 중보자이신 그리스도 외에 다른 아무것도 끼어들 수 없다. 그러므로 아버지께서는 너희가 사랑받을 만하기 때문이 아니라 너희가 나를 사랑하고 내가 하나님으로부터 왔음을 믿었기 때문에 너희를 사랑하는 것이라고 그리스도는 말씀하신다.

따라서 그리스도인은 진정으로 겸손하게 거하며 자기 안에 실제로 죄를 느끼면서 진노와 하나님의 심판, 영원한 죽음을 받아 마땅한 것으로 고백하기 때문에 이 세상의 삶에서 겸손할 수 있다. 그럼에도 불구하고 그는 그리스도에게 향할 때 여전히 순전하고 거룩한 긍지를 계속해서 지니고 있고, 그리스도를 통하여 그는 하나님의 진노와 심판에 관한 이러한 감정을 떨치고 일어나며, 자기 자신으로 인해서가 아니라 아버지께서 사랑하시는 그리스도로 인하여 나머지 죄들이 그에게 돌려지지 않을 뿐만 아니라 자기가 아버지께 사랑을 받고 있음을 믿는다.

이렇게 해서 우리는 어떻게 믿음이 행위 없이 우리를 의롭게 하며 그럼에도 불구하고 어찌해서 의의 전가가 꼭 필요한가를 알 수 있게 된다. 하나님이 전적으로 미워하는 죄들이 여전히 우리 속에 있다. 그러므로 우리는 의의 전가를 가질 필요가 있는데, 이것은 믿음으로 말미암아 우리에게 주어지고 우리가 받은 바 있는 그리스도로 인하여 그리고 그리스도를 통하여 얻어진다. 우리가 이 세상에 사는 동안에 우리는 죄의 몸이 멸하고 우리가 저 위대한 날에 새로운 피조물로 들어올려질 때까지 하나님의 자비와 오래 참으심의 품 속에서 살아가고 자양분을 얻는다. 그때 의가 거하는 새 하늘과 새 땅이 있을 것이다. 하지만 이 세상의 하늘 아래 있는 동안에는 죄와 악한 자들이 거하고 경건한 자들도 자기 속에 죄를 지니고 있다.

이런 이유로 바울은 로마서 7장〔:23〕에서 성도들 속에 남아 있는 죄에 관하여 불평을 한다. 그럼에도 불구하고 그는 나중에 로마서 8장〔:1〕에서 그리스도 예수 안에 있는 자들에게는 저주가 없다고 말한다. 그렇다면 이토록 모순되고 반대되는 이러한 것들, 우리 안에 있는 죄는 죄가 아니라는 것, 저주받을 자가 정죄받지 않을 것이라는 것, 거부될 자가 거부되지 않을 것이라는 것, 하나님의 진노와 영원한 죽음에 처해져야 마땅한 자가 벌받지 않을 것이라는 것 등이 어떻게 서로 조화될 수 있을까? 바울이 "그리스도 예수 안에 있는 자에게는 결코 정죄함이 없나니"라고 말한 것처럼 이를 조화시킬 수 있는 유일한 분은 하나님과 사람 사이의 중보자, 사람이신 예수 그리스도이시다.

그리스도께서 우리를 위하여 저주를 받은 바 되사 율법의 저주에서 우리를 속량하셨으니 (기록된 바 나무에 달린 자마다 저주 아래 있는 자라 하였음이라) (신명기 21:23)

여기서 다시 한번 제롬과 또 제롬을 추종하는 교황의 궤변론자들은 경건한 열심으로 그리스도께서 저주를 받으셨고 쓰레기처럼 버림을 받으셨다고 하는 질책을 그리스도로부터 벗겨 주려고 함으로써 많이 곤혹스러워하면서 이 아주 편안한 구절을 비참하게 괴롭힌다. 그들은 다음과 같은 방식으로 이 어구를 변화시킨다: 바울은 여기서 진지하게 말하지 않았다. 그러므로 그들은 아주 악하게도 바울의 성경 말씀이 스스로 부합하지 않는다고 단정하고 있는 것이다. 그리고 이것을 그들은 다음과 같은 방식으로 입증한다: 바울이 여기서 인증하고 있는 모세의 선고(그들은 이렇게 말한다)는 그리스도에 관한 것이 아니다. 더구나 바울이 인증하고 있는 ' … 자마다'라는 어구는 모세의 글에는 없다. 또한 바울은 모세의 글에는 있는 '하나님의'라는 단어를 빠뜨리고 있다. 결론적으로 말하자면, 신명기 21장에서 분명히 증거되고 있듯이 모세는 자신의 악행으로 인하여 교수형을 받을 도적이나 악인에 관하여 말하고 있다는 것은 명약관화하다. 그러므로 그들은 악인이나 도적이 아닌 의롭고 거룩한 그리스도가 하나님에 의해 정죄를 받아 나무에 매달린다는 일이 어떻게 가능할 수 있는가 하고 묻는다. 궤변론자들이 그것을 재치있게 말할 뿐만 아니라 아주 경건하게 이야기함으로써 그리스도의 존귀와 영광을 옹호하고 모든 그리스도인들에게 그들이 그리스도가 저주를 받아야 한다고 할 정도로 그렇게 악하게 생각하지 말도록 경고한다고 생각하면 단순하고 무지한 사람들은 어쩌면 감동을 받을 수 있을지도 모른다. 그러므로 바울의 말의 의미와 목적이 무엇인지를 살펴보도록 하자.

그러나 여기서 다시 한번 우리는 바울의 말이 분명하게 보여주고 있는 것처럼 어떤 구별을 하여야 한다. 왜냐하면 바울은 그리스도가 자기 자신을 위해서가 아니라 "우리를 위하여" 저주를 받았다고 말하기 때문이다. 그러므로 이 문제의 모든 무게는 "우리를 위하여"라는 말에 놓여 있다. 그리스도는 자기 자신에 관하여는 무죄하고, 따라서 나무에 달릴 필요가 없기 때문이다. 그러나 모세의 율법에 따르면 도적과 악인은 나무에 달려져야 하기 때문에 그리스도도 모세의 율법에 따라 나무에 달려져야 한다. 왜냐하면 그리스도는 죄인과 도적, 그것도 한 사람이 아니라 모든 죄인과 도적들 대신 죄를 짊어졌기 때문이다. 우리는 죄인이자 도적이므로 죽음과 영원한 저주를 받아 마땅하다. 그러나 그리스도는 우리의 모든 죄들을 짊어지시고 그 죄들로 인하여 십자가 위에서 죽으셨다. 그러므로 그리스도는 범죄자가 되어 (이사야 53장이 말하고 있듯이) "범죄자 중 하나로 헤아림을" 입어야 했다. 그리고 틀림없이 모든 선지자들은 그리스도께서 온 세상에 있었고 있을 수 있는 가장 큰 범죄자, 살인자, 간음을 행한 자, 도적, 반역자, 신성모독을 행한 자가 되어야 한다는 것을 영으로 예견하였다. 온 세상의 죄를 위한 희생제물이 된 그리스도는 이제 무죄한 사람도 아니고 죄 없는 사람도 아니고 동정녀 마리아에게서 난 하나님의 아들도 아니다. 그는 신성모독을 행한 압제자이며 핍박자였던 바울의 죄, 그리스도를 부인한 베드로, 간음을 행한 살인자였고 이방인들로 하여금 여호와의 이름을 욕되게 하게 한 다윗의 죄를 짊어진 죄인, 간단히 말해서 자기 육신에 모든 인간의 모든 죄들을 짊어진 죄인으로서 자신의 피로써 그 죄들에 대해 보속하였다. 그러므로 모세의 이 일반적인 선고는 그리스도를 포함한다(비록 자기 자신으로는 그리스도는 무죄했지만). 왜냐하면 그것은(이 일반적인 선고) 그리스도를 죄인들과 범죄자들 가운데서 발견하였기 때문이다. 마치 그리스도는 결코 죽음에 해당하는 어떤 죄를 범하지 않았지만 재판관은 그를 다른 도적들 가운데서 발견한 도적으로 체포하여 처벌하듯이. 이제 그리스도는 죄인들 가운데 발견되었을 뿐만 아니라 자신의 의지와 아버지의 뜻에 따라 죄인들의 친구가 될 것이었고 죄인들과 범죄자들이었던 사람들, 온갖 종류의 죄에 빠져있던 사람들의 살과 피를 짊어질 것이었다. 그러므로 율법이 그리스도를 도적들 가운데서 발견했을 때 율법은 그를 도적으로 정죄하고 죽였다.

교황의 궤변론자들은 그리스도를 죄와 죄인들로부터 구별해놓고 오직 그리스도를 우리가 따라야 하는 모범으로만 제시함으로써 그리스도에 관한 이러한 지식과 진정으로 하늘에 속한 위로(즉, 그리스도는 우리를 율법의 저주로부터 속량하기 위하여 우리를 위하여 저주를 받으셨다는 것)를 망쳐놓는다. 이렇게 함으로써 그들은 그리스도를 우리에게 무익한 것으로 만들 뿐만 아니라 우리의 죄에 대하여 화를 내고 죄인들을 정죄하는 심판자와 독재자로 만들어 버린다. 그러나 우리는 그리스도가 우리의 살과 피로 둘러져 있듯이 우리의 죄와 악행과 죽음과 모든 악들로 둘러져 있다는 것을 알아야 한다.

그러나 어떤 사람들은 이렇게 말할 것이다: 하나님의 아들을 저주받은 죄인이라고 말하는 것은 너무 터무니없이 비방하는 것이다. 이에 대해 나는 이렇게 대답한다: 그대가 그리스도가 죄인이고 저주받았음을 부인하고자 한다면, 그분이 고난을 받고 십자가에 못 박혀 돌아가셨다는 것도 부인하라. 왜냐하면 하나님의 아들(우리의 믿음이 고백하고 주장하듯이)이 십자가에 못 박혀서 죄와 죽음의 고통을 맛본다고 말하는 것은 그분이 죄인이며 저주를 받았다고 말하는 것 못지않게 터무니 없는 말이기 때문이다. 그러나 그리스도께서 두 강도 사이에서 십자가에 못 박히셨다는 것을 고백하고 믿는 것이 불합리하지 않다면 그분이 저주를 받았고 모든 죄인들 가운데서 가장 큰 죄인이었다고 말하는 것도 불합리하지 않다. 바울의 이 말은 빈 말이 아니다: "그리스도께서 우리를 위하여 저주를 받으셨다"; "하나님이 죄를 알지도 못하신 자로 우리를 대신하여 죄를 삼으신 것은 우리로 하여금 저의 안에서 하나님의 의가 되게 하려 하심이니라", 고린도후서 5장〔:21〕.

마찬가지로 세례 요한은 그리스도를 "하나님의 어린 양"〔요한복음 1:29〕으로 부르고 있다. 그리스도는 흠 없고 점 없는 하나님의 어린 양이기 때문에 진실로 무죄하다. 그러나 그는 세상 죄를 짊어지셨기 때문에, 그의 무죄함은 온 세상의 죄로 지워져 있다. 나와 그대와 우리가 어떤 죄를 범했든지 또는 앞으로 범하든지 그것들은 마치 그리스도께서 그 죄들을 범한 양 진실로 그리스도 자신의 죄이다. 간단히 말하자면, 우리의 죄들은 그리스도 자신의 죄가 되어야 한다. 그렇지 않는다면 우리는 영원히 망할 것이다. 바울과 선지자들이 아주 극명하게 우리에게 전해준 그리스도에 관한 이러한 참된 지식을 악한 궤변론자들은 어둡게 만들었고 훼손시켰다.

이사야는 그리스도에 관하여 이렇게 말한다: "여호와께서는 우리 무리의 죄악을 그에게 담당시키셨도다", 이사야 53장〔:6〕. 우리는 이 말씀을 있는 그대로의 의미로 받아들여야 하며 그 의미를 축소시켜서는 안된다. 하나님께서는 선지자의 말을 통해 장난을 하시는 것이 아니라 진지하고 커다란 사랑으로 말씀하고 계시기 때문이다: 즉, 하나님의 어린 양 그리스도는 우리 모두의 죄악을 짊어질 것이라고 말이다. 그러나 무엇을 짊어지는가? 궤변론자들은 대답한다: 벌받아야 할 것. 아주 좋다. 그러나 어째서 그리스도께서 벌을 받는가? 그리스도가 죄를 짊어졌기 때문이 아닌가? 그리스도께서 죄를 짊어지셨다고 성령은 시편 40편〔:12〕에서 증거한다: "무수한 재앙이 나를 둘러싸고 나의 죄악이 내게 미치므로 우러러 볼 수도 없으며 죄가 나의 머리털보다도 많으므로"; 또한 시편 41편〔:4〕과 69편〔:5〕도 마찬가지이다. 이 시편들에서 성령은 그리스도가 되어 말을 하고 있으며 자기가 죄들을 지녔다는 것을 분명한 말로 증거하고 있다. 이 증언은 무죄한 자의 음성이 아니라 모든 죄인의 인격을 짊어지고 온 세상의 죄를 짊어진 고난받는 그리스도의 음성이다.

그래서 그리스도는 십자가에 못 박혀 돌아가셨을 뿐만 아니라 죄도 그분에게 짊어지워졌다 (하나님의 사랑으로 말미암아). 죄가 그분에게 짊어지워졌을 때, 율법이 와서 이렇게 말한다: 모든 죄인은 죽어야 한다. 그러므로 오 그리스도여, 죄를 지은 자가 되어 죄인들을 위하여 벌을 받았으니 그대는 죄와 악행을 짊어지고 있음에 틀림없다. 그러므로 바울은 그리스도와 관련하여 모세의 글로부터 이 일반적인 율법을 인증한 것은 아주 잘한 일이다: "나무에 달린 자마다 하나님에게 저주를 받은 자라." 그리스도는 나무에 달리셨다. 그러므로 그리스도는 하나님에게 저주를 받았다.

그리고 그리스도를 우리의 죄로 옷입히고 그분을 나의 죄와 그대의 죄와 온 세상의 죄로 감싸고 우리의 모든 범죄를 짊어지신 그분을 바라보는 것은 모든 경건한 자들에게 유일한 위로이다. 이런 식으로 그분을 바라보면 행위로 인한 칭의를 주장하는 궤변론자들의 모든 공상적인 의견들은 쉽사리 사라질 것이다. 그들은 사랑의 행위로 형성된〔그리고 치장된〕 어떤 믿음(fides formata caritate)을 상상하기 때문이다(내가 이미 말했듯이). 그리고 이를 통하여(그들은 말한다) 죄들은 없어지고 사람은 〔하나님 앞에서〕 의롭게 된다. 그리고 그리스도를 풀어서 그로부터 우리의 죄들을 벗겨내고 그를 무죄하게 만들고 우리 자신을 우리의 죄로 고발하고 당혹스럽게 만들며 그리스도 안에서가 아니라 우리 안에서 그 죄들을 바라보게 하는 것 말고 무엇이란 말인가?(나는 너희를 위하여 기도한다). 그리스도를 깨끗이 씻어서 그를 우리에게 전적으로 무익하게 만드는 것 말고 무엇이란 말인가? 우리가 율법의 행위와 사랑의 행위를 통하여 죄를 없이 하는 것이 옳다면, 그리스도는 그 죄들을 없애지 않은 것이 된다. 그리스도가 영원 전부터 세상 죄를 없이 하기로 예정된 하나님의 어린 양이라면, 게다가 그리스도가 자신의 의지로 우리의 죄로 둘러싸여서 우리를 위하여 저주받았다고 한다면, 우리는 사랑의 행위를 통하여 의롭게 되거나 죄를 없이 할 수 없다는 결론이 나온다. 하나님은 우리의 죄를 우리에게가 아니라 자기 아들 그리스도에게 짊어지게 하셨기 때문에 그 벌을 짊어지신 그분은 우리의 평화이시며 그가 채찍에 맞음으로 우리가 나음을 입을 수 있었다〔이사야 53:5〕. 그러므로 그 죄들은 우리에 의해 없어질 수 없다. 이것을 모든 성경은 증거하고 있다. 그리고 우리도 그리스도인의 신앙의 신조로서 동일한 것을 고백한다: "나는 우리를 위하여 고난 받으시고 십자가에 못 박혀 돌아가신 하나님의 아들 예수 그리스도를 믿는다."

그러므로 복음의 가르침(이것은 다른 모든 것보다 가장 감미롭고 뛰어난 위로로 가득 차 있다)은 우리의 행위나 율법의 행위에 관하여서는 아무것도 말하지 않고 우리 가치없고 상실된 사람들을 향하신 하나님의 형언할 수 없고 측량할 수 없는 자비와 사랑에 관하여서만 말하고 있는 것처럼 보인다: 즉, 우리의 가장 자비로우신 아버지께서는 우리가 율법의 저주로 압제받고 짓눌리며 짓밟히면서도 우리 자신의 힘으로 율법의 저주로부터 빠져나올 수 없는 모습을 보시고 자신의 독생자를 세상에 보내어 그에게 모든 인간의 모든 죄를 담당시키시고 이렇게 말씀하셨다는 것이다: 너는 주를 부인한 베드로, 핍박자이며 신성모독을 행한 자이며 잔혹한 압제자였던 바울, 간음을 행한 다윗, 낙원에서 사과를 먹은 저 죄인, 십자가에 달린 저 강도, 그리고 간단히 말해서 그대 모든 인간의 죄들을 범한 자이다; 그러므로 너는 그 죄들을 갚고 보속한다는 것을 알라. 여기에 이제 율법이 와서 말한다: 나는 그를 죄인으로 발견한다. 그는 모든 사람들의 죄를 짊어졌기 때문에 나는 그에게서만 죄를 본다. 그러므로 그는 십자가 위에서 죽어야 한다. 그래서 율법은 그에게 죄를 정하여 그를 죽인다. 이렇게 함으로써 온 세상은 모든 죄로부터 깨끗케 되고 죽음과 모든 악으로부터 건져진다. 이제 죄와 죽음은 바로 이 한 사람에 의해 폐기되었기 때문에 우리는 하나님을 믿기만 한다면 온 세상에서 아무 죄도 보지 않고 단지 깨끗케 됨과 의만을 볼 것이다. 그리고 어떤 죄가 남아 있다고 한다면 그리스도 안에 있는 큰 영광을 인하여 하나님은 그 죄들을 인식하지 않을 것이다.

따라서 우리는 율법과 행위의 의에 대항하여 그리스도의 의라는 신조를 찬양하여야 한다. 그 의의 측량할 수 없는 위대함은 어떠한 말로도 풍부하게 표현할 수 없다. 그러므로 바울이 이 곳에서 다루고 있는 논지는 다른 무엇보다도 율법의 의에 대항하여 가장 강력하다. 왜냐하면 그것은 다음과 같은 무적의 반론을 담고 있기 때문이다: 즉, 온 세상의 죄들이 한 사람 예수 그리스도 안에 있다면, 그 죄들은 이 세상에 있지 않다. 그러나 그 죄들이 예수 그리스도 안에 없다면, 그 죄들은 여전히 세상에 있다. 또한 그리스도께서 우리 모두가 범한 모든 죄들로 인하여 죄인으로 되었다고 한다면 우리는 우리 스스로 또는 우리 자신의 행위나 공로로써가 아니라 그리스도로 말미암아 모든 죄로부터 완전히 구원받는다. 그러나 그리스도가 무죄하고 우리의 죄를 짊어지지 않았다고 한다면, 우리는 그 죄들을 짊어지고 그 죄들 가운데서 저주를 받고 죽을 것이다. "우리 주 예수 그리스도로 말미암아 우리에게 이김을 주시는 하나님께 감사하노니 … "〔고린도전서 15:57〕.

율법의 이중적 사용에 관하여

여기서 우리는 율법의 이중적 사용이 있다는 것을 이해하여야 한다. 하나는 시민적인 사용이다: 하나님은 시민법, 곧 범죄들을 처벌하는 모든 법들을 예정하셨다. 그러므로 모든 법은 죄를 억제하기 위하여 있다. 법이 죄를 억제한다면, 그것은 사람을 의롭게 만드는가? 아니, 전혀 그렇지 않다. 내가 살인하지 않고 간음하지 않고 도적질하지 않는다고 해서 또는 내가 다른 죄들을 피한다고 해서 나는 그러한 것을 기꺼이 또는 미덕에 대한 사랑에서 하는 것은 아니다. 나는 감옥과 칼과 사형집행인을 두려워한다. 이러한 것들은 끈과 사슬로써 사자나 곰이 닥치는 대로 물어뜯고 삼키지 못하도록 속박하듯이 내가 범죄하지 않도록 나에게 재갈을 물리고 속박한다. 그러므로 죄를 억제하는 것은 의가 아니며 오히려 의롭지 않음을 드러내는 것이다. 미친 짐승 또는 야생 동물이 닥치는 대로 모든 것을 파괴하지 않도록 하기 위하여 그 짐승들을 묶어놓듯이 율법은 미쳐 날뛰는 사람을 그가 자신의 욕구에 따라 범죄하지 않도록 재갈물린다. 이러한 억제는 그렇게 할 필요가 있는 그들(그리스도가 없는 모든 사람들이 그러하다)이 의롭지 않으며 악하고 미친 사람들이기 때문에 율법의 끈과 감옥으로써 재갈을 물려야 그들이 범죄하지 않는다는 것을 아주 분명하게 보여준다. 그러므로 율법은 우리를 의롭게 하지 못한다.

그러므로 율법의 첫번째 사용은 악한 자들을 재갈물리는 것이다. 마귀가 온 세상을 지배하고 사람들로 하여금 온갖 무시무시한 악한 일들을 저지르도록 하고 있기 때문이다. 그러므로 하나님은 재판관들, 부모, 교사, 율법, 속박, 모든 시민 법령을 예정하였는데, 이는 그것들이 더 많은 것은 못할지라도 적어도 마귀의 손을 묶어서 그가 자신의 종들 속에서 자기의 욕구를 따라 날뛰지 못하게 하기 위함이다. 그러므로 귀신들린 자들, 그 안에서 마귀가 강력하게 지배하는 자들이 다른 사람을 해치지 못하도록 그들을 끈과 사슬로 묶어 놓듯이, 마귀에게 사로잡혀서 온갖 종류의 악한 일들을 자행하는 세상에도 재판관이 자신의 끈과 사슬을 가지고 존재한다. 즉 마귀가 모든 악행을 저지르지 않도록 하기 위하여 자신의 법으로 그의 손발을 묶는다는 말이다. 그리고 그가 이런 식으로 해도 재갈물려지지 않으면 그는 자신의 머리를 잃게 된다.

이러한 시민적 제재는 매우 필요한 것으로서 공공의 안녕을 위해서와 마찬가지로 모든 것들의 보존을 위하여, 그리고 특히 복음의 전파가 잔인무도한 사람들의 소동과 소란으로 방해받지 않도록 하기 위하여 하나님에 의하여 명해졌다. 그러나 바울은 여기서 율법의 시민적 사용[과 직무]에 관하여 말하고 있지 않다. 그러한 것은 실제로 매우 필요하지만 우리를 의롭게 하지는 못한다. 그러므로 귀신들린[또는 미친] 사람은 자신의 손과 발이 묶여있기 때문에 [마귀의 함정으로부터] 자유롭지 않고 그의 정신이 온전하지 않듯이, 세상은 외적인 악과 악행으로부터 율법에 의해 재갈물려져긴 하지만 여전히 의롭지 않고 악을 계속 자행한다. 이러한 제재는 세상이 악하며 잔인무도하고 세상의 왕인 마귀에 의해 [온갖 종류의 악들]이 자행되고 있음을 분명히 보여준다. 그렇지 않다면 세상은 범죄하지 않도록 율법으로 재갈물릴 필요가 없을 것이다.

율법의 또 다른 사용은 신학적 또는 영적 사용이다. 이것은 (바울이 말하고 있듯이) "범죄를 더하는 것"이다. 즉, 사람에게 그의 죄, 그의 눈멂, 그의 비참함, 그의 불경건, 하나님에 대한 무지와 증오와 경멸, 죽음, 음부, 하나님의 심판과 마땅히 받아야 할 진노를 알려준다. 이 사용에 대하여 사도는 로마서 7장에서 두드러지게 역설한다. 이것은 외식하는 자들과 궤변론자들과 신학자들, 율법의 의나 그들 자신의 의에 관한 견해 속에서 행하는 사람들에게는 전혀 알려져 있지 않다. 그러나 하나님이 사람들을 당연히 교만하게 만들고 스스로 하나님을 고도로 기쁘시게 하고 있다고 생각하며 우쭐대는 이 괴물과 이 미친 짐승(나는 의와 경건을 가장하고 있는 것에 대하여 말하고 있다)에 재갈을 물리고 때려잡을 목적으로 하나님은 모든 힘과 용기로써 이 괴물과 맞붙어서 쓰러뜨리고 철저히 그 괴물을 멸할 헤라클레스를 보내야 하였다. 즉 하나님은 시내산에서 율법을 수여하지 않을 수 없었다. 그것은 너무도 장엄하고 무시무시한 광경이어서 모든 사람들은 공포로 몸을 떨었다〔출애굽기 19-20장〕.

　　이것은 율법의 고유한 사용이자 주된 사용으로서 매우 유익하고 꼭 필요하다. 복음서에 나와 있는 바리새인처럼 어떤 사람이 살인도 안했고 간음도 안했으며 도적질도 안했고 겉으로 아무런 죄도 범하지 않았다고 한다면〔누가복음 18:11〕 그는 자기가 의롭다고 할 것이다(그는 마귀에게 씌웠기 때문이다). 그러므로 그는 의에 관한 견해를 품고 있고 자신의 선행과 공로를 가장할 것이다. 그런 사람을 하나님은 오직 율법을 통해서만 진정시키고 겸손하게 해서 자신의 비참한 모습과 저주받을 모습을 인정하게 할 수 있다. 그것은 완악하고 무감각한 위선자들을 쳐서 가루로 만드는 죽음의 망치이며 음부의 천둥이며 하나님의 진노의 번개이기 때문이다. 그러므로 이것은 의에 관한 견해라고 불리는 저 짐승을 번개와 폭풍우와 나팔 소리로써(시내산에서처럼) 두렵게 하고 천둥으로써 엎드려져 혼비백산하게 하는 율법의 고유하고도 절대적인 사용이다. 그러므로 하나님은 선지자 예레미야를 통하여 이렇게 말씀하신다: "내 말이 … 반석을 쳐서 부스러뜨리는 방망이 같지 아니하냐"〔예레미야 23:29〕. 의에 관한 의견이 사람 속에 있는 동안 거기 사람 안에는 이해할 수 없는 교만, 주제넘음, 방심, 하나님에 대한 증오, 하나님의 은혜와 자비에 대한 멸시, 약속들과 그리스도에 대한 무지가 존재한다. 그리스도로 말미암아 값없이 죄사함 받는다는 설교는 그러한 사람의 가슴 속에 들어갈 수 없으며, 그는 그 설교의 맛이나 향기를 느낄 수 없다. 왜냐하면 그 가슴을 둘러싸고 있는 저 막강한 반석이자 단단한 벽인 의의 견해가 그 설교를 거부하기 때문이다.

　그러므로 의의 견해가 크고 무시무시한 괴물, 패역하고 완악하며 목이 곧은 짐승이기 때문에 그것을 멸하고 거꾸러뜨리기 위해서 하나님은 강력한 망치, 즉 율법을 가질 필요가 있다. 율법이 다음과 같은 식으로 죄를 고발하고 드러낼 때 율법은 자신의 고유한 사용과 직무에 있는 것이다: 보라, 그대는 하나님의 모든 계명들을 범하였다 ― 그래서 율법은 양심에 공포를 일으키게 되고 그것은 하나님을 화나게 하였고 영원한 죽음에 처해질 죄를 범했음을 느끼게 된다. 여기서 가슴은 참을 수 없는 율법의 짐을 느끼고 절망으로 거꾸러지고, 큰 근심과 공포로 억눌린 그는 죽음을 원하거나 스스로를 멸하고자 한다. 그러므로 율법은 산을 찢고 반석 곧 교만하고 완악한 위선자들을 부수는 망치, 불, 강한 바람, 무시무시한 지진이다. 엘리야는 이러한 것들에 의해 표시된 이러한 율법의 공포들을 그대로 볼 수 없었기 때문에 자신의 얼굴을 외투로 가렸다〔열왕기 상 19:11ff.〕. 그럼에도 불구하고 폭풍이 그친 것을 그가 보았을 때 여호와가 임재해 계신 부드럽고 은혜로운 바람이 불어왔다. 그러나 불과 바람을 동반한 폭풍과 지진이 지나고서야 여호와는 저 은혜로운 바람 속에서 자신을 드러내신다.

　하나님이 시내산에서 자신의 율법을 주셨을 때의 무시무시한 광경과 장엄한 모습은 율법의 사용을 대변해주었다. 애굽으로부터 나온 이스라엘 백성 가운데는 단 하나의 거룩함이 있었다. 그들은 영광을 돌리며 이렇게 말하였다: "우리는 여호와의 백성이니 여호와의 명하신 대로 우리가 다 행하리이다"〔출애굽기 19:8〕. 게다가 모세는 백성을 거룩케 하였고 그들로 하여금 옷을 씻고 아내를 가까이 하지 말며 제삼일을 준비하라고 명하였다. 그들 가운데서 오직 그만이 거룩함으로 가득 차 있었다. 제삼일에 모세는 백성들을 장막으로부터 나오게 하여 산에 올라 여호와를 보고 그분의 음성을 듣게 하였다. 그런 후에 무슨 일이 일어났는가? 이스라엘의 자손들이 연기가 피어오르고 불에 타는 산의 무시무시한 광경과 검은 구름, 이 두터운 어두움을 가르며 번쩍거리는 번개를 보고 점점 더 크고 길게 들려오는 나팔 소리를 들었을 때, 게다가 그들이 천둥과 번개치는 소리를 들었을 때, 그들은 두려워서 멀리 떨어져 서서 모세에게 말하였다: "우리가 다 기꺼이 할 것이니 하나님이 우리에게 말씀하지 말게 하소서 우리가 죽을까 하나이다 이 큰 불이 우리를 삼킬 것이요 당신이 우리에게 말씀하소서 우리가 들으리이다"〔출애굽기

20:19; 신명기 5:24ff.]. 그들이 자신을 깨끗케 한 것과 그들의 하얀 의복, 그들이 아내를 멀리한 것, 그들의 거룩함이 그들에게 무슨 유익이 있었는가? 아무 유익도 없었다. 그들 가운데 한 사람도 여호와의 임재, 그분의 위엄과 영광에 거할 수 없었다. 모두 놀라고 공포로 혼비백산해서 마치 마귀에게 쫓기듯이 달아나버렸다. 하나님은 소멸하는 불이어서 어떠한 육체도 그 앞에 설 수 없기 때문이다.

그러므로 하나님의 율법은 스스로를 깨끗케 하고 의롭고 정결하며 순결케 한 사람들에게 처음으로 주어지고 들려졌던 저 시내산에서 가졌던 직무를 자신의 고유하고 특유한 직무로 갖고 있다. 그럼에도 불구하고 율법은 저 거룩한 백성들로 하여금 자기 자신에 대한 비참함을 알도록 하였고 그들을 죽음과 절망으로 빠뜨리기까지 하였다. 어떠한 정결함도 어떠한 거룩함도 그들에게 도움이 될 수 없었고, 그들 속에서 자기 자신의 깨끗치 못함, 무가치함, 죄, 하나님의 심판과 진노를 느꼈기 때문에 그들은 여호와의 면전에서 도망쳤고 거기 서서 그분의 음성을 들을 수 없었다. 그들은 말했다: "무릇 육신을 가진 자가 우리처럼 사시는 하나님의 음성이 불 가운데서 발함을 듣고 생존한 자가 누구니이까." 이제 그들은 조금전까지 했던 말과는 다른 말을 했다: "우리는 여호와께서 땅에 있는 모든 민족들 앞에서 자신의 특유한 백성으로 택하신 하나님의 거룩한 백성이다. 우리는 여호와께서 하신 모든 말씀을 행할 것이다." 이렇게 하여 마침내 자기 자신의 의의 견해에 취하여 자기들은 유혹에서 벗어나 있으며 하나님에 의해 사랑받으며 하나님은 그들의 맹세와 그들의 금식과 그들의 기도와 그들의 의지로 행한 행위들을 존중하시며 바로 그런 것들로 인해 하나님은 그들에게 하늘에서 귀한 면류관을 주실 것이라고 생각하는 모든 재판관들(judiciaries)이 생겨났다. 그러나 반석을 산산조각 내는 저 천둥, 번개, 불, 망치, 즉 하나님의 율법이 갑자기 그들에게 닥쳐와서 그들의 죄, 하나님의 진노와 심판을 드러낼 때, 시내산 자락에 서 있던 유대인들에게 일어났던 것과 똑같은 일이 그들에게 일어난다.

여기서 나는 경건함을 사랑하는 모든 이들 특히 앞으로 다른 사람들을 가르치는 자가 될 이들에게 율법의 참되고 고유한 사용을 이해하기 위하여 바울로부터 부지런히 배우기를 권한다. 나는 이것이 우리 시대 이후에 다시 한번 발에 짓밟히고 완전히 폐기될까 두렵다. 우리가 아직 살아 있어서 우리의 모든 부지런함을 다하여 율법과 복음의 직무와 사용을 표명하고 있는 지금에도 그리스도인으로 간주되는 사람들 가운데서조차도 우리와 더불어 복음을 고백하고 이런 것들을 올바르게 이해하는 사람은 매우 드물다 — 분명히 그래야 함에도 불구하고. 그렇다면 우리가 죽고 없어진 다음에는 무슨 일이 벌어질 것으로 그대는 생각하는가? 나는 교황주의자들과 마찬가지로 이러한 문제들에 대하여 무지한 재세례파와 새로운 아리우스파, 다른 헛된 인물들에 관하여서는 아무 말도 하지 않았다. 물론 그들은 정반대로 말하고 있지는 않다. 그들은 복음의 순수한 가르침으로부터 반역을 일으켜서 율법과 전통들을 내세우고 그리스도를 가르치지 않는다. 그들은 자기들이 하나님의 영광과 그들 형제들의 구원 외에 다른 것을 구하지 않으며 순수하게 하나님의 말씀을 가르친다고 자랑하고 맹세한다. 그러나 실제로는 그들은 하나님의 말씀을 혼잡하게 하고 다른 의미로 바꾸어버림으로써 자기들이 꾸며낸 것들에 따라 들리게 만들어 버리고 있다. 그러므로 그리스도의 명목 아래에서 그들은 자신의 꿈을 가르치고 있고, 복음의 명목 아래에서 다름아닌 의식들과 율법들을 가르치고 있다. 그러므로 그들은 새로운 이름들과 새로운 행위들을 고안해낸 것을 제외하고는 수도사들, 율법의 행위자들, 의식의 교사들과 다름이 없고 여전히 그들을 계승하고 있다.

그러므로 율법이 무엇이며 율법의 참된 사용과 직무가 무엇인지를 이해하는 일은 결코 작은 문제가 아니다. 그리고 우리가 이러한 것들을 부지런히 그리고 충실하게 가르침으로써 우리는 우리 대적들이 우리를 그릇되게 비난하고 있는 것처럼 율법과 행위들을 거부하는 것이 아니라, 율법을 세우며 율법의 행위를 필요로 하며 우리가 율법은 선하고 유익하지만 적절하게 사용될 때 그러하다고 말한다는 것을 분명하게 증언한다. 율법의 적절한 사용은 첫째로 시민적인 범죄들을 재갈물리는 것이요, 다음으로는 영적인 범죄들을 드러내고 더하는 것이다. 그러므로 율법은 하나님의 은혜와 의와 생명이 아니라 죄와 죽음과 하나님의 진노와 심판을 보여주고 드러내는 빛이기도 하다. 왜냐하면 시내산에서 천둥과 번개, 두텁고 검은 구름, 연기가 피어오르고 화염이 있는 언덕, 그밖의 모든 무시무시한 광경이 이스라엘의 자손들을 기쁘게 하거나 떨쳐 일어나게 한 것이 아니라 그들을 두렵게 하고 놀라게 하였으며 그들의 모든 정결함과 거룩함으로도 구름 속에서 그들에게 말씀하시는 하나님의 임재 앞에 살아남을 수 없다는 것을 보여주었던 것처럼, 율법도 진정한 의미로 사용될 때 죄를 드러내고 진노를 불러오며 사람들을 고발하고 두렵게 함으로써 사람들을 절망에 빠뜨린다. 이것이 율법의 고유한 사용이며, 여기에 율법의 목적이 있는 것으로서, 율법은 이를 넘어서는 안된다.

이와는 반대로 복음은 두려워하는 마음들을 비춰주고 깨어나게 하며 위로하고 일으켜주는 빛이다. 왜냐하면 복음은 그들이 그리스도의 죽음으로 말미암아 저주, 즉 죄와 영원한 죽음으로부터 구원받으며 그리스도의 승리를 통하여 축복, 즉 은혜, 죄사함, 의와 영생이 그들에게 거저 주어진다는 것을 믿는다면 하나님이 그리스도를 인하여 죄인들, 아주 무가치한 사람들에게도 자비로우시다는 것을 보여주기 때문이다. 따라서 율법과 복음을 구별하여 우리는 그것들에 그 나름대로의 고유한 사용과 직무를 부여한다. 율법과 복음의 이러한 차이에 관해서는 수도사들과 교회법주의자들, 학교의 성직자들의 책들에서는 아무런 것도 발견할 수 없다. 또한 옛 교부들의 책에서도 발견할 수 없다. 아우구스티누스는 어느 정도 이 차이를 이해하였고 그것을 보여주었다. 제롬을 비롯한 다른 이들은 그것을 알지도 못했다.

간단히 말해서, 모든 학교와 교회에서 이 차이를 접하지 못한 세월이 기이할 정도로 오래되었다. 그리고 이것은 사람들의 양심에 커다란 위기를 초래하였다. 왜냐하면 복음이 율법으로부터 분명하게 구별되지 않는다면, 참된 기독교적 가르침은 건전하고 손상되지 않은 채로 지켜질 수 없기 때문이다. 이와는 반대로 이 차이를 잘 알게 되면, 의롭게 되는 참된 방식이 알려지게 되고 믿음을 행위로부터, 그리스도를 모세와 모든 정치적 법들로부터 구별해내는 것은 쉬운 일이다. 왜냐하면 그리스도 없는 모든 것은 악한 자를 벌하기 위한 죽음의 사역이기 때문이다.

육체의 소욕은 성령을 거스리고 성령의 소욕은 육체를 거스리나니

육체의 소욕은 성령을 거스리고 성령의 소욕은 육체를 거스린다고 바울이 말할 때 그는 우리에게 우리가 육체의 정욕, 즉 육적인 욕구만이 아니라 교만, 분노, 침체, 조급함, 회의 등등을 느낄 것이라고 충고하고 있다. 그럼에도 불구하고 그는 우리에게 그것들을 느낄 때 그것들에 동의하거나 그것들을 이루지 말라고 한다. 즉, 우리는 육체가 우리에게 불러일으키는 그러한 것들을 생각하거나 말하거나 행하지 말아야 한다는 것이다. 육체가 우리로 하여금 화를 내게 한다면, 우리는 시편 4편에서 가르치고 있는 것처럼 화를 냄으로써 범죄하지 않아야 한다. 마치 바울은 이렇게 말하고 있는 것 같다: 육체가 너희를 충동질하여 화나게 하고 시기하게 하고 의심하게 하고 회의하게 하는 것을 나는 안다. 그러나 너희가 범죄하지 않도록 성령으로써 육체에 저항하라. 그러나 너희가 성령의 인도하심을 버리고 육체를 따른다면, 바울이 로마서 8장에서 말하고 있듯이 너희는 육체의 소욕을 이루게 되고 너희는 죽게 될 것이다. 따라서 사도의 이 말은 단순히 육체의 소욕만이 아니라 죄의 왕국 전체(the whole kingdom of sin)와 관련하여 이해되어야 한다.

이 둘이 서로 대적함으로 너희의 원하는 것을 하지 못하게 하려 함이니라

이 두 주장(主將) 또는 인도자들, 육체와 성령은 너희 몸에서 서로 대적하여 너희가 원하는 것을 할 수 없게 한다. 그리고 이 구절은 바울이 이러한 것들을 성도들, 즉 그리스도를 믿고 세례를 받고 의롭게 되고 새로워져서 온전히 죄사함을 받은 교회에 쓰고 있음을 분명히 증거하고 있다. 그럼에도 불구하고 바울은 교회에는 성령에 대적하는 육체가 있다고 말한다. 마찬가지 방식으로 바울은 스스로에 관하여 로마서 7장에서 말하고 있다: "나는(그가 말한다) 육신에 속하여 죄 아래 팔렸도다"; 그리고 "내 지체 속에서 한 다른 법이 내 마음의 법과 싸워"; 또한 "오호라 나는 곤고한 사람이로다."

여기서 학자들뿐만이 아니라 옛 교부들 가운데 몇몇도 어떻게 그들이 바울을 변호할 수 있을지를 찾느라 무척 고심하였다. 왜냐하면 그리스도의 택함받은 그릇이 죄를 지니고 있다고 말하는 것은 그들에게 불합리하고 말도 안되는 것으로 보였기 때문이다. 그러나 우리는 자기가 죄 아래 팔려서 죄에 사로잡혔으며 자기 지체들 속에 자기에 대하여 반역하는 율법을 가지고 있고 육신으로 자기가 죄의 법을 섬기고 있다고 분명하게 고백하고 있는 바울 자신의 말을 신뢰한다. 여기서 다시 한번 그들은 사도가 불경건한 자를 대신하여 말하고 있다고 대답한다. 그러나 불경건한 자들은 그들의 육체의 반란,

죄의 싸움이나 갈등, 죄에 의해 사로잡혀 묶이는 것에 대하여 불평하지 않는 다: 왜냐하면 죄는 강력하게 그들 속에서 지배하기 때문이다. 그러므로 이것은 바울과 모든 성인들의 불평 바로 그것이다. 그런 까닭에 그들은 바울과 그밖의 성인들은 아무 죄도 갖고 있지 않다고 변호함으로써 아주 악한 짓을 저질렀다. 이러한 설득(이것은 믿음의 가르침에 대한 무지로부터 나온다)을 통하여 그들은 교회로부터 뛰어난 위로를 앗아가 버렸다. 그들은 죄사함을 폐기하였고 그리스도를 아무 효력이 없게 만들어 버렸다.

그렇기 때문에 바울이 "나는 내 지체 속에서 한 다른 법을 본다"고 말할 때, 그는 자기가 육체를 지니고 있으며 자기 안에 육체의 악덕들이 있다는 것을 부인하지 않는다. 그러므로 바울은 때로 육적인 소욕의 충동들을 느꼈던 것 같다. 그러나 이러한 충동들은 마음과 육신의 크고 중대한 〔환난들과〕 유혹들에 의해 바울 안에서 잘 억제되었다(나는 이를 의심하지 않는다). 그의 서신들이 밝히고 있듯이 바울은 어떤 방식으로 그것으로 끊임없이 괴로움을 당하고 있었다. 또는 바울이 즐겁고 강한 때에 육체의 소욕, 분노, 조급함 같은 것을 느꼈다면, 그는 그것들을 성령으로써 저항하고 그러한 충동들이 자기를 지배하지 못하도록 했다. 그러므로 그러한 편안한 구절들(이것들을 통해 바울은 자기 자신의 육신 속에서의 육체와 성령과의 싸움을 묘사하고 있다)이 어리석은 해설들로 결코 훼손되지 않도록 하자. 학자들과 수도사들과 그밖의 다른 사람들은 결코 어떠한 영적인 유혹들을 느끼지 않았고, 그래서 그들은 오직 육적인 소욕을 억누르고 극복하기 위해서만 싸웠고, 그들이 결코 얻은 바 없었던 그 승리를 뽐내면서 그들은 결혼한 사람들보다 자기들이 더 낮고 거룩하다고 생각하였다. 이렇게 거룩함을 가장한 가운데 그들은 분열, 교만, 증오, 멸시, 이웃들에 대한 경멸, 자기 자신의 의에 대한 신뢰, 주제넘음, 경건함과 하나님의 말씀에 대한 경멸, 불충, 신성모독 등과 같은 온갖 종류의 무시무시한 죄들을 육성시켰고 품어왔다. 이러한 죄들에 대항하여 그들은 결코 싸운 적이 없었고, 아니 오히려 그들은 그것들이 전혀 죄가 아닌 것으로 생각하였다. 그들은 자신들의 어리석고 악한 서약들을 지키는 것을 의로 여겼고 그 서약들을 게을리하고 경멸하는 것을 불의로 여겼다.

그러나 그리스도가 우리의 유일하고 완전한 의라는 것이 우리의 근거이자 닻이어야 한다. 우리가 하나님 이외에 신뢰할 수 있는 그 어떤 것도 가지고 있지 않다면, 바울이 말했듯이 이 세 가지, 즉 믿음, 소망, 사랑은 남는다. 그러므로 우리는 언제나 믿어야 하고 언제나 소망하여야 한다. 우리는 언제나 우리의 의의 머리이자 원천으로서의 그리스도를 부여잡아야 한다. 그리스도를 믿는 자는 부끄러움을 당하지 않을 것이다. 나아가 우리는 외적으로도 의롭게 되려고 애써야 한다. 즉, 언제나 우리를 유혹하여 악을 범하게 하는 육체에 동의하지 말고 성령으로써 육체에 저항하여야 한다. 우리는 사람들의 감사치않음과 경멸로 인하여 성급함에 져서는 안된다. 이것은 그리스도인의 자유를 남용하는 것이다. 그러나 성령을 통하여 우리는 이것과 다른 유혹들을 이겨야 한다. 그런 다음 얼마나 많이 우리가 성령으로써 육체에 대항하여 이기려고 하는가를 보고 우리가 얼마나 많이 외적으로 의롭게 되었는가를 보라. 그럼에도 이 의는 우리를 하나님 앞에 천거하지 못한다.

그러므로 가끔 육체가 영과 새로운 싸움을 일으키는 것을 느낀다거나 점점 육체를 물리칠 수 없고 육체로 하여금 성령에 순종하게 만들 수 없다고 하여 절망하지 말라. 나도 내 자신이 더 용감하고 변함없는 마음을 갖기를 원한다. 이러한 마음은 담대하게 압제자들의 위협들, 이단들, 공상에 젖은 인물들이 일으키는 공격들과 소동들을 경멸할 뿐만 아니라 점점 영의 괴로움과 고뇌를 떨쳐버릴 수 있다. 간단히 말해서 죽음의 통렬함을 두려워하지 않고 그것을 가장 친한 손님으로 받아들이고 껴안을 수 있다. 그러나 나는 내 마음의 법에 대적하는 내 지체 속의 또 다른 법을 발견한다. 어떤 다른 사람들은 가난, 책망, 조급함과 같은 열등한 유혹들과 씨름한다.

그러므로 자기 육신 속에 육과 영의 이러한 싸움이 있음을 느낄 때 이상하게 여기거나 실망하지 말고 바울의 다음과 같은 말들로 자신의 마음을 분발시켜 스스로를 위로하도록 하라:

"육체의 소욕은 성령을 거스리고 … ";"이 둘이 서로 대적함으로 너희의 원하는 것을 하지 못하게 하려 함이니라." 이러한 말들을 통하여 바울은 유혹받는 자들을 위로한다. 마치 바울은 이렇게 말하는 듯하다: 너희가 육체의 감정이나 방해 없이 모든 일에서 성령의 인도하심을 좇는 것은 불가능하다. 아니, 육체가 저항할 것이다. 이렇게 너희를 저항하고 방해함으로써 너희는 너희가 기쁘게 하고자 하는 것들을 할 수 없게 된다. 여기서 너희가 육체에 저항하고 그 소욕을 이루지 않는다면, 즉 너희가 성령을 좇고, 조급함으로 인해 쉽게 무너지고 복수하고 물어뜯고 불평하고 하나님을 미워하고 하나님에 대하여 화를 내며 절망하고자 하는 육체를 좇지 않는다면 충분할 것이다. 그러므로 사람이 이러한 육체의 싸움을 느낄 때 그런 것으로 낙심하지 않도록 하며 그로 하여금 성령 안에서 저항하며 이렇게 말하도록 하라: 나는 죄인이며 내 속에서 죄를 느낀다. 왜냐하면 나는 살아 있는 동안에 죄가 거하는 육체를 벗어버리지 않았기 때문이다. 그러나 나는 육체가 아니라 성령에 복종할 것이다. 즉, 나는 믿음과 소망으로써 그리스도를 붙잡을 것이며 그리스도의 말씀으로써 나는 스스로를 일으키고, 그렇게 일으켜진 나는 육체의 소욕을 이루지 않을 것이다.

경건한 자들이 이것을 알고 마음에 간직해두는 것은 매우 유익하다. 왜냐하면 그것은 그들이 유혹을 당할 때 그들을 기가 막히게 위로할 것이기 때문이다. 내가 수도사였을 때 나는 내가 육체의 정욕을 느낄 때마다 완전히 버림받았다고 점점 생각하게 되었다. 즉, 내가 어떤 악한 충동, 육체의 소욕, 분노, 증오, 어떤 형제에 대한 시기를 느꼈을 때 말이다. 나는 많은 방법들을 시험해 보았고 매일 고해하러 가기도 했지만 그것은 내게 아무런 소용이 없었다. 왜냐하면 나의 육체의 정욕은 언제나 되돌아와서 나는 안식할 수 없었고 끊임없이 다음과 같은 생각들로 괴롭힘을 당했다: 그대는 이러저러한 죄들을 범했다; 그대는 시기, 조급함, 그밖의 죄들에 감염되어 있다; 그러므로 그대는 이 거룩한 수도회에 괜히 들어왔고, 그대의 모든 선행은 무익하다.

그때 내가 바울의 이러한 말들, 즉 "육체의 소욕은 성령을 거스르고 성령의 소욕은 육체를 거스르나니", "이 둘이 서로 대적함으로 너희의 원하는 것을 하지 못하게 하려 함이니라"를 올바르게 이해했더라면, 나는 그토록 비참하게 스스로를 괴롭히지 않고 내 자신에게 이제는 통상적으로 하고 있는 대로 "마르틴, 그대는 완전히 죄 없이 살 수는 없다. 왜냐하면 그대는 아직 육체를 지니고 있기 때문이다. 그러므로 그대는 '육체의 소욕은 성령을 거스르고'라는 바울의 말에 따라 그러한 싸움을 느낄 것이다. 그러므로 절망하지 말고 그것에 강력하게 저항하여 육체의 소욕을 이루지 말라. 이렇게 함으로써 그대는 율법 아래 있지 않게 된다."라고 생각하고 말했을 것이다.

나는 슈타우피티우스(Staupitius)가 말하고자 했던 것을 기억한다: "나는 내가 더 좋은 사람이 되고자 한다고 하나님에게 천 번도 넘게 서약을 했다. 그러나 나는 결코 내가 서약한 것을 실행하지 못했다. 이후로 나는 그러한 서약을 하지 않을 것이다. 왜냐하면 나는 이제 경험을 통해서 내가 그것을 실행할 수 없음을 알았기 때문이다. 그러므로 하나님께서 그리스도로 말미암아 우리에게 호의적이고 자비하셔서 내가 이 비참한 삶으로부터 떠나갈 때 내게 복되고 행복한 시간을 허락하지 않으신다면, 나는 나의 모든 서약과 나의 모든 선행으로써 하나님 앞에 설 수 없을 것이다." 이것은 참될 뿐만 아니라 경건하고 거룩한 절망이다. 그리고 그들 모두는 구원받을 입과 가슴으로 이것을 고백하여야 한다. 경건한 자는 자기 자신의 의를 의뢰하지 않고 다윗과 더불어 이렇게 말하기 때문이다: "주의 종에게 심판을 행치 마소서 주의 목전에는 의로운 인생이 하나도 없나이다"〔시편 143:2〕; "여호와여 주께서 죄를 감찰하신진대 주여 누가 서리이까"〔시편 130:3〕. 그들은 그들의 죄를 위하여 자기 목숨을 주신 화해자이신 그리스도를 바라본다. 더욱이 그들은 그들의 육체 안에 있는 나머지 죄가 그들의 책임으로 돌려지지 않고 값없이 용서받는다는 것을 알고 있다. 그럼에도 불구하고 그들은 육체의 소욕을 이루지 않기 위하여 육체에 대항하여 성령 안에서 싸운다. 그리고 그들은 육체가 성령에 대항하여 격렬하게 반항하는 것을 느끼고 스스로 때로 연약함으로 인해 죄에 빠지지만, 그럼에도 그들은 낙심하지 않고 그들의 삶의 상태와 종류, 그들의 부르심에 따라 행한 일들이 하나님을 기쁘게 하지 못할 것으로 생각하지 않고 믿음으로 말미암아 스스로를 일으켜 세운다.

그러므로 믿는 자들은 그들 자신이 부분적으로는 육체를, 부분적으로는 성령을 갖고 있으나 그럼에도 불구하고 성령이 지배하고 육체가 복속되며 의가 지배하고 죄가 섬긴다는 것을 알고 있으므로 바울의 이러한 가르침에 의해 큰 위로를 받는다. 이 가르침을 모르고 믿는 자는 아무 결점이 없어야 한다고 생각하는데 자기 속에서 그 반대의 모습을 보는 사람은 결국 침체의 영에 의해 삼켜지고 절망에 빠져버릴 수밖에 없다. 그러나 이 가르침을 잘 알고 그것을 올바르게 사용하는 자는 누구나 악한 것들을 선한 것으로 바꾼다. 육체가 그로 하여금 죄를 범하도록 충동질할 때 그는 그리스도로 말미암는 죄사함을 구하지 않을 수 없고 믿음의 의를 부여안지 않을 수 없다. 그렇지 않다면 그는 그것을 그다지 크게 존중하지도 않고 그토록 열심히 찾지도 않을 것이다. 그러므로 때로 우리의 본성의 악함과 우리의 육체의 부패됨을 느끼는 것은 우리에게 매우 유익하다. 그럼으로써 우리는 떨쳐 일어나 믿음과 그리스도를 요청할 수 있게 된다. 그리고 이런 기회를 타서 그리스도인은 강력한 일꾼이 되고 놀라운 창조자가 된다. 이렇게 함으로써 그가 육체를 억누르고 재갈물려서 육체를 성령에 종속하게 만들 때 침체로부터 기쁨을 만들고 공포로부터 위로를, 죄로부터 의를, 죽음으로부터 생명을 만들 수 있다.

그런 까닭에 육체의 정욕을 느끼는 자들로 그들의 구원에 관하여 절망하지 않도록 하라. 그들로 하여금 정욕을 비롯한 육체의 온갖 힘을 느끼기는 하되 거기에 동의하지 않도록 하라. 정욕, 분노, 다른 악덕들로 하여금 그들을 흔들게는 하되 그들을 무너뜨리지는 못하도록 하라. 죄로 하여금 그들을 습격하게는 하되 그들이 죄를 이루지는 못하게 하라. 어떤 사람이 경건하면 할수록 그는 그러한 싸움을 더 많이 느끼게 된다. 그리고 이로부터 시편을 비롯한 다른 모든 성경에 나오는 성인들의 비탄이 나온다. 행위를 통하여 의와 구원을 구하는 은자들, 수도사들, 학자들은 이 싸움에 관하여 아무것도 알지 못한다.

그러나 여기서 어떤 사람이 느끼는 육체의 충동들과 소욕들을 점점 극복하지 못한다고 하더라도 그 사람은 정죄받은 것이 아니라고 가르치는 것은 위험한 일이라고 말할 사람도 있을 것이다. 이러한 교리가 보통 사람들에게 가르쳐질 때, 그것은 사람들을 부주의하고 게으르고 나태에 빠지게 만들기 때문이라는 것이다. 우리가 믿음을 가르치면 육적인 사람들은 행위들을 거부하고 나태해지며, 그들에게 행위를 요구하면 그들이 믿음과 양심의 위로를 상실해버린다는 것이 바로 내가 조금 전에 말했던 것이다. 여기서 그 누구도 강제될 수 없으며 미리 처방된 어떤 확실한 규칙은 있을 수 없다. 그러나 모든 사람으로 하여금 자기가 어떠한 육체의 소욕에 가장 종속되어 있는가를 부지런히 살피고 그러한 것을 발견할 때 그로 하여금 부주의하거나 우쭐대지 말고 성령 안에서 그것에 대항하여 싸우고 씨름하게 하라. 그는 그것을 온전히 재갈물릴 수는 없다고 하더라도 적어도 그 소욕을 성취하지는 않게 된다.

이러한 성령과 육체의 싸움을 모든 성인들을 했었고 느꼈었다. 우리도 그와 같은 것을 느끼고 확증한다. 자기 자신의 양심을 살피는 사람은 그가 위선자가 아니라면 바울이 여기서 말하고 있는 것, 즉 육체의 소욕은 성령을 거스른다는 것이 자신 속에서 사실임을 잘 깨달을 것이다. 그러므로 모든 신실한 자들은 그들의 육체의 소욕이 성령을 거스르며 이 둘이 서로 거스러서 그들이 하고자 하는 것을 할 수 없게 된다는 것을 느끼고 고백한다. 그러므로 육체는 우리를 방해하여 우리가 하나님의 계명을 지킬 수 없게 하고 우리가 우리를 사랑하는 것만큼 이웃을 사랑할 수 없게 하며 우리가 하나님을 온 마음을 다하여 사랑할 수 없게 하는 것은 말할 것도 없다. 그러므로 우리가 율법의 행위를 통하여 의롭게 된다는 것은 불가능하다. 실제로 우리 속에는 선을 행하고 율법을 성취하고 하나님과 이웃을 기쁘게 사랑하고자 하는 선한 의지가 있고 또 있음에 틀림없다(육체를 거스르는 것은 다름아닌 성령이기 때문이다). 그러나 육체는 이러한 선한 의지에 복종하지 않고 그것에 거스른 다. 그렇지만 하나님은 이러한 죄를 우리에게 돌리지 않으신다. 왜냐하면 그 분은 그리스도로 인하여 믿는 자들에게 자비로우시기 때문이다.

그러나 하나님이 그 죄를 우리에게 돌리지 않으신다고 하여 그대는 죄를 가볍게 여겨서는 안된다. 하나님이 죄를 우리에게 돌리지 않으신다는 것은 사실이지만 누구에게 그리고 무슨 연유로 그렇게 하시는 것인가? 완악하고 안심하는 자들에게가 아니라 회개하고 믿음으로 속죄소인 그리스도를 부여잡 는 자들에게 그렇게 하신다. 바로 이 그리스도로 말미암아 그들의 모든 죄들 이 사함을 받고 그들 속에 남아 있는 죄들도 그들에게 돌려지지 않는 것이 다. 그들은 그들의 죄를 있는 그대로보다 적게 만들지 않고 실제로 있는 그 대로 표현하며 죄를 증폭시킨다. 왜냐하면 그들은 죄가 보속, 행위, 의를 통 하여 없이 될 수 없으며 오직 그리스도의 죽으심을 통하여 없이 될 수 있다 는 것을 알고 있기 때문이다. 그럼에도 불구하고 그들의 죄가 엄청나게 크다 는 것은 그들로 하여금 절망하게 하지 않고 오히려 그들은 그 죄들이 그리스 도로 인하여 그들에게 돌려지지 않는다는 것〔그들의 책임으로 돌려지지 않는 다는 것〕을 확신한다.

내가 이것을 말하는 것은 믿음을 받은 후에 죄에 대해서는 고려할 필요 가 없다고 생각하지 말도록 하기 위함이다. 어떤 사람이 그리스도에 관한 지 식을 받기 전이든 후이든 죄는 그대로 죄이다. 그리고 하나님은 언제나 죄를 미워하신다. 모든 죄는 사실 그대로 저주받아 마땅한 것이다. 그러나 믿는 자에게는 저주받을 것이 아니라는 점에서 죄는 자신의 죽음을 통하여 죄를 속하신 화해자 그리스도의 몫이다. 그러나 그리스도를 믿지 않는 자에게는 모든 죄는 저주받을 것일 뿐만 아니라 "믿음으로 좇아 하지 아니하는 모든 것이 죄니라"〔롬 14:23〕라는 말씀에 따라 그의 선한 행위들조차도 죄이다. 그러므로 사람에 따라서가 아니라 사실에 따라 죄들을 구별하는 학자들의 잘 못은 아주 치명적인 것이다. 믿는 자는 불신자와 같이 커다란 죄를 가지고 있다. 그러나 믿는 자에게 죄는 용서되고 그에게 죄가 돌아가지 않는다. 불신자에게 죄는 용서되지 않고 그에게 죄가 돌아간다. 신자에게 죄는 용서받을 수 있는 것인데 반하여 불신자에게 죄는 치명적이다(그리고 저주받을 것이다). 죄 자체가 서로 다르기 때문이거나 신자의 죄는 작고 불신자의 죄는 더 크기 때문이 아니라 사람이 다르기 때문이다. 신자는 그리스도께서 죄로 인하여 자기 자신을 주셨기 때문에 믿음을 통하여 자신의 죄가 용서되었다는 것을 확신한다. 그러므로 그는 자기 속에 죄를 가지고 있고 날마다 죄를 범하지만 그는 여전히 경건하다. 그러나 이와는 반대로 불신자는 여전히 악하다. 그리고 그들이 죄를 갖고 있고 범하지만 그럼에도 그들은 그리스도로 인하여 그 죄들이 그들에게 돌려지지 않는다는 것을 안다는 것은 경건한 자들의 참된 지혜이자 위로이다.

내가 이것을 말하는 것은 경건한 자들에게 위로가 되게 하기 위함이다. 그들만이 실제로 그들이 죄를 갖고 있으며 죄를 범한다는 것을 느낀다. 즉, 그들은 그들이 그래야 마땅할 정도로 열렬하게 하나님을 사랑하지 않으며, 자기들이 하고 싶은 만큼 진심으로 하나님을 의뢰하지 않고 오히려 하나님이 자기들을 돌보신다는 것을 가끔 의심하고 조급하며 하나님께 화를 내며 대든다는 것을 느낀다. 이로부터(내가 이미 말했듯이) 성경, 특히 시편에 나오는 성도들의 비탄이 흘러나온다. 그리고 바울 자신도 자기가 "죄 아래 팔렸다" (롬 7:14)고 한탄하며 여기서 육체는 성령을 거스르고 대항한다고 말하고 있다. 그러나 그들은 성령으로써 육체의 행위들을 극복하기 때문에(바울이 다른 곳과 이 장의 끝에서 말하고 있는 것처럼: "그리스도 예수의 사람들은 육체와 함께 그 정과 욕심을 십자가에 못 박았느니라"), 이러한 죄들은 그들을 해하거나 정죄하지 못한다. 그러나 그들이 육체에 복종하여 그 소욕을 이룬다면, 그들은 믿음과 성령을 잃는다. 그리고 그들이 그들의 죄를 혐오하고 그리스도(타락한 자들을 받고 일으키는 열쇠를 자신의 교회에게 주셨기 때문에 그들은 믿음과 성령을 회복할 수 있다)께 돌아오지 않는다면, 그들은 자신의 죄 가운데 죽는다. 그런 까닭에 우리는 자기가 믿음을 가지고 있다고 몽상하면서 여전히 자신의 죄 속에 있는 자들을 말하고 있는 것이 아니다. 이러한 사람들은 이미 심판을 받았다. 육체를 따라 사는 자들은 죽을 것이다 (롬 8:13). 또한 "육체의 일은 현저하니 곧 음행과 더러운 것과 … 또 그와 같은 것들이라 전에 너희에게 경계한 것같이 경계하노니 이런 일을 하는 자들은 하나님의 나라를 유업으로 받지 못할 것이요."

이로써 우리는 누가 진짜 성도인가를 알 수 있다. 성도들은 그 어떤 것으로도 마음이 움직일 줄 모르고 육체의 소욕이나 정(情)을 느끼지 못하는 물건이나 돌이 아니다(수도사들과 학자들이 몽상하는 것과는 달리). 바울이 말하고 있는 것처럼 그들의 육체의 소욕은 성령을 거스르기 때문에 그들은 죄를 가지고 있고 죄를 범할 수 있다. 그리고 시편 32편은 성도들은 자신의 불의를 고백하고 자신의 죄의 악함을 용서해달라고 기도한다는 것을 증거하면서 이렇게 말하고 있다: "내가 이르기를 내 허물을 여호와께 자복하리라 하고 주께 내 죄를 아뢰고 내 죄악을 숨기지 아니하였더니 곧 주께서 내 죄의 악을 사하셨나이다 이로 인하여 무릇 경건한 자는 주를 만날 기회를 타서 주께 기도할지라." 게다가 실제로 거룩한 온 교회는 자신의 죄를 용서해달라고 기도하며 죄의 사함을 믿는다. 그리고 시편 143편에서 다윗은 이렇게 기도한다: "주의 종에게 심판을 행치 마소서 주의 목전에는 의로운 인생이 하나도 없나이다." 그리고 시편 130편에는 이렇게 되어 있다: "여호와여 주께서 죄악을 감찰하실진대 주여 누가 서리이까 그러나 사유하심이 주께 있음은 … ." 다윗, 바울 등과 같은 가장 중요한 성도들[과 하나님의 자녀들]은 이렇게 말하고 기도를 하고 있는 것이다. 그러므로 모든 신실한 자들은 그와 동일한 것을 그와 동일한 영으로 말하고 기도한다. 교황의 궤변론자들은 성경을 읽지 않거나 읽는다고 하여도 눈에 베일이 가려져 있다. 그러므로 그들이 어떤 것에 대하여 올바로 판단할 수 없듯이 그들은 죄나 거룩함에 대하여서도 올바로 판단할 수가 없다.

너희가 만일 성령의 인도하시는 바가 되면 율법 아래 있지 아니하리라

바울은 믿음에 관한 자신의 가르침을 잊지 않고 그것을 여기에서 반복하면서 그들의 뇌리에 울리게 하고 있다. 바울이 선한 행위를 다룰 때조차도 말이다. 여기서 이렇게 반론을 제기하는 사람도 있을 것이다: 우리가 율법 아래 있지 않는다는 것이 어떻게 가능한가? 그대의 말에도 불구하고, 오 바울은 우리에게 성령을 거스르며 우리에 대항하여 싸우면서 우리를 괴롭히며 속박하는 육체의 소욕을 지니고 있다는 것을 우리에게 가르친다. 그리고 실제로 우리는 원치는 않지만 죄를 느끼며 죄의식으로부터 해방될 수 없다. 그리고 이것이야말로 율법 아래 있는 것이 아니고 무엇이란 말인가? 그러나 바울은 이렇게 말한다: 그러한 것으로 하여금 너희를 괴롭히지 않도록 하라. 오직 너희가 성령의 인도를 받을 수 있도록 노력하라. 즉, 육체를 거스르고 그 소욕을 이루지 않는 바로 그 의지를 기꺼이 따르고 순종하고자 한다는 것을 보이라(이것이 성령에 의해 인도되고 이끌리는 것이다). 그러면 너희는 율법 아래 있지 않게 된다. 따라서 바울은 로마서 7장에서 자기 자신에 대하여 이렇게 말한다: "내 자신이 마음으로는 하나님의 법을 … 섬기노라." 즉, 성령으로는 나는 어떠한 죄에도 종속되지 않는다: 그러나 나의 육체로는 나는 죄의 법을 섬긴다. 그러므로 신실한 자들은 율법 아래 있지 않다. 즉, 성령 안에 있다. 왜냐하면 그들은 죄를 느끼고 스스로 죄인임을 고백하지만 율법은 그들을 고발하거나 그들에 대하여 죽음을 선고할 수 없기 때문이다. 율법의 권능과 힘은 그리스도에 의하여 폐기되었다. 그리스도를 "율법 아래 나게 하신 것은 율법 아래 있는 자들을 속량"하시기 위함이었다〔갈 4:4〕. 그러므로 율법은 신실한 자들 속에 있는 죄가 실제로 죄이며 율법을 거스려 범해진 것이라 할지라도 그것을 고소할 수 없다.

성령의 지배의 권능은 아주 크기 때문에 경건한 자들(믿는 자들:역자주)이 실제로 죄인 것을 범한다고 할지라도 그들을 고발할 수 없다. 왜냐하면 우리가 믿음으로 말미암아 깨달은 그리스도가 우리의 의이기 때문이다. 그리스도는 아무 죄도 없으시며, 따라서 율법은 그를 고발할 수 없다. 우리가 그리스도를 꼭 붙잡고 있는 한 우리는 성령의 인도를 받으며 율법으로부터 자유롭다. 그래서 사도는 선한 행위에 대하여 가르칠 때조차도 칭의에 관한 자신의 가르침을 잊지 않고 언제나 우리가 행위로 말미암아 의롭게 된다는 것이 불가능함을 보여준다. 남은 죄들이 우리의 육체에 꼭 붙어 있어서 우리가 육체를 가지고 사는 동안에는 육체의 소욕은 성령을 거스르는 일을 그치지 않는다. 그럼에도 불구하고 그렇다고 하여 우리에게 어떤 위험이 있는 것은 아니다. 왜냐하면 우리는 율법으로부터 자유롭고 성령 안에서 살아가기 때문이다.

"너희가 만일 성령의 인도하시는 바가 되면 율법 아래 있지 아니하리라"는 말씀을 가지고 그대는 심각하게 유혹을 받고 있는 자기 자신과 다른 사람들을 크게 위로할 수 있다. 왜냐하면 분노, 증오, 조급함, 육적인 욕구, 정신의 침체 또는 다른 육체의 소욕으로 맹렬하게 습격을 받아 아무리 하려고 해도 그것들을 떨쳐내버릴 수 없는 경우가 종종 있기 때문이다. 이러한 경우에 어떻게 해야 하는가? 절망해야 하는가? 아니다[하나님께서 그러한 것을 금하고 계시다]. 스스로에게 이렇게 말하도록 하라: 그대의 육체는 성령을 대항하여 격렬하게 싸우고 있다. 그 육체로 하여금 바라는 만큼 날뛰게 하라. 그대는 단지 어쨌든 육체에 동의하지 않으며 그 소욕을 이루지 않고 성령의 인도하심을 지혜롭게 따라 행하는 데만 주의하라. 그렇게 함으로써 그대는 율법으로부터 자유롭게 된다. 율법은 그대를 고발하며 두렵게 하지만(이를 나는 인정한다) 아무 소용없는 일이다. 그러므로 그대가 육체와 성령의 이러한 갈등 속에 있을 때 하나님의 말씀을 그대의 눈앞에 두고 그 속에서 성령의 위로를 구하는 것보다 더 나은 것은 없다.

　　이러한 유혹을 겪는 사람으로 하여금 마귀가 죄를 심화시키고 그 갈등의 와중에서 자기가 온전히 뒤집혀버릴 것 같다고 생각하고 하나님의 진노와 절망밖에 느끼지 못한다고 하여 낙담하지 않도록 하라. 여기서 어쨌든 그 사람으로 하여금 자기 자신의 감정[과 이성의 판단]을 좇지 않도록 하고 바울의 다음과 같은 말씀을 굳게 부여잡도록 하라: "너희가 만일 성령의 인도하시는 바가 되면", 즉 너희가 그리스도에 대한 믿음을 통하여 스스로를 일으켜 세우고 위로한다면, "율법 아래 있지 아니하리라." 이렇게 해서 그 사람은 악한 마귀가 자기를 향하여 맹렬하게 돌진해 오는 것을 저지할 수 있는 강력한 방패를 가지게 될 것이다.

　　이럴 때 육체가 아무리 격렬하게 날뛰고 끓어오른다고 하여도 그 사람이 성령의 인도하심을 따라 육체에 동의하지 않고 그 소욕을 이루지도 않는다고 하면 육체의 충동과 기세는 그를 해치거나 정죄할 수 없다. 그러므로 육체의 충동들이 격렬할 때 유일한 치료책은 성령의 검, 즉 구원의 말씀(하나님은 죄인의 죽음이 아니라 그가 회개하여 사는 것을 원하신다는 것)을 지니고 그 충동들에 대항하여 싸우는 것이다. 우리가 그렇게 하고 의심하지 않는다면 승리를 얻게 될 것이다. 비록 그 싸움이 지속되는 동안에 우리는 그 반대의 현상을 느끼겠지만. 그러나 말씀을 눈 앞에서 치워버린다면 도움이 되는 충고는 하나도 남아 있지 않게 된다. 내가 말하는 이것에 대하여 나 자신도 상당한 경험을 하였다. 나는 다양하고 많은 정욕들, 그것도 매우 격렬하고 커다란 정욕들을 경험하였다. 그러나 내가 성경을 펼쳐들고 성경의 어느 구절이든 그것이 나의 주된 닻인 양 거기에 머무르자마자 곧장 내게 닥쳐온 유혹들은 사라져 버렸다. 말씀이 없었다면 내가 조금이라도 버티는 것은 불가능했을 것이고 그 유혹들을 극복하는 것은 더더욱 불가능했을 것이다.

그러므로 바울이 육체와 성령의 갈등 또는 싸움에 관한 이 논의에서 가르친 모든 것의 취지는 이것이다: 성도들 또는 신자들은 성령이 원하는 것을 행할 수 없다. 영은 극히 순수하지만 육체가 영에 결합될 때 그러한 것을 감당하지 못할 것이기 때문이다. 그럼에도 불구하고 그들은 그리스도 예수 안에 있는 죄사함을 통하여 구원받을 수 있다. 더욱이 그들은 성령 안에서 걷고 성령의 인도를 받기 때문에 율법 아래 있지 않는다. 즉, 율법은 그들을 고발하거나 두렵게 할 수 없다. 그렇게까지는 못한다고 하더라도 율법은 결코 그들을 절망에 빠지게 할 수 없다.

육체의 일은 현저하니 …

이 구절은 그리스도의 다음과 같은 말씀과 다르지 않다: "그의 열매로 그들을 알지니 가시나무에서 포도를 또는 엉겅퀴에서 무화과를 따겠느냐 이와 같이 좋은 나무마다 아름다운 열매를 맺고 못된 나무가 나쁜 열매를 맺나니 … "(마태복음 7:16). 바울은 그리스도께서 가르치신 것과 동일한 것을 가르치고 있다. 즉, 행위와 열매는 그 나무가 좋은지 나쁜지, 사람이 육체의 인도를 좇는지 성령의 인도하심을 좇는지를 충분히 증거해준다는 것이다. 마치 바울은 이렇게 말하고 있는 듯하다: 너희 가운데 몇몇이 내가 육체와 성령의 싸움을 다루면서 내가 처음에 불경건한 자들도 알 수 있는 육체의 일을 제시하고 다음에 성령의 열매를 제시할 때 나를 이해하지 못하겠다고 말하지 않도록 하기 위해.

그리고 바울이 이렇게 하는 이유는 겉으로는 경건한 사람인 척하면서 성령의 많은 것들을 자랑하고 말로는 경건에 관한 가르침을 잘 이해하고 있는 듯이 보이면서도, 성령을 따라서가 아니라 육체를 따라 살며 육체의 일을 행하는 위선자들이 갈라디아인들 가운데(또한 오늘날 우리 가운데에도) 많았기 때문이다. 그래서 바울은 그들이 스스로를 자랑하는 것처럼 (거룩한) 사람들이 아님을 분명하게 확신시켜 주고 있다. 그들이 이러한 그의 권면을 무시하지 못하도록 하기 위하여 또 그들이 권면을 듣고 자신을 고칠 수 있도록 하기 위하여, 바울은 그들에게 그들은 하늘나라의 상속자들이 될 수 없다는 무시무시한 말을 하고 있다. 신실한 자들에게도 연령에 따라 자신의 특유한 시험들이 있다. 청년기의 대부분에는 육체의 정욕이, 중년에는 야망과 헛된 영광을 구하는 마음이, 노년에는 탐욕이 사람들에게 닥쳐온다. 성인들 가운데 그가 살아가는 동안에 육체가 조급함과 분노 등을 가끔 충동질하지 않았던 사람은 지금까지 없었다(내가 이미 말했듯이). 그러므로 바울은 여기서 성도들에 관하여 육체의 소욕이 그들 속에서 성령을 거스른다고 말한다. 그래서 그들에게는 결코 육체의 소욕과 싸움이 없을 수 없다. 그럼에도 불구하고 그러한 것들은 그들을 해치지 못한다. 그러나 이 문제에 대하여 우리는 이렇게 판단하여야 한다. 육체에 의해 충동질을 받아서 어쩔 수 없이 육체의 소욕과 정(情)이 생겨나지만 성령의 인도하심을 따라 살면서 육체에 대항하는 것과 육체에 동의하여 어떠한 두려움이나 뉘우침 없이 육체의 일을 행하고 이루며 그 속에 머물면서도 거룩한 체 하고 성령을 자랑하는 것은 전혀 다르다. 바울은 그들이 성령의 인도하심을 받고 율법 아래 있지 않다고 말할 때 첫번째 부류를 위로하고 있다. 바울은 두번째 부류를 영원한 파멸로 위협하고 있다.

그럼에도 불구하고 때로 성도들도 타락하여 육체의 소욕을 행하는 일이 일어난다. 다윗이 무서울 정도로 타락하여 간음을 행하였듯이 말이다. 또한 다윗은 우리아를 최전선으로 보내어 죽게 만들었을 때 많은 사람들을 죽인 장본인이었다. 그렇게 함으로써 다윗은 원수들에게 하나님의 백성을 짓밟고 영광을 누리며 그들의 우상을 섬기며 이스라엘의 하나님을 모독할 수 있는 기회를 제공하였다. 베드로도 그리스도를 부인하였을 때 아주 중대하고도 무서울 정도로 타락하였다. 그러나 이러한 죄들이 크고 가증스럽기는 하지만 그들은 하나님에 대한 어떤 경멸이나 의도적이고 완고한 마음을 따라 그러한 죄들을 범한 것이 아니라 연약함으로 그리하였다. 또한 그들은 충고를 들었을 때 완고하게 자신들의 죄에 머물렀던 것이 아니라 회개하였다. 따라서 바울은 6장에서 그러한 자들을 받아들이고 깨우치고 회복하고자 이렇게 말한다: "사람이 만일 무슨 범죄한 일이 드러나거든 … ". 그러므로 연약함으로 인하여 죄를 범하고 타락하는 자들에게는 그들이 다시 일어나서 그들의 죄 가운데 계속해서 머물지 않도록 하기 위하여 죄사함이 부인되지 않는다. 무엇보다도 죄 가운데 머물러 있는 것이야말로 최악이기 때문이다. 그러나 그들이 회개하지 않고 여전히 완고하게 그들의 악에 계속 머물고 육체의 소욕을 행한다면, 그것은 그들의 영에 속임이 있다는 확실한 징표이다.

그러므로 육체를 가지고 사는 동안에는 누구도 육체의 소욕 없이 살 수는 없기 때문에 시험으로부터 자유로운 사람은 아무도 없다. 사람에 따라서 이런 저런 방식으로 시험을 받는다. 어떤 사람은 영의 괴로움과 고뇌, 신성모독, 불신, 절망과 같은 더욱 격렬하고 심각한 것들로 고통을 받으며, 어떤 사람은 육체의 정욕, 분노, 시기, 증오 등과 같은 좀더 심한 시험들을 받는다. 그러나 이러한 경우에 바울은 우리에게 성령 안에서 살고 육체에 대항할 것을 요구한다. 그러나 육체에 복종하여 두려움이나 뉘우침 없이 육체의 소욕을 계속해서 이루는 자에게는 그가 그리스도에게 속하지 않았으며, 비록 그가 그리스도인임을 자랑한다고 할지라도 그것은 자신을 속이는 것에 지나지 않는다는 것을 알게 하라. 왜냐하면 그리스도에게 속한 사람들은 육체와 함께 그 정과 욕심을 십자가에 못 박기 때문이다.

누가 성도라 불려야 옳으며 실제로 성도인가

이 구절은 그 안에 독특한 위로를 담고 있다(내가 당신에게 지나가는 길에 경고했듯이). 왜냐하면 이 구절은 우리에게 성도들은 육체의 정욕과 시험들은 물론이고 죄 없이 살아가는 것이 아니라는 것을 가르치고 있기 때문이다. 그러므로 이 구절은 제르송(Gerson)의 글에 나오는 어떤 사람들, 즉 시험이나 죄에 관한 어떠한 느낌도 없는 〔그러한 완전에〕 도달하고자 애쓴 사람들처럼 되지않도록 경계하라고 우리에게 경고하고 있다. 그들은 물건이나 돌이 되고자 하는 것이다. 수도사들과 학자들은 이와 같은 생각을 그들의 성인들에 관하여 품고 있었다. 마치 성인들은 아무 감각도 없는 벽돌로서 어떠한 감정도 없는 듯이 말이다. 확실히 마리아는 자신의 아들을 잃어버렸을 때 마음에 큰 슬픔을 느꼈다 ─ 누가복음 2장.

시편에서 다윗은 자신의 시험과 죄가 너무 커서 너무도 엄청난 슬픔에 거의 삼켜버려질 지경이 되었다고 한탄한다. 또한 바울은 밖으로는 싸움이요 안으로는 공포라고 한탄하면서〔고린도후서 7:5〕 자기가 육신으로는 죄의 법을 섬기노라고 말한다. 바울은 자기가 모든 교회를 돌보는데〔고린도후서

11:28〕 자기가 너무 큰 슬픔에 빠지지 않도록 하나님께서 자기에게 큰 자비를 베푸셔서 에바브로디도를 죽음 직전에서 다시 살아날 수 있도록 해주셨다고 말한다〔빌립보서 2:27〕. 그러므로 교황주의자들이 말하는 성인들은, 세상에서 결코 발견될 수 없는 그러한 지혜로운 사람들을 상상했던 스토아학파와 똑같다. 그리고 바울의 이 가르침에 관한 무지로부터 나오는 이 어리석고 악한 설득을 통해 학자들은 그들 자신과 다른 사람들을 무수하게〔무시무시한〕 절망에 빠뜨렸다.

　내가 수도사였을 때 나는 가끔 한번만이라도 어떤 성인이나 성자의 대화나 삶을 볼 수 있는 행복을 가질 수 있으면 좋겠다고 아주 진심으로 바란 적이 있었다. 그러나 그때에 나는 고기와 마실 것을 입에 대지 않고 초근목피와 냉수만 먹으며 광야에서 사는 그러한 성인을 상상하였다. 그리고 이 기괴한 성인들에 관한 이러한 생각을 나는 궤변론자들〔과 학자들〕의 책들에서만이 아니라 교부들의 책들에서도 배웠다. 성 제롬은 어떤 곳에서 이렇게 쓰고 있다: "고기와 마실 것에 관하여 나는 아무것도 말하지 않겠다. 그러한 것들은 너무 과도한 것들이기 때문이다. 약하고 연약한 자들일지라도 냉수를 사용하고 물에 젖은 것을 먹어야 한다."

　그러나 이제 복음의 견지에서 우리는 그리스도와 그의 사도들이 누구를 성도라 부르고 있는가를 분명하게 안다. 독신 생활을 하거나〔날, 고기, 복장과 같은 것들을 엄격하게 지키거나〕겉보기에 위대하고 기괴한 행위들(우리가 「교부들의 생애」에서 많이 읽는 것과 같은)을 하는 사람들이 아니라 복음의 음성에 의해 부르심을 받아 세례를 받고 그들이 그리스도의 죽으심과 피로 말미암아 거룩케 되고 깨끗케 되었다고 믿는 사람들이 바로 성도이다. 따라서 바울은 그리스도인들에게 편지를 쓰면서 도처에서 그들을 거룩하다고 하며 하나님의 자녀와 후사라고 부르고 있다. 그러므로 여자든 남자든, 종이든 자유인이든 그리스도를 믿는 자는 누구나 모두 성도들이다. 그들 자신의 행위를 통해서가 아니라 그들이 믿음으로 받아들인 하나님의 행위로 말미암아, 즉 하나님의 말씀, 하나님의 성례, 그리스도의 수난, 그리스도의 죽으심, 부활, 승리, 성령의 보내심을 통해서 말이다. 결론적으로 말하자면 그들은 능동적인 거룩이 아니라 수동적인 거룩을 통하여〔그들 자신이 자신의 노력과 선행, 공로들에 의해 얻은 그러한 거룩을 통해서가 아니라 그들이 거저 받은 그러한 거룩을 통하여〕성도들이 되었다.

따라서 무엇보다도 먼저 그들이 그리스도는 그들의 지혜, 의, 거룩, 구속이시라는 것을 확신하고, 둘째로 각자가 하나님의 말씀의 준칙에 따라 자신의 소명(Beruf=vocatio=모든 직업) 속에서 자신의 의무를 다하며 육체에 복종하지 않고 성령으로써 육체의 소욕과 그 정을 억제한다면 말씀의 사역자들, 공직자들, 부모, 자녀, 주인, 종들은 참된 성도들이다. 이제 모두가 [시험에 대항하는] 동일한 힘을 갖고 있는 것은 아니지만 대부분의 사람들에게서 많은 연약함들과 죄과들을 볼 수 있다. 이러한 것들은 그들의 거룩을 방해하지 못한다. 그들의 죄는 완고한 자의(恣意)에서 나온 것이 아니라 깨어지기 쉬움과 연약함에서 나온 것이기 때문이다. 경건한 자들은 육체의 소욕과 그 정을 느끼지만(내가 앞에서 말했듯이) 그들은 그것들을 이루지 않기 위하여 그것들에 대항한다. 또한 그들이 언젠가 분별없이 죄에 빠진다 하여도 그리스도에 대한 믿음을 통하여 다시 일으키심을 받는다면 그들은 죄사함을 얻는다. 그리스도는 길을 잃고 [헤매는] 양을 찾아서 [집으로 데려오지] 쫓아버리려 하지 않으신다. 그러므로 하나님은 그들이 하나님의 말씀을 사랑하고 경외하여 성찬에 나아오는 것을 내가 본다면 내가 믿음과 행실이 약한 자들을 속되거나 거룩치 않다고 바로 판단하는 것을 금하신다. 왜냐하면 하나님께서 죄사함을 통하여 그들을 받으셨고 귀하게 여기시기 때문이다. 그들의 넘어지고 서는 것이 하나님께 있다[로마서 14:4].

이런 식으로 바울은 도처에서 성도들에 관하여 말한다. 그리고 나는 커다란 기쁨으로 하나님께 감사를 드린다. 왜냐하면 내가 수도사였을 때 그토록 열렬하게 원하였던 것을 내게 넘치도록 허락하셨기 때문이다. 하나님은 내게 한 사람의 성인이 아니라 수많은 성도, 그것도 무수한 참된 성도들을 보는 은혜를 주셨다. 궤변론자들이 고안해 낸 그런 성인이 아니라 그리스도 자신과 그의 사도들이 묘사하고 있는 그런 성도들을 말이다. 그 성도들 가운데 바로 나도 하나님의 은혜로 끼어 있다. 왜냐하면 나는 세례를 받았고 그리스도 나의 주님께서 자신의 죽으심을 통하여 나를 모든 죄로부터 속량하시고 구원하셨으며 내게 영원한 의와 거룩을 주셨다는 것을 믿기 때문이다. 그리고 그리스도의 죽으심, 그분의 말씀, 그분의 성례를 통하여 자기가 의롭게 되고 거룩케 되었음을 믿으면서도 그리스도께 이러한 영예를 돌리지 않는 자는 누구나 저주를 받을지어다.

그러므로 성인들의 이름(한때 우리는 이 이름이 오직 하늘에 있는 성인들과 땅에서 위대하고 기이한 행적을 한 은자들과 수도사들에게만 합당한 것으로 생각하였었다)에 관한 이러한 어리석고 악한 생각을 거부하고 이제 성경으로부터 그리스도를 신실하게 믿는 자는 모두 성도들이라는 것을 배우도록 하자. 세상은 베네딕트, 그레고리, 베르나르, 프란체스코 등과 같은 거룩을 무척 칭송한다. 왜냐하면 그들이 어떤 드물고 (겉보기에) 뛰어난 행적들을 하였다는 것을 들었기 때문이다.

의심할 여지 없이 힐라리우스, 키릴. 아타나시우스, 암브로시우스, 아우구스티누스 등과 같은 사람들도 그렇게 엄격하게 삶을 살지는 않았지만 사람들 가운데서 얘기하며 보통의 고기를 먹고 포도주를 마시며 단정하고 깨끗한 복장을 입은 성도들이었다. 그들은 보통의 관습, 이 세상의 삶에 꼭 필요한 것들을 사용한 것에 있어서 다른 정직한 사람들과 차이가 없었다. 그렇지만 그들은 앞의 사람들보다 훨씬 더 선호된다. 이러한 사람들은 어떠한 미신도 가미하지 않고 그리스도의 〔가르침과〕 믿음을 진지하고 순수하게 가르쳤다. 그들은 이단에 대항하였으며 교회로부터 헤아릴 수 없는 잘못들을 몰아내었다. 그들의 사귐과 친근감은 많은 사람들, 특히 환난을 당하고 마음이 무거운 이들에게 위로를 주었고, 그들은 하나님의 말씀으로 그들을 일으켜 세우고 위로하였다. 그들은 사람들의 집단으로부터 물러난 것이 아니라 사람들의 대다수가 머리를 두고 있는 곳에서 자신의 임무를 수행하였다.

이와는 반대로 앞의 사람들은 믿음에 반하는 많은 것들을 가르쳤을 뿐만 아니라 그 자신이 많은 미신들, 잘못들, 〔가증스러운 의식들〕, 악한 예배절차들의 창시자들이었다. 그러므로 죽을 때에 가서야 그들이 그리스도를 부여잡고 그리스도의 죽으심과 승리에 자신을 전폭적으로 의뢰한 것 외에는 그들의 엄격하고 고통스러운 삶은 그들에게 아무 도움도 되지 못했다.

이러한 것들은 실제로 누가 참된 성도이며 어떤 것이 거룩한 삶으로 불릴 수 있는가를 여실히 보여준다. 동굴과 암혈 속에 처박혀서 자신의 몸을 금식으로 수척하게 만들며 털옷을 입고 자기들은 하늘에서 다른 어떤 그리스도인들보다도 특이한 상을 받을 것이라는 신념을 갖고 이와 같은 것들을 행하며 살아가는 사람들의 삶이 아니라, 세례를 받고 그리스도를 믿으며 정욕은 그들이 살아 있는 동안에는 그들 속에 남아 있기 때문에 단번에가 아니라 자신의 행실을 통하여 옛 사람을 벗어버리는 사람들의 삶이 바로 거룩한 삶이다. 그 정욕이 그들을 자기 속에서 지배하지 못하게 하고 오히려 그 정욕을 성령에 복종시킨다면 이런 사람들의 정욕에 대한 느낌은 그들을 전혀 해치지 못한다.

이러한 가르침은 경건한 심령들에게 큰 위로를 주어서 그들이 이러한 육체의 돌진들을 느낄 때 사단이 이로써 영을 공격하더라도 절망하지 않는다. 교황주의자들 가운데 많은 사람들이 그러하듯이 그들은 자기들이 어떠한 육체의 정욕도 느끼지 않아야 한다고 생각하지만 그럼에도 불구하고 제롬, 그레고리, 베네딕트, 베르나르를 비롯한 사람들(수도사들은 이들을 정절과 모든 그리스도인의 덕목들의 완전한 귀감으로 본다)은 결코 육체의 정욕[또는 소욕]을 느끼지 못하는 경지까지 갈 수 없었다. 그렇다, 그들은 육체의 정욕을 느꼈고 그것도 아주 강하게 느꼈다. 이러한 것은 그들이 그들의 저서 여러 곳에서 분명하게 인정하고 고백하고 있다. 그러므로 하나님은 이러한 가벼운 죄과들을 그들에게 돌리시지 않았을 뿐만 아니라 그들 가운데 몇몇이 교회에 들여놓은 치명적인 잘못들까지도 그들에게 돌리시지 않았다. 그레고리는 사적인 미사의 창시자였는데, 신약 교회에서 이보다 더 가증스러운 일은 없었다. 다른 이들은 수도원 제도, 악한 예배 절차, 자의적인 경건들을 고안해 내었다. 키프리아누스는 이단에게 세례를 받은 자들은 재세례를 받아야 한다고 주장하였다.

그러므로 우리는 우리의 신조(사도신경:역주) 속에서 우리는 거룩한 교회[가 있음]을 믿는다고 올바르게 고백하고 있다. 거룩한 교회는 아무도 닿을 수 없는 곳에 보이지 않게 성령 안에 있으므로 그 교회의 거룩은 볼 수 없다. 하나님께서는 거룩한 교회를 연약함들, 죄, 잘못들, 다양한 형태의 십자가와 걸림돌들로 숨기고 덮고 계시기 때문에 이성의 판단을 따라서는 어느 곳에서도 거룩한 교회는 볼 수 없다. 이러한 사실을 모르고 말씀을 가지고 있으며 말씀을 믿으면서도 점점 죄를 범하는 자들의 연약함과 죄를 보는 자들은 그들이 교회에 속하지 않은 것으로 판단한다.

그리고 이때 그들은 은자들과 수도사들[그리고 그러한 다른 까까중들]이 교회라고 몽상한다. 이들은 하나님을 입으로만 영화롭게 하며 헛되이 예배하는 자들이다. 왜냐하면 그들은 하나님의 말씀이 아니라 사람들의 가르침과 계명들을 좇고 다른 사람들에게도 그렇게 가르치기 때문이다. 그리고 그들은 [육적인] 이성이 칭송하고 높이 평가하는 어떤 미신들과 괴이한 행적들을 하기 때문에 그들은 그들이야말로 성인이요 교회라고 판단한다. 그리고 그렇게 함으로써 그들은 앞에서의 신조를 정반대로 바꾸어놓는다: "나는 하나의 거룩한 교회[가 있음]을 믿는다"에 있어서, 그들은 "나는 믿는다"라는 말 대신에 "나는 본다"라는 말을 넣는다. 사람들이 고안해낸 이런 유의 의와 거룩은 사람들의 눈과 마음을 눈멀게 하고 참된 거룩에 관한 지식으로부터 멀어지게 하는 영적인 마술에 다름 아니다.

그러나 우리는 이렇게 가르친다: 교회는 점이나 주름진 것이 없이 거룩한데 이는 오직 그리스도 예수에 대한 믿음으로 말미암은 것이다. 또한 교회는 육체의 소욕을 피하고 영적인 열매들을 맺기 때문에 삶[과 말]에 있어서 거룩하다. 그렇지만 교회는 아직 모든 악한 소욕들로부터 해방되지 못하고 있고 모든 악한 생각들과 잘못들로부터 깨끗케 되지는 않은 상태이다. 교회는 언제나 자신의 죄를 고백하고 교회의 잘못들이 사함받을 수 있기를 기도한다[마태복음 6:12]. 또한 교회는 죄사함을 믿는다. 그러므로 성도들은 죄를 범하고 타락하며 잘못을 저지른다. 그렇지만 이는 무지로 인해서이다. 그들은 의도적으로 그리스도를 부인하거나 복음을 버리거나 자신의 세례를 파기하는 것이 아니다. 그러므로 그들은 죄사함을 받는다. 그리고 무지로 말미암아 그들이 가르침에 있어서 잘못을 저지른다면, 이것도 용서된다. 결국 그들은 자신의 잘못을 인정하고 제롬, 그레고리, 베르나르 등과 같은 사람들이 그랬듯이 오직 그리스도 안에서 제공되는 하나님의 진리와 은혜에 의지하기 때문이다. 그러므로 그리스도인들로 하여금 육체의 일을 피하기 위하여 애쓰도록 하라. 그러나 [육체의] 소욕을 피할 수는 없다.

그러므로 경건한 자들이 자신의 육체의 더러움을 느끼는 것은 매우 유익하다. 왜냐하면 마치 그들이 자신의 행위로 인한 의 때문에 하나님 앞에서 받아들여지기라도 한 것인 양 [그들 자신의] 행위들의 의(義)에 관한 어떤 헛되고 악한 견해로 우쭐대지 않을 수 있기 때문이다. 이러한 의에 관한 견해로 우쭐대는 수도사들은 비록 자신의 양심의 증언을 통해 자기가 깨끗치 않다는 것을 확신함에도 불구하고 자신의 거룩한 삶 때문에 스스로를 거룩하다고 생각하여 자신의 의와 거룩을 다른 사람들에게 팔았다. 사람이 자기 자신의 의를 의지하고 스스로를 깨끗하다고 생각하는 것은 치명적인 독약이다.

그러나 경건한 자들은 자신의 마음의 더러움을 느끼기 때문에 자기 자신의 의를 의지할 수 없다. 이러한 느낌은 그들로 하여금 몸을 굽히게 만들고 겸손하게 만들기 때문에 그들은 자기 자신의 선행에 의지하지 않고 그들의 속죄소이자 유일한 구원자인 그리스도, 부패하고 죄악된 육체가 아니라 가장 순수하고 거룩한 육체를 가지고 세상의 생명을 위하여 자신을 드린 그리스도에게로 달려가지 않을 수 없게 된다. 이렇게 그들은 겸손 가운데 머문다. 그냥 그러는 체 하는 것도 아니고 수도사들처럼 하는 것도 아니고 참되고 진실되게 그렇게 한다. 이는 아직 그들의 육체에 남아 있는 더러움 때문이다. 하나님이 그들을 엄격하게 판단하신다면 그들은 영원한 죽음에 처할 죄인들로 발견될 것이다. 그러나 그들은 하나님에 대항하여 스스로를 교만하게 높이지 않았고 오히려 깨어지고 통회한 심령으로 겸손하게 자신의 죄를 인정하고 중보자이신 그리스도의 은혜에 전적으로 의지하여 하나님의 임재 앞으로 나아가 그리스도로 인하여 자신들의 죄를 사하여 달라고 기도하기 때문에 하나님은 그들 위에 한량없이 넓은 은혜의 하늘을 펼치시고 그리스도로 인하여 그들에게 그들의 죄를 돌리지 않으신다.

내가 이것을 말하는 목적은 거룩한 삶에 관한 궤변론자들의 치명적인 잘못들을 경계하도록 하기 위함이다. 우리의 마음은 이미 그러한 잘못들로 둘러싸여 있기 때문에 거기로부터 벗어나기 위해서는 큰 어려움을 겪을 수밖에 없다. 그런 까닭에 너희가 부지런히 노력하면 참된 의와 거룩을 거짓된 것으로부터 올바로 구별하고 분간할 수 있다. 그렇게 될 때 너희는 〔육적인〕이성과는 다른 눈, 즉 영적인 눈을 가지고 그리스도의 나라를 보게 되고 세례를 받고 그리스도를 믿으며 그 동일한 믿음으로 의롭게 되고 그들의 과거와 현재의 죄들이 사함받으며 육체의 소욕을 피하는 자들이야말로 참된 성도들이라고 판단하게 될 것이다. 그러나 이러한 소욕들로부터 그들이 철저히 깨끗케 된 것은 아니다. 육체의 소욕은 성령을 거스르기 때문이다.

그럼에도 불구하고 이러한 더러움은 여전히 그들 속에 남아 있어서 그들은 겸손해질 수 있고 겸손해짐으로써 그리스도의 은혜와 유익의 달콤함을 느낄 수 있다. 따라서 이러한 더러운 남은 죄들은 경건한 자들을 전혀 훼방놓지 못하고 오히려 크게 유익을 가져다준다. 그들이 자신의 연약함과 죄를 느끼면 느낄수록 그들은 더욱 더 은혜의 보좌이신 그리스도에게로 달려가며 한층 진심으로 그리스도의 도우심과 구원을 갈망하게 된다. 즉, 그리스도께서 그들을 자신의 의로 관 씌우고 그들의 믿음을 더하며 성령으로 덧입혀서 그 〔은혜로운 이끄심과〕인도하심으로 그들이 육체의 소욕을 극복할 수 있게 해주고 그 소욕들이 그들을 지배하지 않고 오히려 그들에 의해서 제어될 수 있게 해주기를 갈망하게 된다. 이렇게 참된 그리스도인들은 끊임없이 죄와 씨름하며, 이 씨름 속에서 그들은 정복당하지 않고 오히려 승리를 거둔다.

내가 이것을 말한 것은 너희가 사람들의 몽상이 아니라 하나님의 말씀을 통하여 실제로 누가 참된 성도인가를 이해하도록 하기 위함이다. 그러므로 우리는 그리스도의 가르침이 〔약한〕 양심들을 세워 일으키고 위로하는 데 얼마나 많이 도움이 되는가를 본다. 그것은 수도복의 두건, 면도, 묵주, 그와 같은 장난감들을 다루는 것이 아니라 어떻게 우리가 육체, 죄, 죽음, 마귀를 극복할 수 있는가 하는 높고 무게 있는 문제들을 다룬다. 이 가르침은 심문관들〔과 그들 자신의 행위를 의지하는 자들〕에게는 알려져 있지 않기 때문에 그들은 방황하고 어그러진 길로 가는 한 〔가엾은〕 양심을 훈육하거나 올바른 길로 인도할 수 없으며 그 양심이 침체, 두려움, 절망에 빠져있을 때 그를 평안케 하거나 위로할 수 없다.

노예 의지론[1]

〔많은 점에서 인문주의자들과 개혁자들은 손을 잡았다. 둘 다 교회의 부패와 스콜라 신학의 시시콜콜한 논의를 규탄하였다. 게다가 르네상스 학문의 고전에 대한 지식과 전문적인 숙련은 종교개혁의 배후에서 비판의 도구들을 제공하였다. 에라스무스의 신약 성경 헬라어판은 루터에게 큰 혜택이었다. 보다 정확한 이 헬라어판을 가지고 루터는 중세 시대에 왜곡되었거나 모호하게 되었던 신학적 의미들을 복구할 수 있었다.

많은 인문주의자들에게 있어서 관심의 유사성은 여기서 끝났다. 그 부류 가운데 에라스무스도 끼어 있었는데, 그는 유럽 전역에 걸쳐 잘 알려진 명망있는 인문주의자 학자였다. 개혁의 필요성을 인식한 에라스무스는 루터가 말한 것들 가운데 많은 것에 공감하였다. 그러나 이 두 사람의 처음의 정중한 관계에도 불구하고 둘 사이의 균열은 불가피하다는 것이 점점 더 분명해졌다. 기질적으로 에라스무스는 싸움을 싫어하였고 화평과 진리에 대한 화합을 선호하였고 소동을 피하였다. 에라스무스에게 있어서 루터는 분명히 너무 지나친 감이 있었고, 로마 가톨릭은 에라스무스에게 압력을 가해서 중립적인 입장에 계속 머무르지 못하게 하였다. 더욱이 에라스무스 사상의 인문주의적인 중심적 핵심은 개혁자들에 의해 주장된 은혜와 인간에 대한 개념들보다는 온건한 로마 가톨릭의 스콜라 신학의 입장에 더 가까웠다. 사실 에라스무스는 그러한 문제들을 너무 정확하고 엄격하게 따지는 것을 좋아하지 않았다.

「자유의지론」에 관한 에라스무스의 책은 의심할 여지 없이 압력 아래

---

1) 이 초록은 J. J. Packer and A. R. Johnston에 의해 번역된 *The Bondage of the Will* (London: James Clarke and Co., Ltd., 1957; Westwood, N. J.: Fleming H. Revell Company, 1957), pp. 66-86, 104-7, 169-71, 205-12, 313-18에서 발행인의 허락을 얻어 전재함.

에서 씌어졌다. 어느 정도의 기간이 경과한 후에 나온 루터의 답변은 자신의 입장으로부터 엄격하게 추론된 것으로서 신랄한 것이었다. 루터는 사실상 「노예 의지론」을 자신의 가장 좋은 신학적 책이며 출간해도 좋을 부류에 속하는 유일한 책으로 생각하였다. 논쟁에서 사용된 용어는 더이상 받아들여질 수 없지만, 여기서 제기하고 있는 문제들은 여전히 교회의 삶에서 실제적으로 적용되는 것들이다. 「노예 의지론」에서 제한적으로 발췌하여 여기에 수록한 글들은 논쟁의 형식과 현안 문제 둘 다를 보여주는 데 도움이 될 것이다. 「노예 의지론」은 1525년에 처음으로 출간되었다.]

에라스무스의 서문에 대한 검토

(i) 기독교에 있어서 확신에 찬 주장들의 필요성에 대하여

먼저 나는 우리의 주장을 손상시키고 당신 자신의 주장을 아름답게 장식하는 시도를 하고 있는 당신의 서문에 나오는 몇몇 논지들을 훑어보고자 한다. 우선 살펴건대 다른 곳에서 당신이 내가 너무 대담하게 확신에 찬 주장을 하고 있다고 하여 나를 비난하고 있는 것처럼 여기 이 책에서도 당신은 이렇게 말하고 있다: "나는 확신에 찬 주장들에 거의 만족을 할 수 없어서 성경의 범할 수 없는 권위와 교회의 결정이 허용하는 곳마다에서 회의론자의 입장을 쉽게 취하고자 한다. 물론 나는 성경과 교회가 규정하는 모든 것들에서 그것을 내가 따르든 따르지 않든 나의 판단을 그것들의 권위에 기꺼이 종속시키고 있다." 이것이 당신에게 설득력 있는 관점이다.

나는 그러한 감정들을 촉발시키고 있는 것은 당신의 자비심 많은 마음과 화평에 대한 사랑 때문이라고 생각한다(예의상으로 말하자면). 만약 다른 사람이 그러한 감정들을 표현하였다면 나는 내가 늘 하던 방식으로 그를 공격하였을 것이다! 나는 당신에게조차도 비록 당신이 선의라고 할지라도 그러한 생각을 가지고 더이상 어그러진 길로 가도록 허용하지는 않을 것이다. 확신에 찬 주장을 좋아하지 않는 것은 그리스도인의 심장을 보여주는 표지가 아니다. 실제로 그리스도인이라면 확신에 찬 주장들을 기뻐하여야 한다. (자, 우리가 확신에 찬 주장들에 의해 오도되지 않도록 하기 위하여 여기서 확신에 찬 주장이라는 말을 통해 나는 당신의 토대를 확고히 하고 당신의 입장을 표명하고 그것을 고백하고 그것을 옹호하며 그것을 굽히지 않고 힘쓰는 것을 의미한다는 것을 말해두고자 한다. 나는 이 용어가 고전 작가들이나 현재의 용례에서 다른 의미로 사용된다고 생각하지 않는다. 그리고 나는 위로부터 성경에서 우리에게 전해진 것에 대한 확신에 찬 주장에 관하여 말하고 있다. 그 영역 밖에서 우리는 에라스무스나 다른 선생으로 하여금 의심스럽거나 유익이 없거나 불필요한 문제들에 대하여 확언들과 주장들은 우둔할 뿐만 아니라 더 나아가 불경건하다고 우리에게 말하게 할 필요가 없다. 바울은 그들을 흔히 충분하게 정죄하고 있다! 그러나 나는 우스꽝스러운 웅변가가 가자미에 대하여 말하는 것처럼 당신이 한 주제를 잡고는 다른 주제를 이야기하려고 하지 않을 것이며, '자유 의지'에 관한 신조가 의심스럽거나 불필요하다고 주장할 만큼 당신이 불경건하거나 미쳐 있지 않다고 생각하기 때문에, 당신이 여기서 그러한 것들에 관하여 말하고 있다고 생각하지 않는다.)

　　이제 회의론자들과 학구파들은 우리 그리스도인의 사귐에서 떠나라. 확신에 찬 주장할 사람들, 스토아 철학자들보다 두 배나 확고한 사람들을 갖도록 하자! 사도 바울의 말을 들어보자 ― 얼마나 자주 그는 바로 양심, 가장 높은 정도의 확실성과 확신에 대한 주장인 '온전한 확신'을 요구하는가. 로마서 10〔:10〕에서 바울은 그것을 '시인'(confession)이라고 부른다 ―"입으로 시인하여 구원에 이르느니라." 그리스도는 이렇게 말씀하신다: "누구든지 사람 앞에서 나를 시인하면 나도 하늘에 계신 내 아버지 앞에서 저를 시인할 것이요"〔마태복음 10:32〕. 베드로는 우리에게 우리 안에 있는 소망의 이유를 제시하라고 명한다〔베드로전서 3:15〕. 이래도 더 많은 증거가 필요한가? 그리스도인들에게 확신에 찬 주장보다 더 친근하거나 특색있는 것은 없다. 확신에 찬 주장들을 버리라. 그러면 당신은 기독교를 버리게 될 것이다. 왜, 성령이 그리스도를 영화롭게 하고 그리스도인들 속에서 그리스도를 죽을 때까지 고백할 수 있도록 하기 위하여 성령이 그리스도인들에게 주어지고 있지 않는가 ― 당신이 고백하고 주장하는 것을 위하여 죽는 것은 확신에 찬 주장이 아닌가? 또 성령은 온 세상에 침투하여 마치 세상에 싸움을 거는 것인 양 세상으로 하여금 죄를 알게 할〔참조. 요한복음 16:8〕 목적으로 강하게 주장한다. 바울은 디모데에게 책망하며 때를 얻든지 못 얻든지 힘쓰라고 말한다 〔디모데후서 4:2〕. 어떤 것들에 대하여 남들을 책망하면서 그것들을 실제로 믿지 않거나 요동없이 주장하지 않는 사람이 있다면 그 사람은 어릿광대이리라! 나는 그런 사람은 안티키라(Anticyra)[2]로 보내야 한다고 생각한다!

그러나 나는 태양을 보는 것보다도 더 명약관화한 것을 놓고 시간과 말을 허비하고 있는 것으로 보아 이 세상에서 가장 바보이다. 어떤 그리스도인이 우리가 확신에 찬 주장들을 비난하여야 한다는 생각을 참을 수 있는가? 그것은 모든 신조와 경건을 단숨에 부인하는 게 될 것이다 ― 이는 신조와 경건과 모든 교의(敎義)들은 아무것도 아니라고 확신에 찬 주장을 하는 것이다. 그렇다면 왜 당신 ― 바로 당신! ― 은 "나는 그러한 주장들 속에서 어떠한 만족도 찾지 못하며 다른 무엇보다도 교의적이지 않은 성향을 좋아한다"고 '확신있게 주장하는가'?

당신은 당신이 여기서 그리스도에 대한 신앙고백과 그의 가르침들을 가리키고 있는 것이 아님을 틀림없이 이해시켜야 할 것이다. 똑똑히 기억해두어야 한다: 그리고 나는 당신에게 경의를 표하여서 내가 정상적으로 사용하는 권리를 포기하고 당신의 진짜 생각과 동기에 대한 모든 추측을 삼가고 있다. 그러한 것은 다음 기회로 미룬다. 아니 다른 사람들이 그렇게 하도록 남겨두기로 한다. 다만 나는 당신이 당신의 말과 글을 고치고 나중에라도 그러한 표현을 쓰는 것을 피하라고 충고한다. 당신의 마음은 올바르고 정직할지 모르지만 당신의 말 ― 말은 마음의 거울이라고 그들은 말한다 ― 은 전혀 그렇지 않다. 당신이 진정으로 '자유 의지'라는 주제가 꼭 필요한 지식이 아니며 그리스도와 관련이 있지 않다고 생각한다면, 당신의 말은 올바르다(당신의 말은 당신의 의미를 표현하고 있기 때문이다). 그러나 당신의 생각은 신성모독을 하고 있다. 당신이 이 지식이 꼭 필요한 것이라고 생각한다면, 당신의 생각은 옳지만 당신의 말은 신성모독을 하고 있다(당신의 말은 정반대를 말하고 있는 듯하기 때문이다). (그리고 그러한 경우에 쓸데없는 확신에 찬 주장들과 주장들에 관한 당신의 엄청난 양의 불평들은 제자리를 벗어난 것이고 논지를 이탈한 것이다.)

---

2) 정신병을 치료하는 요양원.

　　그러나 '자유 의지'라는 특정한 문제에 국한시키지 않고 모든 종교적 교의들 전반에 대하여 말하고 있는 내가 인용한 말들에 관하여 당신은 무엇이라고 할 것인가? 거기에서 당신은 '성경의 범할 수 없는 권위와 교회의 결정들이 당신에게 그렇게 하도록 허용한다면 당신은 확신에 찬 주장들을 좋아하지 않기 때문에 회의론자의 입장을 취할 것'이라고 말하였다. '범할 수 없는 권위'와 '교회의 결정들'을 말하는 사람은 얼마나 변화무쌍한 사람인가! ─ 마치 당신이 성경과 교회를 대단히 존중하기라도 하는 것처럼 하면서 이와 동시에 당신은 회의론자가 될 자유를 갖고 싶다고 우리에게 말하고 있으니! 어떤 그리스도인이 그처럼 말할 수 있는가? 당신이 무익하고 불확실한 가르침들에 관하여 말하고 있다면, 당신은 우리에게 어떤 새로운 것을 가져다주는가? 모든 사람들이 그러한 문제들에 있어서 회의론자가 될 자유를 원하지 않는가? 모든 그리스도인들은 사실 자유롭게 그러한 자유를 이용하여 어떤 견해의 노예같은 추종자들이 된 자들을 비난하지 않는가? 아니면 당신은 모든 그리스도인들은 쓸데없는 것들을 교의로 가지고 있는 사람이라고 생각하고 있는 것이다(당신의 말이 분명히 시사하고 있듯이). 그들의 확신에 찬 주장들을 놓고 싸우고 다투는 것은 어리석은 짓이라고 보고 있기 때문이다!

　　그러나 당신이 본질적인 진리들을 대상으로 말하고 있는 것이라면, 왜 그러한 것들에 관하여 정확히 '아무것'도 주장하지 않을 자유를 원하면서 그보다 더 불경건한 주장을 할 수 없는가? 오히려 그리스도인은 이렇게 말할 것이다: "나는 회의론적 행동원칙들을 그리 좋아하지 않기 때문에 나의 육체의 연약함이 허용하는 한 나는 성경이 가르치는 모든 것에서 성경을 단단하게 붙여잡고 그 가르침을 확신있게 주장하는 것을 나의 변치 않는 준칙으로 삼고자 하며 또한 성경이 결정하고 있지 않은 비본질적인 것들에 관하여서도 가능한 한 단정적이 되기를 원한다. 왜냐하면 불확실성은 세상에서 가장 비참한 것이기 때문이다."

　　이제 우리는 당신의 다음 구절에 대하여 말해보고자 한다 ─ "나는 그것들이 규정하는 모든 것에서 내가 그것을 따르든 따르지 않든 이러한 권위들에 나의 판단을 기꺼이 종속시키고자 한다." 에라스무스, 당신의 말은 무엇을 뜻하는가? 당신의 판단을 성경에 종속시키는 것으로는 부족하단 말인가? 당신은 당신의 판단을 교회에도 종속시키는가? ─ 어째서 성경이 먼저 해결하지 못한 것을 교회가 해결할 수 있단 말인가? 그리고 바울이 고린도전서

14〔:29〕에서 "다른 이들은 분변할 것이요"라고 말하고 있듯이 교회의 결정들을 형성한 자들을 판단할 자유와 권세를 위한 여지를 당신은 남겨두고 있는가? 바울은 그러한 권세가 있다고 규정하고 있음에도 당신은 교회의 결정들을 판단할 수 있다는 것에 반대하는가? 당신이 우리로부터 사람들의 결정들을 판단할 권능을 앗아가고 우리로 하여금 인간의 권세에 무비판적으로 추종하도록 만드는 당신의 새로운 유행의 경건, 이 신기한 유의 겸손은 도대체 무엇인가? 하나님의 기록된 말씀이 그렇게 하도록 어디에서 우리에게 말하고 있는가? 그리고 어떤 그리스도인이 성경과 교회의 명령들을 무시하고 "내가 그것을 따르든 따르지 않든"이라고 말할 수 있는가? 당신은 그 명령들을 존중하면서도 당신이 그것들을 따르든 따르지 않든 그것은 문제가 되지 않는다는 것인가? 아마 당신은 '따른다' 라는 말을 통해 '회의적인 방식으로 의심함이 없이 절대적인 확신을 가지고 고수하는 것' 을 의미한다고 우리에게 말하고자 할 것이다. 그러나 '따른다' 는 말이 '보고 완벽하게 이해한다' 를 의미한다면, 도대체 따를 수 있는 사람이 존재할 수 있는가? 그렇다면 어떤 것들을 따를 수 있는 사람이 다른 것들을 따를 수 없다는 것은 결코 사실이 아닐 것이다. 왜냐하면 어떤 하나(나는 하나님을 의미한다)를 따르는 사람은 모든 것을 따를 것이기 때문이다. 반면에 하나님을 따르지 않는 사람은 결코 하나님이 만드신 그 어떤 것도 따르지 않을 것이다.

한 마디로 말해서 당신이 말하고 있는 것은 다음과 같다: 당신은 세상이 평온하기만 하다면 어떤 사람이 무엇을 믿든 그것은 하잘 것 없는 것으로서 중요한 것이라고 생각하지 않는다. 그의 삶과 평판과 복리와 영향력에 있어서 '그들이 긍정하면 나도 긍정하고 그들이 부인하면 나도 부인한다'고 말하는 사람과 우열을 겨룰 입장에 처해 있는 사람은 누구든지 당신을 좋아할 것이다. 그리고 당신은 그로 하여금 기독교의 교리를 인간의 철학자들의 견해보다 조금도 낫지 않은 것으로 다루도록 격려할 것이다 — 물론 이를 놓고 싸우거나 씨름하거나 확신있게 주장하는 것은 어리석은 짓이다. 그렇게 하면 나쁜 감정이 생겨나고 외적인 평온이 깨지는 것 외에 다른 소득이 없을 것이기 때문이다. "우리 위에 있는 것은 우리의 관심사가 아니다" — 이것이 당신의 좌우명이다. 따라서 당신은 우리의 싸움을 멈추게 하려고 끼어들었다. 당신은 양 측(루터와 로마 가톨릭교회:역주) 모두에게 그대로 멈추라고 말하고는 우리로 하여금 그토록 어리석고 무익한 문제들을 놓고 더이상 싸우지 말라고 강권한다. 되풀이 말하지만 바로 그것이 당신이 말하고 있는 것의 요지이다.

그리고 경애하는 에라스무스여, 내가 이 점에서 당신을 추궁하고 있다는 것을 당신이 알고 있으리라고 생각한다. 그러나 내가 말했듯이 말을 계속해 보자. 잠시동안 나는 당신의 마음은 죄가 없다고 선언한다. 그러나 당신은 앞으로 이런 식으로 글을 써서는 안된다. 감정이 깃드는 심장과 마음을 감찰하시고 어리석은 변론으로 속지 않는 하나님의 영을 두려워하라. 내가 이것을 말하는 이유는 이제부터 당신이 우리 측의 완고함과 완악함을 비난하기를 그치도록 하기 위함이다. 그렇게 비난을 해보아야 이는 우리로 하여금 당신이 마음 속에 루키아누스(Lucian)적인 생각을 품고 있거나 에피쿠로스 족속의 어떤 다른 돼지와 같은 생각을 품고 있음을 알게 할 따름이다. 그 족속은 무신론자 자체이기 때문에 하나님을 믿고 하나님을 고백하는 모든 자들을 은밀하게 즐기는 대상으로 여긴다. 우리로 하여금 자유롭게 주장하고 이 주장들 속에서 우리의 만족과 기쁨을 발견하도록 내버려 두어라. 그리고 당신은 회의론자들과 학구파들에게 갈채를 보내면 된다 ― 그리스도께서 당신을 부르실 때까지! 성령은 회의론자가 아니며, 성령이 우리 마음 속에 새긴 것들은 의심이나 의견들이 아니라 확신에 찬 주장들 ― 감각과 생명 자체보다도 더 확실한 ― 이다.

(ii) 성경의 명확성에 대하여

이제 이것과 연관되어 있는 다른 논점으로 옮겨가 보자. 당신은 기독교의 교리를 두 부류로 나누고 우리는 한 쪽은 알아야 하지만 다른 쪽은 알 필요가 없다고 주장하고 있다. "어떤 것들은 난해하고 어떤 것들은 아주 분명하다"고 당신은 말한다. 바로 이 점에서 당신은 어떤 다른 사람의 말을 가지고 말장난을 하고 있거나 문학적인 효과를 노리고 있다! 하지만 당신은 로마서 11〔:33〕에 나오는 바울의 말을 당신의 주장을 뒷받침해 주는 것으로 인용하고 있다: "깊도다 하나님의 지혜와 지식의 부요함이여." 또한 이사야 40:13도 인용한다: "누가 여호와의 신을 지도하였으며 그의 모사가 되어 그를 가르쳤으라." 당신은 당신이 바로 루터에게가 아니라 세상 일반을 위하여 쓰고 있다고 알았기 때문에, 또는 그렇지 않다면 당신은 당신이 '루터'에 대항하여 글을 쓰고 있다는 것을 고려하지 않았기 때문에 너무도 경솔하게 성경을 인용하였다! 나는 당신이 성경 본문에 관한 한 약간의 학문적 소양과 판단력이 루터에게 있다는 것을 신용해주기를 바란다. 만약 그렇게 하지 않는다면, 보라! 내가 당신으로부터 강제로 그러한 승인을 끌어낼 것이다!

내가 행하는 구별은 이런 것이다(나도 약간의 강의를 해야 할 것이기 때문이다 ― 그렇지 않고 쓸데없는 구별을 늘어놓았다고 내가 말해야 하는가?) : 창조주와 그의 피조물이 별개의 것이듯이 하나님과 그분의 성경은 별개의 것이다. 자, 그 누구도 우리가 아무것도 모르는 하나님 속에 많은 것들이 감춰져 있다는 것을 의심하지 않는다. 그리스도 자신도 마지막 날에 대하여 이렇게 말씀하고 있다 : "그 날과 그 때는 아무도 모르나니 … 오직 아버지만 아시느니라"〔마태복음 24:36〕. 그리고 사도행전 1〔:7〕에서는 이렇게 말씀한다 : "때와 기한은 … 너희의 알 바 아니요." 또한 이렇게도 말씀하신다 : "주께서 자기 백성을 아신다"〔디모데후서 2:19〕 등등.

그러나 성경에서 어떤 것들은 난해하고 모든 것이 분명한 것은 아니라는 생각은 불경건한 궤변가들(지금 당신 에라스무스는 그들을 그대로 본뜨고 있다)에 의해 퍼졌다 ― 그들은 자신의 당치도 않은 견해를 입증하기 위하여 단 하나의 성구도 결코 인용한 적이 없었다. 또한 그렇게 할 수도 없다. 그리고 사단은 이 실체없는 유령들을 사람들에게 겁을 주어서 성경을 읽지 못하게 하고 성경의 가치에 대한 모든 인식을 파괴함으로써 사단 자신의 치명적인 철학이 교회에서 우위를 차지하게 하는 데 사용하여 왔다. 성경에 나오는 많은 '구절들'이 모호하며 명확히 해득하기가 어렵다는 것은 나도 확실히 인정하는 바이다.

그러나 그것은 그 주제의 고상한 성격 때문이 아니라 우리 자신의 언어적 문법적 무지로 인해서이다. 그리고 그것은 어쨌든 성경의 모든 '내용'을 우리가 아는 것을 방해하지 못한다. 봉인이 벗겨지고 돌이 무덤 입구로부터 굴려졌으며 모든 신비들 가운데 가장 큰 것, 즉 하나님의 아들 그리스도가 사람이 되었으며 하나님은 하나 속에서 셋이라는 것, 그리스도는 우리를 위하여 고난을 겪으셨고 영원히 다스릴 것이라는 것이 밝히 드러나 있는 지금 성경이 아직까지 무슨 중대한 진리를 숨기고 있을 수 있는가? 이러한 것들은 알려져 있고 거리에서 노래되고 있는 것들이 아니던가? 그리스도를 성경으로 부터 제거해보라 — 그러면 당신은 성경에서 그 어떤 무엇을 발견할 수 있는 가? 당신은 우리가 알지 못하는 주장들을 포함하고 있는 몇몇 구절들이 여전히 모호하긴 하지만 성경의 전체 내용은 이제 밝히 드러나 있다는 것을 알게 되었다.

따라서 성경의 내용이 가능한 만큼 분명한 것을 당신이 알고 있는데도 극소수의 모호한 단어들 때문에 성경을 모호하다고 선언하는 것은 무지할 뿐만 아니라 불경건한 짓이다. 단어들이 한 곳에서 모호하다면 다른 곳에서는 분명하다. 하나님이 세상을 향하여 그토록 분명하게 선포한 것은 성경의 어떤 부분들에서 분명한 단어들로 말해져 있고 또 어떤 부분들에서는 아직 모호한 단어들 속에 감추어져 있다. 그러나 어떤 것이 폭넓게 밝혀져 있고 그에 대한 수많은 증거들이 폭넓게 밝혀져 있을 때, 그에 대한 어떤 증거가 어둠 속에 있다는 것은 문제가 되지 않는다. 어떤 성읍에 샘이 백일하에 드러나 있는데 그 길로부터 좀 떨어진 어떤 사람들이 그 샘을 볼 수 없다고 하여 그 지역의 모든 사람들이 볼 수 있는 그 샘을 없다고 주장하겠는가?

그러므로 당신의 말 속에는 '코리쿠스 동굴'(Corycian cavern)에 관한 것은 아무것도 없다. 하지만 성경은 사정이 다르다. 하나님의 가장 심원한 신비들은 더이상 감춰져 있지 않고 지금 문밖으로 꺼내져 대중들이 볼 수 있게 전시되어 있다. 그리스도는 우리의 이해력을 열어주었기 때문에 우리는 성경을 이해할 수 있고 복음은 만민에게 전파되고 있다. "그 소리가 온 땅에 통하고"[시편 19:45]. "무엇이든지 전에 기록한 바는 우리의 교훈을 위하여 기록된 것이니"[로마서 15:4]. 또 "모든 성경은 하나님의 감동으로 된 것으로 교훈 … 에 유익하니"[디모데후서 3:16]. 당신은 모든 궤변가들과 함께 나아가서 성경에서 여전히 모호한 신비를 단 하나라도 예로 들어보라.

나는 많은 사람들에게 상당한 구절들이 여전히 모호하다는 것을 알고 있다. 그러나 그것은 성경이 명확하지 않기 때문이 아니라 그 자체로 더이상 명료할 수 없는 진리를 보려는 노력을 하지 않아서 그들 자신이 눈멀고 무감각하기 때문이다. 바울은 고린도후서 4장에서 유대인들에 관하여 이렇게 말했다: "수건이 오히려 그 마음을 덮었도다"[고린도후서 3:15]. 또한 "만일 우리 복음이 가리웠으면 망하는 자들에게 가리운 것이라 그 중에 이 세상 신이 믿지 아니하는 자들의 마음을 혼미케 하여"[고린도후서 4:3-4]. 그들은 눈을 가리거나 햇빛을 피하여 어둠 속으로 들어가서 거기에 숨고는 자기들이 볼 수 없다고 하여 태양이나 날의 어둠을 탓하는 사람들과 같다. 따라서 비참한 사람들로 하여금 자기 자신의 마음의 어둠을 탓하지 않고 너무도 분명한 하나님의 성경을 탓하는 신성모독적인 왜곡을 버리도록 하라!

당신이 "그의 판단은 측량할 수 없다"는 바울의 말을 인용할 때, 당신은 "그의"라는 대명사가 성경을 가리킨다고 생각한 듯하다. 하지만 바울이 그 구절에서 측량할 수 없다고 말한 그 판단은 성경의 판단이 아니라 하나님의 판단이다. 그리고 이사야 40장은 "누가 성경의 마음을 알았는가?"가 아니라 "누가 주의 마음을 알았는가?"라고 말하고 있다(바울은 실제로 그리스도인들은 주의 마음을 안다고 주장하고 있다; 그러나 이것은 바울이 고린도전서 2〔:12〕에서 말하고 있듯이 하나님에 의해 우리에게 주어진 것들에 한해서이다.) 그러므로 당신은 당신이 얼마나 나태하게 이러한 구절들을 검토하였으며 당신의 성구 인용이 얼마나 경솔한가를 알 것이다 ― '자유 의지'에 대한 당신의 거의 모든 인용구들이 경솔하듯이! 다소 비꼬아 말하는 듯한 어구 속에서 당신이 인증하고 있는 모호함에 대한 예들은 전혀 논지와 상관이 없는 것들이다 ― 하나님에 있어서 삼위의 구별, 그리스도의 신성과 인성의 결합, 사함받을 수 없는 죄.

'여기에 결코 해결되지 않은 문제들이 있다'고 당신은 말한다. 당신이 이 말을 통해 궤변가들이 이러한 주제들을 논의할 때 추구하는 질문들을 의미한다면, 성경의 거슬리지 않는 부분들이 당신에게 무엇을 했으며 당신은 그것에 대한 죄악된 오용이 아니라 성경 자체의 순수성을 탓하는가? 성경은 삼위일체, 성육신, 사함받을 수 없는 죄가 사실이라고 단도직입적으로 확언하고 있다. 그것에 관하여 어떠한 모호함이나 애매함도 없다. 당신은 성경이 우리에게 '어떻게' 그것들이 그러한가를 말해준다고 상상하고 있다. 그러나 성경은 그렇게 하지 않으며 우리도 그것을 알 필요가 없다. 바로 이 점에서 궤변가들은 자신의 몽상들을 논한다. 몽상들에 대한 당신의 비판과 정죄를 계속 지켜나가고 성경의 무죄함을 선포하라! 반면에 당신이 그 말을 통하여 사실 그 자체를 의미한다면, 나는 다시 이렇게 말한다: 성경을 탓하지 말고 그들의 신인 사단의 활동으로 인하여 하나님의 삼위일체와 그리스도의 인성에 관한 가장 명백한 증거들을 볼 수 없는 아리우스파와 복음이 감춰진 자들을 탓하라.

한 마디로 말해서 빛의 결여가 이중적이듯이 성경의 명확성은 이중적이다. 첫번째는 외적인 것으로서 말씀의 사역과 관련되어 있다. 두번째는 마음의 지식과 관련이 있다. 당신이 내적인 명확성에 관하여 말한다면, 하나님의 영을 지니고 있지 않는 사람은 누구든지 성경에 있는 것을 조금도 보지 못한다는 것이 사실이다. 모든 사람들은 자신의 마음이 어두워져서 그들이 성경에 있는 모든 것을 논하거나 인용할 때조차도 그것을 이해하거나 실제로 알지 못한다. 그들은 하나님을 믿지 않으며 그들이 하나님의 피조물임을 믿지 않고 그밖의 다른 것들도 믿지 않는다 — 시편 13편에서는 이렇게 표현하고 있다: "어리석은 자는 그 마음에 이르기를 하나님이 없다 하도다"〔시편 14:1〕. 성령은 모든 성경과 성경의 각 부분을 이해하는 데 필요하다. 반면에 당신이 '외적인' 명확성에 관하여 말한다면, 그 어떠한 것도 모호하거나 애매한 것은 없으며 성경에 있는 모든 것은 말씀을 통하여 가장 극명하게 빛 가운데로 가져와져 있으며 온 세상에 선포되어 있다는 것이 나의 입장이다.

(iii) '자유 의지'가 어떤 권능을 갖고 있는가를 아는 것의 중요성에 대하여

더욱 참을 수 없는 것은 당신이 '자유 의지'를 '없어도 좋은 쓸데없는 교리들' 가운데 하나로 분류하고 있다는 것이다. 그러면서 당신은 당신이 그리스도인의 경건에 있어서 충분하다고 생각하는 것의 목록을 우리에게 제시하고 있다 — 실제로 유대인이나 그리스도에 관하여 아무것도 모르는 이방인이 쉽게 그릴 수 있는 초안. 당신은 그리스도에 대해서는 일언반구도 말하고 있지 않기 때문이다 — 마치 당신은 하나님("하나님은 사랑 자체이시다"라고 당신은 말한다)을 전심으로 섬기기만 한다면 그리스도인의 경건이 그리스도 없이 가능하다고 생각하는 것처럼.

내가 여기서 무어라고 말할 것인가, 에라스무스? 당신은 모든 숨구멍으로부터 루키아누스적인 사상을 뿜어내고 있다. 당신은 에피쿠로스의 사상을 벌컥벌컥 들여마시고 있다. 당신이 이 주제가 그리스도인들에게 꼭 필요한 것이라고 생각하지 않는다면 목록으로부터 철회하라. 우리는 공통의 지반을

228

갖고 있지 않다. 나는 그 주제가 그리스도인들에게 결정적이라고 생각한다. 하나님이 어떤 것을 우발적으로 미리 아시는지 아닌지, 우리의 의지가 영원한 구원과 관련있는 문제들에 어떤 식으로든 관여를 하는지 아닌지, 그것은 단지 은혜의 역사(役事)의 수동적인 대상일 뿐인지, 우리는 단지 필연에 의해 선행과 악행을 하는 것인지 — 즉 그러한 것들이 우리 속에서 행해질 때 우리는 다소 수동적인 것은 아닌지 — 를 아는 것이 '비신앙적이고' '무익하고' '주제넘은' — 당신의 말이다 — 것이라면, 나는 무엇이 경건하고 중대하고 유용한 지식인지를 묻고자 한다. 이것은 작은 문제가 아니다, 에라스무스. 그것은 너무도 큰 문제이다. 당신의 무지로 돌리기는 어렵다. 당신은 젊지 않고 그리스도인들 사이에서 살아왔으며 오랫동안 성경을 연구해 왔기 때문이다. 당신은 내게 당신을 위해 변호하거나 당신을 좋게 생각할 여지를 남겨 놓지 않는다.

그렇지만 교황주의자들은 단지 당신이 루터에 대항하여 글을 쓰고 있다는 이유만으로 이러한 터무니없는 말들을 용서하고 참고 있다! 루터가 개입되지 않은 상태에서 당신이 그렇게 썼다면, 그들은 당신을 능지처참하였을 것이다! 플라톤과 소크라테스는 좋은 친구일 수 있지만 무엇보다도 진리가 먼저 존중되어야 한다. 그리고 성경과 기독교적 삶에 관한 당신의 이해가 제한되어 있다고는 하더라도, 그리스도인들을 반대하는 자조차도 그리스도인들이 무엇을 유익하며 필수적이라고 생각하는가를 알아야 한다. 여기 당신은 신학자요 그리스도인의 선생인 자로서 이제 막 그들의 지도를 위하여 기독교의 개요를 쓰려고 하고 있는데 당신의 회의적인 방식으로 무엇이 그들에게 유익하고 필수적인가에 대하여 동요할 뿐만 아니라 스스로를 어기고 자신의 원칙들을 무시한 채 여기에 비본질적인 그 무엇이 있다고 확신있게 '주장' — 이제까지 들어본 적이 없는 확신에 찬 주장!— 을 하고 있다.

사실 그것이 정말 본질적이지 않고 확실하게 알려져 있지 않다면, 하나님, 그리스도, 복음, 믿음을 비롯한 기독교는 말할 것도 없고 유대교의 그 무엇이라도 남아 있지 않을 것이다! 불멸의 신인 에라스무스여, 얼마나 다치기 쉬우며 당신은 공격과 악평에 얼마나 넓게 스스로를 개방하고 있는지! 당신의 이러한 말들을 통해 성경과 경건에 관한 완전한 무지를 드러내놓은 상태에서 당신은 선하거나 올바른 '자유 의지'에 관하여 무엇을 쓸 수 있을까? 그러나 나는 나의 돛을 내릴 것이다. 나는 여기서 나의 말을 사용해서 당신을 처리하지 않을 것이다(나중에는 할지도 모르겠지만). 나는 당신의 말을 충실히 따라가 보겠다.

당신이 그려낸 기독교의 개요는 다른 것들보다도 이것을 포함하고 있다: "우리는 우리의 모든 힘을 다하여 노력하고 참회의 치유하는 향기에 의존하여야 하며 하나님의 자비를 부여안으려고 온갖 노력을 다 기울여야 한다. 하나님의 자비 없이는 사람의 의지와 노력은 아무런 효력도 발휘하지 못한다." 그리고 "본성 자체가 사랑 자체이신 하나님으로부터의 사죄받는 일에 대하여 누구도 절망하여서는 안된다." 당신의 이러한 그리스도도 없고 성령도 없는 말들은 얼음보다도 더 차다. 실제로 그런 말들은 당신의 웅변적인 말들의 아름다움을 망치고 있다. 아마 이런 말들은 당신이 독재적인 교황청이 두려워서 완벽한 무신론자로 보이지 않도록 하기 위하여 당신에게서 마지못해 나온 승인들이리라(가엾은 사람!)!

어쨌든 다음과 같은 것이 당신의 말이 주장하고 있는 것이다: 우리 안에는 힘이 있다; 우리의 모든 힘을 다하여 노력하는 것이 존재한다; 하나님 안에는 자비가 있다; 그 자비를 부여안는 여러 방법들이 있다; 본성상 의롭고 사랑 자체인 하나님이 존재한다 등등. 그러나 우리가 이 '힘'이 무엇인지 — 사람이 무엇을 할 수 있으며 무엇이 사람들에게 행해지는지 — 이 '노력하는 것'이 무엇인지, 그것의 효력의 범위와 한계는 무엇인지를 알지 못한다면, 우리는 무엇을 하여야 하는가? 당신은 우리에게 무엇을 하라고 말할 것인가? 살펴보도록 하자.

"우리의 의지가 영원한 구원에 속하는 문제들에 있어서 어떤 효력을 발휘하는지, 우리의 의지가 은혜의 역사(役事) 아래에서 온전히 수동적인지를 알기를 원하는 것은 비신앙적이고 무익하고 주제넘은(당신이 이렇게 말하고 있다) 짓이다." 그러나 여기서 당신은 정반대로 기독교의 경건은 "우리의 모든 힘을 다하여 노력하는 것"에 있으며, "하나님의 자비가 없이는 우리의 의지는 아무런 효력도 발휘하지 못할 것"이라고 말하고 있다. 여기서 당신은 의지는 어떤 점에서 영원한 구원에 속한 문제들을 위해서 작용을 한다고 분명하게 확신에 찬 주장을 하고 있다. 왜냐하면 당신은 의지가 노력하는 것으로 묘사하며 또한 당신이 하나님의 자비 없이는 의지는 효력을 발휘하지 못한다고 말할 때, 의지가 하나님의 행위의 목적물이라고 묘사하기 때문이다. 그러나 당신은 의지가 어느 정도로 행하고 어느 정도로 영향을 받는지 그 한계를 규정해놓고 있지 않다. 당신은 사람의 의지와 하나님의 자비가 무슨 효력을 발휘하는가(do)에 대한 당신의 가르침을 통해 하나님의 자비와 사람의 의지가 어떤 효력을 발휘할 수 있는가(can)에 대한 무지를 드러내려고 애를 쓰고 있다. 따라서 당신의 이러한 경고는 공연히 부산만 떨고 실속이 없는 것이다. 그것은 당신으로 하여금 어느 편에도 서지 않고 상처 입음이 없이 스킬라(Scylla)의 바위와 카리브디스(Charybdis)의 물살 사이를 빠져나오고자 하게 하였다 ― 넓은 바다의 파도가 당신을 엄습한다면 그때 당신은 당신이 지금 부인하는 모든 것을 긍정하고 당신이 지금 긍정하는 것을 모두 부인할 수 있도록 하기 위해서.

　　나는 몇 가지 비유를 들어 당신의 신학의 면모를 당신의 눈 앞에 보여줄 것이다. 자기가 어떤 능력을 가지고 있으며 무엇을 할 수 있고 무엇을 할 수 없는지, 자기가 씨름하고 있는 주제가 자기에게 무엇을 요구하고 있는지를 전혀 생각해 보지도 않은 ― '어깨로 무엇을 질 수 있으며 무엇을 질 수 없는가'에 관한 호라티우스의 격언을 결코 생각해보지도 않은 ― 채 '나는 그 일을 해내려고 노력하여야 한다. 내가 충분한 학식과 유려한 언변과 능력을 지니고 있는지를 묻는 것은 '무익하고' '주제넘은' 짓이다'라고 생각하면서 곧장 일에 착수하는 자칭 시인 또는 웅변가를 생각해보자 ― 당신은 그 사람에 대하여 어떻게 생각하겠는가? 자기 땅에서 풍부한 수확을 거두기를 원하는 사람이 '무익하지' 않게 땅의 성질을 조사하는 '주제넘은' 짓을 행하지 않고(베르길리우스가 농사시에서 그토록 '무익하고' '분별없이' 충고하고 있는 대로) 일 외에는 전혀 아무것도 생각하지 않고 느닷없이 행동에 들어가서 해변가를 쟁기로 갈고 모래땅이든 진흙땅이든 여유가 있는 공간에 씨를 뿌린다면 ― 당신은 그런 사람을 어떻게 생각하겠는가?

　　그리고 전쟁을 하려고 하고 영광스러운 승리를 원하거나 공무(公務)의 어떤 부분에 책임을 지고 있는 사람이 '무익하지' 않아서 자신의 권한이 무엇이며 자신에게 할당된 예산은 얼마이며 군사는 적절하게 훈련되어 있으며 행동을 개시할 기회는 있는가를 숙고하지 않고, 역사가의 충고를 저버리고 [3]("행동하기 전에 숙고하고 숙고했다면 신속하게 행동하라.") 눈을 감고 귀를 막은 채 "전쟁이다! 전쟁!"만을 외치고 일에 돌진한다면 어떻겠는가? 에

---

3) Sallust, *De coniuratione Cat.*, I.

라스무스, 그러한 시인, 농부, 장군, 정치가를 당신은 어떻게 생각하는지를 내게 말해주겠는가? 나는 복음서에 나오는 구절을 하나 더할 것이다: "너희 중에 누가 망대를 세우고자 할진대 자기의 가진 것이 준공하기까지에 족할는지 먼저 앉아 그 비용을 예산하지 아니하겠느냐" — 자, 그 사람에 대한 그리스도의 판단은 어떠하겠는가?(누가복음 14:28).

바로 이런 식으로 당신은 우리에게 해야 할 것만 규정해 놓고 우리가 우리의 능력의 한계를 검토하고 측량하고 아는 것을 금한다. 마치 그러한 것이 무익하고 주제넘으며 비신앙적인 탐구라도 되는 양 말이다. 이 점에서 당신의 경고가 불러일으키는 무분별의 공포와 허장성세의 침착으로 인하여 우리는 당신이 최악의 무분별을 가르치고 있음을 발견하게 된다. 궤변가들은 사실 자신들의 무익한 탐구들을 추구하는 바보들이자 미치광이들이다. 그렇지만 그들은 실제로 사람들에게 광기를 가르치고 어리석은 짓에 스스로를 몰두하는 당신보다는 덜 죄를 짓고 있다. 그리고 당신은 이 어리석은 짓이 가장 사랑스러운 기독교적 경건, 중대한 것, 중요한 경건 — 그리고 구원! — 이라고 우리에게 확신시키고 있다는 점에서 당신의 광기는 더 중하다. 그리고 우리가 당신이 우리에게 말하고 있는 대로 하지 않으면, 당신은 우리가 비신앙적이고 무익하고 헛되다고 '확신있게 주장한다'(당신은 이같은 확신의 공공연한 적이다!) — 이렇게 해서 당신은 스킬라의 바위도 카리브디스의 물살도 교묘하게 비켜나간다! 당신 자신의 능력에 대한 신뢰가 당신을 이렇게 몰아가고 있다. 당신은 당신의 유창한 언변으로 대중들을 기만할 수 있기 때문에 누구도 당신이 마음 속에 품고 있는 것과 당신이 이 교묘한 저작을 통하여 이루고자 하는 것을 깨닫지 못할 것이라고 생각한다. 그러나 하나님은 우롱당하는 분이 아니기 때문에 하나님을 대항하여 돌진하는 것은 좋은 정책이 아니다!

나아가 그것이 시를 쓰는 것 또는 추수를 준비하는 것, 군무나 공무, 건축과 관계된 것이라면 당신이 그러한 어리석은 짓을 가르치는 것은 특히 당신과 같은 위대한 인물인 경우에 여전히 터무니없는 일이긴 하지만 당신은 어쨌든 이러한 세상사에 관심을 두지 않는 그리스도인들에게 용서받을 수 있을 것이다. 그러나 당신이 그리스도인들에게 이 어리석은 말이 그들의 일에서 그들을 지도하도록 하라고 말하고 영원한 구원에 대한 그들의 추구에서 그들이 무엇을 할 수 있으며 무엇을 할 수 없는지를 아는 데 관심을 갖지 말아야 한다고 강권한다면, 이것은 명백히 정말 용서받을 수 없는 죄이다. 그들이 자신의 능력의 한계를 모른다면 그들은 자기가 무엇을 해야 하는지도 모르게 될 것이다. 그들이 자기가 무엇을 해야 하는지를 모른다면 그들은 자기가 잘못을 저질렀을 때 회개할 수 없다. 참회하지 않는 것이야말로 용서받을 수 없는 죄이다. 이것이 바로 당신의 중후하고 회의적인 신학이 우리를 이끄는 지점이다!

따라서 그리스도인이 자신의 의지가 구원에 속한 문제들을 위해서 행할 무엇을 갖고 있는지 없는지를 아는 것은 비신앙적이거나 무익하거나 주제넘은 짓이 아니라 고도로 건전하고 필수적인 일이다. 실제로 내가 당신에게 말하건대 이것은 우리의 논의의 중심점이자 우리 사이의 결정적인 문제이다. 우리의 목적은 간단히 말해서 '자유 의지'가 무슨 능력을 가지고 있으며 어떤 점에서 자유 의지가 하나님의 행위의 목적물이며 어떻게 자유 의지가 하나님의 은혜와 관련되어 있는가를 탐구하는 것이다. 우리가 이러한 것들에 대하여 아무것도 알지 못한다면 우리는 기독교에 관하여 아무것도 알지 못할 것이고 이 땅에 있는 그 어떤 사람들보다도 더 나쁜 상태에 있게 될 것이다! 이 말에 동의하지 않는 사람은 자기가 그리스도인이 아님을 인정하여야 한다. 이 말을 조롱하거나 비웃는 사람은 자기가 그리스도인의 주된 대적임을 깨달아야 한다. 내가 하나님과 관련하여 할 수 있고 해야 하는 것의 본질과 범위, 한계를 모른다면, 나는 마찬가지로 하나님이 내 안에서 할 수 있고 하고자 하는 것의 본질과 범위, 한계를 모르고 확신할 수 없게 될 것이다 — 물론 하나님은 실제로 만물 속에서 모든 것을 행하시지만[참조. 고린도전서 12:6]. 이제 내가 하나님의 역사(役事)와 권능을 모른다면, 나는 하나님 자신에 대해서도 모른다. 그리고 내가 하나님을 모른다면 나는 하나님을 예배하거나 찬양하거나 감사하거나 섬길 수 없다. 왜냐하면 나는 어느 정도를 내게 돌리고 어느 정도를 하나님께 돌려야 하는지를 알지 못하기 때문이다. 그러므로 우리가 경건한 삶을 살고자 한다면 우리는 하나님의 권능과 우리의 능력, 하나님의 일과 우리의 일을 명확하게 구분하고 명심할 필요가 있다.

따라서 당신이 알 것은 이 점은 기독교의 완전한 개요에 있어서 꼭 들어가야 하는 사항이라는 것이다. 자신에 대한 지식과 하나님에 대한 지식 및 하나님의 영광은 그것과 밀접하게 결부되어 있다. 경애하는 에라스무스여, 이것은 당신이 그것에 관한 지식을 비신앙적이고 무익하고 헛되다고 한 것이 얼마나 참을 수 없는 것인가를 말해준다. 우리에게 행한 당신의 주장들은 많지만 하나님에 대한 경외는 우리에게 모든 것을 요구한다.

실제로 당신 자신은 우리 안에 있는 모든 선한 것이 하나님께 돌려져야 한다는 것을 알고 있고 당신의 기독교 개요에서 그렇게 주장하고 있다. 그리고 이러한 주장은 분명히 두번째의 주장, 즉 하나님의 자비만이 모든 것을 행하며 우리의 의지는 아무것도 행하지 못하며 오히려 하나님의 역사하심의 목적물일 뿐이고 다른 모든 것은 하나님께 돌려지지 않을 것이라는 주장을 내포하고 있다. 그렇지만 조금 지나서 당신은 이러한 것들을 주장하거나 아는 것이 신앙적이고 경건하고 건전하다는 것을 부인한다. 그러나 하나님에 관한 것들에 대하여 확신이 없고 미숙한 사상가는 앞뒤가 맞지 않게 이런 식으로 말할 수밖에 없다.

(iv) 하나님의 미리 아심(예지)의 필연성에 대하여

기독교의 개요에 있어서 또 하나의 항목은 하나님이 어떤 것을 우발적으로 미리 아시는지 아닌지 또 우리는 모든 것들을 필연에 의해 행하는 것인지 아닌지를 아는 것이다. 이에 관한 지식도 당신은 다른 모든 불경건한 자들과 마찬가지로 비신앙적이고 무익하고 헛된 것으로 묘사한다 — 실제로 마귀들과 저주받은 자들도 그것을 가증스럽고 혐오스러운 것으로 묘사한다! 당신은 가능한 한 그러한 문제들을 피하는 것이 현명하다. 그러나 당신이 입을 열어서 이러한 문제들을 전혀 언급하지 않은 채 우리에게 '자유 의지'에 관하여 가르치고자 한다면 당신은 정말 형편없는 수사학자요 신학자이다. 나는 당신의 숫돌처럼 행동할 것이다.

나는 수사학자가 아니지만 감히 뛰어난 수사학자에게 그의 일을 말해주고자 한다. 퀸틸리아누스가 웅변술에 관한 글을 쓰기로 마음을 먹고 "내 판단에는 창작, 배열, 웅변, 기억력, 발음에 관한 주제넘고 말도 되지 않는 것들은 집어치우는 게 좋겠다. 웅변술은 말을 잘 하는 능력이라는 것만을 아는 것으로 충분하다"라고 말한다면, 당신은 이 사람을 비웃지 않겠는가? 그렇지만 바로 그와 동일한 방식으로 당신은 먼저 '자유 의지'에 관한 글을 쓰려고 마음을 먹은 다음 당신이 바야흐로 쓰고자 하는 바로 그 주제의 모든 실질적인 내용과 모든 구성 부분들을 저술에서 빼버리고 있다! 왜냐하면 당신은 사람의 의지는 무슨 능력을 지니고 있으며 하나님은 무엇을 하며 하나님은 필연적으로 미리 아시는가를 알지 않고는 '자유 의지'가 무엇인지를 알 수 없기 때문이다.

분명히 당신의 수사학자들은 어떤 주제에 관하여 말하고자 하는 사람은 먼저 그것이 존재하는지를 말해야 하고 다음으로 그것이 무엇인지, 그 구성 부분들이 무엇인지, 무엇이 그것에 반대되며 연관되며 비슷한지 등등을 말해야 한다고 가르치지 않는가? 그러나 당신은 가엾은 '자유 의지'로부터 이 모든 유익들을 박탈해버리고 첫번째 것, 즉 그것이 존재하는지에 관한 것만을 제외하고는 그것과 관련된 단 하나의 문제도 해결하지 않는다(그리고 우리는 바로 그 점에 대한 당신의 논증이 얼마나 가치없는가를 보여줄 것이다) ― 그럼으로써 나는 이처럼 '자유 의지'에 관한 형편없는 저작(그 언어의 우아함은 별도로 하고)을 결코 본 적이 없다! 사실 궤변가들은 수사학적 기교에 관하여 무지하지만 당신보다 이 주제에 관하여 한층 더 잘 논증한다. 왜냐하면 그들이 '자유 의지'를 다룰 때 그들은 그것과 관련된 모든 문제들(그것이 존재하는지, 그것이 무엇인지, 그것이 무엇을 하는지, 그것이 어떻게 존재하는지 등등)을 해결하려고 하기 때문이다 ― 비록 그들도 그들의 목적을 달성하는 데 실패하긴 하지만. 그러므로 나의 이 책에서 나는 당신이 내게 정확히 '자유 의지'가 무엇을 할 수 있으며 무엇을 하는지를 말할 때까지 당신과 모든 궤변가들을 못살게 할 것이다. 그리고 나는 당신이 「자유 의지론」을 간행한 것을 후회하도록 당신을 괴롭히고자 한다.

그러므로 하나님이 아무것도 우발적으로 미리 아시는 것이 아니라 자기 자신의 변치 않고 영원하고 한치도 어긋남이 없는 뜻에 따라 모든 것들을 미리 아시고 의도하신다는 것을 그리스도인들이 아는 것은 근본적으로 꼭 필요하고 건전하다. 이 폭탄은 '자유 의지'를 납작코로 만들고 산산이 부숴버린다. 그러므로 '자유 의지'를 강하게 주장하고자 하는 자들은 나의 폭탄을 부인하거나 그것을 알아차리지 않은 척 하거나 그것을 비켜갈 뭔가 다른 길을 찾아야 한다. 내 자신의 논증과 성경의 권위를 통하여 이 점을 확증하기 전에, 나는 먼저 그것을 '당신의' 말을 빌어 말해보고자 한다.

잠시 전에 "하나님은 본성상 의로우시며 사랑 자체이시다"라고 확신에 찬 주장을 한 사람은 분명히 당신, 나의 경애하는 에라스무스였다. 이것이 사실이라면 하나님은 변함없이 의로우시며 자애로우시다는 결론이 나오지 않는가? 하나님의 본성이 영원토록 계속해서 변함없으시듯이 하나님의 정의와 사랑도 그렇다고 해야 되지 않는가? 그리고 하나님의 정의와 사랑에 관하여 말할 수 있는 것은 또한 하나님의 지식, 하나님의 지혜, 하나님의 선하심, 하나님의 뜻, 그밖의 하나님의 속성들에도 적용되어야 한다. 그러나 당신이 그렇게 하고 있듯이 하나님의 이러한 것들을 주장하는 것이 신앙적이고 경건하고 건전하다면, 지금 당신은 하나님이 필연적으로 미리 아신다고 말하는 것이 비신앙적이고 무익하고 헛되다고 주장함으로써 스스로 모순에 빠져 있다고 느끼지 않는가? 우리는 하나님의 뜻의 변함없음을 배워야 한다고 주장하면서 그와 동시에 우리가 하나님의 미리 아심의 변함없음을 아는 것을 금하고 있다! 당신은 하나님은 자신이 미리 아시는 것을 뜻하지 않거나 자기가 뜻하는 것을 미리 아시지 못한다고 생각하는가? 하나님이 자기가 미리 아는 것을 뜻한다면, 하나님의 뜻은 영원하고 변함이 없다. 왜냐하면 하나님의 본성이 그러하기 때문이다. 이로부터 엄격한 논리에 의해 우리가 행하는 모든 것은 그것이 우리에게 변덕스럽고 우발적인 것으로 보일지라도 실제로는 하나님의 뜻에 따라 필연적이고 변함없이 행해지고 있다는 결론이 나온다.

　　하나님의 뜻은 반드시 이루어지고 방해받을 수 없다. 권능은 하나님의 본성에 속하기 때문이다. 그리고 하나님의 지혜는 자신이 속임을 당할 수 없는 그러한 지혜이다. 하나님의 뜻은 방해를 받지 않고 행해지는 것은 어디에서, 언제, 어떻게, 어느 정도까지, 누구에 의해 행해지는 것일 수밖에 없기 때문에 하나님은 미리 아시고 뜻하신다. 하나님의 뜻은 일이 행해졌고 그 일이 계속해서 존재하고 있을 때 그 뜻은 멈추는 그런 것이라면(사람이 자기가 원하는 집을 지었을 때 죽어서 뜻을 멈추는 것과 똑같이 뜻하기를 멈추는 그런 사람의 뜻과 마찬가지로), 모든 일들은 우발적이고 변덕 가운데 일어난다고 진정으로 말할 수 있다. 그러나 그 정반대가 실제로는 사실이다: 일은 존재하기를 멈추고 의지는 계속해서 존재한다 — 어떤 것의 생성과 지속적인 존속이 우발적일 수 있는 것은 가능성의 한계를 훨씬 뛰어넘는다.

　　우리가 우리의 말에 속지 않도록 하기 위하여 '우발적으로 행해진다는 것'은 라틴어로 행해진 것 자체가 우발적이라는 의미가 아니라 그 일이 우발적이고 변덕스러운 뜻 — 하나님에게서는 발견될 수 '없는' 그런 것 — 에 의해 행해진다는 것을 의미한다는 것을 설명해두고자 한다! 그리고 우리가 어떤 행위를 '우발적으로', 즉 우연히(보통 말하듯이) 그리고 미리 생각함이 없이 행하지 않는다면, 다시 말하면 우리의 의지나 손이 우연히 그리고 그것에 관하여 미리 생각하거나 계획함이 없는 양 우리에게 닥쳐온 어떤 것을 처리하지 않는 한 그 행위는 '우발적'으로 일어난 것이라고 할 수 없다.

사실 나는 사람의 의지나 하나님의 뜻과 관련하여 정확하게 사용될 수 없는, 일반적으로 널리 받아들여지는 '필연'이라는 용어보다 더 나은 용어를 우리의 논의를 위해 사용할 수 있기를 바랐다. '필연'이라는 용어는 너무 거칠고 이 주제에 이질적이다. 왜냐하면 그 용어는 지금 논쟁 가운데 있는 견해의 한 부분이 아닌 어떤 종류의 강제, 의지에 반하는 그 무엇을 시사하고 있기 때문이다. 의지는 그것이 하나님의 의지든 인간의 의지든 선하든 악하든 아무런 강제 없이 마치 완벽하게 자유로운 양 그것이 원하거나 기뻐하는 대로 그것이 행하는 것을 행한다. 그렇지만 우리의 변덕스러운 의지를 다스리는 하나님의 의지는 변함없고 확실하다 — 보에티우스(Boetius)가 "요동치 않는 당신, 당신은 만물에 움직임을 주신다"고 노래하고 있듯이. 그리고 우리의 의지는 주로 그 부패함 때문에 스스로 선을 행할 수 없다. 그러므로 독자의 이해력은 그 단어 자체로 전달하지 못하는 것을 의도된 의미에 대한 자신의 지식으로부터 보충하여야 한다 — 한편으로는 하나님의 변함없는 의지, 다른 한편으로는 우리의 부패한 의지의 무능력. 어떤 사람들은 그것을 '변함없음의 필연'이라고 불러왔지만, 이 어구는 문법적으로나 신학적으로 결함이 없다.[4]

이것은 궤변가들이 수많은 세월동안 애써왔던(그리고 결국 실패하고 포기하지 않을 수 없었던) 사항이다: 그들은 "모든 것들은 필연적으로 일어나지만 결과의 필연(그들의 표현대로:by necessity of consequence)에 의해서가 아니라 결과로서 일어나는 것의 필연(by necessity of the thing consequent)에 의해서 일어난다"고 주장한다. 이러한 구별을 통해 그들은 그들 자신의 승인의 취지를 분명히 하였다 — 아니, 오히려 스스로를 속였다! 나는 이 구별이 얼마나 비현실적인가를 보여주는 것이 어렵지 않다는 것을 안다. '결과의 필연'이라는 말을 통해 그들은 개략적으로 말해서 다음과 같은 것을 의미한다: 하나님이 어떤 것을 뜻한다면, 그것은 존재할 수밖에 없다. 그러나 그렇게 존재하게 되는 그것은 스스로 꼭 존재하여야 하는 그

---

4) 이 단락은 루터 저작의 예나판(1567)에만 나온다.

무엇은 아니다. 왜냐하면 오직 하나님만이 필연적으로 존재하고 그밖의 다른 모든 것들은 하나님이 뜻하시면 존재를 멈출 수 있기 때문이다. 이것은 하나님의 행위는 하나님이 그것을 뜻하신다면 필연이지만 행해지는 바로 그것은 그 자체로 필연적인 것은 아니라고 말하는 것이다.

그러나 이러한 말장난을 통하여 그들은 무엇을 확증하고 있는가? 나는 이런 것이라고 생각한다 ─ 행해지는 그것은 필연적이지 않다. 즉, 그것은 그 자신의 본질적 본성에 있어서 어떠한 필연도 지니고 있지 않다. 이것은 바로 행해지는 그것은 하나님 자신이 아니라고 말하는 것이다! 그럼에도 불구하고 하나님의 행위가 필연적이거나 결과의 필연이 존재한다면 그것이 하나님이 아니며 그 자신의 본질적인 본성에 어떠한 필연도 지니고 있지 않다는 의미에서 그것은 필연적으로 일어나지 않는다는 것이 사실이라 할지라도 각각의 것은 필연적으로 일어난다는 것은 여전히 사실로 남는다. 내가 필연적으로 존재하게 된다면, 나의 존재와 존속 그 자체가 변할 수 있다는 것은 나를 괴롭히지 않는다. 내가 우발적으로 변할 수 있음에도 불구하고(그리고 나는 필연적 존재인 하나님이 아니라고 할지라도) 나는 여전히 존재하게 된다!

따라서 "모든 것들은 결과의 필연에 의해서가 아니라 결과로서 일어나는 것의 필연에 의해서 일어난다"는 그들의 불합리한 공식은 단지 다음과 같은 것에 지나지 않는다: 모든 것은 필연적으로 일어나지만 일어나는 모든 것은 하나님 자체는 아니다. 그러나 그러한 것을 우리에게 말할 필요가 어디 있는가? ─ 일어나는 것들은 하나님이거나 신적이고 필연적으로 존재하는 본성을 소유하고 있다고 우리가 주장할 어떤 위험성이 있기라도 한 듯이 말이다! 따라서 우리의 원래의 명제는 여전히 흔들림없이 그대로 서있다: 모든 것들은 필연에 의해 일어난다. 그것에 관하여 어떠한 모호함이나 애매함도 없다. 이사야서에서는 "나의 모략이 설 것이니 내가 나의 모든 기뻐하는 것〔의지〕을 이루리라"〔46:10〕고 말하고 있다. 그리고 국민학생이라도 '모략', '의지', '이루리라', '설 것이니'의 의미를 안다!

왜 이러한 문제들이 우리 그리스도인들에게 난해한 것으로 생각되어서 그것들이 이방 시인들과 보통 사람들의 입에 그리도 자주 오르내리는데 그것들을 연구하고 아는 것이 비신앙적이고 무익하고 헛되다고 해야 하는가? 베르길리우스(Vingil)는 한 예로 운명을 얼마나 자주 언급하고 있는가? "모든 것들은 변함없는 법칙에 따라 확고하게 정해져 있다." 또한 "모든 사람의 수명은 정해져 있다." 또한 "운명이 너를 부르면." 또한 "그대가 그대를 동여맨 운명의 끈을 부순다면."[5]

이 시인은 단지 트로이의 파멸과 로마 제국의 흥기 속에서 운명이 사람들의 모든 노력들보다 더 많은 것을 했음을 보여주고자 하고 있다. 실제로 베르길리우스는 자신의 불멸의 신들조차도 운명에 종속시키고 있다. 주피터와 주노 자신도 운명에 굴복하지 않을 수 없다. 그러므로 시인들은 세 운명을 그들의 작정 속에서 변함없고 냉혹하고 돌이킬 수 없는 것으로 묘사하였다. 지혜로운 자들은 삶의 경험이 입증해주는 것, 즉 어떠한 사람의 의도들도 자신이 계획한 대로 이루어 나아갈 수 없고 사건들은 그들의 기대와는 반대로 모든 사람들 위에 엄습한다는 것을 알았다. "트로이가 인간의 팔에 의해 지탱될 수 있었다면 그 성은 나의 팔에 의해 지탱되었을 것이다"라고 베르길리우스의 시에 나오는 헥토르(Hector)는 말한다.[6]

그러므로 "하나님의 뜻은 이루어진다", "하나님이 뜻하시면 우리는 그것을 이룰 것이다", "하나님이 그렇게 뜻하셨다", "그러한 것이 위에 계신 존재들의 뜻이었다"라는 말은 모든 말들 가운데 가장 평범한 말, 모든 사람의 입에 있는 말이다. "그러한 것은 당신의 뜻이었다"고 베르길리우스는 말한다. 여기서 우리는 예정과 하나님의 미리 아심에 관한 지식이 하나님에 관한 개념에 못지 않게 확실하게 세상에 남겨져 있었음을 본다.

그러나 지혜롭게 보이고자 하는 자들은 그것으로부터 벗어나서 스스로를 주장함으로써 로마서 1〔:21-22〕에서 말하고 있는 대로 그들의 마음이 어두워져서 시인들과 보통 사람들과 그들 자신의 양심조차 가장 친숙하고 가장 확실하며 가장 참되다고 주장하는 것들을 부인하거나 모르는 척 한다.

(v) 하나님은 모든 것을 필연화시킨다는 것을 아는 것의 중요성에 대하여

---

5) Virgil, *Aeneid*, 2. 324, 6. 883, 10. 465.
6) *Aen.*, 2. 291f.

나는 또한 이러한 것들이 얼마나 참되다는 것을 지적할 뿐만 아니라(나는 나중에 성경으로부터 이 점을 보다 충분하게 논의할 것이다) 그것들을 아는 것이 얼마나 경건하고 숭상되어야 하며 꼭 필요한 일인가를 지적하고자 한다. 그러한 것들을 모르는 곳에서는 믿음도 하나님에 대한 예배도 있을 수 없다. 이러한 지식을 모르는 것은 실제로 하나님에 대하여 모르는 것이다— 그리고 구원은 그러한 무지와 결코 양립할 수 없다. 하나님이 모든 것을 우발적이 아니라 필연적이고 변함없이 미리 아시고 뜻하신다는 것을 당신이 믿기를 주저하거나 너무 교만해서 인정하지 않는다면, 어떻게 당신이 하나님의 약속들을 믿고 신뢰하고 의지할 수 있겠는가? 하나님이 약속들을 하실 때 당신은 하나님이 자기가 약속하시는 것을 아시며 행할 수 있으며 행하고자 하신다는 것에 대하여 의심이 없어야 한다. 그렇지 않다면 당신은 하나님을 참되지 않거나 신실치 못하다고 여기고 있는 것이 된다. 이것은 불신앙이고 고도의 불경(不敬)이며 지극히 높으신 하나님을 부인하는 것이다! 그리고 당신이 분명하고 어긋남이 없고 변함없고 필연적으로 하나님은 자기가 약속하시는 것을 아시고 뜻하시며 행하실 것임을 알지 못한다면 어떻게 당신은 확신할 수 있겠는가? 우리는 하나님이 뜻하시며 필연적이고 변함없이 자신의 의지를 수행하실 것을 확신하여야 할 뿐만 아니라 바울이 로마서 3〔:4〕에서 그렇게 하고 있는 것과 마찬가지로 그러한 사실 속에서 하나님께 영광을 돌려야 한다 —"사람은 다 거짓되되 오직 하나님은 참되시다", 또한 "하나님의 말씀이 폐하여진 것 같지 않도다"〔로마서 9:6〕, 그리고 또 다른 곳에서 "하나님의 견고한 터는 섰으니 인침이 있어 일렀으되 주께서 자기 백성을 아신다 하며"〔디모데후서 2:19〕. 디도서 1〔:2〕에서 바울은 이렇게 말한다: "거짓이 없으신 하나님이 영원한 때 전부터 약속하신 것인데." 그리고 히브리서 11〔:6〕은 이렇게 말씀하고 있다: "하나님께 나아가는 자는 반드시 그가 계신 것과 또한 그가 자기를 찾는 자들에게 상 주시는 이심을 믿어야 할찌니라."

그러므로 우리가 하나님의 필연적인 미리 아심과 사건들의 필연을 몰라야 한다고 가르침을 받고 믿는다면, 기독교 신앙은 완전히 파괴되고 하나님의 약속들과 복음 전체는 완전히 무너지게 된다. 왜냐하면 모든 역경 속에서 그리스도인의 주요하고 유일한 위로는 하나님은 거짓이 없으시며 모든 것들을 변함없이 일어나게 하시며 하나님의 뜻은 저항하거나 변경하거나 방해받을 수 없다는 것을 아는 데 있기 때문이다.

이제 나의 경애하는 에라스무스여, 당신의 신중하고 평화를 애호하는 신학이 우리를 어디로 이끄는지를 잘 보도록 하라! 당신은 우리를 후퇴시켜서 하나님의 미리 아심, 사람들과 만물과 관련된 필연에 관하여 배우려는 우리의 노력을 금하며 그러한 탐구들을 밀쳐놓고 피하며 경시하라고 충고한다. 그리고 그렇게 함으로써 당신은 우리에게 당신 자신의 잘못된 원칙들, 즉 우리는 하나님에 관한 무지(이것은 우리가 구하지 않아도 우리에게 오며 실제로 우리 안에 나면서부터 갖고 있다)를 추구하고 믿음을 쫓아내고 하나님의 약속들을 버리며 성령의 모든 위로들과 우리 양심의 확신들을 무시하여야 한다고 가르치고 있다. 에피쿠로스 자신도 그러한 충고를 하지 못할 것이다! 더욱이 이것에 만족하지 않고 당신은 문제가 되고 있는 지식을 얻는 데 관심을 갖는 사람들을 경건치 못하고 무익하며 헛되다고 하며 그것에 전혀 관심을 갖지 않는 사람들을 경건하고 건전하다고 한다. 그리스도인들이 무익하고 헛되며 불경건한 자들이라는 것 그리고 기독교는 하찮고 헛되고 어리석고 순전히 불경건한 것이라는 것 외에 당신이 이러한 말들을 통해서 의도하고 있는 바가 무엇인가? 따라서 여기서 다시 한번 우리를 경솔하지 못하도록 낙담시키려는 의도 속에서 당신은 정반대의 극단으로 스스로를 몰아가서(바보들이 하는 것처럼) 불경건하고 자살적인 어리석은 짓의 바로 정수(精髓)를 가르치고 있다. 이제 당신은 이 점에 있어서 당신의 책이 너무도 불경건하고 신성모독적이며 벌받을 것이기 때문에 그와 같은 것을 어디에서도 찾아볼 수 없다는 것을 아는가?

이전에 말했듯이 나는 당신의 마음에 대하여 얘기하는 것이 아니다. 나는 당신이 그렇게까지 버림받은 자가 되어서 이러한 원칙들을 가르치거나 적용하기를 진심으로 원한다고 생각하지 않기 때문이다. 그러나 나는 나쁜 주장의 주창자가 방심한 사이에 어떠한 섬뜩한 감정들을 무심코 내뱉는지 그리고 또한 우리가 그들의 명령에 따라 일익을 담당함으로써 다른 이들을 강제하고 양심을 무시한 채 시치미를 뗄 때 하나님의 사실들과 하나님의 말씀에 역행하는 것이 무엇인지를 당신이 깨닫게 되기를 원했다. 성경과 경건을 가르치는 것은 게임도 아니고 농담 따먹기도 아니다. 여기서 야고보가 기록하고 있는 방식으로 빠져들기 십상이다: "누구든지 온 율법을 지키다가 그 하나에 거치면 모두 범한 자가 되나니"(2:10). 우리가 작은 일을 소홀히 여기는 성향을 보여서 성경을 충분한 경외심으로 대하는 것을 그치게 되면, 우리는 이내 불경건한 일들에 말려들게 되고 신성모독에 파묻히게 된다 — 에라스무스 당신이 여기서 보여주고 있는 것과 같이. 주께서 당신을 용서하시고 자비를 베푸시기를!

나는 궤변가들이 이러한 주제들에 관하여 수많은 문제들을 제기하였으며 그것들에 상당수의 무익한 문제들 — 이 가운데 다수를 당신은 열거하고 있다 — 을 아울러 뒤섞어놓았다는 것을 알고 있으며 그렇게 확신에 찬 주장하는 당신의 말에 동조한다. 실제로 나는 그러한 것들을 당신보다 더 거세게 그리고 충분히 공격하여왔다. 그러나 당신은 분별없고 너무 성급하게 거룩한 진리의 순수성과 불경건한 자들의 속되고 어리석은 질문들을 혼동하고 싸잡아 다루고 있다. "그들은 금을 분뇨로 더럽혔고 그 좋은 색깔을 변질시켰다" 〔예레미야 애가 4:1〕. 그러나 당신이 하고 있는 대로 금을 분뇨와 동일시하여 분뇨와 함께 내버려서는 안된다. 금은 그들의 손으로부터 재생되어야 하고 순수한 성경은 그들의 썩은 쓰레기로부터 분리되어야 한다. 이것이 내가 언제나 하려고 애썼던 것이고, 그렇게 함으로써 하나님의 진리가 그들의 말도 안되는 것으로부터 구별되어 지켜질 수 있다. 또한 우리가 지나치게 현명하고자 열망할 때 일치를 많이 상실하고 사랑이 식어지는 결과를 가져오는 것 외에는 아무것도 그들의 탐구를 통하여 해결된 것은 없었다는 것이 우리를 당혹스럽게 해서는 안된다. 우리의 문제는 궤변론자들의 탐구들이 어떤 성과가 있었는가 하는 것이 아니라 어떻게 우리는 선한 사람과 그리스도인이 될 수 있는가 하는 것이다. 그리고 당신은 경건치 않은 자들의 악한 행위들을 탓해야지 기독교의 교리를 탓해서는 안된다. 정말 아무 상관도 없는 모든 것을 당신은 다른 곳에서 잘 말할 수 있을 것이고 그렇게 함으로써 지면을 아낄 수 있을 것이다.

(ix) 은혜 없이 아무런 권능도 지니지 못하는 의지는 자유롭지않다

당신이 확신에 찬 주장을 하고 있는 바로 그 단어, 즉 '자유 의지'로부터 내가 '자유 의지'라는 것은 없다는 것을 입증하고, 당신이 방대한 총명함을 가지고 확신에 찬 주장을 하고자 애쓰고 있는 것을 당신은 자신도 모르는 사이에 부인하고 있다는 것을 보인다면 어떻게 하겠는가? 어떤가, 내가 여기서 실패한다면 이 책에서 내가 당신을 대항하여 쓰고 있는 모든 것을 철회하고 당신의 「자유 의지론」이 나를 대항하여 제기하고 확증하고자 하는 모든 것을 내가 승인할 것임을 당신에게 약속한다!

당신은 '자유 의지'의 권능을 작고 하나님의 은혜와 동떨어져서는 전적으로 효력을 발휘할 수 없는 것으로 서술하고 있다. 동의하는가? 그렇다면 나는 이렇게 당신에게 묻겠다: 하나님의 은혜가 결여되어 있고, 자유 의지가 그 작은 권능으로부터 제거된다면, 자유 의지는 무엇을 할 수 있는가? 그것은 아무런 효력도 발휘할 수 없으며 선한 것을 아무것도 할 수 없다고 당신은 말한다. 따라서 자유 의지는 하나님 또는 하나님의 은혜가 뜻하는 것을 행하지 않을 것이다. 왜냐고? 우리는 지금 자유 의지로부터 하나님의 은혜를 떼어놓았고 하나님의 은혜가 행하지 않는 것은 선하지 않기 때문이다. 그러므로 하나님의 은혜 없이는 '자유 의지'는 결코 자유롭지 않으며 악의 영속적인 죄수이자 노예라는 결론이 나온다. 왜냐하면 자유 의지는 선을 향할 수 없기 때문이다. 이것이 그렇다면 나는 당신에게 당신이 하고 싶은 만큼 '자유 의지'의 권능을 증대시키는 것을 얼마든지 허용한다. 당신이 할 수 있다면 자유 의지를 천사적인 것으로, 신적인 것으로 만들라! — 그러나 일단 당신이 자유 의지는 하나님의 은혜로부터 동떨어져서는 아무런 효력도 발휘하지 못한다는 이 슬픈 후기를 다는 순간 당신은 자유 의지로부터 그 모든 권능을 앗아가 버리고 만다.

'효력을 발휘하지 못하는' 권능은 권능 자체가 아니고(쉬운 말로) 무엇이란 말인가? 따라서 효력을 발휘하지 못하는 권능임에도 불구하고 '자유 의지'는 존재하며 권능을 지니고 있다고 말하는 것은 궤변론자들의 말을 빌리면 용어 자체의 모순이다. 그것은 "'자유 의지'는 자유롭지 않은 그 무엇이다"라고 말하는 것과 같다 — 마치 당신이 불은 차갑고 흙은 뜨겁다고 말하는 것과 마찬가지로. 불은 분명히 열을 내는 권능을 갖고 있다. 그러나 지옥의 불일지라도 타오르고 타는 듯하지 않고 차갑고 한기가 나는 것이라면, 나는 그것을 '뜨겁다'고 말하지 않는 것은 물론이고 '불'이라고 부르지 않을 것이다(당신이 상상 속의 불 또는 그림 속의 불을 가리키려고 한 것이 아니라면). 하지만 '자유 의지의 권능'이라는 말을 통하여 인간을 영원한 생명 또는 영원한 죽음을 위해 만들어진 피조물로서 성령에 사로잡히고 하나님의 은혜에 접하는 데 적합한 대상으로 만드는 권능을 의미한다면 우리는 적절한 정의를 가져야 한다는 것을 주목하라. 그리고 나는 누구나가 알고 있듯이 식물이나 동물에게 주어지지 않은 '이' 권능, 이 적합성, '성향적 자질', '수동적 적응성'(궤변론자들이 그렇게 부르고 있는 것처럼)이 존재한다는 것을 분명하게 인정한다. "하나님이 오리들을 위하여 천국을 만드신 것이 아니다"라는 격언이 있다!

그러므로 당신 자신의 증언을 토대로 하더라도 우리는 모든 것을 필연적으로 행하며 '자유 의지'에 의해 행하는 것은 아무것도 없다는 것은 확정된 진리이다. '자유 의지'의 권능은 무(無)이고 자유 의지는 은혜 없이는 선을 행하지 않고 행할 수도 없기 때문이다. (당신이 '효능'이라는 말을 완성을 의미하는 것으로 새롭게 사용함으로써 '자유 의지'는 실제로 어떤 것을 뜻하고 시작할 수 있지만 그것을 완성할 수는 없다는 것을 시사하지 않는다면 말이다. 이것을 나는 믿지 않는다. 나는 이 점에 대해서 나중에 더 자세히 말할 것이다.) 그러므로 '자유 의지'는 분명히 오직 하나님께만 적용될 수 있는 용어라는 결론이 나온다. 오직 하나님만이 "자신이 하늘과 땅에서 뜻하시는 모든 것"(시편 135:6)을 할 수 있고 하기 때문이다(시편 기자가 노래하고 있듯이).

'자유 의지'가 사람에게 있다고 한다면, 그것은 신성이 사람에게 있다고 하는 것만큼이나 부적절하다 — 그리고 그와 같은 것을 능가하는 신성모독은 있을 수 없을 것이다! 따라서 신학자들은 인간의 능력에 대해 말할 때 그 용어를 사용하는 것을 피하고 그 용어를 오직 하나님께만 적용하는 것이 합당하다. 또한 신학자들은 마치 이 용어가 하나님 자신의 거룩하고 두려운 이름인 양 사람들의 입과 말로부터 그 용어를 빼앗아서 그 용어가 그들의 하나님의 소유라고 주장하는 것이 좋을 것이다. 그들이 모든 위험을 무릅쓰고 사람들에게 어떤 권능을 돌리지 않을 수 없다면, 그들로 하여금 그것은 '자유 의지' 말고 뭔가 다른 용어를 통해 지칭되어야 한다는 것을 가르치라. 특히 우리는 우리 자신의 관찰로부터 대다수의 사람들이 슬프게도 이 어구에 의해 속임을 당하고 그릇 인도되고 있다는 것을 알고 있다.

이 용어가 그들의 마음에 전달하는 의미는 신학자들이 믿고 토의하는 그 어떤 것과는 완전히 동떨어져 있다. '자유 의지'라는 용어는 너무 웅장하고

244

포괄적이다. 사람들은 그것이 이 어구의 자연적인 취지가 요구하는 것, 즉 어떤 방향으로도 향할 수 있고 어떤 것에게도 예속되거나 종속되지 않는 권능을 의미한다고 생각한다. 그것은 사실이 아니며 이 용어는 단지 아주 작은 권능의 불꽃만을 의미하고 자유 의지는 마귀의 죄수이자 노예이기 때문에 그 자체로는 전적으로 효력을 발휘할 수 없다는 것을 그들이 안다면, 말은 이렇게 하고 뜻은 전혀 엉뚱하게 해석하여 자기들을 우롱하고 속였다고 우리를 돌로 치지 않는다면 오히려 이상한 일일 것이다 ─ 실제로 우리가 의미하는 것을 아직 결정도 하지 못하지 않았는가! "궤변을 말하는 자는 증오스러운 자이다"(? 잠언 6:17)라고 지혜자는 말하고 있는데, 그것이 영원한 구원이 달려 있는 경건의 문제일 때 특히 그러하다.

그러므로 이 영광스러운 용어의 의미와 실제로 지칭하는 내용을 잃어버렸고 아니 오히려 결코 그것들을 파악하지 못했는데도(자기 자신도 이 어구를 잘못 사용한 바 있는 펠라기우스주의자들에 의해 주장되었듯이) 왜 우리는 그토록 끈질기게 이 공허한 단어를 붙잡고 있음으로써 결과적으로 신실한 자들을 위험에 빠뜨리고 속이고 있는가? 그렇게 하는 것은 나라와 영지의 헛된 칭호들만을 부여잡고 그것들을 과시하지만 내내 실제로 그들은 꼭두각시이며 그 나라와 영지들의 소유자에 지나지 않는 오늘날의 왕들과 유력가들만큼이나 지혜가 없는 것이다. 우리는 그들의 익살을 용인할 수 있다. 왜냐하면 그들은 아무도 바보로 만들지 않고 단지 자신의 헛된 영광으로 스스로를 살찌울 뿐이기 때문이다 ─ 무익한 일이지만. 그러나 '자유 의지'라는 이 거짓된 사상은 구원을 실제적으로 위협하는 것이고 가장 위험스러운 결과들로 가득찬 속임수이다.

만약 근간에 언어 혁명이 일어나서 널리 확립되어 있는 용례를 뒤집어엎고 그 대신에 거지가 어떤 부를 가지고 있기 때문이 아니라 왕이 거지에게 자신의 부를 줄 수 있을 가능성이 있다는 이유로 거지를 '부유하다'고 부르는 관습을 도입하고자 한다면 ─ 그것도 조소나 풍자와 같은 비유의 말로서가 아니라 너무도 진지하게 이런 식으로 말한다면 ─ 대부분의 사람들은 즐거워할 것이다. 아니 격노할 가능성이 많다. 따라서 그는 아파서 죽을 지경까지 간 사람을 다른 사람이 그에게 건강을 줄 수 있을 가능성이 있다는 이유로 '완벽하게 건강하다'고 말할 것이다. 또한 그는 글자도 모르는 백치를 다른 사람이 그에게 학식을 줄 수 있을 가능성이 있다는 이유로 '학식있는 사람'이라고 부를 것이다. 하나님이 사람에게 자신의 자유 의지를 허락해주실 가능성이 있다는 이유만으로 사람이 '자유 의지'를 지니고 있다고 말하는 것도 이와 다르지 않다! 이렇게 언어를 잘못 사용함으로써 누구나 자기가 어떤 것을 가지고 있다고 자랑할 수 있다. 예를 들면, 하나님이 자기에게 그러한 영예를 주신다면 자기는 하늘과 땅의 주라고 자랑할 수 있다! 그러나 그러한 말은 신학자들이 아니라 배우들과 사기꾼에게나 적당하다! 우리의 말은 올바르고 순수하고 건전해야 한다 — 바울의 말을 빌면 "책망할 것이 없는 바른 말"(디도서 2:8).

우리가 이 용어를 완전히 사용하지 않기를 원치 않는다면 — 사실은 완전히 사용하지 않는 것이야말로 가장 안전하고 가장 기독교적으로 행하는 것이다 — 우리는 선한 믿음 안에서 사람들이 자기 위에 있는 것(rebus superioribus:구원, 영생, 삼위일체 하나님, 성육신등 영적인 것 — 역주)이 아니라 자기 아래 있는 것(rebus inferioribus: 문화, 학문활동, 사회생활 등 이 세상 것 — 역주)과 관련하여 '자유 의지'를 사람에게 돌리도록 가르쳐야 한다. 즉, 사람은 자신의 돈과 소유와 관련하여 자신의 '자유 의지'에 따라 그것들을 사용하거나 그대로 둘 권리를 갖고 있다는 것을 깨달아야 한다 — 하지만 바로 그러한 '자유 의지' 조차도 하나님의 기뻐하심에 따른 하나님의 자유 의지에 의해 다스려진다. 하지만 하나님과 관련하여 그리고 구원이나 저주와 관계되는 모든 것 속에서 사람은 '자유 의지'를 갖지 못하고 하나님의 의지나 사단의 의지에 대하여 포로이며 죄수이며 노예이다.

(x) 설교된 하나님과 설교되지 않은 하나님에 대하여, 그리고 하나님의 계시된 의지와 은밀한 의지에 대하여

왜 어떤 사람은 율법에 의해 감화를 받고 어떤 사람은 그러하지 않으며, 어떤 사람은 은혜의 제공을 받아들이며 어떤 사람은 이를 코웃음치는가 하는 것은 또 하나의 문제로서 에스겔은 여기서 이 문제를 논하지 않는다. 에스겔은 하나님의 무시무시한 숨겨진 의지가 아니라 하나님의 자비의 공공연한 제안에 관하여 말하고 있다. 하나님은 자신의 계획에 따라 자기가 기뻐하는 자들에게 설교되고 제공된 자비를 받아들이고 이에 참여하도록 정하신다. 이 의지는 하나님의 가장 두려운 비밀로서 탐구되어야 하는 것이 아니라 경외 가운데 찬미되어야 한다. 하나님은 그것을 자신 속에 감추시고 우리가 그것을 아는 것을 금하셨다. 그것은 무수한 코리키우스(Corycian)의 동굴들보다 훨씬 더 경외할 가치가 있다!

이제 (에라스무스의) 「자유 의지론」이 "의로우신 하나님이 자기 자신이 그들 속에서 역사하는 자기 백성의 죽음을 한탄하시는가? 이것은 아주 우스꽝스러운 듯하다"라고 추론할 때 나는 이미 말했듯이 이렇게 답변한다: 우리는 한편으로 우리에게 설교되고 계시되고 제공되었으며 우리에 의해 예배되는 하나님 또는 하나님의 의지를 논하고, 다른 한편으로 우리에게 설교되지 않고 계시되지 않고 제공되지 않았으며 우리에 의해 예배되지 않는 하나님을 논하여야 한다. 하나님이 스스로를 숨기시고 우리에게 알리고자 아니하시는 것들에 대해 우리는 어떠한 관심도 갖지 않는다. 여기서 "우리를 넘어서는 것은 우리의 관심사가 아니라"라는 센스는 정말로 좋은 것이다. 이러한 구별은 내 자신이 한 것이라고 생각하지 않도록 하기 위하여 나는 데살로니가 교인들에게 적그리스도에 대하여 "범사에 일컫는 하나님이나 숭배함을 받는 자위에 뛰어나"[데살로니가후서 2:4]라고 쓰고 있는 바울을 따르고 있다. 이 말씀은 사람은 설교되고 예배되는 하나님, 즉 우리에게 알려지고 우리와 관계를 맺는 수단인 하나님의 말씀과 예배를 넘어서서 자고할 수 있다는 것을 암시하고 있다. 그러나 예배되지 않고 설교되지 않은 하나님, 즉 자신의 본성과 엄위 속에 계시는 하나님을 넘어설 수 있는 것은 아무것도 없다. 모든 것들은 하나님의 권능있는 손 아래 있다.

이제 자신의 본성과 엄위 속에 계시는 하나님은 제쳐두어야 한다. 이와 관련해서는 우리는 하나님과 아무 상관도 없으며 하나님도 우리가 그런 하나님과 교섭을 갖는 것을 원치 않으신다. 우리는 우리에게 스스로를 나타내시는 수단인 하나님의 말씀을 입고 그 말씀 속에서 스스로를 드러내시는 하나님과 상관이 있다. 그것이 바로 시편 기자가 하나님이 옷입었다고 주장하는 하나님의 영광이자 아름다움이다[참조. 시편 21:5]. 의로우신 하나님은 자기 자신이 그들 속에서 역사하는 자신의 백성의 죽음을 한탄하지 않고 하나님이 자기 백성 속에서 발견하는 죽음을 한탄하시며 그들로부터 죽음을 제거하기

를 원하신다고 나는 말한다. 하나님은 죄와 죽음을 없이 하고 우리를 구원하
실 목적으로 일들을 설교하였다. "저가 그 말씀을 보내어 저희를 고치사"〔시
편 107:20〕. 그러나 엄위 속에 감춰진 하나님은 죽음을 한탄하지도 죽음을
없애지도 아니하고 생명과 죽음을 이루시고 모든 것 속에서 모든 것을 이루
신다. 또한 그 하나님은 자신의 말씀으로써 스스로를 제한하지도 않으며 스
스로를 모든 것들 위에 자유롭게 두신다.

　「자유 의지론」은 설교된 하나님과 감춰진 하나님, 즉 하나님의 말씀과
하나님 자신을 구별하지 않고 있다는 점에서 스스로의 무지에 의해 속고 있
다. 하나님은 자신의 말씀 속에서 우리에게 보여주지 않으신 많은 것들을 행
하시며, 자신의 말씀 속에서 자기가 뜻하신다는 것을 우리에게 보여주지 않
으신 많은 것들을 뜻하신다. 따라서 하나님은 죄인의 죽음을 뜻하지 않으신
다 ― 즉, 자신의 말씀 속에서; 그러나 하나님은 자신의 들여다볼 수 없는
의지를 통해 그것을 뜻하신다. 하지만 현재로서 우리는 하나님의 말씀만을
지켜보아야 하고 하나님의 들여다볼 수 없는 의지는 그대로 두어야 한다. 우
리를 인도하는 것은 하나님의 말씀이지 하나님의 들여다볼 수 없는 의지가
아니기 때문이다. 어쨌든 들여다볼 수 없고 측량할 수 없는 의지에 따라 스
스로를 지도해나갈 사람이 어디 있겠는가? 단지 하나님 속에는 들여다볼 수
없는 의지가 있다는 것을 아는 것만으로 충분하다. 그 의지는 무엇을, 왜,
어떤 한계 내에서 뜻하는가를 탐구하거나 알고자 하거나 관심을 갖거나 다루
는 것은 전적으로 옳지 못하다. 우리는 단지 두려워하고 찬미할 뿐이다!

　　따라서 "하나님이 우리의 죽음을 원하지 않는데도 우리가 멸망받는다면
그 책임은 우리 자신의 의지에 돌려져야 한다"고 말하는 것이 옳다. 되풀이
말하지만 만약 당신이 설교된 하나님에 대하여 말한다면 이것은 옳다. 하나
님은 구원의 말씀을 통하여 모든 이에게 다가온다는 점에서 모든 사람들이
구원받기를 원하신다. 그리고 잘못은 하나님을 받아들이지 않는 의지에 있
다. 하나님은 마태복음 23〔:37〕에서 이렇게 말씀하고 있다: "내가 네 자녀를
모으려 한 일이 몇 번이냐 그러나 너희가 원치 아니하였도다." 그러나 왜 엄
위하신 분은 모든 사람 속에 있는 의지의 이러한 잘못을 제거하거나 바꾸지
않는가(왜냐하면 그렇게 하는 것은 사람의 권능에 있지 않기 때문이다) 또는
왜 사람이 그 잘못을 피할 수 없을 때 하나님은 그 잘못을 의지의 책임으로
돌리는가를 묻는 것은 정당하지 못하다. 그리고 당신이 많은 것을 물을지라

도 당신은 결코 그 해답을 발견하지 못할 것이다. 바울은 로마서 11장에서 이렇게 말하고 있다: "네가 뉘기에 감히 하나님을 힐문하느뇨"〔로마서 9:20〕.

(v) 사람을 강퍅하게 하는 하나님의 방법에 대하여

이와 관련하여 강퍅하게 하는 일이 다음과 같이 문제가 된다: 우리가 이미 말해왔듯이 경건치 않은 자는 그의 임금인 사단과 마찬가지로 전적으로 자기 자신과 자신의 것으로만 향해 있다. 그는 하나님을 찾지도 않으며 하나님의 것들에 관심을 갖지도 않는다. 그는 모든 것 속에서 자기 자신의 부, 영광, 일, 지혜, 권능, 주권만을 구하며 그것을 평온하게 누리기를 원한다. 어떤 사람이 그를 방해하거나 이러한 것들 가운데 그 어느 것이라도 손상시키려고 한다면, 그는 그러한 것들을 구하도록 그를 이끄는 동일한 왜곡된 소욕으로 격동되어 자기의 대적에게 격노하며 미쳐 날뛰게 된다. 그는 자신의 이익을 구하는 것을 멈출 수 없듯이 자신의 격노를 멈출 수 없고, 그가 타락한 자이기는 하지만 여전히 하나님의 피조물이기 때문에 존재하는 것을 멈출 수 없는 것처럼 자기 이익을 구하는 것을 멈출 수 없다.

이것은 세상이 하나님의 복음에 대항하여 보여주는 격노 바로 그것이다. 복음을 통하여 더 강한 자가 와서 자신의 왕궁을 평온하게 지키고 있는 자를 정복한다. 그리고 그분은 자기 자신의 영광, 부, 지혜, 의에 대한 소욕들과 세상이 의지하는 모든 것들을 정죄한다. 하나님이 그들이 원하는 것의 정반대의 것을 그들에게 말씀하고 행함으로써 경건치 않은 자들을 이렇게 괴롭히면 그들은 강퍅해지고 격분한다. 그들이 스스로 그들 본성의 타락으로 인하여 하나님으로부터 떠나있듯이 하나님으로부터 멀어져 있는 그들의 길이 반대나 역전을 만나게 되면 그들의 반감은 더욱 드세지고 악화된다. 따라서 하나님이 경건치 않은 바로에게서 그의 나라를 빼앗으려고 하였을 때 하나님은 바로의 왕국을 없이 하고 그 백성을 바로의 지배로부터 바야흐로 해방시키는 듯이 보였던 모세의 말을 통하여 바로를 공격함으로써 바로를 괴롭히고 강퍅하게 하였으며 바로의 마음을 참담하게 하였다. 하나님은 바로의 내면에 성령을 주신 것이 아니라 바로 자신의 경건치 않은 부패로 인하여 사단이 뒤흔드는 대로 격노하며 교만으로 부풀어 오르고 화로 들끓어 경멸스러운 무모한 길을 곧장 달려가게 하였다.

　　하나님이 우리를 강퍅하게 하거나 우리 속에 악을 역사하신다고(왜냐하면 강퍅하게 하는 것이 악을 역사하는 것이기 때문이다) 할 때, 악하고 성질 고약한 여인숙 주인이 해롭지 않은 그릇에 독약을 붓고 탔지만 그 그릇 자체는 아무런 해도 주지 못하며 단지 독약을 탄 사람의 악한 의지를 수동적으로 받는 수령자 또는 도구일 뿐인 그런 경우를 상상하면서, 하나님이 우리 속에 새로운 악을 만들어냄으로써 그렇게 하신다고 생각하지 않도록 하라. 사람들이 우리가 하나님은 우리 속에서 선과 악 모두를 역사하시며 우리는 단지 수동적인 필연에 의해 하나님의 역사하심에 종속되어 있다고 말하는 것을 들을 때, 그들은 그 자체로는 선하고 악하지 않지만 하나님께서 그 사람 안에서 악을 역사하는 그런 사람을 상상하는 것 같다. 왜냐하면 그들은 하나님이 자신의 모든 피조물들 속에서 얼마나 끊임없이 활동하시며 그것들 가운데 그 어느 것도 그냥 내버려두지 않으신다는 것을 충분히 염두에 두지 않기 때문이다. 하지만 이러한 문제들을 이해하고자 하는 사람은 이렇게 생각하여야 한다: 하나님은 하나님 자신의 잘못을 통해서가 아니라 우리 자신의 결함으로 인하여 우리 속에서(즉, 우리를 통하여) 악을 역사하신다. 우리는 본성상 악하고 하나님은 선하시기 때문에 하나님이 자신의 전능의 본성에 따라 하나님이 우리에게 행하심으로써 우리로 하여금 행하지 않을 수 없도록 할 때 하나님 자신은 선하지만 하나님은 우리 악한 도구를 통하여 악을 행하실 수밖에 없다. 비록 하나님의 지혜를 따라 하나님은 이 악도 자기 자신의 영광과 우리의 구원을 위하여 선하게 사용하시지만.

　　따라서 하나님은 사단의 의지를 나쁘게 창조하신 것이 아니라 그 의지가 악하다는 것을 발견하고(그것은 사단의 범죄함과 하나님의 물러가심으로 그렇게 되었다) 자기 자신의 활동을 통해 그것(사단의 악한 의지:역주)을 실어서 자기(하나님:역주)가 뜻하는 지점까지 움직여간다. 사단의 의지는 하나님의 이러한 움직임의 덕분으로 악한 것을 멈추는 것은 아니지만.

　　다윗은 열왕기 하권에서 시므이에 대하여 이런 식으로 말하였다: "저가 저주하는 것은 여호와께서 저에게 다윗을 저주하라 하심이니"(사무엘 하

16:10]. 어떻게 하나님이 어떤 사람으로 하여금 그토록 악의에 차고 악한 행위인 저주를 하라고 명하실 수 있겠는가? 그러한 취지로 명하고 있는 것은 아무데도 없었다. 그러나 다윗은 전능하신 하나님이 말씀하시면 그것은 이루어진다는 사실을 염두에 두고 있다. 즉, 하나님은 자기 자신의 외적인 말씀을 통하여 모든 것들을 역사하신다. 그러므로 이런 경우에 하나님의 행위와 전능함은 시므이에게 이미 있었던 악한 의지(이것은 이전부터 다윗에 대하여 뜨거웠었다)와 그의 모든 지체들을 충동하여 다윗이 그러한 모독을 들을 만한 적절한 때에 다윗과 마주치게 하고 있다. 선한 하나님 자신은 악하고 모독을 행하는 도구를 통하여 이러한 모독을 명한다(즉, 하나님의 행하심의 강제력인 그분의 말씀을 통하여 그것을 말씀하시고 이루신다).

(vi) 바로를 강퍅하게 한 것에 대하여

이렇게 하나님은 바로를 강퍅하게 하신다: 하나님은 바로의 경건치 않은 악한 의지에 바로의 의지가 그 자신의 타고난 잘못과 자연적인 부패로 말미암아 미워하는 하나님 자신의 말씀과 일을 제시한다. 하나님은 자신의 성령을 통하여 내부에서 그 의지를 바꾸는 것이 아니라 계속해서 압력을 제시하고 압력을 가한다. 그러면 바로는 자기 자신의 힘, 부, 권능을 염두에 두고 자신의 본성의 동일한 잘못으로 인하여 그것들을 의지한다. 따라서 자기 자신이 위대하다는 생각으로 한껏 높아져서 초라한 모세와 화려하지 않은 하나님의 말씀을 경멸하게 되어 바로는 강퍅해진다. 그리고 모세가 바로를 점점 더 위협하고 압력을 가하면 가할수록 바로는 더욱더 지치고 화를 내게 된다. 바로의 악한 의지는 스스로 격동되거나 강퍅해지지는 않았을 것이지만, 전능하신 자가 자기 자신의 회피할 수 없는 움직임을 통하여 그 의지로 하여금 행하게 만들자(하나님은 자신의 다른 피조물에게도 그렇게 하시듯이) 바로의 의지는 능동적으로 그 무엇을 뜻하지 않으면 안된다. 하나님이 바로의 의지에 자연적으로 그 의지를 화나게 하는 어떤 것을 외부로부터 제시하자마자 바로는 하나님의 전능의 행하심과 자기 자신의 의지의 왜곡과 악랄함을 피할 수 없는 것과 마찬가지로 강퍅해지는 것을 피할 수 없다.

따라서 하나님이 바로를 강퍅하게 하는 일은 다음과 같이 수행된다: 하나님은 외부로부터 바로의 악랄한 마음에 본성상 그가 미워하는 것을 제시한다. 이와 동시에 하나님은 전능하신 행위를 통하여 바로 안에서 자신이 거기에서 발견하는 악한 의지를 계속해서 격동한다. 바로는 자신의 의지의 악랄함으로 인하여 자기를 반대하는 것을 미워하고 자기 자신의 힘을 의뢰할 수밖에 없다. 그래서 그는 강퍅해지고 무엇을 듣거나 숙고하지 않고 사단에게 붙잡혀서 미쳐 날뛰는 광인처럼 휩쓸리게 된다.

내가 이러한 것들에 대하여 당신의 동의를 얻었다면, 나는 이 점을 얻은 것이다. 나는 사람들의 비유와 주해들을 박살을 냈고 하나님의 말씀을 아주 단순한 의미로 받아들였다. 이제 하나님을 변호하거나 하나님을 불의하다고 고소할 필요가 없다. "내가 바로의 마음을 강퍅하게 할 것이다"라고 하나님이 말씀하실 때, 하나님은 그 말씀을 아주 단순한 의미로 사용하고 계시다. 하나님은 이렇게 말씀하고 계신 것이다: "나는 바로의 마음을 강퍅하게 만들고자 한다" 또는 "바로의 마음은 나의 활동과 행위를 통하여 강퍅하게 될 것이다." 우리는 어떻게 그것이 행해졌는가를 들었다. 바로 이렇게: "내부에서의 나의 통상적인 움직임을 통하여 나는 바로의 악한 의지를 격동하여 그가 현재 완고하게 고집하고 있는 자신의 길을 계속해서 가게 할 것이다. 나는 그것을 격동하기를 그치지 않을 것이고 그럴 수도 없다. 외부로부터 나는 바로에게 나의 말과 일을 제시할 것이다. 그러면 그의 악한 분노는 그것에 대항하여 덤벼들 것이다. 왜냐하면 그는 악하기 때문에 내가 그를 전능의 권능으로써 격동하면 악을 뜻할 수밖에 없기 때문이다."

이렇게 하나님은 바로가 강퍅하게 된다는 것을 온전히 확실하게 알았고 온전히 확실하게 선포하였다. 왜냐하면 하나님은 바로의 의지가 전능의 움직임을 저항할 수도 없고 그 자신의 악랄함을 떨쳐버릴 수도 없으며 자기 앞에 있는 모세에게 무릎을 꿇을 수도 없을 것을 온전히 확실하게 알았기 때문이다. 바로의 의지는 여전히 악한 채로 있었으므로 바로는 필연적으로 더 악화되고 더 강퍅해지고 더 교만해질 수밖에 없다. 자신의 완고한 길을 가면서 바로는 자기가 갖기를 원치 않고 자기가 경멸하는 것에 대항하여 덤벼들 것이다. 왜냐하면 바로는 자신의 권능을 신뢰하고 있었기 때문이다. 여기서 당신은 바로 이 말씀들이 무지로 인해 실수를 저지르거나 범죄함 속에서 거짓을 말할 수 없는 하나님이 바로의 강퍅하게 될 것을 확실하게 약속하고 있기 때문에 '자유 의지'는 악 외에는 아무것도 할 수 없다는 것을 확증해준다는 것을 알게 된다. 왜냐하면 하나님은 악한 의지는 오직 악을 뜻할 수밖에 없고 선이 그것에 대항하여 제시될 때 그것은 더욱 악화될 수밖에 없다는 것을 잘 알고 있었기 때문이다.

그래도 어떤 사람이 아직도 이렇게 물을 수 있다: 그렇다면 왜 하나님은 경건치 않은 자의 의지를 격동하여 계속해서 악한 채로 있게 하고, 더욱 악화시키는 전능의 움직임을 그만두지 않는가? 이에 대한 대답은 이렇다: 이것은 경건치 않은 자들을 위하여 하나님은 하나님 되기를 멈추기를 원하는 것이다. 왜냐하면 당신은 하나님의 권능과 활동이 멈추기를 원하고 있기 때문이다 ─ 즉, 경건치 않은 자들이 악화되지 않도록 하기 위하여 하나님이 선하시기를 멈추어야 한다는 것이다!

그렇다면 왜 하나님은 자신이 격동하는 그러한 악한 의지들을 바꾸어놓지 않으시는가? 이 질문은 엄위하신 분의 비밀스러운 일들을 건드린다. "그의 판단은 찾아낼 수 없다"〔참조. 로마서 11:33〕. 우리는 이러한 신비들을 탐구하는 것이 아니라 그것들을 찬미할 뿐이다. 육과 피가 여기에서 화를 내고 불평을 한다면, 그래 그것들로 하여금 불평하게 하라. 그것들은 아무것도 얻지 못할 것이다. 불평하는 것으로는 하나님을 바꾸어놓지 못할 것이다! 그리고 경건치 않은 자들이 아무리 많이 넘어지고 죽더라도 택함받은 자들은 남게 될 것이다〔참조. 요한복음 6:60ff.〕.

이와 동일한 대답이 다음과 같이 묻는 자들에게도 주어져야 한다: 하나님은 아담을 안전하게 지킬 수 있었고 우리를 처음부터 깨끗해진 다른 물질 또는 종자로 만들 수 있었음에도 왜 하나님은 아담을 타락하게 내버려두었고, 왜 하나님은 우리 모두를 아담과 동일한 죄로 물든 상태로 만드셨는가? 하나님의 의지는 그 준칙과 표준을 규정하는 원인이나 근거를 가지고 있지 않다. 그 어떤 것도 그것과 동일하거나 그것 위의 차원에 있지 않고 하나님의 의지 자체가 모든 것들의 준칙이기 때문이다. 하나님의 의지에 어떤 준칙이나 표준, 원인이나 근거가 존재한다면, 그것은 더이상 하나님의 의지일 수 없다. 하나님이 뜻하는 것은 하나님이 그렇게 뜻하지 않으면 안되고 뜻할 수밖에 없기 때문에 옳은 것이 아니다. 이와는 반대로 일어나는 모든 것은 하나님이 그렇게 뜻하시기 때문에 옳음에 틀림없다. 원인들과 근거들은 피조물의 의지와 관련해서는 규정될 수 있지만 창조주의 의지와 관련해서는 규정될 수 없다 ─ 당신이 창조주 위에 또 다른 창조주를 두지 않는 한!

  이러한 논증을 통하여 비유를 퍼뜨리는 「자유 의지론」과 그 비유는 내가 생각컨대 적절하게 논파되었다. 하지만 본문과 비유 사이에 어떤 일치점이 있는가를 살펴보기 위하여 본문 자체에로 눈을 돌려보자. 본문을 주권적으로 경멸하고 단지 한 단어만을 끄집어내서 관심을 보이며 본문을 자신의 비유들로써 왜곡시켜 본문 전후의 문맥과 저자의 목적 및 의도를 완전히 무시한 채 본문을 그들 자신이 택한 의미의 십자가에 못 박아버리는 일은 비유들로써 논증을 회피하는 모든 자들의 방식이다. 여기서도 마찬가지이다. 잠시 멈춰서 모세의 말의 취지와 목적을 알아보지도 않고 「자유 의지론」은 "내가 강퍅하게 할 것이다"라는 어구를 본문으로부터 떼어내어서 그 어구가 전체 문맥에 다시 삽입되고 적절하게 맞추어졌을 때 어떻게 조화될 수 있을지를 생각하지도 않고 그 어구에 이의를 제기하며 자기 마음대로 해석해 버리고 만다. 이것이 당신의 학식있고 전통있는 친구들이 성경을 불명료하다고 말하는 이유이다. 이상할 것 하나도 없다! 태양이라 할지라도 그들이 만들어낸 것들로 공격을 받으면 빛을 발하지 않을 것이니까!

  나는 위에서 바로가 오래 참으시는 하나님이 그를 참으셨고 단번에 그를 벌하지 않았기 때문에 강퍅해졌다고 말하는 것은 옳지 않다는 것을 보였다. 왜냐하면 사실 바로는 온갖 역병으로 징벌을 받았기 때문이다. 이에 대해서는 여기서 그냥 넘어가기로 한다. 그러나 만약 '강퍅하게 하다'라는 말이 '하나님께서 오래 참으시고 단번에 벌하지 않으신다'는 것을 의미한다면, 표적들이 일어나고 있을 때 자기가 바로의 마음을 강퍅하게 할 것이라고 하나님이 그토록 자주 약속하실 필요가 어디 있는가? 이미 그러한 표적들과 그러한 강퍅하게 하는 일이 일어나기 전에 하나님은 오랫동안의 고통 속에서 바로를 참으셨고 그를 벌하지 않으셨고, 바로는 자신의 성공과 권능으로 한껏 교만해져서 이스라엘의 자손들에게 엄청난 재앙을 가하고 있었다! 이제 당신은 당신의 비유가 이 구절의 취지를 철저하게 놓치고 있다는 것을 알겠는가? 그것은 하나님이 그들에 대하여 오래 참으시는 모든 범죄한 자들에게 무차별적으로 적용될 것이다. 이런 의미에서 우리는 모든 사람들은 강퍅해졌다고 말해야 할 것이다. 왜냐하면 범죄하지 않은 사람은 아무도 없고 하나님이 그에 대하여 오래 참으시지 않았다면 그 누구도 범죄하지 않았을 것이기 때문이다! 그러므로 바로를 강퍅하게 하신 것은 하나님의 일반적인 오래 참으심과는 다른 그 무엇이다.

　　모세의 관심은 이스라엘의 자손들이 자기를 통하여 그들을 해방하시겠다는 하나님의 약속을 불신하지 않도록 하기 위하여 바로의 악랄함과 아울러 하나님의 진실되심과 자비를 선포하는 것이다. 이것은 엄청난 과제였기 때문에, 그는 그 일을 모두 미리 알리고 이를 약속하신 분의 약속이행을 통하여 정당하게 수행된다는 것을 알고 그들의 믿음이 흔들리지 않도록 하기 위하여 그들에게 그것의 어려움을 미리 경고하고 있다. 마치 하나님이 이렇게 말씀하신 듯이 말이다: "나는 분명히 너희를 구원할 것이지만 너희는 그것을 믿기가 힘들 것이다. 왜냐하면 바로가 완강하게 저항하고 너희의 구원을 지연시킬 것이기 때문이다. 그러나 그럼에도 불구하고 믿으라. 나의 행동을 통하여 바로의 모든 지연 행위는 단지 내가 더 많고 더 큰 기사(奇事)들을 행함으로써 너희의 믿음을 굳게 하고 나의 권능을 드러내보임으로써 이후로 너희가 모든 다른 문제들에서 나에 대한 더욱 큰 믿음을 가지는 결과만을 가져오게 될 것이다."

　　그리스도는 최후의 만찬에서 자기 제자들에게 나라를 약속하실 때 이와 동일한 방식으로 행하고 계시다. 그리스도는 어려움이 많은 것을 예고하신다 ― 자기 자신의 죽음, 그들의 많은 환난 ― 그래서 그들이 그때 이후로 더 큰 믿음을 가질 수 있도록.

　　모세는 우리에게 이것이 다음과 같이 자기가 말하고 있는 것의 의미라는 것을 분명하게 보여준다: "내가 강한 손으로 치기 전에는 애굽 왕이 너희의 가기를 허락지 아니하다가"〔출애굽기 3:19-20〕. 그리고 또한 "내가 너를 세웠음은 나의 능력을 네게 보이고 내 이름이 온 천하에 전파되게 하려 하였음이니라"〔9:16〕. 여기서 당신은 바로가 하나님께 대항하고 구속을 연기시킴으로써 많은 표적들이 행해지고 하나님의 권능이 드러날 기회가 주어져서 하나님이 온 천하에 선포되고 믿어질 수 있도록 하기 위하여 강퍅해졌다는 것을 보게 된다. 이것은 이 모든 것들이 믿음을 굳게 하고 약한 자들을 위로함으로써 이후로 그들이 주저함이 없이 하나님을 참되고 신실하고 권능 있으며 자비로우시다는 것을 믿도록 하기 위하여 말해지고 행해졌다는 것 말고 무엇을 의미하는가? 그것은 다음과 같이 말하면서 하나님이 작은 아이들을 가장 부드러운 말로 달래는 것과 같다: "바로의 강퍅함에 두려워하지 말라. 내가 그 강퍅함을 일으켰고, 너희를 구원하는 나는 그 강퍅함을 장악하고 있다. 나는 단지 그 강퍅함을 사용하여 많은 표적들을 행하고 나의 엄위를 선포함으로써 너희의 믿음을 돕고자 하는 것이다."

이것이 모세가 대체적으로 각각의 역병 후에 다음과 같은 말을 반복하는 이유이다: "그러나 바로의 마음이 강퍅하여 그들을 듣지 아니하니 여호와의 말씀과 같더라"〔출애굽기 7:13, 22; 8:15; 9:12〕. "여호와의 말씀과 같더라"라는 말의 취지는 여호와께서 바로가 강퍅하게 될 것임을 미리 예고하셨음으로 여호와의 말씀이 참되다는 것 말고 무엇이었을까? 바로 속에 어떤 돌이킬 힘이나 다른 길로 갔을 의지의 자유가 있었다면 하나님은 그렇게 확실하게 바로의 강퍅하게 될 것임을 예고할 수 없었을 것이다. 그러나 보다시피 속이지 않으시고 속지도 않으시는 하나님이 그것을 보증하고 있다. 이것은 바로의 강퍅하게 되는 일이 일어나게 될 것은 극히 확실하고 필연적이라는 것을 의미한다. 그리고 그렇게 강퍅하게 되는 일이 인간의 힘을 전적으로 넘어서서 내가 위에서 말한 방식으로 하나님의 권능에 달려 있지 않다면 그럴 수 없을 것이다. 즉, 하나님이 바로 속에서 또는 바로로 인하여 통상적인 전능의 활동을 중단하지 않을 것임은 확실하였다 ― 실제로 하나님은 그것을 생략할 수 없었다. 그리고 바로의 의지는 자연적으로 악하고 왜곡되어 있기 때문에 그것에 반하는 하나님의 말씀과 일에 동의할 수 없었다는 것도 마찬가지로 확실하였다. 그러므로 바로의 내면에는 의지(意志)하는 능력이 보존되어 있었고 바로에 반하는 그 말씀과 일은 외부로부터 바로 앞에 놓여져 있었으므로 바로 속에서는 자신의 마음을 상하게 하고 강퍅하게 하는 일 외에는 아무것도 일어날 수 없었다. 하나님이 바로 앞에 바로에 반하는 모세의 말을 놓아둘 때 바로 속에서 자신의 전능의 행위를 중단하였다면 그리고 바로의 의지가 자기 자신의 권능만으로 행할 수 있었다고 한다면, 아마 그 의지가 어느 길로 향할 권능을 갖고 있었는지를 논할 여지가 있었을 것이다.

그러나 보다시피 바로는 자기 자신이 뜻하는 대로 행할 수밖에 없었기 때문에 자기 의지를 거스르는 일은 일어나지 않았다. 왜냐하면 바로의 의지는 자신의 뜻하지 않는 어떤 구속 아래 있는 것이 아니라 그 본성에 걸맞는 하나님의 활동에 따라 있는 그대로의 모습(즉, 악)을 따라 자연적으로 뜻(意志)하지 않을 수 없기 때문이다. 그러므로 바로의 의지는 한 단어에 열중할 수밖에 없었고 강퍅하게 될 수밖에 없었다. 따라서 우리는 어떤 것을 약속하시는 하나님은 거짓말을 하실 수 없다는 이유로 이 구절이 '자유 의지'를 가장 강력하게 반대하고 있음을 알게 된다. 그리고 하나님이 거짓말을 할 수 없다면, 바로는 강퍅해지지 않을 수 없다.

(xviii) 구원은 '자유 의지'에 의존하지 않는다는 것을 아는 것의 위로에 대하여

솔직히 고백하건대 나는 그것이 가능하다고 하더라도 '자유 의지'가 내게 주어지기를 원하지 않으며 구원을 추구할 수 있는 그 어떤 것이 내 손에 남아 있기를 원치 않는다. 단지 수많은 위험들, 대적들, 마귀들의 공격에 직면하여 내가 나의 지반을 굳히고 나의 '자유 의지'를 굳건하게 붙잡을 수 없기 때문만이 아니라(왜냐하면 마귀 하나가 인간 전체보다 더 강하며, 그렇기 때문에 어떤 사람도 구원받을 수 없기 때문이다) 위험이나 대적이나 마귀가 없다고 하더라도 나는 여전히 아무리 노력해도 성공한다는 보장이 없고 허공을 향해 주먹질하는 격이 될 것이기 때문이다. 내가 영원히 살아서 일을 한다면, 나의 양심은 얼마나 많은 일을 해야 하나님을 만족시킬 수 있는지에 대하여 마음 편한 확신에 결코 도달할 수 없을 것이다. 내가 무슨 일을 하였든 여전히 그것이 하나님을 기쁘시게 하였는지 또는 하나님이 그보다 더한 것을 요구하셨는지에 관한 초조한 의구심이 있을 것이다. 행위를 통하여 의를 구하는 모든 자들의 경험은 이를 입증해준다. 그리고 나는 그것을 수많은 세월에 걸쳐서 질리도록 잘 배웠고, 그것은 나 자신의 커다란 상처였다.

그러나 하나님이 나의 구원을 내 자신의 의지의 주관(主管)으로부터 빼앗아서 그것을 하나님의 주관 아래 놓고 나의 일한 것이나 달린 것에 따라서가 아니라 하나님 자신의 은혜와 자비에 따라 나를 구원하시겠다고 약속하신 지금에는, 나는 하나님이 신실하시며 내게 거짓말 하지 않으시며 또한 하나님은 크시고 권능이 있으시기 때문에 어떠한 마귀나 반대도 하나님을 무너뜨리거나 나를 하나님으로부터 앗아갈 수 없다는 마음 편한 확신을 가지고 있다. "저희를 내 손에서 빼앗을 자가 없느니라 저희를 주신 내 아버지는 만유보다 크시매"〔요한복음 10:28-29〕라고 하나님은 말씀하신다. 이렇게 해서 모두는 아니라 할지라도 몇몇 실제로는 다수가 구원을 받았다. 반면에 '자유의지'의 권능을 통해서는 결코 누구도 구원받을 수 없으며 우리 모두는 멸망할 것이다.

나아가 나는 나의 행위의 공로 때문이 아니라 내게 약속하신 하나님의 자비로우신 호의 때문에 내가 하나님을 기쁘시게 하고 있다는 마음 편한 확신을 지니고 있다. 따라서 내가 거의 일을 하지 않거나 나쁘게 일을 하더라도 하나님은 그것을 내게 돌리지 아니하시고 아버지의 사랑으로 나를 용서하시며 나를 더 낫게 만드신다. 이것이 그들의 하나님 안에서의 모든 성도들의 영광을 누리는 모습이다.

(xix) 사람들을 다루시는 데 있어서 하나님의 공의에 대한 믿음에 대하여

당신은 마땅히 그럴 자격이 없는 자들, 즉 경건치 않음 속에서 태어나 결코 경건치 않음을 피할 수 없고 그 속에 머무르며 저주받아 자연적 필연에 의해 죄를 범하고 멸망받을 수밖에 없는 경건치 않은 자들을 저주하시는 것에서 하나님의 자비와 공평을 변호하기가 어렵다고 피로워할지도 모르겠다. 바울은 이렇게 말한다: 한 사람 아담의 죄로 인하여 부패되었던 씨로부터 하나님 자신에 의해 그렇게 지음받은 "다른 이들과 같이 본질상 진노의 자녀이었더니"〔에베소서 2:3〕. 그러나 여기서 하나님은 그들 자신의 철저한 무가치함 속에서 의롭다 칭함을 받고 구원받은 자들에게 매우 자비로우신 분으로서 경외하심을 받아야 마땅하다.

그리고 우리는 하나님이 우리에게 불의해 보일 때 하나님을 공의로운 분으로 믿음으로써 하나님의 지혜에 어느 정도의 경의를 표하여야 마땅하다. 하나님의 공의가 인간의 헤아림으로써 결정될 수 있는 것이라면, 그것은 분명히 하나님의 것이 아닐 것이다. 그렇다면 그것은 결코 인간의 정의와 다를 바가 없을 것이다. 그러나 하나님은 사람의 이해력으로는 전적으로 헤아릴 수 없고 접근할 수 없는 한 분 참된 하나님이기 때문에, 하나님의 공의도 헤아릴 수 없다고 하는 것이 합리적이고 또 그렇게 말하는 것이 불가피하다. 바울은 탄성을 발하며 이렇게 말하고 있다: "깊도다 하나님의 지혜와 지식의 부요함이여 그의 판단은 측량치 못할 것이며 그의 길은 찾지 못할 것이로다"
〔로마서 11:33〕. 하지만 우리가 그것들이 공의롭다는 근거들을 모든 면에서
파악할 수 있다면 그것들은 '측량치 못할' 것은 아닐 것이다.

　　사람은 하나님에 비하면 무엇인가? 우리의 권능은 하나님의 권능에 비하
면 얼마나 많은 것을 할 수 있는가? 우리의 힘은 하나님의 힘에 비하면 무엇
인가? 우리의 지식은 하나님의 지혜에 비하면 무엇인가? 우리의 실질은 하나
님의 실질에 비하면 무엇인가? 한 마디로 말해서 우리의 있는 그대로의 모든
것은 하나님의 있는 그대로의 모든 것에 비하여 무엇인가? 이제 자연이 우리
로 하여금 인간의 권능, 힘, 지혜, 실질 그리고 우리에게 속한 모든 것이 하
나님의 권능, 힘, 지혜, 지식, 실질에 비하면 아무것도 아니라는 것을 인정
해야 할 것을 가르친다면, 우리 쪽에서 유일하신 하나님의 공의와 판단을 격
정하고 하나님의 판단을 이해하고 판단하고 평가하는 척 하면서 우리 자신의
판단을 사취하는 것은 얼마나 왜곡된 짓이겠는가! 왜 우리는 이 점에서 마찬
가지 방식으로 "우리의 판단은 하나님의 판단에 비하면 아무것도 아니다"라
고 말하지 않는가? 이성이 하나님의 다른 모든 것들은 헤아릴 수 없는 것이
라고 고백함에 있어서 확신의 힘이 이성으로 하여금 스스로를 어리석고 성급
하다고 인정하지 않을 수 없게 하는지 어떤지를 이성에게 물어보라! 다른 모
든 것에서 우리는 하나님이 엄위하신 분이라는 사실을 인정하면서도 하나님
의 판단이라는 단 하나의 경우에 있어서 우리는 그것을 부인할 준비가 되어
있다! 하나님이 자신의 영광을 계시하실 때 우리 모두는 하나님이 공의로우
셨으며 공의로우시다는 것을 분명하게 '보게' 될 것이라고 하나님이 실제로
약속하셨을 때 하나님이 공의로우시다는 것을 '믿고 있는' 가운데 한시라도
우리는 그렇게 생각할 수 없다!

　　나는 하나님의 공의에 대한 우리의 믿음을 굳게 하고 하나님이 불의하시
다고 의심스러운 눈으로 바라보는 '악한 눈'으로 하여금 다시 확신케 하기
위하여 유사한 예를 들어보겠다. 보라! 하나님이 세상의 외적인 일들을 다스
리시는 모습을 보면, 당신이 인간의 이성의 판단을 존중하고 따르는 한 당신
은 하나님이 없다거나 하나님은 불의하시다고 말하지 않을 수 없게 된다. 시
인은 이렇게 말했다: "나는 흔히 신들이 없다고 생각하고자 하는 유혹에 빠
진다." 악한 자들이 크게 번성하고 이와는 대조적으로 선한 자들이 커다란
곤경에 빠지는 것을 보라. 격언들과 경험, 격언들이 나온 근원이 되고 있는

것들은 사람들이 더욱 버려지면 질수록 그들은 더 성공적이라고 기록한다. 욥기〔12:6〕는 "강도의 장막은 형통하고"라고 말하고 있고, 시편 72편은 세상에 있는 죄인들이 부로 가득차 있다고 불평한다〔시편 73:12〕. 나쁜 사람들이 번성하고 선한 사람들이 고통을 겪는 것은 아주 불의하다고 보편적으로 주장되고 있지 않은가? 그렇지만 그것이 세상의 방식이다.

이 때문에 가장 위대한 심령들 가운데 몇몇은 우연이 무작위적으로 모든 것들을 지배한다고 생각하여 하나님의 존재를 부인하는 데로 빠져버렸다. 그러한 사람들 가운데는 에피쿠로스 학파와 플리니(Pliny)가 있었다. 그리고 비참한 것으로부터 자유로운 '제1자'를 설정하기를 원하였던 아리스토텔레스는 자기는 자기 자신 외에는 아무것도 보지 못한다고 주장하고 있다. 왜냐하면 아리스토텔레스는 그러한 존재에게 그토록 많은 악들과 불의들을 보는 것은 매우 짜증스러운 일이라고 생각하였기 때문이다! 그리고 하나님이 계심을 믿었던 선지자들은 여전히 하나님의 불의하심에 관하여 더 많은 시험을 받았다. 예레미야, 욥, 다윗, 아삽 등과 같은 사람들이 그 적절한 예들이다. 당신은 데모스테네스와 키케로가 자기들이 할 수 있는 모든 것을 다 해놓고 불행한 죽음을 그들의 상으로 받았을 때 그들이 무엇을 생각했으리라고 보는가?

그렇지만 하나님 속에서의 불의처럼 보이고 이성이나 자연의 빛이 저항할 수 없는 논증들에 의해 불의한 것으로 조롱거리가 되는 이 모든 것들은 복음의 빛과 은혜의 지식을 통하여 아주 쉽게 해명이 된다. 이것은 우리에게 악한 자는 육체로는 번성하지만 영혼으로는 멸망한다고 가르친다. 이러한 온전히 해명될 수 없는 문제에 대한 개략적인 설명은 다음과 같은 몇 마디 말속에서 발견된다: "현세 이후에 하나의 삶이 있다. 그리고 여기서 처벌되지 않았거나 되갚아지지 않은 모든 것들은 거기에서 처벌되고 되갚아질 것이다. 왜냐하면 현세는 내세의 전조 아니 오히려 시작에 다름아니기 때문이다."

이제 모든 세대에서 논란되어 왔지만 결코 해결된 적이 없었던 이 문제가 말씀 속에서만 그리고 믿음에게만 빛을 발하는 복음의 빛에 의해 아주 수월하게 해결된다면, 말씀과 믿음의 빛이 그칠 때 실제의 사실들과 하나님의 엄위가 있는 그대로 드러날 것이라고 당신은 생각하는가? 당신은 은혜의 빛이 자연의 빛에 의해 해결될 수 없었던 이 문제를 아주 쉽사리 해결한 지금 말씀과 은혜의 빛 안에서 해결될 수 없는 문제들을 영광의 빛이 아주 쉽게 해결할 수 있다고 생각하지 않는가?

　세 가지 빛을 염두에 두자: 자연의 빛, 은혜의 빛, 영광의 빛(이것은 평범하고 좋은 구별이다). 자연의 빛을 통해 선한 자들이 고통을 받고 나쁜 자들이 번성하는 것이 공의롭다는 것이 설명될 수 없다. 그러나 은혜의 빛은 그것을 설명한다. 은혜의 빛을 통해 어떻게 하나님이 자기 자신의 힘으로는 죄를 범하여 죄책감을 느끼게 될 수밖에 없는 자를 저주할 수 있는가를 설명할 수 없다. 여기서 자연의 빛과 은혜의 빛은 잘못은 비참한 인간에게 있지 않고 하나님의 불의에 있다고 주장한다. 또한 그 빛들은 경건치 않은 자들을 거저 아무 공로도 없이 관씌우고 아마도 덜 경건치 않거나 분명히 더 불경건하지 않은 다른 사람을 저주하고 관씌우지 않는 하나님에 대하여 달리 판단할 수 없다. 그러나 영광의 빛은 이와는 달리 주장하여 언젠가 그에게만 판단이 속하고 그 공의는 헤아릴 수 없는 하나님을 가장 의롭고 분명한 공의를 지니신 하나님으로 드러낼 것이다 — 오직 그 동안에 우리가 자연의 빛에게는 혼란스러운 것을 설명하는 은혜의 빛의 예를 통해 교훈받고 격려받으면서 그것을 믿기만 한다면 말이다.

　나는 여기서 이 책을 끝내고자 한다. 물론 나는 필요하다면 이 문제를 더 추구할 준비가 되어 있긴 하다. 그러나 나는 완강하게 저항하지 않고 진리에 기꺼이 복종하고자 하는 경건한 사람에게는 풍부한 만족이 여기서 주어졌다고 생각한다. 하나님은 모든 것들을 미리 아시고 예정하신다는 것, 하나님은 자신의 미리 아심과 예정에 있어서 속임을 당하지도 방해를 받을 수도 없다는 것, 그 어떤 것도 하나님의 뜻 아니고는 일어나지 않는다는 것(이성 자체도 이를 인정하지 않을 수 없다)을 우리가 믿는다면, 이성 자체의 증언에 따라 사람이나 천사나 그 어떤 피조물 속에 '자유 의지'란 있을 수 없다.

　따라서 사단은 자신의 모든 힘을 다하여 그리스도의 나라를 올가미 씌우고 반대하는 이 세상의 임금이며 그는 자신의 죄수들이 성령의 권능에 의해 움직이지 않는 한 그 죄수들을 그대로 내버려두지 않는다는 것을 우리가 믿는다면, '자유 의지'란 있을 수 없다는 것은 다시 한번 명백하다.

　따라서 성령의 인도를 받는 경건한 자들 속에서조차도 원죄는 선에 대항하여 싸움으로써 많은 괴로움을 일으킬 정도로 원죄는 우리를 파멸시켜 왔다는 것을 우리가 믿는다면, 성령이 없는 사람 속에는 악만을 향할 뿐 선을 향할 수 있는 그 어떤 것도 남아 있지 않다는 것은 분명하다.

또한 그들의 모든 권능으로써 의를 좇은 유대인들이 불의에 빠지고, 반면에 불의를 좇은 이방인들이 하나님의 거저 주시는 선물로 말미암아 바라지도 않은 의에 이르게 되었다면, 그들의 행위와 경험 자체를 통해서 사람은 은혜 없이는 악 외에는 아무것도 할 수 없다는 것은 명백하다.

그리고 끝으로, 그리스도께서 자신의 피로써 사람들을 구속하셨음을 우리가 믿는다면, 우리는 모든 사람들이 상실되어 있다고 고백하지 않을 수 없다. 그렇지 않다면 우리는 그리스도를 전적으로 헛되거나 아니면 사람의 가장 가치없는 부분의 구속자로 만드는 것이니, 이는 신성모독이다.

제III부

요리문답에 관한 설교들, 1528[1]

〔1528년에 루터는 세 번에 걸쳐 요리문답에 관한 설교를 했다. 이 설교들은 '일 년에 네 번 기독교적 지식과 삶의 요소들과 기초들'을 제시하는 정규적인 설교의 일부였다. 그런 까닭에 이 설교들은 강해설교로서 종교개혁에 있어서 설교의 교육적 역할을 전형적으로 보여준다. 여기에 수록된 설교들은 십계명 강해 바로 다음에 나오는 열 개의 시리즈 가운데 세번째 시리즈 중 마지막 다섯 편이다. 열 개에 달하는 시리즈 전체는 대소요리문답의 토대를 이루고 있다.〕

사도신경

여러분은 기독교 교리의 첫번째 부분, 즉 십계명에 대하여 이미 들은 바 있습니다. 나는 여러분에게 여러분이 자신의 가족에게 십계명을 낱낱이 배워서 그들이 하나님과 가장인 여러분에게 순종하고 여러분도 하나님께 순종할 수 있도록 권면하라고 주의를 기울여 충고를 했습니다. 왜냐하면 여러분이 자기 가족들을 가르치고 강권한다면 만사가 형통할 것이기 때문입니다. 지금까지 〔완벽하게〕 박식한 사람은 이 세상에 존재하지 않았습니다. 사람은 많

---

1) John W. Doberstein이 편집하고 번역한 *Luther's Works*, volume 51, Sermons: I (Philadelphia: Muhlenberg Press, 1959), pp. 162-93에서 발행인의 허락을 얻어 전재(轉載)함.

이 연구하면 할수록 더욱더 박식하게 되었을 뿐입니다.

　이제 두번째 부분을 살펴보기로 하겠습니다. 이전에 여러분은 사도신경의 12개 항목에 관한 설교를 들은 적이 있을 것입니다. 사도신경을 더 세분하고자 하는 사람이 있다면 그는 12개 항목 이상으로 세분할 수도 있습니다. 그러나 여러분은 사도신경을 성부, 성자, 성령의 세 위격이 있다는 사실을 기초로 하여 주요 부분들을 나누어야 합니다. 왜냐하면 나는 성부 하나님을 믿고 성자 하나님을 믿으며 성령 하나님을 믿는데 이 분들은 한 하나님이시기 때문입니다. 이렇게 여러분은 각각의 항목을 그 구성부분들로 나눌 수 있습니다. 첫번째 항목은 창조를, 두번째 항목은 구속을, 세번째 항목은 성화(聖化)를 가르칩니다. 첫번째 항목은 어떻게 우리가 모든 피조물들과 함께 창조되었는가를 가르치고, 두번째 항목은 어떻게 우리가 구속받았는지를 가르치며, 세번째 항목은 어떻게 우리가 거룩하고 순결하게 되며 계속해서 순결하게 살아가게 되는지를 가르칩니다.

　어린아이들과 교육을 받지 못한 사람들은 이것을 가장 단순한 형태로 배워야 합니다: 사도신경은 3개조로 되어 있는데, 첫번째 항목은 성부, 두번째 항목은 성자, 세번째 항목은 성령에 관한 것입니다. 여러분은 성부에 관하여 무엇을 믿습니까? 이렇게 대답합시다: 성부는 창조주이시다. 성자에 관해서는 무엇을 믿습니까? 성자는 구속주이시다. 성령에 관해서는? 성령은 거룩케 하시는 분이시다. 교육을 받은 사람들을 위해서는 우리는 사도신경에 나오는 단어수만큼이나 많은 항목들로 세분할 수 있습니다. 그러나 나는 교육을 받지 못한 사람들과 어린아이들을 가르치고자 합니다.

〔첫번째 항목〕

　첫번째 항목은 하나님은 아버지시며 하늘과 땅의 창조주이심을 가르칩니다. 이것은 무슨 말입니까? 이 말씀은 무엇을 의미합니까? 그 의미는 내가 하나님의 피조물이며 하나님은 내게 몸, 영혼, 좋은 눈, 이성, 좋은 생명, 어린아이들, 밭, 목장, 돼지, 소를 주셨으며 또한 네개의 원소인 물, 불, 공기, 흙을 주셨음을 믿어야 한다는 것입니다. 따라서 이 항목은 여러분의 생명은 머리카락 하나까지도 저절로 얻어진 것이 아님을 가르칩니다. 하나님께서 나를 위해 창조하지 않으셨다면 나는 돼지의 터럭 하나조차 갖지 못할 것입니다. 존재하는 모든 것은 "창조주"라는 작은 단어 속에 다 포괄됩니다. 여기서 우리는 나는 하나님을 믿는다고 말하는 세상이 어떻게 이것을 믿는가에 관하여 계속해서 자세하게 설교할 수 있습니다. 그러므로 여러분이 가지고 있는 모든 것은 그것이 아무리 작은 것이고 여러분이 애지중지하는 것이라 할지라도 여러분이 "창조주"라고 말할 때 이것을 기억합니다. 교만한 제후들이 그러한 것처럼 우리가 우리 자신을 창조했다고 생각하지 않도록 합시다.

나는 창조주에 대하여 이러한 것들만을 말했지만 전능하신 성부는 〔내가 여기에 열거하고 있는 것보다〕 더 많은 것들을 가지고 계십니다. 하나님께서는 내게 나의 생명, 나의 오감(五感), 이성, 아내, 아이들을 주셨다고 나는 믿습니다. 이러한 것들 가운데 그 어느 것도 내가 저절로 갖게 된 것이 아닙니다. 하나님은 "창조주"이십니다. 즉 하나님께서는 몸의 온갖 지체를 비롯하여 몸과 영혼의 모든 것을 주셨습니다. 그러나 모든 것이 하나님의 선물이라면, 여러분은 이 모든 것들을 가지고 하나님을 섬기고 찬양하고 감사해야 합니다. 왜냐하면 하나님께서 그러한 것들을 주셨고 계속해서 보존하고 계시기 때문입니다. 그러나 여러분에게 묻건대, "창조주"라는 단어를 이해하는 사람이 세상에 과연 몇이나 될까요? 왜냐하면 하나님을 섬기는 사람이 아무도 없기 때문입니다. 우리는 우리의 모든 지체들을 차례차례 사용하여 하나님께 범죄하고 아내와 자식과 집과 가정을 가지고 하나님께 범죄합니다.

그러므로 이 첫번째 항목은 우리가 그것을 믿지 않기 때문에 우리를 낮추고 두렵게 하는 것이 당연합니다. 나는 〔모든 것을〕 "창조주"라는 단어에 토대를 두고 있음을 유의하십시오. 즉 나는 하나님께서 내게 몸과 영혼, 오감, 의복, 음식, 주거, 아내, 자녀, 가축, 땅을 주셨다는 것을 믿습니다. 이로부터 나는 하나님을 섬기고 순종하고 찬양하고 감사해야 한다는 결론이 나옵니다. 이 항목을 믿는 사람은 자기의 소를 보고 "이 소를 하나님께서 내게 주셨다"라고 말합니다. 그리고 아내와 자녀들에 대해서도 마찬가지입니다.

간단히 말해서 첫번째 항목은 창조를, 두번째 항목은 구속을, 세번째 항목은 성화를 가르칩니다. 이 가르침에 의하면 창조는 하나님께서 내게 몸, 생명, 이성 및 내가 가진 모든 것을 주셨다는 것을 내가 믿는다는 것을 의미합니다. 이런 것들을 나는 저절로 갖게 된 것이 아니기 때문에 교만해질 수 없습니다. 나는 그런 것들을 나 스스로에 줄 수 없으며 혼자서 지킬 수도 없습니다. 그러나 왜 하나님께서는 그런 것들을 여러분에게 주셨으며 무엇을 위해 그런 것들을 여러분에게 주셨다고 생각합니까? 수도원들을 설립하기 위해서? 아닙니다. 여러분으로 하여금 하나님을 찬양하고 감사하게 하기 위해서입니다. "나는 성부를 믿습니다"라고 말하는 사람은 많지만 그들은 이 말이 무엇을 의미하는지를 알지 못합니다.

"예수 그리스도를 믿사오니"

단순한 사람들과 어린아이들을 위하여 우리가 사도신경을 3개 항목으로 나누어 설명하고 있다는 것은 이미 말했습니다. 첫번째 항목은 성부를, 두번째 항목은 성자를, 세번째 항목은 성령을 다루고 있습니다. 첫번째 항목은 창조를, 두번째 항목은 구속을, 세번째 항목은 성화를 가르치고 있는데, 이는 각 사람이 사도신경을 고백할 때 자기가 무엇을 말하고 있는지를 알 수 있도록 하기 위함입니다. 여러분이 질문을 받을 때 "하나님은 창조주이시며 내게 나의 몸과 영혼, 모든 지체들, 모든 유형의 물건들, 모든 소유물들을 주셨음을 내가 믿습니다"라고 대답할 수 있도록 하기 위해 나는 "창조주"라는 단어를 가르쳤습니다. 그러므로 나는 하나님을 섬기고 감사하고 찬양할 의무를 집니다. 이 첫번째 항목은 여러분에게 믿을 것을 요구합니다. 이것은 극히 확실한 진리입니다.

이제 두번째 항목이 나옵니다. 이 항목도 우리는 어린아이들이 알아들을 수 있도록 다루기 위해 "우리 주"라는 단어만을 강조하고자 합니다. 여러분이 "예수 그리스도를 믿사오니"가 무엇을 의미하느냐는 질문을 받는다면 "하나님의 참 아들 예수 그리스도께서 내 주가 되셨음을 내가 믿는다는 뜻입니다"라고 대답하십시오. 어떻게 주가 되셨습니까? 나를 죽음, 죄, 지옥, 모든 악에서 자유케 하심으로써. 왜냐하면 이전에 내게 왕과 주가 없었을 때 마귀가 나의 주이자 왕이었기 때문입니다. 눈멂, 죽음, 죄, 육(肉), 세상이 우리가 섬겼던 우리의 주(主)들이었습니다. 이제 그런 것들은 다 몰아내졌고 그 대신에 의와 구원과 모든 선(善)의 주이신 주 그리스도가 우리에게 주어졌습니다. 그리고 이 항목이 끊임없이, 특히 주일에 예를 들면 "네 왕이 네게 임

하나니"〔마태복음 21:5〕라는 식으로 설교되는 것을 여러분은 들을 수 있습니다. 그러므로 여러분은 예수를 믿되 예수께서 여러분의 주가 되셨다는 것, 즉 예수께서 여러분을 죽음과 죄에서 건져내셔서 그의 품에 품으셨음을 믿어야 합니다. 따라서 첫번째 항목이 창조를, 두번째 항목이 구속을 가르치고 있다는 나의 말은 옳은 것입니다. 왜냐하면 우리가 창조된 후에 마귀는 우리를 속이고 우리의 주가 되었기 때문입니다. 그러나 이제 그리스도께서는 우리를 죽음과 마귀와 죄에서 자유케 하시고 우리에게 의와 생명과 믿음과 권능과 구원과 지혜를 주십니다.

바로 이 항목 때문에 우리가 그리스도인으로 불립니다. 그리스도를 인정하고 부르는 사람들을 그리스도인이라고 하기 때문입니다. 그러나 "성령으로 잉태하사 동정녀 마리아에게서 나시고 … "라는 글에 이어서 나오는 말들은 그리스도께서 무엇이 되셨으며 우리를 구속하기 위하여 우리의 주로서 무엇을 하셨으며 어떤 대가를 치르셨고 어떤 위험을 무릅쓰셨는가를 강조해서 보여주는 사항들입니다. 다음과 같은 일이 일어난 것입니다: 그리스도께서는 나의 주가 되시고 나를 구속하기 위하여 어떠한 죄도 없이 성령으로 잉태되셨습니다. 그리스도께서는 이 모든 것들을 나의 주가 되시기 위하여 하셨습니다. 왜냐하면 마귀가 그분을 주장할 수 없도록 하기 위해서는 그리스도께서 거룩하셔야 했기 때문입니다. 이러한 사항들은 그분이 어떤 하나님이시며 또 내가 그분의 주되심(lordship) 아래, 즉 그분의 육체 ― 이것을 가지고 그분은 자신의 나라를 세우셨다 ― 아래 들어갈 수 있도록 하기 위해 어떤 대가를 치르셨는지를 보여줍니다. 복음 전체가 이 항목 속에 다 들어 있습니다. 왜냐하면 복음은 잉태하여 태어난 〔부활하여, 승천하신 등등〕 그리스도를 전하는 것에 다름 아니기 때문입니다.

그러므로 "우리 주"라는 단어를 이해하는 것을 배우십시오. 그리스도는 나의 주시라는 것, 즉 나를 구속하신 분이시라는 것을 나는 믿어야 하고 또 믿습니다. 왜냐하면 두번째 항목은 그분이 죽음과 죄를 정복했고 나를 그것들에서 해방시켰다고 말하고 있기 때문입니다. 처음에 내가 창조되었을 때 나는 온갖 종류의 물건들, 몸 〔영혼 등〕을 가지고 있었습니다. 그러나 나는 죄와 죽음과 마귀를 섬겼습니다. 그후에 나를 죽음에서 자유케 하고 그분의 자녀가 되게 하며 의와 생명으로 이끄시기 위하여 그리스도께서 오셔서 죽음을 겪으셨습니다. 따라서 여기 나오는 "주"라는 말은 "구속주"라는 말과 똑같습니다.

　다른 사항들은 무엇을 통해 그리스도께서 이것을 이루셨으며 이를 위해 어떤 대가를 치르셨는지, 즉 금이나 은, 기사(騎士)들로 이루어진 군대가 아니라 자기 자신, 자기의 몸으로 얻어낸 것임을 보여줍니다. 그리스도는 성령으로 잉태하여 동정녀 마리아에게서 나셔서 … 여러분의 머리를 복잡하게 만들기를 원치 않기 때문에 나는 이 항목에 대해 이 정도로 말해두고자 합니다. 이 항목은 참된 기독교적 신조로서 유대인들이나 교황옹호론자들이나 분파주의자들은 이 항목을 믿지 않습니다. 왜냐하면 그리스도로 말미암아서가 아니라 자기 자신의 행위들을 인하여 구원받을 것이라고 믿는 자는 〔그리스도가 자신의 주임을 믿지 않기〕 때문입니다. 보통 설교가 다 그런 유에 속합니다.

　이 두 부분을 통해 우리는 우리가 성부와 성자에게서 받은 것에 대하여 말하였습니다. 즉 우리는 성부로부터 창조를, 성자로부터 구속을 받았습니다.

"성령을 믿사오며"

　세번째 항목은 성부, 성자와 아울러 한 분 하나님이신 성령에 관한 것입니다. 성령의 직임은 거룩하게 만들거나 생명을 불어넣는 것입니다. 여기서 다시 한번 우리는 "성령"이라는 말, "성령"이 무엇을 의미하는지를 이해하여야 합니다. 왜냐하면 인간의 영, 악한 영, 거룩한 영이 있기 때문입니다. 여기서 성령은 "거룩한 영"으로 불립니다. 왜 그렇게 불립니까? 거룩케 하기 때문입니다. 그러므로 성령께서 나를 거룩케 하셨고 지금도 거룩케 하고 있기 때문에 나는 성령을 믿습니다. 이런 일이 어떻게 일어납니까? 다음과 같이 일어납니다: 성자께서 자신의 죽음을 통하여 주의 지위(lordship)를 얻으시는 것과 마찬가지로 성령은 다음과 같은 부분들을 통해 거룩케 하십니다. 먼저 성령께서는 여러분을 거룩한 보편 교회로 인도하셔서 교회의 품안에 두셨습니다. 그러나 그 교회 속에서 성령은 〔여러분을〕 보존하시고 교회를 통하여 말씀을 선포하시며 말씀으로 여러분을 〔그리스도께로〕 인도하십니다. 그리스도께서는 죽음을 통하여 자신의 주의 지위를 얻었습니다. 그러나 어떻게 나는 그 주되심에 다가갑니까? 만약 〔그리스도의〕 사역(事役)이 감취진 채 있다면, 그것에 다가갈 수 없습니다. 따라서 그리스도의 죽음과 부활이 감취진 채로 있지 않게 하기 위해서 성령께서 오셔서 누가 여러분을 구속하시는지를 전하시는 것입니다. 즉 성령께서는 여러분을 주께로 인도하십니다. 내가 여러분에게 "이 항목은 무엇을 의미합니까?"라고 묻는다면, 여러분은 "성령께서 나를 거룩케 하심을 믿습니다"라고 대답하여야 합니다. 성부가 나의 창조주이시며 성자가 나의 주이시듯이 성령은 나를 거룩케 하시는 분이십니다. 왜냐하면 성령께서는 "죄사함, 육체의 부활, 영원한 생명"이라는 사역들을 통하여 나를 거룩케 하시기 때문입니다.

기독교회는 여러분을 말씀으로 잉태하여 낳은 여러분의 어머니입니다. 그리고 이것은 그리스도를 증거하는 성령에 의해 행해집니다. 교황권 아래에서는 나는 나의 행위 없이 구원받을 것이라는 의미로 그리스도는 나의 주라고 설교한 사람이 아무도 없었습니다. 거기에서 설교하는 것은 인간의 악한 영이었습니다. 그러한 영이 그리스도를 전하는 것은 사실이지만 그와 아울러 행위들을 통하여 사람은 구원받는다고 설교합니다. 그러나 성령은 여러분을 거룩한 교회로 인도하여 기독교회가 선포하는 말씀을 여러분에게 선포함을 통해 거룩케 하십니다.

"성도의 교제." 이것은 앞의 내용에 속하는 한 구절입니다. 이전에 이 구절은 사도신경에 없었습니다. "교회"라는 말을 들을 때 여러분은 독일에서 비텐베르크 무리 또는 회중〔Gemeine〕이라고 말할 때처럼 그것이 무리〔Haufe〕, 즉 거룩한 그리스도인의 무리, 회집(assembly) 또는 독일어로 보편 교회를 의미하는 것으로 이해합니다. "교회"라는 말은 "교제" 〔Gemeinschaft〕라기보다는 "회중"〔eine Gemeine〕으로 불려야 합니다. 어떤 사람이 첫번째 용어인 "보편 교회"를 설명하기 위하여 독일어로 성도들의 회중, 즉 오직 성도들로만 이루어진 회중을 의미하는 '성도의 교제' (communio sanctorum)를 덧붙인 것입니다. "그리스도인의 교회"와 "성도들의 회중"은 동일한 말입니다. 달리 말하면, 나는 오직 성도들로 이루어진 거룩한 무리와 회중이 존재함을 믿는다는 말입니다. 그리고 여러분도 이 교회에 속해 있습니다. 성령께서는 복음의 설교를 통해 여러분을 교회로 인도하십니다. 이전에 여러분은 그리스도에 대하여 아무것도 몰랐지만 그리스도인의 교회는 그리스도를 여러분에게 선포하였습니다. 즉 나는 성도들 외에는 아무것도 없는 회중인 거룩한 교회[sanctam Christianitatem]가 존재함을 믿습니다. 그리스도인의 교회를 통하여, 즉 그 교회의 사역[officium]을 통해 여러분들은 거룩하게 되었습니다. 왜냐하면 성령께서는 여러분을 거룩케 하기 위하여 교회의 사역을 사용하십니다. 그렇지 않았다면 여러분은 결코 그리스도를 알거나 듣지 못했을 것입니다.

그러므로 이 그리스도인의 교회에서 여러분은 "죄사함"을 받습니다. 이 용어는 세례, 임종시의 위로, 제단에서의 성례, 사죄(赦罪), [복음의] 모든 위로의 구절들을 포함합니다. 이 용어 속에는 법령이나 전통들이 아니라 복음이 설교되는 곳에서 교회가 죄를 사하는 모든 사역들이 포함됩니다. 이 교회와 이런 성례들 및 [사역들] 바깥에는 어떠한 성화(聖化)도 존재하지 않습니다. 로마 가톨릭 성직자들은 교회 바깥에 있습니다. 왜냐하면 그들은 자신의 행위를 통하여 구원받고자 하기 때문입니다. 여기서 우리는 이러한 것들을 개별적으로 전할 필요가 있게 되었습니다.

세번째 사항은 성령께서는 "육체의 부활"을 통하여 여러분을 거룩케 하실 것이라는 것입니다. 우리가 여기 [이 땅에] 살아가는 한 우리는 끊임없이 "우리가 우리에게 죄지은 자를 사하여 준 것 같이 우리의 죄를 사하여 주옵시고"라고 기도합니다. 그러나 죽은 후에는 죄는 완전히 끝나고 성령이 자신의 사역을 완성하여 나의 성화가 완성될 것입니다. 그러므로 그것은 생명일 것이고 생명 외의 다른 것이 아닐 것입니다.

이상은 세번째 항목에 대한 간략한 설명인데, 여러분은 이에 대해 귀 기울여 듣지 않기 때문에 그것은 여러분에게 모호할 것입니다. 그러므로 세번째 항목은 내가 성령을 믿는다는 것, 즉 성령께서 나를 거룩케 하실 것이며 지금도 거룩케 하고 계시다는 것입니다. 따라서 나는 성부에게서 창조를, 성자에게서 구속을, 성령에게서 성화를 받습니다. 어떻게 성령께서는 나를 거룩케 하십니까? 나로 하여금 하나의 거룩한 교회가 존재함을 믿게 함으로써입니다. 이 교회를 통하여 성령께서는 나를 거룩케 하시며 말씀하시며, 설교자들로 하여금 복음을 설교하게 하십니다. 그와 동일한 것을 성령께서는 성례들을 통하여 여러분의 마음 속에 주심으로써 여러분으로 하여금 말씀을 믿고 교회의 한 지체가 되게 하십니다. 성령께서는 지금 거룩케 하시는 사역을 시작하고 계십니다. 우리가 죽었을 때, 성령께서는 "육체의 부활"과 "영원한 생명"을 통하여 이 성화를 완성하실 것입니다. "육체"라는 말을 들으면 우리들〔독일인들〕은 정육점에서 파는 고기를 말하는 게 아닌가 생각합니다. 히브리어에서 "육체"라 부르는 것을 우리는 "육신"(body)이라 부릅니다. 그런 까닭에 나는 우리의 육신이 죽음에서 부활하여 영원히 살 것을 믿습니다. 우리는 고린도전서 15〔:43〕에서 말씀하고 있는 것처럼 "욕된 것으로" 장사지내질 것이지만 "영광스러운 것으로" 다시 살 것입니다.

이 후자의 구절들은 성령께서 나를 거룩케 하시는 방식들을 보여줍니다. 왜냐하면 성령께서는 비밀장소들로 기어들어가는 광신자들이 생각하는 것과는 달리 교회 밖에서 여러분을 의롭게 하시는 것이 아니기 때문입니다. 그러므로 성령에 대한 항목 바로 뒤에 성령의 모든 은사들이 발견될 수 있는 그리스도인의 교회가 있습니다. 교회를 통하여 성령께서는 설교하며 여러분을 불러 그리스도를 알게 하시며 신앙을 여러분에게 불어넣으며 성례들과 하나님의 말씀을 통하여 여러분이 죄에서 해방되어 이 땅에서 전적으로 자유롭게 되게 하십니다. 여러분이 죽을 때 교회에 그대로 머물러 있다면, 성령께서는 여러분을 일으키셔서 온전히 거룩케 하실 것입니다. 성령께서는 모든 것을 거룩하게 하시고 모든 것을 기독교 세계 안에서 그리고 교회를 통하여 하시기 때문에 사도들은 성령을 거룩한 영이라 불렀습니다. 반면에 악한 영은 그 정반대로 행합니다. 창조는 오래 전에 있었고 그리스도께서도 자신의 직임을 성취하셨지만, 성령은 지금도 활동하고 계십니다. 왜냐하면 죄사함은 아직까지 온전히 이루어지지 않았기 때문입니다. 우리는 아직 죽음으로부터 자유롭지 못한데, 그런 일은 육체의 부활 이후에 있을 것입니다.

나는 하나님을 믿되 하나님께서 나의 창조주이심을 믿으며 예수 그리스도를 믿되 그분이 나의 주이심을 믿으며 성령을 믿되 그분이 나를 거룩케 하시는 분이심을 믿습니다. 하나님께서는 나를 창조하셨고 내게 생명과 영혼과 육신과 모든 선한 것들을 주셨습니다. 그리스도께서는 자신의 육신을 통하여 나를 자신의 주권(lordship) 아래 두셨습니다. 그리고 성령께서는 교회 가운데 있는 말씀과 성례들을 통하여 나를 거룩케 하시며 마지막 날에 우리를 온전히 거룩케 하실 것입니다. 이 가르침은 십계명의 가르침과는 다릅니다. 십계명은 우리가 무엇을 해야 하는가를 가르치지만, 사도신경은 우리가 하나님에게서 무엇을 받았는가를 가르칩니다. 그러므로 사도신경은 여러분이 필요로 하는 것을 제공해 줍니다. 여러분이 무엇을 해야 하고 또 무엇이 여러분에게 주어졌는가를 아는 것 — 이것이 그리스도인의 신앙입니다.

기도 및 주기도문의
처음 세 간구에 대하여

여러분은 십계명에 관한 설교에서 무엇을 해야 하고 무엇을 하지 않아야 하는가를 아주 간단하게 설명을 들었고, 사도신경은 여러분이 하나님으로부터 무엇을 기대하고 받아야 하는지를 말하고 있음을 들었습니다. 이미 말한 대로 성부는 창조를 통해, 성자는 구속을 통해, 성령은 성화를 통해 선물들을 주십니다.

이제 주기도문을 살펴보기로 합시다. 먼저 우리는 여러분에게 기도할 것을 권할 뿐만 아니라 기도하는 것을 가르칠 필요가 있습니다. 여러분은 기도하여야 하고 여러분이 기도해야 하는 것은 하나님의 명령임을 알아야 합니다. 왜냐하면 두번째 계명은 신의 이름을 함부로 부르거나 저주하거나 주문을 외지 말고 곤경에 처했을 때 하나님의 이름을 부르며 기도하고 하나님을 찬양하며 높여야 한다는 것을 가르치고 있기 때문입니다. 그러므로 우리가 기도하는 것은 하나님의 명령입니다. 내가 기도하지 않아도 다른 사람이 할 것이라고 생각하지 마십시오. 여러분은 하나님의 이름을 높이며 하나님을 부르고 그분께 기도해야 할 것을 명령받았고, 이것은 "살인하지 말지니라" 등등과 같은 다른 계명들과 마찬가지로 하나의 계명이기 때문입니다.

그러나 여러분은 이렇게 말할 것입니다: 나의 기도는 아무것도 아니며, 우리는 사람들이 기도해야 한다고 가르치지 않는 데 길들여져 있다. 그러나 사실은 이러합니다: 「영혼의 동산」(*Hortulus animae*)[2]에 나오는 기도문들과 다른 기도서들은 기도가 아니었습니다. 이것(즉, 기도문의 암송)은 어린 아이들이 원고를 읽으면서 기도하는 법을 배우고 거기에 습관이 들도록 하기

---

2) *Hortulus animae* (영혼의 동산), 중세의 기도서들에 널리 사용된 표제.

위한 목적에나 적합한 것입니다. 그러므로 이것은 기도하는 것이 아니라 중얼거리는 것일 뿐입니다. 그러나 기도하는 것은 두번째 계명이 말하고 있듯이 저주하거나 신의 이름을 함부로 부르거나 주문을 외는 것이 아니라 곤경에 처했을 때마다 하나님의 이름을 부르는 것입니다. 이것이 하나님께서 여러분에게 요구하시는 것으로서 여러분이 그것을 해도 되고 안해도 되는 선택의 문제가 아니라 여러분이 반드시 해야 하는 것입니다.

그러므로 사랑하는 여러분에게 말하노니 기도가 두번째 계명에서 요구되고 있다는 것을 알아야 합니다. 그리고 여기서 여러분은 "나의 기도가 뭐 그리 중요한가?"라는 생각을 떨쳐버려야 합니다. 이것은 마치 아들이 아버지에게 "내가 순종하든 말든 그것이 무슨 상관인가요?"라고 말하는 것이나 다름없습니다. 결코 상관이 없지 않으니 여러분은 순종하여야 합니다. 이것이 우리가 그토록 야만적인 이유입니다. 이는 우리가 기도하지 않기 때문입니다. 하지만 우리는 우리가 기도해야 한다고 설교합니다. 나는 기도를 거부하는 것이 결코 아니며 단지 기도의 남용만을 거부할 뿐입니다. 그리스도께서 마태복음 6〔:5〕에서 쓸데없고 이교적인 기도들을 거부하고 있는 것은 사실이지만 다른 곳에서는 우리가 쉬지 않고 기도해야 할 것을 명령하고 계십니다. 따라서 우리는 그리스도께서 기도를 거부하셨다고 말해서는 안됩니다. 그리스도께서는 기도를 거부하시되 오직 저 어리석은 기도만을 거부하셨습니다. 이와는 반대로 그리스도께서는 참된 기도를 가르치셨습니다.

그러므로 우리에게 기도할 것을 명령하고 계시기 때문에 기도를 경멸하거나 여러분 자신의 무가치를 핑계삼아 기도를 회피하여서는 안 됩니다. 다른 명령들로부터 예를 들어봅시다. 내가 하는 행위는 순종의 행위입니다. 나의 아버지, 주인, 제후께서 그것을 명하셨기 때문에 나는 그것을 행하여야 합니다. 이는 내가 가치있기 때문이 아니라 그것이 명령되었기 때문입니다. 기도에 대해서도 마찬가지입니다. 따라서 여러분이 아내나 자녀, 부모, 위정자들을 위하여 기도할 때 여러분은 이것을 생각하여야 합니다: 이 일을 나는 행하라고 명령받았고, 나는 순종하는 자로서 그것을 행하여야 한다. 내가 처지를 생각하면 그것은 아무것도 아닐 것이지만, 명령이라는 점에서 그것은 귀한 것입니다. 따라서 여러분은 제후와 도시와 위정자들을 위하여 기도하여야 합니다.

그러므로 나는 여러분에게 여러분의 기도를 경멸하지 말도록 충심으로 권면합니다! 그러나 성직자들이 하듯이 기도하지는 마십시오. 그들은 "나의 기도를 하나님이 들어주실 만큼 나는 거룩하거나 적합하지 않다"고 생각하거나 "내가 베드로나 바울처럼 거룩하다면 나도 기도하겠다"고 생각하면서 단지 운에 맡긴 채 기도를 합니다. 오히려 여러분은 이렇게 말해야 합니다: "성 베드로에게 적용된 계명은 내게도 적용되며, 베드로의 기도는 나의 기도보다 더 거룩한 것이 아니다. 왜냐하면 베드로에게와 마찬가지로 내게도 동일한 두번째 계명이 주어졌기 때문이다. 그러므로 나의 기도는 성 베드로의 기도만큼 거룩하고 귀하다." 여러분의 기도는 성 베드로의 기도 1원만큼도 값어치가 덜 나가는 것이 아닙니다. 그리고 그 이유는 이러합니다: 나는 베드로가 그 인격에 있어서는 더 거룩하다는 것을 인정하지만, 성 베드로의 기도의 토대를 이루고 있는 계명과 순종은 나의 기도의 토대이기도 하다.

여러분은 충분히 곤경에 처해 있습니다: 여러분은 믿음과 사랑과 인내와 고상함과 자비가 부족하고, 나의 아내, 나의 자녀는 병들어 있습니다. 그러므로 하나님께서 여러분에게 기도하라고 명령하셨기 때문에 확실한 신뢰를 가지고 담대하게 기도하십시오. 하나님께서는 여러분을 속이거나 바보로 만들거나 조롱거리로 만들기 위하여 기도를 명령하신 것이 아닙니다. 하나님은 여러분이 기도하고 여러분의 기도가 응답될 것을 확신하기를 바라십니다. 하나님은 여러분이 가슴을 열고 그 응답을 받아들일 것을 바라십니다. 그러므로 여러분의 옷을 활짝 펼쳐서 여러분의 기도 속에서 여러분이 기도한 하나님의 선물들을 받으십시오.

하나님께서 여러분에게서 무언가를 받아야 한다면 그것은 수치일 것입니다. 수도사들은 하나님께 무언가를 드리기를 원합니다. 그러므로 여러분은 이렇게 말해야 합니다: 주여, 당신께서는 내게 기도해야 한다고 명령하셨습니다. 내가 기도하지 않고 내가 필요로 하는 것을 당신께 요구한다면, 나는 저주를 받을 겁니다. 그러나 주기도문을 사람들이 통상적으로 기도하듯이 기도하지 말고, 철야기도(vigils)[3]나 7성무일과[4]나 〈탄원의 하나님〉(Deus in adjutorium)[5]을 기도하듯이 주기도문을 기도해서는 안됩니다. 그것은 아무

---

3) 죽은 자들을 위한 철야 기도.
4) 교회법에 규정되어 있는 성직자들의 매일의 기도들.
5) 시편 70:1, "하나님이여 속히 나를 건지소서"; 이 어구는 축약된 형태로 반복해서 나온다.

것도 아닙니다. 모든 수도원들과 기관들이 한 자리에 운집한다고 할지라도 그들은 포도주 한 방울만큼도 기도하지 않을 것입니다. 그러나 여러분은 여러분이 알지 못하는 필요가 아니라 바로 여러분의 필요를 하나님께 내놓아야 합니다. 그래야 여러분은 여러분이 무엇이 부족한지 스스로에 대하여 알게 되고 여러분이 주머니를 넓게 벌리면 벌릴수록 더욱더 많은 것을 받을 수 있다는 것을 배우게 됩니다.

그러므로 어린아이들은 바로 요람에서부터 제후들과 형제들과 친구들을 위하여 기도를 시작하여야 합니다. 왜냐하면 "구하라 그러면 너희에게 주실 것이요 찾으라 그러면 찾을 것이요 문을 두드리라 그러면 너희에게 열릴 것이니"〔마태복음 7:7〕라는 명령과 약속이 주어져 있기 때문입니다. 그리고 "환난 날에 나를 부르라 내가 너를 건지리니 네가 나를 영화롭게 하리라"〔시편 50:15〕는 말씀과 "저가 내게 간구하리니 내가 응답하리라"〔시편 91:15〕는 말씀에서 여러분에게 기도하라는 명령이 주어져 있고 여러분이 기도하는 것은 응답될 것이라고 약속되어 있습니다. 따라서 계속해서 이렇게 말하십시오: 이제 나는 나의 기도를 경멸해서는 안 된다는 것을 압니다. 왜냐하면 내가 나의 기도를 경멸한다면, 나는 하나님의 명령과 약속을 경멸하는 것이 되기 때문입니다. 그러나 하나님은 기도를 경멸하지 않으시고 오히려 기도를 명령하셨고 기도를 들으실 것이라고 약속하셨습니다. 그런데 왜 내가 기도를 경멸해야 합니까? 그러나 우리는 기도하지 않는 야수처럼 살고 있습니다.

이상은 기도에 대한 안내이자 권면입니다. 왜냐하면 우리의 모든 방패는 기도에 있기 때문입니다. 우리는 제후들과 왕들과 세상과 마귀를 상대하기에는 너무 약합니다. 그들은 우리보다 훨씬 더 강하고 힘이 있습니다. 그러므로 우리는 그리스도인의 병기에 의존하여 이렇게 말해야 합니다: "이름이 거룩히 여김을 받으시오며." 그러면 그리스도께서는 이렇게 말씀하십니다: 그렇게 될지니라! 만약 경건한 사람들의 기도가 그것을 이루지 못하였다면 뮌처(Münzer)[6]는 아마 진압되지 못했을 것이고 제후들은 지금 다른 식으로 미쳐 날뛰고 있을 것입니다. "뜻이 ·· 이루어지이다!"라고 열심과 믿음으로 기도한 사람은 두세 그리스도인이었습니다. 그리고 그리스도께서는 "그렇게 될

6) 농민전쟁에서 지도적인 역할을 했다는 이유로 1525년에 참수된 급진적 종교지도자인 토마스 뮌처(Thomas Münzer).

지니라"고 말씀하셨습니다. 그러나 만약 여러분이 무엇을 어떻게 기도해야 할지를 몰라 묻는다면 일곱 가지의 연속적인 간구들을 열거하고 있는 그리스 도의 말씀에 귀를 기울이도록 하십시오. 그러므로 여러분은 여러분이 별 필 요도 느끼지 못하는 것을 간구해서는 안 됩니다. 여러분의 배후에서 여러분 을 화나게 하고 태만하게 만드는 것을 찾아보십시오. 여기 하나님께서는 우 리로 하여금 하나님께 부르짖지 않을 수 없게 한 온갖 필요들을 결합해 놓으 셨습니다. 그러므로 우리가 기도할 것을 명령하고 있을 뿐만 아니라 우리의 기도는 응답될 것이라고 약속되어 있습니다. 그리고 우리가 무엇을 어떻게 기도해야 하는가도 일목요연하게 나와 있습니다. 그러므로 우리의 기도가 하 나님을 기쁘시게 할 것은 의심의 여지가 없습니다. 우리로 하여금 기도하고 하나님의 이름을 부르지 않을 수 없도록 하는 첫번째 필요는 다음과 같은 〔말로 표현되어〕 있습니다:

"이름이 거룩히 여김을 받으시오며"

이런 식으로 말하는 것은 우리에게 낯설은 표현입니다〔즉, 그리 좋은 독 일어 관용어법이 아닙니다〕. 이 말은 "오, 사랑하는 아버지, 당신의 이름이 거룩하시기를!"이라는 말과 같습니다. 그러나 이것은 무엇을 의미합니까? 하 나님의 이름은 이미 거룩하지 않습니까? 하나님의 이름은 본질적으로는 거룩 하지만 우리는 그 이름을 거룩하게 사용하지 않습니다. 하나님의 이름은 우 리에게 주어졌습니다. 어떤 수단을 통하여 주어졌습니까? 우리는 하나님의 이름으로 세례를 받았고, 우리를 하나님의 자녀가 되게 하는 말씀을 가지고 있으며, 우리를 하나님과 하나되게 하는 하나님의 성례들을 갖고 있습니다. 하나님께서는 우리 가운데 하나님의 이름, 말씀, 성례를 심어 놓으셨습니다. 그러므로 우리가 우리 아버지께 기도하는 것은 극히 필요한 일입니다. 하늘 에 계신 아버지께서 영광을 받으신다면 나는 기꺼이 가난과 병고를 견딜 것 이며, 하늘에서 극히 거룩하신 하나님의 이름이 우리 가운데서도 귀하고 거 룩하게 된다면 나는 기꺼이 궁핍함을 견딜 것입니다.

그렇다면 하나님의 이름이 거룩히 여김을 받는다는 것은 무엇을 의미합 니까? 우리의 가르침과 삶이 그리스도인답고 경건할 때 그러합니다. 두번째 계명의 목적은 분파주의자들처럼 우리가 저주하고 욕하고 사람들을 어그러진 길로 이끄는 것이 아니라 이 이름을 찬양하고 부르게 하는 것입니다. 교회에서 분란이 일어났을 때 교회를 욕되게 하였다고 하는 것과 마찬가지로 속이고 기만하기 위하여 하나님의 이름을 잘못 사용하는 자들은 하나님의 이름을 더럽히고 욕되게 하는 것입니다. 그러므로 우리가 하나님을 부르며 기도하고 찬양하며 높이며 여호와에 관하여 그분은 자비로우시고 우리를 위험 가운데서 도우신다고 전할 때 하나님의 이름은 거룩히 여김을 받습니다. 그러므로 주기도문에서 첫번째 간구는 두번째 계명에 의해 설명이 됩니다. 요컨대 우리가 그리스도인답게 가르치고 살아갈 때, 즉 우리가 저주하거나 신의 이름을 함부로 부르는 것 따위를 하지 않을 때 그러합니다.

이것은 우리로 하여금 기도하지 않을 수 없게 하는 첫번째 필요입니다. 왜냐하면 세상에는 이 이름을 사용하여 사람들을 속이고 강제하며 하나님의 말씀을 거짓되게 전하며 그들이 전하는 것이 하나님의 이름이요 말씀이라고 말하는 분파주의자들이 너무도 많기 때문입니다. 그러므로 이 간구 속에서 여러분은 거짓되게 전하고 가르치고 믿는 모든 자들과 교황 및 모든 분파주의자들, 폭력으로 하나님의 말씀을 핍박하는 독재자들, 우리에 대하여 거짓말하고 속이고 욕하고 저주하는 자들, 〔하나님의 말씀〕을 냉담하게 듣는 자들에 대항하여 기도하는 것입니다. 하나님의 이름은 결코 충분히 찬양을 받거나 전해지지 않았습니다. 그러므로 〔우리는 이렇게 기도합니다〕: "이름이 거룩히 여김을 받으시오며." 즉 온 세상이 하나님의 이름으로 저주하거나 욕하지 않고 두번째 계명에 따라 하나님께 기도하고 그분의 이름을 부를 수 있도록. 요컨대 우리가 그리스도인답게 가르치고 살아갈 수 있도록.

이것은 순전히 히브리식 어법입니다. 우리는 그러한 어법에 익숙하지 않습니다. 그러나 우리는 여러분이 그것을 배우고 거기에 익숙해질 수 있도록 그것을 전하여야 합니다. 첫번째 간구는 하나님의 이름이 영광을 받으셔야 한다는 것, 즉 하나님의 이름이 우리의 가르침이나 삶에 의해 결코 수치를 당해서는 안 된다는 것입니다.

"나라가 임하옵시며"

우리로 하여금 기도하게 하는 두번째 필요는 하나님 나라가 임하도록 우리가 기도한다는 것입니다. 이것은 어느 정도 히브리적으로 표현되어 있지만 첫번째 간구처럼 그렇게 모호하지는 않습니다 — 첫번째 간구가 세상이 하나님의 이름으로 속이고 기만하거나 하나님의 이름에 수치와 불명예가 되도록 저주하거나 주문을 외지 말고 우리는 〔하나님의 이름을〕 선포하고 찬양할 수 있도록 해달라는 것이라면, 두번째 간구는 "나라가 임하옵시며"입니다. 여러분은 아버지의 나라, 하나님 나라, 하늘나라를 뜻하는 "나라"라는 말을 이해해야 합니다. 하나님의 이름은 그 자체로 거룩함에도 우리가 그 이름이 우리 가운데 거룩히 여김을 받으시도록 기도해야 하듯이 우리가 기도를 하든 안 하든 하나님 나라는 임합니다.

그러나 나도 하나님의 이름을 거룩히 여기는 자들 가운데 한 사람이 되고 하나님 나라가 내게도 임하며 하나님의 뜻이 내 속에 이루어지도록 하기 위해 우리는 기도하여야 합니다. 그리스도는 마귀와 죄와 죽음과 모든 악한 양심에 대항하는 의와 생명의 왕이십니다. 그리스도께서는 우리가 그분을 믿고 거룩한 삶을 살도록 하기 위해 거룩한 말씀을 주셨고 전하셨습니다. 그러므로 우리는 이 말씀이 권능있게 효력을 발휘하고 온 세상에 퍼져나가서 많은 사람들이 이 나라에 들어와 믿음을 배우고 죽음과 죄와 지옥으로부터의 구속에 동참하는 자들이 되도록 기도하여야 합니다.

첫번째 간구는 하나님의 이름이 모독을 받지 않고 오히려 기림을 받을 수 있도록 해달라는 것입니다. 두번째 간구는 이것이 열매를 맺게 해달라는 것, 즉 하나님의 이름이 거룩히 여김을 받아서 그의 나라가 우리 가운데 임하고 우리가 그의 나라에 참여하는 자들이 되게 해달라는 것입니다. 그러나 하나님 나라는 두 가지 방식으로 우리에게 임합니다: 첫째로 바로 여기에서는 말씀을 통하여 임하고, 둘째로 저 장래에는 영원한 생명이 우리에게 주어집니다. 이것은 독일어로 표현될 때 강력한 간구가 됩니다: 사랑하는 아버지, 당신의 순전한 말씀을 주셔서 온 세상에 순전하게 전파되어 사람들에게 받아들여지고 믿어질 수 있도록 은혜와 권능을 허락하소서.

첫번째는 말씀에 관련되어 있고 두번째는 말씀의 열매와 관련되어 있습니다. 왜냐하면 만약 말씀이 전파되었지만 받아들여지지 않는다면 하나님 나라는 임하지 않을 것이기 때문입니다. 이것은 히브리식으로 표현되어 있기 때문에 모호한 기도가 되었습니다. 이것들은 두 가지 커다란 필요들입니다.

여기〔이 땅에서〕하나님 나라는 믿음의 시작을 통하여 임하고 저기〔영원에서는〕영생의 계시를 통하여 임합니다. 이것들은 이 기도의 두 가지 커다란 간구들로서 "먼저 그의 나라 … 를 구하라"〔마태복음 6:33〕는 〔그리스도의 말씀 속에〕포괄되어 있습니다. 여기서 우리는 하나님의 이름과 나라가 우리와 함께 하도록 기도합니다.

"뜻이 … 이루어지이다"

이 간구를 드릴 때 여러분은 하나님 나라를 훼방하고자 하는, 마귀와 그 무리들이라 불리는 한 패거리를 예의주시하여야 합니다. 왜냐하면 한 가정의 가장은 자기 자신만이 아니라 가족들까지 부양하여야 하기 때문입니다. 그리고 여기에서도 그러합니다. 우리가 처음 두 가지 가장 큰 간구들을 이미 드렸다고 할지라도 마귀는 말씀이 전파되고 사람들이 그것을 받아들이는 것을 견딜 수 없어 합니다. 여기서 마귀는 독화살을 지니고 있습니다. 마귀에게는 말씀에 대항하는 세상과 게으른 우리의 육체가 있습니다. 교황, 황제, 제후들, 마귀의 의지와 우리의 육체가 하나님의 뜻이 이루어지는 것을 방해합니다. 우리가 기도하는 것은 이렇습니다: 사랑하는 아버지, 우리를 마귀와 그의 졸개들, 당신의 뜻을 훼방하고자 하는 우리의 게으른 육체로부터 구하시고 당신의 복음이 방해받지 않고 뻗어나가도록 은혜를 베푸소서.

이렇게 하여 이 세 가지 간구들을 통해 하나님과 관련된 우리의 필요가 드러나는데, 그것은 우리의 유익으로 되돌아옵니다. 하나님의 이름은 그 자체로 거룩히 여김을 받을 뿐만 아니라 내 속에서 거룩히 여김을 받습니다. 마찬가지로 하나님 나라는 그 자체로 임하고 하나님의 뜻은 그 자체로 이루어질 뿐만 아니라 하나님 나라는 내 속에 임하며 하나님의 뜻은 내 속에 이루어지며 하나님의 이름은 내 속에서 거룩히 여김을 받습니다.

독일어로 첫번째〔간구는 이렇게 될 것이다〕: 오, 주여, 복음이 순전하게 전파될 수 있게 은혜를 베푸소서; 당신의 이름이 당신의 말씀을 통하여 우리 속에서 거룩히 여김을 받게 하소서; 당신의 말씀이 우리에게 선포되게 하소서. 두번째〔간구〕: 우리가 부지런히 그 말씀을 받아들임으로써 그것이 우리에게 힘이 되고 사람들이 신실하게 그 말씀을 부여잡을 수 있도록 은혜를 베푸소서. 세번째: 오, 아버지여, 모든 독재자들과 마귀들, 말씀을 훼방하고 반대하는 모든 자들을 억제하시고 당신의 뜻만이 이루어지게 하소서. 이 간구 속에서 그리스도인들은 우리의 벽으로서 대적자들의 모든 궤계들을 쳐부숩니다. 이 기도는 "우리가 해야 할 것은 우리의 뜻이 이루어져야 한다는 것이다"라고 말하는 모든 독재자들의 궤계를 파괴합니다. 우리는 비텐베르크를 쏘아 무너뜨릴 것이며 이단들을 멸할 것입니다!

그러나 우리는 하나의 작은 간구를 드립니다: 사랑하는 아버지, 당신의 뜻이 이루어지이다! 그들의 뜻이 아니라 당신의 뜻이 이루어질 것이라는 것입니다! 우리의 대적들의 어떠한 궤계도 소용없을 것입니다. 그러나 우리의 뜻도 무너져야 합니다. 그렇지 않다면 하나님의 이름이 우리 속에서 거룩히 여김을 받지 못하게 될 것이고 그의 나라가 우리에게 임하지 않을 것입니다.

오늘날 우리는 온 세상이 복음에 대항하여 미쳐 날뛰는 모습을 보며 우리 가운데 다수도 복음을 지니고 있지 못합니다. 그러므로 아버지의 이름은 끊임없이 욕을 당하고 있습니다. 이것은 우리 그리스도인을 격동시킬 것임에 틀림없습니다. 여러분이 여러분 자신의 육(肉)과 게으름과 탐욕과 음행과 정욕이 여러분을 훼방하고 있다고 느낄 때는 "당신의 뜻이 이루어지이다"라고 말하십시오.

이 처음 세 가지 간구들에서 지금으로서는 이것으로 충분할 것입니다.

네번째, 다섯번째, 여섯번째, 일곱번째 간구

이제까지 여러분은 처음 세 가지 간구들에 대하여 들었습니다. 이것은 히브리식 어법이라 우리에게는 익숙치가 않습니다. 그 간구들이 말하고 있는 내용들은 이성으로 알기가 어렵습니다. 그래서 그리스도께서는 우리가 그것들을 알지 못하리라는 것을 아셨기 때문에 그것들을 전파하라고 명령하신 것입니다. 첫번째 [간구는 이러합니다]: 하나님의 이름은 그 자체로 거룩하지만 우리는 그 이름이 우리 가운데서와 온 세상에서 거룩히 여김을 받기를 기도하며 말씀과 하나님의 영예가 모든 광신자들과 그의 이름을 모독하는 자들에도 불구하고 거룩하게 지켜지기를 기도합니다. 이것은 그의 이름과 그의 영예가 우리의 가르침과 삶 속에 있을 때 이루어집니다. 두번째: 하나님 나라는 하나님의 말씀이 우리 가운데 퍼지고 힘을 발휘할 때 임합니다. 요컨대 여기에서 말씀을 통하여 시작되고 우리가 죽어 묻힐 때 현실로 되는 하나님의 권능을 우리가 가질 때 임합니다. 세번째: 하나님의 이름과 나라에 반대하는 모든 자들이 억제되도록 기도합니다. 왜냐하면 사단은 그 모든 지체들을 공략하기 때문입니다. 하나님의 뜻, 요한복음 6[:38-40].

네번째: "오늘날 우리에게 일용할 양식을 주옵시고." 이것은 비록 이해하는 사람이 극소수이긴 하지만 이해되기 시작하고 있습니다. 여러분이 이 간구를 드릴 때 우리의 양식이 공급되는 것을 방해하고 곡식들이 자라는 것을 방해하는 모든 것들에 눈을 돌리십시오. 그러므로 여러분의 사고를 모든 밭에 미치게 하고 단지 빵 만드는 사람의 오븐만을 보지 않도록 하십시오. 따라서 여러분은 폭풍과 전쟁으로 곡식이 자라는 것을 방해하는 마귀와 세상에 대항하여 기도합니다. 또한 우리는 전쟁을 반대하고 현세적인 평화를 위해 기도합니다. 왜냐하면 전쟁중에는 빵을 얻을 수 없기 때문입니다. 마찬가지로 여러분은 정부를 위하여, 현상 유지와 평화를 위하여 기도합니다. 이것들 없이는 여러분은 빵을 먹을 수 없기 때문입니다: 주여, 곡식이 자랄 수 있도록 하시며 제후들이 평화를 지킬 수 있도록 해주시고 전쟁이 일어나지 않도록 하시며 우리가 평화중에 당신께 감사할 수 있게 하소서.

그러므로 돈이나 동전에와 마찬가지로 빵에도 황제 또는 제후들의 문장(紋章)을 새기는 것이 바람직합니다. 이것이 주기도문에 포함되어 있음을 아는 사람은 거의 없습니다. 주님께서는 악한 자와 불경건한 자들에게까지 아주 풍부하게 빵을 주시지만, 우리 그리스도인들은 빵이 하나님으로부터 온다는 것을 알고 감사하며 빵과 굶주림과 전쟁이 하나님의 손에 있다는 것을 깨닫는 것이 마땅한 일입니다. 하나님께서 손을 펴시면, 우리는 빵을 비롯한 모든 것들을 풍부하게 갖게 되고, 하나님께서 손을 거두시면 그 정반대의 일이 일어납니다. 그러므로 평화가 우연한 것이라고 생각하지 마십시오. 평화

284

는 하나님의 선물입니다.

　따라서 이 간구는 불량 통화를 비롯하여 빵을 방해하는 모든 것들에 대항하여 드려집니다. 이 간구는 공통의 기도들을 잃어버린 사람에게는 통하지 않습니다. 이것을 주의하십시오. 만약 공통의 기도가 여러분을 거스른다면 더욱더 그러합니다. 만약 여러분이 교회로부터 끊어지고 더이상 교회의 지체가 아니며 게다가 여러분에 대항하여 교회의 기도가 드려진다면, 그것은 최대의 손실입니다. 그러므로 빵을 방해하고 사람들을 해하는 자로 하여금 이 간구를 두려워하게 하십시오. 따라서 이 간구는 폭풍, 전쟁, 속이는 장사꾼들을 대항하여 드려지는 간구입니다. 이 모든 것들에 대항하여 이 기도는 울려퍼집니다. 부자들을 두려워하지 마십시오. 한스 공작은 부자들로부터 먹기에 충분한 양식을 얻습니다. 그러나 "오늘날 우리에게 일용할 양식을 주옵시고"라고 기도하는 자들, 즉 그들이 우리에게서 빵을 빼앗지 못하도록 하고 우리를 기아와 악한 자들로부터 보호해주기를 기도하는 자들의 신음과 눈물을 두려워하십시오.

　평화가 없다면 내게 빵이 주어질 수 없습니다. 따라서 시장에서는 공정한 가격이 형성되고 어떠한 피흘림도 없어야 합니다. 우리를 사기꾼들과 협잡꾼들로부터 보호하소서! "일용할", "오늘날"에 관한 〔설명은〕 날카로운 설교들에 속합니다. [7] 주님께서는 실제로 빵을 주시지만 우리가 그 빵을 하나님의 선물로 인정하도록 하기 위하여 우리가 기도할 것을 원하십니다. 이것 또한 육신에 속하는 커다란 필요입니다.

"우리가 우리에게 죄지은 자를 사하여 준 것 같이 우리의 죄를 사하여 주옵시고"

　네번째 간구에서 여러분은 가엾은 육신이 빵에 대하여 가지는 필요에 대하여 기도합니다. 육신은 빵 없이는 살아갈 수 없기 때문입니다. 그것은 빵이 우리에게 공급되는 것을 방해하는 모든 위험을 포함합니다. 이제 우리의 삶이 등장하는데, 이 삶은 죄짓지 않고는 영위될 수 없는 그런 삶입니다. 여

---

7) 탐욕과 내일에 대한 염려를 공격하고 있는 설교들.

기에 모든 것들 가운데 가장 큰 필요가 있습니다. 그래서 우리는 "우리의 죄를 사하여 주옵시고"라고 기도합니다. 우리가 기도하지 않는다고 하여 하나님께서 죄사함을 우리에게 주시지 않는 것은 아닙니다. 왜냐하면 하나님께서는 우리에게 세례를 베푸셨고 그의 나라에는 죄사함만이 있기 때문입니다. 그러나 우리가 그것을 인정하도록 하기 위해 기도가 행해져야 합니다. 육체는 배를 위하고 악한 욕망들과 애욕들, 증오, 분노, 시기, 궤계를 가지고 있기 때문에 우리는 우리가 하거나 하지 못하는 것 속에서 말로, 행위로, 생각으로 죄를 짓습니다. 자기가 마땅히 해야 하는 것을 하는 사람은 아무도 없습니다. 그러면서도 우리는 우리가 완전히 거룩한 백성이라고 생각하는 교만의 늪에 빠져 있습니다. 그러므로 주님께서는 여기서 이렇게 말씀하십니다: 너희 가운데 아무도 선하지 않다. 여러분은 모두 여러분이 아무리 거룩하고 위대하다고 할지라도 이렇게 말해야 합니다: "우리의 죄를 사하여 주옵시고." 그러므로 우리는 죄사함받았다는 확신 속에서 두려움 없는 양심을 우리에게 달라고 하나님께 기도하여야 합니다.

따라서 무거운 짐을 지고 슬퍼하는 양심을 지니고 있는 사람은 누구나 여기서 은혜와 죄사함을 위하여, 즉 하나님의 이름과 나라와 뜻이 든든하게 되기를 위하여 기도합니다. 그러므로 이 간구는 자신의 죄를 알고 있는 사람들에게 도움이 됩니다. 모두가 자기가 느끼는 필요를 인정할 수 있게 하소서! 나는 설교자로서의 나의 직임을 충분히 다하지 못하고 있습니다. 시장, 기관장, 제후, 남편, 아내들인 여러분은 여러분의 직임을 충분히 다하고 있지 못합니다. 나는 내 이웃에게 충분히 잘하고 있지 못합니다. 그러므로 우리는 날마다 죄사함을 위하여 기도하여야 합니다.

"우리가 우리에게 죄지은 자를 사하여 준 것 같이." 하나님께서는 죄사함을 약속하셨습니다. 여러분이 〔이웃의 죄를 사하여 주는 한〕 여러분은 이에 대하여 확신하여야 합니다. 만약 여러분이 용서하지 않은 어떤 사람이 있다면, 여러분의 기도는 헛된 것입니다. 그러므로 각자는 이웃이 자기에게 죄를 범했다면 진심으로 그를 용서하도록 해야 합니다. 그러면 자기의 죄도 사함받았음을 확신하게 될 것입니다. 그러나 여러분이 이웃의 죄를 용서하여 주었기 때문에 여러분의 죄가 사함받는 것은 아닙니다. 여러분이 이웃의 죄를 용서해주지 않아도 여러분의 죄는 거저 사함받습니다. 하지만 주님께서는 여러분이 용서하면 여러분도 사함받을 것이라는 것을 확신할 수 있도록 그것을 여러분에게 징표로 명령하시고 계신 것입니다.

거기에서 여러분은 약속과 징표를 동시에 가지게 되므로 여러분이 징표를 낳고 원수를 용서할 수 있다면 여러분의 마음은 즐거울 수 있을 것입니다. 여러분은 징표를 구하여야 합니다. 만약 여러분이 징표를 여기에서 발견하지 못한다면, 여러분은 그것을 저 멀리 있는 성 요한에게서 발견할 것이라고 생각합니까?[8] 온갖 면죄부들을 어떻게 감히 주기도문에 나오는 이 간구와 비교하겠습니까? 여기서 면죄가 선포되고 있습니다. 여기서 하나님께서는 죄 사함을 약속하고 거기에 인을 치고 계십니다. 하나님께서는 "성금함에 5페니를 넣으라"고 말씀하시는 것이 아니라 "다른 사람을 용서하라"고 말씀하십니다. 만약 그가 그것을 받아들이지 않으려 한다면, 여러분의 마음이 평안한 한 그를 내버려두십시오. 이것이 모든 기도들을 보는 방식입니다. 성직자들처럼 "우리의 죄를 사하여 주옵시고"라고 중얼거리지 말고 확신을 가지고 기도하십시오. 왜냐하면 하나님께서는 여러분이 확신할 수 있도록 다음과 같이 인치고 계시기 때문입니다.

"우리를 시험에 들게 하지 마옵시며"

"악한 유혹에." 이것은 아주 오래된 독일어입니다. 우리는 "시험", "유혹"〔Anfechtung, Versuchung〕이라고 말합니다. 여기서 우리는 이 단어들이 무엇을 의미하는지를 알 필요가 있습니다. 죄들은 〔우리에게〕 붙어 있습니다. 첫번째 시험은 육(肉)의 시험으로서 이렇게 말합니다: 나가서 다른 사람의 아내, 딸, 하녀와 불법적인 성관계를 가지라! 이것은 육(肉)이라고 하는 귀공자〔Junker Fleisch〕입니다. 또는 육은 이렇게 말합니다: 나는 내가 할 수 있는 만큼 곡식과 맥주, 물건들을 팔려고 한다. 이것은 육의 유혹입니다. 여기서 여러분의 육의 탐욕은 그 자신의 유익을 구하고 있습니다. 이때 여러분은 이렇게 기도하여야 합니다: 사랑하는 주여, 우리를 시험에서 보호하소서! 마찬가지로 육은 포식하고 폭음하며 빈둥거림으로써 그 소욕을 채우

---

8) 면죄를 구하는 순례자들이 아주 자주 방문했던 스페인에 있는 유명한 성소인 콤포스텔라의 성 야고보 성당(St. James of Compostella).

고자 합니다.

다음은 세상인데, 세상은 시기와 증오와 교만을 가지고 여러분을 시험합니다. 여러분이 협상을 하고 있는데 갑자기 여러분의 이웃이 여러분을 참을 수 없을 정도로 화나게 만드는 경우에, 이 참지 못하는 것은 세상의 성질로서 그것이 여러분의 마음 속에 올라와서 머리 끝까지 치밀어 폭발합니다! 그럼으로써 여러분은 세상과 영합하게 되는 것입니다. 이러한 것들은 세상적인 시험들입니다. 그러므로 이렇게 기도하십시오: 오, 주여, 육과 세상이 나를 유혹하지 않게 해주소서! 육과 세상, 이 두 가지는 여러분의 이웃을 괴롭히고 탐내고 싫어하는 성향을 갖도록 여러분을 많이 부추깁니다. 이 모든 것들에 대항하여 "우리를 시험에 들게 하지 마옵시며"라고 기도하십시오. 사랑하는 아버지, 나를 이와 같은 시험들에 빠지지 않게 하소서.

세번째 유혹하는 자는 마귀라고 하는 귀공자[Junker Teufel]입니다. 그는 여러분으로 하여금 하나님의 말씀을 무시하게 함으로써 여러분을 시험합니다: 오, 나는 맥주와 맥아주를 지켜야 하기 때문에 설교를 들으러 갈 수 없습니다. 또는 여러분이 설교를 들으러 교회에 간다고 할지라도 여러분은 자러 가는 것이기 때문에 설교가 잘 안 들어오고 말씀에 대한 기쁨이나 사랑, 경외심이 여러분에게 있을 수 없습니다. 이때 여러분이 말씀을 경시하지 않도록 기도하십시오! 또한 여러분이 불신앙, 자신없음에 의해, 광신자들과 미신과 마술 등과 같은 것들에 의해 공격을 받을 때 그것은 사단의 시험입니다. 여러분이 그러한 시험들을 느낄 때 주기도문으로 달려가십시오! 여러분은 하나님께서 여러분을 육과 세상과 마귀의 시험으로부터 구하실 것이라는 약속을 갖고 있습니다. 우리의 삶 전체는 육, 세상, 마귀, 이 세 가지에 의한 시험 이외에 다른 것이 아닙니다. 그러므로 이렇게 기도하십시오: 아버지, 우리의 육이 우리를 유혹하지 않게 하시고, 세상이 우리를 속이지 않게 하시며, 마귀로 하여금 우리를 까불리지 않게 하소서. 이렇게 이 여섯 가지 간구는 아주 중요한 문제들과 필요들을 다루고 있습니다. 세상에 있는 필요들은 모두 주기도문에 포함되어 있습니다. 그리고 시편에 나오는 기도들과 사람들이 만들어 낼 수 있는 모든 기도들은 주기도문 속에 있습니다.

"다만 악에서 구하소서"

헬라어로 "악"은 '포네로스' (poneros) 입니다. 우리는 우리를 해치는 모든 것으로부터 악을 받습니다. 그 전체 의미는 마귀를 가리킵니다. 우리는 이런 식으로 그것을 요약할 수 있습니다: 우리가 이상의 주기도문 풀이에서 말한 바 모든 것을 훼방하는 악한 마귀로부터 우리를 구하소서; 저 악한 자로부터 우리를 구하소서! 그럼에도 불구하고 여러분은 이 "악"에 질병, 가난, 죽음을 비롯하여 이 땅에서 사단의 지배 아래 있는 모든 악을 포함시켜야 합니다. 누가 모든 악들을 다 셀 수 있겠습니까? 어린아이가 병이 드는 것 등등. 간단히 말해서, 우리를 악에서 구하소서! 이때 하나님의 이름이 거룩히 여김을 받으실 것이며 그의 나라가 임하며 그의 뜻이 이루어지고 우리는 모든 것들로부터 구원을 받을 것입니다.

첫째, 우리는 기도하라는 명령을 받고 있습니다; 둘째, 약속이 [주어져 있습니다]; 셋째, 우리를 기도하지 않을 수 없게 하는 너무도 중요한 아주 많은 필요들이 있습니다. 그리고 끝으로 기도의 형식과 방식이 우리를 위해 규정되어 있습니다.

그러므로 기도는 먼저 주기도문에 모두 포함되어 있는 필요들 또는 위험들을 하나님 앞에 내어놓을 것을 요구합니다. 처음 세 가지 간구들은 모든 것 가운데 가장 중요한 문제들을 다루고 있습니다. 우리는 얼간이들처럼 간구를 드리지 않습니다. 얼간이들은 우리가 기도하는 큰 것들에는 신경도 쓰지 않고 단지 배를 위한 음식, 황금 등을 구하며, 우리가 어떻게 하면 선하게 되며 순수한 말씀을 가지고 거룩한 삶을 살 수 있는가에는 관심도 없고 하나님의 뜻이 이루어지는 것을 방해하는 일에 자신의 몸을 던지는 마귀에 의해 하나님의 뜻이 훼방받고 있다는 것에는 관심도 돌리지 않습니다. 그러므로 우리는 하나님께서 마귀를 발 아래 짓밟으시고 우리를 그분에게 복종시키도록 기도합니다.

마찬가지로 우리가 먹을 빵, 곡식과 가축 등등, 우리가 가진 모든 것을 위해 기도할 필요가 있습니다. 이는 우리가 이 모든 것이 하나님께로서 우리에게 온다는 것을 알 수 있도록 하기 위함입니다. 그러나 우리는 언제나 넘어지며 그런 까닭에 나쁜 양심을 갖고 있습니다. 그러므로 우리는 "우리 죄를 사하여 주옵소서"라고 기도합니다. 이 일곱 가지 간구 속에 우리가 하나님께 드려야 하는 우리의 모든 염려들, 필요들, 위험들이 들어 있습니다. 이것들은 참으로 커다란 간구들이지만 큰 일을 하고자 하시는 하나님은 그것들보다 더 크십니다. 그러므로 잘 기도하는 법을 배우도록 합시다. 하나님께서 우리가 그렇게 하기를 원하시기 때문입니다.

그러면 우리는 하나님의 권능을 체험할 수 있고, 이 권능을 통하여 하나님께서는 우리에게 큰 것들을 주시고 우리를 선하게 만드시며 말씀을 지키게 하시며 우리에게 거룩한 삶을 비롯한 그밖의 모든 것들을 주실 수 있습니다. 하나님께서는 우리가 커다란 악들 속에서 기도함으로써 그분의 도우심을 체험하는 것을 배울 수 있게 하기 위하여 그러한 여러 위험들이 우리에게 닥쳐오는 것을 허락하고 계십니다. 이것은 우리의 커다란 위로입니다.

그러므로 여러분의 자녀들과 그밖의 단순한 사람들이 배워야 할 세 가지 부분이 있습니다. 첫째는 십계명으로서 여기서는 내가 무엇을 해야 하고 하지 않아야 하는가를 배웁니다. 둘째는 우리 하나님은 어떤 유의 하나님이시며 그분의 이름과 본성은 어떠한지를 배웁니다. 셋째는 어떻게 우리가 그것〔하나님의 도우심〕을 얻을 수 있는가 하는 것입니다. 거룩한 사도들과 교부들이 이 세 부분을 합해 놓은 것은 모든 사람들이 이 세 부분을 공통적으로 알게 하기 위함입니다. 그렇지만 사도신경에는 성례들에 관한 것, 세속 권세에 관한 것, 주교들의 직분에 관한 것 등에 대해서는 전혀 언급이 없습니다. 사도신경은 '강요'(institute), 즉 어린아이들과 단순한 그리스도인들을 위한 가르침임에 틀림없습니다. 이 단순한 가르침을 넘어서서 무엇을 가르쳐야 하는가는 교회를 변호하고 굳게 세우기 위해 기독교계를 다스리는 설교자들의 책임입니다.

여러분이 이 세 부분을 안다고 해도 여러분은 아직 적절한 방어책을 지니고 있는 것이 아닙니다. 왜냐하면 여러분은 이런 또는 저런 항목이 왜 참된가 하는 이유들을 모르기 때문입니다. 하지만 설교자는 교회를 변호할 수 있기 위하여 하나님의 말씀으로 가르침을 받아야 합니다. 그러므로 우리는 그리스도인이 알아야 하는 모든 것이 이 세 부분에 포함되어 있다고 말하지는 않습니다. 그러나 거기에는 그들이 자랄 때까지 필요한 만큼의 젖은 충분히 있습니다. 나라에는 아이들을 교육시키는 이들도 있고 전쟁에 나가는 이들도 있습니다. 어떤 이들은 식량과 음료를 가지고 있고, 다른 이들은 무장을 합니다. 따라서 여기에서 이 세 부분이 설교될 때 우리는 단지 요리문답만을 가르친 것이 됩니다. 나중에 어린아이들이 자라면 우리는 그들에게 어떻게 싸워야 하는지를 설교할 것입니다. 어머니는 자기 아이에게 곧장 포도주와 빵과 고기를 주는 것이 아니라 우유를 줍니다.

다음으로 우리는 두 가지 성례를 다룰 것입니다. 요리문답은 사람들이 〔제단의〕 성례를 받을 준비를 시키기 위하여 베푸는 가르침이었습니다.

세례에 대하여

여러분은 가능한 한 단순하고도 분명하게 설명된 이른바 요리문답 〔Kinderlehre〕 또는 기독교의 공통적인 가르침이라 불리는 세 부분을 들었습니다. 앞으로 이틀에 걸쳐 우리는 두 가지 성례를 다루고자 하는데, 이 두 성례도 기독교의 공통적인 가르침에 속합니다. 왜냐하면 모든 그리스도인들은 이 두 성례를 알아야 하기 때문입니다.

세례는 마가복음의 마지막 장에 기록되어 있습니다: "온 천하에 다니며 만민에게 복음을 전파하라 믿고 세례를 받는 사람은 구원을 얻을 것이요 믿지 않는 사람은 정죄를 받으리라"〔마가복음 16:15-16〕. 하지만 세례를 받았다고 하더라도 믿음 없이 받은 사람은 여전히 잃어버려진 사람입니다. 그러나 이번에 우리는 우리의 논적들과 논쟁중에 있는 것에 대한 논의는 생략할 것입니다. 세례와 관련하여 여기에 기록되어 있는 말씀 자체를 이해해야 합니다. 이 말씀을 모든 사람이 알아야 합니다. 먼저 매우 단호한 하나님의 명령에 유의하십시요: "믿고 세례를 받는 사람은 구원을 얻을 것이요 믿지 않는 사람은 정죄를 받으리라"〔마가복음 16:16〕. 이것은 엄격한 명령입니다. 만약 어떤 사람이 구원받고자 한다면 그는 세례를 받아야 합니다. 그렇지 않으면 하나님께서는 그를 기뻐하지 않으실 것입니다. 그러므로 이 말씀은 우선 하나님의 엄격하고 진지한 명령입니다.

그런 까닭에 여러분은 어떤 사람의 머리 위에 화관을 씌워주는 것과 같은 사람들의 고안물이나 사람들의 명령 같은 것이라는 견해를 지녀서는 안 됩니다. 그것은 하나님의 명령입니다. 따라서 여러분은 세례를 높고 영광스러우며 매우 뛰어난 것으로 존중하여야 합니다. 왜냐하면 여기에 세례를 제정하고 확증하는 하나님의 말씀과 명령이 있기 때문입니다. 만약 이전에 제단의 설치가 교황의 교서(敎書)에 의해 확증되었을 때 여러분이 그것을 찬란하고 귀한 것으로 생각했다면, 세례를 그것보다 천 배나 소중히 여기십시오. 왜냐하면 세례는 하나님에 의해 제정되고 명령된 것이기 때문입니다. 만약 여러분이 세례를 단지 물에 지나지 않는 것으로 여긴다면, 여러분은 세례가 천박하고 평범한 것이라고 생각하게 될 것입니다.

그러므로 세례가 무엇이냐는 질문을 받는다면, 여러분은 광신자들이 그러는 것처럼 세례는 한 줌의 물에 지나지 않는 것으로서 선하지도 않으며 성령, 곧 성령이 세례를 행해야 하고, 목욕탕의 하인인 성직자가 주는 세례는 아무런 효력도 발휘하지 못한다고 말해서는 안 됩니다. 오히려 이렇게 말해야 합니다: 세례는 하나님의 명령과 말씀을 통해 이해되고 성화된 물, 즉 하나님의 명령으로 인하여 거룩해진 하나님의 물입니다. 내가 소의 가죽을 벗긴다면, 그것은 많은 값어치가 나가지 않습니다. 그러나 내가 가죽과 아울러 고기를 취한다면, 그것은 네 굴덴의 값어치가 나갑니다. 그러므로 세례는 그 안에 있는 하나님의 말씀으로 인하여 구원을 가져다주는 살아있는 물이라고 말해야 합니다. 하지만 하나님의 말씀은 하늘과 땅, 해, 달, 모든 천사들보다 더 큽니다. 물을 보거나 물에 젖어 있음을 보지 말고 물이 하나님의 말씀을 지니고 있다는 것을 보십시오. 그것은 하나님의 거룩한 말씀과 명령으로 인하여 거룩하고 살아있는 하늘에 속한 복된 물입니다. 여러분이 그것을 아무리 찬양해도 부족합니다.

누가 하나님의 말씀을 충분하게 찬양할 수 있습니까? 그리고 이 모든 것은 세례를 통해 옵니다. 하나님의 말씀이 세례 속에 있기 때문입니다. 이것은 내가 부모와 이웃에 대해서도 말하는 방식입니다. 만약 내가 아버지를 단지 코 하나, 뼈들, 손과 발, 피부와 머리카락을 가진 살과 피로 보고 어머니도 그렇게 보며 그것 외에 달리 보지 않는다면, 나는 어머니를 보는 것이 아니라 어머니를 발로 짓밟는 것이 됩니다. 그러나 제4계명이 덧붙여질 때, 나는 하나님의 말씀이라는 영화로운 면류관과 금줄로 장식된 부모를 봅니다. 그리고 그것은 여러분에게 왜 여러분이 하나님의 말씀으로 인하여 부모의 살과 피를 존중하여야 하는가를 보여줍니다. 광신자들은 말씀을 몹시 싫어하기 때문에 이것을 고려하지 않으며 또 고려할 수도 없습니다. 성인들의 머리 주위에 그려져 있는 둥근 후광은 부모들의 머리 주위에도 있는 것입니다. 황금

빛 후광 또는 장식머리띠는 이교도들로부터 유래했습니다. 나중에 그것에 꽃이 더해져서 화관이 되었고, 현재는 주교의 미트라(mitre)가 되었습니다. 위엄과 하나님의 말씀이 부모들의 머리에 둘러져 있듯이 이 권능의 말씀이 부모들의 머리에 장식머리띠로 둘러져 있습니다.

세례도 마찬가지입니다. 분명히 마귀가 세례를 보고 말씀이 울려퍼지는 것을 들을 때 마귀에게 성례는 밝은 태양과 같은 것이어서 거기에 머무르려 하지 않을 것입니다. 어떤 사람이 세례 안에 있는 하나님의 말씀으로 인하여 세례를 받을 때, 거기에는 화덕의 이글거리는 불빛이 있습니다. 그리스도께서 세례를 받으셨을 때, 하늘들이 열렸다는 것을 왜 여러분은 농담으로 생각합니까?(마태복음 3:16). 그러므로 세례는 물과 하나님의 말씀이 하나 속에 내포되어 있는 것이라고 말해야 합니다. 말씀을 버린다면 세례는 하녀가 소에게 주는 물과 동일한 물일 뿐입니다. 그러나 말씀을 취하면 세례는 하나님의 살아있고 거룩한 물입니다. "구원을 받을 것이요"(마가복음 16:16)라는 말씀을 생각하는 자는 그것(구원)을 발견할 것입니다. 왜냐하면 "구원을 받을 것이요"라는 말씀을 통해 그리스도께서는 세례에 구원을 부여하시기 때문입니다. 그러므로 세례를 통하여 구원, 죄사함, 죽음과 마귀로부터의 구속이 주어질 때 세례를 단순히 물이라고 할 수는 없습니다.

그러나 이 말씀 속에 얼마나 뛰어난 것이 들어있는가를 믿는 사람은 아무도 없습니다. 광신자들은 우리를 비웃으며 이렇게 말합니다: "너희 신(新)교황옹호론자들은 물을 믿으라고 사람들에게 가르친다." 그러나 내가 그들에게 "믿고 세례를 받는 사람은 구원을 받을 것이요"라는 말씀에 대해서는 어떻게 생각하느냐고 물으면, 그들은 어쩔 줄을 모릅니다. 그러므로 여러분은 그들에게 이렇게 말합니다: "우리는 물을 믿어야 한다고 가르치는 것이 아니라 물이 하나님의 말씀과 하나가 될 때 그 물이 세례라고 가르친다." 물은 그 자체로는 그렇게 하지 못하고 물과 결부되어 있는 말씀 때문에 그렇게 되는 것입니다. 그러나 만약 여러분이 말씀을 버린다면, 세례는 쓸데없는 물이라고 우리에게 말하지 마십시오. 그런 것은 우리 가운데 나쁜 씨앗을 뿌리고자 하는 마귀의 지어낸 이야기일 뿐입니다. 여러분은 여러분의 구주께서 말씀하시는 것을 듣습니다: "너희가 믿고 세례를 받으면 구원이 뒤따를 것이다. 이는 물 때문이 아니라 너희가 말씀을 믿기 때문이다." 내가 여러분이 세례는 하나님의 말씀과 결부되어 있는 자연적이고 물리적인 물이라고 말해야 한다고 그토록 강조해서 말하는 것은 이유가 없는 것이 아닙니다. 이 둘, 즉 물과 하나님의 말씀이 결합될 때 바로 그것이 세례입니다.

그러나 여러분은 물이 내게 유익을 줄 수 있느냐고 말할 수 있을 것입니다. 유익을 줄 수 없습니다. 그렇다면 무엇이 유익을 줍니까? 세례입니다. 그러나 세례는 물이 아닙니까? 물이 아닙니다. 세례는 하나님의 말씀과 결부되어 있는 물이기 때문입니다. 그러므로 세례는 물과는 다른 그 무엇임에 틀림없습니다. 바로 이것이 물은 아무것도 이루지 못하지만 세례는 이룬다고 우리가 선언하는 이유입니다. 그러므로 세례는 하나님의 말씀을 지닌 물인바 이것이 세례의 본질이자 실체입니다. 따라서 물과 하나님의 말씀이 결합될 때 그것은 필연적으로 하나님의 거룩한 물이 됨에 틀림없습니다. 말씀이 그러한 것처럼 물도 그렇게 되기 때문입니다.

나아가 세례의 유익도 알아야 합니다. 세례가 하나님의 말씀을 지닌 물이라면, 세례의 목적, 역사(役事), 열매, 유익은 무엇입니까? 말씀에 나와 있듯이 세례는 믿는 자들을 구원합니다. 어린아이가 세례를 받는 것은 그가 제후가 되기 위해서가 아니라 말씀에 나와 있듯이 구원받기 위함입니다. 즉 죄와 죽음과 마귀로부터 구속받아서 그리스도의 지체가 되며 그리스도의 나라에 들어가 그리스도께서 그 아이의 주가 되게 하기 위함입니다. 따라서 세례는 우리가 구원을 받는 데 유용합니다. 첫번째 영예는 그것이 하나님의 물이라는 것입니다. 여러분이 세례를 볼 때, 하늘들이 열렸음을 기억해야 합니다. 그 열매는 여러분을 죄로부터 구속하며 마귀로부터 해방하여 그리스도께로 인도한다는 것입니다. 광신자들은 우리가 먼저 거룩해져야 한다고 주장합니다. 그러나 이 자리는 그들과 논쟁하는 자리가 아니고 나는 단순한 사람들을 가르치고 있습니다.

셋째로 세례를 받아야 할 사람을 우리는 알 수 있다는 것입니다: 누가 세례를 받아야 합니까? 믿는 자는 하나님의 복된 물을 나누어 주어야 할 대상입니다. 여러분이 이 물을 통하여 구원받는 것을 믿는다면, 그것이 그대로 이루어집니다. 그러므로 첫번째 요점은 세례는 하나님의 말씀과 결부되어 있는 말씀이라는 것입니다. 두번째는 열매이고, 세번째는 믿는 자가 세례받을 자격이 있는 사람이라는 것입니다. 여기서 뭔가 굉장한 것을 말할 수도 있지만 여러분 같이 단순한 사람들은 이 세 가지 요점을 유의하시면 됩니다! "믿는다"라는 작은 단어는 행위나 수도사들의 두건이 들어설 여지를 남겨놓지 않습니다. "부모에게 순종하는 자"라고 말하는 것이 아니라 "믿는 자"라고 말하고 있는 것입니다.

여기서 우리는 세례를 받는 어린아이들이 믿는지 여부에 대한 문제에 부딪히게 됩니다. 단순한 사람들은 이러한 문제들에 신경쓰지 말고 내게 맡겨 두거나 이런 식으로 대답하십시오: 유아세례가 하나님을 기쁘시게 한다는 것을 나는 압니다. 나는 아이였을 때 세례를 받았다는 것을 나는 압니다. 내게 성령이 있음을 나는 압니다. 왜냐하면 이에 대해 나는 성경의 해석 자체를 가지고 있기 때문입니다. 유아세례가 아무것도 아니라면, 분명히 이 땅에서 그리스도에 관하여 진정으로 단 한 마디라도 말하는 사람(즉, 그리스도인)은 단 한 사람도 없을 것입니다. 그러나 하나님께서 베르나르, 보나벤투라, 제르송, 요한 후스에게 성령을 수여하시고 [세례를 확증하셨으며] 그들이 성령을 가지고 있었다는 것이 매우 확실하고 이것이 하나님의 역사(役事)이기 때문에, 유아세례가 참되다는 것을 믿어야 합니다. 여러분은 어떻게 이것을 압니까? 나는 하나님의 기이한 역사들을 보며, 하나님께서 많은 이들을 거룩케 하셨고 그들에게 성령을 주셨다는 것을 압니다. 그러므로 여러분은 [대적자들에게] 어린아이들이 참되게 세례를 받는다고 말하면서 "나는 그것을 [하나님의] 역사들을 통해 입증한다"고 말하십시오. 그것은 그 열매에 의해 밝혀집니다. 열매가 있다면 나무가 있을 것임에 틀림없습니다. 더욱이 내게 있어서 하나님의 말씀은 천 배나 더 무게가 있습니다. 그러나 이것은 좀더 유식한 사람에게 해당됩니다.

그러므로 세례는 물과 나의 신앙이 결합된 것이 아니라 하나님의 말씀을 지닌 물이라는 것을 유의하십시오. 나의 신앙은 세례를 받는 사람이 믿든 믿지 않든 세례를 만드는 것이 아니라 세례를 받는 것입니다. 왜냐하면 세례는 나의 신앙이 아니라 하나님의 말씀에 의존하기 때문입니다. 오늘날 한 유대인이 단지 대부(代父)의 세례시의 선물만을 바라고 세례를 받고자 했고 우리가 그에게 세례를 베풀었다면, 그 세례는 참된 것입니다. 왜냐하면 세례는 물과 함께 베풀어지는 하나님의 말씀이기 때문입니다. 그리고 그 유대인이 믿지 않았다고 할지라도 그 세례는 그릇된 것이 아닙니다.

마찬가지로 만약 내가 분노 등등을 품고 있는 어떤 사람에게 성찬을 베푼다고 하여도, 그는 [그리스도의] 참된 몸과 [참된 피]를 받습니다. 그러므로 유아들은 믿지 않으므로 세례를 받아서는 안 된다고 말하는 것은 잘못된 것입니다. 여러분은 이미 유아들이 믿는다는 것을 들었습니다. 왜냐하면 열매들, 즉 성령의 은사들이 뒤따르기 때문입니다. 〔성찬의〕 성례는 신앙에 의존하는 것이 아니라 그것을 제정한 하나님의 말씀에 의존합니다. 세례에 대해서도 마찬가지입니다. 어린아이들이 믿지 않았다고 할지라도 재세례가 행해져서는 안됩니다. 그러므로 여러분은 이렇게 말해야 합니다: "세례는 참된 것이었지만 내가 불행히도 그것을 믿지 않았다."

이들은 유치한 영들〔즉, 재세례파〕입니다. 나는 학식있는 사람이자 설교자로서 다른 사람들의 신앙과 내 자신의 신앙으로 성찬에 나아갑니다. 그럼에도 불구하고 나는 그러한 것 위에 서 있는 것이 아니라 "받으라 이것이 내 몸이니라"〔마가복음 14:22〕는 〔그분의 말씀〕 위에 서 있습니다. 이 말씀에 의지하여 나는 나아가며, 그리스도께서 "수고하고 무거운 짐진 자들아 다 내게로 오라 내가 너희를 쉬게 하리라"〔마태복음 11:28〕고 말씀하셨기 때문에 나는 그리스도께서 나를 초청하신다는 것을 압니다. 그리고 이 말씀은 나를 속이지 않을 것입니다. 따라서 나는 확실히 성례를 갖습니다. 마찬가지로 나는 이것을 세례에도 적용하여 신앙이 어린아이에게 주어지기를 기도합니다. 그러나 나는 어린아이의 신앙이나 다른 사람의 신앙이 아니라 하나님의 말씀과 명령에 의거하여 어린아이에게 세례를 줍니다. 내 신앙 속에서 나는 거짓말을 할 수 있으나 세례를 정하신 그분은 거짓말을 하실 수 없습니다. 그러므로 이렇게 말하십시요: 어린아이들은 반드시 세례를 받아야 하며, 그들의 세례는 참되다.

왜냐하면 하나님께서는 그들의 탄생 직후에 세례를 받는 어린아이들에게 은혜를, 즉 뛰어난 은혜를 허락하시기 때문입니다. 그렇지 않고 만약 세례가 그릇된 것이라면, 그 세례는 이 〔은혜〕를 가져오지 못할 것입니다. 둘째로, 어린아이들이 믿지 않았다고 할지라도 그들에게 다시 세례를 주어서는 안 됩니다. 너희 광신자들은 이전의 세례가 참되지 않았다고 말합니다. 이것을 우리는 결단코 용인할 수 없습니다. 왜냐하면 세례는 명확한 것으로서 말씀을 지닌 물이기 때문입니다. 그러므로 아우구스티누스는 "말씀은 떡과 잔에 임해오고, 말씀은 하나의 성례가 된다"[9]고 말합니다.

이 두 성례는 불신자도 받을 수 있습니다. 따라서 마귀는 우리의 행위들

---

9) *Lectures or Tractates on the Gospel According to St. John.*

위에 건물을 지으라고 우리를 은밀하게 가르치려고 하며, 이것을 좀더 쉽게 이루기 위하여 신앙이라는 덮개를 만들어 이렇게 말합니다: 너희가 믿지 않는다면 너희는 세례를 받은 것이 아니다. 그러나 내가 부모에게 순종하지 않는다고 하여 내게 부모가 없는 것이 아닙니다. 내가 정부에 복종하지 않는다고 하여 정부가 아무것도 아닌 것이 아닙니다. 마찬가지로 여기서도 어떤 사람이 믿음으로 세례를 받지 않았다고 하여 그 세례가 아무것도 아니거나 참되지 않은 것이 아닙니다. 사실 세례는 여러분이 그 세례를 올바르게 받지 않았기 때문에 참된 것입니다. 세례의 남용은 세례를 확증할 뿐 세례를 부정하지 않습니다. 여기 있는 여러분 모두가 오늘 세례를 받았고 여러분 가운데 거룩한 사람이 세명도 되지 않는다고 하여도, 그 세례는 여전히 잘못된 것이 아니라 그 반대입니다. 왜냐하면 우리의 행위와 오용이 하나님의 역사(役事)를 만들거나 만들지 않거나 하지 않기 때문입니다. 여러분이 복종하든 않든 제후는 제후입니다. 이것을 광신자들은 알지 못하고 있습니다. 그들은 눈이 멀어 있기 때문입니다. 이것이 바로 그들이 말씀 없이 성례를 보는 이유입니다. 이 마음 속에 숨겨진 반역이 존재합니다. 그 마음은 언제나 하나님의 말씀을 사람으로부터 떼어놓고자 하기 때문입니다. 그것은 말씀을 분쇄하고자 합니다. 그러므로 그 마음은 은밀하게 진행되는 반역인 것입니다.

성 찬

첫째, 여러분 각자는 이 성례를 제정하고 있는 말씀들을 알아야 합니다. 왜냐하면 이 말씀들을 모르고 자기가 무엇을 행하고 수행하고 있는가를 모르는 사람들에게 이 성례를 베풀어서는 안 되기 때문입니다. 여기서 우리는 이 성례를 모독하는 자들과 논쟁하려고 하지 않습니다. 여러분은 여러분이 세례와 관련하여 들었던 것과 동일한 방식으로, 즉 주된 요점은 주기도문, 사도신경, 십계명에서와 마찬가지로 하나님의 말씀과 명령이라는 것을 염두에 두고 이 성례를 다루어야 합니다. 여러분이 십계명을 믿지 않거나 지키지 않는다고 할지라도 십계명은 여전히 존재하며, 마찬가지로 세례와 제단의 성례도 세례와 제단의 성례로 남습니다. 여러분이 부모에게 순종하지 않는다고 하여도 부모는 여전히 부모인 것입니다.

그러므로 이 성례에 있어서 일차적인 것은 말씀입니다: "예수께서 떡을 가지사 … "〔마태복음 26:26-28〕. 여러분이 그 말씀을 믿는다면 여러분은 복됩니다. 믿지 않는다고 하여도 그리스도께서는 여전히 신실하실 것입니다. 우리가 죽고 낚아채여질 때, 이러한 잘못들이 올 것입니다. 아무도 그것을 하나님의 말씀으로 보고자 하지 않습니다. 사람들이 그것을 무시한다면, 그 말씀은 아무것도 아닙니다. 성례들, 십계명, 사도신경에서 하나님의 말씀은 주요한 것입니다. 그러므로 단지 물과 떡과 잔만을 보지 말고 그러한 것들을 "받아 먹으라", "나를 기념하여 이를 행하라", "너희 모두가 그것을 마시라"라는 말씀과 결부시키십시요. 이 말씀들을 배우십시요. 그 말씀들 속에 성례가 요약되어 있습니다. 여러분이 이 말씀들을 잃어버렸다면, 여러분은 성례를 잃어버린 것입니다. 광신자들은 이 말씀들을 잡아찢는데, 이것은 이 말씀들을 은폐하고 있는 교황에게도 해당됩니다. 하나님의 말씀은 성례에서 주요한 것입니다. 그것들〔제정의 말씀들〕을 모르는 사람은 성례에 나아오지 못하게 하십시요.

둘째로, 제단의 성례는 무엇입니까? 세례가 물과 하나님의 말씀이 결합된 것이듯이 제단의 성례도 그러합니다. 여기서 떡은 빵 만드는 기술자가 굽는 그런 떡이 아니며 포도주는 포도주 상인이 파는 그런 포도주가 아닙니다. 왜냐하면 그는 여러분에게 포도주나 빵과 아울러 하나님의 말씀을 주지 않기 때문입니다. 그러나 성직자는 하나님의 말씀과 떡을 결합하며 말씀은 떡과 포도주와 결합됩니다. 왜냐하면 "말씀이 떡과 잔에 임해 오고, 말씀은 성례가 된다"고 하기 때문입니다. 일생 동안 아우구스티누스가 한 말 중에서 이보다 더 좋은 말은 없었습니다. 그것은 우리의 제후나 황제의 말이 아니라 하나님의 말씀입니다. 그러므로 여러분이 "-이다"(is)라는 말을 들을 때, 의심하지 마십시요. 이렇게 말씀에 나와 있듯이 성례는 떡과 몸, 포도주와 피이며, 그것들이 성례와 결합되어 있습니다.

그러므로 하나님께서 이러한 말씀들을 말씀하고 계시다면, 더 높은 어떤 것을 찾지 말고 겸손히 여러분의 모자를 벗어 경의를 표하십시요. 수십만의 마귀들과 학식있는 사람들과 영들이 와서 "이런 일이 어떻게 일어날 수 있느냐?"고 묻는다면, 여러분은 하나님의 단 한 마디 말씀이 이 모든 것들보다 더 가치가 있다고 대답합니다. 수십만 명의 학식있는 사람들은 우리 하나님의 머리카락 한 오라기만큼도 지혜롭지 못합니다. 그러므로 먼저 성례는 단지 떡과 포도주인 것이 아니라 말씀에 나와 있듯이 그리스도의 몸과 피라는 것을 배우십시요. 말씀을 치워버린다면, 단지 떡과 포도주만이 남습니다. 그런 까닭에 하나님의 명령은 주기도문에서와 마찬가지로 이 성례에서도 가장 큰 것입니다. 오직 말씀들만을 붙드십시요. 그 말씀들은 여러분에게 성례가 무엇인지를 말해줄 것입니다.

음행하는 자가 〔식탁에〕 온다고 해도 그는 참된 성례를 받습니다. 성례는 그 사람의 불경건함이나 부정(不貞)으로 인하여 힘을 잃는 것이 아니기 때문입니다. 우리의 불신앙이 하나님의 말씀을 바꾸어놓지 못합니다. 이것을 나는 자주 말해 왔습니다. 매춘부가 금으로 자신의 몸을 치장해도 그 금은 여전히 금인 것입니다. 오용한다고 해서 하나님의 말씀이 바뀌는 것은 아닙니다. 강도는 낮의 빛, 태양을 오용하지만 그래도 여전히 태양은 태양입니다. 그리스도께서는 자신의 성례가 우리의 사용에 좌우되게 하지 않으셨습니다. 그리스도께서 말씀하시거나 정하신 것은 우리가 그것을 올바로 쓰든 그릇되게 쓰든 그대로 남습니다. 말씀들에 나와 있듯이 성례를 자격있는 사람이 받든 자격없는 사람이 받든 성례는 몸과 피입니다.

이 성례의 사용 또는 열매는 무엇입니까? 이것에 귀를 기울이십시요: "너희를 위하여 준", "흘린 피." 나는 내게 주어지고 나를 위하여 흘려진 그리스도의 몸과 피를 취하고 사용하기 위하여 이 성례로 나아갑니다. 성직자가 "이 잔은 내 피로 세운 새 언약이니"라고 읊조릴 때, 그것은 누구를 향한 것입니까? 나의 개를 향하여 하신 말씀이 아니라 성례를 받기 위하여 모인 사람들을 향한 말씀입니다. 이 말씀들은 신앙으로 받아들여져야 합니다. 그러므로 나는 이 성례를 나의 죄사함을 위하여 사용합니다. 나는 이렇게 말합니다: 나는 가서 몸과 피를 취할 것이다. 그것은 그것이 나를 위하여 제정되었고 죽음에 거스려 제정되었다는 확실한 표징이다.

다음으로, 이 유익을 받는 자들은 누구입니까? 믿는 자는 세례를 가지며 믿지 않는 자는 세례를 갖지 못합니다. 마찬가지로 자기가 받는 몸이 자기를 위해 주어졌음을 믿는 자는 이 성례의 열매를 갖습니다. 그러므로 믿는 자는 이 성례에서 정당한 지위를 얻습니다. 이것이 이 말씀들은 돌이나 나무토막이 아니라 그리스도인들을 향해 말씀되었다고 말한 이유입니다.

"너희를 위하는." "너희를 위하는"은 누구를 의미합니까? 문이나 창문? 아닙니다. 오늘 "너희를 위하는"이라는 말씀을 듣는 자들입니다. 오직 이 말씀들을 명심하십시오! "너희를 위하는"이라는 말은 마귀로 하여금 우리에게 더 적개심을 갖도록 하기 때문입니다. 마귀는 우리에게 이렇게 말합니다: 나의 귀여운 자들아, 너희는 "너희를 위하는"이라는 말을 믿어서는 안된다. 그것은 여러분에게 무엇을 의미합니까? 집에서 먹고 마시며 즐기라! 이 성례는 여러분과 아무 상관이 없다. 세례에서와 마찬가지로 이 성례를 우리와 관련 있게 하는 것은 "너희"라는 이 말이다: "믿고 세례를 받는 자는 구원을 얻을 것이다." 여기에서도 그러합니다: "너희를 위하는." 그러므로 이 말씀을 유의하고 잘 배우십시오! 유익은 "너희를 위하여 주어졌고 너희를 위하여 흘려졌다." 여러분은 왜 이 성례로 나아옵니까? 이 성례는 나를 위하여 주어지고 흘려진 몸과 피이기 때문에 나는 나아가는 것입니다. 이것이 내가 나아가는 이유입니다.

이 성례가 올바로 베풀어진다면, 우리는 첫째로 말씀에 나와 있듯이 이 성례는 떡과 포도주 아래에서의 주님의 몸과 피라는 것을 설교하여야 하고, 둘째로 그 유익은 "죄사함을 위하여 흘린"이라는 말씀에 나와 있듯이 이 성례가 죄사함의 효력을 가져온다는 것입니다.

이를 넘어서서 나는 여러분에게 이 성례를 위해 스스로를 준비하라고 권면합니다. 이 성례는 죄사함이 있는 성례이기 때문에 경시해서는 안됩니다. 여러분 가운데 다수가 나아오는 것은 사실이지만 너무나 완고해서 5년에 한 번도 나아오지 않은 사람들도 있습니다. 그러나 여러분은 나아와야 합니다. 여러분은 그것을 다른 무엇보다도 필요로 하는 사람들이기 때문입니다! 그리고 이 성례는 돌이 아니라 여러분과 나를 향하여 선포되고 있기 때문에 우리는 죄사함을 갖는다고 우리에게 확신시키는 이 성례의 다짐처럼 "죄사함을 위하여"라는 말을 기억해야 합니다. 그렇지 않으면 성직자는 침묵을 지키는 것이 오히려 좋을 것입니다.

나는 여러분에게 다시 한번 "너희를 위하는"이라는 이 작은 어구를 상기시킵니다. 이 "너희를 위한"이라는 말 속에 여러분 자신을 포함시키는 것을 명심하십시오. 그러므로 각자는 성례에 스스로 나아오고 그의 가족들도 그리스도인이 되기 원한다면 스스로 나아오도록 하십시요. 여러분은 너무도 멀리 떨어져 있지만 지금 성례에 나아올 자유를 가지고 있기 때문에 우리는 여러분이 강제에 의해 교황 아래에서 성례에 나아올 때 그 태도를 봅니다. 오직 소수만이 선행을 하듯이, 오직 소수만이 성례에 나아옵니다. 이전에 우리는 강제로 내몰렸기 때문에 성례에 나아오지 않을 수 없었습니다. 그러나 지금은 아무도 우리를 강제하지 않기 때문에 우리는 이 성례를 게을리합니다. 나는 여러분에게 설교를 향하여 나아오라고 강요하지 않습니다. 그러나 하나님은 여러분을 움직여 나아오게 하여야 합니다. 왜냐하면 하나님께서는 여러분이 하나님의 말씀을 듣고 배울 것을 요구하시기 때문입니다.

여러분이 하나님께 순종하고자 하지 않는다면, 그렇게 하지 마십시요. 따라서 나도 여러분에게 이 성례로 나아오도록 강요하지 않습니다. 여러분이 이 성례를 듣고 받기를 원하지 않는다고 하여 그것이 나와 목사들에게 무슨 상관이 있겠습니까? 여기 여러분에게 사방으로 문이 열려 있습니다 — 나가고 싶으면 나가십시요! 그러나 위에 계신 분은 이렇게 말씀하십니다: 너희가 그리스도인이 되기를 원하고 죄사함과 영생을 얻고자 한다면, 이리로 오라! 거기에 여러분의 하나님이 서 계십니다. 그분께서는 여러분에게 여러분을 위하여 꺾이우고 흘려진 자신의 몸과 피를 주십니다. 여러분이 하나님을 멸시하고 죄사함을 무시하고자 한다면 저 멀리 떨어져 있으십시요. 따라서 나는 여러분을 강요하지 않지만 그리스도께서는 여러분에게 사랑으로 간청하십니다. 여러분이 이 간청을 멸시한다면 그 결과를 보게 될 것입니다! 우리는 여러분의 하나님이 여러분에게 무엇을 제안하고 있는지를 말하고 있습니다. 그러므로 나는 여러분에게 우리가 아니라 여러분 자신을 위하여 이 성례를 굳게 붙들라고 간청합니다.

지금 이 성례에 나아오는 소년, 소녀, 여자들이 거의 없습니다. 나는 여러분이 베드로보다 더 거룩하지 않다는 것을 압니다. 여러분이 이 성례에 대하여 냉담한 태도를 취하는 것이 나를 참으로 슬프게 합니다. 여러분이 그것을 하나님과 나를 위하여 행하고자 하지 않는다면 여러분 자신의 극히 큰 필요, 즉 여러분의 죄와 죽음을 위하여 하십시요. 간음과 음행과 탐욕과 증오와 교만과 시기와 불신앙과 절망의 시험이 존재하는데, 여러분은 어떻게 이것들로부터 벗어날 것인가를 생각하지 않고 그러한 불경건한 행위들 속에 극히 냉담해지고 있습니까? 그러나 그리스도께서 여기서 "너희를 위하는"이라고 말씀하시는 것을 들으십시오. 그리스도께서는 그것을 여러분에게 독으로 주신 것이 아닙니다. 그리스도께서는 "받아 먹으라. 이것은 너희의 독이니 이 음식은 너희를 해할 것이다"라고 말씀한 것이 아니라 "이 음식은 죄와 마귀와 죽음으로부터 우리를 자유케 할 것이다"라고 말씀하셨습니다. 그러나 마치 그것이 독이라도 되는 양 바라는 것이 우리가 지금 취하는 태도입니다. 여기에 독이 아니라 약이 있습니다.

어떤 사람이 아플 때, 그는 곧 약국이나 의사를 찾을 것입니다. 그러나 자기 몸을 주신 이 의사를 누가 찾습니까? 여러분은 아직도 여러분의 병을 보지 못하고 있습니까? 여러분은 죄사함을 원치 않습니까? 왜 여러분은 마치 그것이 독이라도 되는 양 피합니까? 이전에 사제들이 음행을 범한 것과 같이 죄를 범하는 자들에게 그것이 독인 것은 사실입니다. 그러나 그 자체로 그것은 독이 아니라 구원과 축복과 생명과 죄사함을 뜻하는 해독제입니다. 분명히 여러분은 여러분이 시기로 가득 차 있고 온갖 종류의 악의와 탐욕 등등에 경도되어 있음을 발견할 것입니다. 여러분은 죽음을 두려워하며 자신의 불신앙을 느낍니다. 이것은 분명히 너무도 많은 결핍입니다. 그러므로 이렇게 말하십시오: 이 성례는 병든 자들에게 독이 아니라 치료약으로 주어진다. 따라서 여러분은 여러분이 인생의 위기의 순간에 처할 때, 육(肉)이 여러분을 충동질하고 세상이 여러분을 유혹하고 사단이 여러분을 공격할 때, 여러분을 더 낫게 하기 위하여 이 성례를 찾는다는 것을 명심하십시오. 그리고 이를 넘어서서 이 성례에는 더욱 큰 유익이 있습니다.

그러므로 이 성례에 대하여 그렇게 냉담하지 마십시오. 우리는 여러분에게 강요하는 것은 아니지만, 여러분은 여러분 자신의 자유로운 뜻 가운데서 나아와야 합니다. 여러분이 나아와야 하는 이유, 즉 명령이 아니라 여러분의 필요에 관하여 여러분에게 가르치는 것은 나의 의무입니다. 왜냐하면 여러분은 여러분의 신앙의 연약함과 모든 악에 기우는 여러분의 성향을 느끼기 때문입니다. 이러한 위기 상황들은 어떠한 명령 없이도 여러분의 마음을 움직일 것이 틀림없습니다. 나를 강제하는 것은 교황이나 황제나 공작이 아니라 내 자신의 필요가 나를 강제합니다. 그러므로 이제 성례에 대하여 더 나은 태도를 취하고 여러분의 자녀들이 이해력이 생기게 될 때 이에 유의하도록 하십시오. 왜냐하면 이것은 우리가 어느 쪽이 그리스도인이고 어느 쪽이 그리스도인이 아닌지를 아는 방법이기 때문입니다. 여러분이 오고 싶지 않다면, 젊은이들로 하여금 나아오게 하십시요. 우리에 있어서 아주 많은 것들이 그들에게 달려있기 때문입니다. 여러분이 그렇게 하지 않는다면, 우리는 여러분에 거스려 조치를 취할 것입니다. 여러분 성인(成人)들이 마귀에게로 가고자 한다면, 우리는 여러분의 자녀를 취할 것입니다.

〔우리로 하여금 이 성례로 나아오지 않을 수 없게 하는〕 필요는 죄와 마귀와 죽음이 언제나 존재한다는 것입니다. 그 유익은 우리가 죄사함과 성령을 받는다는 것입니다. 여러분이 그것을 필요로 한다는 것을 인정하기만 한다면 독이 아니라 치료약과 구원이 주어집니다. 나는 오늘 적절히 갖추지 못했으니 조금만 더 기다리겠다고 말하지 마십시요. 이것은 마귀의 속임수입니다. 죽음이 찾아올 때 여러분이 적절히 갖추지 못했다면 여러분은 어떻게 하시겠습니까? 그때 누가 여러분을 적절히 갖추게 할 것입니까? 오히려 이렇게 말하십시요: 설교자나 제후나 교황이나 황제가 나를 강제하는 것이 아니라 나의 큰 필요 아니 이를 넘어서서 그 유익이 나를 강제한다.

첫째로, 이 성례는 말씀 속에서 이해되는 떡과 포도주 안에 있는 그리스도의 몸과 피입니다. 둘째로, 그 유익은 죄사함입니다. 이것은 필요와 유익을 포함합니다. 셋째로, 믿는 자들은 나아와야 합니다.

라이프치히의 플라이센부르크 성(城)에서의 설교, 1539[1]

〔이것은 교회에 관한 설교로서 라이프치히에서 종교개혁이 개시된 시점에서 아주 시의적절한 주제이다. 20년 전에 저 유명한 라이프치히 논쟁이 여기서 벌어졌었다. 이제 라이프치히 시(市)는 종교개혁에 합류하였다.〕

　나는 가르침 전체를 설명하려는 시도에 있어서 육체의 연약함으로 인하여 나의 머리를 의존할 수 없기 때문에 아침에 교회들에서 습관적으로 다루어지는 복음서의 본문을 하나님의 은혜로 굳게 붙들 것입니다.

　"사람이 나를 사랑하면 내 말을 지키리니"〔요한복음 14:23〕라는 주 그리스도의 말씀은 이 말씀 직전에 주 그리스도께서 다음과 같이 자기 자신을 거의 이와 동일하게 표현함으로써 야기된 것입니다: "나의 계명을 가지고 지키는 자라야 나를 사랑하는 자니 … 나도 그를 사랑하여 그에게 나를 나타내리라"〔요한복음 14:21〕. 이런 이유로 선한 유다(가룟이 아닌)는 "주여 어찌하여 자기를 우리에게는 나타내시고 세상에게는 아니하려 하시나이까"〔요한

---

1) John W. Doberstein이 편집하고 번역한 *Luther's Works*, volume 51, Sermons: I (Philadelphia: Muhlenberg Press, 1959), pp. 303-12에서 발행인의 허락을 얻어 전재(轉載)함.

복음 14:22)라고 물었습니다. 주 그리스도께서 여기서 대답하고 계시는 것은 바로 이 질문에 대한 것입니다. 그리고 여기서 우리는 사도들이 갖고 있었던 육적이고 유대적인 개념들을 보게 됩니다. 그들은 세상적인 주 그리스도의 나라를 소망하고 있었고 그 나라에서 주요한 인물들이 되기를 바랐습니다. 이미 그들은 그 나라에서 누가 가장 큰가에 관하여 논쟁을 벌였고(마가복음 9:34) 그 나라를 여러 구역으로 나누었던 바 있습니다. 오늘날까지 유대인들은 바로 이와 같은 태도를 가지고 있으면서 지상의 메시야를 소망하고 있습니다.

이렇게 주 그리스도께서 여기서 "나의 계명을 가지고 지키는 자라야 나를 사랑하는 자니 … 나도 그를 사랑하여 그에게 나를 나타내리라"(요한복음 14:21)고 말씀하셨기 때문에 유다는 이렇게 말합니다: 우리에게만 보이는 것입니까? 그것이 그렇게 보잘 것 없는 계시요 시현(示顯)입니까? 그것은 유대인들과 이방인들을 포함하여 온 세상에 보여져야 하지 않습니까? 도대체 그것은 어떻게 되는 것입니까? 우리만이 당신을 상속하고 이방인들은 아무것도 모릅니까? 이러한 그릇된 유대적 환상이 사도들 속에 있었고, 그것이 이 복음서가 여기서 주 그리스도의 나라를 묘사하고 제자들을 위하여 그 나라에 관한 전혀 다른 모습을 그리는 이유입니다.

마치 주께서는 이렇게 말씀하시는 것 같습니다: '아니다. 세상은 다른 나라를 가지고 있다, 나의 사랑하는 유다여. 그것이 내가 어떤 사람이 나를 사랑하면 그는 나의 말을 지킬 것이고 나는 나의 아버지와 성령과 아울러 그와 함께 할 것이며 그에게 와서 같이 살 것이라고 말하는 이유이다.' 예루살렘이 하나님께서 친히 자신의 거소로 선택하신 하나님의 거소라 불린 것과 마찬가지로 이 집은 하나님의 거소이십니다: 이곳이 나의 가정, 나의 집과 거소이다(이사야 31:9). 오늘날 교회들이 말씀과 성례들로 인하여 하나님의 거소라 불리는 것과 마찬가지입니다. 여기서 나는 그리스도께서 엄한 심판을 선포하고 계시며, 여기서 그리스도는 모든 선지자들이 "여기에 나는 영원히 거할 것이다"라고 말한 바 있는 예루살렘의 거소를 잊어버릴 것을 예언하고 있다고 생각합니다. 이 거소를 주 그리스도께서는 부수고 돌과 나무로 만들어지지 않은 새로운 거소, 새 예루살렘을 일으켜 세웁니다: 사람이 나를 사랑하고 내 말을 지키면, 나의 성, 나의 방, 나의 거소가 될 것이다.

이렇게 말함으로써 그리스도께서는 참된 교회에 관한 논란에 답을 주었습니다. 왜냐하면 오늘날까지 여러분은 우리의 교황옹호론자들이 "교회, 교회!"라고 뽐내며 외치는 소리를 듣기 때문입니다. 그리스도께서는 아버지와 성령이 거하기를 원하시는 곳에 자신의 거처를 정하기를 원하십니다. 참된 삼위일체 하나님은 참된 교회에 거합니다. 참된 교회가 행하고 지도하는 것은 하나님에 의해 행해지고 지도됩니다. 이제 새로운 교회는 예루살렘의 것과는 다른 거소입니다. 그는 마치 예루살렘이 그 분이 보시기에 아무 것도 아닌 양 예루살렘에 관한 모든 예언들을 잡아 찢고 또 하나의 거소, 즉 기독교회를 세웁니다. 여기서 우리는 하나의 기독교회가 존재한다는 점에서 교황옹호론자들과 의견을 같이합니다. 그러나 그리스도께서는 그 땅의 모든 곳에 계시기를 바랍니다. 이것은 훌륭하고 가슴을 뜨겁게 하는 말씀입니다 — 하나님께서 우리에게 내려오시기를 원하시며 우리에게 오시기를 원하시기 때문에 우리는 그분께로 기어오를 필요가 없으며, 그분은 세상 끝날까지 우리와 함께 있으시기를 바라십니다. 여기에 성령이 거하셔서 기독교회 내에서 모든 것을 효력이 있게 하고 창출해냅니다.

그러나 교황옹호론자들과 우리들의 차이는 무엇입니까? 그 대답은 이렇습니다: 참된 기독교회에 관하여. 그렇다면 우리는 기독교회에 복종하여야 합니까? 물론입니다. 모든 신자들은 이러한 복종 의무를 집니다. 왜냐하면 성 베드로는 베드로전서 4장에서 "만일 누가 말하려면 하나님의 말씀을 하는 것 같이 하고"[베드로전서 4:11]라고 명령하고 있기 때문입니다. 어떤 사람이 설교하기를 원한다면, 그로 하여금 자신의 말들을 억제하고 그 말들이 세상사와 가정사에 적용될 수 있도록 하십시오. 여기 교회에서 그는 다름아닌 이 부요한 호주의 말씀만을 말해야 합니다. 그렇지 않다면 그것은 참된 교회가 아닙니다. 이것이 말씀하시는 분은 하나님이시다라고 언제나 말해야 할 이유입니다. 결국 이것은 그것이 이 말씀 속에 있는 방식입니다.

어떤 제후가 통치하기를 원한다면, 그의 음성은 자신의 나라와 가정에서 들려져야 합니다. 그리고 이런 일이 이 비참한 삶 속에서 일어난다면, 우리는 더욱더 하나님의 말씀이 교회와 영원한 생명 속에서 울려퍼지도록 하여야 합니다. 모든 신민들과 정부들은 그들의 주의 말씀에 복종하여야 합니다. 이것을 경영이라고 합니다. 그러므로 설교자는 자신의 위탁과 직분으로 말미암아 그리고 그 힘으로 하나님의 가계(家計)를 꾸려나갑니다. 그리고 그는 하나님께서 말씀하시고 명하시는 것과 다른 것은 아무 것도 감히 말하지 않습니다. 하나님의 말씀이 아닌 말이 많이 있고 그들이 미친 사람처럼 고함지르 기 시작할지라도, 교회는 그러한 모든 말 속에 있지 않습니다. 그들이 하는 것은 "교회, 교회!"라고 악을 쓰는 것뿐입니다. 교황과 주교들의 말에 귀를 기울여 보십시요!

그러나 그들에게 "기독교회는 무엇입니까?", "기독교회는 무엇을 말하고 무엇을 행합니까"라고 묻는다면, 그들은 "교회는 교황과 추기경들과 주교들 을 바라봅니다"라고 대답할 것입니다. 이것은 사실이 아닙니다! 그러므로 우 리는 그리스도께서 그들의 가짜의 소리지름과 대조적으로 참된 기독교회를 묘사할 때 그리스도를 바라보며 그분의 말씀에 귀를 기울여야 합니다. 왜냐 하면 우리는 그리스도와 사도들을 믿어야 하고 성 베드로와 여기서 주 그리 스도께서 말씀하고 있는 대로 행하고 하나님의 말씀을 말해야 합니다: 나의 말을 지키는 자, 바로 거기에 나의 거소가 있고 건축자가 있으며 나의 말은 그 속에 남아 있어야 한다. 그렇지 않으면 그곳은 나의 집이 아닐 것이다. 우리의 교황옹호론자들은 이것을 더 낫게 하기를 원함으로써 위험에 처해 있 습니다. 그리스도께서는 "우리가 … 거처를 저와 함께 하리라"고 말씀하십니 다. 거기에는 성령이 역사하실 것입니다. 거기에는 나를 사랑하고 나의 계명 을 지키는 사람들이 있어야 합니다. 딱 잘라 말해서 바로 이것이 그리스도께 서 원하시는 것입니다.

여기서 그리스도는 위에서 거처에 관하여 말씀하셨을 때 어떻게 교회가 지어지는가를 말씀하고 있는 것이 아닙니다. 오히려 교회가 지어진 다음에 말씀이 확실히 거기에 있어야 하며 그리스도인은 다름아닌 하나님의 말씀을 들어야 합니다. 다른 곳에서, 즉 세상사에 있어서 그리스도인은 다른 것들 곧 악한 자들을 어떻게 처벌하고 선한 자들을 어떻게 보호하여야 하는가 또 는 경제에 관한 것을 듣습니다. 그러나 여기 기독교회에서 이곳은 오직 하나 님의 말씀이 울려퍼지는 집이어야 합니다. 그러므로 그들이 "교회, 교회!" 하며 미쳐서 외치도록 내버려두십시요. 하나님의 말씀이 없다면 그것은 아무 것도 아닙니다. 나의 사랑하는 그리스도인들은 사나 죽으나 말씀을 신실하게 고백하는 자들입니다. 그들은 이 왕을 너무도 사랑하기 때문에 이 거처를 버 리지 않을 것입니다. 좋든 싫든 이를 위해 그들은 나라와 백성과 몸과 생명 을 버릴 것입니다. 그런 까닭에 순교자였던 로마의 한 백부장이 모든 것을 박탈당했을 때 "나는 이것을 안다. 그들은 나를 나의 주 그리스도로부터 떼어놓을 수 없다는 것을"이라고 말할 수 있었던 것입니다. 그러므로 그리스도인은 이렇게 말합니다: "무슨 대가를 치르더라도 나는 이 그리스도를 가지고 있어야 한다. 내가 가질 수 없는 것은 내버려둘 수 있다. 내게는 그리스도만으로 충분하다." 그러므로 모든 그리스도인들은 성 베드로가 "하나님의 공급하시는 힘으로"[베드로전서 4:1]라고 말하고 있는 바와 같이 오로지 말씀 위에 강력하고 든든하게 서야 합니다.

보라, 어떻게 그 모든 것이 연약함 속에서 일어나는지를. 세례를 보십시요. 그것은 물입니다. 신성하게 하는 것과 권능이 어디로부터 옵니까? 교황으로부터? 아닙니다. 그것은 "믿고 세례를 받는 사람"[마가복음 16:16]이라고 말씀하시는 하나님으로부터 옵니다. 왜냐하면 교황은 성별된 물에 의존하고 있기 때문입니다. 왜 교황입니까? 누가 여러분에게 권능을 주었습니까? '에클레시아'(ecclesia), 교회입니까? 그렇습니까, 과연 어디에 그렇게 씌어 있습니까? 그 어디에도 없습니다! 그러므로 성별된 물은 말씀이 없이 사람들을 불구로 만들고 눈멀게 하고 성별하는 사단의 목욕물[Kobelbad]입니다. 그러나 교회에서 우리는 하나님의 말씀에서 비껴나거나 동떨어진 그 어떤 것도 가르치거나 설교해서는 안 됩니다. 세례를 베푸는 목회자는 이렇게 말하기 때문입니다: "여러분에게 세례를 베푸는 자는 내가 아닙니다. 나는 단지 성부와 성자와 성령의 도구일 따름입니다. 이것은 나의 역사(役事)가 아닙니다."

마찬가지로 이 복된 성례는 사람들에 의해 거행되는 것이 아니라 하나님의 명령에 의해 거행됩니다. 우리는 단지 거기에 손을 빌려드리는 것뿐입니다. 죄사함을 위하여 영혼을 먹일 뿐만 아니라 가엾고 정죄받은 죄인의 죽을 몸도 먹이는 이것이 시시한 식사라고 여러분은 생각합니까? 이것은 하나님의 권능이요 이 가장(Householder)의 권능이지 사람들의 권능이 아닙니다.

고통을 받는 죄인이 용서를 받는 사죄(赦罪)에서도 마찬가지입니다. 그는 어떤 권세와 명령에 의해 용서를 받습니까? 인간의 명령이 아니라 하나님의 명령에 의해서입니다. 보라, 여기 하나님의 권능에 의해 나는 여러분을 마귀의 나라로부터 건져내어 하나님의 나라로 옮깁니다[골로새서 1:13]. 이것은 우리의 기도에 있어서도 마찬가지입니다. 우리가 기도를 통하여 모든 것을 얻는 것은 기도 자체의 권능을 통해서나 기도가 그런 것을 할 수 있기 때문이 아니라 하나님으로부터 얻는 것입니다. 왜냐하면 기도는 하나님의 약속을 신뢰하기 때문입니다. 세상에서 여러분은 로마 황제에게 나아가 도움을 얻는 것이 얼마나 힘든 일인가를 알 것입니다. 그러나 경건한 그리스도인은 겸손하고 믿음있는 기도를 가지고 언제나 하나님께 나아갈 수 있으며 응답을 들을 수 있습니다.

　요컨대 우리를 기도하도록 준비시키는 말씀과 성령은 하나님의 권능 안에 있습니다. 우리가 믿는 것은 바로 말씀입니다 — 이것이 우리의 마음을 그토록 담대하게 만들어서 우리가 감히 스스로를 아버지의 자녀라 부를 수 있게 하는 것입니다. 이것은 어디로부터 옵니까? 대답은 이렇습니다: 우리에게 주기도문에서 기도하기를 가르치시고 우리의 손에 시편을 놓아주신 하나님으로부터. 왜냐하면 만약 우리가 믿음 없이 기도했다면, 우리가 추잡한 로마 가톨릭의 거룩함 속에서 알고 있는 바와 같이 두 번 저주를 하는 것입니다. 그러나 믿는 마음이 있고 그 마음이 하나님의 약속을 바라본다면, 그 마음은 아주 단순하고도 천진난만하게 "우리 아버지"에게 기도하고 응답을 받습니다. 이 하나님의 교회 밖에서 여러분은 위대한 군주들과 지배자들에게 자신의 최선을 다하여 기도와 탄원을 올릴 수 있지만, 여기에서 여러분은 그리스도 예수 안에서가 아니면 기도를 드릴 능력을 갖고 있지 못합니다. 이는 교황 제도 속에서 사람들이 하는 것과 같이 우리가 거룩하다고 자랑하지 못하게 하려는 것입니다. 물론 그들은 이에 항의하여 이렇게 말합니다: 오, 어떤 사람이 스스로를 거룩하고 합당하다고 생각한다면 이는 주제넘은 교만일 것이다. 그럼에도 불구하고 그들은 사람은 기도를 위한 "어떤 준비"를 저절로 가지고 있다고 가르칩니다.

　또한 그들은 자신들의 찬송 가운데서 이 가르침에 따라 기도를 가르치면서 이렇게 말하고 있습니다: 나는 가엾은 죄인으로서 절망 가운데서 기도하였네. 오, 그렇게 기도하는 것을 그치도록 하십시오! 만약 여러분이 절망한다면 그러한 기도는 차라리 드리지 않는 것이 나을 것입니다. 왜냐하면 절망은 모든 것을 파괴하기 때문입니다. 만약 여러분이 믿음 없이 절망 속에서 세례와 기도와 성례에 나아간다면, 여러분은 실제로 하나님을 조롱하고 있는 것입니다. 오히려 여러분이 재빨리 말해야 하는 것은 바로 이것입니다: 나의 사랑하는 하나님께서 그렇게 명령하셨으며 내게 죄사함에 대해 확언하셨음을 나는 확신한다. 그러므로 나는 세례를 받고 사죄(赦罪)를 구하고 기도할 것이다. 그러면 즉시 여러분은 이 보화를 여러분의 가슴 속에 받을 것입니다.

그것은 우리의 가치있음이나 무가치함에 달려있지 않습니다. 왜냐하면 우리가 가치가 있든 가치가 없든 그것들은 모두 우리를 절망하게 할 뿐이기 때문입니다. 그러므로 결코 여러분이 절망에 빠지도록 내버려두지 마십시요. 우리가 "가서 … 세례를 주고"〔마태복음 28:19〕라는 말씀, 즉 회개하고 자신의 죄에 대하여 슬퍼하는 자들에게 세례를 주라는 말씀을 믿지 않는다면 그것은 하나님을 조롱하는 것입니다. 여기서 여러분은 이것은 인간의 역사(役事)가 아니라 하나님 아버지의 역사라는 것을 듣습니다. 하나님 아버지는 거기에 거하고자 하시는 가장이십니다. 그러나 만약 우리가 절망한다면, 우리는 성례로부터 멀어지고 기도로부터 멀어지게 됩니다. 그러므로 먼저 이렇게 말하는 것을 배우십시요: 내가 무가치하다고 해서 어떤 차이가 있는 것이 아니다. 하나님은 신실하시다. 그리고 그분은 아주 확실하게 우리에게 약속하셨고 확언하셨다. 나는 이것에 내 생명을 걸리라.

그리고 이것을 우리는 교황 제도 아래에서는 알지 못합니다. 실제로 나, 마르틴 루터는 오랫동안 이 로마 가톨릭의 꿈에서 헤어나와 제길을 찾을 수 없었습니다. 왜냐하면 그들은 나의 가치있음과 가치없음에 관하여 내게 끊임없이 쓸데없는 소리를 늘어놓았기 때문입니다. 그러므로 여러분, 젊은 사람들은 교회를 올바로 알도록 해야 합니다.

참회에 관하여 우리는 참회는 죄들을 인정하는 것과 그리스도로 말미암아 모든 죄들을 사하시는 하나님을 진정으로 신뢰하는 것으로 이루어진다고 가르칩니다. 이와는 반대로 교황은 꾸짖기만 하고 참을 수 없을 정도의 짐을 고안해냅니다. 그외에 교황은 은혜와 믿음에 관하여 아무것도 알지 못하며, 더군다나 기독교회가 진정으로 무엇인지를 가르치지 않습니다.

그러나 여러분은 여기서 주된 논점, 즉 하나님은 여기에 자신의 거처를 만들기를 원하신다는 것을 잊어서는 안됩니다. 그러므로 손이 여러분의 머리 위에 올려지고 "나는 그리스도의 이름으로 너의 모든 죄들을 너에게서 사하노라"는 말 속에서 여러분에게 죄사함이 선포될 때, 여러분은 이 말씀을 확실한 믿음으로 붙잡고 설교자의 입으로부터 강화되어야 합니다. 이것이 그리스도와 성 베드로가 말씀하고 있는 것입니다: 주께서는 이 교회에 거하기를 원하신다. 말씀만이 교회 속에서 울려퍼져야 한다.

요컨대, 교회는 하나님을 사랑하고 그 말씀을 듣기 위한 거처입니다. 하나님을 알고 사랑하고 찬양하는 것은 나무나 돌, 말 못하는 짐승이 아니라 사람들입니다. 그리고 여러분이 십자가와 고난을 비롯하여 모든 것들 속에서 확실하게 하나님을 신뢰할 수 있기 위해서는, 여러분은 비록 교회에 믿는 자가 두 명도 제대로 없다고 할지라도 그것이 참된 교회임을 알아야 합니다. 이것이 그리스도께서 다음과 같이 말씀하고 있는 이유입니다: 나를 사랑하는 자는 나의 말을 지키리라. 거기에 나는 거할 것이고, 거기에 나의 교회가 있을 것이다.

이제 여러분은 황금과 진주로 요란하게 치장된 교황의 교회에 대항하여 스스로를 방어하여야 합니다. 왜냐하면 여기서 그리스도는 우리에게 정반대의 것을 가르치고 있기 때문입니다. 하나님을 사랑하고 그의 말씀을 지키는 것은 교황의 긴 의복과 면류관이 아니며 교황의 교령(敎令)도 아닙니다. 하나님께서 명하시는 것과 사람들이 명령하는 것 사이에는 커다란 차이가 있습니다. 어떻게 교황이 철면피하게 선포하고 있는지를 보십시오 ─ 우리는 성인들의 도움을 간구하며 그의 인간적인 명령들에 따라 행하여야 합니다. 하나님의 말씀도 이것을 명하고 있습니까? 나는 아직 그것을 보지 못했습니다. 그러나 나는 하나님께서 이렇게 말씀하시는 것을 아주 잘 압니다: 나, 그리스도는 아버지께로 가노니, 나를 믿는 자는 구원을 받으리라. 이는 나, 바로 내가 그 사람을 위해 고난을 받았고 또한 높은 곳으로부터 성령을 그에게 주었기 때문이다.

따라서 주 그리스도와 교황은 각기 자기 자신의 교회를 갖고 있고, 가장 훌륭한 변증자〔Der beste Dialecticus〕인 그리스도 자신이 여기서 묘사하고 있는 이 굉장한 차이를 가지고 우리에게 교회가 무엇이며 교회가 어디에 있는가, 즉 그의 말씀이 어디에서 순수하게 설교되고 있는가를 말해주고 있습니다. 따라서 여러분이 이 말씀을 듣는 곳에서는 여러분은 이것이 참된 교회임을 알 수 있을 것입니다. 왜냐하면 하나님의 말씀이 현존하지 않는 곳에는 참되게 믿는 신자와 순교자도 없기 때문입니다. 그리고 만약 하나님의 말씀이 없다면, 우리는 그리스도에게 속은 것이 됩니다. 즉 그리스도께서 실제로 우리를 배신한 것이 됩니다!

오, 만약 우리가 오직 그리스도만을 붙잡고 교황을 조롱하며 웃어버릴 수 있다면. 왜냐하면 그리스도께서 여기서 분명히 "나의 말을 가지고 있는 자"가 아니라 "나의 말을 지키는 자라야 나를 사랑하는 자"이고 나의 제자라고 말씀하고 있기 때문입니다. 말씀을 가지고 있는 사람은 여러분 가운데 정말 많습니다만 말씀을 지키지는 않으며 어렵거나 시련이 닥쳐오면 완전히 떨어져나가 그리스도를 부인합니다.

물론 우리가 언제나 이 두 가지, 즉 말씀과 우리의 현세적인 부스러기들을 다 가지고 있는 것이 좋습니다만 좋은 고기인 평화는 하늘나라에서는 매우 드뭅니다. 그러므로 세속의 군주들이 서로 화평하고 이해한다면 그것은 하나님의 커다란 축복으로 생각해야 합니다. 그러나 그렇지 않다고 할지라도 그 모든 것들 — 물건들, 명성, 아내, 자녀 — 을 내버려두십시오. 단지 이 보화가 우리와 함께 있기만 하다면.

그러나 나는 불행히도 우리 가운데 변덕장이들, 거짓 형제들 등과 같은 잡초들이 있을까 두렵습니다. 그렇지만 나는 다름아닌 악을 예언해야 하기 때문에 선지자가 되려고 하지는 않을 것입니다. 누가 그 모든 것을 통찰할 수 있는 체 하겠습니까? 그것은 올바른 것으로 밝혀질 것입니다. 지금 우리가 그것을 가지고 있으므로 우리가 그것을 굳게 붙들도록 유의하십시오. 그러나 우리를 밀처럼 까불려고 하는 사단에 대해서는 용맹스러워야 합니다[참조. 누가복음 22:31]. 왜냐하면 여러분이 좋은 정부 아래에서 한 조각의 땅을 얻게 되면 마귀는 곧 여러분의 안정감과 주제넘음 속에서 여러분에게 덫을 놓음으로써 여러분은 더이상 이전처럼 하나님의 말씀을 신뢰하고 자리를 내어주지 않을 것이기 때문입니다. 이것이 바로 그리스도께서 이렇게 말씀하시는 이유입니다: 나의 양은 내 말을 들을 뿐만 아니라 나에게 순종하고 나를 따른다[요한복음 10:3-5]. 그들은 하나님의 말씀을 듣고 복된 성례들을 올바르고 온전하게 사용함으로써 날마다 신앙이 자랍니다. 이 교회에는 힘이 더하여지고 위로가 있습니다. 하나님의 말씀이 없는 두건, 삭발, 긴 의복이 아니라 큰 바다 위에서나 땅 속 깊은 곳에서나 두 세 사람이 함께 모여 그들 앞에 하나님의 말씀을 놓고 그 말씀을 믿고 신뢰하는 곳마다 실제적인 유서 깊은 참된 사도적 교회가 존재한다는 것은 아주 확실합니다.

그러나 우리는 교황 제도 속에서 눈이 멀어서 성 베드로가 우리에게 "우리에게 더 확실한 예언이 있어 어두운데 비취는 등불과 같으니 … 너희가 이것에 주의하는 것이 가하니라"[베드로후서 1:19]고 말하고 있음에도 불구하고 여전히 우리가 복음에서 어떤 밝은 빛을 갖고 있는지를 알지 못하고 있습니다. 그러므로 우리는 여기서 다시 한번 그리스도께서 우리에게 제시해주는 기독교회에 관한 묘사, 즉 기독교회는 그의 말씀을 가지고 있을 뿐만 아니라 그 말씀을 사랑하고 지키며 사랑으로 인하여 모든 것을 버리는 사람들의 무리라는 것을 유의하여야 합니다.

이제부터 여러분은 그들의 수다 속에 "교회! 교회!"라는 말 이외에는 아무것도 가지고 있지 않은 악쓰며 침튀기는 자들에게 이렇게 대답할 수 있습니다: "교회가 무엇인지를 내게 말해 주시오, 경애하는 교황이여." 이렇게 대답할 것입니다: "교황과 그의 추기경들." 오, 이 말을 들어보시오. 너희 얼간이들이여, 하나님의 말씀 그 어디에 아버지 교황과 형제 추기경이 참된 교회라고 씌어 있습니까? 그것이 우아한 앵무새가 검은 갈가마귀에게 말한 것이기 때문에 그렇습니까?

그러나 그리스도는 여러분과 나에게 아주 다른 것을 말씀하고 있습니다. 그리스도께서는 이렇게 말씀하십니다: "나의 교회는 나의 말씀이 순전하게 설교되고 불순물과 섞이지 않으며 지켜지는 곳에 있다." 그러므로 성 바울은 우리를 하나님의 말씀으로부터 멀어지게 이끌고자 하는 자들로부터 도망쳐 피하라고 경고하고 있습니다. 왜냐하면 만약 어떤 사람이 하나님의 성전인 우리를 더럽히면, 하나님께서는 그 자를 멸할 것이기 때문입니다〔고린도전서 3:17〕. 그리고 또한 성 베드로는 이렇게 말합니다: 여러분이 설교하려고 한다면 다름아닌 하나님의 말씀만을 설교하도록 주의하라〔베드로전서 4:11〕. 그렇지 않으면 여러분은 하나님의 교회를 더럽히게 될 것입니다.

그런 까닭에 그리스도께서 우리를 위해 그의 교회를 어떻게 묘사하였는지를 다시 한번 부지런히 살펴보아야 합니다. 왜냐하면 이 묘사는 비참한 교황과 그가 하나님의 교회를 더러운 변소로 만들고 있는 교령(敎令)들에 대한 강력한 벼락이기 때문입니다.[2]

어떤 사람이 인간적인 교훈들을 가르치기를 원한다면, 세속사나 가정사에서 그렇게 하도록 하고 교회는 건드리지 말도록 하십시요. 결국 교황옹호론자들은 실제로 공허한 수다장이요 게워내는 자들입니다. 왜냐하면 그리스도께서 친히 여기서 이렇게 말씀하고 있기 때문입니다: 나의 말을 듣고 지키는 자에게 나와 나의 아버지가 와서 '그를 우리의 거처로 삼으리라. 이것이

---

2) 원문은 이것을 라틴어로 되풀이하고 있다: contra Papam, qui fecit ex Ecclesia cloacam. 그리고 또한 번역으로 옮길 수 없는 언어유희를 포함하고 있다: Decret와 Secret(변소).

예루살렘과 모세의 목적이다; 여기에는 하나님의 말씀을 듣고 그것을 지키며 모든 재난 속에서도 말씀을 의지하는 그리스도의 작은 무리들〔Heufflein Christi〕가 있어야 한다. 이것이 나의 교회이다. 교황이 이에 대해 발끈한다고 하여도 우리는 이 주(主)를 믿을 것입니다.

그러나 이 말씀들 속에서 그리스도께서는 그리스도가 세속의 위대한 황제가 되고 그들, 즉 사도들은 그리스도가 나타나실 때 열방들을 통치하는 위대한 군주들이 될 것이라고 생각했던 사도 유다에게 대답하고 있습니다. 그러나 유다의 생각은 얼마나 잘못된 것입니까! 여기서 그리스도께서는 그의 나라는 이 세상에 속한 것이 아니며 그들과 모든 믿는 자들이 하나님 아버지와 아들과 성령이 거하는 하늘나라이어야 한다고 그들에게 직설적으로 말씀하고 있습니다. 그리스도는 그 교회에 천사들, 황제들, 왕들, 제후들, 군주들을 앉혀놓고 있지 않습니다. 그리스도 자신이 가장이기를 원하시며, 말씀하고 행하는 유일한 분이기를 원하십니다. 거기에 내가 거할 것이고 나와 함께 모든 믿는 자들이 영원부터 영원까지 거할 것이라고 그분은 말씀하십니다.

그러나 선한 사람인 유다는 여전히 이것을 이해할 수 없었으므로 성령이 와서 그것을 그에게 가르쳐야 했습니다. 하나님께서 원하신다면, 이 미래와 이 사역에 관하여 사랑하는 그리스도인들인 여러분은 다음에 듣게 될 것입니다. 내가 그렇게 할 수 없다면 나보다 더 낫게 할 수 있는 다른 사람들이 그것을 하게 될 것입니다. 그들이 그것을 승락할지 안 할지는 모르겠습니다만. 오늘은 이것으로 서론 또는 아침 설교로 하겠습니다. 주께서 우리를 도와주시기를 바랍니다. 나는 이제 더이상 계속할 수 없습니다.

교회의 바벨론 포로[1]

〔「교회의 바벨론 포로」로 더 잘 알려져 있는 「교회의 이교적 노예」는 1520년의 일련의 중추적인 저작들 가운데 하나이다. 루터가 이 글을 쓰게 된 배경이 되는 요인들 가운데 주요한 것은 의심할 여지 없이 미사에서 평신도에게 잔을 주는 것을 보류한 일과 루터가 파문당했다는 사실이다. 그러한 배경 속에서 루터는 로마 가톨릭의 전체 성례에 관한 이해에 대하여 말하고 이와 대비하여 성례들과 교회에 관한 성경적이고 종교개혁적인 개념을 전개하고 있다. 이 문헌을 읽음에 있어서 이 저작이 종교개혁 교회의 조직으로 인도하는 발전 단계들의 직전에 씌어졌다는 것을 기억하는 것이 좋다. 이 저작은 종교개혁을 필연적이게 하였던 신학적 관점을 대변하고 있다.〕

예수

아우구스티누스 수도회의 수도사 마르틴 루터가 그의 친구 헤르만 툴리히[2]에게 문안한다.

나로 하여금 열심히 묻고 연구하게 만드는 매우 많은 뛰어난 학자들이

---

1) Bertram Lee Woolf가 번역하고 편집한 *The Reformation Writings of Martin Luther*, volume I, *The Basis of the Protestant Reformation* (London: Lutterworth Press, 1953), pp. 208-329에서 발행인의 허락을 얻어 전재(轉載).
2) 그는 루터가 교수로 갔을 때 동시에 학생으로서 비텐베르크에 갔다. 1511년에 학사학위를 받았고 1520년에 박사학위를 받았다. 1525-26년에 비텐베르크의 총장을 지냈다.

있는 한 나는 날마다 더욱 학식이 많아지게 될 수밖에 없다. 내가 면죄부에 대하여 글을 쓴 것은 약 2년 전이었으나 지금도 나는 그 작은 책자[3]를 출판 한 것을 몹시 후회한다. 당시만 해도 나는 여전히 굉장한 로마라는 철저한 미신에 얽매어 있었기 때문에 면죄부가 대다수의 사람들의 찬성을 얻고 있으 므로 완전히 거부되어서는 안 된다고 생각하였기 때문이었다. 당시의 나의 태도는 이상한 것이 아니었다. 왜냐하면 그렇게 하지 않았다면 나는 홀로 산 을 옮기려고 애를 쓰는 꼴이 되고 말았을 것이기 때문이다. 나중에 실베스터 (Sylvester) 덕분으로 그리고 면죄부를 매우 열렬히 옹호한 저 수도사들의 도움으로 나는 면죄부가 사람들로부터 돈과 하나님에 대한 신앙을 앗아가려 고 하는 로마의 위선자들의 협잡에 지나지 않는다는 것을 알았다. 나는 지금 서적상들을 설득하고 또 나의 모든 독자들을 설득하여 면죄부에 관한 나의 책자들을 전부 불태우게 하고 또 내가 이 주제에 관하여 썼던 모든 글 대신 에 다음과 같은 명제를 채택하도록 하고 싶다:

면죄부는 로마의 두꺼비들에 의해 고안된 악이다.

그 동안에 에크(Eck)와 엠저(Emser)[4] 그리고 그들의 동료 음모자들이 교황의 수위권(首位權)에 관하여 나를 가르치기 시작하였다. 나는 그러한 박 식한 사람들에게 배은망덕한 자로 보이지 않도록 하기 위하여 이 지면을 빌 어 그들의 노고가 내게 많은 유익을 주었다는 것을 고백한다. 나는 교황권에 대하여 신적인 법적 관할권은 부인했지만 교황의 인간적인 관할권은 인정하 였다. 그러나 내가 그들의 우상을 그렇게도 교묘하게 떠받드는 이 다섯 명의 명사들에 의해 제시된 가장 교묘한 논증을 듣거나 읽은 후에 나는 그러한 문 제들에 있어서 지능이 부족한 것이 아니기 때문에 교황권은 바벨론 왕국과 힘센 사냥꾼인 니므롯(Nimrod)의 체제로 이해해야 한다는 것을 분명하게 알았다. 그러므로 다시 한번 나의 친구들이 올바른 편에 있도록 하기 위하여 나는 서적상들과 나의 독자들이 내가 이 주제에 관하여 출판한 것을 모두 불

---

3) *Resolutiones disputationum*, 1518.
4) 루터가 학생이었을 때 에르푸르트 대학의 인문주의자 교수였던 제롬 엠저 (Jerome Emser, ?1477-1527). 나중에 작센의 게오르그 공작의 비서가 되었다.

태우기를 간청한다. 그런 다음에 이 명제를 채택하도록 하자:

　　교황권은 로마 주교(교황:역자주)에게 대사냥을 제공해준다.

　이는 에크와 엠저 그리고 라이프치히의 성경 강의자[5]에 의해 제시된 논증들를 통하여 입증된다.

　그들은 두 가지 요소로 된 성찬[6]과 극히 중요한 몇몇 따른 주제들에 관하여 나를 가르치려고 애를 쓰고 있다. 여기서 다시 한번 나는 이 저명한 선생들의 말을 아무것도 놓치지 않고 듣기 위하여 바짝 긴장하지 않으면 안 되었다. 크레모나(Cremona)의 어떤 이탈리아 수도사[7]는 「교황청에 대한 마르틴 루터의 취소」라는 글을 썼다. 이 저작에서 그는 내가 어떤 것을 취소한 것인 양 들리게 하고 있지만 그가 의미하는 것은 그가 나를 취소하고 있다는 것이다. 이것이 오늘날 이탈리아 사람들이 라틴어를 쓰고 있는 방식이다. 또 라이프치히의 어떤 독일 수도사는 곧 "성경 전체의 강의자"로서 당신이 알고 있는 인물은 두 요소의 성례에 관한 글을 썼는데,[8] 내가 듣기로는 더욱 더 두툼한 책들을 내려고 하고 있으며 그것은 경탄할 만한 저작이 될 것이라고 한다. 이 이탈리아 사람은 아마도 카예탄[9]과 실베스터에 대하여 내가 본때를 보여준 것에 경고를 받았는지 익명으로 글을 쓰는 조심성을 보여주었다. 그러나 라이프치히 강의자는 용맹스럽고 힘찬 독일인에 걸맞게 표제면에 자기의 이름, 생애, 고결함, 학식, 명성, 명예 그리고 자기의 나막신까지도 꽤 장황하게 늘어놓고 있다.[10] 의심할 여지 없이 이 책에서 내가 배울 것이 많을 것이다. 왜냐하면 그는 그 책을 하나님의 아들에게 헌정하였기 때문이다. 이러한 성자같은 사람들은 높은 곳에서 다스리시는 그리스도를 매우 잘 알고 있다. 이렇게 세 마리의 비둘기가 말하고 있는 것으로 내게 보인다. 첫째 비

---

5) Augustine Alveld.
6) 떡과 포도주로 이루어진 것.
7) Isidoro Isolani, *Revocatio Martini Lutherii Augustini ad sanctam Sedem.*
8) Augustine Alveld, *Tractatus de communione sub utraque specie.*
9) 그의 수도회의 우두머리이자 토마스 아퀴나스 학파의 지도자인 그는 로마에서 가장 으뜸가는 신학자로 여겨졌다.
10) 방청객들은 나무로 된 밑창을 가진 신발을 신었다.

둘기는 훌륭한 라틴어로, 둘째 비둘기는 더 훌륭한 헬라어로, 셋째 비둘기는
뛰어난 히브리어로 말하고 있다. 경애하는 헤르만이여, 내가 귀를 기울이는
일 외에 다른 것을 할 수 있겠는가. 이 논의는 라이프치히에서 거룩한 십자
가의 준수자들에 의하여 다루어지고 있다.

　　이제까지 나는 어리석게도 일반 공의회가 성례가 두 요소로써(二種配餐:
떡과 포도즙 둘다 분배하는 것 — 역자주) 평신도들에게 거행되도록 결정을
내린다면 좋겠다고 생각하였다. 그러나 우리의 엄청나게 박식한 수도사는 이
견해를 수정하여 평신도에게 두 요소를 주는 것이 그리스도나 사도들에 의해
명해진 바가 아니며 그러한 문제는 그렇게 행하든지 행하지 않든지 교회의
판단에 일임되어 있다고 말하고 있다. 그러므로 교회의 말에 복종하여야 한
다는 것이 그의 주장이다.

　　무슨 광기가 그 사람을 휘저어놓고 있으며 그는 누구를 공격하고 있는
것이냐고 아마 당신은 물을 것이다. 나 자신은 한 요소의 사용을 정죄한 적
이 없고 두 요소의 사용에 대한 결정을 교회의 판단에 맡겨 왔기 때문이다.
이것이 바로 그가 나를 공격하기 위하여 단언하고자 하는 것이다. 논증을 수
행하는 이런 방식은 나에 반대하여 글을 쓰는 모든 사람들에 의해 채택되고
있는 것과 동일한 방식이라는 것이 나의 답변이다. 그들은 자기들 스스로가
단언하는 것 또는 그들 자신이 만들어낸 어떤 적을 공격한다. 이것이 실베스
터, 에크, 엠저, 그리고 쾰른과 루뱅 사람들의 방식이었다. 이 수도사가 나
에 반대하는 글을 쓰지 않았다면 그는 그들의 정신을 배반하는 자가 되었을
것이다.

　　그러나 이 선한 사람은 나머지 사람들보다 더 행운아였다. 그는 두 요소
의 사용이 명령되거나 권고되지 않았고 교회의 결정에 맡겨졌다는 것을 입증
하려고 하면서 평신도를 위하여 한 요소의 사용(평신도에게는 떡만을 주는
행습:역주)이 그리스도에 의하여 명하여졌음을 성경을 인용하여 입증하고
있다. 그 결과 이 새로운 성경 주석자에 의하면 한 요소의 사용이 그리스도
에 의하여 명하여진 동시에 명하여지지 않았다는 것이 된다. 당신은 물론 이
새로운 논증 방식이 라이프치히의 변증학자들에 특유한 방식이라는 것을 알
고 있을 것이다. 엠저는 자신의 초기의 책자들 속에서[11] 자기가 나에 대하여

---

11) *De disputatione Lipsicensi*, 1519.

공정할 것이라고 공언하였다. 그럼에도 내가 그에게 추잡한 시기심과 더러운 거짓이 있음을 지적하자 그는 나를 논박하기 위하여 쓴 자신의 다음 책에서[12] 두 저작이 다 사실이며 자기가 썼던 내용은 공정하기도 했고 부당하기도 했다고 고백하였다. 당신이 알고 있듯이 당신은 훌륭한 인물이다!

그러나 한 요소의 사용을 특별히 지지하고 있는 이 사람의 말을 들어보라. 그는 교회의 뜻과 그리스도의 명령을 따른다고 공언하고 있지만 그에게는 그리스도의 명령과 그러한 명령의 부재가 동일하다. 그는 이러한 능란한 솜씨로 평신도들에게는 그리스도의 명령에 의하여, 즉 교회의 뜻에 의하여 한 요소만이 주어져야 한다는 것을 입증한다. 그는 이 진리를 대문자를 사용하여 "무오(無誤)한 기초"(THE INFALLIBLE FOUNDATION)라고 부른다. 그런 다음 그는 요한복음 6〔:48-63〕을 믿기 어려울 정도로 능숙하게 다룬다. 이 구절에서 그리스도는 스스로를 하늘의 떡이요 생명의 떡이라고 말씀하신다. 그러나 우리의 학자는 이 말씀들을 제단의 떡에 적용시킨다. 그뿐만 아니라 그리스도께서 "나는 산 떡이니"라고 말씀하셨고 "나는 산 잔이니"라고 말씀하시지 않았다는 이유로 그는 이 구절이 평신도들에게 한 요소로 된 성찬을 제정하고 있다는 결론을 내린다. 그러나 그는 그 뒤에 나오는 말씀들을 일부러 건드리지 않는다. 그 말씀들은 이러하다: "내 살은 참된 양식이며 내 피는 참된 음료로다", "인자의 살을 먹지 아니하고 인자의 피를 마시지 아니하면." 그러나 이 말씀들이 두 요소의 사용을 지지하고 있으며 한 요소의 사용을 논박할 여지 없이 반대하고 있다는 것이 이 수도사의 머리 속에 들어갈 때, 그는 얼마나 재빠르고 유식하게 그것을 해명해버리는지! 그는 그리스도께서는 이 말씀들을 통하여 한 요소에 참예하는 자는 그것으로 살과 피 모두에 참예하는 것이라는 것을 의미하였다고 말한다! 그는 이것을 거룩한 하늘의 "준봉"(遵奉, Observance)을 받을 만한 건축의 "무오한 기초"로 제시한다.

그러나 이 사람으로부터 계속해서 가르침을 받아보자. 그는 그리스도께서는 요한복음 6장에서 한 요소의 사용을 명하시고 있지만 그것을 교회의 뜻에 맡겨두는 식으로 그것을 규정하고 있다고 말한다. 더욱이 이 장에서 그리스도는 사제들이 아니라 평신도들에 대해서만 말씀하시고 있다고 한다. 하늘

---

12) A venatione Luteriana Aegocerotis Assertio, 1519.

로부터 오는 생명의 떡은 사제들을 위한 것이 아니고 지옥으로부터 오는 죽음의 떡이 사제들을 위한 것이 분명하다! 평신도도 아니고 사제도 아닌 부제(副祭)들과 부조제(副助祭)들에 대해서는 어떻게 되는가? 이 뛰어난 저자에 의하면 그들은 한 요소만을 사용해도 안되고 두 요소를 사용해도 안된다. 나의 경애하는 툴리히여, 당신은 이제 (프란체스코 수도사들 중) 엄격주의자들(Observants) 사이에서 유행하고 있는 새로운 성경 적용 방식을 이해할 것이다.

그러나 당신은 또한, 요한복음 6장에서 그리스도가 "하나님의 보내신 자를 믿는 것이 하나님의 일이니라"〔요한복음 6:29〕고 말씀하셨을 때 그는 (그리스도) 자기가 성육한 말씀에 대한 믿음을 말씀하고 있다는 것을 가르치고 있지만 성찬의 성례에 대하여 말씀하고 계시다는 것을 알아야 할 것이다. 참으로 우리는 라이프치히의 성경 교수는 자기가 좋아하는 것을 성경 구절로부터 입증할 수 있다는 것을 인정하여야 한다. 그는 아리스토텔레스파가 아니라면 아낙사고라스파의 신학자이기 때문이다. 그에게는 명사와 동사를 서로 바꿔 써도 그것들의 뜻은 동일하다. 그것들은 당신이 좋아하는 그 무엇을 의미한다. 그는 자신의 책 전체에 걸쳐 성경 구절들을 이런 식으로 꿰어맞추기 때문에 만약 그가 그리스도께서 성례 가운데 계시다는 것을 입증하기를 원한다면 그는 이와 같이 시작할 것이다: "그 교훈은 복되신 사도 요한의 계시록에 있다."[13] 그가 말하는 모든 것은 이와 같이 해서 적절하게 되고 있는데, 현명한 자들은 자신의 허튼 소리를 성경 구절들을 풍부하게 인용함으로써 그 가치를 드높이고 있다는 것을 짐작할 것이다.

나는 이와 같이 더러운 배설물의 오물 속에 당신을 빠뜨리지 않기 위하여 다른 문제들로 넘어가려고 한다. 마지막으로 그는 떡과 잔의 사용을 주님에게서 받아다가 고린도 교인들에게 전했다는 고린도전서 11장의 바울의 말을 인용한다. 두 요소를 구별하는 이 사람은 여기서 다시 한번 다른 모든 곳에서 성경을 엉터리로 적용하고 있는 습성 그대로 바울은 이 구절에서 두 요소의 사용을 허용하였으나 전하지는 않았다고 가르친다. 당신은 그가 그 증거를 어디서 발견하였느냐고 물을 것인가? 그가 요한복음 6장의 경우에 그랬던 것과 마찬가지로 그 자신의 머리에서이다. 왜냐하면 자기가 말하는 것에

---

13) 루터에 의해 주어진 표제.

대하여 이유를 대는 것은 우리의 강의자에게는 적합하지 않기 때문이다. 그는 그들 자신의 상상력을 토대로 모든 것을 입증하고 가르치는 그런 부류이다. 따라서 우리는 이와 관련하여 사도가 이 구절을 고린도에 있는 전체 교회의 유익을 위해서가 아니라 오직 평신도를 위해서 썼다고 가르침을 받는다. 그러므로 분명히 사도는 이 구절에서 사제들에게 아무것도 허용하지 않았고 오히려 그들에게서 성례 전체를 빼앗았다는 것이다. 그런 다음 새로운 문법에 의하면 "나는 주님에게서 받았다"는 말은 "그것이 주님에 의해 허락되었다"와 동일한 것이 되고 또 "나는 너희에게 전했다"는 말은 "내가 너희에게 허락하였다"는 말과 동일한 것이 된다. 교회뿐만 아니라 어떤 보잘 것 없는 자도 그리스도와 사도들의 모든 명령들과 제도들과 규례들을 "허용된 것들"로 바꿀 것이기 때문에 이것을 특히 유의하여야 한다.

그러므로 나는 이 사람을 사단의 사자에 의하여 충동질을 받고 있는 것으로 여기고 또 그와 제휴하고 있는 자들도 여기에 포함시킨다. 그들은 나와 논쟁을 할 수 있다는 것을 보여줌으로써 세상에서 명성을 얻기를 구하고 있다. 그러나 그들의 희망은 좌절될 것이다. 나는 그들을 경멸하여 그들의 이름조차 말하지 않을 것이기 때문이다. 나는 그들의 모든 책들에 대하여 이한 가지 답변으로 만족하고자 한다. 그들이 그리스도에 의해 제정신으로 돌아올 가치가 있는 자들이라면 그리스도께서 자비를 베푸셔서 그렇게 해주시기를 기도한다. 그러나 그들이 그럴 만한 가치도 없는 자들이라면 그들이 이러한 책들을 쓰는 일을 중지하지 말며 또 진리의 적들이 결코 어떤 다른 책들을 읽지 못하게 해달라는 것이 나의 기도이다. 보편적이고 신실한 격언이 있다:

> 내가 더러운 자들과 싸운다면 나는 확실히 안다
> 이기든지 지든지 검은 반점이 내게 묻는다는 것을.

그리고 나는 그들이 많은 여가와 풍부한 종이를 가지고 있음을 알기 때문에 그들에게 글을 쓸 수 있는 충분한 소재를 제공하려고 한다. 나는 그들보다 언제나 한 발자국 앞서 있을 것이다. 그들이 나의 한 이단사설을 알아내고는 아주 영광된 승리를 자축하는 동안에 나는 새로운 이단사설을 고안해낼 것이기 때문이다. 나도 그들과 마찬가지로 이 막강한 지도자들이 싸움에서 많은 영예로 장식되는 것을 보고 싶다. 그러므로 그들은 내가 성찬에서 두 요소의 사용(二種배찬)을 찬성한다고 불평하면서 다행히도 그들 자신에게 매우 가치 있는 한 주제에 몰두하는 동안에 나는 한 걸음 더 나아가서 평신도들에게 두 요소를 사용하는 성찬을 거부하는 것은 매우 불경건하다는 것을 보여주고자 한다. 나는 이 일을 더 편리하게 행하기 위하여 예비적으로「로마 교회의 이교적 노예=교회의 바벨론 포로」에 관한 글을 써서 가장 박식한 로마교도들이 이 책을 논박하는 저 미래를 위해 더 많은 것을 저장해두고자 한다.

　내가 이 방법을 채택하는 것은 어떤 경건한 독자가 이 책을 우연히 대하고는 내가 다룬 추잡한 문제들로 인해 걸림돌이 되지 않도록 하기 위해서이다. 그가 여기서 따르기 어려운 것이나 특히 새로운 것을 발견하지 못한다고 불평하거나 모든 사건들에서 학문적인 그 무엇을 발견할 수 없다고 한다면 그는 옳다. 당신은 이러한 자들의 추한 주장들로 나 자신을 괴롭히는 것을 내 친구들이 얼마나 참지 못하는가를 알 것이다. 내 친구들은 그들의 저작들을 단지 한번 읽는 것만으로도 그들을 논박하기에 충분하다고 말한다. 그들은 사단이 이러한 자들을 통하여 방해하려고 하는 더 좋은 것들을 나로부터 구하고 있다고 말한다. 마침내 나는 내 친구들의 충고를 좇아 논쟁하고 악담하는 일은 저 성가신 자들에게 맡겨두기로 결심하였다.

　나는 크레모나의 이탈리아 수도사에 대해서는 아무 것도 말하지 않을 것이다. 그는 몇 마디 수사적인 글로 나를 교황청으로 "복귀시키려고" 하는 불학무식한 얼간이이다. 나는 교황청에서 이탈한 것으로 생각지 않으며 또한 내가 이탈했다는 것을 아무도 보여주지 않았다. 이 어리석은 글에서의 그의 주된 관심은 나의 서약과 우리 독일 사람들에게 허락되었던 제국으로 인하여 내가 다른 곳으로 이주하여야 한다는 것을 보여주는 것이다. 그의 글의 목적은 나를 "복귀시키는" 것으로 결코 보이지 않으며 오히려 프랑스 사람들과 로마 교황을 찬양하는 것인 것처럼 보인다. 나는 그가 이 작은 책자를 써서 그 자신의 아부를 증거하게 내버려둘 것이다. 그는 악의에 의해 충동되고 있는 것으로 보이지 않으므로 여기서 그를 심하게 다룰 필요는 없다. 또한 그는 자신의 완전한 무지와 미숙으로 인하여 주제 전체를 가지고 실없는 소리들을 지껄이고 있을 뿐이기 때문에 그 책은 학문적으로 검토될 가치도 없다.

　내가 해야 할 '최초의 일'은 일곱 가지 성례가 있다는 것을 부인하고 지금 여기서 세 가지 곧 세례와 참회(Penance:가톨릭의 고해성사를 복음에 입각하여 재해석한 것:역주)와 성찬을 설명하는 것이다. 이 세 가지는 다 로마 교황청에 의하여 비참하게 포로되어 왔으며 또 교회는 모든 자유를 박탈당해 왔다. 그러나 성경의 용어를 사용한다면 나는 단 한 가지의 성례[참조. 디모데전서 3:16]만이 있으며 세 가지 성례적인 표지들이 있다고 말할 것이다. 이에 대해서는 해당되는 곳에서 자세히 말하려고 한다.

(1) 성찬

모든 것 중에서 가장 중요한 성찬의 성례와 관련하여 나는 이 성례의 거행에 대하여 숙고하는 동안에 나의 생각이 어떤 식으로 변천되었는지를 말하고자 한다. 왜냐하면 내가 성찬에 관한 글[14]을 출판할 당시에 나는 교황에 따르며 무엇이 옳고 무엇이 그른가에 의해 전혀 요동하지 않고 일반 관습에 충실하였다. 그러나 내가 도전을 받고 공격을 당하며 강제로 싸움터에 떠밀리기까지 한 지금 나는 교황주의자들 모두가 함께 나를 조롱하거나 책망하거나 상관없이 나의 생각을 자유로이 표명하려고 한다.

먼저 요한복음 6장은 성찬에 관하여 한 마디도 언급하지 않고 있으므로 완전히 배제되어야 한다. 성찬은 아직 제정되어 있지 않았을 뿐만 아니라 더욱 중요한 것은 이 장은 말씀과 사고의 날줄과 씨줄이 보여주듯이 믿음에 관하여 말하고 있다는 것이 분명하고도 명백하다는 것이다. 왜냐하면 그리스도께서 "내가 너희에 이른 말이 영이요 생명이라"고 말씀하셨기 때문이다. 이는 그리스도께서 영적인 식사에 관하여 말씀하고 있다는 것을 보여주는 것으로서 그렇게 행함으로써 거기에 참여하는 자들은 살게 된다. 반면에 유대인들은 그리스도가 자신의 살을 먹는 것으로 이해하여 논쟁을 제기하였다. 믿음으로 먹는 것 외에 어떤 종류의 식사도 생명을 주지 못한다. 이것은 참된 식사, 즉 영적인 식사이다. 따라서 아우구스티누스는 이렇게 말한다: "왜 당신은 당신의 이와 배를 준비하는가? 믿으라. 그러면 그대는 이미 먹은 것이다." 성찬의 식사 자체가 생명을 주지는 않는다. 왜냐하면 많은 사람들이 무

---

14) *On the Holy Sacrament*, 1519.

가치하게 먹기 때문이다. 그러므로 예수께서 이 구절에서 성찬에 대하여 말씀하신 것으로 이해할 수 없다.

이 구절은 흔히 성찬을 가르치고 있는 것으로 잘못 생각되어 왔는데, 예를 들면 교황의 교령집(Dudum)을 비롯한 다른 많은 것들에서 그러하다. 그러나 성경을 잘못 사용하는 일과 성경을 본래대로 이해하는 일은 전혀 별개의 문제이다. 그렇지 않고 그리스도께서 "인자의 살을 먹지 아니하고 인자의 피를 마시지 아니하면 너희 속에 생명이 없느니라"고 말씀하셨을 때 성찬의 식사를 명하신 것이라면 그리스도께서는 아무리 그들의 신앙이 확고하다고 할지라도 모든 어린아이들과 모든 병자들과 어떤 이유로 성찬에 참예하지 못한 모든 사람들을 정죄하셨을 것이다. 그런 까닭에 아우구스티누스는 「율리아누스에 대한 반박」(Contra Julianum) 제2권에서 인노센트(Innocent)[15]의 말을 인용하여 성례에 참예하지 못하는 어린아이들까지도 그리스도의 살을 먹고 피를 마신다는 것을 입증하고 있다. 즉 어린아이들까지도 교회의 신앙을 통하여 교통한다는 것이다. 그러므로 이 명제가 증명된 것으로 보고 요한복음 6장은 이 주제와 관련이 없다고 생각하자. 다른 곳에서[16] 보헤미아 사람들이 성찬에서 두 요소의 사용을 입증하려 했을 때 이 구절에서 확실한 증거를 찾을 수 없었다고 나는 기술했다.

그런데 이 주제를 다루고 있는, 그것도 매우 명료하게 다루고 있는 두 기록이 있다. 즉 성찬에 관한 복음서의 이야기와 고린도전서 11장에 나오는 바울의 말이 그것이다. 그 구절들을 고찰해 보자. 마태복음과 마가복음과 누가복음이 모두 일치하고 있듯이 그리스도께서는 모든 제자들에게 이종배찬을 하셨다. 그리고 바울이 두 요소(떡과 즙:역자주)를 주었다는 것은 너무도 확실해서 아무리 철면피라도 그 반대를 말할 수 없을 정도이다. 나아가 마태복음에 따르면 그리스도께서는 떡에 대하여 "너희가 다 이것을 먹으라"고 말씀하지 않으시고 잔에 대하여 "너희가 다 이것을 마시라"고 말씀하셨다고 한다. 그리고 마가복음에서 그리스도께서는 "너희가 다 먹었다"라고 말씀하지 않고 "너희가 다 그것을 마셨다"고 말씀하셨다고 한다. 둘 다 보편성의 표지를 떡이 아니라 잔에 붙이고 있다. 마치 그리스도께서 잔을 모든 사람들에게

---

15) 교황 인노센트 1세.
16) *Verklärung etliche Artikel in dem Sermon von heiligen sacrament*, 1520.

주고자 하였음에도 잔의 참여를 어떤 사람들에게는 금지할 미래의 분파를 성령께서 미리 보신 것 같다. 만약 로마교도들이 "다"라는 말이 잔이 아니라 떡에 붙어 있는 것을 발견했다면 그들은 우리에게 분노를 터뜨릴 것인지 당신은 알 수 있을 것이다. 그들은 우리에게 도망칠 구멍조차도 남겨 놓지 않을 것이다. 그들은 고래고래 소리를 지르며 우리를 이단자들로 낙인을 찍을 것이며 우리를 분파주의자들이라고 욕할 것이다. 그러나 이제 성경이 우리 편에 있고 그들에게 반대한다고 해도 그들은 하나님에 속한 것들에 있어서까지도 논리에 구속받기를 거부하고 자신들의 왜곡 속에 머물 것이다. 그들은 모든 것들을 몇 번이고 바꾸고 뒤죽박죽으로 만들어 놓는다.

이제 내가 나의 주(主)들인 로마교도들에게 가까이 가서 두 요소로 된 성찬(二種배찬:역주)이라는 온전한 성례는 오직 사제들에게만 주어져야 하는가 아니면 평신도들에게도 주어져야 하는가 라고 그들에게 묻는다고 하자. 만약 그들이 원하는 대로 사제들에게만 주어진다면 논리적으로 볼 때 어느 요소든지 어떤 이유로도 평신도들에게 주어지지 않아야 한다. 왜냐하면 그리스도께서 성찬을 제정하셨을 때 그것을 주시지 않은 자들에게 성찬이 경솔하게 주어져서는 안되기 때문이다. 그렇지 않고 만약 우리가 그리스도께서 제정하신 한 가지 제도가 변경되는 것을 허용한다면 그의 모든 규례들은 즉시 무효가 되고, 누구나 자기는 그리스도께서 정하시거나 제정하신 그 어떤 것에도 구속받지 않는다고 대답하게 되는 처지에 있게 된다. 왜냐하면 특히 성경에서는 단 하나의 예외가 전체의 법을 무효화하기 때문이다. 그러나 만약 잔이 평신도들에게도 역시 주어졌다면 그 누구도 평신도들에게 두 요소를 주어야 한다는 것을 부인할 수 없다고 하는 것이 그 논리적 귀결이 될 것이다. 그럼에도 불구하고 만약 평신도들이 잔을 원할 때 어떤 사람이 그들에게 이것을 주지 않는다면 그러한 행위는 그리스도의 행위와 본보기와 제도에 거스려 불경건하게 행하는 것이 된다.

이러한 논증은 반박할 수 없는 것으로 보이며 나는 이 논증이 나를 확신케 하였음을 고백한다. 나는 이에 반대되는 그 어떤 것을 듣거나 발견하지 못하였다. 그리스도의 말씀과 본보기는 여기서 아주 확고하다. 그리스도께서 "너희가 다 이것을 마시라"고 말씀하실 때 그분은 허용을 말씀하고 있는 것이 아니라 명령을 발하고 있다. 그러므로 모든 사람이 다 잔을 마셔야 하고 오직 사제들을 향해서만 말씀되어진 것으로 이해되어서는 안된다. 그런 까닭에 평신도들이 잔을 원할 때 그 잔을 그들에게 주지 않는 것은 의심할 여지 없이 불경건한 짓이다. 비록 하늘에서 내려온 천사가 그렇게 행한다고 할지라도 그러하다. 두 요소 가운데 어느 것을 분배하느냐 하는 것은 교회의 자유로운 판단에 맡겨져 있다는 로마교도들의 견해를 밑받침할 수 있는 근거나 성경으로부터의 증거를 그들은 하나도 제시하지 못한다. 해당되는 문제를 증명하는 것이 그냥 넘겨버리고 있는 것이다. 그러나 그들의 주장은 그들에게 그리스도의 말씀 또는 행위들을 가지고 맞서는 반대자 앞에서는 아무런 힘도 발휘하지 못한다. 그러한 사람은 우리 로마교도들에게 결여되어 있는 바로 그것, 즉 그리스도의 말씀으로 논박하여야 한다.

그러나 성찬에서 어느 요소를 평신도들에게 허락하지 않는다면 세례나 참회(Penitence)의 의식들 가운데 일부도 마찬가지로 교회의 자유로운 처분에 의하여 그들에게서 빼앗을 수 있을 것이다. 각각의 경우에 그들은 그렇게 하는 데 대한 동일한 근거들과 권세를 가지고 있기 때문이다. 그러므로 세례와 사죄의 의식이 평신도들에게 온전한 형태로 거행되어야 하는 것과 마찬가지로 성찬도 평신도들이 원한다면 온전한 성례로 거행되어야 한다. 나는 로마교도들이 사제들은 죽을 죄의 고통 아래에서도 미사에서 결코 한 요소만을 받아서는 안된다고 주장하는 것에 놀라움을 금치 못한다. 이에 대해 그들이 한 목소리로 말하는 이유라는 것은 두 요소가 온전하고 완결된 성찬을 구성하므로 분리되어서는 안된다는 것이다. 왜 평신도들의 경우에는 두 요소가 분리되어야 하고 분리되지 않은 온전한 성찬을 그들 자신에게만 주어져야 하는지를 내게 말해 주었으면 좋겠다. 그들은 두 요소가 평신도들에게 주어져야 하거나 한 요소만 주어지면 실제로는 참되고 진정한 성찬이 아니라는 것을 그들 자신의 관행에 의거하여 인정하지 않는가? 한 요소의 성찬이 사제들의 경우에는 온전하지 않지만 평신도들의 경우에는 온전한가? 왜 그들은 이 점에 있어서 교회의 자유로운 선택과 교황의 권능에 호소하는가? 그럴지라도 그러한 것들은 하나님의 말씀이나 진리와 증언을 폐하지 못한다.

나아가 교회가 평신도들로부터 포도주를 빼앗을 권세를 가지고 있다면, 교회는 또한 떡도 빼앗을 수 있다. 그리고 동일한 근거 위에서 교회는 평신도들로부터 제단의 성찬 전부를 빼앗고 또 평신도들에게서 그리스도께서 제정하신 것을 모두 박탈할 수 있다. 그러나 나는 교회가 그러한 권세를 갖고 있다는 것을 부인한다. 한편 만약 교회가 떡만을 분배하거나 두 요소 모두

(성체를 받을 자격이 있는 사람들의 소원대로)를 분배하도록 명령을 받았다고 한다면, 포도주를 빼앗는 것은 교회의 선택일 수 없다. 이 주장에 대한 어떠한 공격도 성공할 수 없다. 교회가 두 요소에 대하여 권세를 갖고 있다면 동일한 권세는 각각에 적용되든지 아니면 교회가 두 요소 모두에 대하여 권세를 갖지 않고 있다면 각각에 대하여서도 권세가 없기 때문이다. 나는 로마의 두꺼비들이 이에 대하여 어떠한 답변을 하는지 듣고자 한다.

가장 중요한 증거이자 내게는 온전히 유력한 증거는 그리스도께서 "이는 너희와 많은 사람들의 죄사함을 위하여 흘린 내 피이다"라고 하신 말씀이다. 여기서 당신은 피가 모든 사람들에게 주어졌으며 모든 사람들의 죄를 위하여 흘려졌다는 것을 아주 명백하게 볼 수 있을 것이다. 아무도 감히 피가 평신도들을 위하여 흘려지지 않았다고 말하지 못할 것이다. 예수께서 잔에 관하여 말씀하실 때 누구에게 말씀하셨는가는 분명하기 때문이다. 그분은 모든 사람들에게 말씀하신 것이 아니던가? 그분은 "너희를 위하여"라는 단어를 사용하셨다. 좋다. 이 단어가 사제들을 가리킨다고 하자. 그럴지라도 예수께서 이에 덧붙이신 "그리고 많은 사람들을 위하여"라는 단어는 사제들에게만 적용될 수는 없는 노릇이다. 이것들은 다 그만두고라도 예수께서는 "너희가 다 이것을 마시라"고 말씀하셨다. 나도 역시 내가 이미 말한 바 있는 저 실없는 사람이 행하는 것처럼 여기서 말장난을 하거나 그리스도의 말씀을 갖고 노는 것은 쉬운 일이다. 그러나 성경에 의거하여 우리에게 대항하는 사람들은 성경을 통해 논박되지 않으면 안된다.

이러한 것들을 고려해서 나는 옳든지 그르든지 분명히 그리스도의 말씀과 행위들을 자기들 편으로 하고 있는 보헤미아 사람들(후스파 사람들:역주)을 단죄하지 않았다. 우리 로마교도들은 그리스도의 말씀도 행위도 갖고 있지 않으며 단지 "교회가 그렇게 정하였다"는 공허한 말만을 늘어놓는다. 이러한 것들을 정한 것은 교회가 아니라 하나님의 백성인 교회의 동의 없이 교회 위에 군림하는 자들이다.

나의 다음 질문은 다음과 같다: 평신도들에게 두 요소를 분배(二種배찬)하지 않는 것이 무슨 이유로 꼭 필요하고 왜 경건하며 무슨 가치가 있는가? 모든 사람들이 그들이 그러한 표징 없이 성례의 내용물을 받는 데 동의함에도 왜 눈에 보이는 표징은 빼앗는가? 그들이 평신도들에게 더 중요한 것인 그 내용물은 허용하면서 왜 한층 덜 중요한 그 표징은 허용하지 않는가? 모든 성례에 있어서 단순히 외적인 이러한 표징은 그 표징에 의해 상징되는 것에 비해 비교도 되지 않을 만큼 덜 중요하다. 더 중요한 것은 허용하면서 한층 덜 중요한 것을 허용하지 않는 이유는 무엇인가? 이것은 교회에서 분열의 기회를 제공하기 위하여 하나님의 진노에 의해 사태가 이 지경까지 이르게 허락된 것처럼 내게는 보인다. 이것은 오래 전에 우리가 성례의 내용물은 잃어버렸음에도 그 외적인 표징을 놓고 싸운다는 것을 의미할 것이다. 그리고 그것은 한층 덜 중요한 것을 위해 싸우면서, 우리는 가장 큰 가치를 지니고 있을 뿐만 아니라 그것만이 가치가 있는 것들에 대하여 적대적이라는 것을 의미한다. 마찬가지로 어떤 로마교도들은 전례(典禮)를 위해서는 싸우면서 사랑을 반대한다. 실제로 이러한 기괴한 사태는 기독교의 사랑에 반하여 우리가 어리석게도 세상적인 부를 추구하기 시작했을 때 생겨났다. 하나님은 그것을 저 무시무시한 표적, 즉 우리가 본질 자체보다도 그 외적인 표징을 더 좋아한다는 사실을 통해 보여주셨다. 당신이 세례 지망자가 세례에 대한 신앙을 받아들이는 것은 허용하면서도 그에게 그 신앙의 표징, 즉 물을 주기를 거부한다면 그것은 얼마나 왜곡된 것이겠는가!

그러나 마지막으로 바울은 확고하게 고린도전서 11장에서 "내가 너희에게 전한 것은 주께 받은 것이니"〔고린도전서 11:23〕라고 말함으로써 모든 사람들의 입을 다물게 하고 있다. 우리의 거짓말장이 수도사가 단언하고 있는 것과는 달리 바울은 "내가 너희에게 허락하였다"고 말하지 않는다. 또한 바울이 두 요소를 다 준 것은 고린도 교회에서의 다툼 때문이었다고 말하는 것도 옳지 않다. 첫째로 성경 본문은 그 다툼은 두 요소에 관한 것이 아니라 부자와 가난한 자들이 서로 경멸하고 시기하는 것에 관한 것이었음을 보여준다. 본문은 "어떤 이는 시장하고 어떤 이는 취함이라 … 빈궁한 자들을 부끄럽게 하느냐"라고 분명히 말하고 있다. 더욱이 바울은 자기가 그들에게 성례를 처음으로 베푼 때에 관하여 말하고 있는 것이 아니다. 왜냐하면 바울은 "내가 주님에게서 받고 있다", "내가 너희에게 주고 있다"라고 말하지 않고 "내가 받았다", "내가 주었다"라고 말하고 있기 때문이다. 이런 분쟁이 일어나기 오래 전, 바울이 처음으로 그들에게 말씀을 전했을 때 그러했다는 것이다. 바울은 자기가 그들에게 두 요소를 다 전해주었다는 것을 의미한다. 왜냐하면 "전했다"는 말은 그가 다른 곳에서 그 말을 사용하고 있을 때와 동일한 의미로 "명령하였다"를 뜻하기 때문이다. 따라서 성경이나 이성 또는 다른 토대와는 동떨어지게 긁어모은 이 수도사의 "허락"이라는 말은 여기에서 설 자리조차 없다. 그의 논적들은 그가 무엇을 꿈꾸었느냐고 묻는 것이 아니라 성경이 여기서 어떠한 평결을 내리고 있는가를 묻는다. 이 수도사는 자신의 거짓 주장들을 밑받침할 만한 성경 구절을 단 한 자도 들 수 없는 반면에 그 논적들은 자신들의 신앙을 밑받침하기 위하여 막강한 천둥 번개를 만들어낼 수 있다.

이제 너희 공정하게 말하는 체 하는 교황의 두꺼비들아, 다 나아오라! 단단히 각오하고 복음에 반하는 불경건과 전횡과 배신, 너희 형제들을 중상모략하는 범죄를 스스로에게서 제거하라. 너희 형제들이 네 자신의 머리 속에서 만들어낸 것들에 동의하지 않거나 그것들이 명료하고 힘있는 성경에 반하는 데에도 본질적으로 옳고 합당하다고 생각하지 않는다고 하여 너희는 그들을 이단자들로 선포한다. 만약 어떤 사람들이 이단자와 종파주의자로 불려야 한다면, 그것은 보헤미아 사람들이나 헬라인들이 아니다. 왜냐하면 그들은 복음에 터하고 있기 때문이다. 오히려 너희 로마교도들이야말로 이단자들이고 불경건한 종파주의자들이다. 왜냐하면 너희는 하나님의 성경에 나오는 명료한 구절들에 반하여 너희의 허구들만을 지니고 있기 때문이다. 나의 친구들이여, 이러한 것들을 너희에게서 제거하라.

이 수도사의 소중한 두뇌 속에서 사도가 그 구절을 썼고 그러한 허락을 보편 교회가 아니라 지역 교회인 고린도 교회에 주었다고 말하는 것보다 더 우스꽝스럽고 더 가치 있는 것이 무엇이 있겠는가? 이 수도사는 자신의 이런 말에 대한 증거를 어디로부터 끌어오고 있는 것일까? 유일한 창고인 자기 자신의 불경건한 머리에서이다. 보편 교회가 이 서신을 받아들여서 읽고 그것에 전적으로 순종한다면 이 구절에도 순종해야 하지 않는가? 만약 우리가 바울의 어떤 서신이나 그 서신들 가운데 어느 구절이 보편 교회에 적용되지 않는다는 것을 인정한다면 바울의 모든 권위는 땅에 떨어지고 만다. 그러한 논리 속에서는 고린도 교인들은 바울이 로마서 가운데서 믿음에 대하여 가르쳤던 것은 자기들에게 적용되지 않는다고 말할 것이다. 이보다 더한 신성모독을 상상할 수 있을까? 바울의 모든 서신 속에 교회 전체가 따르거나 순종하지 않아도 되는 것이 일점일획이라도 있다는 생각을 버리라. 그러한 것은 위태로운 현재에조차도 교부들의 견해가 아니었다. 바울이 사람들이 신성모독을 할 것이고 맹목적이고 지각없게 될 것이라고 예언한 것은 바로 우리 시대를 두고 한 말이었다. 이 수도사는 그 사람들 가운데 우두머리거나 적어도 그 일원이다.

그러나 논증을 위하여 이러한 참기 어려운 광기를 인정한다고 해보자. 만약 바울이 한 특정한 교회에 허락을 했다고 한다면 너희 로마교도들의 관점에서 볼 때 헬라인들도 옳고 보헤미아 사람들도 옳다. 왜냐하면 그들도 특정한 교회들이기 때문이다. 그런 까닭에 그들이 적어도 허락을 내린 바울에 반하여 행하지 않는 한 그것으로 충분하다. 더욱이 바울은 그리스도께서 제정하신 것에 반하는 그 어떤 것을 허락할 수 없었다. 따라서 나는 오, 로마와 너희 측근들에 반대하여 그리스도와 바울의 이 말씀들은 헬라인들과 보헤미아 사람들에게 유리하다고 주장하는 바이다. 너희는 이러한 것들을 변경시킬 수 있는 권능이 너희에게 주어졌다는 것을 증거라는 이름으로 보일 수 없으며 너희가 너희의 교만한 거짓 주장들을 무시하는 사람들을 이단자들로 비난할 수 있는 권한은 더더구나 없다. 불경건과 압제라는 범죄를 저지르고 있다고 비난받아야 할 자는 오히려 너희들이다.

모든 로마교도들을 논박하기 위해서는 키프리아누스 혼자만으로도 충분하다. 그는 자신의 저작인「타락한 자들에 관하여」제5권에서 이 문제를 논한다. 그는 평신도들의 다수와 어린아이들에게까지도 두 요소를 베푸는 것(二種배찬:역주)이 카르타고 교회에서의 관행이었음을 증언하고 있다. 그리고 그는 이에 대한 많은 예들을 제시한다. 무엇보다도 특히 그는 일부 사람들에 대하여 다음과 같이 책망한다: "신성모독을 범하는 사람은 자신의 손이 불결함에도 주님의 몸을 직접 받지 못하도록 하거나 자신의 입술이 부정함에도 주님의 피를 마시는 것이 허용되지 않는다는 이유로 사제들에게 화를 낸다." 너희 가련한 두꺼비들이여, 여기서 뭔가 너희가 호통칠 것이라도 발견하고자 하는가? 사도적 정신으로 충만한 교회의 선생인 이 거룩한 순교자가 이단자이며 또한 그는 이 허락을 어떤 한 특정한 교회에서 사용하였다고 너희는 말하고자 하는가?

키프리아누스는 같은 책에서 자기의 눈 앞에서 일어났기 때문에 직접 목격한 사건을 들려준다. 한 집사가 한 여자 아이에게 잔을 베풀고 있었는데, 그 여자 아이는 수줍어하며 뒤로 물러났고 그 집사는 주님의 피를 그 여자 아이의 입에 부었다. 마찬가지로 우리는 성 도나투스의 성배(聖杯)가 깨진 사건을 읽는다. 그러나 이 가련한 우리의 두꺼비는 "우리의 기록은 성배가 깨졌다고는 말하고 있으나 피가 주어졌다고는 말하지 않고 있다"고 말함으로써 이 사건을 아주 간단하게 처리하고 만다. 전혀 이상한 일이 아니다. 성경에 자기가 의도하는 의미를 부여할 수 있는 사람은 역사 속에서도 자기가 원하는 것을 투영하여 읽을 수 있다. 그러나 그것은 교회의 권위를 세우거나 이단자들을 논박하는 방식이 아니다.

이제 충분하다! 왜냐하면 나는 대답할 가치조차 없는 사람에게 대답을 할 목적으로 이 글을 시작한 것이 아니며 오히려 문제의 진실을 백일하에 밝히기 위하여 글을 시작하였기 때문이다.

그러므로 나는 평신도들에게 두 요소를 거부하는 것은 불경건한 압제이며 또한 이러한 것은 어떤 천사의 권한 중에도 없고 어떤 교황이나 공의회의 권한 중에도 없다고 결론을 내린다. 콘스탄스 공의회의 결정도 나를 방해하지 못한다. 만약 이 공의회의 권위가 정당하다면, 왜 그 정반대로 결정을 내려서 보헤미아 사람들로 하여금 두 요소의 성찬(二種배찬)을 받도록 허락한다는 바젤 공의회의 권위는 정당하지 않는가? 그 공의회의 현존 기록과 문서가 보여주는 바와 같이 그와 같은 결정은 상당한 논의가 있은 후에 이루어졌다. 그리고 우리의 비굴하고 무지한 자는 자기 자신이 만들어낸 것들을 밑받침하기 위하여 이 공의회를 증거로 인용한다. 그는 이러한 총명을 가지고 모든 주제를 논한다.

이 성례를 족쇄채운 것 가운데 첫번째의 것은 이 성례의 실체와 완전성에 관한 것이다. 바로 이 실체와 완전성을 로마의 독재자들은 우리로부터 박탈하였다. 단지 한 요소만을 사용하는 성찬에 참예하는 것은 그리스도에 대하여 죄를 짓는 것이 아니라 하자. 왜냐하면 그리스도께서는 어느 쪽의 사용을 명하신 것이 아니라 이 문제를 각 사람의 선택에 맡겨놓았기 때문이다. 그리스도께서는 "이것을 행하여 마실 때마다 나를 기념하라"고 말씀하셨다. 자유로운 선택권을 행사하기를 원하는 사람들에게 두 요소를 주기를 거부하는 것은 죄이다. 따라서 죄를 짊어져야 하는 사람은 평신도들이 아니라 사제들이다. 성찬은 사제들만의 것이 아니라 모든 사람들의 것이다. 사제들은 주관하는 자들이 아니라 섬기는 자들이며, 원하는 사람들 — 그들을 자주 그렇게 원한다 — 에게 두 요소를 베푸는 것이 그들의 의무이다. 만약 사제들이 평신도들에게서 이러한 권리를 강제로 빼앗고 거부한다면 그들은 압제를 행하고 있는 것이다. 그러나 평신도들은 한 요소를 받지 않거나 두 요소를 모두 받지 않거나 죄를 범하는 것이 아니다. 한편 평신도들은 자신들의 신앙 및 온전한 성례를 바라는 자신들의 소원으로 인하여 해를 받아서는 안될 것이다. 마찬가지로 사제들은 섬기는 자들이기 때문에 그들은 정당하게 원하는 모든 사람에게 세례와 사죄를 베풀어야 한다. 만약 그들이 그렇게 베풀지 않는다면 그것을 구하는 사람은 자신의 신앙을 온전히 지키게 되나 그들은 그리스도 앞에서 악한 종들이라고 책망을 받을 것이다. 옛날에 사막의 교부들은 오랜 기간 동안 어떤 형태로든 성찬을 받지 않았다.

그러므로 나는 두 요소를 받기 위하여 강제력을 사용하여야 한다고 주장하지 않으며 오히려 사람들의 양심을 깨우쳐서 어떤 사람이 로마의 횡포에 시달리는 경우 그로 하여금 그가 성찬에 있어서 자신의 권리를 빼앗긴 것은 그 자신의 공모로 인한 것임을 알게 하고자 한다. 내가 바라는 것은 단지 아무도 평신도들에게 한 요소를 베풀기를 부인하는 로마의 횡포가 옳은 것으로 여기지 않아야 한다는 것이다. 우리는 오히려 우리가 회교도들 가운데서 죄수들인 양 스스로 참아야 하고 그 어느 쪽의 요소를 사용하는 것이 허락되지 않는다고 하더라도 그러한 횡포를 혐오하고 동의하지 말아야 한다. 바로 이것이 나의 취지였다. 그래서 나는 이러한 포수(捕囚)가 일반 공의회의 결의에 의하여 폐하여지고 우리의 고귀한 기독교적 자유가 우리에게 회복되며 우리가 로마에 있는 폭군의 수중에서 놓여나는 것이 당연하다고 말했던 것이다. 각 사람은 세례와 참회의 경우에서와 마찬가지로 이 성찬을 구하고 사용하는 데 있어서 자신의 자유로운 선택이 허용되어야 한다. 그러나 지금 해마다 이 폭군은 폭정을 휘둘러 우리로 하여금 오직 한 요소만 받도록 강요한다. 이것은 우리가 그리스도로부터 받은 자유를 완전히 상실했다는 것을 보여주는 척도이고 우리의 불경건한 배은망덕에 대한 마땅한 응보이다.

이 성찬의 두번째 족쇄는 우리의 양심과 관련해서 한층 덜 심각하지만 이를 논하는 것은 훨씬 더 위험스러우며 이를 단죄하는 것은 말할 것도 없다. 여기서 나는 위클리프파로 불릴 것이며 육백 번이나 이단자로 불릴 것이다. 그러나 그것이 어쨌단 말인가? 로마 주교는 하나의 주교이기를 그치고 폭군이 되었기 때문에 나는 그의 영(令)을 하나도 두려워하지 않는다. 왜냐하면 나는 어떤 새로운 신조(信條)를 만드는 권한을 그가 가지고 있지 않으며 또 일반 공의회도 그러하다는 것을 알기 때문이다.

얼마 전에 내가 스콜라 신학을 연구하고 있었을 때 나는 캄브레

(Cambrai)의 추기경인 피에르 다이(Pierre d' Ailly)[17]에게 크게 감명을 받았다. 그는 「명제집」(Sententiae:Peter the Lombard의 조직 신학) 제4권을 아주 예리하게 논하면서, 우리가 제단의 떡과 포도주를 그것들의 단순한 표징들이 아니라 실제의 떡과 포도주로 여긴다면 — 교회가 이와 다르게 결정하지 않았다면 — 훨씬 더 그럴 듯하고 더 적은 이적들을 전제해도 될 것이라고 말하였다. 나중에 나는 이러한 것을 규정한 것이 어떤 교회인가를 알게 되었을 때, 말하자면 그것이 토마스 아퀴나스적인[18] 교회 또는 아리스토텔레스적인 교회임을 알고 더 용기를 얻게 되었다.

서로 갈등하는 견해들 사이에서 망설이다가 나는 마침내 앞의 견해, 즉 그리스도의 참된 살과 참된 피는 참된 떡과 참된 포도주에 있다는 견해를 받아들임으로써 마음의 평안을 얻게 되었다. 이 견해는 토마스 아퀴나스파들이 그것들을 표징들로 여기는 것과는 다른 것이었다. 나는 이 견해를 채택하였다. 왜냐하면 토마스 아퀴나스파들의 견해들은 교황과 공의회의 인정을 받고 있긴 하지만 여전히 학설로 남아 있고 비록 하늘로부터 온 천사에 의해 영이 내려진다고 할지라도 신조가 되지 못할 것이기 때문이다. 성경이나 입증된 계시를 토대로 함이 없이 주장되는 것은 하나의 학설로는 생각할 수 있으되 반드시 믿어야 할 필요는 없기 때문이다.

이러한 토마스 아퀴나스의 의견은 성경이나 이성에 토대를 두고 있지 않고 아주 불확실하기 때문에 토마스 아퀴나스는 자신의 철학도 자신의 논리도 이해하지 못하고 있지 않았나 하는 생각이 내게는 든다. 왜냐하면 아리스토텔레스는 표징들과 그것들의 실체에 대하여 성 토마스 아퀴나스와는 다르게 말하고 있기 때문이다. 나는 그토록 위대한 인물이 신앙 문제에 있어서 자신의 견해들을 아리스토텔레스로부터 끌어왔을 뿐만 아니라 그 견해들을 자기가 이해하지도 못한 인물을 토대로 함으로써 불행한 토대 위에 불행한 상부 구조를 세우려고 시도했다는 것에 대해 유감으로 생각하지 않을 수 없다.

그러므로 나는 각자가 자기 좋을 대로 이 의견 중 어느 하나를 가져도

---

17) 1350년에 북부 프랑스에서 태어나 1372년에 파리 대학의 학생으로 있다가 1388년에 그 대학의 총장이 되었다. 그는 6월 28일 요한 후스를 정죄한 공의 회의 의장이었다.
18) 주후 1274년에 죽은 토마스 아퀴나스의 이름을 따 명명되었다.

좋다고 본다. 내가 지금 의도하는 것은 양심의 모든 거리낌을 제거함으로써 아무도 자기가 제단의 떡과 포도주가 진짜 떡과 포도주라고 믿는다고 하여 이단자로 불리는 것을 두려워하지 않도록 하려는 것 뿐이다. 그 사람으로 하여금 그는 자신의 영혼의 구원을 위태롭게 함이 없이 어느 한 쪽의 의견을 믿고 생각하고 피력할 수 있다는 것을 알게 하라. 왜냐하면 어느 특정한 견해가 필연적인 신조인 것이 아니기 때문이다.

그러나 이제 나는 내 자신의 의견을 좀더 피력하고자 한다.

1. 나는 나의 견해가 위클리프파 또는 후스파 이단이라거나 교회의 법령에 반한다고 부르짖는 자들의 말에 귀를 기울이거나 주의를 기울이지 않을 것이다. 이런 유의 책략은 내가 여러 번에 걸쳐 면죄부, 자유의지, 하나님의 은혜, 선행, 죄 등의 문제에 있어서 이단으로 단죄한 바로 그 자들에 의해서만 채택되고 있다. 만약 위클리프가 이단자였다면 그들은 열 배나 이단자들이다. 이단자들과 왜곡된 궤변론자들에게 욕을 먹고 비난을 받는 것은 즐거운 일이다. 왜냐하면 그들을 즐겁게 하는 것은 가장 나쁜 불경(不敬)이기 때문이다.

2. 더욱이 그들은 자신들의 주장들을 입증하거나 그 반대되는 의견이 옳지 않다는 것을 증명할 수도 없으며 단지 "저것은 위클리프적이고 후스적이며 이단적이다"라고 말하는 것 외에는 아무 말도 할 수 없다. 그들은 이러한 미약한 반론을 언제나 그들의 입에 달고 다니지만 그 외의 다른 것은 아무것도 없다. 만약 당신이 성경적인 증거를 요구한다면 그들은 "이것이 우리의 의견이며, 교회(즉, 우리 자신들)가 그렇게 명하였다"고 대답한다. 이것은 사악한 신앙을 갖고 있으며 신뢰할 수 없는 이 자들은 교회의 권위를 빌어 자신들의 망상을 신조들이라고 우리에게 설명하는 정도가 어떠한지를 보여준다.

하지만 내 견해에는 아주 훌륭한 근거가 있다. 그리고 무엇보다도 하나님의 말씀은 사람에 의해서든지 천사에 의해서든지 결코 억지로 해석되어서는 안된다. 오히려 하나님의 말씀은 가장 분명한 의미로 이해되지 않으면 안된다. 그리고 문맥으로 인해 우리가 분명히 달리 할 수밖에 없는 경우 이외에는, 하나님의 말씀은 그 고유의 문자적 의미와 동떨어지게 이해되어서는 안된다. 이는 우리의 적들에게 모든 성경을 회피할 기회를 주지 않기 위해서이다. 이것이 오리겐이 오래 전에 배척을 받은 것이 옳은 이유이다. 그는 나무들과 낙원에 관하여 씌어진 그밖의 모든 것들을 우화(allegory)로 만들어서 그 명백한 문자적인 의미를 무시하였다. 사람들은 그가 말한 것으로부터 하나님이 나무들을 창조하지 않았다고 추론했었을 수 있다. 마찬가지로 두번째로 우리의 특정한 주제와 관련하여 복음서 기자들은 그리스도께서 떡을 가지사 축사하셨다고 분명하게 기록하고 있으며, 사도행전과 사도 바울도 그것을 떡이라고 부르고 있으므로 우리는 그것이 실제의 떡 ― 따라서 참된 포도주, 참된 잔 ― 을 의미하는 것으로 이해해야 한다. 우리의 대적자들조차도 잔이 변화된다고 말하지 않는다. 그러므로 하나님의 능력이 화체(化體)를 가져온다고 가정할 필요가 없으므로 이것은 사람이 만들어 낸 허구로 간주되어야 한다. 왜냐하면 앞으로 보는 바와 같이 이것은 성경이나 이성에 의해 밑받침되고 있지 않기 때문이다.

그러므로 "떡"은 떡의 형태나 "속성(accidents=attributes)"을 의미하며 "포도주"는 포도주의 형태나 속성을 의미한다고 이해하는 것은 말씀에 대한 진기하고 터무니없는 왜곡이다(저들은 "떡"과 "포도주"의 실체 혹은 본질만이 성체로 화체된다고 함:역주). 그렇다면 왜 그들은 다른 모든 것들도 형태들과 속성들이라고 하지 않는가? 비록 다른 모든 것들에 대해서는 그와 같이 할 수 있다고 할지라도, 하나님의 말씀을 이런 식으로 가볍게 다루고 또 그 말씀의 원래의 의미를 박탈하는 것은 조금도 정당화될 수 없는 일이다.

교회는 천이백 년 이상이나 정통을 지켜왔다. 교부들은 어느 때 어느 곳에서 화체설 ― 용어로서든 생각으로서든 기괴한 ― 이라는 단어를 말한 적이 없다. 그런데 아리스토텔레스의 허울좋은 철학이 지난 삼백 년 동안에 교회에 뿌리를 내리고 상당한 세력을 얻었다. 이 기간 동안에 그밖의 많은 왜곡된 결론들이 내려졌다. 예를 들어보자면 다음과 같다: "하나님은 낳아진 것도 아니고 낳지도 않는다"; "영혼은 형태이고 인간의 육체는 실체이다" 등등. 캄브레의 추기경 자신이 인정하는 바와 같이 이러한 주장들은 어떠한 이유나 근거도 없이 내세워진다.

로마교도들은 아마 우상 숭배의 위험성으로 인하여 떡과 포도주가 실제라는 것을 금하고 있다고 반론을 펼 것이다. 이는 매우 우스꽝스러운 반론이다. 왜냐하면 평신도들은 실체(본질:역주)와 속성에 관한 저들의 시시콜콜한 철학을 결코 이해한 적이 없었기 때문이다. 또한 평신도들이 그렇게 가르침을 받는다면 그들은 그것을 파악할 수 없을 것이다. 따라서 눈에 보이는 속성(실체와 반대 개념:역주)을 보유하든 눈에 보이지 않는 실체를 보유하든 위험성은 동일하다. 왜냐하면 평신도들이 속성들을 예배하지 않고 그것들이 숨기고 있는 그리스도를 예배한다면, 왜 그들은 그들이 보지 않는 떡을 예배해야 하는가?

왜 그리스도께서는 떡의 속성 안에와 마찬가지로 떡의 실체 안에 자신의 몸을 담을 수 없겠는가? 쇠와 불은 두 실체이지만 빨갛게 달궈진 쇠에 있어서는 불과 쇠의 두 실체가 혼합되어 있기 때문에 모든 부분이 쇠이자 불이다. 그런데 마찬가지로 왜 영화롭게 된 그리스도의 몸이 떡의 실체의 모든 부분에서 발견될 수 없겠는가?

그들은 뭐라고 대답할 것인가? 그리스도께서는 자기 모친의 동정녀 모태로부터 탄생되었다고 믿어지고 있다. 여기서도 역시 그들은 마리아의 육신이 잠시 동안 존재를 박탈당했다거나 또는 좀더 적절히 말하여 마리아의 육신이 "화체되어" 그리스도께서 그 속성 가운데 싸여 계시다가 그 속성을 통하여 출생하셨다고 말하는 것이 좋을 것이다. 예수께서 그것들을 움직이시지 않고 드나드신 다락방의 닫힌 문과 닫힌 무덤 입구에 대해서도 똑같이 말해야 할 것이다. 이 이론으로부터 실체와는 구별되는 항상적(恒常的)인 양(量)에 대한 철학의 바벨탑이 생겨나서 마침내 그들 자신도 무엇이 속성이고 무엇이 본질인지를 알지 못하게 되었다. 열, 색, 추위, 빛, 무게, 모양은 속성들이라는 분명한 증거를 제시한 사람은 아무도 없었다.

나아가 그들은 어떤 새로운 본질이 하나님에 의하여 창조되어 제단의 속성들에 덧붙여진다고 강변하지 않을 수 없었다. 이것이 요구된 것은 아리스토텔레스가 "속성의 본질은 그 무엇 속에 있어야 한다"고 말했기 때문이다. 그들은 무수한 괴이한 관념들로 이끌려졌다. 만약 그들이 단지 떡이 실제로 거기에 있다고 인정하기만 한다면 그들은 이 모든 것들로부터 자유케 될 것이다. 적어도 일반 사람들 가운데서 이 성례에 대한 단순한 신앙이 여전히 존재한다는 것을 생각하면 나는 기쁘다. 왜냐하면 그들은 이러한 논쟁을 이해하지도 못하고 거기에 본질이 없이 속성이 있는지의 여부를 논란하지도 않으며 오히려 단순한 신앙으로 그리스도의 몸과 피가 참으로 거기에 포함되어 있다고 믿고 무엇이 그리스도의 몸과 피를 담고 있는가에 대한 논의는 할 일 없는 사람들에게 맡겨 버리기 때문이다.

아마 로마교도들은 이렇게 말할 것이다: "아리스토텔레스는 긍정문에 있

어서 주어와 술어는 동일한 것을 의미하여야 한다고 가르치고 있다" 또는
「형이상학」 제6권에 나오는 괴물 자신의 말을 인용하여 "긍정 명제는 주어와
술어의 일치를 요구한다." 그러므로 그리스도께서 "이것은 내 몸이다"라고
말씀하셨을 때 주어는 떡을 나타내는 것이 아니라 그리스도의 몸을 나타낸다
는 결론이 나올 것이다. 아리스토텔레스와 사람들의 가르침들이 이와 같이
고상하고 신적인 문제에 관한 중재자일 때 우리의 반응은 어때야 하는가? 왜
우리는 이러한 호기심을 버리고 단순한 신앙으로 그리스도의 말씀에만 매달
리지 않으며, 여기서 무엇이 일어나는가를 이해하려 하지 말고 그리스도의
참 몸이 성찬 제정의 말씀으로 인하여 거기에 임재한다는 것으로 만족하려고
하지 않는가? 우리는 하나님께서 역사하시는 방식을 완벽하게 알 필요가 없
다.

그러나 아리스토텔레스는 본질이 제일 주어라고 인정하기는 하지만 속
성의 모든 범주들을 하나의 주어로 인정하고 있다고 한다면 로마교도들은 무
엇이라고 말하는가? 아리스토텔레스에 의하면 "이 흰 것", "이 큰 것", "이
어떤 것"은 다 어떤 것을 서술하는 주어가 된다. 이것이 옳다면 나는 다음과
같이 묻는다: 만약 떡을 그리스도의 몸이라고 선언하는 것을 피하기 위하여
"화체"(transubstantiation)를 제안해야 한다면, 왜 "화체"를 제안함으로써
속성이 그리스도의 몸이라고 단언하는 것을 피하지 않는가? 우리가 "이 흰
것 또는 이 둥근 것"을 주어로 이해하든 그리스도의 몸을 주어로 이해하든
위험성은 동일하다. 어떤 근거 위에서 "화체"를 가르치든 그와 동일한 근거
위에서 "속성의 변화"도 가르쳐야 한다. (로마 가톨릭교회는 떡과 즙의 봉헌
과 더불어 떡과 즙의 속성은 그대로 있으나 본질 혹은 본체는 성체로 化體된
다고 함:역주) 한 명제의 두 말은 동일한 것을 가리킨다는 것이 원칙이기 때
문이다.

그러나 당신이 "이것은 내 몸이다"라고 말할 때 묘기를 부려서 표징 위
로 올라가서 그것이 주어에 의해 지칭되고 있는 것으로 여기고 싶지 않다고
한다면 왜 당신이 그것을 주어로 여기고 싶지 않을 때 떡의 본질을 그와 같
이 수월하게 넘어가지 않는가? 그렇다면 "이것은 내 몸이다"라고 말하는 것
은 본질에 있어서나 속성에 있어서나 마찬가지로 참될 것이다. 결국 이것은
하나님의 전능하신 능력에 의하여 행해지는 이적으로서 본질에서나 속성에서
나 똑같은 정도로 동일한 방식으로 행해질 수 있다.

그러나 우리의 변증을 너무 길게 늘어놓지는 말자. 그리스도께서는 이러한 이상한 관념들을 예견하시고 명료한 단어들을 사용하신 것처럼 보이지 않는가? 그리스도는 포도주에 대하여 "이 실체는 나의 피이다"라고 말씀하시지 않고 "이것은 나의 피이다"라고 말씀하셨다. 그리스도께서 "잔"이란 말을 도입하여 "이것은 내 피로 세운 새 언약의 잔이다"라고 말씀하셨을 때 그것은 한층 더 분명하다. 그리스도께서는 우리가 단순한 신앙에 머물러서 그리스도의 피가 잔 가운데 있다는 것만을 믿기를 원하신 것으로 보이지 않는가? 나로서는 어떻게 떡이 그리스도의 몸이 되는지 알 수 없으므로 나는 내 이성을 사로잡아 그리스도에게 복종케 하고 단순한 마음으로 그리스도의 말씀을 굳게 부여잡아 그리스도의 몸이 떡 가운데 있다는 것만이 아니라 떡이 그리스도의 몸이라는 것을 확고부동하게 믿고자 한다.

여기에 대한 나의 근거는 "떡을 가지사 축사하시고 떼어 가라사대 이것 (즉, 그리스도께서 취하셔서 뗀 바로 그 떡)은 너희를 위하는 내 몸이니"라는 말씀이다. 바울은 "우리가 떼는 떡은 그리스도의 몸에 참예함이 아니냐"라고 말한다. 그는 "떡 가운데 있다"라고 말하지 않고 "이 떡이 그리스도의 몸에 참여함이다"라고 말한다. 철학자들이 이러한 것을 알아내지 못한다고 하여 무엇이 문제가 되겠는가? 성령은 아리스토텔레스보다 더 위대하다. 어떻게 로마교도들이 그들의 세련된 화체설이 어떤 철학 체계에 포함되어 있다고 주장할 수 있겠는가? 그들 스스로가 여기서 모든 철학은 역부족이라는 것을 고백하고 있지 않은가? 헬라어이든 라틴어이든 "이것"이라는 소유형용사는 문법상의 성(性)의 동일성으로 인하여 "몸"과 연결된다. 중성이 없는 히브리어에서는 "이것"이 떡을 가리키기 때문에 히브리어에서는 예수께서 "이것은 내 몸이다"라고 말할 때 "이것(떡)은 내 몸이다"를 뜻한다. 언어의 관용적인 용법과 상식은 예수의 말씀에 있어서 주어는 떡이지 그리스도의 몸이 아님을 보여주고 있다. 즉, 예수께서 "이것은 내 몸이다"라고 말씀하셨을 때 그것은 "이 떡이 내 몸이다"라는 뜻이라는 것이다.

따라서 그리스도에 관하여 참된 것은 성찬에 관해서도 참되다. 신성(神性)이 육체적으로 거하기 위하여 인성의 본질이 변화되어 신성이 인성의 표징 아래 담겨질 필요가 없다. 두 본성은 온전히 그대로 존재하므로, 우리는 "이 인간은 하나님이시다" 또는 "이 하나님은 인간이시다"라고 말할 수 있다. 비록 철학은 이러한 것을 파악하지 못한다고 할지라도 신앙은 이것을 파악할 수 있다. 하나님의 말씀의 권위는 우리의 사고 능력을 뛰어넘는다. 이와 같이 성례에 있어서 참 몸과 참 피가 있기 위하여 떡과 포도주의 본질이 변화될 필요가 없으며 그리스도가 그 속성 아래 담겨질 필요도 없다. 떡과 포도주는 그대로 동일하게 있으므로 "이 떡은 내 몸이고 이 포도주는 내 피이다"라고 말하는 것도 옳고 그 역(逆)도 옳다. 이것이 내가 하나님의 거룩한 성경 말씀을 해석함과 동시에 그 말씀들에 합당한 존중을 유지하는 방식이다. 나는 하나님의 거룩한 말씀들이 인간의 견강부회에 의하여 침해되고 다른 의미로 변질되고 곡해되는 것을 참을 수 없다. 그럼에도 불구하고 내 생각으로는 다른 사람들이, 예를 들자면 '피르미테르'(Firmiter)[19]라고 하는 교령(教令)에 규정되어 있는 또 다른 의견을 따르는 것을 허용하여야 한다. 그러나 내가 말했듯이 그들도 우리에게 자신들의 의견을 신조로 받아들이도록 강요해서는 안 된다.

이 성찬에 부과된 세번째 족쇄는 이제까지의 모든 것 중에서 가장 사악한 오용이다. 그 결과 오늘날 교회에서 미사가 선행이고 희생제사라는 신앙보다 더 널리 받아들여지거나 더 큰 힘을 갖고 있는 신앙은 없게 되었다. 그리고 이 오용의 뒤를 따라 다른 무수한 오용들이 생겨났기 때문에 이 성례에 대한 신앙은 완전히 소멸되고 이 거룩한 성례는 순전히 상품과 시장과 이득 사업으로 변질되고 말았다. 이것이 특별한 축제들, 형제단, 대도(代禱), 공적, 기념제, 추도일 등의 기원이다. 이런 유의 것들이 교회에서 매매되고 거래된다. 사제들과 수도사들은 자신들의 모든 수입을 여기에 의존하고 있다.

내가 지금 얘기하고 있는 오용을 없애기는 어려울 것이고 아마 불가능하기까지 할 것이다. 그것은 수 세기에 걸친 오랜 관습에 의해 확고하게 자리잡고 있고 너무도 뿌리깊게 스며들어 있는 문제이기 때문에 그것을 변경하거나 폐지하려면 오늘날 권위있는 것으로 정평이 나있는 대다수의 책들을 폐기 처분하고 거의 모든 교회 생활의 형태를 변경하고 없애고 전혀 다른 의식들과 전례들이 도입되거나 재도입되어야 할 것이다. 그러나 구주는 살아 계시며 또한 우리는 인간들과 천사들의 좋은 생각들보다 하나님의 말씀에 더욱 큰 주의를 기울여서 순종하여야 한다. 나는 진상을 드러내고 내가 이해한 대로 진리를 가르침으로써 나의 직무를 수행할 것이다. 나는 이것을 강요에 의

---

19) *Decret. Greg.*, *lib.* I, tit. ; cap. 3.

해서나 돈 때문에 하지는 않을 것이다. 다른 문제들에 있어서는 각자가 자신의 구원을 이루어내도록 하라. 나는 그리스도의 심판대 앞에 설 때 아무도 자신의 불신앙과 진리에 대한 무지로 말미암아 내게 허물을 돌리지 못하게 하기 위하여 충실하게 노력하고자 한다.

첫째로 우리는 이 성찬에 대한 참되고 자유로운 지식을 안전하고 확실하게 얻기 위하여 최초의 단순한 제정의 말씀에 나중에 사람들이 덧붙인 것들을 제거하는 일을 먼저 세심하게 시작하여야 한다. 이러한 첨가물들은 인간들의 헌신과 열심으로 만들어진 것들로서 곧 예복, 장식품, 찬송가, 기도, 오르간, 촛불 그리고 모든 가시적인 겉치레들이 이에 속한다. 우리의 눈과 마음을 오로지 그리스도께서 친히 제정하신 것에만 돌리도록 하자. 이 성례를 제정하시고 완결하시고 그것을 우리에게 위탁하신 그리스도의 말씀에만 전념하도록 하자. 왜냐하면 그밖의 다른 모든 것들과 아무 상관이 없는 이 말씀들만이 미사의 권능과 본질과 모든 실체를 담고 있기 때문이다. 그 외의 모든 것들은 사람들이 만들어서 그리스도의 말씀(성찬제정의 말씀:역주)에 첨가한 것들로서 그것들 없이도 미사는 여전히 계속될 수 있으며 최선의 상태를 유지할 수 있다.

그리스도께서 이 성례를 제정하신 말씀은 이러하다:

"저희가 먹을 때에 예수께서 떡을 가지사 축사하시고 떼어 제자들을 주시며 가라사대 받아 먹으라 이것은 너희를 위하여 주는 내 몸이라 하시고 또 잔을 가지사 사례하시고 저희에게 주시며 가라사대 너희가 다 이것을 마시라 이것은 죄사함을 얻게 하려고 너희와 많은 사람을 위하여 흘리는 바 나의 피 곧 언약의 피니라 너희가 이를 행하여 나를 기념하라"〔마태복음 26:26ff.; 누가복음 22:19〕.

성 바울도 고린도전서 11장에서 이 말씀을 전하고 있는데 더 길게 이 말씀을 설명하고 있다. 우리는 이제까지처럼 진리에 반하여 사람이 만든 아무 타당성도 없는 교리에 의해 휩쓸려 왔던 것처럼 온갖 교리의 풍조에 의해 떠밀려다니지 않으려면 이 말씀을 의지하고 이 말씀을 반석으로 삼아 그 위에 굳게 서야 한다. 이 구절은 이 성례의 고결함과 유용성과 결실있음에 관련된 것을 하나도 빠뜨리고 있지 않다. 그리고 우리가 알 필요 없는 쓸데 없는 것들은 하나도 포함되어 있지 않다. 이 말씀을 제쳐두고 미사에 관하여 묵상하거나 가르치는 사람은 기괴한 불경(不敬)을 가르치는 것이다. 이것은 실제로 사효성(事效性, 행해진 성례는 그것을 받는 자의 신앙과 관계없이 그 자체로서 효력을 일으킨다는 뜻:역주, opus operatum)[20] 이론과 그 이론에 의거한 희생제사를 만든 사람들에 의해 행해진 바이다.

첫번째 요지는 확고부동하게 타당하다. 미사 혹은 성찬은 그리스도께서 자기를 믿는 자들 가운데서 자신의 죽음 이후에 베풀어지도록 하라고 유언하신 바 그리스도의 언약이다. 왜냐하면 "이 잔은 내 피로 세운 새 언약이다" 라는 것이 그리스도의 말씀이기 때문이다. 이 진리는 확고부동한 것으로서 우리가 말해야 할 다른 모든 것들을 세워야 할 변치않는 토대이다. 왜냐하면 당신은 어떻게 우리가 모든 성례들 가운데서 가장 감미로운 이 성례에 사람들이 도입한 모든 신성모독들을 타도하는가를 보게 될 것이기 때문이다. 진리이신 그리스도께서는 참으로 이렇게 말씀하셨다: "이것은 너희를 위하여 흘리는 내 피로 세우는 새 언약이다." 나는 이유도 없이 이것을 강조하고 있는 것이 아니다. 이 문제는 작은 문제가 아니며 우리 마음 속 깊이에 새겨두어야 할 것이다.

그러므로 언약이 무엇인가를 탐구하도록 하자. 그러면 그와 아울러 미사가 무엇이고 미사의 바른 사용, 그 열매, 미사의 오용이 무엇인가도 우리에게 분명해질 것이다.

의문의 여지 없이 언약 혹은 유언(testament)이란 죽음을 눈앞에 둔 사람이 세우는 약속이다. 유언을 통해 그는 자신의 유산을 유증(遺贈)하고 상속자들을 지명한다. 그러므로 언약 혹은 유언은 (a) 유언자의 죽음을 전제로 하며 (b) 유산에 대한 약속을 구체화하고 (c) 상속자들을 지명한다. 이것이 바울이 로마서 5장, 갈라디아서 3장 및 4장, 히브리서 9장에서 언약을 길게 논하는 방식이다. 그리스도의 말씀도 이와 같음을 아주 분명하게 보여준다. 그리스도께서는 "이것은 … 주는 내 몸이다. 이것은 … 흘리는 내 피이다"라고 말씀하심으로써 자신의 죽음을 증언하고 계신다. 그리스도께서는 "죄사함을 위하여"라고 말씀하심으로써 유산을 지명하시고 지정하신다. 그리스도께서는 "너희와 많은 사람들을 위하여", 즉 유언자의 약속을 받아들이고

---

20) 루터 자신의 말인 "사효성"은 독일어에 있어서 통상적인 번역이다.

믿는 사람들을 위하여라고 말씀하심으로써 상속자들을 지명하신다. 앞으로 살펴보는 바와 같이 여기서 사람들을 상속자가 되게 하는 것은 신앙이다.

그러므로 우리가 미사라고 부르는 것은 하나님께서 우리의 죄사함을 위하여 만드신 약속이며 하나님의 아들의 죽음으로 확증된 약속이라는 것을 당신은 알 것이다. 약속과 언약은 단지 언약 혹은 유언에는 약속하는 자의 죽음이 포함된다는 점에서만 다르다. 유언자는 죽음을 앞에 둔 약속자와 동일하지만, 단순한 약속자는 말하자면 죽음을 앞에 두지 않은 유언자라 하겠다. 그리스도의 죽음은 세상이 시작된 이래로 하나님의 모든 약속들 가운데 예시되어 있다. 실제로 옛 약속들이 무슨 가치를 지니고 있다고 한다면 그것은 미래에 올 그리스도에 대한 이 새로운 약속에 의존하고 있었다. 그런 까닭에 "계약", "맹약", "주님의 언약"이란 말들이 성경 가운데 매우 자주 사용된다. 이러한 말들의 의미는 하나님께서 장래의 언젠가에 돌아가실 것이라는 것이었다. 왜냐하면 언약이 효력을 발휘하기 위해서는 그 유언자의 죽음이 있지 않으면 안되기 때문이다. 그런데 언약을 하신 분은 하나님이셨으므로 하나님은 반드시 돌아가시지 않으면 안 된다. 그러나 하나님께서는 인간이 되지 않고 돌아가실 수 없었다. 그러므로 "언약" 혹은 "유언"이라는 포괄적인 한 단어는 그리스도의 성육신과 죽음을 예시(豫示)하고 있는 것이다.

이러한 것들을 다 말했으므로 미사의 바른 사용과 그릇된 사용이 무엇이며 미사에 대한 가치있는 준비와 가치없는 준비가 무엇인가가 분명해진다. 내가 논증한 대로 미사가 하나의 약속이라면 우리는 우리 자신의 어떤 행위나 능력이나 공로를 통해서가 아니라 오직 신앙으로써 스스로를 준비할 수 있다. 왜냐하면 약속을 지키시는 하나님의 말씀이 존재하는 곳에서는 그 약속을 받아들이는 사람의 신앙을 필요로 한다. 우리의 구원은 우리의 신앙에서 시작되며 신앙이란 하나님의 약속의 말씀을 굳게 부여잡는 것이라는 것은 분명하다. 그리고 하나님께서는 우리가 할 수 있는 모든 것과는 상관없이 아무 공로 없이 얻어지는 그분의 자비를 보이시며 자신의 약속의 말씀들을 주신다: "저가 그 말씀을 보내어 저희를 고치사"〔시편 107:20〕.

하나님은 먼저 우리의 행위를 받으신 다음 우리를 구원하시는 것이 아니다. 하나님의 말씀은 다른 무엇보다도 선행(先行)한다. 그 다음에 신앙이 따르며 신앙 다음에 사랑이 따른다. 그리고 사랑은 모든 선행을 낳는다. 왜냐하면 사랑은 율법의 완성이므로 악을 행치 않기 때문이다. 인간은 신앙을 통하는 길 외에는 하나님과 교통하거나 관계를 맺을 수 없다. 말하자면 사람들이 자신의 행위들을 통하여 우리의 구원을 가져오는 것이 아니라 하나님께서 자신의 약속을 통하여 우리의 구원을 가져오시는 것이다. 모든 것은 하나님의 권세있는 말씀에 달려있으며 그 말씀에 의하여 유지되고 보존된다. 하나님께서는 우리를 그의 창조의 첫 열매가 되게 하기 위하여 그 말씀으로 우리를 낳으셨다.

그러므로 하나님께서는 타락 후에 아담을 회복시키기 위하여 아담에게 이러한 약속을 주셨고 뱀에게는 이렇게 말씀하셨다: "내가 너로 여자와 원수가 되게 하고 너의 후손도 여자의 후손과 원수가 되게 하리니 여자의 후손은 네 머리를 상하게 할 것이요 너는 그의 발꿈치를 상하게 할 것이니라"〔창세기 3:15〕. 이 약속의 말씀에 따라 아담과 그의 가족들은 하나님의 품안에서 오랫동안 있었으며 하나님에 대한 신앙으로 인하여 보존을 받았다. 아담은 하나님께서 약속하신 대로 뱀의 머리를 상하게 할 여인을 끈기 있게 기다렸다. 아담은 그 여인이 언제 어떻게 올 것인지를 몰랐지만 그 여인이 올 것임을 의심치 않는 가운데 이러한 신앙과 기대 속에서 죽었다. 왜냐하면 그러한 약속은 하나님의 진리이기 때문에 지옥에서까지도 이를 믿고 기다리는 사람들을 보존하기 때문이다. 이후에 노아에게 또 하나의 약속이 주어졌고 이것은 아브라함 때까지 이르렀다. 그 약속의 표징은 구름 가운데 펼쳐진 언약의 무지개였다. 노아와 그의 후손들은 이 약속에 대한 신앙을 가지고 있었고 하나님이 너그러우시다는 것을 알았다. 그후에 하나님께서는 모든 민족들이 아브라함의 씨로 인하여 축복을 받을 것이라고 아브라함에게 약속하셨다. 아브라함의 후손들이 죽었을 때 그들이 영접을 받은 것은 바로 이 아브라함의 품이었다. 그 다음에 하나님께서는 모세와 이스라엘 자녀들, 특히 다윗에게 그리스도에 관한 약속을 명확하게 주셨으며 그럼으로써 이전의 약속들이 실제로 무엇을 의미하였는지를 계시하여 주셨다〔신명기 18:18; 사무엘 하 7:16〕.

이리하여 우리는 가장 완전한 약속인 신약의 약속에까지 이르게 되었다. 사용된 말씀은 명료하다: 생명과 구원이 아무 대가 없이 약속되고 있다. 그러한 것들은 이 약속을 믿는 자들에게 주어진다. 하나님께서는 이 언약을 새 언약이라고 부르심으로써 이전의 약속들과 분명하게 구별하고 계시다. 왜냐하면 모세를 통하여 주어진 옛 언약은 죄사함이나 영생에 관한 약속이 아니라 현세적인 것들 곧 가나안 땅에 관한 약속이었기 때문이다. 이 약속으로는 아무도 영적으로 새롭게 되어 하늘의 유산을 얻을 수 없었다. 이런 이유로 생각할 줄 모르는 짐승을 그리스도에 대한 표상으로서 죽여야 했고 그 피로 동일한 언약이 확증되었다. 따라서 피는 언약에 해당하였고 희생제물은 약속에 해당하였다. 이제 그리스도께서는 "내 피로 세운 새 언약"이라고 말씀하셨다. 어떤 다른 사람의 피가 아니라 그리스도 자신의 피이다. 그리고 바로 이 피로 말미암아 우리로 하여금 유산을 얻을 수 있도록 하기 위하여 성령을 통하여 죄사함의 은혜가 약속된 것이다.

그러므로 미사는 본질적으로 "받아 먹으라" 등등의 방금 인용한 그리스도의 말씀 이외에 아무 것도 아니다. 마치 그리스도께서는 이렇게 말씀하셨던 것 같다: "보라! 너희 죄악되고 상실된 영혼들이여, 너희를 사랑하는 순수하고 거저 주는 사랑과 자비로우신 아버지의 뜻에 따라 너희의 어떤 공적이나 성취한 일과는 상관없이 너희의 모든 죄를 사하고 영원한 생명을 너희에게 줄 것을 나는 약속한다. 너희가 나의 이 약속이 취소할 수 없는 것임을 전적으로 확신하게 하기 위하여 나는 내 몸을 주고 내 피를 흘려 나의 죽음으로 써 그것을 확증할 것이며 또한 몸과 피를 이 약속의 기념으로 만들 것이다. 너희는 그것들에 참예할 때마다 나를 기억하고 나의 사랑과 후함을 소리높여 찬양하고 감사하라."

이 모든 것들로부터 당신은 미사를 가치 있게 지키는 데는 신앙 외에는 다른 아무 것도 필요치 않음을 알 것이다. 미사는 진정 이 약속을 토대로 하고 있다. 신앙은 그리스도가 이러한 말씀에 신실하심을 믿으며 또한 이 무한한 축복이 신앙에 주어졌음을 의심하지 않는다. 이 신앙에는 즉시 마음의 가장 소중한 감성 즉 인간의 영혼을 풍부하게 하고 깊게 하는 사랑이 그리스도에 대한 신앙으로 말미암아 성령을 통하여 주어진다. 그리하여 믿는 자들은 저 사랑 많으시고 후하신 유언자 그리스도에게로 가까이 다가가서 철두철미 새롭고 판이한 인간이 된다. 만일 그리스도의 측량할 수 없는 약속이 자기에게 속한다는 것을 확고하게 의심없이 믿는다면 누가 마음으로 눈물을 흘리지 않겠으며 극한 기쁨 속에서 그리스도에게 철저히 순복하지 않겠는가? 자격이 없고 이와는 전혀 다른 그 무엇을 받아야 마땅한 사람에게 이처럼 큰 부요와 영원한 유업을 제공하고 약속하고 선물한 이와 같이 위대한 은인을 어떻게 그가 사랑하지 않을 수 있겠는가?

　　많은 미사들을 말하면서도 우리 가운데 아무도 또는 거의 모두가 우리 앞에 놓여진 이 약속들과 부요를 깨닫고 생각하고 인정하지 못한다는 것이 이 미사와 관련된 우리의 다시 없는 불행이다. 사실 미사를 드리는 동안 다른 무엇보다도 우리는 가장 큰 열심을 가지고 실제로는 우리의 모든 열심을 가지고 이 말씀들, 곧 그리스도의 이 약속들에 우리의 주의를 기울여야 한다. 왜냐하면 그 말씀들이 미사 자체를 구성하기 때문이다. 우리는 날마다 미사를 기념함으로써 이 말씀들을 묵상하고 깊이 생각하고 이 말씀들에 대한 우리의 신앙을 행사하고 풍부히 하고 자라게 하며 거기에 힘을 더하여야 한다. 왜냐하면 그렇게 하는 것은 "너희가 이를 행하여 나를 기념하라"고 하신 그리스도의 명령을 이루는 것이기 때문이다. 설교자들은 사람들의 마음 속에 이 약속을 충실하게 새겨주고 권장하며 그 약속에 대한 그들의 신앙을 일깨우기 위하여 이와 같이 행하여야 한다.

　　그러나 오늘날 미사가 그리스도의 약속임을 알고 있는 사람이 얼마나 되는가? 나는 이 위대한 약속들 대신에 인간이 만들어낸 전승들을 가르치며 우화를 전하는 아무 쓸데 없는 설교자들에 대해서는 신경도 쓰지 않을 것이다. 그들은 이러한 그리스도의 말씀들을 가르칠 때조차도 그 말씀들을 약속이나 언약으로 가르치거나 그 말씀들을 통하여 신앙을 불러일으킬 목적으로 가르치지 않는다.

　　우리가 교회의 바벨론 포로에 있어서 통탄스러워 하는 것은 오늘날 사제들이 평신도들은 이 그리스도의 말씀을 듣지 못하도록 몹시 경계를 하고 있다는 것이다. 마치 그 말씀들은 너무 성스러워서 일반 사람들에게 말해져서는 안될 것처럼 행동하는 것이다. 왜냐하면 우리 사제들은 우리가 성찬 제정의 말씀들이라고 부르는 용어들과 관련하여 그것들을 우리 자신들에게만 속하는 것으로 생각할 만큼 아무런 지각이 없다. 우리는 그 말씀들을 은밀하게 말하지만 그 말씀들은 우리에게도 유익을 주지 못한다. 왜냐하면 우리 자신도 그 말씀들을 약속들로 생각하거나 우리의 신앙에 자양분을 공급해주는 언약으로 여기지 않기 때문이다. 그러나 나는 우리가 그 말씀들에 대한 신앙을 잃어버린 후에 그 말씀들을 되뇌이는 것이 미신인지 신성모독인지를 알지 못하겠다. 사단은 이러한 우리의 통탄스러운 상황을 이용하여 교회로부터 참된 미사에 대한 모든 흔적을 제거하였다. 이와 아울러 사단은 세상의 구석구석을 거짓된 미사들, 즉 하나님의 언약에 대한 오용들과 회화(戱畵)들로 가득 채워 놓았다. 그리하여 세상으로 하여금 가장 중한 죄인 신성모독의 짐을 점점 더 지게 하여 그 죄를 더하게 하고 있다. 왜곡된 의견들에 의해 하나님의 약속들을 대치하고 그 약속들을 무시하며 그 약속들에 대한 모든 신앙을 말살시키는 것보다 더 죄악된 신성모독이 도대체 있을 수 있는가?

앞에서 말한 바와 같이 하나님께서는 약속의 말씀을 통하지 않고서는 인간을 다루지 않으셨으며 또 다루시지도 않는다. 또한 우리는 우리 편에 있어서도 하나님의 말씀과 약속에 대한 신앙을 통하지 않고서는 달리 하나님을 대할 수 없다. 하나님께서는 행위들을 대단하게 여기지 않으시며 또한 그러한 것들을 필요로 하지도 않으신다. 오히려 우리가 행위들을 근거로 다른 사람들과 우리 자신들을 다룬다. 그러나 하나님께서는 우리가 하나님을 자신의 약속들에 신실하신 분으로 여기고 쉬지 않고 기도하며 믿음과 소망과 사랑으로 하나님을 예배하기를 요구하신다. 이런 식으로 하나님께서는 우리 가운데서 영광을 누리신다. 왜냐하면 우리가 모든 좋은 것들을 받아서 소유하는 것은 달음박질하는 우리 자신에 의한 것이 아니고 자비를 베풀어 주시고 약속하시고 주시는 하나님에 의한 것이기 때문이다.

보라, 이것이 우리가 미사에서 드려야 하는 하나님에 대한 참된 예배와 섬김이다. 그러나 약속의 말씀이 전해지지 않는다면, 어떻게 믿음이 실천될 수 있겠는가? 그리고 믿음이 없다면 무슨 소망이 있으며 사랑이 있겠는가? 그리고 믿음과 소망과 사랑이 없다면 무슨 섬김이 있겠는가? 그러므로 의심할 여지 없이 오늘날 모든 사제들과 수도사들은 주교들과 그밖의 모든 고위 성직자들과 더불어 우상숭배자임이 분명하며 미사, 즉 성례, 즉 하나님의 약속에 대한 이와 같은 무지와 오용과 조소로 인하여 위험한 상황에 처해 있는 것이다.

왜냐하면 약속과 신앙 이 두 가지는 필연적으로 한데 묶여 있다는 것을 누구나 쉽게 알 수 있기 때문이다. 약속이 없다면 아무도 믿을 수 없다. 믿음이 없다면 약속이 아무 쓸모가 없다. 약속은 믿음이라는 짝을 만나서 완성되기 때문이다. 이러한 고찰들을 통하여 단지 약속에 불과한 미사는 신앙 가운데서만 참석하여 드려질 수 있다는 것을 누구나 쉽게 추론할 수 있을 것이다. 이러한 신앙이 없다면 기도, 자기 준비, 선행, 외적인 표징들, 무릎꿇기와 같은 부수적인 것들은 경건한 예배가 아니라 불경건한 예배를 촉진시키는 것들이 된다. 이런 식으로 스스로를 준비한 사람들은 자신들이 제단에 나아갈 권리를 갖고 있는 것으로 생각하지만 실제로는 그들은 다른 어느 때보다도 또 다른 어떤 수단들을 통하여 준비했을 때보다도 더 부적합하게 되어 있는 것이다. 이는 그들이 그러한 수단들과 아울러 함께 가져오는 불신앙 때문이다. 당신은 도처에서 날이면 날마다 미사의 희생제사를 드리는 사제들을 얼마나 많이 보는가! 그들은 예복을 잘못 입었다거나 손씻는 일을 잊어버렸다거나 기도드리다가 실수를 하였다거나 사소한 잘못들을 저지렀을 때 마치 중대한 죄를 범하기라도 한 양 스스로를 비참하게 만든다! 그러나 반면에 그들은 자기들이 미사 자체 곧 하나님의 약속을 존중하지 않거나 믿지 않는다는 사실에는 조금도 양심의 가책을 느끼지 않는다.

오, 모든 시대 가운데서 가장 불경건하고 감사할 줄 모르는 우리 시대의 무가치한 경건이여! 그러므로 신앙 곧 미사 즉 하나님의 약속을 믿는 신앙보다 더 가치있게 자신을 준비하고 적합하게 미사를 드리는 것은 없다. 그러므로 제단에 다가가고 성례를 받으려고 하는 사람은 누구나 주 우리 하나님 앞에 빈 손으로 나오지 않도록 조심하자. 그러나 그가 미사 곧 이 새 언약에 대한 믿음이 없다면 그는 빈 손이 될 것이다.

그에게 있어서 어떠한 마음 상태가 자신의 이러한 불신앙보다 더 중대하게 하나님의 진리를 거스려 죄를 짓는 것이 될 수 있을까? 그는 자기의 힘이 닿는 한도 내에서 하나님을 거짓말장이로 만들고 있으며 헛된 것들을 약속한 분으로 만들고 있는 것이다. 그러므로 가장 안전한 길은 하나님의 어떤 다른 약속을 들으러 가는 것과 똑같은 마음로 미사를 드리러 가는 것일 것이다. 말하자면 당신이 스스로 많은 것을 행하거나 기여하려는 자세를 갖지 말고 오히려 거기서 당신에게 약속된 모든 것, 즉 그 직무를 수행하는 사제를 통하여 선포되는 약속들을 믿고 받아들일 자세를 가져야 할 것이다. 만약 당신이 이러한 마음으로 나오지 않는다면 미사에 참여하는 것을 아예 삼가는 것이 좋다. 왜냐하면 당신은 틀림없이 심판대에 나아가고 있는 것이 될 것이기 때문이다.

그러므로 미사의 모든 효력은 그리스도의 몸이 그들을 위하여 주어졌으며 그리스도의 피가 그들을 위해 흘리신 바 되었다고 믿는 모든 자들의 죄를 사하겠다고 약속하신 그리스도의 말씀에 있다고 내가 말하는 것은 옳다. 이런 이유로 미사를 드리려고 가는 사람들에게 있어서 이 말씀을 온전한 신앙으로 주의깊게 묵상하는 것보다 더 중요한 일은 없다. 그들이 그렇게 행하지 않으면 그들이 행하는 다른 모든 것은 허사가 될 것이다. 그럼에도 불구하고 하나님께서는 자신의 약속의 흔적이나 기념물을 표징으로 더하심으로써 우리로 하여금 하나님을 더욱 더 신실하게 섬기게 하시거나 우리를 더욱 더 효과적으로 훈계하신다고 말하는 것은 참되다. 하나님께서는 다시는 세상을 홍수로 멸망시키지 않으시겠다고 노아에게 약속하실 때에 하나님은 자신의 언약을 기억하시겠다는 표징으로써 자신의 무지개를 주셔서 구름 속에 놓아두셨다. 아브라함에게 그의 후손이 유업을 얻을 것이라고 약속하신 후에도 하나님께서는 믿음으로 말미암은 의(義)에 대한 표징으로 할례를 주셨다. 마찬가지로 하나님께서는 기드온에게 미디안 사람들에 대한 승리의 약속을 확증하시기 위하여 마른 양털과 젖은 양털을 주셨다. 그리고 하나님께서는 이사야를 통하여 아하스에게 수리아와 사마리아 왕들에 대하여 승리를 거두리라는 약속에 대한 그의 믿음을 확증해 주시기 위하여 그에 대한 표징을 주셨다. 그래서 우리는 성경에서 하나님의 약속들에 수반된 다른 많은 표징들에 대하여 읽을 수 있다.

마찬가지로 모든 약속 중에서 가장 큰 약속인 미사에 있어서도 "이를 행하여 나를 기념하라"고 말씀하심으로써 하나님께서는 이와 같이 큰 약속의 한 기념물로서 떡과 포도주 속에 있는 자신의 몸과 자신의 피라는 표징을 주시고 계시다. 이렇게 세례에 있어서도 하나님께서는 약속의 말씀에 침수(浸水)의 표징을 더하신다. 이러한 예들로부터 우리는 하나님의 모든 약속 가운데서 하나님은 우리에게 두 가지, 곧 말씀과 표징을 주심으로써 우리로 하여금 말씀은 언약이고 표징은 성례임을 알 수 있게 하신다. 미사에 있어서 그리스도의 말씀은 언약이며 떡과 포도주는 성례인 것이다. 더욱 큰 능력이 표징이 아니라 말씀 가운데 있기 때문에 성례보다 언약 가운데 더 큰 능력이 있다. 왜냐하면 우리는 표징이나 성례 없이도 말씀이나 언약을 가질 수 있고 사용할 수 있기 때문이다. 아우구스티누스는 "믿으라. 그러면 먹은 것이다"라고 말하고 있다. 그러나 믿는 것은 다름아닌 약속하신 자의 말씀이다. 그러므로 나는 날마다 아니 실제로는 시간마다 미사를 드릴 수 있다. 왜냐하면 나는 그리스도의 말씀을 내 앞에 두고 내가 원하는 대로 얼마든지 그 말씀으로 내 신앙에 자양분을 공급하고 힘을 더할 수 있기 때문이다. 이것이야말로 진정한 영적 음식인 것이다.

당신은 우리의 신학자들이 「명제집」[21]에서 산출해낸 것들의 본질 또는

348

중요성을 이해하지 못할 것이다. (1) 모든 문제들 가운데 가장 중요한 것은 언약 또는 약속의 말씀이 그「명제집」에 의해서 다루어지고 있지 않다는 것이다. 결과적으로 그들은 신앙을 폐하고 미사의 모든 효력을 폐하고 있다. (2) 그런 다음 그들은 단지 미사의 두번째 부분 곧 표징이나 성례만을 논한다. 그러나 여기서도 다시 한번 그들은 신앙에 관해서는 아무것도 가르치지 않고 단지 신앙의 전제들 또는 "사효성"(opera operata=opus operatum의 복수형:역주), 참여, 미사의 열매에 관해서만 가르친다. (3) 마침내 그들은 구렁텅이에 빠져 화체(transubstantiation)에 대하여 시답잖은 소리를 지껄이고 말도 안되는 다른 형이상학적인 것들을 끝도 없이 늘어놓는다. 이렇게 함으로써 그들은 신앙 전체와 함께 언약과 희생제사에 대한 참된 이해와 사용을 없애버렸다. 또 이에 더하여 선지자가 말한 것처럼 그들은 그리스도의 백성으로 하여금 "계수할 수 없는 날들 동안" 그들의 하나님을 잊어버리게 만들었다〔예레미야 2:32〕.

그러나 미사에 참여하는 것의 여러 가지 유익들에 대해서는 다른 사람들로 하여금 설명하게 하고, 당신은 하나님께서 당신의 신앙을 먹이시고 강하게 하시기 위하여 당신에게 염려를 불러일으키는 원수들 목전에서 당신에게 한 식탁을 마련해 주셨다는 것을 이 선지자와 함께 말하고 믿을 수 있다는 사실에 유의하기만 하면 된다〔시편 23:5〕. 당신의 신앙은 오직 하나님의 약속의 말씀만을 먹는다. 왜냐하면 "사람이 떡으로만 살 것이 아니요 하나님의 입으로 나오는 모든 말씀으로 살 것이라"〔마태복음 4:4; 신명기 8:3〕고 말씀하고 있기 때문이다. 그런 까닭에 미사에서 당신은 무엇보다도 온갖 다양한 음식과 거룩한 자양분을 지닌 진수성찬의 연회를 이루고 있는 약속의 말씀에 세심한 주의를 기울여야 한다. 당신은 비록 모든 죄를 범하고 죽임을 당하기까지 한다고 하더라도 다른 무엇보다도 이 말씀을 존숭하여야 하며 다른 어느 것보다도 이 말씀을 의뢰하며 가장 굳건하게 이 말씀에 매달려야 한다. 이렇게 한다면 당신은 어떤 사람들이 미신에 사로잡혀 고안해 낸 미사의 열매의 작은 방울들과 부스러기뿐만 아니라 바로 생명의 원천 자체를 얻게 될 것이다. 이것은 모든 선한 것의 원천인 바로 이 말씀에 대한 신앙을 의미한다. 이는 요한복음 4〔요한복음 7:38〕에서 "나를 믿는 자는 … 그 배에서 생

21) 서론, p. 17를 보라.

수의 강이 흘러나리라"고 한 것과 같으며 또 "내가 주는 물을 먹는 자는 영
원히 목마르지 아니하리니 나의 주는 물은 그 속에서 영생하도록 솟아나는
샘물이 되리라〔요한복음 4:14〕고 말씀하신 것과 같다.

그런데 우리가 미사의 열매들을 이해할 수 없게 방해하는 것으로서 우리
가 흔히 겪는 두 가지 결점들이 있다. 첫째는 우리가 죄인들이라는 것이다.
따라서 우리의 전적인 무가치로 인하여 우리는 이러한 큰 것들을 받을 만한
자격이 없다는 것이다. 둘째는 비록 우리가 가치가 있다고 할지라도 이러한
것들이 너무나 크고 고귀하기 때문에 우리의 나약한 본성은 감히 그런 것들
을 구하거나 바랄 수 없다는 것이다. 죄사함과 영생! ─ 만약 이러한 것들로
부터 나오는 커다란 유익들이 그것들의 정당한 중요성을 지닌 채 주어진다고
한다면 누가 감히 그것들을 바라기보다는 그것들에 의해 압도되어 두려움을
느끼지 않을 것인가. 그러한 것들을 통하여 우리는 하나님을 우리 아버지로
가질 수 있으며 우리 자신이 하나님의 자녀와 하나님의 모든 부요의 상속자
가 될 수 있다.

우리는 우리 본성의 이러한 두 가지 결점에도 불구하고 그리스도의 말씀
을 꼭 부여잡아야 하며, 우리 자신의 연약함에 대한 생각보다 그리스도를 더
견고하게 바라보아야 한다. 왜냐하면 주님의 역사(役事)들은 위대하며 그 모
두가 주님의 목적들로 가득차 있고, 주님께서는 우리가 요청하거나 생각하는
것 이상으로 주실 수 있기 때문이다. 만약 그것들이 우리의 가치와 우리의
능력 그리고 실제로 우리의 모든 재능을 능가하지 않는다면, 그것들은 하나
님에 속하는 것이 아닐 것이다. 또한 그리스도께서는 "적은 무리여 무서워
말라 너희 아버지께서 그 나라를 너희에게 주시기를 기뻐하시느니라"〔누가복
음 12:32〕고 말씀하심으로써 우리를 이처럼 격려해 주시고 있다. 그리스도
를 통하여 우리에게 부어주신 이 측량할 수 없는 하나님의 부요는 우리로 하
여금 역으로 하나님을 가장 열렬하게 그리고 다른 모든 것을 능가하여 사랑
하게 한다. 또한 우리는 다른 모든 것을 경멸하고 그를 위하여 모든 것들을
참을 각오를 하고 가장 온전한 확신을 가지고 하나님께 나아가게 된다. 그러
므로 이 성찬을 "사랑의 샘"이라고 부르는 것이 적절할 것이다.

이와 관련하여 인간사(人間事)로부터 예를 들어 생각해보자. 아주 부유
한 귀족이 거지나 무가치하고 악한 종에게 천 굴덴의 돈을 유증(遺贈)하려고
한다고 하자. 그러면 그 사람은 자신의 무가치함과 유산의 막대함에 대해서

는 생각지도 않고 그 돈을 대담하게 요구하여 받을 것이 분명하다. 만약 어떤 사람이 그 사람을 길거리에서 만나 그 사람에게 자신의 무가치함과 유산의 막대함을 고려하여 다시 생각해 보라고 한다면, 당신은 그 사람이 무슨 대답을 하리라고 생각하는가? 아마도 그 사람은 이렇게 대답할 것이다: "그것이 당신과 무슨 상관이 있는가? 내가 그 돈을 받는 것은 내 공로나 내 편에서의 어떤 특별한 권리로 인하여 받는 것이 아니다. 나는 내가 그 돈을 받을 자격이 없으며 내가 마땅히 받을 수 있는 것 이상으로 받는다는 것을 알고 있다. 사실 나는 그와 정반대의 것을 받아야 마땅했다. 그러나 나는 나의 은인의 너그러움으로 인하여 유증을 다루는 법의 절차로 말미암아 완전히 유효한 권리 주장을 하고 있는 것이다. 나와 같이 무가치한 자에게 막대한 돈을 유증하는 것이 그 주인 편에서 볼 때 무가치한 일이 아니라면 왜 내가 나의 무가치함으로 인하여 그 돈을 받는 것을 거부해야 하겠는가? 내가 무가치하기 때문에 나는 제3자의 이 은혜로운 선물을 더욱 감사함으로 받아야 한다."

모든 사람은 그리스도의 이와 같은 약속을 흔들리지 않는 신앙으로 부여잡기 위하여 모든 의심과 두려움을 떨쳐버리고 이러한 생각으로 자신의 양심을 굳게 하여야 한다. 그 누구도 고해, 기도, 자기 준비를 신뢰하는 가운데 미사에 참석하러 가지 말고 오히려 그러한 모든 것들을 신뢰하지 말고 약속을 주시는 그리스도에 대한 지극한 확신 가운데서 미사에 참여하도록 각별히 주의하여야 한다. 이미 충분히 말한 것처럼 약속의 말씀이 여기서 순수한 신앙을 통하여 사람들을 확고하게 다스려야 한다. 이러한 신앙이야말로 유일하고 충분한 준비가 되는 것이다.

나는 하나님께서 크신 진노로 불경건한 교사들로 하여금 우리에게 이러한 언약의 말씀을 숨기게 함으로써 그들이 할 수 있는 한 신앙을 소멸시키게 하셨다. 이제 신앙의 소멸로 인한 불가피한 결과가 무엇인지, 즉 행위(works)라는 가장 불경건한 미신을 아주 쉽게 볼 수 있게 되었다. 왜냐하면 신앙이 죽고 신앙의 말씀이 잠잠해지면 행위라는 것이 그 대신에 자리를 잡고 또 행위에 대한 전통들이 밀치고 들어오기 때문이다. 이러한 자리 바꿈으로 말미암아 우리는 우리 땅에서 쫓겨나 죄수로 바벨론으로 끌려가서 우리의 모든 보화들을 빼앗겨버리게 되었다. 이것이 미사를 둘러싸고 일어난 사건이다. 미사는 불경건한 사람들의 가르침에 의하여 선행으로 변형되었다. 그들 자신들이 미사를 "사효성"(事效性, opus operatum)이라 부른다. 미사를 통하여 그들은 자신들이 하나님과 더불어 극히 권능이 있다고 자부한다. 이것을 출발점으로 삼아 그들은 미사는 행해지기만 하면 효력이 있다는 사효성(신앙이 없이도:역주)을 지니기 때문에 미사를 집전하는 사제가 악하다면 그에게는 해(害)가 되기는 하지만 다른 사람들에게는 그와는 아무 상관없이 유익하다는 거짓말을 호언장담할 정도로 어리석음의 극치에까지 이르렀다. 그들은 이러한 모래 땅을 토대로 하여 그것 위에 "신청(applications)", "참여", 성심회(聖心會)들, 기념일들 그리고 이러한 유(類)의 수지맞는 무수한 책략들을 구축한다.

   이러한 유령들이 너무나 강하고 수많으며 확고하게 자리잡고 있기 때문에 만약 당신이 부단히 주의하고 미사가 무엇이고 그것에 관하여 내가 무엇을 말했는가를 명심하지 않는다면 그러한 것들을 이겨내기가 아주 힘들 것이다. 나는 미사는 그리스도의 몸과 피의 성례로 확증되는 그리스도의 거룩한 약속 또는 언약에 지나지 않는다고 말했다. 사실이 그러하기 때문에 당신은 미사가 외적인 행위가 된다는 것은 불가능하다는 것을 알 수 있을 것이다. 또한 오직 믿음에 의하는 것 외에는 그 어떤 것도 미사 속에서 일어나지 않으며 어떠한 유익도 미사 속에 담겨져 있을 수 없다. 신앙은 행위가 아니며, 신앙은 우리에게 선행을 하라고 가르치는 것으로서 모든 행위들의 영혼이다! 자기가 받은 약속이나 자기에게 주어진 언약을 자기 자신의 선행으로 생각할 정도로 어리석은 자가 세상에 있을 수 있는가? 상속자가 자기가 물려받은 유산과 아울러 유언장을 받을 때 자기가 자기 아버지에게 선행을 하고 있다고 생각할 사람이 어디 있겠는가? 그러므로 하나님의 언약을 받으러 나오면서 우리가 하나님을 위하여 선행을 하러 나오는 양 행한다면 얼마나 불경건한 몰지각이 되겠는가? 언약에 대한 이러한 무지와 성례의 이러한 바벨론 포로 상태는 통곡을 해도 시원치 않을 일인 것이다. 우리는 받은 은혜에 대하여 감사해야 함에도 오히려 받아야 할 것을 오만하게 주려고 한다. 우리는 들어본 일도 없는 외고집을 가지고 우리가 선물로 받은 것을 행위로 돌려줌으로써 준 자의 자비를 조롱한다. 그리하여 유언자는 자신의 좋은 것들을 증여하는 자가 되는 것이 아니라 우리의 소유물을 받는 자가 된다. 이러한 신성모독에 저주 있으라!

   세례를 하나의 선행으로 생각하리만큼 지각이 없는 사람이 이제까지 있었던가? 세례 지망자가 자기 자신과 다른 사람들을 위하여 하나님께 드리거나 전하고 있는 선행을 행하고 있다고 믿은 사람이 누가 있었는가? 그러므로 이러한 성례와 언약 속에서 다른 사람들에게 줄 수 있는 선행이 하나도 없다면 미사에도 선행이 있을 수 없다. 왜냐하면 미사도 하나의 언약과 성례에 지나지 않기 때문이다. 그런 까닭에 죄나 보속이나 죽은 자의 유익 또는 자기 자신이나 다른 사람들의 어떤 필요를 위하여 미사를 드리거나 이용하는 것은 분명히 불경건한 오류이다. 당신이 미사가 자신의 신앙으로 믿는 사람 이외에는 아무에게도 유익을 줄 수 없고 적용될 수 없고 중보될 수 없고 전달될 수 없는 하나님의 약속임을 확고하게 믿는다면, 당신은 이것이 너무도 명약관화한 사실임을 쉽게 알 것이다. 누가 다른 사람을 위하여 하나님의 약속을 받거나 사용할 수 있는가? 하나님의 약속은 개개인 각자의 신앙을 개별적으로 요구한다. 그가 믿지 않는 사람인데도 내가 그 사람에게 하나님의 약속을 줄 수 있는가? 내가 다른 사람을 위하여 믿을 수 있으며 다른 사람으로 하여금 나를 위하여 믿게 할 수 있는가?

그러나 만약 내가 미사를 다른 사람들에게 적용하거나 전달할 수 있다면 이러한 일들이 필요할 것이다. 왜냐하면 미사는 오직 두 가지 곧 하나님의 약속과 인간의 신앙만을 포함하고 있기 때문이다. 인간의 신앙은 하나님의 약속이 주는 것을 받는다. 만약 이것이 사실이 아니라면 나는 다른 사람을 대신하여 복음을 듣고 믿을 수 있으며 다른 사람을 대신하여 세례를 받을 수 있으며 다른 사람을 대신하여 제단의 성례에 참여할 수 있으며 그들의 성례 목록을 다 사용한다면 다른 사람을 대신하여 아내를 취할 수 있고 다른 사람을 대신하여 서품을 받을 수 있으며 다른 사람을 대신하여 견신례를 받을 수 있고 다른 사람을 대신하여 종부성사를 받을 수 있을 것이다.

이런 일이 가능하다면 왜 아브라함은 모든 유대인들을 대신하여 믿지 않았는가? 왜 아브라함에게 주어진 약속에 대한 신앙이 모든 개개 유대인에게 요구되었는가? 그러므로 이러한 진리는 논박할 수 없다: 하나님의 약속과 관련해서 각 사람은 스스로 서지 않으면 안된다. 자기 자신의 신앙이 요구된다. 각자는 스스로 응답하여야 하고 자신의 짐을 져야 한다. 마가복음 16〔:16〕에서는 "믿고 세례를 받는 사람은 구원을 얻을 것이요 믿지 않는 사람은 정죄를 받으리라"고 말씀하고 있다. 이와 같이 개개인은 미사에서 다만 자기 자신의 신앙에 의해서 자신만이 유익을 받는다. 어떤 다른 사람을 위하여 성례를 받을 수는 없다. 따라서 사제도 다른 사람을 위하여 어떤 사람에게 성례를 베풀 수 없고 동일한 성례를 개개인에게 개별적으로 베풀 수 있다. 성례를 봉헌하고 베풀 때 사제들은 우리의 종들이다. 우리는 사제들을 통하여 어떤 선행을 드리거나 능동적으로 교통하지 않는다. 오히려 우리는 사제들을 통하여 약속과 표징들을 받으며 수동적으로 교통한다. 이것은 바로 오늘날까지 평신도들과 관련하여 존속해 온 견해이다. 왜냐하면 평신도들은 어떤 좋은 것을 행하는 것이 아니라 그것을 받는다고 말해지기 때문이다. 그러나 사제들은 자신들의 불경들 속에서 어그러진 길로 가버림으로써 평신도들에게 좋은 것으로 받아들여지고 있는 하나님의 성례와 언약을 거행하고 베푼다는 사실을 그들 자신의 선행으로 만들어 버렸다.

그러나 당신은 이렇게 물을 것이다: 이것은 어떻게 된 것인가? 당신의 주장들은 분명히 수많은 세월 동안 갈고 닦여진 모든 교회들과 수도원들의 관행들과 목적들을 뒤엎고 파괴할 것이다. 왜냐하면 모든 교회들과 수도원들은 기념일, 대도(代禱), "신청", "전달" 등의 미사를 토대로 하여 왔기 때문이다. 당신은 그들로부터 가장 큰 수입원을 박탈하는 것이 될 것이다. 이에 대한 나의 대답은 이러하다: 그것이 바로 나로 하여금 교회가 포로로 잡혀 있다는 내용의 글을 쓰게 한 것이다. 왜냐하면 하나님의 성스러운 언약이 불경건한 사람들의 견해들과 전통들로 말미암아 이득을 추구하는 불경스러운 탐욕에 이바지하도록 강제적으로 변질되어 왔기 때문이다. 그들은 하나님의 말씀을 무시하고 우리 앞에 자신들의 마음에 있는 생각을 펼쳐놓음으로써 세상을 어그러진 길로 인도하였다. 이러한 오류에 빠져 있다고 내가 단정하고 있는 사람들의 수효나 영향력을 지적하는 것이 내게는 하등 부담될 것이 없다. 진리는 이러한 모든 것들보다도 더 강력하다.

만약 당신이 미사가 언약과 성례임을 가르치셨던 그리스도를 논박할 수 있다면, 나는 그들이 옳다고 인정할 것이다. 나아가 만약 당신이 언약의 유익을 받거나 약속의 성례를 받는 것이 선행을 행하는 것임을 보일 수 있다면, 나는 기꺼이 나의 가르침을 정죄할 용의가 있다. 그러나 그 어느 쪽도 할 수 없으면서 당신은 왜 악을 좇아 악화되어 가는 무리를 경멸하기를 주저하는가? 하나님께 영광을 돌리고 하나님의 진리를 고백하라. 오늘날 모든 사제들은 하나님의 진리에 대해 왜곡된 견해를 가지고 있음으로써 미사를 하나의 선행으로 생각하고 그것이 삶이나 죽음의 문제들에 있어서조차도 그들의

354

어려움들 가운데서 그들과 다른 사람들을 도와줄 것이라고 생각한다. 이것은 내가 지금까지 들어 본 적도 없는 혐오스러운 것이다. 그러나 오늘날 행해지고 있는 미사를 잘 검토해본다면 당신은 내가 진리를 말했다는 것을 알게 될 것이다. 불행한 일은 우리가 지금 이러한 것들에서 마음을 푹 놓음으로써 하나님의 진노가 우리에게 닥칠 것임을 깨닫지 못한다는 데 있다.

그러나 나는 우리가 미사에 참여하기 위하여 함께 모일 때 하나님 앞에서 드리는 기도가 선행이자 적합한 행위라는 데 기쁘게 동의한다. 우리는 기도를 통하여 우리 자신의 소원을 아뢰고 전체의 복리를 위하여 기도하며 서로를 위하여 기도한다. 그리하여 야고보는 우리에게 서로를 위하여 기도하라고 가르쳤으며〔야고보서 5:16〕, 또한 바울은 디모데전서 2〔:1ff.〕에서 "간구와 기도와 도고와 감사를 하되 임금들과 높은 지위에 있는 모든 사람을 위하여 하라"고 명령하였다. 그럼에도 불구하고 마음과 입술로 행하는 기도를 행위라고 부르는 것이 적절하다면 기도는 성례에서 받았거나 증대된 신앙으로부터 나오는 것이기 때문에 기도는 미사가 아니라 미사의 행위라고 해야 한다. 왜냐하면 미사 또는 하나님의 약속은 기도함에 의하여 이루어지지 않고 다만 믿음에 의하여 이루어지기 때문이다.

그러나 우리는 신자로서 기도하며 모든 선행을 행한다. 그렇지만 어떤 사제가 자신의 목적은 기도를 드리는 것뿐이라고 생각하면서 미사의 희생제물을 드리겠는가? 사제들은 모두 자기들이 그리스도 자신을 하나님 아버지께 완전한 희생제물로서 드리며 자기들이 돕고자 하는 모든 사람들을 위하여 선행을 행하고 있다고 생각한다. 왜냐하면 그들은 미사의 효능을 신뢰하며 그 효능이 기도 때문이라고 생각하지 않기 때문이다. 이런 식으로 오류는 점점 커져서 마침내 그들은 기도에 속하는 것을 성례에 돌리고 그들이 하나님으로부터 선물로 받아야 할 것을 하나님에게 드리게 되었다.

그러므로 우리는 언약과 성례를 그와 동시에 우리가 드리는 기도와 엄격하게 구별하여야 한다. 그뿐만 아니라 우리는 언약을 먼저 신앙으로 받아들이지 않는다면 그 기도는 드리는 사람이나 받는 사람에게 아무 소용이 없다는 것을 명심해야 한다. 야고보가 그의 책 1장〔야고보서 1:6〕에서 가르치고 있는 바와 같이 기도를 하게 하는 것은 신앙이며 바로 이 신앙만이 하나님께 받아들여지기 때문이다. 그러므로 기도는 미사와는 전혀 다른 그 무엇이다. 기도는 내가 원하는 대로 여러 사람들에게 미칠 수 있으나, 미사는 자신의 믿음을 행사하는 사람에게만, 그것도 그 믿음을 행사하는 정도만큼만 효용이 있다. 또한 미사는 하나님이나 사람들에게 주어질 수 없다. 오히려 사제의 대리행위를 통하여 하나님께서 사람들에게 미사를 수여하신다. 그리고 사람들은 어떤 행위나 공적과는 상관 없이 단지 신앙으로만 미사를 받는다. 가난한 사람이 곤궁할 때 부자에게서 선물을 받게 되는 경우에 그것을 가난한 사람이 선행을 하는 것이라고 주장할 만큼 어리석은 자는 없을 것이다. 그러나 내가 이미 말한 대로 미사는 사제의 손으로 모든 사람에게 제공되는 하나님의 약속의 선물이다.

그러므로 미사는 다른 사람들이 공유할 수 있는 행위가 아니라 내가 이미 설명한 대로 신앙의 대상이라는 결론이 나온다. 그리고 미사의 목적은 각자의 개인적인 신앙에 자양분을 공급해주고 강화하기 위한 것이다.

그러나 아직도 제거되어야 할 또 하나의 잘못된 인식이 있는데, 이것은 훨씬 더 중대하며 더 허울좋은 것으로서 미사가 하나님께 드려지는 희생제사라는 일반적인 신념이 바로 그것이다. 이러한 신념은 "이러한 은사들, 이러한 제물들, 이러한 거룩한 희생제물들" 그리고 나중에는 "이 봉헌물"에 관하여 말하고 있는 경전의 말들 속에 표현되어 있는 것으로 보인다. 더욱이 요구가 아주 명확하기 때문에 이 희생제사는 아벨의 희생제사 등등과 마찬가지로 열납될 것이라고 한다. 그러므로 또한 그리스도는 제단의 산제물이라고 말해진다. 이러한 그릇된 견해들을 밑받침하는 것들로서 거룩한 교부들의 말들이 많이 있고 온 세계에 걸쳐 준수되는 교회의 전체 관습이 있다.

우리는 그러한 그릇된 견해들이 아주 확고하게 자리를 잡고 있다고 할지라도 그리스도의 말씀과 본을 가지고 그것들 모두에 대해 단호하게 반대하여야 한다. 왜냐하면 그리스도의 말씀들이 분명하게 보여주고 있는 바와 같이 미사가 그리스도의 약속이나 언약이라고 굳게 믿지 않는다면 우리는 복음 전체와 그 복음의 모든 위로를 잃어버리게 될 것이기 때문이다. 비록 하늘에서 온 천사가 달리 가르친다고 할지라도 우리는 그 말씀들에 배치되는 것은 하나도 용인해서는 안 된다. 그 말씀들은 선행이나 희생제사에 대한 것은 하나도 담고 있지 않기 때문이다. 더욱이 그리스도의 본도 우리의 편이다. 그리스도께서 최후의 만찬에서 이 성례를 처음으로 베푸시고 이 언약을 세우실 때 그리스도는 자기 자신을 하나님께 드리지 않으셨으며 다른 사람들을 위하여 선행을 행하지도 않으셨다. 그는 식탁에 앉아서서 한 사람 한 사람 앞에서 이와 동일한 언약을 하시고 동일한 표징을 주셨다. 우리의 미사가 그리스도께서 최후 만찬에서 행하신 저 최초의 미사에 가까워지면 가까워질수록 그 미사는 더욱더 기독교적이 될 것이다. 그러나 그리스도께서 거행하신 미사는 극히 단순한 것이어서 예복, 무릎꿇기(장궤), 찬송 및 다른 의식들이 전혀 없었다. 만약 그리스도 자신을 희생제물로 드릴 필요가 있었다면 그리스도께서 제정하신 미사는 완전한 것이 되지 못했을 것이다.

많은 다른 의식들과 예식으로 미사를 수식하고 확대시켰다고 하여 보편적인 교회를 비난해서는 안 된다. 오히려 우리의 취지는 아무도 예식의 외적인 화려함에 속고 인상적인 허례허식에 방해를 받아서는 안된다는 것이다. 그러한 것은 미사의 단순성을 무시해버리고 실제로 일종의 변질된 것을 실행하는 것이 될 것이다. 왜냐하면 그것은 미사의 단순한 실체를 무시하고 미사의 외적인 모습에 부수적인 여러 요소들에 매어달리는 것이 될 것이기 때문이다. 그리스도의 말씀과 본에 첨가된 것은 무엇이나 미사의 "부수적인 것"이다. 이러한 것을 우리는 성체(聖體) 자체가 들어 있는 "성찬기"와 제단 보자기를 대하는 것과 똑같이 생각해서는 안 된다. 그런 까닭에 언약을 베풀거나 약속을 받으면서 희생제사를 드린다고 하는 것은 자기모순인 것과 마찬가지로 미사를 희생제사라고 부르는 것도 자기모순이다. 왜냐하면 미사는 우리가 받는 것이지만 희생제사는 우리가 드리는 것이기 때문이다. 그러나 동일한 하나의 것을 동시에 받기도 하고 드리기도 할 수 없으며 그것을 동일한 사람이 주는 동시에 받을 수 없다. 이는 기도와 기도의 대상이 동일할 수 없는 것과 같다. 또한 기도하는 것과 기도한 것을 받는 것이 동일하지 않은 것과 같다.

그렇다면 경전과 교부의 권위에 대해서는 무어라고 말해야 하는가? 먼저 나는 이렇게 대답할 것이다. 우리가 반론을 제기할 것이 아무것도 없다고 할지라도 미사가 하나의 선행이나 희생제사라는 것을 용인하기보다는 모든 것을 다 거부하는 편이 더 안전할 것이다. 왜냐하면 우리는 그리스도의 말씀을 부인하고 미사와 아울러 신앙을 파괴하지 않아야 하기 때문이다. 그러나 우리는 미사를 보존하기 위하여 기독교 신자들이 미사를 드리기 위하여 모일 때 음식물을 가지고 오는 것이 관례였다고 사도가 고린도전서 11〔:20f.〕에서 가르치고 있다고 말할 것이다. 기독교 신자들은 이것들을 "모은 것"이라고 불렀으며, 사도행전 4〔:34f.〕에 나오는 사도들의 본을 따라서 모든 필요로 하는 사람들에게 분배하였다. 성찬에서 사용되는 떡과 포도주도 이 음식물에서 가져온다. 이 모든 것은 히브리인의 관습에 따라 말씀과 기도에 의하여, 즉 모세오경에 나오는 것처럼 "높이 듦"으로써 성별되었기 때문에, "높이 드는 것" 또는 봉헌이라는 용어와 관습이 희생제물로 드려지거나 "높이 들려져야" 할 것을 가져와서 한데 모으는 관습이 폐기된 지 오랜 후에도 계속 사용되게 되었다. 따라서 이사야 37〔:4〕에 따르면 히스기야는 이사야에게 하나님 앞에서 남은 자들을 위하여 기도를 올리라고 명하였다고 한다. 시편에는 이렇게 기록되어 있다: "성소를 향하여 너희 손을 들고", "주의 이름으로 인하여 내 손을 들리이다." 그리고 디모데전서 2〔:8〕에는 "각처에서 … 거룩한 손을 들어"라고 말씀하고 있다. 이것이 "희생제사"와 "제물"이란 말은 성례나 언약 자체를 가리키지 않고 모은 것(collections) 자체를 가리키는 데 사용되어야 한다는 이유이다. 지금도 여전히 미사에서 드리는 기도에 대하여 사용되는 "짧은 기도문"(collect)란 말도 여기서 나왔다.

　　마찬가지 이유로 사제는 떡과 잔을 성별한 직후에 그 떡과 잔을 높이 든다. 그러나 이것은 사제가 어떤 것을 하나님께 드리고 있다는 것을 보여주는 것이 아니다. 왜냐하면 그가 사용하는 말은 그 어느 것도 우리에게 희생제사나 제물을 생각나게 하지 않기 때문이다. 오히려 이것은 감사함으로 받은 선물을 하나님에게 되돌려서 "높이 드는" 히브리인의 관습의 잔재이거나 아니면 이 언약에 대한 우리의 신앙을 고무시키려는 하나의 권고일 것이다. 사제는 이와 동시에 이 언약의 표징을 보여주기 위하여 그리스도의 말씀을 통해 그것을 설명하고 묘사하여 왔다. 이 경우에 떡의 봉헌은 사실 "이것은 내 몸이다"라는 말씀 가운데 나오는 지시 형용사 "이것"에 해당된다. 그리고 사제는 그의 주위에 모여 있는 우리들에 대한 공식적인 선언으로서 이 표징을 사용한다. 마찬가지로 잔의 봉헌도 "이 새 언약의 잔"이라는 말씀 가운데 나오는 지시 형용사 "이"에 해당된다. 왜냐하면 이러한 높이 드는 의식의 목적은 사제가 우리의 마음 속에서 신앙을 불러일으키기 위한 것이다. 그러나 나는 사제가 우리 눈 앞에서 표징이나 성례를 공공연하게 "높이 드는" 것과 동시에 크고 명확한 음성으로 그 나라의 언어로 언약의 말씀을 소리내어 들려 주었으면 한다. 이는 신앙을 더 효과적으로 일깨우기 위함이다. 그런데 왜 미사는 헬라어와 라틴어와 히브리어로 드리는 것은 허용되고 독일어나 다른 나라 말로 드리는 것은 허용되지 않는가?

그러므로 이렇게 부패하고 매우 위험한 시대에 미사의 희생제사를 드리는 사제들은 첫째로 짧은 기도문과 함께 미사의 대소(大小) 경본의 말씀들이 희생제사라는 의미를 너무도 분명하게 반영하고 있다고 하더라도, 그 말씀들이 성례를 가리키는 것이 아니라 그 말씀들이 성별하고 있는 떡과 포도주 또는 그들 자신의 기도를 가리킨다는 것에 주의하여야 한다. 실제로 떡과 포도주는 축복을 받기 위하여 이전에 드려졌고 말씀과 기도로써 성별된다. 그러나 축복하고 봉헌한 이후에는 그것들은 더이상 제물이 아니라 하나님으로부터 받게 되는 선물이 된다. 이 의식을 집전하는 동안 내내 사제는 복음이 인간들에 의하여 만들어진 모든 경전과 기도문 위에 있어야 한다는 것과 또한 복음은 이제까지 당신이 들은 바와 같이 미사를 희생제사라고 부르는 것을 보증해주지 않는다는 것을 염두에 두어야 한다.

나아가 사제는 미사를 공적으로 집전할 때 그의 의도는 미사에 의하여 그 자신과 다른 사람들에게 성찬을 베푸는 일만이어야 한다. 이와 동시에 그는 자기 자신과 다른 사람들을 위하여 기도를 드려야 하나 자신이 미사를 드린다고 자부하지 않도록 조심하여야 한다. 그러나 사제가 개인 미사를 드리는 경우에는 그는 자신의 행위를 자기 자신에게 성찬을 베푸는 것으로 생각하여야 한다. 개인 미사는 모든 평신도가 사제의 손에서 받는 보편적인 성찬과 조금도 다르지 않다. 다른 점은 기도와 사제가 떡과 포도주를 봉헌하고 자신에게 그것들을 베푼다는 사실에 있다. 미사와 성례들의 문제에 있어서 우리는 사제이건 평신도이건 다 동등하다.

만약 어떤 사제가 "축원" 미사를 드려달라고 다른 사람으로부터 요청을 받는다면, 미사의 대가를 받거나 어떤 기원의 희생제사를 드리는 체하지 않도록 주의하여야 한다. 오히려 그는 죽은 자와 산 자를 위하여 드리는 기도에 스스로를 전적으로 국한시키려고 주의를 기울여야 한다. 곧 이렇게 생각하자: "보라, 나는 독자적으로 가서 혼자 성찬을 받겠으며 성찬을 받는 동안 이런 저런 것을 기도하겠다." 이런 식으로 그는 미사의 대가가 아니라 기도의 대가를 받을 것이며 그것으로써 음식물과 의복을 살 수 있을 것이다. 세상 전체가 이와 반대로 생각하고 행한다고 할지라도 염려할 필요가 없다. 당신은 복음에 대하여 최상의 확신을 갖고 있다. 복음을 의지하라. 그러면 당신은 인간들의 신념과 의견들을 아랑곳하지 않을 수 있다. 그러나 만약 당신이 내 말을 거부하고 기도만이 아니라 미사를 드리러 간다면, 내가 이제까지 당신에게 경고한 것과 또 나는 심판날에 아무 부끄러움도 없으리라는 것을 명심하라. 당신은 당신 자신의 죄에 대한 벌을 걸머져야 할 것이다. 나는 당신의 구원을 위하여 형제 대 형제로서 당신에게 마땅히 말해야 할 것을 말해 왔다. 이 말을 지키면 당신에게 유익이 될 것이며 이 말을 무시하면 당신에게 해가 될 것이다. 만약 사람이 이제까지 내가 말한 것을 정죄하고자 한다면 나는 바울의 말로 이렇게 대답할 것이다: "악한 사람들과 속이는 자들은 더욱 악하여져서 속이기도 하고 속기도 하나니"〔디모데후서 3:13〕.

위에서 말한 모든 것들을 통하여 누구라도 자주 인용되는 그레고리의 말을 이해할 수 있게 된다: "악한 사제가 집전한 미사는 선한 사제가 집전한 미사보다 효과가 적은 것이 아니다. 만약 베드로와 배신자 유다가 미사를 집전한다면, 베드로의 미사라고 하여 유다의 미사보다 낫지 못할 것이다." 이 말은 많은 사람들에게 있어서 그들의 불경건을 은폐할 수 있는 덮개 역할을 하였다. 그리고 그들은 이 말을 방패 삼아서 "사효성"(事效性, opus operatum)과 "인효성"(人效性, opus operans)을 구별하고 악한 생활을 자유롭게 영위하면서도 다른 사람들에게 은덕을 입힌다고 하였다.

그레고리가 말하고 있는 것은 참되기는 하지만 그들은 그의 말을 잘못 받아들이고 있다. 언약이나 성례는 악한 사제들의 집전을 통해서도 가장 거룩한 자들의 집전을 통해서와 똑같이 완전하다는 것은 아주 명약관화하다. 불경건한 사제들이 복음을 전파하고 있다는 것을 아무도 의심하지 않는다. 그런데 미사는 복음의 일부, 아니 복음의 총체이자 실체이다. 왜냐하면 복음 전체는 죄사함의 좋은 소식이기 때문이다. 죄사함과 하나님의 자비에 대하여 가장 넓고 가장 풍부한 의미로 말할 수 있는 것은 무엇이나 다 이 언약의 말씀 가운데 간결하게 포괄되어 있다. 이러한 이유로 대중적인 설교는 다름아닌 미사에 대한 해설이나 이 언약에 담겨있는 하나님의 약속에 대한 설명이어야 한다. 이것이 신앙을 가르치고 교회에 덕을 세우는 길이다. 그러나 오늘날 미사를 해설하는 자들은 인간의 우화적인 예식들을 가지고 농탕질을 하고 있다.

그러므로 불경건한 사제가 세례를 베푸는 바, 세례 지망자에게 약속의 말씀과 물의 표징을 베푸는 것과 마찬가지로 이 성례(성찬:역주)의 약속을 참여자들에게 베풀고 스스로에게도 베푼다 ─ 배신자 유다가 주님의 만찬에 참여한 것처럼 말이다. 그럼에도 불구하고 이 성례는 여전히 동일한 성례와 언약으로서 신자에게는 그것의 본연한 역사(役事)를 이루고 불신자에게는 "이상한 일"을 이룬다. 그러나 희생제사를 드리는 경우에는 사정이 전혀 다르다. 왜냐하면 하나님에게 드려지는 것은 미사가 아니고 기도이므로 악한 사제에 의해 드려지는 기도는 아무짝에도 소용없다는 것이 분명하다. 그레고리도 마찬가지로 이렇게 말하였다: "무가치한 사람을 중재자로 보내면 재판관의 마음은 더욱 굳어질 뿐이다." 그러므로 이 두 가지 곧 미사와 기도, 성례와 행위, 언약과 희생제사는 혼동되어서는 안 된다. 전자는 사제의 중재를 통하여 하나님으로부터 우리에게로 오는 것으로서 신앙을 요구한다. 후자는 우리의 신앙으로부터 나와서 사제를 통하여 하나님에게로 올라가는 것으로서 들어주시는 분을 필요로 한다. 전자는 내려오며 후자는 올라간다. 그러므로 전자는 가치있고 경건한 집례자를 반드시 필요로 하는 것은 아니다. 그러나 후자는 그러한 사람을 필요로 한다. 왜냐하면 하나님께서는 죄인의 기도를 들어 주시지 않으시기 때문이다. 하나님께서는 악한 사람들을 통하여 선을 행하시는 길을 아시지만 악인의 행위를 받으시지는 않는다. 하나님께서는 가인에게 이것을 보여주셨다. 또 잠언 15〔:8〕에서는 "악인의 제사는 여호와께서 미워하셔도"라고 말씀하고 있으며 로마서 14〔:23〕에는 "믿음으로 좇아 하지 아니하는 모든 것이 죄니라"라고 말씀하고 있다.

이제 첫번째 단원은 끝을 맺자. 그러나 대적자가 생긴다면 나는 언제든지 논의를 계속할 것이다. 우리가 내리는 결론은, 미사가 제공된 모든 사람들 가운데 오직 슬퍼하고 겸손하고 괴로워하고 혼란에 빠지고 자신이 없는 양심을 가진 사람들만 미사에 가치있게 참여한다는 것이다. 이 성례에서 주어지는 하나님의 약속의 말씀은 죄사함을 수여한다. 그러므로 양심의 가책으로 번민하거나 시험을 당하고 있다고 할지라도 누구든지 다 두려움 없이 다가오게 하라. 그리스도의 이 언약은 과거와 현재와 미래의 죄들에 대한 유일한 해독제이다. 그러나 당신은 흔들리지 않는 신앙으로 그리스도께 매어달려야 한다. 당신은 언약의 말씀이 선포하는 것이 당신에게 거저 주어진다는 것을 믿어야 한다. 당신이 이것을 믿지 않는다면, 어떤 선행이나 어떤 유의 노력에 의해서나 결코 어디에서도 당신은 양심의 평안을 얻을 수 없을 것이다. 왜냐하면 오직 신앙만이 양심의 평안을 뜻하며 불신앙은 고뇌만을 뜻하기 때문이다.

(2) 세례의 성례

하나님 곧 우리 주 예수 그리스도의 아버지께 찬양할지어다. 하나님은 풍성하신 자비로 적어도 그의 교회 안에 인간들의 규정들에 의하여 망쳐지거나 더럽혀지지 않은 상태로 이 성례를 보존해 주셨고 모든 인종과 계층의 사람들에게 자유롭게 이 성례를 사용하도록 하셨다. 또한 하나님은 돈만을 탐내며 미신적인 더럽고 불경건한 괴물들이 이 성례를 억압하는 것을 용납하지 않으셨다. 왜냐하면 하나님께서는 탐욕과 미신을 가질 수 없는 어린아이들이 이 성례에 의하여 성화되고 하나님의 말씀에 대한 단순한 신앙을 가질 수 있기를 바라셨기 때문이다. 오늘날까지도 세례는 그들에게 최대의 유익이다. 그러나 만약 이 성례를 어른들과 노인들에게 주려는 것이었다면, 이것은 우리 중에서 모든 경건을 전복시켜버린 엄청난 탐욕과 미신의 횡포 앞에서 그 권능과 아름다움을 보존할 수 있었을 것으로 나는 믿지 않는다. 여기서도 역시 육신의 지혜는 분명히 자기대로의 준비와 품위, 보유, 제한 및 돈을 낚기 위한 다른 올가미들을 고안해 내어 결국 물을 양피지 값과 맞먹는 고가(高價)가 되게 했을 것이 틀림없다.

그러나 사단은 어린아이들에게 세례주는 것의 유익을 없앨 수는 없었지만 어른들 가운데서 세례의 유익을 말살시키는 데는 자신의 능력을 발휘하였다. 그리하여 오늘날 자기 자신의 세례를 상기하는 사람들은 드물며 세례를 영광스럽게 여기는 자는 더욱 드물다. 죄를 사함받고 하늘에 들어갈 수 있는 다른 많은 길들이 발견되었기 때문이다. 좋지 못하게 표현되었든 그릇되게 해석되었든 제롬의 위험스런 말이 이런한 견해들에 기회를 제공해 주었다. 제롬은 마치 세례가 참회의 표징이 아닌 양 참회를 파선(破船) 후의 제2의 널빤지라고 말하고 있다. 이리하여 죄에 떨어진 사람들은 제1의 널빤지 또는 배가 상실되기라도 한 것처럼 그것에 대한 믿음을 잃어버리고 두번째 널빤지 곧 참회를 신뢰하고 그것에 매달리기 시작한다. 이러한 상황으로 인하여 서약, 수도회, 행위, 보속, 순례, 면죄부, 수도원 분파 등 무수한 부과물들이 생겨났으며 이러한 것들과 아울러 온 세계가 감당할 수 없을 정도로 많은 책들, 질문들, 의견들, 인간의 규정들이 생겨났다. 그 결과 이러한 횡포로 인해 하나님의 교회는 유대인이나 천하의 다른 어떤 인종이 겪었던 것에 비할 바 없이 지독한 괴로움을 당하였다.

　　고위 성직자들은 이러한 것들을 제거하고 그리스도인들에게 세례받은 사람들에게 적합한 고결함을 상기시키기 위하여 온갖 노력을 기울여야 했다. 그리하여 그리스도인들에게 그들이 어떤 행동거지를 지닌 사람이었으며 어떻게 그리스도인들이 살아야 하는지를 이해할 수 있도록 해주어야 했다. 그러나 오늘날 교황들이 노력을 기울이는 유일한 일은 사람들을 될 수 있는 한 세례에서 멀어지게 하고 모든 사람들을 횡포의 홍수 속으로 빠져들어가게 하며 선지자가 말한 것처럼 그리스도의 백성들로 하여금 영원히 그리스도를 잊어버리게 하는 것이다〔예레미야 2:32〕. 아! 오늘날 주교라는 이름을 가지고 있는 사람들은 다 얼마나 불행한 자들인가! 왜냐하면 그들은 주교가 어떠해야 하는가를 알지도 못하고 주교가 무엇을 알아야 하고 무엇을 해야 하는지조차 알지 못하고 있기 때문이다. 그들은 이사야 56〔:10f.〕이 말하는 것을 성취하고 있다: "그 파수군들은 소경이요 다 무지하며 … 그들은 몰각한 목자들이라 다 자기 길로 돌이키며 어디 있는 자든지 자기 이만 도모하며."

　　1. 세례와 관련하여 첫번째 요점은 세례는 하나님의 약속이라는 것이다: "믿고 세례를 받는 사람은 구원을 얻을 것이요"〔마가복음 16:16〕. 이 약속은 행위, 서약, 수도회 및 인간이 만들어 낸 다른 모든 것보다도 훨씬 위에 있다. 우리의 구원 전체가 이 약속에 달려있으므로, 우리는 일단 우리가 세례를 받았다면 우리가 구원을 받았다는 것을 어떠한 의심도 없이 아는 가운데 이 약속에 대한 우리의 신앙을 깨어서 지켜야 한다. 세례를 받을 때 신앙이 존재하지 않거나 생기지 않는다면 그 세례 의식은 우리에게 아무런 소용이 없다. 실제로 그 세례 의식은 우리가 그 세례를 받는 순간뿐만 아니라 그후의 우리의 삶 전체에 걸쳐 걸림돌이 될 것이다. 왜냐하면 이러한 유의 불신앙은 하나님의 약속을 신뢰할 수 없는 것이라고 비난하는 것이나 다름없는 것으로서 모든 죄들 가운데서 가장 큰 죄이다. 우리가 먼저 세례에 대한 하나님의 약속에 대한 신앙을 실행하고자 한다면 우리는 이 하나님의 약속을 믿는 일이 얼마나 어려운가를 즉시 알게 될 것이다. 연약하고 죄를 인식하는 인간의 본성은 구원의 가능성을 믿는 것이 가장 어려운 일이기 때문이다. 그렇지만 이 사실을 믿지 않고는 구원을 받을 수 없다. 이는 구원에 대한 하나님의 약속을 믿지 않기 때문이다.

　　이 메시지는 사람들에게 가르쳐졌어야 했으며 이 약속은 사람들의 귀에 못이 박히게 되풀이하여 들려졌어야 했다. 세례는 끊임없이 일깨워져야 했고 신앙은 부단히 일깨워지고 계발되었어야 했다. 일단 하나님의 약속이 우리에 의해 받아들여졌다면 그것의 진리는 죽을 때까지 존속된다. 이와 마찬가지로 그 약속에 대한 우리의 신앙도 결코 중단되어서는 안되며 세례에서 우리에게 향해진 이 약속을 계속 기억하는 가운데 죽을 때까지 점점 더 강화되어야 한 다. 그러므로 우리가 우리의 신앙을 회복하거나 우리의 죄를 회개할 때 우리 는 죄로 인하여 멀어졌던 세례의 능력과 신앙으로 단지 돌아가고 있는 것뿐 이다. 왜냐하면 이 약속의 진리는 영원히 유효한 것으로서 한번 행해진 후에 는 언제든지 우리가 돌아올 때 우리를 받을 준비를 하고 있기 때문이다. 그 리고 내가 실수하는 것이 아니라면 그들이 어설프게나마 세례는 제1의 성례 이고 다른 모든 성례의 토대이며 세례 없이는 다른 어떤 성례도 받을 수 없 다고 말할 때 의미하는 것이 바로 이것이다.

그러므로 참회자가 무엇보다도 먼저 자신의 세례를 기억하는 것은 결코 적은 유익이 아니다. 그로 하여금 그가 포기했던 하나님의 약속을 다시 상기 하고 그것을 주님께 고백하도록 하라. 그로 하여금 자기가 여전히 구원의 요 새 안에 있다는 것을 기뻐하게 하라. 왜냐하면 그가 세례를 받았다는 것은 여전히 사실이기 때문이다. 그리고 그로 하여금 그가 자신의 세례에 대한 신 앙과 진리로부터 떨어져나갔을 때 보인 불경건한 배은망덕을 혐오하게 하라. 만약 그가 자기에게 주어진 하나님의 약속을 마음속에 명심하기만 한다면 그 의 가슴은 기이할 정도로 힘을 얻게 될 것이고 자비에 대한 소망으로 고무를 받을 것이다. 그 약속이 공수표가 될 가능성은 없다. 그때까지 그 약속은 깨 어지지 않았고 변함없이 남아 있으며 그 어떤 죄에 의해서도 변화될 수 없 다. 이것이 바울이 디모데후서 2〔:13〕에서 말하고 있는 메시지이다: "우리는 미쁨이 없을지라도 주는 일향 미쁘시니 자기를 부인하실 수 없으시리라."

이러한 하나님의 진리는 참회자를 보존함으로써 비록 다른 모든 것들이 그를 저버린다고 할지라도 우리가 그것을 믿기만 한다면 그 진리는 우리를 저버리지 않을 것이다. 참회자는 이 진리 안에서 조롱하는 원수의 모든 공격 을 막을 수 있는 그 무엇과 자신의 양심을 공격하는 죄들에 대항할 수 있는 그 무엇, 죽음과 심판의 두려움에 대항하여 반대증거를 댈 수 있는 그 무엇 을 가진다. 마지막으로 그는 "하나님은 자신의 약속에 신실하시며 나는 세례 를 받음으로써 하나님의 표징을 받았다. 하나님께서 나의 편이 되신다면 누 가 나에게 대적하겠는가?"라고 말할 때 입밖으로 내뱉는 바로 그 유일무이한 약속들로 인하여 모든 시험 가운데서 위로를 받는다.

　　이스라엘 자손들은 참회할 때 무엇보다도 그들이 애굽으로부터 나온 일을 기억하였는데, 이러한 기억을 통하여 자기들을 이끌어 내주신 하나님에게로 다시 돌아갔다. 모세는 이러한 기억과 이러한 인도하심을 그들의 마음속에 끊임없이 새겨주었고 다윗도 마찬가지였다. 하물며 우리는 얼마나 더 우리가 우리의 애굽으로부터 나온 일을 기억해야 하며 또한 이러한 기억을 통하여 거듭남의 세례로 우리를 인도해 주신 하나님에게로 돌아가야 하지 않겠는가? 바로 이러한 이유로 우리는 세례를 기억하는 것이 요구되는 것이다! 이러한 것은 떡과 포도주의 성례에서 가장 적절하게 행해질 수 있다. 이전에는 참회, 세례, 성찬이라는 세 가지 성례는 다 동일한 목적으로 행해졌으며 서로를 보완해 주었었다. 따라서 우리는 어떤 거룩한 동정녀가 시험을 당할 때마다 자신의 세례를 자신의 유일한 방패막으로 삼은 이야기를 읽게 된다. 그녀는 단지 "나는 그리스도인이다"라고 짤막하게 말했는데, 사단은 적은 세례의 능력과 약속을 지키시는 하나님의 진리를 부여잡는 신앙의 능력을 곧 알아차리고 그녀에게서 도망쳐 버렸다.

　　이러므로 당신은 그리스도인 곧 세례를 받은 자가 얼마나 부요한가를 알 수 있을 것이다. 비록 그가 원한다고 할지라도 그가 믿기를 거부하지 않는 한 아무리 많은 죄를 범했어도 그는 구원을 잃을 수가 없다. 오직 불신앙을 제외하고는 그 어떤 죄도 그를 정죄할 수 없기 때문이다. 그의 신앙이 세례에서 주어진 하나님의 약속을 의뢰하고 있다면 다른 모든 것들은 바로 그 신앙, 아니 하나님의 진리에 의해 포섭되어 버린다. 왜냐하면 당신이 하나님을 고백하고 또 계속해서 그의 약속에 매달린다면 하나님께서는 자기 자신을 부인하실 수 없기 때문이다. 그러나 만약 당신이 하나님의 이러한 진리를 잊어버리고 "통회", "고해"와 이에 따른 "보속" 및 사람들에 의해 꾸며내진 다른 모든 고안물들에 의존한다면 이러한 것들은 갑자기 당신을 저버리고 비참하게 만들 것이다. 하나님의 진리에 대한 신앙과는 상관이 없이 행해지는 일은 무엇이든지 다 헛되고 헛되며 영혼의 괴로움밖에 되지 않는다.

　　마찬가지로 당신은 참회가 파선 후에 당신이 매달릴 수 있는 널빤지라고 생각하는 것이 얼마나 위험하며 실로 얼마나 거짓된 것인가를 알 수 있을 것이다. 그리고 세례의 능력이 죄로 인하여 무효화되고 이 배가 산산이 부서졌다고 생각하는 것이 얼마나 치명적인 오류인가를 알 수 있을 것이다. 그 배는 견고하고 부숴질 수 없는 것으로서 그 널빤지들은 결코 산산이 조각나지 않을 것이다. 그 배를 타고 여행하는 자들은 누구나 구원이라는 항구, 즉 성례들 속에서 약속된 하나님의 진리로 가고 있는 것이다. 물론 많은 사람들이 어리석게도 배를 벗어나 바다로 뛰어들어서 죽게 되는 일이 종종 있다. 이러한 사람들은 약속에 대한 신앙을 저버리고 죄 가운데로 뛰어드는 자들이다. 그러나 배 자체는 본래대로 존속하며 항해에 적합하기 때문에 그 선로(船路)를 그대로 유지한다. 만약 어떤 사람이 어떤 은혜로운 선물로 인하여 배로 다시 돌아올 수 있다면 그 사람은 어떤 널빤지 때문이 아니라 견고하게 지어진 배 때문에 생명을 건지게 된 것이다. 이러한 사람은 신앙을 통하여 하나님의 영속적이고 견고한 약속으로 돌아오는 자이다. 이런 이유로 베드로는 베드로후서 1〔:9〕에서 자신들이 이전의 죄에서 깨끗함을 받았던 때를 잊어버림으로써 죄를 범하는 사람들을 책망한다. 이는 세례를 받은 후의 그들의 배은망덕과 불충(不忠)과 불경건에 대하여 그들을 책망하는 것임에 틀림없다.

그렇다면 세례에 대하여 그토록 많은 글을 쓰면서도 이러한 약속에 대한 신앙을 가르치지 않는다면 무슨 소용이 있겠는가? 모든 성례는 우리의 신앙을 기르기 위하여 제정되었는데, 불경건한 사람들은 신앙을 충분히 다루지 않고 단지 그 누구도 자신의 죄사함이나 성례의 은혜를 확신할 수 없다고 말해버린다. 이러한 신성모독적인 가르침을 통하여 그들은 온 세상으로부터 이해력을 앗아가 버린다. 그들은 그리스도인으로서의 우리의 양심의 첫째가는 영광의 토대를 이루고 있는 세례의 성례를 억류할 뿐만 아니라 전적으로 부인하고 있다. 그러면서 그들은 "통회", 걱정스러운 "고해", "환경", "보속", "행위" 그리고 이러한 다른 무수한 터무니없는 말들을 불쌍한 사람들에게 말한다. 그러므로 「명제집」의 제4권과 그것을 모방하여 베낀 모든 글들을 주의 깊게 아니 조소를 보내며 읽어보도록 하자. 그들은 기껏해야 성례의 질료(質料)와 형상(形相)에 대해서밖에는 기록하고 있지 않다. 말하자면 그들은 성례의 죽은 문자만을 다룰 뿐 성례의 영과 생명과 사용 또는 하나님의 약속의 진리와 우리의 신앙을 다루지는 않는다.

그러므로 당신은 행위의 외적인 과시와 사람이 만든 규정들의 궤계에 의해 속지 않도록 함으로써 하나님의 진리와 당신 자신의 신앙에 대하여 잘못을 저지르는 일이 없도록 매우 주의를 기울여야 한다. 당신이 구원을 받고자 한다면 당신은 어떤 행위들에 앞서 성례들에 대한 신앙으로부터 시작하여야 한다. 당신의 신앙이 아주 연약하지 않다면 행위는 신앙에 뒤따라 올 것이다. 사실 신앙은 모든 "행위들" 가운데서 가장 뛰어나고 가장 어려운 것이다. 당신이 어떤 다른 행위들을 하는 것이 방해를 받는다고 할지라도 당신은 오직 신앙만으로 지탱해 나갈 수 있을 것이다. 왜냐하면 신앙은 바울이 가르치고 있는 바와 같이 인간의 행위가 아니고 하나님의 행위이기 때문이다. 다른 행위들은 하나님께서 우리를 통하여 그리고 우리의 도움으로 행하시지만, 신앙의 경우에는 우리 안에서 그리고 우리의 협동 없이 행하시는 것이다.

이상의 고찰들은 세례 의식과 관련하여 인간이 행하는 집례와 하나님으로부터 오는 주도권 사이의 차이를 분명하게 보여준다. 왜냐하면 인간은 세례를 베푸나 진정 세례를 베푸는 것이 아니다. 인간은 세례 의식을 행한다는 의미에서 세례를 베푼다고 할 수 있다. 인간은 세례받을 사람을 물 속에 잠기게 한다. 그러나 어떤 의미에서 인간은 자기 자신의 책임으로 행하는 것이 아니고 하나님을 대신하여 행하는 것에 지나지 않기 때문에 세례를 베푸는 것이 아니다. 따라서 우리는 인간의 손으로 베풀어지는 세례를 마치 그리스도 자신, 아니 하나님이 몸소 자신의 손으로 우리에게 세례를 베푸시는 것처럼 이해하여야 한다. 우리가 인간의 손을 통하여 받는 모든 것이 하나님의 것인 것과 마찬가지로 우리가 인간의 손을 통하여 받는 세례는 그리스도의 세례이자 하나님의 세례이다. 그러므로 세례에 있어서 오직 외적인 의식만을 인간에게 돌리고 내적인 작용은 하나님에게 돌려야 한다. 당신은 이 두 가지 모두를 하나님에게 돌리고 세례를 베푸는 사람을 단순히 하나님을 대신하여 행하는 도구로 생각하는 것이 좋을 것이다. 하늘에 앉아 계신 주님께서는 그 도구를 통하여 당신을 자신의 손으로 물 속에 넣으시며 이 땅에 있는 자신의 종의 입술을 빌어 인간의 음성으로 당신에게 죄사함을 약속하신다.

세례를 베풀 때 선포하는 말씀 자체가 이러한 것을 나타내준다: "나는 성부와 성자와 성령의 이름으로 네게 세례를 베푼다. 아멘." 집례자는 "나는 나의 이름으로 네게 세례를 베푼다"고 말하지 않는다. 이는 그가 이렇게 말하는 것과 같다: "내가 행하고 있는 이것을 나는 내 자신의 권위로써 행하는 것이 아니고 하나님의 이름으로 그를 대신하여 행하는 것이다. 그러므로 네가 받는 것은 주님께서 친히 볼 수 있게끔 세례를 행하신 것과 동일하다. 이 일에 효력을 부여하는 분과 그분의 대리자로서 행하는 자는 서로 다르지만 두 사람의 행위는 동일하다. 아니, 나는 단지 유일한 행위자이신 분을 대신하여 집례하는 것뿐이다."

　이는 생각으로는 "… 의 이름으로"라는 말은 행위자의 인격을 가리키므로 의식이 진행되는 동안 주님의 이름을 단지 부르는 것이 아니라 의식 자체가 집례자의 행위가 아니라 다른 사람의 이름으로 그를 대신하여 행해진다는 것을 의미한다. 마태복음 24〔:5〕에서 그리스도께서는 동일한 취지로 이렇게 말씀하시고 있다: "많은 사람이 내 이름으로 와서." 그리고 로마서 1〔:5〕에서는 "그로 말미암아 우리가 은혜와 사도의 직분을 받아 그 이름을 위하여 모든 이방인 중에서 믿어 순종케 하나니"라고 말씀하고 있다.

　나는 이러한 견해를 기쁘게 채택하고자 한다. 왜냐하면 우리가 인간의 손에 의해서가 아니라 이 의식을 성 삼위일체의 이름으로 행하는 인간을 대리인으로 하여 성 삼위일체 자신에 의해서 세례를 받았다는 것을 알 때 그것은 우리의 확신을 아주 완전하게 밑받침해주고 신앙에 대하여 실제적인 촉진제를 제공해주는 것이 되기 때문이다. 이 견해는 그들이 그 사용하는 말을 두고 벌여왔던 이른바 세례의 "형식"에 관한 지루한 논쟁에 종지부를 찍게 할 것이다. 희랍정교회에서는 "그리스도의 종이 세례를 받게 하소서"라고 하고 서방교회에서는 "내가 세례를 베푼다"라고 한다.

　또한 어떤 사람들은 자신들의 현학에 집착하여 "내가 예수 그리스도의 이름으로 네게 세례를 베푼다"라는 말을 사용하는 것을 정죄한다. 그렇지만 우리가 사도행전〔10:48〕에서 읽는 바와 같이 사도들이 세례를 베풀 때에 이런 형식을 사용한 것이 확실하다. 그들은 "내가 네게 성부와 성자와 성령의 이름으로 세례를 베푼다. 아멘"이라는 형식 이외에는 다른 어떤 형식도 유효한 것으로 인정하려 들지 않는다. 로마교도들은 자신들의 견해를 헛되이 강변하고 있다. 그것은 그들이 아무런 증거도 대지 못하면서 단지 자기 자신들이 만들어낸 것만을 단언하기 때문이다.

　어떤 말을 사용하여 세례를 베풀든지 세례는 인간의 이름이 아니라 주님의 이름으로 베풀어지기만 한다면 확실하게 구원을 가져다 준다는 것이 참되다. 실제로 나는 어떤 사람이 주님의 이름으로 세례를 받는다면 비록 악한 목회자가 주님의 이름으로 세례를 베풀지 않았다고 할지라도 그가 주님의 이름으로 참되게 세례를 받으리라는 것을 의심하지 않는다. 왜냐하면 세례의 효능은 집례자의 신앙이나 태도보다도 이것을 받는 사람의 신앙이나 태도에 많이 달려 있기 때문이다. 장난기로 세례를 받은 어떤 배우의 이야기에서 우리는 이에 대한 한 예를 본다. 이런 유의 문제들에 대한 아무런 알맹이도 없는 논란들은 신앙을 도외시하고 모든 주안점을 행위들과 적합한 의식들에 두는 자들이 우리에게 제기하는 것이다. 반면에 우리는 모든 강조점을 신앙에만 두고 의식 그 자체만에는 아무런 강조점도 두지 않는다. 이렇게 함으로써 우리는 영적으로 이런 모든 거리낌들과 구별들로부터 자유케 될 수 있다.

2. 세례와 관련된 두번째 논점은 세례가 표징 또는 성례라는 것이다: 물 속에 잠기는 것, 이로부터 세례라는 명칭이 나왔다. 왜냐하면 '밥티조' (baptizo)라는 헬라어는 "내가 잠기게 하다"라는 뜻이며 '밥티스마' (baptisma)는 "침수"(浸水)를 뜻하기 때문이다. 그런데 내가 이미 말했듯이 하나님의 약속에는 그 말씀들이 의미하는 것을 나타내기 위하여 표징들이 주어진다. 또는 현대인들이 말하는 대로 하면 성례는 효력을 발생하는 의의 (effective significance)를 갖는다. 그것이 의미하는 바를 고찰해 보기로 하자.

거의 대부분의 사람들은 말씀과 물 가운데 어떤 숨겨진 영적 효능이 있어서 이것이 세례를 받는 사람의 영혼 가운데서 하나님의 은혜에 의하여 역사한다고 주장하고 있다. 하지만 어떤 사람들은 성례에는 아무런 효능도 없으며 자신이 친히 제정하신 성례의 언약에 따라 임재해 계시는 하나님에 의해서만 은총이 주어진다고 주장한다. 그렇지만 그들은 다 성례가 효력을 가져오는 은혜의 표징들이라는 데는 의견을 같이 한다. 그들은 신약의 성례들이 단지 표징에 불과하다면 신약의 성례들이 옛 율법의 성례들을 능가하는 다른 이유를 찾아볼 수 없다는 단 하나의 논거를 들어서 이러한 결론을 내리고 있다. 이리하여 그들은 새 율법의 성례들은 죽을 죄를 범한 사람들에게까지도 유익을 줄 수 있다고 생각하게까지 되었다. 신앙도 은혜도 요구되지 않고, 어떤 장애물 곧 다시 죄를 범하려는 실제적인 의도만 없으면 그것으로 충분하다는 것이다.

그러나 그러한 주장들은 경외심과 신앙이 결여되어 있고 신앙 및 성례들의 본질에 반하는 것으로서 주의깊게 피해져야 한다. 왜냐하면 새 율법(신약:역주)의 성례들은 효력을 발생하는 징표의 의미라는 측면에서 옛 율법의 성례와 다르다고 생각하는 것은 잘못이기 때문이다. 둘 다 동일한 의미를 갖는다. 왜냐하면 지금 세례와 성찬을 통해 우리를 구원하시는 바로 그 하나님께서 아벨을 그의 희생제사로써 구원하셨고, 무지개로써 노아를 구원하셨으며, 할례로써 아브라함을 구원하셨고, 또 모든 사람들을 그들 각각의 다른 표징들로써 구원하셨기 때문이다. 성례들의 의미와 관련하여 옛 언약의 성례들과 새 언약의 성례들 간에는 당신이 하나님께서 율법 시대에 족장들과 다른 조상들 중에서 행하신 모든 것을 옛 율법에 속하는 것으로 기술할 수 있다는 것을 제외하고는 아무런 차이도 없다. 족장들과 조상들에게 주어진 표징들은 예복, 용기(容器), 식물(食物), 가옥 등에 관한 사제의 관습과 같이 모세가 율법에서 제정한 법적인 형식들과는 폭넓게 구별되어야 한다. 왜냐하면 이러한 것들은 새 율법의 성례뿐만 아니라 하나님께서 율법 아래 사는 조상들에게 종종 주신 표징들과도 크게 다르기 때문이다. 예를 들면 기드온에게 주어진 양털에 관한 표징〔사사기 6:36ff.〕, 노아의 희생제사, 이사야가 이사야서 7〔:10ff.〕에서 아하스에게 일러준 것 등이 그러하다. 이러한 것들에는 각각 어떤 약속이 수반되었고, 이 약속은 하나님에 대한 신앙을 요구하였다.

따라서 율법의 정식(定式, legal formulas)들은 신앙을 요구하는 어떠한 약속의 말씀을 수반하지 않는다는 점에서 옛 표징 또는 새 표징 모두와 다르다. 율법의 정식들은 사람들을 의롭게 하는 신앙의 성례들이 아니라 단지 행위의 성례에 지나지 않기 때문에 의인(義認)의 표징들이 아니다. 그것들 전체의 능력과 본질은 신앙이 아니라 의식(儀式)에 있다. 그것들을 행하는 사람은 누구나 다 신앙 없이 행한다고 할지라도 그것들을 성취한다. 그러나 우리의 표징이나 조상들에게 주어진 표징들은 신앙을 요구하는 약속의 말씀을 수반하고 있기 때문에 그 어떤 다른 행위로는 성취가 불가능하다. 그것들은 행위의 성례가 아니라 의롭게 하는 신앙의 성례인 까닭에 의인(義認)의 표징 또는 성례인 것이다. 그러므로 그것들의 모든 효력은 신앙 자체에 있으며 행하여지는 그 무엇에 있는 것이 아니다. 아무것도 행해지지 않았다고 하여도 그것들을 믿는 사람은 누구나 다 그것들을 성취한다. 이것이 "성례가 아니고 성례의 신앙이 의롭게 한다"는 말의 근원이다.

따라서 사도는 할례를 신앙의 의(義)를 인친 것이라고 부르고 있지만〔로마서 4:11〕 아브라함과 그의 자손들을 의롭게 한 것은 할례가 아니라 할례에 덧붙여진 신앙인바, 이 약속에 대한 신앙이 의를 수여하였고 할례가 표상하는 바를 구체화 시켰던 것이다. 왜냐하면 신앙은 문자 그대로의 육신의 할례로 상징되어 있는 마음에 대한 영적인 할례이기 때문이다. 아벨을 의롭게 한 것은 결코 그의 희생제사가 아니라 그의 신앙이었다. 왜냐하면 이 신앙을 통하여 그는 자기 자신을 하나님에게 전적으로 드렸는데 그의 희생제사는 이 신앙의 외적인 상징일 뿐이었다.

이와 같이 세례는 누구를 의롭게 하지 못하며 아무에게도 유익을 주지 못한다. 오히려 의롭게 하는 것은 세례와 결합되어 있는 저 약속의 말씀에 대한 신앙이다. 이 신앙이 바로 세례가 상징하는 것을 성취한다. 신앙은 옛 사람을 물 속에 잠그고 새 사람을 물 속으로부터 솟아나오게 하는 것이다. 그런 까닭에 새 성례들은 옛 성례들과 다를 수 없다. 둘 다 다 하나님의 약속을 가지고 있으며 신앙의 영은 동일하기 때문이다. 그러나 새 성례들은 새로운 약속의 말씀에 의하여 옛 표징들과 엄격히 구별되는 바, 이 약속의 말씀이야말로 유일하고 효과적인 구별수단이다. 현 로마 가톨릭 교회가 사용하는 예복, 거룩한 장소들 혹은 식사들과 수많은 의식들의 외적인 표시는 의심할 여지 없이 영의 영역에서의 감명깊은 성취를 받아야 할 어떤 것들을 상징하고 있다. 그렇지만 이러한 것들은 하나님의 약속의 말씀을 담고 있지 않기 때문에 세례와 성찬의 표징들과는 비할 바가 못된다. 그것들은 의(義)를 수여하지도 않으며 그런 유의 어떤 다른 유익이 있는 것도 아니다. 왜냐하면 그것들의 목적은 신앙과는 상관 없이 그것들을 사용하거나 실행하는 것을 통하여 성취되기 때문이다. 따라서 사도는 골로새서 2〔:22〕에서 그것들에 대하여 이렇게 말한다: "이 모든 것은 쓰는 대로 부패에 돌아가리라 사람의 명과 가르침을 좇느냐." 성례는 의식에 의해서 성취되는 것이 아니라 오직 성례를 믿을 때 성취된다.

그러므로 성례에 의를 수여할 수 있는 능력이 있다거나 성례가 효력을 가져오는 은혜의 "표징"이라고 하는 것은 참될 수 없다. 이러한 모든 것들은 신앙을 손상시키는 것으로서 하나님의 약속에 대한 무지에서 나오는 것이다. 하지만 신앙이 의심할 바 없이 존재할 때 성례들은 아주 확실히 그리고 효과적으로 은혜를 나누어준다는 의미에서 효력이 있다고 불려야 한다. 그러나 로마교도들이 이런 의미로 성례들이 효력이 있다고 말하는 것이 아님은, 악한 자와 불신자들이 성례들에 장애물을 부과하지만 않는다면 악한 자와 불신자들을 비롯하여 모든 사람들에게 성례는 유익을 가져다준다고 단언하는 것을 통해 입증된다. 그러나 이러한 주장은 불신앙이 은혜에 대한 모든 장애들 가운데서 가장 완고하고 적대적인 것이 아닌 것처럼 말하는 것이다.

　　이런 식으로 로마교도들은 성례를 규례로 바꾸고 신앙을 행위로 바꿔왔다. 만약 내가 성례를 받음으로 인하여 그 성례가 나에게 은혜를 준다면 이제 나는 신앙이 아니라 나의 행위에 의하여 은혜를 받아야 한다. 그리고 나는 성례 속에서 약속을 얻는 것이 아니라 하나님에 의해 제정되고 명령된 표징만을 받는 것이 된다. 그러므로 당신은 성례가 「명제집」을 따르는 신학자들에 의해 철저하게 오해되어 왔다는 것을 아주 분명하게 알 수 있을 것이다. 그들은 성례의 신앙 또는 성례의 약속들에 대한 어떠한 근거도 제공해주지 않는다. 그들은 표징과 그 표징의 사용에만 집착함으로써 우리를 신앙에서 행위로 끌어가며 말씀에서 표징으로 끌어간다. 이미 말한 바와 같이 그들은 성례들을 감금했을 뿐만 아니라 힘닿는 대로 폐하였다.

　　그러므로 눈을 똑바로 뜨고 표징보다 말씀에 더 주의를 기울이고 행위나 의식보다 신앙에 더 주의를 기울이도록 하자. 하나님의 약속이 있는 곳에는 어디서나 반드시 우리의 신앙이 요구되며 이 두 가지는 서로를 필요로 한다는 것을 우리는 알고 있다. 어느 쪽도 다른 쪽이 없으면 효력을 발휘하지 못하기 때문이다. 믿어야 할 약속이 없다면 믿음은 불가능하고, 믿음이 없다면 약속은 공허하다. 그러나 이 두 가지가 당연히 그래야 하는 것처럼 서로에 대하여 상호작용할 때 그것들은 성례들의 참되고 의심할 수 없는 효력을 가져온다. 그러므로 약속과 신앙을 떠나서 성례의 효력을 구하는 것은 헛수고이며 실로 정죄로 떨어지는 길이다. 그리스도께서는 "믿고 세례를 받는 사람은 구원을 얻을 것이요 믿지 않는 사람은 정죄를 받으리라"〔마가복음 16:16〕라고 말씀하셨다. 여기서 그리스도께서는 성례 없이 신앙만으로도 구원을 받을 수 있을 정도로 신앙은 성례에 있어서 필요불가결하다는 것을 지적하신다. 이것이 그리스도께서 "믿지 않는 사람" 뒤에 "세례를 받지 않는 사람"이라는 말을 덧붙이지 않은 이유이다.

　　세례가 상징하는 것은 두 가지 곧 죽음과 부활, 말하자면 의인(義認)의 성취와 완결이다. 왜냐하면 목회자가 아이를 물 속에 잠기게 할 때 그것은 죽음을 상징하며, 아이를 다시 물 밖으로 나오게 할 때 그것은 생명을 상징하기 때문이다. 바울은 이것을 로마서 6〔:4〕에서 이렇게 설명한다: "우리가 그의 죽으심과 합하여 세례를 받음으로 그와 함께 장사되었나니 이는 아버지의 영광으로 말미암아 그리스도를 죽은 자 가운데서 살리심과 같이 우리로 또한 새 생명 가운데서 행하게 하려 함이니라." 우리는 이 죽음과 부활을 새 창조, 중생, 영적인 출생이라 부른다. 이것은 많은 사람들의 습관대로 우화적으로 죄의 죽음과 은혜의 생명으로 이해되어서는 안 되고 실제의 죽음과 실제의 부활로 이해되어야 한다. 왜냐하면 세례의 상징은 우리가 멋대로 상상할 수 있는 성질의 문제가 아니기 때문이다.

　사도가 동일한 구절에서 말하고 있듯이 우리가 이생에서 지니고 있는 죄된 몸이 멸할 때까지는 죄는 죽지 않으며 은혜도 온전히 주어지지 않는다. 왜냐하면 우리가 육체 가운데 있는 한 육신의 소욕이 활동하고 또 충동질하기 때문이다. 우리가 신앙을 갖기 시작하면 그와 동시에 우리는 이 세상에 대해서는 죽기 시작하고 내생에서 하나님에 대해서는 살기 시작한다. 그러므로 신앙은 진실로 죽음이자 부활이다. 이것은 우리가 물 속에 가라앉았다가 다시 나오는 저 영적인 세례인 것이다.

　세례를 죄를 씻어버리는 것으로 생각하는 것이 옳기는 하지만 그 표현은 죽음과 부활을 상징하는 세례의 충분한 의의(意義)를 드러내기는 너무 약하고 온건하다. 이러므로 나는 세례라는 말이 함축하고 있고 그 비밀이 상징하는 바대로 세례를 받고자 하는 사람들을 완전히 물 속에 잠기게 하고 싶다. 그 이유는 그렇게 하는 것이 꼭 필요하다고 생각하기 때문이 아니라 세례라는 표징을 가능한 한 온전하고 완전하게 수여하는 것이 아름다운 일이라고 생각하기 때문이다. 세례는 온전하고 완전한 그 무엇을 나타내고 있는데, 그리스도께서 제정해 주신 것도 완전한 침수(浸水)의 형태로 된 세례임이 틀림없다. 죄인은 깨끗함을 받는 것이 아니라 죽는 것이 요구된다. 이렇게 함으로써 죄인이 거듭나고 다른 피조물이 되도록 하기 위함이며 또한 이 의식이 그리스도의 죽음과 부활에 상응할 수 있도록 하기 위함이다. 그러므로 죄인은 세례를 통하여 죽었다가 다시 살아나는 것이다.

　당신은 그리스도께서 돌아가셨다가 다시 부활하셨을 때 그리스도께서 죽을 수밖에 없는 운명에서 벗어났다고 말할 수 있을지 모르지만 이 표현은 당신이 그리스도께서 완전히 변화되시고 새로워졌다고 말하는 것보다 덜 힘이 있다. 이와 마찬가지로 우리의 세례는 우리가 모든 면에서 철저하게 죽었다가 영원한 생명으로 살아남을 뜻한다고 말하는 것이 우리가 우리의 죄로부터 깨끗함을 받는다고 말하는 것보다 말의 형식에 있어서 더 힘이 있다.

　여기서 다시 한번 당신은 세례의 성례는 표징일망정 순간적인 행위가 아니라 어떤 영속적인 행위임을 알 수 있을 것이다. 의식 자체는 아주 일시적이라도 그 의식이 상징하는 것은 죽을 때까지, 실로 마지막 날에 부활할 때까지 지속된다. 우리가 살아있는 한 세례가 상징하는 것은 작용을 하기 때문이다. 즉 날마다 우리는 죽고 날마다 우리는 다시 살아나는 것이다. 우리는 이 세상의 죄와 헛된 것들을 버린다는 점에서 정신적으로도 영적으로도 죽을 뿐만아니라 참으로 이 죽을 육신을 떠나서 앞으로 올 생명을 부여잡기 시작한다. 이런 식으로 우리는 그들이 이 세상으로부터 아버지께로의 "실제적이고" 육체적인 이행이라 부르는 것을 경험하게 된다.

우리는 세례의 능력을 약화시키고 축소시켜온 사람들을 조심하지 않으면 안 된다. 그들은 은혜가 우리에게 주입된다는 것이 사실이라고 말하면서도 우리의 죄로 말미암아 이 은혜가 점차 사라지므로 우리는 어떤 다른 길을 통해 하늘에 가지 않으면 안 된다고 주장한다 ─ 마치 우리의 세례가 이제는 전혀 무용지물이 된 양 그들은 말한다. 당신은 이러한 견해를 채택하지 않아야 한다. 당신은 세례를 통하여 끊임없이 죽었다가 다시 사는 것이 세례의 의미라고 이해하여야 한다. 그러므로 당신은 고해 또는 어떤 다른 은혜의 수단을 사용하든지 세례가 행사하는 바로 그 능력으로 되돌아갈 수밖에 없으며 또한 당신이 세례를 받은 목적과 당신의 세례가 상징하는 것을 다시 행할 수밖에 없다. 당신이 절망하고 구원에 이르기를 거부하지 않는 한 세례는 결코 그 효력을 상실하지 않는다.

당신이 표징으로부터 한동안 멀어져 방황할 수 있다는 것은 사실이지만 그렇다고 그것이 표징을 무력화시키지는 못한다. 당신은 세례의 성례를 한 번 받을 뿐이지만 당신은 신앙으로 끊임없이 새롭게 세례를 받음으로써 언제나 죽었다가 다시 살아나는 것이다. 당신이 세례를 받았을 때 당신의 온 몸이 물 속에 잠겼다가 다시 물 밖으로 나왔다. 이와 마찬가지로 이 의식의 요체는 은혜가 당신의 삶 전체, 몸과 영혼 모두에 스며들어서 마지막 날에 불멸의 흰옷을 입은 모습으로 당신을 내놓을 것이라는 것이다. 따라서 우리는 결코 세례의 표징이나 그 능력을 잃지 않으며 실제로 우리는 마지막 날에 그 표징을 완전히 성취할 때까지 계속하여 다시 세례를 받고 있다는 결론이 나온다.

그러므로 당신은 우리가 어떠한 종류의 삶을 산다고 하더라도 그 삶이 육신을 죽이고 영을 살리는 데 기여한다면 그것은 우리의 세례와 관련이 있다는 것을 이해할 수 있을 것이다. 우리가 이생을 빨리 떠나면 떠날수록 더욱더 빨리 우리의 세례는 완성된다. 그리고 우리의 고통이 심하면 심할수록 더욱더 온전하게 우리는 우리의 세례와 합치하게 된다. 마찬가지로 순교자들이 날마다 죽임을 당하고 도살장의 양과 같이 여김을 당했을 때 교회는 가장 건전하였다. 바로 그 때에 세례의 효능이 교회에서 온전히 능력을 발휘하였기 때문이다. 그러나 오늘날 우리는 실제로 인간이 만들어낸 가르침과 행위들에 의해 압도되어 그러한 능력을 알지 못하고 있다. 그러므로 우리의 모든 삶은 그 성격에 있어서 세례 곧 세례의 표징이나 성례의 성취여야 한다. 왜냐하면 우리는 다만 세례 곧 죽음과 부활에만 전념하도록 하기 위해 다른 모든 것들로부터 해방되었기 때문이다.

우리의 찬연한 자유와 우리의 세례에 대한 적절한 이해는 오늘날 족쇄가 채워져 있는데, 그 허물은 로마 교황의 독재에 돌릴 수 있다. 이러한 가르침을 전파하고 이 자유를 옹호하는 것은 최고의 목자인 교황의 첫째가는 의무라는 것은 아무리 강조해도 지나치지 않다. 이는 바울이 고린도전서 4[:1]에서 "사람이 마땅히 우리를 그리스도의 일군이요 하나님의 비밀을 맡은 자로 여길지어다"라고 함과 같다. 그러나 교황의 유일한 관심사는 자신의 교령과 법으로 우리를 억압하고 우리를 자신의 절대적인 권력 아래 잡아두려는 것뿐이다. 교황이 이러한 비밀들을 가르치지 않고 있다는 불경건하고 변명할 수 없는 사실은 논외로 하더라도 무슨 권리로 교황은 우리에게 법들을 강제로 부과하느냐고 나는 아주 진지하게 묻고자 한다. 도대체 누가 세례 속에서 우리에게 주어진 이러한 자유를 우리에게서 박탈할 권능을 그에게 주었는가? 이미 말한 바와 같이 세례를 받고 그리스도에 대한 우리의 신앙으로 말미암아 죽었다가 사는 것보다 우리의 일생에서 우리 앞에 놓여진 더 큰 의무는 없다. 이것은 특히 최고의 목자가 가르쳐야 할 유일한 것이다. 그러나 오늘날 신앙은 말없이 무시되고 있고 교회는 의식과 예식에 관한 무수한 규정들로 질식을 당하고 있다. 세례의 효능과 세례에 관한 지식은 소멸되어 버렸고 그리스도를 믿는 신앙은 가로막혀 있다.

그러므로 나는 교황이나 주교나 다른 어떤 인간도 그리스도인들에게 그들의 동의 없이는 단 한 마디의 의무도 강제로 부과할 권리가 없다는 것을 분명히 말해둔다. 이와 달리 행한다면 그것은 독재이다. 그러므로 기도와 금식과 기부 그리고 교황이 자신의 모든 법령 곧 무수히 많지만 모두가 불법인 그 법령들에서 명령하고 요구하는 모든 것을 교회는 요구하고 명령할 권한이 전혀 없다. 그리고 교황이 그렇게 하는 것은 교회의 자유를 침범하여 죄를 범하는 것이다. 이리하여 오늘날의 교직자들은 돌과 재목(材木)과 토지와 지대(地代)를 사용하고 소유하는 그들의 "교회의 자유"에 대한 가장 용맹스러운 수호자들이다. 왜냐하면 오늘날 "교회의"라는 말은 "영적인"이라는 말과 동일한 것을 뜻하게 되었기 때문이다. 그들은 이와 같은 그릇된 용어 사용을 통하여 교회의 참된 자유를 감금하고 있는 것만이 아니라 그것을 철저히 파괴하고 있다. 그들은 회교도들보다 더 악하게 그리고 "사람들의 종이 되지 말라"〔고린도전서 7:23〕는 사도의 말을 거스려 행하여 왔다. 우리가 그들의 교령과 전제적인 법에 굴복하는 것은 참으로 사람들의 종이 되는 것이다.

교황의 제자들은 "너희 말을 듣는 자는 곧 내 말을 듣는 것이요"〔누가복음 10:16〕라는 그리스도의 말씀을 왜곡하고 변질시켜 자신들을 밑받침하는 것으로 만들어버림으로써 이러한 불경건하고 죄악된 횡포를 돕고 있다. 왜냐하면 그들은 철면피가 되어 우쭐대면서 이 성구를 자기들을 옹호하는 것으로 소리높여 외쳐댄다. 그러나 그리스도께서는 사도들이 복음을 전하기 위하여 나아갈 때에 그들에게 이런 말씀을 하셨으며 또한 이 말씀은 오직 복음에만 적용되어야 함에도 로마교도들은 복음은 제쳐두고 이 말씀을 자기들이 만들어낸 것들에만 적용시킨다. 요한복음 10〔:27〕에서는 "내 양은 내 음성을 들으며 … 타인의 음성은 알지 못하는고로 타인을 따르지 아니하"라고 말씀하고 있다. 그러므로 로마교도들은 복음을 제쳐둠으로써 교황들이 자기 자신의 음성을 내면서 마치 그것이 그리스도 자신의 음성인 양 할 수 있게 되었다. 그럼에도 불구하고 그들이 내는 것은 그들 자신의 음성일 뿐인데도 사람들이 그 음성을 따르기를 기대한다.

그러나 사도는 자기가 세례를 베풀기 위해서가 아니라 복음을 전하기 위하여 보내심을 받았다고 말했다〔고린도전서 1:17〕. 그러므로 아무도 교황이 복음을 가르치고 그리스도를 선포하는 경우를 제외하고는 그 전통들에 복종하거나 그의 말을 들으라고 강요되어서는 안 된다. 그리고 교황은 신앙 이외에는 아무것도 가르쳐서는 안 된다. 신앙은 모든 것들 가운데서 가장 자유로운 것이다. 그리스도께서는 "너희 말을 듣는 자는 곧 내 말을 듣는 것이요"라고 말씀하셨다. 그렇다면 왜 교황은 다른 사람들의 말을 듣지 않는가? 그리스도께서 "너희 말을 듣는 자"라고 말씀하셨을 때 그것은 베드로에게만 말씀하신 것이 아니었다. 요컨대 참된 신앙이 있는 곳에는 신앙의 말씀도 필연적으로 있음에 틀림없다. 그렇다면 왜 신자가 아닌 교황은 신앙을 갖고 있으면서 신앙을 전파하는 자신의 종의 말을 때로 듣지 않는가? 교황들은 눈이 멀어있을 뿐이다.

　다른 로마교도들은 더욱 뻔뻔스럽게 "네가 … 무엇이든지 매면 … "이라는 마태복음 16〔:19〕의 말씀으로부터 추론하여 이 구절에서 교황에게는 법들을 공포할 권세가 부여되었다고 주장한다. 하지만 이 구절에서 그리스도께서는 잊지 않고 기억해 두어야 할 죄들과 용서를 해주어야 할 죄들을 다루고 있는 것이다. 그리스도께서는 온 교회를 포로로 사로잡고 여러 가지 법으로 억압할 권세를 주고 있는 것이 아니다. 그러나 우리의 독재자는 모든 것을 자신의 거짓말들로 그릇되게 하며 하나님의 말씀을 강제로 왜곡하고 곡해한다. 그렇지만 나는 이 세상의 다른 어떤 폭력의 경우와 마찬가지로 이러한 가증스러운 횡포조차도 그리스도인들은 참아야 한다는 것을 인정하지 않을 수 없다. 그리스도께서는 "누구든지 네 오른편 뺨을 치거든 왼편도 돌려대며"〔마태복음 5:39〕라고 말씀하셨다. 이러한 불경건한 사제들에 대한 나의 불만은 그들이 이러한 행위들을 합법적으로 행할 수 있고 행하고 있다는 것이다. 또한 그들은 그렇게 행하면서도 그들의 이러한 바벨론(로마 가톨리시즘:역주)으로 기독교계의 복리(福利)를 도모하는 체하며 모든 사람으로 하여금 이러한 허구를 믿도록 설득하려고 한다.

　만약 양편이 그것의 악하고 압제적인 본질에 대하여 알고 있으면서 그들이 이러한 짓들을 행하고 우리는 그들의 폭력을 당한다면, 우리는 이것을 이 생을 죽이고 우리의 세례를 성취하는 데 기여하는 것으로 간주하여야 한다. 그러한 경우에 우리의 양심은 상처를·받지 않을 수 있고 우리가 겪는 부당한 대우들을 기뻐하기조차 할 수 있다. 그러나 지금 그들은 우리에게서 자유에 대한 우리의 인식을 박탈하고 그들이 행하는 것은 잘 하는 일이라고 우리로 하여금 믿게 하여 그것을 비난하거나 그들이 행하는 것이 악이라고 불평할 수 없게 하고자 한다. 그들은 이리들이기 때문에 목자들과 같이 행하는 것처럼 가장하고 있으며, 그들은 적그리스도이기 때문에 그리스도처럼 존경을 받고자 한다.

　내가 이렇게 크게 부르짖는 것은 단지 이 자유를 위해서이다. 그리고 나는 사람이든 천사이든 그리스도인들의 동의 없이 단 한 줄의 법도 그들에게 강제로 부과하는 것은 올바르지 못하다는 믿음 속에서 선한 양심으로 그렇게 하고 있다. 왜냐하면 우리는 모든 것들로부터 자유하기 때문이다. 그리고 어떤 법이 우리에게 강제로 부과되면 우리는 양심의 자유를 보존한 채 이를 참아야 한다 — 부당한 일이 행해지고 있는 것을 알고 있고 주저없이 단언하지만 그러한 부당한 일을 참는 것이 하나님께 영광을 돌리는 것임을 아는 양심. 그리하여 우리는 주의를 기울여 그 횡포에 대항하여 불평하지는 않지만 그 횡포를 정당화하지는 않아야 한다.

성 베드로는 "너희가 열심으로 선을 행하면 누가 너희를 해하리요"〔베드로전서 3:13〕라고 반문한다. "그 뜻대로 부르심을 입은 자들에게는 모든 것이 합력하여 선을 이루느니라"〔로마서 8:28〕. 그러나 세례의 이러한 영광스러운 측면과 그리스도인의 자유의 이러한 행사에 대하여 아는 사람은 거의 없는데, 대다수는 교황의 압제로 인하여 이런 것들을 알 수 없었던 것이다. 나는 그렇게 함으로써 나 자신을 해방시키고 교황과 모든 로마교도들에 대하여 다음과 같이 비난함으로 내 양심을 자유롭게 하고자 한다: 만약 그들이 그들의 법과 전통들을 폐기하고 그리스도의 교회들에 적절한 자유를 회복시키며 그 자유를 가르치도록 하지 않는다면, 그들은 이런 비참한 감금 아래에서 멸망해가는 모든 영혼에 대하여 죄가 있으며 또한 교황청은 바벨론 왕국과 진짜 적그리스도가 될 것이다. 자신의 가르침들과 법령들을 통해 죄를 증대시키고 기독교계에서 영혼들의 상실을 몇 배나 더하고 있으면서 마치 하나님이나 되는 양 교회의 높은 자리에 앉아 있는 자 말고 다른 누구가 "불법의 사람"이며 "멸망의 아들"〔데살로니가후서 2:3〕이겠는가? 이러한 모든 것들은 교황의 횡포에 의해 수많은 세기 동안 지나칠 정도로 행해져왔다. 이 횡포는 신앙을 소멸시켰고 성례를 흐리게 하였으며 복음을 억압하였고 불경건하고 신성모독적일 뿐만 아니라 야만적이고 무지한 법들을 공포함으로써 그러한 것들을 무한히 증식시켜 왔다.

그러므로 우리의 감금된 모습이 얼마나 비참한가를 생각해보라. "본래는 거민이 많더니 이제는 어찌 그리 적막히 앉았는고 본래는 열국 중에 크던 자가 이제는 과부 같고 본래는 열방 중에 공주되었던 자가 이제는 조공 드리는 자가 되었도다 … 사랑하던 자 중에 위로하는 자가 없고 친구도 다 배반하여 … "〔예레미야 애가 1:1f.〕. 오늘날에는 많은 규례들, 많은 의식들, 많은 종파들, 많은 서약들, 많은 걱정거리들과 행위들이 있기 때문에 그리스도인들은 그러한 것들로 눈코 뜰 새가 없다. 그 결과 그리스도인들은 자기들이 세례를 받았다는 것을 잊어버린다. 이러한 메뚜기떼와 모충떼와 자벌레떼로 인하여 아무도 자기가 세례를 받았다는 것을 기억하지 못하거나 세례가 어떤 유익들을 가져다 주는지를 기억하지 못한다. 우리는 세례를 받았을 때 어린아이들처럼 되었어야 했다. 어린아이들은 어떤 염려나 행위에도 얽매이지 않고 다만 그들의 세례의 영광으로 말미암아 전적으로 자유롭고 구속(救贖)받으며 안전하다.

내가 이제까지 말한 것에 반대하여 유아들이 세례를 받을 때 그들은 하나님의 약속들을 받을 수 없고 세례의 신앙을 받아들일 수 없으므로 신앙이 필요치 않다거나 유아에게 세례를 베푸는 것은 소용없다고 반론을 펼 수 있을지도 모른다. 이 문제에 있어서 나는 모든 사람들이 말하는 것처럼 유아들은 대리의 신앙 곧 그들에게 세례를 받게 하려고 데리고 오는 사람들의 신앙의 도움을 받는다는 데 동의한다. 하나님의 말씀은 말해질 때마다 불경건한 자들의 마음조차도 바꿀 수 있을 만큼 강력하기 때문에 어린아이들이라고 해서 반응을 하지 못하는 것은 아니다. 더욱이 유아에게 세례를 베푸는 믿는 교회의 기도의 응답으로 모든 것이 가능하기 때문에 유아는 주입된 신앙에 의해 변화되고 깨끗해지며 새로워진다.

또한 나는 만약 그와 같은 교회가 그를 위하여 기도하고 그에게 세례를 베푼다면 성례 가운데 어떤 것으로나 불경건한 어른까지도 변화받을 수 있다는 것을 나는 의심하지 않는다. 이는 우리가 복음서에서 읽는 바와 같이 중풍병자가 다른 사람의 신앙에 의해 고침을 받았다는 것과 같다〔마태복음 9:2ff.; 마가복음 2:1ff.〕. 이러한 이유들로 인해 나는 새 율법의 성례들은 어떠한 저항도 없는 사람들뿐만 아니라 가장 완고하게 저항하는 사람들에게까지도 은혜를 주는 힘이 있다는 것을 기꺼이 인정하고자 한다. 교회의 신앙과 신자들의 기도를 통해 제거할 수 없는 것이 무엇이 있겠는가? 스데반이 이 능력으로 사도 바울을 회심시켰다는 사실이 믿어지는 것을 볼 때, 교회의 신앙과 믿는 자들의 기도가 제거할 수 없는 것이 무엇이겠는가?

아직 태어나지는 않았지만 한 팔이나 한 발이 모태로부터 나오고 있는 아이가 세례를 받을 수 있는지의 여부에 대한 문제가 제기되어 왔다. 이 사항에 대하여 나는 확실히 무어라고 말할 것이 없으며 나의 무지를 고백하지 않을 수 없다. 또한 나는 로마교도들이 그러는 것처럼 온 영혼은 육신의 모든 부분에 있다고 가정하는 것으로 만족스러운지를 알지 못하겠다. 왜냐하면 외적인 물의 세례를 받는 것은 영혼이 아니라 육신이기 때문이다. 그러나 나는 아직 태어나지 않은 아이가 거듭나는 것은 불가능하다고 아주 끈질기게 주장하는 사람들의 말에도 동의하지 못하겠다. 그러므로 나는 이 문제를 성령의 가르침에 맡겨둔다. 그동안에는 각 사람은 자신의 판단을 따르도록 하자.

그러나 한 가지 덧붙이고 싶은 것이 있는데, 나는 이것을 온 세상 사람들에게 납득시킬 수 있었으면 좋겠다. 그것은 "영적인" 서약이든 순례에 대한 것이든 어떤 행위에 대한 것이든 모든 서약은 폐지되거나 무시되어야 하고, 우리는 세례를 통해 우리에게 주어진 가장 영적이고 능동적인 자유에 머물러 있어야 한다는 것이다. 서약에 대한 극히 널리 퍼져있는 망상이 우리의 세례의 정당한 가치를 얼마나 많이 손상시키고, 또 그리스도인의 자유에 대한 우리의 지식을 어둡게 하는지를 아무도 말로 다할 수 없을 정도이다. 서약에 대한 열정과 서약을 말도 되지 않는 경솔함으로 행하는 현실로 인해 날로 더해가는 극히 무수한 위험들에 대해서는 당분간 말하지 않기로 하자. 오! 너희 가장 불경건한 사제들과 신실치 못한 목회자들은 안심감 속에서 빈둥거리며 탐욕을 가지고 허랑방탕하면서 가장 심각하고 위태로운 "요셉의 환난"〔아모스 6:6〕에 대해서는 전혀 동정하지 않고 있다!

모든 서약 특히 평생을 두고 행한 서약은 일반 포고(布告)로 폐기시키고 모든 사람에게 세례의 서약을 상기시키거나 모든 사람에게 경솔하게 서약을 하지 못하도록 신중히 경고하여야 한다. 아무에게도 이와 같이 서약하도록 권장해서는 안 된다. 서약하는 것을 어렵게 하고 가급적 하지 않도록 유도하는 것이 더 나을 것이다. 왜냐하면 우리가 세례를 받을 때에 행한 서약만으로도 우리가 지킬 수 있는 것 이상으로 서약을 한 셈이기 때문이다. 우리가 이 의무에만 전심한다면 우리에게는 우리가 행하여야 할 것이 충분히 있을 것이다. 그러나 사실상 우리는 바다와 육지를 두루 다니면서 많은 사람들을 회심시키고 사제들과 수도사들과 수녀들로 세상을 가득채우고 그들을 다 평생의 서약으로 감금하고 있다. 이 점에 있어서 서약을 이행하는 것으로서 행해지는 행위는 서약없이 행한 행위보다 더 가치있고 우월하며, 하늘에서 다른 사람들과는 특별한 대우를 받아 그가 무슨 보상을 받는지 아무도 모르는 그런 보상을 받는다고 단언하고 주장하는 사람들이 있다.

오, 크기나 수나 그와 같은 다른 기준에 의해 의(義)와 거룩함을 측정하는 눈먼 바리새인들이여! 하지만 하나님께서는 오직 신앙으로만 측정하신다. 하나님에게는 신앙의 차이가 없는 한 행위들 사이에 어떠한 차이도 없다. 불경건한 자들은 아주 유창한 말을 통하여 자기들이 만들어낸 것들을 사용하여 사람들이 만들어낸 견해들과 행위들을 꾸미고 분별없는 대중들을 유혹한다. 대중들은 보통 겉보기에 화려한 행위들에 이끌려 신앙을 심히 손상시키고 세례를 잊어버리며 그리스도인으로서의 자유를 손상받게 된다. 서약은 일종의 법 또는 의무이기 때문에, 서약이 많아질수록 법과 행위는 필연적으로 많아지고 반면에 신앙은 없어지며 우리의 세례의 자유는 감금된다.

어떤 사람들은 이러한 악한 미혹들에 만족하지 않고 더 나아가 수도회에 들어가는 것이 일종의 새로운 세례라고 하면서 이 세례는 이후에 "영적인" 생활 자체의 목적이 다시 갱신될 때마다 반복될 수 있다고 말한다. 이런 식으로 이러한 것을 열성적으로 신봉하는 사람들은 그들의 의와 거룩함과 영광을 그들 자신에게만 돌리고 단지 세례만을 받은 사람들에게는 그들과 견줄 만한 것을 아무 것도 남겨 주지 않았다. 오늘날 모든 미신의 원천이자 근원인 로마 교황은 이러한 삶의 방식들을 과장된 교서(敎書)들과 면죄부들을 통해 확증하고 승인하고 찬양하여 왔다. 한편 세례를 일고의 가치라도 있는 것으로 생각하는 사람은 아무도 없다.

그리고 이미 말했듯이 로마교도들은 그리스도의 순박한 백성들을 이러한 화려한 겉치레를 이용하여 경솔한 위험들로 몰아넣음으로써 그리스도의 백성들은 그들의 세례에 대한 모든 감사를 잃어버리고 신앙에 의존하는 다른 사람들보다도 행위에 의존하는 그들이 더 나은 그리스도인이 되어가고 있다고 생각하기 시작한다. 그러므로 하나님께서는 심술궂은 자들에게 자신의 심술궂음을 보여주시며 또한 서약한 자들의 배은망덕함과 교만을 벌하시기 위하여 그들로 하여금 자신의 서약을 이루지 못하게 하시거나 고군분투하여서 겨우 지키게 하신다. 그리고 그들로 하여금 서약 가운데 빠져서 신앙의 세례에 의해 주어진 은혜를 알지 못하게 하신다. 이는 그들의 영이 하나님 앞에서 무가치하기 때문에 하나님께서는 그들로 하여금 끝까지 위선 가운데 머물러 있고 결코 의에 이르지 못하게 하신다. 이렇게 그들은 "그 땅에는 우상도 가득하므로"〔이사야 2:8〕라는 이사야의 말을 성취하고 있다.

물론 나는 자신의 선택에 의해 사사로이 어떤 서약을 하고자 하는 사람을 금하거나 낙담케 할 생각은 없다. 왜냐하면 나는 서약 자체를 경멸하거나 정죄하는 것이 전혀 아니기 때문이다. 그러나 나는 공적으로 확립되어 있고 제도화되어 있는 서약의 생활 양식에 대해서는 완강하게 반대한다. 자기 자신의 위기 상황에서 서약을 할 수 있는 사적인 권리를 갖는 것만으로 충분하다. 그러나 나는 서약을 수행할 의무 아래에서 공적으로 살아가는 생활 양식을 권장하는 것은 교회에게와 보통 사람들에게 모두 해로운 것이라고 생각한다.

내가 이렇게 생각하는 이유는 첫째로 서약은 일종의 의식법이며 단순히 인간적인 전통, 권리의 사칭이므로 그리스도인의 삶과는 정반대가 되기 때문이다. 교회는 세례를 통하여 이러한 것에서 이미 해방을 받았다. 둘째로 성경 가운데는 이러한 서약에 의한 삶 특히 독신이나 복종이나 가난에 대한 서약이 권장되고 있지 않기 때문이다. 성경의 예에 의해 밑받침될 수 없는 것은 무엇이나 위험으로 가득차 있는 것으로서 결코 아무에게도 강요되어서는 안되며 인정받는 생활 양식으로서 대중에게 일반적으로 확립되어져서는 더더욱 안된다. 반면에 어떤 사람이 위험을 무릅쓰고 서약을 감행하고자 한다면 이는 허용되어야 한다. 왜냐하면 어떤 특별한 행위들은 성령에 의하여 몇몇 사람 가운데서 행해지나 그러한 행위들은 모든 사람들에게 어떤 본보기나 생활 양식으로 인용되어서는 안 된다.

그러나 나는 이러한 서원에 의한 수도회의 생활 양식이 사도가 예언한 것에 속하지는 않는지 크게 염려가 된다: "외식함으로 거짓말 하는 자들이라 혼인을 금하고 식물을 폐하라 할 터이나 식물은 하나님이 지으신 바니 … 감사함으로 받을 것이니라"〔디모데전서 4:2f.〕. 아무도 수도회를 창설하거나 육성한 성 베르나르, 프란체스코, 도미니쿠스 등을 들먹여서 내게 대항하지 않도록 하라. 인간의 아들들에 대한 하나님의 충고는 무섭고 놀랍기 때문이다. 하나님께서는 바벨론 왕의 궁전에서 사무를 보고 있었던(이교에 의해 둘러싸여 있던) 다니엘과 하나냐와 아사랴와 미사엘을 모두 다 보존하실 수 있으셨다. 그러므로 하나님께서는 위험으로 가득찬 삶을 영위한 저들을 거룩케 하실 수 있고 성령의 어떤 기이한 역사(役事)로써 저들을 인도하실 수 있다. 그러나 하나님께서는 이것이 다른 사람들에게 본보기가 되는 것을 원치 않으셨다. 더욱이 그들 중 어느 누구도 자신의 서약과 "종교성"으로 구원받은 것이 아니라 다른 모든 사람들과 마찬가지로 오직 신앙을 통해서 구원받았다는 것은 확실하다. 서약 아래에서 살아가는 가식적인 삶은 다른 어느 것보다도 이 신앙에 더 적대적이다.

그러나 이와 같은 문제들에 대하여 모든 사람은 각자 자신의 의견을 가질 권리가 있다. 그러나 나는 내가 이미 시작한 논의를 계속하고자 한다. 이제 나는 교회의 자유와 세례의 영광에 대하여 말하고자 한다. 나는 성령의 인도 아래에서 배운 충고를 많은 사람들의 유익을 위하여 알려야 할 의무를 느낀다. 이 점을 염두에 두고 나는 교회에서 높은 지위에 있는 사람들에게 첫째로 이 모든 서약과 수도회들을 없애거나 적어도 그런 것들을 인정하거나 찬양하지 말 것을 충고한다. 만일 그들이 그렇게 하지 않으려고 한다면, 나는 자신들의 구원의 확증을 얻으려는 모든 사람들에게 모든 서약 특히 일생에 걸쳐 커다란 결과를 가져오는 서약을 하지 말 것을 강권하고자 하는데, 이러한 충고를 특히 십대와 젊은이들은 명심하여야 한다.

내가 이미 말한 바와 같이 이와 같이 충고하는 이유는 첫째로 이러한 생활 양식은 성경에 아무런 증거나 근거가 없는 것으로서 단지 수도사들과 사제들의 행위들에 의해 부과된 것이기 때문이다. 그러한 행위들이 아무리 수가 많고 신성하고 열렬하다고 할지라도 이러한 행위들은 하나님 보시기에 결코 들에서 일하는 농부나 자기 가정을 돌보는 여자의 행위들보다 결코 우월하지 않다. 오히려 하나님께서는 모든 것을 오직 신앙만으로 측정하신다. 예레미야 5〔:3〕에서는 "여호와여 주의 눈이 성실(faith)을 돌아보지 아니하시나이까"라고 말씀하고 있으며, 집회서 32〔:27〕에서는 "그대의 모든 행위 속에서 그대의 마음으로 믿음을 가지고 믿으라 이것이 하나님의 계명을 지키는 것이기 때문이다"라고 말씀하고 있다.

실제로 사람들을 섬기는 평범한 행위가 신앙이 없는 상태에서 수도사들과 사제들이 행하는 금식과 다른 행위들보다 더 하나님 앞에 열납되는 경우가 아주 흔하게 일어난다. 이것이 실제로 우리의 현재 상황이다. 서약들은 단지 교만과 주제넘음을 증폭시키는 경향이 있다. 실제로 사제들과 수도사들과 감독들 사이에서만큼 신앙이나 참된 교회가 부재하는 곳을 거의 볼 수 없다. 그리고 이러한 자들은 자기 자신들을 교회 또는 교회의 핵심, 교회의 영적인 사람들이자 통치자로 여기지만 실제로는 이와는 전혀 거리가 먼 이방인들 또는 위선자들이다. 이 자들은 사실 세례 속에서 우리에게 거저 주어진 선물들을 감금해 버린 "사로잡힌 사람들"로서 소수의 가난한 "땅의 사람들"은 결혼한 사람들과 마찬가지로 그들의 눈에 천하게 보인다.

앞에서 말한 내용으로부터 우리는 로마 교황의 두 가지 중대한 오류를 추론할 수 있다:

첫째로 로마 교황은 서약의 특별사면을 허용하는데 마치 모든 그리스도인들 가운데서 자기만이 이런 권세를 가진 것처럼 행한다. 그런데 사실 이것은 인간의 무분별과 후안무치이다. 만약 교황이 서약을 특별사면할 수 있다면, 어떤 그리스도인이나 이웃이나 자기 자신에게 특별사면을 허락할 수 있을 것이다. 그러나 만약 보통의 그리스도인이 특별사면을 허락할 권능을 가지고 있지 않다면 교황도 그렇게 할 권리를 갖고 있지 않다. 교황은 어디서 이런 "권한"을 얻는가? 열쇠의 소유로부터인가? 그러나 열쇠는 모든 사람에게 속한 것이며 다만 죄와 관련되어 있다, 마태복음 18〔:15f.〕. 로마교도들은 서약이 "하나님의 법"의 테두리 안에 있다는 것을 인정하면서도 왜 교황은 하나님의 법에 속하는 특별사면의 문제에 있어서 특별사면을 허락함으로써 가련한 사람들을 속이고 파멸시키는가?

교황은 교령집에 나오는 "서약과 그 구제에 관하여"[22]라는 부분을 토대로 자기가 서약을 변경시킬 수 있는 권을 가지고 있다고 지껄여댄다. 이전에 모세 율법은 나귀의 첫 새끼를 한 마리의 양과 바꿀 수 있다고 가르쳤다. 교황은 이러한 허용을 하나의 유비(類比)로 사용한다 — 마치 나귀의 첫 새끼가 이행될 것이 요구되는 서약과 동일한 것처럼 말이다. 또한 만약 여호와께서 자신의 율법 가운데서 양을 나귀와 바꾸라고 명하셨다고 한다면, 인간에 불과한 교황이 자기가 아니라 하나님께서 만드신 율법을 다룰 수 있는 이와 같은 권능을 가지고 있다는 결론은 거의 나오지 않는다. 이 교령을 만든 자는 교황이 아니라 교황을 가장한 나귀임에 틀림없다. 이는 이 교령이 너무나 터무니 없으며 불경건하기 때문이다.

둘째로 교황은 결혼이 완결되기 전이라면 한쪽 당사자가 다른 쪽 당사자의 동의 없이 수도원에 들어갈 때 이 결혼은 해소된다고 영을 내림으로써 커다란 잘못을 저지르고 있다. 도대체 어떤 마귀가 이와 같이 터무니 없는 권능을 교황에게 주었는지 나는 묻는다. 하나님께서는 사람들에게 신의를 지키고 서로에 대하여 진실하라고 명하셨으며 또한 자기 자신의 것으로 선을 행하라고 명하셨다. 왜냐하면 하나님께서 이사야의 입을 통하여 말씀하시는 바

---

22) *Decret. Greg.*, *lib.* III, tit. 24, cap. 7.

와 같이〔이사야 61:8〕 번제물을 위하여 강도짓을 하는 것을 미워하시기 때문이다. 결혼에 있어서 각각의 당사자는 결혼 계약에 의하여 다른 편에게 충실할 의무를 지며 더이상 자기 자신의 것이 아니다.

어떠한 권리나 권능으로도 신의를 저버리지 못하며 어느 편이 다른 편의 뜻에 반하여 혼자 어떤 것을 하는 것은 일종의 강도짓이다. 그렇다면 동일한 규칙에 따라 왜 많은 빚을 진 자는 수도회에 들어갈 허락을 받음으로써 그 빚에서 놓임을 받고 신의를 저버릴 자유가 없는가? 오, 눈먼 소경들이여! 하나님에 의해 명해진 충실 의무와 사람들에 의해 만들어지고 인정된 서약 중 어느 쪽이 더 큰가? 오, 교황이여, 그대는 영혼들의 목자이다. 그리고 이러한 것들을 가르치는 그대들은 신학 박사들이다. 그렇다면 왜 그대들은 이런 것들을 가르치는가? 이는 그대들이 서약에 의한 삶을 결혼보다 더 우월한 것으로 찬양하기 때문이다. 그대들은 모든 것을 높이는 신실함을 높이지 않고 하나님 보시기에 아무것도 아닌 또는 공로에 관한 한 모두가 동일한 행위들을 높인다.

그러므로 올바르게 행해진 서약이라면 그 어떤 인간이나 천사도 그 서약을 특별사면할 수 없다고 나는 확신한다. 그러나 사람들이 오늘날 서약하는 모든 서약들이 과연 서약의 범주에 속하는 것인지에 대해서는 나는 완전히 납득하지 못하겠다. 예를 들어, 부모가 그들의 자녀들이 태어나기 전이나 어릴 때에 그 자녀들로 하여금 수도회에 들어가거나 평생 정절을 지키게 하겠다고 자녀들을 대신하여 서약하는 것은 어리석고 얼빠진 것일 뿐이다. 이것은 결코 서약으로 분류될 수 없다는 것은 아주 분명하다. 도리어 부모의 서약은 결코 자신들의 권한에 없는 것이기 때문에 하나님에 대한 일종의 조롱처럼 보인다.

수도회에 들어갈 지망자들은 세 가지 서약을 행하는데, 이에 대해서 연구하면 할수록 나는 이해가 가지 않는다. 그리고 나는 이러한 서약을 하는 관습이 어디서 나왔는지 모르겠다. 합법적이고 정당한 서약이기 위해서는 몇 살 때 서약을 해야 한다는 규정은 더욱 이해하지 못하겠다. 성년기 이전에 행한 서약은 유효하지 않다는 것에 대하여 모든 사람들의 의견이 일치하는 것은 좋은 일이다. 그러나 로마교도들은 이 점에 있어서 성년기의 나이에 대해서나 자기가 무엇을 서약하는가에 대해서 알지 못하는 수많은 어린아이들을 속인다. 그들은 이러한 아이들을 받아들일 때 성년기를 고려하지 않는다.

그럼에도 불구하고 이 아이들은 서약한 이후에 마치 자신들의 동의가 성년기에 행해지기라도 한 것처럼 이 서약에 속박을 받아 괴로운 양심에 시달림을 받는다. 이것은 마치 유효하지 않은 서약이 시간이 흐름에 따라 결국 유효하게 되는 것인 양 행하는 것이다.

일단의 사람들이 다른 사람들의 서약이 유효하게 되는 연령을 결정하거나 서약자들이 스스로 정할 수 없는 시기에 이러한 연령을 결정하는 것은 불합리한 듯하다. 또한 나는 왜 만 18세 이후에 행해진 서약은 유효하고 10세나 12세 때에 행해진 서약은 유효하지 않은지를 모르겠다. 사람이 18세가 되어야 육욕에 대해 알게 된다는 말로는 충분치 않다. 어떤 사람이 20세나 30세 때에 거의 육욕을 느끼지 않거나 20세 때보다 30세 때에 더 강하게 느낀다면 어떻게 되는가? 왜 가난과 복종의 서약에 대해서도 일정한 나이를 정하지 않는가? 사람이 탐욕과 교만을 느끼는 나이를 어느 때로 정하겠는가? 가장 영적인 사람들까지도 이러한 느낌을 지니고 있음을 거의 인식하지 못하지 않는가? 그러면 우리가 영적으로 되지 않았다면 어떤 서약이 유효하거나 구속력이 있게 되는 특별한 연령은 없다는 결론이 나온다.

그렇지만 우리는 서약 자체를 하지 않는 것이 좋다. 그러므로 서약이라는 것은 불확실하며 매우 위험스러운 것임에 분명하다. 이러한 고상한 생활양식을 서약과는 상관 없이 해나가라고 하는 것이 안전한 충고가 될 것이며 보통 그러하듯이 성령에게만 맡겨놓는 것이 좋을 것이다. 그러한 생활 양식은 사람이 영속적으로 구속을 받는 생활 양식으로 바뀌져서는 안된다.

그러나 세례와 그 자유에 관해서는 여기서 이런 정도로 말한 것으로 충분하다. 적절한 때에 나는 서약의 문제에 대해 좀더 자세하게 논하고자 하는데, 사실 서약의 문제를 논할 절박한 필요성이 존재한다.

(3) 고해성사(告解聖事)

세번째 부분에서 우리는 고해성사를 논하고자 한다. 나는 이 문제에 대

---

23) *Ablass und Gnade; Sermo de Poenitentia*, WA I, 317-24; *Freiheit des Sermons*, WA I, 380-93 등등.

해서 이미 출판된 논문들과 토론들을 통하여 자세하게 설명하였는데 그것이 많은 사람들에게 상당한 거리낌을 주었다.[23] 여기서는 떡의 성례의 경우에서와 마찬가지로 공격적인 횡포를 폭로하기 위하여 나는 내가 이미 말한 것들을 간단히 되풀이할 수밖에 없다. 이 두 가지 성례는 돈벌이가 되고 이기주의를 위한 많은 기회를 제공해주는 까닭에 목자들의 탐욕은 그리스도의 양떼에 대하여 믿을 수 없을 정도로 광란을 부려왔다. 우리가 이미 서약을 논하는 가운데서 보았듯이 세례는 성인들 중에서 그 지위를 대체로 잃어버리고 그 결과 교황의 탐욕은 면죄의 추가적인 기회들을 가지게 되었다.

고해성사와 연관된 첫째가는 최고의 악은 이 성례 자체가 흔적조차 없이 완전히 공허하게 되어 버렸다는 것이다. 이미 논한 두 가지 성례와 마찬가지로 이 성례도 한편으로는 하나님의 약속의 말씀을 이루고 있고 다른 한편으로는 우리의 신앙을 이루고 있다. 그러나 로마교도들은 이 두 가지를 다 손상시켰다. 그들은 자신들의 오만에 걸맞게 그리스도께서 말씀하신 약속의 말씀들을 변형시켜 왔다. 그리스도께서는 마태복음 16〔:19〕에서 "네가 … 무엇이든지 매면 … "이라고 말씀하셨고 18〔:18〕에서 "너희가 … 무엇이든지 매면 … "이라고 말씀하셨으며, 또 요한복음 20〔:23〕에서 "너희가 뉘 죄든지 사하면 사하여질 것이요 … "라고 말씀하셨다. 이러한 말씀들은 참회자의 신앙을 촉구하여 그들이 죄사함을 받는 데 적합하게 만든다. 그러나 로마교도들의 책과 가르침과 설교를 보면 이러한 성경의 말씀들이 그리스도인들을 향한 약속들을 포함하고 있다고 설명하는 부분은 한 군데도 없다. 또한 그들은 어떤 것들을 믿어야 하고 그렇게 함으로써 얼마만큼 큰 위로를 얻을 수 있는지를 설명하지 않는다. 오히려 그들의 유일한 목적은 가능한 한 멀리, 널리 그리고 깊이 강제와 폭력을 통해 자신의 전횡을 뻗치는 것이었다. 마침내 그들 가운데 어떤 이들은 하늘에 있는 천사들에게도 명령하기 시작했으며 또 이러한 말씀을 통해 자기들이 하늘과 땅을 다스릴 권능을 얻었고 하늘에서까지도 "맬" 수 있는 권능을 소유하고 있는 양 믿을 수 없을 정도로 엄청난 불경 속에서 뽐내고 있다. 그들은 사람들에게 필요한 구원의 신앙에 대해서는 아무것도 말하지 않고 다만 교황들의 절대적인 권세에 대해서만 지껄인다. 그러나 그리스도께서는 권세에 대해서는 전혀 말씀하지 않으시고 오직 신앙에 대해서만 말씀하셨다.

왜냐하면 그리스도께서는 자신의 교회에 황제나 지배자나 폭군을 세우신 것이 아니라 일군을 세우셨기 때문이다. 이는 우리가 사도가 "사람이 마땅히 우리를 그리스도의 일군이요 하나님의 비밀을 맡은 자로 여길지어다" 〔고린도전서 4:1〕라고 말할 때 배우는 바이다. 그리스도께서 "믿고 세례를 받는 사람은 구원을 얻을 것이요" 〔마가복음 16:16〕라고 말씀하실 때 이것은 세례받을 자들의 신앙을 불러일으킴으로써 이 약속을 근거로 만약 그들이 신자로 세례를 받는다면 그들은 구원을 받을 것이라는 확신을 가질 수 있도록 한 것이다. 그리고 이 예식을 제정하실 때 그리스도께서는 어떠한 권능도 나눠주시지 않았다. 제정된 유일한 것은 세례를 베푸는 행위를 수행하는 자들이 드려야 하는 섬김이었다.

마찬가지로 그리스도께서 "네가 … 무엇이든지 매면 … " 〔마태복음 16:19〕이라고 말씀하실 때도 그는 만약 참회자가 땅에서 신자로서 죄사함을 받으면 하늘에서도 죄사함을 받는다는 것을 이 약속의 말씀을 토대로 보증을 주심으로써 참회의 신앙을 요구하신다. 이 구절은 권세를 수여하는 것에 대해서는 전혀 언급이 없고 다만 죄사함의 말씀을 약속하는 집례자에 의해 수행되는 섬김만을 다루고 있다. 이 눈멀고 거만한 자들이 세례의 약속으로부터 포악한 권세를 가로채지 않은 것은 어찌된 일인지 아주 주목할 만하다. 그러나 만약 그들이 거기서 그같이 하지 않았다면 왜 참회의 약속의 경우에는 그것을 행한다고 주제넘게 생각했는가? 둘은 똑같이 섬김이요, 약속들도 같고, 성례들도 동일한 종류이다. 세례가 베드로만의 권한이 아닐진대, 교황만이 열쇠의 권한(매고 푸는 권한)을 전횡한다고 하는 것은 사악한 사기이다.

마찬가지로 그리스도께서 "이것은 너희를 위하는 내 몸이니 … 이 잔은 내 피로 세운 … " 〔고린도전서 11:24f.〕이라고 말씀하실 때 이러한 것들을 먹는 데에는 참여하는 사람들의 신앙이 요구된다. 그리하여 그들의 양심이 이 말씀에 대한 신앙에 의해 확증될 때 그들은 그들이 먹을 때 죄사함을 받는다는 보증을 갖게 된다. 여기서도 권세에 대해서는 하나도 말해지지 않고 다만 봉사직에 대해서만 말해지고 있다. 세례의 약속은 어린아이들에게는 어느 정도 여전히 유효하게 남아 있는 반면에 떡과 잔과 연관된 약속은 그들의 탐욕에 봉사하기 위하여 폐하여졌다. 우리는 신앙 대신에 행위를 발견하게 되고 언약 대신에 희생제사를 발견하게 된다. 참회의 약속은 가장 극악무도한 전횡의 수단으로 변질되었고 세속에서의 그 어떠한 권세보다도 더 큰 통제권이 확립되게 되었다.

우리의 바벨론은 이것으로 만족하지 않고 신앙을 완전히 멸절시킴으로써 뻔뻔스럽게도 이 성례에 신앙이 필요함을 부인하기까지 한다. 적그리스도의 불경을 가지고 우리의 바벨론은 신앙이 필요하다고 주장하는 것을 이단이라고 규정하기조차 한다. 그들이 이미 행해온 것보다 더한 횡포가 권세의 자의적인 남용에 의해 행해질 수 있을까? "우리가 바벨론의 여러 강변 거기 앉아서 시온을 기억하며 울었도다 그 중의 버드나무에서 우리가 우리의 수금을 걸었나니"[시편 137:1f.]라는 말씀은 참으로 옳다. 주여, 저들과 같은 사람들에 속하는 강가에서 자라는 이 열매 없는 버드나무를 저주하소서. 아멘.

이렇게 약속과 신앙을 말살하고 타도한 후에 로마교도들이 무엇을 그것들 대신에 가져다 놓았는지를 알아 보자. 그들은 참회를 세 부분 곧 통회와 고백과 보속으로 나누었다. 그러나 그들은 그 하나 하나에 있어서 좋은 것은 다 제거해 버리고 거기에다 자기들이 선호하는 압제의 형태를 가져다 놓았다.

첫째로 그들은 회개가 약속에 대한 신앙에 우선할 뿐만 아니라 훨씬 우월하다고 가르친다. 실제로 그들은 신앙을 전혀 언급하지 않는다. 그들은 행위들에 집착하며 또한 진실한 통회와 겸손으로 인하여 상을 받은 많은 사람들에 관하여 말하고 있는 성경의 예들을 부여잡고 있다. 그러나 그들은 이러한 마음의 통회와 뉘우침을 가져온 신앙에 대해서는 전혀 주의를 돌리지 않는다. 이것은 요나서 3[:5]에서 니느웨에 대하여 "니느웨 백성이 하나님을 믿고 금식을 선포하고"라고 말씀하고 있는 바와 같다. 니느웨 사람들보다 더 대담하고 악하게 이 사람들은 일종의 "준(準)통회"를 고안해내었다. 이것은 열쇠의 권능(그들은 이를 전혀 이해하지 못한다)에 의하여 원래의 통회로 된다. 그들은 불경건한 자들과 불신자들에게 이 준통회를 수여함으로써 참된 통회를 완전히 폐기해 버린다. 오, 이러한 것들이 바로 하나님의 교회 안에서 가르쳐지고 있다니 하나님의 견딜 수 없는 진노가 있으리라!

신앙과 그 행위들이 멸절되었기 때문에 우리는 사람들이 만든 가르침과 의견들을 채택할 때 안도감을 느끼게 되고 그 가운데서 망해가고 있다. 왜냐하면 통회하는 마음은 극히 중요한 것이지만 그것은 상과 벌에 대한 하나님의 약속에 대한 열렬한 신앙과 결부되어서만 발견되기 때문이다. 하나님의 진리의 불변성을 예견하는 이런 신앙은 양심을 어지럽히고 책망하여 통회하게 만든다. 그러나 이와 아울러 그것은 그 양심을 고양시키고 위로하여 계속해서 이 통회를 지켜나가게 한다. 신앙이 있는 곳마다 벌에 대한 이와 같은 확신은 통회를 불러일으키며 약속이 신뢰할 만하다는 것은 위로의 수단이 된다. 그리고 이러한 신앙을 통하여 사람은 죄사함을 받을 만하게 된다. 그런 까닭에 신앙은 다른 어떤 것보다도 우선하여 가르쳐지고 일깨워져야 한다. 일단 신앙이 존재하며 통회와 하나님의 위로는 자연스럽고도 필연적으로 뒤따라 온다.

그러므로 당신이 자신의 죄를 열거하고 자세히 살핀다면 당신은 통회를 하게 될 것이라는 로마교도들의 가르침도 일부 옳기는 하지만 그것은 위태롭고 왜곡된 가르침의 방식이다. 왜냐하면 그들은 무엇보다 먼저 통회의 일차적인 요소들과 원인들 곧 경고이든 약속이든 하나님의 참되심의 불변의 성격을 가르쳐야 한다. 이러한 가르침은 신앙을 끌어내어서 그들이 하나님의 진리에 몰두하는 것의 중요성을 이해할 수 있도록 베풀어져야 한다. 그렇게 해야 그들은 겸손하게 되어 일으킴을 받을 것이다. 이것은 자신의 끓어오르는 죄들을 깊이 생각하는 것보다 훨씬 좋다.

만약 하나님의 진리를 생각하지 않고 자신의 죄들만을 생각한다면 그것은 통회를 가져오는 것이 아니라 죄에 대한 욕망을 새롭게 하고 증가시킬 것이다. 나는 그들이 각각의 모든 죄에 대하여 특별한 통회를 정식화하여 우리에게 부과하고 있는 이루 헤아릴 수 없이 많은 혼란된 과업들에 대해서는 지금으로서는 논하지 않으려 한다. 이것은 불가능한 일을 요구하는 것이기 때문이다. 게다가 우리는 우리 죄들 가운데서 아주 작은 부분밖에는 알지 못한다. 그리고 "주의 종에게 심판을 행치 마소서 주의 목전에는 의로운 인생이 하나도 없나이다"라는 시편 143(:2)에 의하면 우리의 선행까지도 죄악들로 발견된다. 우리의 양심을 갉아먹는 죄들과 우리의 기억 속에서 쉽게 생각해낼 수 있는 죄들에 대하여 슬퍼하는 것으로 충분하다. 이러한 마음을 갖고 있는 사람은 누구나 다 틀림없이 자신의 모든 죄에 대하여 슬퍼하고 두려워할 준비가 되어 있으며 또한 나중에 자기 마음에 생각날 때마다 슬퍼하고 두려워할 것이다. 그러므로 당신은 자신의 통회를 신뢰하거나 죄사함이 자신의 뉘우침 덕분이라고 생각하지 않도록 주의하여야 한다. 하나님께서는 그러한 느낌들 때문에 당신을 존중하는 것이 아니라 하나님의 권면과 약속을 믿는 믿음과 이로 인해 일으켜진 뉘우침 때문에 당신을 존중하시는 것이다.

　내가 이제까지 말한 모든 것으로부터 참회의 효능 가운데 그 어떤 것도 우리가 우리의 죄들을 생각해내고 열거한 그 근면성에 기인하는 것이 아니라 하나님의 신실하심과 우리의 신앙에 기인한다. 다른 모든 것들은 나중에 저절로 따라나오는 행위들과 열매들이다. 그런 행위들과 열매들은 인간을 바꿔놓지 못한다. 오히려 그것들은 하나님의 신실하심에 대한 신앙에 의해 거듭난 후에 사람이 행하는 것들이다. 따라서 이는 시편 18〔:8〕에서 "땅이 진동하고 산의 터도 요동하였으니 그의 진노를 인함이로다"라고 말씀하고 있는 바와 같다. 하나님의 경고에 대한 두려움이 먼저 오고 이것은 악한 자들을 불태운다. 그러나 이 경고들을 받아들이는 신앙은 연기 구름처럼 통회를 가져온다.

　그러나 통회는 고삐풀린 권세와 탐욕에 의해서보다도 불경건하고 해로운 가르침들의 완전한 희생물이 되어 많은 손상을 겪었다. 반면에 고백과 보속은 돈과 권세의 어처구니없는 온상이 되었다.

　먼저 고백에 대하여 생각해 보자:

　죄의 고백이 필요하고 이를 하나님께서 명령하신 것은 틀림없다. 마태복음 3〔:6〕에는 "자기들의 죄를 자복하고 요단강에서 그에게 세례를 받더니"라고 기록되어 있고 또 요한일서 1〔:9f.〕에는 "만일 우리가 우리 죄를 자백하면 저는 미쁘시고 의로우사 우리 죄를 사하시며 … 만일 우리가 범죄하지 아니하였다 하면 하나님을 거짓말하는 자로 만드는 것이니 또한 그의 말씀이 우리 속에 있지 아니하니라"라고 기록되어 있다. 만약 성자들이 자신들의 죄를 부인하는 것이 허용될 수 없었다면, 크고 공개적인 죄들을 범한 자들이 그 죄들을 고백해야 하는 것은 얼마나 더 그러해야 하겠는가. 고해 제도는 마태복음 18〔:15f.〕에 의해 가장 결정적으로 입증되는데, 여기에서 그리스도께서는 죄를 범한 형제를 책망하고 교회 앞에 데리고 가서 고소를 해야 하며 만약 그가 말을 듣지 않으면 그를 출교해야 한다고 가르치고 계신다. 그가 책망하는 말에 귀를 기울여서 자신의 죄를 인정하고 고백한다면 그는 "들었다"고 할 수 있다.

　오늘날 행해지고 있는 은밀한 고백에 대해서는 비록 성경에 의해 입증될 수는 없으나 내가 보기에는 아주 만족스러운 관행인 듯하다. 그것은 유용하며 꼭 필요하기까지 하다. 나는 이 은밀한 고백을 폐기하지 않기를 바란다. 오히려 나는 그리스도의 교회 안에 이런 것이 있는 것을 기쁘게 여긴다. 왜냐하면 이것은 번민하는 양심에게 비길 데 없이 좋은 치료제이기 때문이다. 우리가 형제에게 우리의 양심에 있는 것을 낱낱이 고백하고 우리 속에 감춰져 있던 것을 확신 가운데 드러낸다면, 우리는 형제의 입술을 통하여 하나님이 말씀하시는 위로를 받는다. 우리가 이것을 신앙으로 받아들이면 그것은 우리에게 형제에 의하여 주어지는 말씀을 통하여 하나님의 자비로 말미암아 평안을 준다. 내가 거부하는 것은 단 한 가지 곧 이런 유의 고백이 고위 성직자들의 압제와 착취의 수단으로 변질되었다는 것이다. 왜냐하면 그들은 숨겨진 죄까지도 자신들의 권한으로 "규정해 놓고" 자기들이 지명한 고해 신부들에게 고해하라고 명하는데, 이는 사람들의 양심을 괴롭히기 위한 것일 뿐이다.

그들은 고위 성직자 행세만을 할 뿐만 아니라 복음을 가르치고 가난한 자들을 돌보아야 할 고위 성직자로서의 참된 직무를 전적으로 무시한다. 이 불경건한 폭군들은 대체로 거의 중요치 않은 죄들만을 자신들의 권한으로 돌려놓고 더 큰 죄들은 일반 사제들에게 맡겨놓는다. 전자의 부류에는 "주의 만찬"(Coena domini)이라는 교서에 교묘하게 만들어져 있는 우스꽝스러운 것들이 들어 있다. 실제로 그들의 악한 왜곡이 한층 더 분명하게 되게 하기 위해서인지 그들은 하나님의 예배, 신앙, 주요한 계명들에 배치되는 것들을 유보하여 둘 뿐만 아니라 가르치고 인정하기까지 한다. 우리는 그러한 것들로서 순례지를 돌아다니는 일, 왜곡된 성자 숭배, 성자들의 거짓된 전설들, 행위와 의식의 관행에 대한 여러 가지 신앙들을 들 수 있다. 오늘날 볼 수 있듯이 이 모든 것들로 인해 하나님에 대한 신앙은 줄어들고 우상 숭배는 육성된다. 그 결과 오늘날 우리의 모든 고위 성직자들은 여로보암이 이전에 단과 브엘세바에 제정해 놓았던 것과 같은 유가 되었다. 그들은 황금 송아지들을 섬길 뿐 하나님의 율법과 신앙 및 그리스도의 양을 먹이는 데 속하는 일체의 것들에 대하여는 아무것도 알지 못한다. 자기 자신들이 고안해 낸 것을 실천함을 통해 그들은 두려움과 폭력으로 백성들을 압제했다.

이제 나는 그리스도께서 우리에게 온갖 형태의 압제를 참으라고 명하셨고 이러한 폭군들에게 순종하라고 가르치신 바와 같이 우리에게 부과된 이런 "유보 사항들"을 끈기있게 참기를 강권한다. 그러나 나는 로마교도들이 이와 같이 유보할 권리를 가지고 있다거나 그들이 그런 것들을 한 획이라도 증명할 수 있다는 것을 부인한다. 오히려 나는 이와 반대되는 것을 입증할 수 있다. 첫째로 그리스도께서는 마태복음 18에서 알려진 죄에 대하여 말씀하실 때, 우리가 형제에게 그의 과오를 말하여 그가 우리의 말을 들으면 우리 형제의 영혼을 얻은 것이 된다고 가르치셨다. 그리고 그가 우리의 말을 듣지 않을 때만 그를 교회 앞에 데리고 가서 그의 죄를 형제들 중에서 시정을 받을 수 있도록 해야 한다고 가르치셨다. 그러므로 한 형제가 다른 형제에게 자발적으로 죄를 고백할 때 그 죄들이 사함을 받는다는 것은 은밀한 죄들에 극히 타당하지 않을 수 없다. 그러므로 이런 유의 죄는 교회 앞에 가져갈 필요가 없다는 결론이 나온다. 곧 이러한 허튼 소리를 하는 자들이 해석하는 바와 같이 고위 성직자나 사제에게 가져갈 필요가 없다는 것이다.

이 문제에 대해서는 그리스도로부터 동일한 취지의 전거(典據)를 가져올 수 있다: "무엇이든지 너희가 땅에서 매면 하늘에서도 매일 것이요 무엇이든지 땅에서 풀면 하늘에서도 풀리리라"〔마태복음 18:18〕. 이 말씀은 그리스도인 개인과 전체를 향하여 말해진 것이다. 그리고 그리스도께서는 "너희 중에 두 사람이 땅에서 합심하여 무엇이든지 구하면 하늘에 계신 내 아버지께서 저희를 위하여 이루게 하시리라"〔마태복음 18:19〕고 말씀하실 때도 이와 동일한 것을 말씀하신 것이다. 마찬가지로 자신의 은밀한 죄들을 형제 앞에 다 드러내고 용서를 비는 경우에 그는 확실히 이 땅에서 그의 형제와 더불어 즉시 그리스도이신 진리 안에 있게 된다. 그리스도께서는 이 문제에 대하여 앞에서 하신 말씀을 확증하시면서 한층 더 명료하게 이렇게 말씀하신다: "두 세 사람이 내 이름으로 모인 곳에는 나도 그들 중에 있느니라."

이상의 논술을 통해 볼 때 내 생각에는 어떤 사람이 자발적으로든지 또는 책망을 받은 후에든지 사사로이 어떤 형제 앞에서 죄를 고백하고 용서를 구하고 자신의 태도를 고치면 그의 은밀한 죄가 사함을 받는다는 것은 의심의 여지가 없다. 어떤 교황이 이에 대하여 아무리 격노한다고 할지라도 그리스도께서 모든 믿는 자들에게 죄사함을 선포할 수 있는 권세를 주셨다는 것은 분명히 사실이다. 사소한 논거를 하나 덧붙이자면 만약 어떤 은밀한 죄를 "유보하는 것"이 정당하여 그 죄가 사함을 받지 않고는 아무도 구원받을 수 없다면, 위에서 말한 선행들과 예배의 미신적인 행위들은, 오늘날 교황들에 의해 오늘날 가르쳐지고 있음에도 불구하고, 구원에 이르는 것을 가장 크게 방해하는 것으로 밝혀질 것이다.

그러나 만일 이러한 가장 무거운 죄들이 인간의 구원에 대한 방해물이

아니라면 그보다 더 가벼운 이런 죄들을 유보하는 것은 얼마나 어리석은 짓
인가 하는 것은 너무도 분명하다. 이러한 것들이 목자들의 무지와 맹목이 교
회에서 초래하고 있는 놀라운 일들이다. 그러므로 나는 바벨론에 있는 군주
들과 벤아웬의 주교들[호세아 4:15; 10:5]에게 먼저 어떤 것이고 일체의 사
항을 유보하는 일을 그만둘 것이며, 둘째로 모든 형제나 자매들에게 은밀한
죄의 고백을 자유롭게 들을 수 있도록 허용하여 잘못을 저지른 자는 누구나
자기가 택하는 사람에게 자기 죄를 알게 하고 그의 이웃의 입에서 사죄와 위
로 곧 그리스도의 말씀을 구하도록 하기를 바란다. 왜냐하면 로마교도들의
이러한 무분별한 처사의 유일한 목적은 의지가 약한 자들의 양심을 옭아매고
자신들의 압제의 권세를 확증하여 형제들의 죄와 실패들을 이용하여 자신들
의 탐욕을 충족시키는 것이기 때문이다. 이렇게 그들은 사람들의 피와 영혼
들로 그들의 손을 더럽힌다. 자식들은 그들의 부모들에 의해 통째로 먹혀버
린다. 이사야가 말하고 있는 바와 같이 에브라임은 유다를 삼키고 수리아는
이스라엘을 삼키고도 만족하지 않는다[이사야 9:20f.].

그들은 이러한 악들에 "사정(事情)들"을 자세하게 규정하여 더하였다.
당신이 기뻐한다면 "어머니", "딸", "자매", "의형제", "가지", "열매"가 혈
연관계와 친척관계를 가지고 일종의 가족의 죄의 나무를 만드는 일 외에는
할 일이 없는 교활한 자들에 의해 산정되었다. 이러한 것은 불경건과 무지의
풍성한 산물이다. 어떤 쓰레기 같은 인간이 그것을 고안해 내었다고 할지라
도 이런 유의 인식은 그밖의 다른 많은 법들과 마찬가지로 공적인 법이 된
다. 이리하여 목자들은 그리스도의 교회를 감시하면서 뭔가 새로운 미신들이
나 행위들이 이 우둔한 신봉자들의 머리 속에 들어오기만 하면, 그것들은 즉
시 공표되고 면죄부로 장식되거나 교서들에 의해 강화된다. 이것은 그들이
이러한 것들을 금하고 하나님의 백성들을 위하여 신앙과 자유를 보호하는 것
과는 얼마나 거리가 먼지를 보여준다. 자유와 바벨론의 횡포 사이에는 무슨
공통점이 있는가?

나는 그 "사정"이 무엇이든 그것들을 모두 무시해 버리라고 강권하고자
한다. 그리스도인들 사이에서는 오직 한 가지 "사정"밖에 없다. 그것은 한
형제가 죄를 범했다는 것이다. 왜냐하면 그리스도인 형제와 견줄 만한 중요
성을 지닌 사람은 아무도 없기 때문이다. 또한 장소, 시기, 날, 그리고 온갖
직위와 관련된 미신에 의존하는 것은 전혀 아무것도 아닌 것을 찬양하고 극

히 가치 있는 것을 손상시킨다. 그리스도인의 교제의 영광보다 더 가치 있고 중요한 것은 있을 수 없다. 그러나 그들은 우리를 장소와 날과 사람들에게 매어놓아 "형제"라는 이름의 가치를 잃어버리게 하고 우리로 하여금 자유 대신 구속 가운데서 봉사하게 한다. 우리에게는 모든 날, 장소, 사람 그리고 일체의 외적인 것들이 다 하나이며 동일한 것이다.

　　"보속"으로 말하자면 로마교도들이 얼마나 무가치하게 그것을 다루어 왔는가! 나는 이에 대해서 면죄부를 다루면서 자세히 논하였다. 그들은 면죄부를 크게 남용하여 그리스도인들의 몸과 영혼을 파멸시켰다. 먼저 그들은 보속이 삶의 혁신을 의미하지만 일반 사람들은 참된 보속에 대하여 조금도 이해하지 못하고 있는 양 보속을 가르쳐 왔다. 더욱이 그들은 보속을 계속 되풀이하여 가르치고 보속이 필수적인 것으로 해석하고 있기 때문에 그리스도에 대한 신앙에는 조금치의 여지도 주지 않는다. 양심들이 이러한 의혹들에 의해 가혹하게 괴롭힘을 당하자 한 사람은 로마로, 한 사람은 이곳으로, 또 한 사람은 저곳으로 달려가며, 이 사람은 샤르트루즈(Chartreuse)로, 저 사람은 어떤 다른 곳으로 달려간다. 한 사람은 매로 자신을 때리며 다른 사람은 금식과 철야로 자신의 몸을 괴롭힌다. 그리고 모든 사람들이 동일한 환상을 가지고 우리 가운데 있는 그리스도의 나라가 볼 수 있게 임하리라고 믿고 "보라, 그리스도가 여기 계시다. 보라, 저기 계시다"라고 부르짖는다. 이러한 괴이한 것들은 그대 덕분이다. 오, 너희 로마 교황청과 영혼을 파괴하는 너희의 법들과 의식들 덕분이다. 이런 엄청나게 많은 것들로써 그대는 세상을 이러한 혼란에 빠뜨렸기 때문에 사람들은 자기들이 행위로써 하나님에게 죄를 보속할 수 있다고 믿게 되었다. 하지만 하나님께서는 통회하는 심령 속에 있는 신앙으로밖에는 마음을 누그러뜨리시지 않는다. 그러나 그대는 이러한 소동으로써 신앙을 침묵시킬 뿐만 아니라 억압하기까지 한다. 그대의 만족할 줄 모르는 흡혈귀는 "주라, 주라(give, give)"하며 죄를 매매한다.

　　어떤 로마교도들은 한술 더 떠서 영혼들을 절망에 몰아넣기 위한 여러 가지 기구들을 만들어 냈다. 그들은 어떤 죄에 대하여 부과된 보속이 정당하게 이루어지지 않은 경우에는 모든 죄들을 새로이 고해해야 한다는 영을 내렸다. 자신들의 희생물들을 열 번도 더 감금하려는 목적만을 위하여 태어난 사람들이라면 감히 무슨 짓을 못하겠는가? 더욱이 자신의 삶의 양식을 고쳐야 한다는 생각을 전혀 하지도 않은 채 사제가 부과해 준 기도를 중얼거리기만 하면, 그들은 구원받은 자들 중에 있으며 자신들의 죄에 대한 속죄를 한 것이라는 관념에 젖어 있는 사람들이 얼마나 많은가? 그들은 자기들이 통회하고 죄를 고백하는 순간 자기들의 생활이 변화되었으며 남은 것은 과거의 죄를 보속하는 일뿐이라고 믿는다. 그들이 달리 가르침을 받지 않고는 어떻게 이와 다르게 생각할 수 있겠는가? 육을 죽이는 일은 생각조차 하지 않는다. 그리스도의 모범에는 어떠한 가치도 부여하지 않는다.

그리스도께서는 간음하다가 붙잡혀 온 여인을 용서해 주시고 말씀하시기를 "가서 다시는 죄를 범치 말라"〔요한복음 8:11〕고 하셨을 때 이는 그 여자에게 십자가 곧 자신의 육을 죽이는 일을 부과하신 것이었다. 죄인들이 그들의 "보속"을 완수하기 전에 죄인들에게 사죄(赦罪)를 선포하는 관행으로 인하여 왜곡된 관념들에게 상당한 변명의 길을 열어주었다. 그리하여 그들은 영속적인 일인 그들의 "보속"을 수행하는 것보다 한 번의 고해로 모든 것이 끝난다고 믿어지는 통회에 더 관심을 갖게 되는 일이 일어나게 된다. 반면에 초대 교회에서 사죄는 보속이 이루어진 후에야 주어졌다. 따라서 일단 보속의 행위가 마쳐졌을 때 참회자들은 한층 더 부지런히 신앙과 새 생활을 위하여 노력하였던 것이다.

그러나 이 문제들과 관련하여 여기서는 내가 면죄부라는 주제와 관련하여 아주 자세하게 말한 것을 되풀이하는 것으로 만족할 수밖에 없다. 어쨌든 나는 지금 대체로 세 가지 성례에 관하여서는 충분히 말하였다고 본다. 이 세 가지 성례는 「명제집」과 교회법에 관한 매우 많은 해로운 서적들 가운데서 이미 다루어지기는 했으나 아직도 다루어지지 않은 것들이다. 그리고 나머지 성례들에 관하여 몇 마디 덧붙여두는 일이 남아 있다. 이는 내가 그들을 아무 이유도 없이 배척하는 것처럼 보이지 않기 위해서이다.

(4) 견신례(堅信禮)

안수함으로써 견신을 베푸는 성례를 만들었을 때 로마교도들이 염두에 두었던 것이 무엇인지를 이해하기가 어렵다. 성경에는 그리스도께서 아이들을 그런 식으로 만지셨으며, 안수를 통해 사도들은 성령을 나누어주고 장로들을 세웠으며 병든 자들을 고쳤다〔마가복음 10:16; 사도행전 8:17, 19:6,

6:6). 사도는 디모데에게 이렇게 썼다. "아무에게나 경솔히 안수하지 말고" (딤전 5:22). 왜 그들은 주님의 성찬성례를 근거로 견신례를 만들지 않았던가? 사도행전9〔:19〕은 "음식을 먹으매 강건하여 지니라", 그리고 시편 104〔:15〕에는 "사람의 마음을 힘있게 하는 양식"이라고 쎄어 있다. 이러한 추론을 바탕으로 한다면 견신은 세 성례를 포함할 것이다: 성찬, 서품, 견신 자체. 그러나 이러한 논증은 사도들이 한 것은 무엇이든지 성례였다는 것을 시사한다. 그러나 그렇다면 왜 로마교도들은 설교의 성례를 만들지 않았는가?

내가 이렇게 말하는 것은 일곱 성례라는 관례를 단죄하기 때문이 아니라 이러한 관례가 성례들이라는 것이 성경을 통해 입증될 수 있다는 것을 부인하기 때문이다. 우리가 그것을 견신이라 부르든 치유라 부르든 사도 시대에 통용되었던 그런 종류의 안수가 교회에 있는가! 그러나 로마교도들이 주교들의 의무를 아름답게 꾸미기 위하여 고안해낸 것 — 주교들이 교회에서 아무런 직능 없이 빈둥거리지 않게 하기 위해 — 외에는 아무것도 오늘날 남아있지 않다. 왜냐하면 주교들이 복음을 설교하는 것과 아울러 진정으로 가치 있는 일이었지만 열등한 것으로 여겼던 성례의 집례를 그만두고 그러한 직능들을 보조자들에게 넘겨준 후에(아마도 엄위하신 하나님께서 제정하신 것은 사람들에게 경멸받을 만한 것임에 틀림없기 때문에), 이 지존하고 막강한 초인(超人)들에게 수월하고 그리 속썩이지 않을 뭔가 새로운 것이 도입되어 우리가 그 혁신을 평범한 그 무엇인 것처럼 취급하거나 부속적인 것으로 취급하지 않도록 해야 했다. 그 논거는 사람들의 지혜에 의해 세워진 것은 사람들에 의해 존중을 받아야 한다는 것이다.

사제가 수행하는 사역, 사제가 채우고 있는 직분은 질적으로 그 사람 자체와 상응하여야 한다. 설교하지도 않고 영혼들을 치유하지도 않는 주교는 주교라는 직함과 외관에도 불구하고 우상에 다름아니다. 그러나 이것은 주제에서 벗어난 이야기이다. 우리가 현재 탐구하고 있는 것은 '하나님께서 제정하신 성례들'의 본질에 관련된 것이며, '우리는 견신례를 그 성례들 가운데 열거할 어떤 이유도 발견하지 못한다.' 성례를 제정하기 위해 다른 무엇보다도 요구되는 것은 하나님의 약속이 수반되어야 한다는 것이며, 이것은 그 자체로 우리의 믿음을 요구한다. 그러나 어디에서도 우리는 그리스도께서 많은 사람들에게 안수하셨지만 견신과 관련하여 어떤 약속을 주셨다는 것을 읽을 수 없다. 다른 관련된 구절들 가운데서 마가복음 16〔:18〕에는 "손을 얹은즉 나으리라"라고 되어 있다. 그러나 아무도 이것을 성례화하지 않았다. 그것이 불가능하기 때문이다.

이런 이유들로 견신례를 물의 봉헌 등과 같은 다른 의식들과 마찬가지로 교회의 의식으로 보는 것으로 충분하다. 다른 모든 경우들에 있어서 눈에 보이는 물체들이 설교와 기도를 통하여 거룩해질 수 있다면, 분명히 어떤 사람이 설교와 기도를 통해 거룩해질 수 있다는 것은 더더욱 이유가 있다. 그럼에도 불구하고 이런 목적을 위한 설교와 기도가 하나님의 약속을 수반하는 가운데 성경에 언급되어 있지 않기 때문에, 그것들을 우리가 믿어야 하는 성례들이라고 부를 수 없다. 또한 그것들은 죄로부터의 구원을 증진시키는 데 도움이 되지 않는다. 이와는 달리 성례들은 본질상 언제나 그것들에 부착되어 있는 하나님의 약속들을 믿는 자들을 구원한다.

(5) 혼례성사

결혼을 성례로 볼 수 있는 그 어떤 성경적 근거도 없다. 그리고 실제로 로마교도들은 동일한 전승을 사용하여 한편으로는 결혼을 성례로서 찬양하는 데 사용하여 왔고, 다른 한편으로는 결혼을 조롱거리에 지나지 않는 것으로 만드는 데 사용하여 왔다. 이 문제를 살펴보기로 하자.

우리는 하나님의 약속의 말씀은 모든 성례와 결부되어 있으며 성례를 받는 사람은 누구나 그 약속의 말씀을 믿어야 한다고 주장하였다. 왜냐하면 표지 그 자체가 성례로 된다는 것은 불가능하기 때문이다. 그러나 성경의 그 어디에서도 우리는 어떤 사람이 결혼함으로 인해 하나님의 은혜를 받는다는 내용을 찾아볼 수 없다. 또한 결혼 의식은 그 예식이 하나님에 의해 제정된 것이라는 암시를 조금도 내포하고 있지 않다. 또 성경의 그 어디에서도 우리는 결혼이 어떤 것을 상징하기 위하여 하나님에 의해 제정되었다는 것을 찾아볼 수 없다. 물론 우리는 사람들의 눈에 보이게 행해지는 모든 것들은 사람들의 눈으로 볼 수 없는 것들에 대한 상징과 알레고리로 이해될 수 있다는 것을 인정한다. 그렇지만 상징과 알레고리들은 성례들이 아니며, 우리가 지금 얘기하고 있는 것은 바로 성례들에 관한 것이다.

결혼과 같은 것은 세상이 시작된 이래로 계속 있어 왔고 또한 결혼은 오늘날까지 불신자들 가운데에도 존재한다. 그러므로 로마교도들이 결혼을 새 법의 성례라 부르고 교회에만 속하는 직능이라고 말하는 것은 타당치 않은 것으로서 아무런 근거도 없는 것이다. 우리 조상들의 결혼은 우리 자신의 결혼보다 더 신성하지 않았으며 신자들의 결혼이 불신자들의 결혼보다 참된 것도 아니다. 그렇지만 아무도 불신자들의 결혼을 성례라 하지 않는다. 또한 신자들 사이에서조차도 불경건한 결혼들이 있으며 이교도들보다 더 악한 것들도 있다. 그렇다면 왜 결혼이 그러한 경우에 성례로 불려야 하고 이교도들의 결혼은 성례라 부르면 안 되는가? 또한 우리는 세례와 교회에 대해서와 마찬가지로 결혼에 대해서도 동일하게 말도 되지 않는 소리를 늘어놓으면서 결혼은 교회 내에서 행해질 때만 성례라고 말하는가? 어떤 사람들이 마치 머리가 돌아버린 양 말하면서 현세적 권세는 오직 교회 안에만 존재한다고 선언하는 것은 사실인가? 그러나 이것은 너무나 유치하고 가소로운 일로서 우리의 무지와 무모함을 드러내어 불신자들의 조롱거리가 될 뿐이다.

로마교도들은 사도가 에베소서 5〔:31f.〕에서 "그 둘이 한 육체가 될지니 이 비밀이 크도다"라고 말하고 있다고 대답할 것이다. 당신은 이와 같이 명백한 사도의 말씀을 거역하는 것이라고 말하고 싶은 것인가? 이에 대해 나는 이러한 논거를 제시하는 것은 큰 태만과 매우 경솔하고 지각없이 성경을 읽었음을 보여주는 것이라고 대답하고자 한다. 성경의 그 어디에서도 "성례"라는 명사가 지금 교회에서 통용되는 의미를 지니고 있는 경우는 없으며 오히려 그 반대의 뜻을 나타낸다.

모든 경우에 있어서 그것은 "어떤 신성한 것의 표지"가 아니라 신성하고 비밀스럽고 감추어진 것 자체를 의미한다. 따라서 고린도전서 4〔:1〕에서 바울은 이렇게 말한다: "사람이 마땅히 우리를 그리스도의 일군이요 하나님의 비밀〔sacraments〕을 맡은 자로 여길지어다." 불가타 성경에 '사크라멘툼' (sacramentum)으로 되어 있는 곳에서 헬라어 본문은 '미스테리온' (mysterion)이라는 단어를 사용하고 있는데, 번역자는 이 단어를 어떤 때는 의역하고 어떤 때는 음역을 했다. 따라서 앞에서 말한 예에서 헬라어는 "둘이 한 몸이 될지니 이는 큰 비밀이니라"가 된다. 이것은 로마교도들이 결혼을 새로운 경륜의 성례로 이해하게 된 일이 어떻게 일어났는가를 설명해주는 것으로서 만약 그들이 헬라어 원문에 있는 대로 '미스테리온'으로 읽었다면 그런 일은 일어나지 않았을 것이다.

또한 디모데전서 3〔:16〕에서 바울은 그리스도 자신을 성례라 부르고 있다. 바울이 말하기를 그리스도는 분명히 큰 성례(즉, ‘미스테리온’)였다. 왜냐하면 그리스도는 육으로 나타나셔서 영으로 의롭게 되고 천사들에게 보인 바 되었으며 열방들 가운데 알려졌고 세상에서 믿어진 바 되었으며 영광 속에서 들어올려졌기 때문이다. 바울의 권위가 이 구절에 너무도 분명히 존재하고 있는데, 왜 로마교도들은 이 구절로부터 여덟번째의 성례를 만들지 않았는가? 이 경우에 성례들을 고안해 낼 풍부한 기회를 가지고 있었는데도 자제했던 그들이 왜 다른 성례들에서는 그토록 미쳐 날뛰는가? 분명히 그들은 사실들과 어휘에 대한 그들 자신의 무지에 의해 속았을 것이다. 말씀들의 소리만 들어도 그들은 그 말씀들 위에 자기 자신의 의견들을 세워 왔다. 일단 “성례”가 “표지”를 의미한다고 자의적으로 해석한 뒤에는 그들은 즉시 그리고 더이상의 비평이나 검토도 없이 성경에서 “성례”라는 단어가 나올 때마다 그것을 “표지”로 해석한다. 이런 식으로 그들은 성경에 문자 그대로의 의미들, 인간의 관습들 등을 도입하여 그 구절의 고유한 의미를 그들 자신이 고안해낸 것으로 변질시키고 어떤 것을 어떤 것이 아닌 것으로 만들어 왔다. 이렇게 하여 그들은 언제나 “선행”, “악행”, “죄”, “은혜”, “칭의”, “덕목”을 비롯하여 거의 모든 주요한 용어들과 주제들을 모호하게 사용하게 되는 일이 생겨난다. 왜냐하면 그들은 이 모든 용어들을 단지 인간적인 저술들을 토대로 하여 자의적으로 사용함으로써 하나님의 진리와 우리의 구원을 손상시키고 있기 때문이다.

바울에 의하면, 성례 또는 비밀은 성령의 지혜로서 비밀 속에 감추어져 있다. 바울은 고린도전서 2〔:7ff.〕에서 “오직 비밀한 가운데 있는 하나님의 지혜를 말하는 것이니 … 이 지혜는 이 세대의 관원이 하나도 알지 못하였나니 만일 알았더면 영광의 주를 십자가에 못 박지 아니하였으리라 … 저희에게는 미련하게 보임이요 또 깨닫지도 못하나니”라고 말하고 있다. “비밀을 맡은 자”는 그리스도를 전하고 그리스도를 하나님의 권능과 지혜로 선포하면서 당신이 믿지 않는다면 이해하지 못할 것이라고 선언하는 설교들에 대해 바울이 붙인 이름이다〔고린도전서 4:1〕. 따라서 성례는 ‘미스테리온’인 바, 말들에 의해 서술되지만 마음 속에서의 신앙에 의해 파악되는 비밀스러운 것이다. 이것이 바로 지금 논의중에 있는 구절에서 말하고 있는 바이다: “그 둘이 한 육체가 될지니 이 비밀(sacrament; 헬라어-mysterion)이 크도다."
로마교도들은 이것이 결혼에 대한 것이라고 생각하지만 바울은 이어서 분명
히 설명하고 있는 바와 같이 그리스도와 교회에 대하여 이 말씀을 사용하고
있다: "내가 그리스도와 교회에 대하여 말하노라"(에베소서 5:32).

　자, 당신은 로마교도들의 말과 바울의 말 사이에서 어떤 일치점을 볼 수
있는가? 바울은 자기가 그리스도와 교회에 있어서의 커다란 비밀
(sacrament)에 관하여 말하고 있다고 말한다. 그러나 로마교도들은 그것을
남자와 여자의 문제에 적용한다. 성경을 이런 제멋대로의 방식으로 다루는
것이 허용된다면, 로마교도들이 성경에서 백 가지나 되는 성례를 발견한다고
해도 놀랄 일은 없을 것이다.

　우리는 그리스도와 교회는 "비밀" 또는 한때 감추어져 있던 매우 중요한
그 무엇, 상징적으로 말해질 수 있고 말해져야 하고 말해지고 있는 어떤 것
이며, 결혼은 이에 대한 유형의 알레고리 가운데 하나라고 결론내릴 수 있
다. 그러나 결혼은 이러한 비유로 성례라 불려서는 안 된다. 시편 19[:1ff.]
에서 하늘들은 사도들을 나타내고 태양은 그리스도를 상징하고 있으며 바다
들은 백성들을 나타낸다. 그러나 이것은 그것들이 성례들이라는 것을 의미하
지는 않는다. 성례를 구성하는 요소로서 하나님에 의한 제정 또는 약속에 관
한 언급을 전혀 찾아볼 수 없기 때문이다. 그러므로 바울은 에베소서
5[:23ff.]에서 결혼에 관한 말씀을 위해 창세기 2[:24]을 인용하고 그 말씀
들을 자신의 독창성을 발휘하여 그리스도에게 적용한다. "누구든지 언제든지
제 육체를 미워하지 않고 오직 양육하여 보호하기를 그리스도께서 교회를 보
양함과 같이 하나니 우리는 그 몸의 지체임이니라 이러므로 사람이 부모를
떠나 그 아내와 합하여 그 둘이 한 육체가 될지니 이 비밀이 크도다 내가 그
리스도와 교회에 대하여 말하노라"(에베소서 5:29ff.). 통념에 따라 바울은
그리스도와의 영적인 결혼이 이 구절에 내포되어 있다고 가르친다. 바울이
이 구절 전체에 걸쳐 그리스도에 관하여 말하고 있으며 독자에게 비밀
(sacrament)은 결혼이 아니라 그리스도와 교회에 있음을 이해시키기 위해
애쓰고 있음을 당신은 알 수 있을 것이다.[24]

---

24) 여기에서 루터의 다른 저작에 나오는 한 구절이 끼어들었다. 그것은 분명히 문

그러므로 결혼이 그리스도와 교회에 대한 비유라고 한다고 할지라도 그 것은 하나님이 정하신 성례는 아니다. 혼례성사는 주제와 기록에 대해서 무 지해서 오도된 사람들에 의해 교회에 도입되었다. 그러나 이러한 사실이 신 앙에 장애가 되지 않는다면 관대한 마음으로 참아야 한다. 이는 교회 내에서 의 연약함과 무지로 인하여 생겨난 다른 많은 인간적인 고안물이 신앙과 성 경에 장애가 되지 않는 한 용납하는 것과 마찬가지이다. 그러나 지금 시점에 서 우리는 신앙의 확실성과 순수성 및 성경을 위하여 논증하고 있다. 우리가 어떤 것이 성경이나 신조에 포함되어 있다고 확언했는데 나중에 거기에 없는 것으로 밝혀진다면 우리의 신앙은 웃음거리가 되고 말 것이다. 그러므로 우 리는 우리 자신의 특수한 분야에 정통해 있지 않음으로 해서 우리의 대적들 과 약한 자들에게 곤란을 야기시키게 된다. 그러나 우리들 대다수는 성경의 권위를 손상시키고 있음에 틀림없다. 왜냐하면 성경에서 하나님에 대하여 전 하고 있는 내용과 아무리 거룩하고 박식하다고 할지라도 사람들에 의해 교회 에 도입된 내용과는 아주 커다란 차이가 있기 때문이다. 의식으로서의 결혼 에 대해서도 마찬가지이다.

맥을 파괴하는데 여기가 있어야 할 자리가 아니다. W., VI, p. 552에 나오는 각주에서는 실수로 여기에 끼어든 것으로 보인다고 하고 있다. 그러므로 나는 여기에 잘못된 구절을 다음과 같이 각주로 처리하는 현대 학자들의 예를 따랐 다: "물론 나는 옛 율법에 참회의 성례가 있었으며 그것이 세상의 처음부터 있 었다는 것에 동의한다. 그러나 참회에 대한 새로운 약속과 열쇠의 선물은 새 율 법에 특유한 것이다. 할례 대신에 우리는 지금 세례를 갖고 있으며 마찬가지로 희생제사 또는 회개의 다른 표지들 대신에 우리는 열쇠들을 갖고 있다.

나는 이미 이 동일한 하나님께서 죄사함과 사람들의 구원과 관련하여 서로 다른 시대에 다른 약속들과 다른 표지들을 주셨다고 말하였다. 그러나 모두는 동일한 은혜를 받았다. 그러므로 고린도후서 4장에서 바울은 이렇게 말한다: '내 가 믿는고로 말하였다 한 것같이 우리가 같은 믿음의 마음을 가졌으니.' 그리고 고린도전서 10장에서는 '우리 조상들이 … 다 같은 신령한 식물을 먹으며 다 같 은 신령한 음료를 마셨으니 이는 저희를 따르는 신령한 반석으로부터 마셨으매 그 반석은 곧 그리스도시라'고 말하고 있으며, 마찬가지로 히브리서 11장에서 는 '이 사람들은 다 믿음을 따라 죽었으며 약속을 받지 못하였으되 … 하나님이 우리를 위하여 더 좋은 것을 예비하셨은즉 우리가 아니면 저희로 온전함을 이루 지 못하게 하려 하심이니라 … 예수 그리스도는 어제나 오늘이나 영원토록 동일 하시니라 … 처음부터 세상 끝날까지 그의 교회의 머리되시는.' 이렇게 표지들 은 다르지만 그 믿음은 모든 경우에 동일하다. 왜냐하면 믿음이 없이는 하나님 을 기쁘게 못하나니 이로써 아벨이 하나님을 기쁘게 하였기 때문이다. 히브 리서 11장."-B. L. W.

　　그러면 우리는 이 하나님에 의해 제정된 삶의 방식과 관련되어 때로는 그것을 찬양하고 때로는 손상시켜온 인간들이 만든 저 불경건한 법들에 관하여 무어라고 해야 할 것인가? 자비로우신 하나님! 그들 멋대로의 뜻에 따라 부부를 이혼시키기도 하고 결혼을 강요하기도 하는 압제자 로마교도들의 무분별한 짓을 살펴보는 것은 얼마나 무시무시한 일인가. 나는 진지하게 이렇게 묻는다: 인류는 이러한 사람들의 기쁨을 위한 놀이감이 되었고 온갖 횡포에 시달리며 그들의 더러운 부당이득을 채워주는 대상으로 전락해 버렸는가? 「천사같은 신학총론」(Summa Angelica)[25]이라는 제목의 대단히 정평있는 책이 널리 유포되어 있다. 그러나 그 책은 사람들이 전한 잡동사니, 시시껍절한 이야기, 찌꺼기들로 이루어져 있다. 그 책은 「마귀보다 더 나쁜 신학총론」(Summa worse than Diabolical)이라 불리는 것이 더 적절할 것이다. 그 책은 고해자들이 자기가 교훈을 받는다고 생각하는 무수히 많은 무시무시한 것들을 담고 있는데, 사실 그들은 매우 해로운 혼란 속으로 인도되고 있는 것이다. 이 책은 결혼에 대한 18가지의 장애들을 열거하고 있다.

　　그러나 당신이 그 장애들을 편견없는 마음과 신앙에 의해 주어진 여과되지 않은 견해로 검토한다면, 당신은 그것들 가운데 상당수가 사도에 의해 예언된 것임을 알게 될 것이다: "후일에 어떤 사람들이 믿음에서 떠나 미혹케 하는 영과 귀신의 가르침을 좇으리라 … 혼인을 금하고"〔디모데전서 4:1ff.〕. 이토록 많은 장애들을 고안하고 이토록 많은 덫들을 놓은 것은 사람들이 결혼하지 않는 이유인가 아니면 그들이 결혼하였다면 결혼이 무효화되는 이유인가? 누가 이러한 권세를 사람에게 주었는가? 그들은 경건하고 열심있는 사람들일 것이다. 그렇지만 무슨 권리로 다른 사람의 거룩함이 내 자신의 자유를 제약하는가? 그런 유의 친구들로 하여금 자신들이 원하는 정도로 성자이든 열심자가 되게 하라. 그렇지만 그렇게 함에 있어서 다른 사람을 해하거나 나의 자유를 훔치지는 말라.

　　그러나 나는 이러한 사람들이 이 수치스러운 법령들 속에서 그들이 마땅히 받아야 할 것을 받았음을 기뻐한다. 그것들을 통하여 오늘날의 로마교도

---

25) 리구리아의 Angelus de Clavassio Chiavasso(1495년에 죽음)가 쓴 「천사 같은 신학총론」(Summa Angelica)은 1486년에 간행된 책으로서 시시콜콜한 문제를 다룬 애용된 편람의 하나였다. 거기에는 양심의 모든 가능한 사례들이 알파벳 순서로 다루어져 있다. 이 책은 루터에 의해 불태워진 교황의 책들에 속해 있었다.

들은 좌판을 벌여놓은 장사치들이 되었다. 그들이 파는 것은 무엇인가? 우리가 상상할 수 있는 가장 추잡한 외설보다 더 악한 탐욕과 불경건을 갖고 있는 이 장사치들에게 가장 알맞는 물품인 남자와 여자의 외음부이다. 왜냐하면 오늘날 그들이 돈을 받고 합법화해 줄 수 없는 어떠한 결혼의 장애도 없기 때문이다. 사람이 만든 이러한 법령들은 다름아닌 돈을 긁어 모으고 영혼들에게 올가미를 씌우며 이 탐욕스럽고 게걸스러운 사냥꾼들에게 이바지하기 위하여 존재하게 된 것으로 보인다. "가증스러운 것"이 하나님의 교회에 서고 사람들에게 남자와 여자의 외음부를 공공연하게 파는 일이 행해지고 있다. 또는 성경의 언어를 빌자면, "수치와 벌거벗음"〔레위기 18:6ff.〕를 파는 일이 행해지고 있는데, 이것들을 그들은 이미 이 법령들을 통하여 박탈하여 버렸다. 오, 자신들의 탐욕과 야심으로 인하여 경멸하고 있는 복음의 사역을 수행하는 대신에 극도의 타락과 완전한 품위 상실 속에서 그러한 거래를 하고 있는 우리의 교황청 사람들은 그 타락한 마음이 갈 데까지 갔으므로 이러한 거래가 그들에게 얼마나 걸맞는지 모른다!

당신은 아마 내게 내가 무엇을 말할 수 있고 행할 수 있는지를 물을 것이다. 만약 내가 자세하게 얘기하고자 한다면, 그것은 한이 없을 것이다. 모든 것이 그런 식으로 혼란에 빠져 있기 때문에 당신은 어디에서부터 시작하고, 어떤 방향으로 돌리며, 어디에서 멈춰야 하는가를 알지 못한다. 그러나 내가 아는 것은 국가는 단순히 규칙들과 법령들만으로 적절하게 다스려지지 않는다는 것이다. 행정가가 지혜롭다면, 그는 법률에 의해서가 아니라 상황에 의해 인도될 때 더 행복하게 정부를 운영할 것이다. 만약 그가 현명하지 않다면, 그의 법률적 수단들은 오직 해(害)만을 가져올 것인데, 이는 그가 그것들을 어떻게 사용해야 하는지 또는 그것들을 구체적인 사례에 어떻게 적용시켜야 하는지를 모르기 때문이다. 그런 까닭에 공무(公務)에 있어서 어떤 법률들을 공포하는 것보다 선하고 지혜로운 사람들이 다스리는 것이 더 중요하다. 이런 유의 사람들은 그 자신이 가장 좋은 법률이 될 것이고 온갖 종류의 문제들에 주의깊게 대처할 것이며 그러한 문제들을 공정하게 처리할 것이다. 하나님의 율법에 대한 지식이 선천적인 지혜로움에 수반된다면, 성문법은 쓸데없고 해로울 것이 분명하다. 다른 무엇보다도 기독교적 사랑은 어떤 율법도 필요로 하지 않는다는 것을 기억하라.

마찬가지로 교황이 특면권을 가지고 있다고 주장하지만 성경에는 전혀 언급되어 있지 않은 이러한 결혼에 대한 장애들과 관련하여, 나는 내가 지닌 모든 권능을 가지고 모든 사제와 수도사들에게 교회법 또는 교황의 법령 중 어느 것에 저촉된다는 이유로 반대되고 있는 모든 결혼은 유효하다는 것을 야단법석을 떨지 말고 선포하라고 강권하고자 한다. 그들은 "하나님이 짝지어 주신 것을 사람이 나누지 못할지니라"[마태복음 19:6]라고 말씀하고 있는 하나님의 법으로 무장하여야 한다. 남자와 여자의 결합은 하나님의 법에 따른 것으로써 그것이 사람들에 의해 만들어진 어떤 법령들에 배치된다고 할지라도 유효하다. 그러므로 이와 같은 법령들은 아무 망설임 없이 무시되어야 한다. 만약 어떤 남자가 자기 부모를 떠나 자기 아내와 결합하고자 한다면, 자기 아내와 결합하기 위하여 천박하고 악한 인간의 법령들을 짓밟은 것은 더더욱 마땅하다. 그리고 만약 교황이나 주교나 교회 판사가 이러한 사람에 의해 만들어진 법령들의 하나에 저촉되어 이루어진 결혼을 해소시킨다면, 그는 적그리스도이다. 그는 자연에 폭력을 행하고 하나님을 경멸한 죄를 범하고 있는 것이다. 왜냐하면 "하나님이 짝지어 주신 것을 사람이 나누지 못할지니라"는 성경 본문은 여전히 참되기 때문이다.

또한 그 누구도 그러한 법령을 공포할 권리를 갖고 있지 않다는 것을 기억하라. 그리스도께서는 그리스도인들에게 모든 인간의 법들을 뛰어넘는 자유를 주셨다. 특히 하나님의 법이 개입하는 부분에서는 더욱 그러하다. 마찬가지로 마가복음 2[:28, 27]에서는 "인자는 안식일에도 주인이니라 … 안식일은 사람을 위하여 있는 것이요 사람이 안식일을 위하여 있는 것이 아니니"라고 말씀하고 있다. 더욱이 바울은 결혼을 금하는 사람들이 있을 것이라고 예언하면서 미리 그러한 법령을 정죄하였다[디모데전서 4:3]. 그러므로 성경이 허용하는 한에 있어서 영적이거나 법적인 친족 또는 혈족관계로 인하여 생겨나는 이러한 결혼의 장애들은 더이상 유효하지 못하다. 성경은 레위기 18[:6ff.]에서 오직 이촌의 혈족관계의 결혼만을 금하고 있다. 여기서 열두 명이 결혼이 금지된 촌수에 해당된다: 어머니, 계모, 자매, 이복 자매, 손녀, 고모, 이모, 며느리, 형수 또는 제수, 처제 또는 처형, 수양딸, 백숙모. 이렇게 일촌의 친족과 이촌의 혈족 사이의 결혼이 금지되어 있는데, 더 자세히 검토해보면 이들 사이에서도 모든 경우에 다 금지되어 있는 것은 아니다. 한 형제 또는 자매의 딸과 손녀 사이는 이촌에 해당되지만 결혼이 금지되어 있지 않다. 그러므로 이 촌수 밖에서 혼인 약속이 있었고 하나님의 법에 의해 어떤 다른 금령이 없다고 한다면, 그 정혼은 인간이 만든 법령에 저촉된다고 하여 해소되어서는 결코 안 된다. 하나님께서 정하신 제도로서의 결혼 자체는 어떤 법령보다도 비할 바 없이 우월하기 때문에 법령들로 인하여 깨어져서는 안 되고 오히려 그 법령들이 폐지되어야 한다.

마찬가지로 동일부계, 동일모계, 동일형제, 동일자매, 동일자녀와 관련된 말도 안 되는 소리들은 완전히 폐지되어야 하고 결혼은 성사되어야 한다. 이러한 영적인 친족관계는 순전히 미신에 기인하는 것이다. 만약 세례를 베푸는 자 또는 세례시의 대부 또는 대모가 세례를 받은 사람과 결혼하는 것이 허용되지 않는다면, 왜 기독교인 남자가 기독교인 여자와 결혼하는 것은 허용되는가? 보다 온전한 관계는 성례 자체로부터가 아니라 성례의 의식 또는 표지로부터 온다는 말인가? 그리스도인 남자는 그리스도인 자매의 형제가 아닌가? 세례받은 남자는 세례받은 여자의 영적인 형제가 아닌가? 그들이 말하는 것은 도대체 얼마나 어리석은지 모르겠다! 만약 남편이 자기 아내에게 복음을 가르치고 그리스도의 신앙에 관하여 가르친다면, 그런 것으로 인해 그 남편은 분명코 자기 아내의 영적인 아버지가 된다 — 그러면 그녀는 더이상 그 남자의 아내로 남아 있어서는 안 되는가? 바울은 고린도교회의 처녀들을 모두 그리스도 안에서 낳았다고 말하고 있는데, 바울이 그 중 한 처녀와 결혼하려고 했다면 그것이 허용되지 않았을까?〔고린도전서 4:15〕. 얼마나 그리스도인의 자유가 인간의 맹목적인 미신에 의해 억압되어 왔는지를 보라!

법적인 친족관계는 이보다 더 사소한 문제이다. 그렇지만 로마교도들은 이러한 것들을 하나님께서 주신 결혼할 수 있는 권리보다 우위에 놓았다. 또한 나는 그들이 "종교의 불일치"라고 부르는 그 어떠한 장애가 있다는 것을 용납하지 않을 것이다. "종교의 불일치"란 그리스도인 남자가 세례를 받지 않은 여자와 결혼하는 것을 허용하지 않는 것인데, 만약 결혼을 하려면 그 여자는 신앙을 갖겠다는 서약을 해야 한다. 이러한 금령을 세운 것은 하나님인가 사람인가? 누가 사람들에게 이런 유의 결혼을 금하는 권세를 주었는가? 그것은 바울이 말하고 있는 "외식함으로 거짓말하는"〔디모데전서 4:2〕 영이었다. 그들에 관하여는 "주의 법을 좇지 아니하는 교만한 자가 나를 해하려고 웅덩이를 팠나이다"〔시편 119:85〕라고까지 말씀하고 있다.

이교도인 파트리티우스(Patritius)는 성 아우구스티누스의 어머니인 그리스도인 모니카와 결혼하였다. 왜 이와 비슷한 결혼이 오늘날에는 허용되어서는 안 되는가? 이와 같은 완악하고 ― 죄악되다고 할 수 없다면 ― 가혹한 처사는 "범죄의 장애"에서도 볼 수 있다. 예를 들면, 어떤 남자가 이전에 간음을 범한 적이 있는 여자 또는 자기가 그녀와 결혼하려고 그 남편을 죽인 바 있는 그 남자의 부인과 결혼하는 경우가 그것이다. 정말 진지하게 청하건대, 하나님께서 그 어디에서도 명하시지 않은 이러한 사람들에 대한 사람의 가혹한 처사는 어디로부터 왔는지를 내게 말해주겠는가? 아니면 그들은 가장 깊은 존경을 받았던 인물인 다윗이 위에서 말한 두 가지 죄를 모두 범한 후에 우리아의 아내인 밧세바와 결혼했다는 사실을 모르는 체하는 것인가? 나는 다윗이 그녀와 간음을 했고 그녀의 남편을 죽였다는 것을 말하고 있다. 하나님의 법이 이런 식으로 운용된다고 할진대, 왜 사람들은 그들의 동료 종들에게 횡포를 부리는 것인가?

　　로마교도들이 "결합의 장애"라 부르는 것도 인정되고 있다: 어떤 남자가 한 여자와 약혼을 한 상태에서 다른 여자와 성적인 관계를 가진 경우가 그것이다. 그러한 경우에 그들의 판정은 첫번째 여자와 그 남자와의 약혼은 파기된다는 것이다. 나는 이것을 정말 이해하지 못하겠다. 나의 견해로는 어떤 여자와 약혼을 한 남자는 더이상 자기 자신의 것이 아니기 때문에 비록 그가 두번째 여자와 성적인 관계를 가졌다고 할지라도 그는 하나님의 계명에 따라 첫번째 여자에게 속한다 ― 비록 그가 첫번째 여자와 성적인 관계를 갖지 않았다고 할지라도 그렇다. 그는 자기가 소유하고 있지 않은 자기 자신을 포기할 수 없다. 오히려 그는 첫번째 여자를 속였고 실제로 두번째 여자와 간음을 범하였다. 로마교도들이 이 경우를 달리 보는 이유는 그들은 하나님의 명령에 따라 그 남자가 이미 "약혼을 하였고" 영원히 그것을 지켜야 한다는 것보다도 육체적인 결합을 더 중요시하기 때문이다. 당신은 오직 당신 자신의 것에 속하는 것만을 줄 수 있다.

　　하나님께서는 인간의 모든 전통들을 뛰어넘어 선한 신의로써 지켜야 하는 어떤 문제에 있어서 자기 형제를 함정에 빠뜨리는 것을 금하고 있다. 나는 그 남자가 두번째 여자와 선한 양심을 가지고 살아갈 수 있다고 믿지 않는다. 그러므로 나는 이 장애는 완전히 폐지되어야 한다고 생각한다. 왜냐하면 만약 수도회들 가운데 하나에 들어가겠다는 서약이 어떤 사람의 자기처분권을 앗아가는 것이라면, 왜 정혼은 그렇지 아니한가? 이것은 정말 갈라디아서 5[:22]에 따라 성령의 명령이자 열매 중의 하나이다. 반면에 그 서약들은 인간의 뜻으로부터 나온다. 더욱이 남편이 수도 서약을 했다는 사실에도 불구하고 그 결혼한 여자가 그녀의 남편을 되돌려달라고 요구할 수 있다면, 왜 약혼한 여자는 자기 약혼자가 다른 여자와 성적인 관계를 가졌다고 할지라도 약혼자를 되돌려달라고 요구할 권리가 없단 말인가?

오히려 내가 이미 말했듯이 어떤 여자와 약혼을 한 남자는 수도 서약을 할 수 없다고 하는 것이 올바르다. 그가 해야 할 일은 그녀와 결혼하는 것이다. 왜냐하면 신의를 지키는 것이 그의 의무이기 때문이다. 이러한 명령은 하나님으로부터 온다. 그러므로 어떠한 인간적인 법령에 의해서도 폐하여질 수 없다. 이와 같은 경우에 그는 첫번째 여자와 신의를 지켜야 한다는 훨씬 더 큰 의무 아래 있다. 왜냐하면 그가 두번째 여자와 한 약속은 마음 속에서 거짓말로 한 것이므로 이행되지 않아야 하기 때문이다. 그가 한 짓은 하나님 보시기에 그녀를 속인 것이다. 이런 이유들로 "오류의 장애"가 여기서 적용되어서 두번째 여자와의 결혼을 무효로 만든다.

"서품의 장애"도 전적으로 사람들이 만든 법령이다. 특히 로마교도들이 이 장애는 이미 엄숙하게 서약된 결혼에 우선한다고 무례하게 말하는 것을 보면 더더욱 사람들이 만든 법령임을 알 수 있다. 왜냐하면 그들은 언제나 자기들이 만든 법령들을 하나님의 명령들보다 우위에 놓고 높여왔기 때문이다. 나는 오늘날 알려져 있는 사제 서품을 비판하는 것이 아니다. 내가 이런 말을 하는 것은 바울이 "감독은 … 한 아내의 남편이 되며"〔디모데전서 3:2〕라고 명령한 것을 알고 있기 때문이다. 그러므로 부제, 사제, 주교 또는 서품을 받은 모든 사람의 결혼을 무효로 할 수 없다. 물론 바울이 오늘날 존재하는 이런 유의 사제들과 서품에 대해 알고 있지 않았다는 것은 인정해야 한다. 그러므로 교회에 들어와서 위험들과 죄악들과 악들을 증대시켰을 뿐인 이런 인간이 만든 저주받을 법령들을 폐지하라! 그러므로 사제와 그의 아내 사이에는 그 둘을 떼어놓을 수 없는 유효한 결혼이 존재한다. 이것은 하나님의 명령들에 의해 입증된다. 하나님을 두려워하지 않는 사람들이 그러한 결혼을 오로지 자기 자신들의 권세로써 금하고 심지어 무효로 한다고 해도 그것이 어쨌단 말인가? 그럼에도 불구하고 사람들이 금한 것을 하나님은 허락하시고 있고, 하나님의 법과 인간의 법령이 서로 차이가 있을 때 하나님의 법이 우선한다.

"사회적 타당성의 장애"로 인하여 정혼을 무효화할 수 있다는 것도 이와 비슷한 허구이다. 나는 하나님께서 맺어주신 것을 그렇게 신속하게 갈라놓는 불경건한 뻔뻔스러움에 분노를 느낀다. 여기에서 당신은 그리스도께서 말씀하시거나 가르치신 모든 것을 공격하는 적그리스도를 볼 수 있다. 약혼한 쌍의 경우에 만약 그 중 한 사람이 결혼 전에 죽는다면, 남은 한 사람이 사촌의 혈족관계에 있는 고인(故人)의 친척 중 한 사람과 결혼해서는 안 되는 이유는 무엇인가? 이것을 금하는 것은 사회적 타당성을 옹호하는 것이 아니라 그것을 무시하는 것이다. 이스라엘 백성들은 가장 좋은 법을 소유하고 있었다. 왜냐하면 그 법은 하나님께서 제정하신 것으로써 이런 유의 사회적 타당성의 옹호를 하나도 가지고 있지 않기 때문이다. 이와는 반대로 하나님께서는 가장 가까운 친척이 홀로 남겨진 여자와 결혼할 것을 명하셨다. 이 문제를 이렇게 물을 수도 있을 것이다: 그리스도인의 자유를 소유하고 있는 백성들이 모세의 율법에 구속받고 있던 백성보다 더 부담되는 법을 짊어져야 하는가?

장애들이라기보다는 허구라 불려져야 마땅한 것에 대한 나의 논의를 요약해 보면 다음과 같다: 현재의 나에게는 성적인 무력(無力), 현존하는 결혼 사실에 대한 무지, 정절의 서약 이외에는 법적인 정혼을 무효화할 수 있는 그 어떠한 장애도 없는 것으로 보인다. 그러한 서약에 관하여 내가 아직까지도 확신할 수 없는 것은 내가 이미 세례의 성례와 관련하여 말한 바 있듯이 서약이 유효한 나이를 몇 살로 잡아야 하는가 하는 것이다. 그러므로 결혼 그 자체가 오늘날의 불행하고 절망적인 혼돈 상태의 본질을 여실히 보여주는 데 충분한 예이다. 또한 그것은 교회의 모든 의식들이 해롭고 무식하고 불경건한 인간의 규례들로 인하여 장애를 받고 있으며 뒤엉켜 있고 위험에 처해 있음을 보여준다. 사람들이 만든 법령 전체를 그것들의 지위가 무엇이든 상관없이 단번에 폐지하지 않는다면 치료할 가망성은 전혀 없다. 우리가 복음의 자유를 회복하였을 때, 우리는 그것에 따라 모든 면에서 판단하고 다스려야 한다. 아멘.

이제 성적인 무력을 논의할 필요가 있다. 왜냐하면 그렇게 함으로써 마음 속으로 고뇌하고 위험에 처해 있는 자들에게 권면하는 것이 더욱 수월하기 때문이다. 그러나 나는 내가 장애들에 관하여 위에서 말한 것은 이미 이루어진 결혼에 적용된다는 점을 미리 말해두고자 한다. 그러한 결혼들은 어느 하나라도 내가 논의한 그러한 장애들로 인하여 무효화되어서는 안 된다.

그러나 아직 이루어지지 않은 결혼에 관하여 나는 내가 이미 말한 것을 간략하게 되풀이 말하겠다. 만약 젊음의 욕정이 그 결혼을 절박하게 하거나 교황의 특면을 얻어야 할 다른 필요들이 있다면, 그리스도인은 그 특면을 다른 형제에게 허용할 수 있고 또 자기가 자기 자신에게 허용할 수 있다. 이것은 그가 어떠한 억압적인 법령들의 위협에도 불구하고 자기 아내를 얻는 것이 허용되어 있다는 것을 의미한다. 다른 사람의 무지나 미신 때문에 왜 내가 나의 자유를 박탈당하여야 하는가? 아니면, 만약 교황이 돈을 받고 특면을 허용할 수 있다면, 왜 나는 나의 구원을 위하여 내 자신이나 나의 형제에게 그러한 특면을 허용할 수 없단 말인가? 법령들을 공포하는 자는 교황인가? 그로 하여금 스스로를 위해 그 법령들을 공포하게 하고 나의 자유는 내게 맡겨두라. 그렇지 않으면 나는 그가 모르게 나의 자유를 취하리라.

성적 무력의 문제에 대하여:

이와 같은 경우를 검토해보기로 하자. 어떤 여자가 성적으로 무력한 남자와 결혼을 했는데, 수많은 증거 물품들을 제시하여야 하고 악명높은 소송 절차로 인하여 자기 남편의 성적 무력을 법정에서 입증할 수 없다 — 아마 입증하지 못할 것이다 — 고 하자. 여전히 그녀는 아이를 갖기를 원하고 그대로 참고 살 수가 없다. 이에 더하여 내가 그녀에게 그녀와 그녀의 남편이 수많은 경험을 통해 그녀의 양심껏 그 남편이 성적으로 무력하다는 것을 알고 그녀가 만족해 하는 다른 남자와 결혼하기 위하여 이혼을 구하라고 충고하였다고 하자. 그런데 만약 그녀의 남편이 그녀의 제안에 동의하지 않는다면, 나는 남편(이제 실제로 그는 그녀의 남편이 아니라 같은 집에 사는 한 사람일 뿐이지만)의 동의를 얻어서 그녀가 이를테면 남편의 형제라든지 다른 사람과 성적인 관계를 갖고 이러한 "결혼"은 비밀로 부쳐둔 채 거기에서 태어난 아이들을 추정상의 아버지 — 그들은 이렇게 부른다 — 앞으로 입적시키라고 충고하고 싶다.[26]

그러한 여자가 "구원을 받았는지" 또는 구원의 상태에 있는지의 여부에 대한 문제에 관해서는 나는 그렇다고 대답할 것이다. 왜냐하면 이 경우에 남

---

26) 고해실에서 그럴 것이라는 것을 루터는 의미하였을 것이다.

편의 성적 무력에 대한 무지로 인한 실수가 적절한 결혼을 방해하는 잘못된 상황을 만들었기 때문이다. 가혹한 법은 이혼을 허락하지 않는다. 그렇지만 하나님의 법에 따르면 이 여자는 자유하므로 그대로 참고 살라고 강요해서는 안 된다. 그러므로 남편은 그녀가 다른 사람과 성적인 관계를 가질 권리를 인정하고 허용하여야 한다. 왜냐하면 그녀는 형식적이고 비현실적인 의미로 만 자신의 아내이기 때문이다.

만약 남편이 동의하지 않고 갈라서기를 원하지도 않으며 오히려 그녀를 화형당하게 하거나 간음을 범하게 한다면, 나는 그녀에게 다른 사람과 정혼을 하고 먼 지방으로 도망가서 살라고 권하고 싶다. 그녀 자신의 자연스러운 감정들로 인한 위험들과 끊임없이 애써 싸우고 있는 사람에게 달리 무슨 권면을 할 수 있겠는가? 물론 나는 이런 유의 은밀한 결혼에서 태어난 자녀들이 추정상의 아버지의 상속자가 된다는 것은 불공정하다는 이유로 사람들이 당혹해할지도 모른다는 것을 잘 안다. 그러나 반면에 남편의 동의를 얻어 행한다면 아무런 불공정도 없을 것이다. 남편이 그 사실을 모르거나 동의를 거절하는 경우에는 자비가 아니라도 정말 아무것에도 얽매이지 않고 기독교적인 합리성으로 하여금 이 사례를 판단케 하고 둘 중의 어느 쪽이 다른 쪽에게 더 해를 끼치고 있는지를 말하게 하라.

아내는 남편의 재산을 소비하고 있지만, 남편은 아내를 속이고 그녀의 몸과 삶을 온전히 속여 빼앗고 있다. 세속적인 재산의 일정량을 소비하는 여자보다 자기 아내의 몸과 생명을 소모시키는 남자가 더 큰 죄를 범하고 있는 것이 아닌가? 따라서 그는 이혼에 동의하든지 자신의 것이 아닌 자녀를 용납하여야 한다. 아무것도 모르는 소녀를 속이고 그녀에게서 그녀의 삶과 몸의 온전한 사용을 속여 빼앗았을 뿐만 아니라 간음을 범할 수밖에 없는 거의 참을 수 없는 원인을 제공한 것은 그의 잘못이다. 이 두 사람의 행위를 공정한 저울로 달아보라. 실제로 어떤 법에 따르든지 기만행위는 기만행위에 의해 얻은 것에 대한 보답을 초래하고, 해를 끼친 사람은 그것을 선하게 만들어야 한다.

우리가 논의중인 남편은 어떤 점에서 다른 사람의 아내를 그녀의 남편과 함께 감옥에 가두는 남자와 다른가? 그러한 공갈배로 하여금 남편과 아울러 아내와 자녀를 부양하도록 해야 하는가 아니면 그들을 자유롭게 해야 하는가? 이런 일은 지금 논의중에 있는 경우에서 일어난다. 그런 까닭에 내 판단으로는 그 사람은 이혼을 받아들이든지 아니면 자신의 추정상의 자녀를 자기 자신의 자녀로서 부양하도록 강요 받아야 한다. 의심할 여지 없이 이것은 자비가 요구하는 판단이다. 그러한 경우에 성적으로 무력한 남자는 실제로 남편이 아니기 때문에 자기 아내가 병이 들었거나 다른 불쾌한 어떤 것을 겪고 있을 때 그녀를 큰 대가를 치르고라도 간호해 주어야 하는 것과 동일한 정신으로 자기 아내의 문제를 뒷받침해 주어야 한다. 왜냐하면 그녀가 이러한 잘못 아래에서 애를 쓰는 것은 그의 아내의 잘못이 아니라 그 자신의 잘못이기 때문이다.

양심에 따라 안절부절 못하는 사람들에게 교훈을 주기 위하여 내 능력이 닿는 대로 나의 견해를 개진해 보았다. 내가 바라는 것은 이런 유의 속박에 갇혀 있는 고뇌하는 나의 형제들에게 조금이나마 위로를 주는 것이기 때문이다. 이혼과 관련하여 과연 이혼이 허용되어야 하느냐 마느냐는 여전히 논란되고 있는 주제이다. 나로서는 이혼을 미워하기 때문에 차라리 이혼보다는 중혼(重婚)을 택하겠다. 그렇지만 나는 중혼이 허용되어야 하는지의 여부에 대해서는 감히 의견을 내놓지 못하겠다. 목자장이신 그리스도 자신의 명령은 마태복음 5〔:32〕에 나와 있다: "누구든지 음행한 연고 없이 아내를 버리면 이는 저로 간음하게 함이요 또 누구든지 버린 여자에게 장가드는 자도 간음함이니라." 그러므로 그리스도께서는 이혼을 허락하셨지만, 이는 오직 음행의 경우에만 그러하였다. 따라서 교황이 다른 이유들로 이혼을 허용하는 것은 잘못이라는 결론이 나온다. 그러므로 아무도 교황의 특면에 의해 자신의 이혼이 허용되었다고 하더라도 그것이 건전하다고 생각해서는 안 된다. 왜냐하면 그것은 권세가 아니라 주제넘은 교만임을 보여주는 것이기 때문이다.

그러나 나는 로마교도들이 이혼에 의해 자기 아내와 갈라선 남자의 재혼을 허용하지 않고 독신으로 살도록 강제한다는 것을 더 기이하게 여긴다. 그리스도께서는 음행의 경우에 이혼을 허락하셨으며 아무에게도 독신으로 남기를 강제하지 않으셨다. 바울은 정욕에 불타는 것보다는 차라리 결혼하는 것이 낫다고 함으로써 자기가 버린 여자 대신에 다른 여자와 결혼하는 것을 허용할 생각을 가지고 있었던 것으로 보인다〔고린도전서 7:9〕. 그러나 이것은 충분한 논의를 거쳐 결정되어야 할 문제이기 때문에, 무수한 위험들로 둘러싸여 있지만 오늘날 그들 자신의 잘못도 없이 독신으로 있도록 강요받고 있는 사람들에게 권면을 하는 것이 가능할 것이다: 아내나 남편이 도망가거나 상대방을 버린 후 십 년 후에 돌아오거나 돌아오지 않는 경우. 이런 일은 나를 괴롭게 하고 침통하게 한다. 왜냐하면 악한 사단이 특별히 작용해서든 우리가 하나님의 말씀을 무시하기 때문이든 이런 일들이 매일 일어나고 있기 때문이다.

나로서는 이 문제에 있어서 순전히 사적으로 얘기하자면 어떠한 법칙이나 규율을 정할 수 없다. 그러나 나는 고린도전서 7〔:15〕에 나오는 구절을 이 문제에 적용하기를 원한다: "믿지 아니하는 자가 갈리거든 갈리게 하라 형제나 자매나 이런 일에 구속받을 것이 없느니라." 여기서 사도는 자기 아내를 버리는 불신자는 이혼을 허락하여야 한다는 법칙을 말하면서 믿는 자는 다른 사람과 자유로이 결혼하라고 밝히 말하고 있다. 분명히 믿는 자(즉, 명목상으로는 믿는 자이지만 실제로는 불신자)가 자기 아내를 버리는 경우, 특히 그가 돌아올 마음이 전혀 없는 경우에도 이와 동일한 원칙이 적용되어야 한다. 적어도 나는 이 두 경우 사이에 어떠한 차이도 찾아볼 수 없다.

반면에 나는, 사도 시대에 불신자가 다시 돌아오거나 신자가 되었다거나 자신의 믿는 아내와 함께 살겠다고 약속한 경우에도 그러한 것이 허용되지 않았을 것이며 오히려 다른 사람과 결혼하도록 허용됐을 것이라고 믿는다. 그러나 이미 말했듯이 이러한 문제들에 있어서 나는 어떤 원칙들을 세우지 않는다. 물론 나는 이것이 해결되는 것을 다른 무엇보다도 더 원한다. 왜냐하면 오늘날 나를 이보다 더 불안하게 하는 것이 없기 때문이다. 이런 마음은 나뿐만 아니라 다른 많은 사람들이 갖고 있다.

그럼에도 불구하고 나는 교황이나 주교들의 독단적인 명령에 의해 이 문제를 해결하고자 하지 않는다. 오히려 학식있고 선한 두 사람이 그리스도의 이름과 그리스도의 영으로 서로 합의에 이르러 어떤 것을 공표한다면, 나는 공의회의 평결보다 그들의 평결을 택하고자 한다. 왜냐하면 오늘날 통상적으로 회집되는 공의회라는 것들은 학식과 거룩함보다는 숫자와 권능으로 더 악명이 높기 때문이다. 따라서 나는 나보다 더 지혜로운 다른 사람이 이 문제를 거론할 때까지 이 문제를 덮어두기로 한다.

(6) 서품 성사(Ordination)

이것은 그리스도 시대의 교회에는 성례로서 알려져 있지 않았고, 이 교리는 교황들의 교회에 의해 고안되었다. 은혜의 약속이 그 어디에도 주어져 있지 않고 또 신약 전체에는 은혜의 약속을 암시하는 구절이 하나도 없다. 그 어디에서도 하나님에 의해 제정되었던 것으로 입증될 수 없는 것이다. 그럼에도 불구하고 성례라고 단정하는 것은 우스꽝스러운 일이다. 내가 말하고자 하는 요지는 교회가 세워진 이래로 거행되어 왔던 의식을 정죄하기를 원하는 것이 아니라 하나님의 것들 가운데에 인간이 만든 허구를 나란히 놓기를 거부하는 것이다. 나는 하나님에 의해 정해진 것이 아닌 어떤 것을 마치 그것이 하나님에 의해 제정된 것인 양 해석하기를 거부한다. 그렇지 않다면 우리는 적대적인 비판자에게 우스꽝스럽게 보일 것이다. 그리고 우리는 우리 자신에 관한 한 모든 것을 신조로 표현하기 전에 성경에 의해 확실하고 논쟁의 여지가 없고 명백하게 확증하여야 한다. 그러나 현재의 "성례"에 있어서 우리는 단 한 획의 증거로도 그러한 요구조건들을 충족시킬 수 없다.

교회는 하나님의 은혜의 약속들을 창출하거나 제정할 권능을 가지고 있지 않다. 그런데도 로마교도들은 주제넘게도 교회는 성령에 의해 지배를 받고 있기 때문에 교회에 의해 제정된 것은 하나님에 의해 정해진 것과 다름없는 권위를 갖고 있다고 주장한다. 왜냐하면 교회는 약속의 말씀에 대한 교회의 신앙으로 말미암아 탄생되었고, 바로 그 약속에 의해 교회는 먹여지고 유지되기 때문이다. 달리 말하면 교회는 하나님의 약속들에 의해 제정되었지 하나님의 약속이 교회에 의해 제정된 것은 아니다. 왜냐하면 하나님의 말씀은 교회에 비하여 비할 바 없을 정도로 우월하기 때문이다. 교회는 피조물이고, 그러므로 제정하고, 정하고, 만들 권능을 갖고 있지 않고 오직 제정되고 정해지고 존재되는 권능만을 가지고 있다. 누구도 자기의 부모를 낳을 수는 없으며 자기 자신을 낳을 자를 선택할 수 없다.

물론 교회는 하나님의 말씀을 인간의 말과 구별할 권능을 갖고 있다. 이 것은 이것이 복음이라고 선포한 교회의 권세에 의해 감동을 받고 복음을 믿었다고 고백하는 아우구스티누스의 말에 의해 입증된다. 그러나 이것은 교회를 복음보다 우월하게 만들지 않는다. 왜냐하면 이와 동일한 논거를 사용한다면 이분이 하나님이라는 메시지를 전하는 교회는 자기가 믿는 바 하나님보다 우월하다고 해야 할 것이기 때문이다. 그러나 아우구스티누스가 다른 곳에서 말하고 있듯이 마음이 진리 자체에 사로잡혀서 바로 그 진리 덕분에 마음은 어떤 판단에 있어서 확신에 도달할 수 있다.

그럼에도 불구하고 마음은 비록 온전한 확신이 있을 때 이것이 진리라고 말하지 않을 수 없다고 할지라도 진리 그 자체를 판단할 수는 없다. 예를 들면, 마음은 확고부동한 확신을 가지고 셋에 일곱을 더하면 열이 된다고 말할 수는 있고, 그 진리성을 부인할 수는 없지만 왜 그것이 참된지 그 이유를 댈 수는 없다. 사실은 마음은 그 자신이 판단자인 것이 아니라 예속되어 있는 상태에서 재판석에 앉아 있는 진리 자체에 의해 선언되는 평결을 받아들이는 것이다. 마찬가지로 성령의 조명에 의해 교리들이 생겨나 결정과 승인을 요구할 때, 교회는 비록 입증할 수는 없지만 성령의 임재가 확실하다는 "인식"을 소유한다. 어떤 철학자도 상식의 개념들을 평가하려고 하지 않고 그것들에 의해 판단되듯이 우리들 가운데에도 사도가 말하고 있는 바와 같이 모든 것을 판단하지만 아무에게도 판단받지 않는, 우리가 알고 있는 영이 있다[고린도전서 2:15]. 그러나 나는 주제를 벗어나서 말을 하고 있다.

이런 이유들로 우리는 그렇게 하는 것이 하나님에게만 속하여 있기 때문에 교회는 은혜를 약속할 권능을 가지고 있지 않으며 마찬가지로 성례를 제정할 어떠한 권능도 가지고 있지 않다고 확실히 말할 수 있다. 비록 교회가 이러한 권능들을 최고도로 소유하고 있다고 할지라도, 서품이 성례라는 결론은 결코 나오지 않을 것이다. 왜냐하면 이러한 교령(敎令)들은 다른 사람들은 참석하지 않고 오직 소수의 주교들과 박사들만이 참석한 가운데 통과되었기 때문이다. 그리고 누가 그들이 성령을 소유하고 있는 교회를 구성하고 있는지의 여부를 알겠는가? 그들은 교회를 구성하고 있지 않으며 그들 모두는 오류를 범했을 가능성이 있다. 공의회들은 흔히 오류를 범해왔고, 특히 모든 공의회들 가운데서 가장 악했던 콘스탄스(Constance) 공의회는 더욱 그러했다.[27]

로마의 동의가 아니라 보편 교회의 동의를 받은 것만이 믿을 만한 증거가 된다. 이것을 토대로 나는 서품은 교부들에 의해 도입된 다른 많은 것들, 예를 들면 꽃병, 가옥, 의복, 물, 소금, 촛대, 약초, 포도주 등의 성별과 같

---

27) 이 공의회는 요한 후스와 프라하의 제롬을 정죄하였다.

이 서품도 교회의 의식이라고까지 말하고자 한다. 아무도 이러한 것들 중 그
어느 것도 성례라고 말하지 않는다. 또한 그것들 가운데 어느 것에도 약속이
부가되어 있지 않다. 그런 까닭에 사람의 손에 기름을 바르고 수염을 깎는
것 또는 그런 유의 다른 어떤 것도 성례로 될 수 없다. 왜냐하면 그것들은
어떠한 약속도 지니고 있지 않기 때문이다. 그것들은 단지 꽃병이나 기구들
의 경우에서와 마찬가지로 오직 어떤 의무들을 위하여 사람들을 준비시킬 목
적으로 도입된 의식들이다.

이런 질문을 할 수 있다: 그렇다면 자신의 「교회의 위계」(*Ecclesiastica
Hierarchia*)에서 여섯 성례들을 열거하고 그것들 가운데 서품을 포함시키고
있는 디오니시우스(아레오파기티쿠스)[28]는 도대체 어떻게 된 것이란 말인가?
이에 대한 나의 대답은 내가 알기로는 이 사람은 비록 결혼을 빼놓고 단지
여섯 성례만을 말하고 있기는 하지만 일곱 성례를 옹호하여 말하고 있는 유
일한 고대 저술가라는 것이다. 그를 제외한다면 나머지 교부들 가운데는 이
러한 것들을 성례로 언급하고 있는 사람이 없다. 그들이 이러한 것들에 대해
서 말하는 경우에 그것들을 성례로 보는 경우는 한 군데도 없다. 왜냐하면
성례들의 날조는 오늘날의 현상이기 때문이다. 그리고 결코 이 디오니시우스
를 중요시하지 않기 때문에 이런 말을 하는 것은 아니지만, 그가 누구였든지
그는 탄탄하게 학문을 했다는 증거를 거의 보여주고 있지 않다.

나는 이렇게 묻고자 한다: 누구의 권세로 또는 어떠한 논리로 그는 자신
의 「천상의 위계」(*Coelesti Hierarchia*) — 캐묻기 좋아하고 미신적인 생각
들이 두드러지는 책 — 에 모아놓은 천사들에 관한 말들을 입증하고 있는가?
편견 없이 읽고 판단한다면 그의 사고의 모든 열매들은 꿈과 같은 듯이 보인
다. 어떤 주제넘고 매우 비학문적인 신학자들이 그토록 칭찬하는 「신비신학」
(*Theologia Mystica*) — 이렇게 불리는 것이 합당하다 — 에서 디오니시우
스는 매우 해로워서 그리스도인이라기보다는 플라톤주의자에 가깝다. 요컨대
나는 믿는 자라면 이러한 책들을 조금도 중시하지 말기를 바란다. 실제로 당
신은 그 책들 속에서 그리스도에 관한 지식을 얻기는커녕 당신이 알고 있는
것까지도 잃어버리게 될 것이다. 나는 경험으로부터 이런 말을 하고 있는 것
이다. 오히려 바울의 말에 귀를 기울이라. 그러면 우리는 "예수 그리스도와

28) 「천상의 위계」와 「교회의 위계」 등의 저자인 15세기 저술가의 위명(僞名).

그의 십자가에 못 박히신 것"〔고린도전서 2:2〕에 관하여 배울 수 있을 것이다. "내가 곧 길이요 진리요 생명이니"〔요한복음 14:6〕. 그리스도는 우리가 아버지께로 올라갈 수 있는 사닥다리이다. 그리스도께서 친히 이렇게 말씀하셨다: "나로 말미암지 않고는 아무도 아버지께로 갈 수 없느니라."

마찬가지로「교회의 위계」에서 디오니시우스는 교회의 여러 의식들만을 기술하고 있다. 그는 자신의 알레고리들을 가지고 장난을 하는데, 이것은 그것들을 사실로 만들지 않는다. 이런 유의 것은 우리 가운데서「신적인 것들의 이성」(Rationale Divinorum)이라 불리는 책을 쓴 자에 의해서도 행해졌다. 이렇게 알레고리화시키는 일은 그렇게밖에는 달리 할 수 없는 사람들이 하는 짓이다. 나도 만들어내고자 하는 어떤 것을 알레고리로써 날조해내는 것은 어렵지 않다고 확실히 말할 수 있다. 보나벤투라(Bonaventura)는 인문학(liberal arts)을 신학으로 바꾸기 위하여 알레고리를 사용하지 않았던가? 제르송(Gerson)은 작은「도나투스」(Donatus)를 신비적인 신학으로 바꾸었다. 나는 별 어려움 없이 디오니시우스보다 더 나은「위계」라는 책을 쓸 수 있다. 그러나 그는 교황, 추기경, 대주교에 관하여 아무 것도 알지 못했기 때문에 주교를 교회의 우두머리로 놓았다. 알레고리화시킬 수 없을 정도로 빈약한 창의력을 가진 사람이 도대체 존재하기라도 하겠는가? 내 생각으로는 어떠한 신학자도 성경의 고유하고 단순한 의미에 정통할 때까지는 알레고리에 시간을 허비해서는 안 된다. 그렇지 않으면 오리겐의 경우에서처럼 그는 자신의 신학적 사고를 위태롭게 할 것이다.

그러므로 디오니시우스가 그렇게 썼다는 이유만으로 어떤 것을 성례로 주장하며 야단법석을 떨어서는 안 된다. 그렇지 않다면 왜 그가 동일한 구절에서 기술하고 있고 오늘날에도 시행되고 있는 행렬식을 성례로 만들지 않는가? 왜 교회에서 발전해온 의식들과 예식들만큼 많은 수의 성례를 만들지 않는가? 이와 동일한 약한 토대 위에서 로마교도들은 서품의 성례에 서품을 받는 사람 위에 지울 수 없게 새겨진다고 하는 어떤 허구적인 "특성"을 부여하여 왔다. 나는 어디로부터 그러한 생각이 생기며 누구의 권세와 무슨 근거로 그들이 그렇게 결정하였는지를 묻고 싶다. 로마교도들이 자기들이 좋아하는 것을 자유롭게 만들어내고 말하고 단언하는 것에 대해 우리가 못마땅해 하는 것이 아니라, 그들이 이제까지 그래 왔던 것처럼 자기들의 생각을 신앙 항목으로 만드는 권리를 사칭하지 않도록 하기 위해 우리도 우리 자신의 자유를 주장하는 것이다. 일치를 위해서 우리는 그들의 의식들과 특이한 것들에 우리 자신을 적응시키는 것으로 충분하다. 그러나 우리는 그것들이 구원에 필수적인 것도 아닌데 필수적인 것으로 받아들이도록 강요당하는 것을 거부한다. 그들의 자의적인 요구들 속에서 강제의 요소를 제거하라. 그러면 우리는 서로에 대하여 화평 가운데 살기를 바라는 마음에서 그들이 바라는 것들에 자유로이 복종할 것이다. 왜냐하면 자유를 지니고 있는 그리스도인이 하늘과 하나님에 속한 것 외에 어떤 규제들에 복종하는 것은 초라하고 죄악되며 노예적이기 때문이다.

　이 점에 있어서 로마교도들은 최후의 만찬에서 그리스도께서 "이를 행하여 나를 기념하라"고 말씀하셨다는 것을 그들의 가장 강력한 논거로 제시한다. 보라, 그들은 여기에서 "그리스도께서는 제자들을 사제들로 서품하셨다"고 말하고 있다. 또한 이것으로부터 그들은 다른 것들 가운데서 떡과 포도주의 두 요소는 오직 사제들에게만 주어져야 한다고 추론한다. 그런 후에 그들은 이로부터 제멋대로 어떤 것이든 이끌어낸다. 일단 그들이 자유로운 결정들을 할 권리를 사칭한 후에 그들은 그리스도의 말씀을 토대로 전후좌우를 가리지 않고 그들이 좋아하는 것을 단언한다. 그러나 하나님의 말씀을 설명하는 것은 무엇을 의미하는가? 제발 내게 대답해달라. 그리스도께서는 이 경우에 아무것도 약속하지 않으셨고 오직 자기를 기념하여 이를 행하라고 명령하셨을 따름이다. 왜 그들은 그리스도께서 "너희는 가서 모든 족속으로 제자를 삼아 아버지와 아들과 성령의 이름으로 세례를 주고"라고 말씀하시면서 말씀과 세례의 직무를 맡기신 자들을 사제로 서품하였다고 주장하지 않는가?

　말씀을 전하고 세례를 베푸는 것은 사제들의 의무이다. 더욱이 성무일과를 봉독하는 것은 오늘날 사제들의 일차적이고 빼놓아서는 안 되는 의무이기 때문에, 로마교도들은 그리스도께서 기도하라고 명하신 그러한 구절들 속에서 서품의 성례를 발견해내지 않았는가? 많은 그러한 경우들이 있었고 특히 동산에서는 "시험에 들지 않게 깨어 있어 기도하라"〔마태복음 26:41〕고 말씀하고 있다. 그들은 이것이 기도하라는 명령이 아니라 그것은 성무일과를 봉독하는 것으로 충분하다고 반론을 펼 것이다. 그렇다면 성경의 그 어디로부터도 기도하는 것이 사제들의 의무라는 것을 입증할 수 없다. 마찬가지로 기도하는 것의 사제적 성격은 하나님께 속하지 않은 것이며 사실이 그렇다.

　고대의 교부들 가운데 어느 누구도 이러한 말씀들이 사용되었을 때 사제들이 서품되었다고 말하지 않는다. 그렇다면 이러한 새로운 지식의 기원은 무엇인가? 아마도 그들은 이 수단을 통하여 진정시킬 수 없는 불화의 온상을 세우고 성직자와 평신도를 하늘과 땅보다 더 넓게 갈라놓으려고 했던 것 같다. 그렇지만 이것은 세례의 은혜를 믿을 수 없을 정도로 해롭게 한 것으로 입증되었고 복음에 토대를 둔 교제를 어지럽혔다. 이것이 평신도에 대한 성직자의 무시무시한 지배의 뿌리이다. 그들의 손을 성별할 때 육신에 기름을 붓는 것과 그들의 삭발과 의상들로 인하여 성직자들은 평신도보다 우월하다고 주장한다. 그렇지만 평신도들은 그리스도인으로서 성령으로 세례를 받은 사람들이다. 성직자는 평신도를 자기들과 아울러 교회에 포함된 저급한 동물들로 간주하기까지 한다고 말할 수 있을 정도이다.

이리하여 성직자들은 자기들이 하고 싶은 대로 대담하게 명령하고 요구하고 위협하고 강요하고 억압하는 일이 일어난다. 요컨대 서품의 성례는 이제까지 교회에서 행해졌고 앞으로도 행해질 온갖 불길한 것들에 확고한 토대를 제공해주는 가장 훌륭한 고안물이다. 서품의 성례는 그리스도인의 교제를 망하게 하는 것이며 목회자들을 이리로 만들고 종들을 폭군으로 만들며 교회의 사람들을 세상 사람들보다 더 악하게 만드는 것이다.

그런데 세례를 받은 우리는 세례를 받았다는 바로 그 사실로 인하여 모두가 똑같이 제사장들이다. 제사장들이 유일하게 덧붙여 받은 것은 설교하는 직무이고, 이것조차도 우리의 동의를 받아 그렇게 되는 것이다. 만약 로마교도들이 이 점을 용인해야 한다면, 그들은 우리가 우리 자신의 자유로운 의지로 그들로 하여금 그렇게 하도록 허용하는 경우를 제외하고는 우리를 주관할 권리를 그들이 갖고 있지 않음을 인정해야 할 것이다. 따라서 베드로전서 2〔:9〕에서는 "오직 너희는 택하신 족속이요 왕 같은 제사장들이요 거룩한 나라요"라고 하고 있는 것이다. 그리스도인인 우리 모두는 제사장들이라는 결론이 나온다. 우리가 제사장이라 부르는 사람들은 실제로는 우리에 의해 선택된 말씀의 사역자들이다. 그들은 우리의 이름으로 그들의 직무 전체를 행한다. 제사장직은 말씀의 사역을 행하는 직분일 따름이다. 따라서 고린도전서 4〔:1〕에서는 "사람이 마땅히 우리를 그리스도의 일군이요 하나님의 비밀을 맡은 자로 여길지어다"라고 말하고 있다.

사실이 그렇기 때문에 다음과 같은 결론이 나온다: (i) 말씀을 전하라고 교회에 의해 부름을 받고도 말씀을 전하지 않는 자는 결코 제사장이 아니다.

(ii) 서품의 성례는 교회가 자신의 설교자를 선택하는 의식 이외에 아무것도 아니다. 이것이 말라기 2〔:7〕이 제사장을 정의하고 있는 방식이다: "제사장의 입술은 지식을 지켜야 하겠고 사람들이 그 입에서 율법을 구하게 되어야 할 것이니 제사장은 만군의 여호와의 사자가 됨이어늘." 만군의 여호와의 사자가 아니거나 그러한 사자가 되는 것이 아니라 다른 어떤 것을 행하도록 부름을 받은 사람은 결코 제사장이 아니라는 것은 확실하다. 이에 따라 호세아 4〔:6〕에서는 "네가 지식을 버렸으니 나도 너를 버려 내 제사장이 되지 못하게 할 것이요." 더욱이 그들이 목회자(pastors)로 불리는 이유는 그들의 책무가 그들의 양떼를 위해 초장을 찾거나 가르치는 것이기 때문이다. 이로부터 단지 성무일과를 봉독하고 미사를 거행하도록 명함을 받은 사람들은 교황의 제사장들일 수는 있지만 기독교적 제사장들은 아니라는 결론이 나온다. 왜냐하면 그들은 말씀을 전하지 않을 뿐만 아니라 설교하도록 임명을 받지도 않았기 때문이다. 실제로 나의 주장은 이런 유의 제사장직은 설교의 직무를 맡은 제사장과는 별개의 지위를 갖는다는 것이다. 따라서 그들은 성무일과와 미사의 제사장들로서 제사장이라는 이름을 지닌 일종의 살아있는 우상들일 따름이다. 그들은 바로 여로보암이 레위족이 아니라 가장 저급한 쓰레기 같은 사람들로부터 택해서 벧아웬에 둔 그런 유의 제사장들이다〔열왕기상 12:31; 호세아 10:5〕.

보라! 교회의 영광이 얼마나 멀리 떠났는지를! 온 세상은 사제, 주교, 추기경, 성직자들로 가득 차 있는데, 그들 가운데 한 사람도 자신의 직무상 책임에 있어서 서품의 성례와는 상관없이 그것과는 다른 요구사항으로 인하여 설교하도록 요구받고 있는 설교자가 아니다. 사제들은 자기가 읽어야 하는 기도문의 "헛된 반복"을 통하여 중얼거리고 미사들을 거행함으로써 서품의 요구사항들을 충족시키고 있다고 생각한다. 그러나 "성무일과"를 되풀이한다고 하여 그가 기도하는 것은 결코 아니며, 설령 기도하는 것이라고 하여도 스스로에게 하는 것이다. 그리고 미사는 극도로 왜곡되어서 마치 그것이 희생제사인 양 드려지고 있다. 사실 미사는 성례의 거행이어야 하는 것이다. 이리하여 이런 유의 사람을 성별하여 성직자로 만들기 위하여 성례로 사용되고 있는 서품은 진실로 사람이 만든 의식일 따름이라는 것은 명백하다. 서품을 꽉 채운 사람들은 교회의 본령과 제사장직, 말씀을 전하는 것, 성례에 대하여 아무것도 알지 못한다. 그 결과 이 성례와 그러한 사제들은 동일한 수

준에 있다. 이러한 오류들과 어리석은 짓에 스스로를 더욱 광범위하게 지금 속된 것으로 간주되는 다른 그리스도인들로부터 갈라놓는 저 유폐가 더하여 진다. 퀴벨레의 사제들이었던 갈리족처럼 그들은 눈속임의 독신의 짐을 지는 것을 통하여 스스로를 거세하고 있다.

또한 중혼을 금하여야 한다는 것, 즉 중혼의 일반적인 의미이고 율법에서도 금지되고 있는 바와 같이 어떤 사람이 동시에 두 아내를 가져서는 안 된다는 것은 이런 위선과 오류를 충족시키기에 충분하지 않았던 모양이다. 로마교도들은 중혼을 계속해서 두 처녀와 결혼하거나 한 처녀와 한 과부와 계속해서 결혼하는 것을 의미하는 것으로 해석하였다. 실제로 이 더할나위 없이 신성한 성례의 거룩함은 너무도 거룩하기 때문에 어떤 사람이 처녀와 결혼하였고 그녀가 여전히 그 사람의 아내로서 살아있다면 그 사람은 서품을 받을 수 없다. 거룩함의 극치를 확보하기 위하여, 어떤 사람이 처녀가 아닌 여자와 결혼했다면 비록 무지에 의해 또는 불운에 의해 그랬다고 할지라도 그 사람은 사제직에 나아가는 것이 금지된다. 그러나 육백 명의 창녀들과 역겨운 거래를 가졌거나 수많은 유부녀들과 처녀들을 유혹하였고 많은 정부(情婦)를 둔 사람은 이런 것들이 전혀 장애가 되지 않기 때문에 주교나 추기경이나 교황이 되는 데 지장이 없다. 그 결과 사도가 "한 아내의 남편"〔디모데전서 3:2〕이라고 말한 것을 "한 교회의 고위성직자"로 해석할 필요가 생겨났고, 이로부터 "양립할 수 없는 성록령(benefices)"이라는 원칙이 생겨난다. 그러나 관대하게 특면을 허락하는 교황은 뇌물을 받거나 어떤 호의에 넘어가서 셋, 스물, 백 명의 아내, 즉 교회들을 하나로 여길 수 있도록 허용할 수 있다. 물론 나는 경건한 관용의 마음으로 교회들에 관한 것만을 말하는 것이다.

오, 이 존경할 만한 서품의 성례에 합당한 교황청이여! 오, 보편교회가 아니라 사단과 흑암의 세력의 회당들의 군주여! 이제 이사야와 아모스와 더불어 이렇게 외칠 때가 왔다: "예루살렘에 있는 이 백성을 치리하는 너희 경만한 자여"〔이사야 28:14〕; "화 있을찐저 시온에서 안일한 자와 사마리아 산에서 마음이 든든한 자 곧 열국 중 우승하여 유명하므로 이스라엘 족속이 따르는 자들이여"〔아모스 6:1〕. 오! 이 기괴한 사제직이 하나님의 교회에 가져오는 수치여! 당신은 복음을 설교하는 것은 말할 것도 없고 복음을 아는 사제를 어디에서 찾아볼 수 있는가? 그런데도 왜 그들은 자기들이 사제임을 자랑하는가? 왜 그들은 평신도라 통하는 다른 그리스도인들보다 더 거룩하고 더 선하고 더 권능있는 자로 여겨지기를 바라는가? "성무일과"를 봉독하는 것이라면 보통 사람, 또는 사도가 말하고 있듯이 입으로 말을 하는 사람은 그와 똑같이 할 수 없는 것인가?

성무일과의 기도문들은 평신도들이긴 하지만 수도사들, 은자들, 사인(私人)들에게 적합하다. 사제의 직무는 설교하는 것이다. 만약 그가 설교하지 않는다면, 그는 인물 사진이 사람이 아닌 것과 마찬가지로 사제가 아니다. 어떤 사람이 이런 유의 수다떠는 사제를 서품하거나 교회와 종들을 성별하고 아이들에게 견신례를 베푼다고 하여 그러한 것들이 그를 주교로 만드는가? 결코 아니다! 이러한 것들은 부제(副祭)나 평신도가 할 수 있는 일들이다. 사제 또는 주교를 만드는 것은 말씀의 사역이다.

당신이 편하게 살고자 한다면 나의 관점을 받아들이지 말라. 젊은이들이여, 그들로부터 도망치라. 이런 유의 서품을 받기를 거부하라. 당신이 복음을 설교하기를 원하지 않고 당신이 서품의 성례에 의해 평신도보다 우월하게 될 것임을 믿을 수 없다면 거부하라. "성무일과"를 봉독하는 것은 중요하지 않다. 또한 미사를 드리는 것은 성례를 받는 것일 뿐이다. 그렇다면 평신도에게 동일하게 속하지 않은 것으로서 사제인 당신에게 어떤 직무가 남아 있는가? 삭발과 예복인가? 삭발과 예복만으로 이루어진 사제는 초라할 뿐이다! 아니면 당신의 손가락에 발려진 기름인가? 그러나 모든 그리스도인은 성령의 기름으로 기름부음을 받았고 몸과 영혼이 거룩해졌다. 이전에 평신도들은 사제들이 지금 그렇게 하고 있는 것과 마찬가지로 자주 성례들을 집행하곤 하였다. 그러나 우리 시대의 미신은 만약 평신도가 성배나 성배 덮개를 만지면 그것을 커다란 범죄로 생각한다. 또한 성별된 처녀인 수녀는 제단의 덮개나 신성한 린네르(아마포)를 세탁하는 것이 허용되지 않는다.

오 나의 하나님! 이것은 이 성례의 더할나위 없이 신성한 거룩함이 어디까지 갔는가를 보여준다! 나는 평신도들이 손에 돈을 든 경우를 제외하고는 제단을 만지는 것조차도 허용되지 않을 날이 올 것이라고 예상한다. 나는 이 뻔뻔스러운 괴물들의 악한 강제 사항들을 생각할 때 머리끝까지 분노가 치밀어 오른다. 그들은 속임수와 유치한 덫으로 그리스도인의 경건을 갖고 놀며 기독교의 자유와 영광을 폐허로 만들고 있다.

그러므로 자기가 그리스도인임을 아는 모든 사람은 우리 모두가 똑같이 제사장들이며 우리 모두는 말씀과 성례와 관련하여 동일한 권세를 갖고 있음을 온전히 확신하여야 한다. 물론 아무도 자기 교회의 지체들의 동의나 다수의 부름이 없이는 그것들을 집행할 권리를 갖고 있지는 않지만 말이다(어떤 것이 모두에게 공통으로 속해 있을 때 한 사람이 그것을 자신의 것으로 사칭할 권한은 없으며 교회의 부름을 기다려야 하기 때문이다). 더욱이 서품의 성례는 그것이 어떤 타당성을 갖고 있다고 한다면 어떤 사람을 교회의 사역으로 부르는 의식일 따름이다. 왜냐하면 제사장직은 단지 말씀을 사역하는 직분이기 때문이다. 내가 말하는 말씀이란 율법이 아니라 복음이다. 반면에 집사 직분은 현재의 관습과 같이 복음서나 서신서를 봉독하는 사역을 담당하는 직분이 아니라 교회의 헌금을 가난한 자들에게 나누어주는 직분으로서 사제들이 세속적인 문제들의 짐으로부터 벗어나고 더 자유로이 기도와 말씀에 전념하게 하기 위한 것이다. 우리가 사도행전 6〔:1ff.〕에서 읽는 바와 같이 집사들을 세운 목적은 그러한 것이다. 그러므로 복음을 모르거나 설교하지 않는 사람은 사제나 주교가 아니라 오직 교회에서 성가신 존재에 지나지 않는다. 양의 옷을 입고 사제나 주교라는 그릇된 직함 아래에서 그는 복음에 폭력을 휘두르며 교회에서 이리로 행한다.

　　그러므로 오늘날 교회에 차고 넘치는 사제들 또는 주교들이 다른 방식으로 자신의 구원을 성취하지 않고 자기들이 사제나 주교가 아니라는 것을 깨닫지 못한다면, 그들은 자기들이 그러한 이름을 지니고 있다는 것을 슬퍼해야 한다. 그들은 그 책무들을 모르고 있으며 그것들을 수행할 수도 없다. 그들은 자신들의 위선에 걸맞는 자신들의 비참한 운명을 기도와 눈물로 탄원하여야 한다. 그렇지 않는다면 실제로 그들은 영원한 멸망의 자식들이 될 것이다. 다음과 같은 이사야의 말은 그들에 관하여 진리를 말한 것이다: "이러므로 나의 백성이 무지함을 인하여 사로잡힐 것이요 그 귀한 자는 주릴 것이요 무리는 목마를 것이며 음부가 그 욕망을 크게 내어 한량 없이 그 입을 벌린즉 그들의 호화로움과 그들의 많은 무리와 그들의 떠드는 것과 그중에서 연락하는 자가 거기 빠질 것이라"〔이사야 5:13f.〕 그것은 그리스도인들이 그러한 음부로 빠져들 때 우리 시대에 관한 얼마나 무시무시한 예언인가!

　　성경이 우리에게 가르치는 바에 따르면 우리가 제사장이라 부르는 것은 섬김의 한 형태이다. 나는 왜 한번 사제가 된 사람이 다시 평신도가 될 수 없는지 그 이유를 도무지 알 수 없다. 왜냐하면 그는 자신의 교역

(ministry)에 의해서만 평신도와 다를 뿐이기 때문이다. 더욱이 이제까지 잘못이 발견된 사제들은 때때로 그 직무로부터 면직되는 징벌이 내려지는 것이 불가능하지 않았고 실제로 그래왔다. 그들은 일시적으로 직무를 박탈당하든지 영원히 박탈당할 수 있다. "지울 수 없는 특성"(서품성례에 의해서 주어지는:역주)이라는 허구는 오랫동안 웃음거리가 되어 왔다. 비록 그것이 그리스도에게는 알려져 있지 않았지만, 나는 교황이 이러한 특성을 사람에게 나누어줌으로써 오늘날 그러하듯이 그 사람이 그리스도의 종이 아니라 교황의 종이자 갇힌 자로 영원히 성별된다는 것을 인정한다.

더욱이 내가 잘못 본 것이 아니라면, 만약 언젠가 이 허구적인 성례가 없어진다면, 교황 제도 자체가 그 "특성들"을 지속하거나 견지하지 못할 것이다. 그때에 기쁜 자유가 우리에게 되찾아지고, 거기서 우리는 우리가 다 어떤 법에 의해서나 동등하다는 것을 알게 될 것이다. 그리고 억압의 멍에가 벗겨질 때, 우리는 그리스도인인 사람이 그리스도를 소유하며, 그리스도를 소유하는 사람이 그리스도의 것에 속하는 모든 것들을 소유하며 모든 것들을 할 수 있다는 것을 알게 될 것이다. 이것은 위의 내용이 나의 친구들인 교황 옹호론자들을 불쾌하게 했다는 것을 내가 알 때 내가 앞으로 더 강조해서 말하고자 하는 주제이다.

(7) 종부성사

오늘날의 신학자들은 그들 자신에게 걸맞게도 병든 자들에게 기름을 붓는 의식에 두 가지 의미를 더하였다. 먼저 그들은 그것을 성례라 부른다. 둘째로 그들은 그것을 마지막이라 부른다. 이렇게 하여 우리는 오늘날 임종 직전에 있는 사람들에게만 베풀어지는 종부성사를 가지게 되었다. 신학자들은 아주 날카롭게 논증을 하면서 아마도 그것을 세례라는 최초의 기름바름과 관련시키고 있으며, 그 다음에는 뒤따르는 견신례와 서품성사의 기름바름에 관련시킨다. 이번에 그들은 나의 얼굴에 던질 그 무엇을 갖고 있다. 그것이 무엇이냐 하면 사도 야고보의 권위 위에서 여기에 약속과 표지가 있다는 것이다. 내가 이제까지 주장하여 왔듯이 성례는 그러한 것들로 구성된다. 사도는 이렇게 말하고 있다: "너희 중에 병든 자가 있느냐 저는 교회의 장로들을 청할 것이요 그들은 주의 이름으로 기름을 바르며 위하여 기도할지니라 믿음의 기도는 병든 자를 구원하리니 주께서 저를 일으키시리라 혹시 죄를 범하였을지라도 사하심을 얻으리라"〔야고보서 5:14f.〕. 보라, 그들은 죄사함의 약속과 기름이라는 표지를 말하고 있다.

나의 대답은 이러하다: 말도 되지 않는 소리가 어딘가에서 말해지고 있다면, 그것은 바로 이곳에서이다. 나는 많은 사람들이 많은 개연성을 가지고 이 서신은 사도 야고보에 의해 씌어지지 않았으며 사도의 정신을 담고 있지도 않다고 주장하여 온 사실을 그냥 넘어가겠다. 그럼에도 불구하고 그 저자가 누구이든지 이 서신은 관습에 따라 권위를 갖고 있다. 그러나 비록 이 서신이 사도 야고보에 의한 것이라 할지라도, 나는 어떤 사도라도 자신의 권위로 성례를 제정하거나 하나님의 약속과 그에 수반되는 표지를 수여할 자격이 없다는 것을 말하고자 한다. 그것은 오직 그리스도에게만 속한다. 이것이 바울이 자기가 성찬의 성례를 받은 것은 주께로부터였으며〔고린도전서 11:23〕 자기는 세례를 주는 것이 아니라 복음을 전하도록 보내심을 받았다고〔고린도전서 1:17〕 말하고 있는 이유이다. 복음서의 그 어느 곳에도 종부성사에 관한 언급은 없다. 그러나 그건 그렇다고 치고 그 저자가 누구이든지간에 사도의 실제 말씀을 살펴보기로 하자. 그러면 우리는 성례들을 수없이 만들어낸 자들이 사도의 말씀에 실제로 주의를 기울이지 않았다는 것을 곧 알게 될 것이다.

첫째로, 만약 그들이 사도가 현재의 경우에서 말한 것은 참되며 지켜져야 한다고 주장한다면, 무슨 권세로 그들은 그것을 변경하고 제한하였는가? 왜 그들은 사도가 일반적으로 적용하고 있는 것을 오직 한 번만 베풀어지는 종부성사로 만들고 있는가? 그것이 마지막이어야 한다거나 그것이 임종 직전에 있는 사람들에게만 주어져야 한다는 것은 사도의 의도가 아니었다. 오히려 그는 전적으로 그리고 단순히 "너희 중에 병든 자가 있느냐"라고 말했지 "너희 가운데 임종 직전에 있는 자가 있느냐"라고 말하지 않았다. 나는 디오니시우스의 「교회의 위계」에 나오는 이 주제에 대한 똑똑한 체하는 논평을 무시할 것이다. 사도의 말씀은 명백하다. 디오니시우스와 로마교도들은 똑같이 이 말씀에 의존하고 있긴 하지만 그 말씀들에 순종하고 있지는 않다. 그러므로 그들 자신의 선택 이외의 다른 권세도 없이 그들은 사도의 말씀을 그릇되게 해석하여 그것들을 종부성사로 변질시켰던 것으로 보인다. 이것은 다른 병든 자들에게 해(害)가 되어 왔다. 그들은 자신의 권세로 병든 자들에게서 사도에 의해 명령된 기름바름의 유익을 박탈당하였기 때문이다.

여기에 더 훌륭한 논지가 있다: 사도의 약속은 분명하게 이렇게 말하고 있다. "믿음의 기도는 병든 자를 구원하리니 주께서 저를 일으키시리라 … "〔야고보서 5:13-15〕. 당신은 이 구절에서 사도가 병든 자를 죽게 하기 위해서가 아니라 건강하게 회복시키기 위하여 기름바름과 기도를 명하고 있음을 눈치챘을 것이다. 그러므로 기름바름은 마지막으로 기름바르는 것이 아니다. 또한 이 점은 오늘날까지 로마교도들이 마지막 기름바름을 베풀면서 병든 자의 회복을 구하는 기도가 드려지고 있다는 것에서도 입증된다. 그러나 로마교도들은 그러한 기도에도 불구하고 이 기름바름은 오직 죽어가는 자들에게 베풀어지는 것이라고, 즉 그러한 사람을 건강하게 회복시키기 위한 목적으로 베풀어지는 것이 아니라고 주장한다. 만약 이것이 중대한 문제가 아니라면, 누가 사도의 말씀에 대한 이 말끔하고 재치있는 논평을 비웃지 않을 수 있겠는가? 우리는 여기서 다른 많은 구절들에서와 마찬가지로 이 구절에서 성경이 긍정하는 것을 부정하고 성경이 부정하는 것을 긍정하는 어리석은 궤변을 분명히 감지하지 않는가? 우리는 우리의 이 어처구니없는 문제들에 대하여 감사를 드려야 하는가? 분명히 다른 어디에서도 그들은 이 구절을 다루는 데 있어서와 같이 철저히 어리석게 말한 적이 없었다고 내가 말한 것은 옳다.

더욱이 만약 마지막 기름바름(종부)이 성례라면 그것은 그것이 가리키고 약속하는 것의 효과있는 표지임(그들이 말하고 있듯이)은 의심의 여지가 없어야 한다. 그런데 그것은 말씀에서 분명히 볼 수 있듯이 병든 자의 건강과 회복을 약속하고 있다: "믿음의 기도는 병든 자를 구원하리니 주께서 저를 일으키시리라"〔야고보서 5:15〕. 그러나 모든 사람은 이 약속이 거의 또는 한 번도 성취되지 않는다는 것을 안다. 천 명 중에 한 명도 회복되지 않으며, 게다가 아무도 그것이 성례에 의해서 된 것이 아니라 자연 또는 약의 도움으로 그렇게 되었다고 생각한다. 실제로 그들은 이 성례에 정반대의 효력을 부여하고 있다. 그렇다면 우리의 결론은 무엇인가? 사도가 이 약속을 했을 때 진리를 말하지 않았든지 아니면 그들의 이 기름바름이 성례가 아닐 것이다. 성례의 약속은 확실한 것인데, 이 종부의 약속은 통상적으로 이루어지지 않고 있다.

그러나 다시 한번 이 신학자들의 관심과 통찰을 인정한다고 한다면, 우리는 그들이 그것을 "종부"라고 한 것은 그 약속이 타당치 않거나 이 성례가 성례가 아니라는 것을 의도하였음을 알 수 있다. 왜냐하면 그것이 마지막이라면, 그것은 병을 치유하는 것이 아니라 병을 더하는 것이기 때문이다. 만약 그것이 치유한다면, 그것은 마지막이 되지 않을 것이다. 따라서 이 박사들의 석의(釋義)에 따르면 야고보는 스스로 모순된 말을 한 것으로 이해되어야 한다: 그는 성례를 제정하는 것을 피하기 위하여 성례를 제정하였다! 그리고 로마교도들은 야고보가 명한 바와 같이 병든 자가 그것에 의해 치유되는 것이 참되지 않도록 하기 위하여 기름바름을 행하기를 원하였다! 이것은 말도 되지 않은 소리이다. 그 이상 무엇이겠는가?

디모데전서 1〔:7〕에 나오는 사도 바울의 말이 여기에 적절하다: "율법의 선생이 되려 하나 자기의 말하는 것이나 자기의 확증하는 것도 깨닫지 못하는도다." 왜냐하면 그들은 모든 것을 무비판적으로 읽고 따르기 때문이다. 동일한 부주의함으로 그들은 "너희 죄를 서로 고하며"〔야고보서 5:16〕라는 사도의 말씀으로부터 귓속말로 하는 고해를 추론해 내었다. 그러나 그들은 교회의 장로들을 청하여 병든 자를 위하여 기도하라는 사도의 명령을 지키지 않는다〔야고보서 5:14〕. 오늘날 그들은 많은 사람들이 참석하여 기름바름을 베푸는 것이 아니라 기도하는 것이 사도의 뜻이었다고 할지라도 최하급의 사제들 가운데 하나조차도 보내려 하지 않을 것이다. 그것은 사도가 "믿음의 기도는 병든 자를 구원하며 … "〔야고보서 5:15〕라고 말한 이유이다.

비록 나는 그가 '장로들'(presbyteroi)이라고 말했을 때 그 말을 "사제들(혹은 제사장)"로 이해하도록 의도했는지는 모르겠지만, 사제 또는 사역자가 장로라는 결론은 나오지 않는다. 그러므로 우리는 사도의 의도는 교회의 보다 오래되고 진지한 지체들이 병든 자를 방문하라는 것이었다고 생각할 수 있다. 그들은 자비의 행위를 행할 것이고 믿음의 기도를 통하여 병든 자를 치유할 것이다. 이것은 부인할 수 없는 사도의 명령에 대한 해석이다. 왜냐하면 교회는 이전에 서품되거나 성별되지 않은 보다 오래된 지체들에 의해 치리되었기 때문이다. 그리고 그들은 그들의 연배와 오랜 경륜으로 인하여 이런 목적으로 선출되었다.

이러한 관점에서 나는 이 초기의 기름바름은 마가복음 6〔:13〕에서 사도들에 대하여 말하고 있는 것과 동일한 것이라고 본다: "많은 병인에게 기름을 발라 고치더라." 이것은 초대 교회에서 지금은 사라진 지 오래된 하나의 의식이었던 것으로 보이며, 이를 통해 그들은 병든 자에게 이적을 일으켰다. 마찬가지로 마가복음의 마지막 장(章)에서는 어떻게 그리스도께서 믿는 자들에게 뱀을 집으며 병든 자에게 안수할 권능을 주었는가를 말하고 있다(마가복음 16:17f.). 로마교도들이 이 구절로부터 성례를 만들지 않은 것은 놀랄 일이다. 왜냐하면 여기에 나오는 본질적인 권능과 약속은 야고보가 말하고 있는 것과 매우 비슷하기 때문이다.

로마교도들의 허구적인 "종부"는 성례가 아니며, 원하는 자가 따를 수 있는 야고보의 권면의 일부이다. 내가 이미 말했듯이, 그것은 마가복음 6장에 토대를 가진 것이다. 더욱이 교회의 영광은 약함이 있는 곳에서 보여지고 죽음은 이득이기 때문에, 나는 이 권면이 일반적인 병자들을 위하여 주어졌다고 믿지 않는다. 오히려 그것은 너무 참을 수 없을 정도로 아픈 병을 지니고 있거나 미숙한 신앙으로 병을 지니고 있는 자들을 위한 것이었다. 그러므로 그들로부터 주님은 떠나 있었다. 그러한 경우에 신앙의 이적을 일으키는 권능은 더 두드러지게 드러날 것이다.

야고보는 의도적이고 세심하게 내가 설명하고 있는 견해를 준비해 놓았다. 왜냐하면 그는 치유와 죄사함의 약속을 기름바름이 아니라 믿음의 기도에 기인하는 것으로 말하고 있기 때문이다. 그의 말은 다음과 같다: "믿음의 기도는 병든 자를 구원하리니 주께서 저를 일으키시리라 혹시 죄를 범하였을지라도 사하심을 얻으리라"(야고보서 5:15). 성례는 집례자가 기도하거나 믿음을 가지는 것을 요구하지 않는다고 한다. 왜냐하면 불경건한 사람이 세례를 베풀 수 있고 성별하기 위하여 기도할 필요가 없기 때문이다. 성례의 유효성은 전적으로 하나님에 의해 제정되었다는 것과 하나님께서 약속하신 것에 의존한다. 그리고 그것은 성례를 받는 사람의 신앙을 요구한다. 그러나 우리 시대에 행해지는 종부의 성례에 있어서는 믿음의 기도가 없다. 아무도 병든 자의 회복을 확신있게 기대하면서 병든 자를 위해 기도하지 않는다. 그러나 야고보는 이 구절에서 그런 유의 믿음을 기술하고 있으며 1장에서 이미 그에 대하여 말한 바 있다: "오직 믿음으로 구하고 조금도 의심하지 말라"(야고보서 1:6). 그리스도께서도 이렇게 말씀하셨다: "무엇이든지 기도하고 구하는 것은 받은 줄로 믿으라 그리하면 너희에게 그대로 되리라"(마가복음 11:24).

만약 오늘날 이런 유의 기도가 병든 자를 위하여 보다 나이들고 진지하며 성인같고 믿음이 충만한 사람들에 의해 드려진다면, 우리가 바라는 것만큼 많은 사람들이 치유가 될 것임은 의심할 여지가 없다. 믿음으로 불가능한 것이란 없다. 그러나 우리는 사도의 권세 위에서 그것이 꼭 필요함에도 불구하고 이러한 믿음을 무시한다. 더욱이 우리는 "장로들", 즉 연배와 신앙으로 인하여 남들보다 뛰어난 사람들을 통상적인 사제를 의미하는 것으로 해석한다. 그리고 우리는 제한없는 기름바름, 즉 언제든지 베풀어져야 할 기름바름을 종부(마지막 기름바름)로 바꾸어 놓았다. 우리는 사도에 의해 약속된 치유를 허용하시기를 기도하지 않을 뿐만 아니라 실제로는 그 반대의 일을 행함으로써 그 약속을 공허하게 만들어 버린다. 그럼에도 불구하고 우리는 우리의 현재의 성례는 실제로는 허구에 불과하지만 사도의 이 구절을 토대로 하고 있고 그 구절에 의해 입증된다고 생각하여 자랑하고 있다. 그런데 사실 그것은 그 구절로부터 오르간에서 두 옥타브만큼이나 떨어져 있다. 신학자들이라는 것이 도대체 어떤 사람들인가!

　　그러나 내가 현재의 종부의 "성례"라는 관행을 정죄하고 있다고 생각하지는 말라. 단지 나는 종부가 사도 야고보에 의해 규정되어 있다는 것을 확고하게 부인하고 있을 따름이다. 그의 기름부음은 결코 그 형태, 용례, 효력, 목적에 있어서 우리의 "성례"와는 일치하지 않는다. 오히려 우리는 종부를 소금 또는 성수(聖水)를 축복하고 뿌리는 것과 같이 우리 자신이 제정한 "성례들" 속에 포함시켜야 한다. 우리는 피조물은 무엇이든지 말씀과 기도에 의해 거룩해질 수 있다는 것을 부인할 수 없는데, 이것은 사도 바울이 우리에게 가르친 사실이다(디모데전서 4:5). 마찬가지로 우리는 죄사함과 평안은 종부를 통하여 주어진다는 것을 부인할 수 없다. 그러나 이런 일이 일어나는 것은 그것이 하나님에 의해 제정된 성례이기 때문이 아니라 그것을 받는 자가 죄사함과 평안이 자기의 것임을 믿는 가운데 그것을 받기 때문이다. 집례자가 아무리 그릇되었다고 할지라도 받는 자의 믿음은 오류를 만들지 않는다. 비록·집례자가 장난으로 세례를 베풀거나 사죄(赦罪)를 베풀었을지라도, 즉 집례자의 생각으로는 그런 것들을 베풀지 않았다고 하더라도, 실제로 그는 세례나 죄사함을 구하는 그 사람이 믿음을 가지고 있는 한 사죄와 세례를 베푼 것이 된다.

　　하물며 종부를 베푸는 사람이 평안을 주기를 진심으로 원한다고 할 때는 비록 그 의식이 성례가 아니기 때문에 평안을 줄 수 없다고 할지라도 얼마나 더 평안을 가져오겠는가. 기름부음받는 자의 믿음은 집례자가 줄 수 없거나 주고자 하지 않는 것까지도 받을 수 있다. 기름부음받는 자가 말씀을 듣고 믿는 것으로 충분하다. 왜냐하면 우리가 믿는 것을 우리는 받기 때문이다. 사실 우리는 집례자가 무엇을 하고 무엇을 하지 않든 또는 가장을 하든 장난으로 하든 받는다. 왜냐하면 그리스도의 선포는 유효하기 때문이다: "믿는 자에게는 능치 못할 일이 없느니라"〔마가복음 9:23〕; "네 믿은 대로 될지어다"〔마태복음 8:13〕. 그러나 우리의 궤변가들 가운데 어느 누구도 성례들을 논할 때 믿음을 언급하지 않고 "항상 배우나 마침내 진리의 지식에 이를 수 없는"〔디모데후서 3:7〕 자들로서 오직 성례의 미덕에 관한 말도 되지 않는 소리만을 늘어놓으려고 애를 쓸 뿐이다.

종부 또는 마지막 기름바름이 만들어진 이래로 그것은 다른 어떤 성례보다도 덜 악용되어 왔고 그것이 수여하는 유익은 로마교도들의 견딜 수 없는 행실과 탐욕에 덜 예속되어 왔다는 이점을 가지고 있다. 하나의 자비가 죽어가는 사람에게 남겨져 있다: 돈이나 고백이나 의사소통 없이 기름바름을 받는 것. 만약 종부가 일상적으로 사용되어 왔고 특히 죄사함이 아니라 병든 자를 저주하는 데 그러하였다면, 우리는 교황이 이제까지 어떤 영역을 소유하여 왔는지를 상상할 수 없다. 참회의 성례, 열쇠의 권능, 서품의 성례의 악용에 의해서만도 그들은 황제들과 제후들을 훨씬 능가하여 왔다. 그러나 지금 다행히도 그들은 믿음의 기도를 경멸하기 때문에 그들은 결코 병든 자에 대한 저주를 수행하지 못한다. 오히려 옛 의식으로부터 그들은 또 하나의 성례를 날조해왔다.

나는 내가 로마교도들에 의해 사용되는 이 네 가지 성례에 관하여 지금까지 말해온 것이 성례들의 수와 채택이 성경이 아니라 교황의 권위로부터 나왔다고 생각하는 사람들을 아주 충분히 불쾌하게 했을 것임을 안다. 그들의 견해는 이 특정한 성례들은 교황권에 의해 수여되었다는 것이다. 그러나 사실 그것들은 대학교에서 유래하였다. 그리고 교황의 "성례들"은 모두 그 원천으로부터 나왔다는 것에 이의를 제기할 수 없다. 또한 만약 로마가 대학교들로부터 많은 것들을 받아들이지 않았다면, 교황의 압제는 그 현재의 강도에 이르지 못하였을 것이다. 왜냐하면 유명한 주교구에 있어서 로마의 경우에서처럼 그렇게 적은 수의 학자들이 그 직위에 오른 곳이 없기 때문이다. 이제까지 로마 교황은 폭력과 교활함과 미신에 있어서 실제로 경쟁이 되지 않을 정도로 뛰어남을 보였다. 천 년 전에 그 직위를 차지한 사람들은 그들의 후계자들과는 판이하게 달랐다. 그 동안에 그들은 강대해져서 사람들은 초기의 교황들이 참된 로마 교황이 아니었거나 현재의 교황들이 참된 교황이 아니라고 말할 수밖에 없을 정도가 되었다.

기도, 말씀, 십자가와 같이 약속의 말씀이 부가되어 있는 것들로서 성례로 분류되는 것이 가능할 수 있는 몇몇 다른 의식들이 존재한다. 기도한 사람들은 응답을 받을 것이라고 그리스도께서 약속하신 구절들은 많다. 특히 누가복음 11〔:55ff.〕에서는 많은 비유들을 통하여 우리에게 기도할 것을 권면하고 있다. 말씀과 관련해서는 "하나님의 말씀을 듣고 지키는 자가 복이 있느니라"〔누가복음 11:28〕고 되어 있다. 그리고 얼마나 자주 하나님께서는 고통받는 자, 고난받는 자, 겸손한 자들 모두에게 도우심과 축복을 약속하였는지를 말할 수 있는 사람은 아무도 없다. 특히 아무도 하나님의 모든 약속을 셀 수 없다는 것도 사실이다. 성경 전체는 우리 속에 믿음을 일으키고 명령들 또는 징벌들을 통하여 우리를 강권하고 다시 약속들과 위로들을 통하여 우리를 격려하고 있기 때문이다. 명령들은 교만한 자를 낮추고 약속들은 비천한 자를 죄사함을 통하여 높인다.

그러나 표지들과 결합되어 있는 약속들을 이루고 있는 규례들에 성례라는 이름을 부여하는 것이 가장 적절한 듯하다. 아무런 표지도 부가되어 있지 않은 약속들은 단순히 그저 약속일 따름이다. 엄밀하게 말해서 하나님의 교회에는 세례와 성찬이라는 두 가지 성례밖에는 없다. 왜냐하면 우리는 이들 속에서만 하나님에 의해 제정된 표지들을 발견하고 여기에서만 죄사함의 약속을 발견할 수 있기 때문이다. 나는 이 둘에 고해성사를 더하였다. 그러나 그것에는 가시적인 표지가 없으며 하나님에 의해 제정되지도 않았다. 그리고 내가 말했듯이 그것은 단순히 우리의 세례를 확증하는 수단일 뿐이다. 스콜라 신학자들조차도 성례에 대한 그들의 정의가 고해성사를 포함한다고 주장할 수 없다. 왜냐하면 그들도 눈에 보이지 않게 일어나는 작용의 성질을 오감(五感)에 전달해주는 가시적인 표지를 성례가 요구한다고 보기 때문이다. 고해성사나 사면(赦免, absolution)은 어떠한 표지도 가지고 있지 않기 때문에, 그들은 그것들에 대한 정의 자체에 의하여 참회가 성례라는 것을 부인하지 않을 수 없으며, 따라서 성례의 수를 줄이거나 성례를 다른 식으로 정의할 것을 제안하지 않을 수 없다.

　나는 세례가 우리 삶 전체에 적용된다는 것과 우리가 인생 여정을 살아가는 동안에 우리가 필요로 하는 그 어떠한 성례에 대해서도 세례만으로 충분하다는 것을 보여주었다. 반면에 성찬은 실제로 죽을 수밖에 없는 인간, 그리고 이생을 떠나는 사람들을 위한 성례이다. 그 성례 속에서 우리는 그리스도가 이 세상을 떠난 것을 기념함으로써 우리도 그리스도와 같이 된다. 그러므로 우리는 이 두 성례를 이런 식으로 적용하여서 세례는 우리 삶의 처음과 전 과정을 포괄하는 것으로 할당하고, 성찬은 죽음에서 우리의 삶의 종말을 바라보는 것으로 여긴다.

　그러나 그리스도인은 이 죽을 몸을 입고 있는 동안에는 자신의 세례가 그 온전함에 도달하고 자신의 힘이 그 정상에 도달하여 새롭고 영원한 삶으로 태어나는 자가 되어 이 세상으로부터 빠져나가 그리스도와 함께 아버지의 나라에서 먹을 때까지 이 두 성례를 사용하여야 한다. 이것은 최후의 만찬에서 그리스도께서 하신 약속과 일치한다: "진실로 너희에게 이르노니 내가 포도나무에서 난 것을 하나님 나라에서 새 것으로 마시는 날까지 다시 마시지 아니하리라"(마태복음 26:29; 마가복음 14:25; 누가복음 22:18). 따라서 그리스도께서 우리가 내세로 들어가는 것을 바라보고 성찬의 성례를 제정하셨음이 분명한 듯하다. 그때에는 두 성례는 자신들의 목적을 이룰 것이고 세례와 성찬은 더이상 존재하지 않을 것이다.

　여기서 나는 나의 서문을 마치고자 한다. 나는 성경을 편견없이 이해하고 성례들을 적절하게 사용하기를 원하는 모든 경건한 사람들의 처분에 이 글을 자유롭고 기쁘게 맡긴다. 고린도전서 2(:12)에서 말하고 있는 바와 같이 하나님께서 우리에게 무엇을 주셨다는 것을 알고 어떻게 그 은사들을 사용하여야 하는가를 아는 것은 결코 중요치 않은 문제가 아니다. 왜냐하면 만약 우리가 영적으로 판단하는 법을 배웠다면, 우리는 그릇된 것들에 의존하는 잘못을 범하지 않을 것이기 때문이다. 오늘날의 신학자들은 결코 우리가 이해할 수 있도록 이 두 성례를 설명하지 못했으며 심지어 실제로는 그것들을 은폐한 것일 수도 있다.

　만약 내가 그것들을 설명하지 못했다고 하더라도 나는 적어도 그것들을 은폐하려고 하지는 않았다. 그리고 나는 다른 사람들에게 더 나은 결론들로부터 그것들을 생각할 기회를 제공하였다. 어쨌든 나는 이 두 성례를 밝히 드러내고자 노력하였다. 그러나 우리 가운데 그 누구도 모든 것을 할 수는 없다. 자신감을 가지고 아무 조건 없이 나는 내가 쓴 것을 교만하고도 끈질기게 하나님의 명령 대신에 자기 자신의 생각들을 우리에게 가르치는 불경건한 자들에게 제공할 것이다. 나는 그들의 난폭함에는 관심이 없고 그들이 올바르게 이해하게 되기를 바랄 뿐이다. 나는 그들의 노력들을 경멸하지 않지만 그들의 노력들이 진정으로 그리스도인다운 것과는 너무도 동떨어져 있다고 본다.

나는 교황 당국이 나에 대해 추가적인 파문과 다른 중상들을 준비하고 있으며 내가 이단자가 되지 않으려면 나의 모든 발언을 철회하라는 압력이 가해질 것이라는 소문을 들었다. 그 소문이 사실이라면, 그 교만한 폭군들이 헛되이 시간을 낭비했다고 불평하지 않도록 하기 위해 나는 이 작은 책이 내가 행할 철회의 일부가 되기를 원한다. 나는 곧 후속편을 간행할 것이고 그렇게 함으로써 로마의 교황들이 이제까지 듣도 보도 못한 식으로 그리스도를 기쁘게 해드릴 것이다. 나는 나의 순종의 풍부한 증거를 제시할 것이다. 우리 주 예수 그리스도의 이름으로, 아멘.

> 불경건한 헤롯이여 왜 그대는 두려워하는가
> 그리스도께서 이렇게 가까이 오셨기 때문인가
> 하늘나라를 허용하는 그분을
> 그대의 지상의 나라는 결코 원할 수 없으리라.[29]

---

29) 출처 : 450년경, Coelius Sedulius. *The English Hymnary.*

제IV부

세속 권세:
어느 정도까지
복종하여야 하는가[1]

〔루터는 많은 경우에 로마 교회의 세속적인 권력을 공격하였다. 그러나 「세속 권세」는 "세속적인 권세"라는 일반적인 주제를 다룬 보다 덜 논쟁적인 작품들 가운데 하나로서 우리에게 일반적이고 전반적인 이론을 제공해 준다. 세속 권세의 본질이 정의되어 있고, 세속 권세에 대한 그리스도인들의 태도가 기술되고 있으며 그리스도인인 제후들의 책임이 규정되어 있다. 이 작품은 1523년에 출간되었다.〕

헌정사

고명하신 명문가 출신의 제후이자 주군이신 삭소니의 공작, 투링기아의 백작, 메이센의 후작이자 나의 자비로우신 주군이신 요한.

그리스도 안에서 은혜와 평안이 있으시기를. 또한 고명하신 명문가 출신의 제후이자 자비로우신 주군께서 내게 명령을 내리셨고, 많은 사람들의 요

---

1) *Works of Martin Luther*, volume III (Philadelphia: A. J. Holman Co. and the Castle Press, 1930), pp. 228-73에서 Muhlenburg Press의 허락을 얻어 전재함. 이 본문은 J. J. Schindel이 번역하였다.

청이 있었고 무엇보다도 각하의 간곡한 소원이 나로 하여금 세속 권세와 그 권세들이 지닌 칼에 관하여 쓰지 않을 수 없도록 하였다. 세속 권세를 어떻게 사용하여야 기독교적인 방식이 되며 사람들은 어느 정도까지 그 권세에 복종하여야 하는가. 왜냐하면 사람들은 마태복음 5〔:25, 39, 40〕에 나오는 그리스도의 말씀, "너를 송사하는 자와 함께 길에 있을 때에 급히 사화하라 그 송사하는 자가 너를 재판관에게 내어주고"와 로마서 12〔:19〕의 말씀, "원수 갚는 것이 내게 있으니 내가 갚으리라"에 의해 혼란스러워하기 때문이다. 예전에 볼루시안(Volusian) 공은 성 아우구스티누스에 대항하여 바로 이 본문들은 인용하여 기독교가 악한 자들이 악을 행하는 것을 허용하고 있다고 비난하였고 기독교가 칼의 권세와 양립할 수 없다고 비난한 바 있다.

또한 대학들에 있는 궤변론자들[2]은 이 본문들 때문에 혼란스러워 하였다. 왜냐하면 그들은 두 영역을 화해시킬 수 없었기 때문이다. 제후들을 이교도로 만들지 않기 위하여 그들은 그리스도의 이 말씀들은 명령이 아니라 완전에 관한 충고들이라고 가르쳤다. 이렇게 해서 제후들을 계속해서 영예롭게 하기 위하여 그리스도는 거짓말장이가 되어야 했고 오류 속에 있어야 했다. 왜냐하면 그들은 그리스도를 낮추지 않고는 제후들을 높일 수 없었기 때문이다 ― 그들은 불쌍하고 눈먼 궤변론자들이다. 이렇게 해서 그들의 치명적인 오류는 온 세상에 퍼져나갔고 모든 사람들은 그리스도의 이 가르침들을 모든 그리스도인들을 구속하는 명령으로서가 아니라 완전에 관한 충고로 보게 되었다. 그들은 완전한 주교 계급들에게만이 아니라 모든 사람들 가운데 가장 완전한 교황에게까지 칼과 세속 권세의 불완전한 의무를 허용하는 데까지 나아갔다. 뿐만 아니라 그들은 그것을 이 땅의 그 누구에게보다도 교황에게 더 완벽하게 돌렸다. 이토록 철저하게 마귀는 궤변론자들과 대학들을 사로잡았기 때문에 그들 스스로도 그들이 무엇을 어떻게 말하고 가르치는지를 모르고 있다.

하지만 나는 제후들과 세속 권세들이 여전히 그리스도인으로 남고 그리스도는 주님으로 남으며 그리스도의 계명들이 그들 때문에 충고로 변질될 필요가 없게끔 제후들과 세속 권세들을 교훈하기를 바란다.

---

2) 스콜라주의적인 신학자들.

나는 각하에 대한 하나의 의무로서 또 그것을 필요로 하는 모든 이들의 유익을 위하여 그리고 그리스도 우리 주를 찬미하며 그 영광을 위하여 이 글을 쓸 것이다. 나는 각하와 각하의 모든 친족들에게 하나님의 은혜가 함께 하시기를 바란다. 하나님께서 각하를 자비 가운데 보호해주시기를. 아멘.

각하의 충직한 종,
마르틴 루터.
1523년 원단에 비텐베르크에서.

논고

이전에 나는 독일 귀족들에게 소책자를 발간하여 그들의 그리스도인으로서의 직임과 직무를 제시한 바 있다. 그러나 어떻게 그들이 나의 제안들을 실천하였는지는 명약관화하다. 그런 까닭에 나는 이번에는 전략을 바꿔서 그들에게 그들이 무엇을 생략해야 하고 생략하면 안되는지를 쓰지 않을 수 없다. 나는 이 저술이 이전의 책자와 마찬가지로 그들에게 거의 효과가 없을까 봐 두렵다 — 그들은 반드시 제후로 남아 있을 것이고 결코 그리스도인들이 되지 않을 것이다. 왜냐하면 전능하신 하나님께서 우리의 위정자들을 미치게 만들었기 때문이다. 그들은 실제로 그들이 자신의 신민(臣民)들에게 자신들이 기뻐하는 일들을 행하라고 명령할 수 있는 권세를 지니고 있다고 생각한다. 그리고 신민들은 그릇 인도되어서 모든 것에서 위정자들에게 복종하여야 한다고 믿고 있다. 위정자들은 백성들에게 책들을 버리라고 명령하고 자신들이 규정하는 것을 믿고 지키라고 명령하는 지경에까지 이르렀다.

이런 식으로 그들은 주제넘게 하나님의 자리에 올라서서 사람들의 양심과 신앙을 주관하고 성령을 자신들의 미친 두뇌에 따라 조련하고 있다. 그들은 이와 동시에 자기들에게 반대해서는 안되며 게다가 자신들을 자비로우신 주군으로 불러야 한다고 주지시키고 있다. 그들은 영(令)을 발하면서 이것은 황제의 명령이며 그들은 그리스도인이자 충직한 제후가 되기를 바란다고 말한다. 마치 그들이 그것에 관하여 진지하며 사람들이 가면 뒤에 있는 악당의 얼굴을 보지 못하기라도 하는 것처럼 행한다. 황제가 그들로부터 성이나 도시를 빼앗아가거나 뭔가 다른 불의를 명한다면, 우리는 얼마나 신속하게 그들이 황제에게 대항하고 그에게 불복종하는지를 보게 될 것이다.

가난한 자들로부터 강탈하고 하나님의 말씀으로 자기들이 기뻐하는 것을 행하게 될 때 그것을 황제의 명령에 대한 복종이라고 부르고 있음에 틀림없다. 그러한 사람들은 이전에 악당이라 불렸지만, 지금 그들은 그리스도인인 충성스러운 제후들로 불려지고 있음에 틀림없다. 그렇지만 그들은 어떤 사람이 아무리 겸손하게 간청을 한다고 하여도 그 사람이 하소연하거나 스스로를 변호하기 위하여 자기들 앞에 나오는 것을 허용하지 않을 것이다. 황제나 다른 사람이 그들에게 그와 같이 한다면, 그들은 그것을 가장 참을 수 없는 것으로 여길 것이다. 이러한 사람들이 오늘날 독일 땅에서 제국을 다스리는 제후들이다. 하지만 여하튼 온 땅에 번영이 있어야 하겠다.

이러한 바보들이 날뜀으로써 기독교 신앙이 억압되고 하나님의 말씀이 부인되고 엄위하신 분이 모독을 당하는 경향이 있기 때문에 나는 더이상 나의 무자비한 주군들과 성난 귀족들을 방관할 수 없고 방관하지 않을 것이며 적어도 말로나마 그들에게 저항하지 않을 수 없다. 그리고 나는 내게서 영혼과 하늘나라를 빼앗아 가겠다고 위협하는 그들의 우상인 교황을 두려워하지 않기 때문에, 나는 내게서 육체와 땅을 빼앗아 가겠다고 위협하는 교황의 비늘들과 거품들을 두려워 하지 않는다는 것을 보이지 않을 수 없다. 하나님께서 허락하시면 그들은 잿빛 복장[3]이 사라질 때까지 미쳐 날뛸 것이고 우리는 그들의 위협으로 인해 죽지 않을 것이다. 아멘.

I. 우리는 세속의 법과 칼을 굳게 세워서 아무도 그것이 하나님의 뜻과 정하심에 의해서 세상에 존재한다는 것을 의심하지 않도록 해야 한다. 이것을 확증하는 구절들은 다음과 같다: 로마서 13〔:1f.〕, "각 사람은 위에 있는

---

3) 프란체스코 수도회 수도사들.

권세들에게 굴복하라 권세는 하나님께로 나지 않음이 없나니 모든 권세는 다 하나님의 정하신 바라 그러므로 권세를 거스리는 자는 하나님의 명을 거스림이니 거스리는 자들은 심판을 자취하리라." 마찬가지로 베드로전서 2〔:13-14〕, "인간에 세운 모든 제도를 주를 위하여 순복하되 혹은 위에 있는 왕이나 혹은 악행하는 자를 징벌하고 선행하는 자를 포장하기 위하여 그의 보낸 방백에게 하라."

　　이러한 형법은 세상의 시초부터 존재하였다. 가인이 자기 동생을 살해하였을 때 그는 자기도 죽임을 당할 것이라는 커다란 공포에 사로잡혔기 때문에 하나님은 특별히 그것을 금하고 그를 위하여 칼을 중지하였다. 그래서 아무도 그를 죽일 수가 없었다〔창세기 4:14f.〕. 그가 아담으로부터 살인자는 죽임을 당해야 한다는 말을 듣지 않았다면 그는 이러한 공포를 갖지 않았을 것이다. 게다가 하나님은 홍수 이후에 명확한 말로써 그것을 재확인하고 확증하였다. 하나님은 이렇게 말씀하셨다: "무릇 사람의 피를 흘리면 사람이 그 피를 흘릴 것이니"〔창세기 9:6〕. 이것은 살인자들에 대한 하나님의 역병과 심판으로 이해될 수 없다. 왜냐하면 회개하거나 죄용서를 받은 많은 살인자들은 계속해서 생존하여 칼이 아닌 다른 수단에 의해 죽기 때문이다. 그러나 칼의 권리에 대하여 말한다면 살인자는 죽음에 처할 죄를 지었고 칼에 의해 죽임을 당하는 것이 공의라고 말할 수 있다. 공의가 방해를 받거나 칼이 더디어서 살인자가 자연사를 하긴 하지만, 그 때문에 "무릇 사람의 피를 흘리면 사람이 그 피를 흘릴 것이니"라는 성경의 말씀은 틀린 것이 아니다. 하나님에 의해 명해진 이 법이 실행되지 않는 것은 하나님의 다른 계명들이 범해지고 있는 것과 마찬가지로 사람들의 공과(功過)이기 때문이다.

　　나중에 그것은 또 모세의 율법에 의해 확증되었다. 출애굽기 21〔:14〕, "사람이 그 이웃을 짐짓 모살하였으면 너는 그를 내 단에서라도 잡아내려 죽일찌니라." 그리고 또한 같은 곳에서, "생명은 생명으로, 눈은 눈으로, 이는 이로, 손은 손으로, 발은 발로, 데운 것은 데움으로, 상하게 한 것은 상함으로, 때린 것은 때림으로"〔출애굽기 21:23ff.〕. 그리스도도 동산에서 베드로에게 다음과 같이 말씀하실 때 이것을 확증하고 있다: "검을 가지는 자는 다 검으로 망하느니라"〔마태복음 26:52〕. 이 구절은 창세기 9〔:6〕, "무릇 사람의 피를 흘리면"과 같은 뜻으로 해석되어야 한다. 의심할 여지 없이 그리스도는 이 말씀들을 통하여 그 구절을 가리키고 있으며 그 말씀들 속에 그 구절을 병합하고 확증하고 있다. 세례 요한도 동일한 것을 가르친다. 군인들이 그에게 자기들이 무엇을 해야 하느냐고 묻자 그는 "사람에게 강포하지 말며 무소하지 말고 받는 요를 족한 줄로 알라"〔누가복음 3:14〕고 대답하였다. 칼이 하나님에 의해 명해진 것이 아니라면, 그는 그들에게 군인되기를 그만두라고 명하였을 것이다. 왜냐하면 그는 사람들을 완전케 하고 그들을 적절한 기독교적 방식으로 이끌려고 하였기 때문이다. 그런 까닭에 칼과 세속의 법은 악한 자의 처벌과 올바른 자의 보호를 위하여 사용되어야 한다는 것이 하나님의 뜻임은 너무도 명백하고 확실하다〔베드로전서 2:14〕.

　II. 다른 측면으로도 유력한 논거가 있는 듯 하다. 그리스도는 마태복음 5〔:38f.〕에서 이렇게 말씀하신다: "눈은 눈으로 이는 이로 갚으라 하였다는 것을 너희가 들었으나 나는 너희에게 이르노니 악한 자를 대적지 말라 누구든지 네 오른편 뺨을 치거든 왼편도 돌려대며 또 너를 송사하여 속옷을 가지고자 하는 자에게 겉옷까지 가지게 하며 또 누구든지 너로 억지로 오리를 가게 하거든 그 사람과 십리를 동행하고." 마찬가지로 바울은 로마서 12〔:19〕에서 이렇게 말한다: "내 사랑하는 자들아 너희가 친히 원수를 갚지 말고 진노하심에 맡기라 기록되었으되 원수 갚는 것이 내게 있으니 내가 갚으리라고 주께서 말씀하시니라." 또한 마태복음 5〔:44〕, "너희 원수를 사랑하며 너희를 핍박하는 자를 위하여 기도하라." 그리고 베드로전서 3〔:9〕, "악을 악으로, 욕을 욕으로 갚지 말고." 이와 같은 구절들은 참으로 신약에서 그리스도인들 가운데 세속의 칼이 없어야 하는 것처럼 보이게 만들고 있다.

　그런 까닭에 궤변론자들도 그리스도는 모세의 율법을 폐하였다고 말한다. 그들은 그러한 계명들을 완전한 자를 위한 충고로 만들어 버리고 그리스도의 가르침과 그리스도인을 두 부류로 분류한다. 한 부류를 그들은 완전한 자라 부르고 그 부류에 그러한 충고를 할당한다. 또 다른 부류인 불완전한 자에게 그들은 계명들을 할당한다〔마태복음 5:19〕. 그들이 이렇게 하는 것은 어떠한 성경적 근거도 없는 완전한 왜곡이다. 그들은 동일한 구절에서 그리스도가 자신의 가르침을 강조하면서 가장 작은 말씀이라도 버리게 하고자 하지 않으며 원수를 사랑하지 않는 사람들은 지옥에 갈 것이라고 정죄하고 있음을 보지 못한다〔마태복음 5:25ff.〕.

　그러므로 우리는 그리스도의 말씀이 그들이 "완전한 자"이든 "불완전한

세속 권세: 어느 정도까지 복종하여야 하는가 441

자"이든 모두에게 똑같이 적용될 수 있도록 이 구절들을 다르게 해석하여야 한다. 왜냐하면 완전과 불완전은 행위에 있거나 그리스도인들 가운데서 구별되는 외적인 질서를 이루고 있는 것이 아니고 마음, 즉 믿음과 사랑에 있기 때문이다. 따라서 믿고 대다수의 사람들을 사랑하는 자들은 겉으로 남자든 여자든 제후든 농노든 수도사든 평신도든 완전한 자들이다. 사랑과 믿음은 분파나 외적인 차이들을 낳지 않기 때문이다.

Ⅲ. 우리는 아담의 모든 자손들을 두 부류로 나누어야 한다. 첫번째 부류는 하나님 나라에 속하고 두번째 부류는 세상의 나라에 속한다. 하나님 나라에 속하는 자들은 그리스도를 진심으로 믿는 자들로서 그리스도께 복종한다. 왜냐하면 그리스도는 시편 2편과 모든 성경이 말하고 있는 것처럼 하나님 나라에서 왕이자 주님이기 때문이다〔시편 2:6〕. 이런 이유로 그리스도는 하나님 나라를 시발시키고 그 나라를 세상에 세우기 위하여 세상에 오셨다. 그러므로 그리스도는 빌라도 앞에서 "내 나라는 이 세상에 속한 것이 아니라 … 무릇 진리에 속한 자는 내 소리를 듣느니라"〔요한복음 18:36ff.〕. 그리고 계속해서 복음서에서 그리스도는 하나님 나라를 가리켜 "회개하라 천국이 가까왔느니라"〔마태복음 3:2〕고 말씀하신다. 마찬가지로, "먼저 그의 나라와 그의 의를 구하라"〔마태복음 6:33〕. 또한 그리스도는 복음이 하나님 나라를 가르치고 다스리고 내포하고 있다는 이유로 복음을 그 나라의 복음이라고 부른다.

이제 이 사람들이 세속의 칼이나 법을 필요로 하지 않는다는 것을 살펴보도록 하자. 만약 온 세상이 실제적인 그리스도인들, 즉 참된 신자들로 이루어져 있다면, 제후, 왕, 군주, 칼, 법 등은 필요가 없을 것이다. 그리스도인들을 교훈하고 그들로 하여금 다른 사람들에게 악을 행하지 않게 하고 모든 사람을 사랑하게 하며 기꺼이 그리고 즐겁게 모든 사람들로부터 불의를 견디며 죽음까지도 마다하지 않게 하는 성령을 그리스도인들은 마음 속에 지니고 있는데 그런 것들이 무슨 소용이 있겠는가. 모든 악들을 참아내고 모든 올바른 것들이 행해지는 곳에는 어떠한 싸움, 분쟁, 소송, 재판관, 형벌, 법, 칼이 필요없다. 그러므로 그리스도인들 스스로가 법과 가르침이 요구할 수 있는 것보다 더 많은 것을 행하기 때문에 세속의 칼과 법이 그리스도인들 가운데서 할 일을 발견하는 것은 불가능하다. 그래서 바울은 디모데전서

442

1〔:9〕에서 이렇게 말하고 있다: "법은 옳은 사람을 위하여 세운 것이 아니요 오직 불법한 자 … 를 위함이니."

왜 그러한가? 의인은 자발적으로 율법이 요구하는 모든 것을 그 이상으로 행하기 때문이다. 그러나 불의한 자는 율법이 요구하는 것을 하나도 행하지 않기 때문에 그들에게는 그들로 하여금 선한 것을 행하도록 가르치고 구속하고 강제하는 율법이 필요하다. 좋은 나무는 좋은 열매를 맺으라는 어떤 가르침이나 율법을 필요로 하지 않는다. 율법이나 가르침이 없어도 그 본성에 따라 자신의 종류에 맞는 열매를 맺게 되기 때문이다〔마태복음 7:18〕.

사과나무가 그 본성에 따라 사람이 자신의 모든 책들로써 정의하고 지도할 수 있는 것보다 훨씬 잘 사과를 맺을 수 있는데도 어떤 사람이 사과 나무에게 어떻게 해야 가시가 아니라 사과를 맺을 수 있는가를 가르쳐주는 율법이나 법령 책을 만든다면 그 사람은 바보일 것이다. 마찬가지로 성령과 믿음으로 말미암아 모든 그리스도인들은 모든 율법으로 그들을 가르치는 것보다 훨씬 그 이상의 것을 행하고 율법을 지킬 수 있는 성향이 철저히 갖추어져 있으므로 그들에 관한 한 어떠한 계명이나 율법도 필요치 않다.

그렇다면 왜 하나님은 모든 사람들에게 그토록 많은 계명들을 주셨으며 왜 그리스도는 복음서에서 그토록 많은 것들을 행하라고 가르치고 있느냐고 당신은 물을 것이다. 이에 관하여 나는 설교집(Postil)[4]을 비롯한 다른 곳에서 많이 썼다. 그것을 여기서 가급적 간단하게 표현한다면, 바울은 우리가 나중에 듣는 것처럼〔디모데전서 1:9〕 율법이 불의한 자들로 인하여 주어졌다, 즉 그리스도인이 아닌 사람들이 율법으로 말미암아 악한 행실을 외적으로 억제될 수 있도록 하기 위하여 주어졌다고 말한다. 하지만 아무도 본성적으로 그리스도인이거나 경건하지 않고 모든 사람은 죄악되며 악하기 때문에 하나님은 율법의 구속들을 그들 위에 부가함으로써 그들이 감히 자신의 소욕을 따라 행하여 외적으로 악한 행위들을 범할 수 없게 하였던 것이다.

이와 아울러 성 바울은 로마서 7〔:7〕과 갈라디아서 3〔:19, 24〕에서 율법에 또 하나의 기능을 부여하고 있다. 그것은 사람들로 하여금 죄를 깨닫도록 가르쳐서 겸손하게 은혜를 바라며 그리스도를 믿게 만드는 것이다. 그리

---

4) 교회력에 관한 설교들.

스도도 마태복음 5〔:39〕에서 우리는 악에 대적치 말고 그럼으로써 율법을 영화롭게 하며 나중에 우리가 들을 것처럼 진정한 그리스도인은 어떤 성향을 지녀야 하는가를 가르치면서 그렇게 하고 있다.

IV. 그리스도인이 아닌 모든 사람은 세상의 나라에 속하며 율법 아래 있다. 믿는 자는 드물고 더구나 그리스도인으로서의 삶을 살아가며 악에 대적치 않고 스스로 악을 행치 않는 자는 더욱 드물기 때문에, 하나님은 비그리스도인들을 위하여 기독교 세계와 하나님 나라 바깥에 다른 정부를 마련하셨고 그들로 하여금 칼에 복종토록 함으로써 비록 그들이 악을 행하고자 하여도 행할 수 없게 하고 만약 그들이 악을 행한다면 두려움 없이 또는 평온하고 번성하는 가운데 악을 행할 수 없도록 하였다. 야생의 사나운 짐승도 사슬과 끈에 묶이면 자기 속에 원하는 것이 있어도 자기가 원하는 대로 물어뜯을 수 없다. 반면에 길들여지고 온순한 짐승은 그럴 필요가 없다. 사슬이나 끈이 없어도 해치지 않기 때문이다.

그렇게 하지 않는다면 온 세상이 악하고 수 천명 중에 참된 그리스도인이 하나 있을까 말까 한 실정을 고려해 볼 때 사람들은 서로를 잡아먹으며 아무도 아내와 자녀를 지키거나 스스로를 유지하거나 하나님을 섬길 수 없을 것이다. 따라서 세상은 혼돈으로 변해버리고 말 것이다. 이런 이유로 하나님은 두 정부를 정하셨다. 성령으로 말미암아 그리스도 아래에서 그리스도인들과 경건한 사람들을 만드는 영적 정부와 비그리스도인들과 악한 자들을 억제함으로써 자신들의 의지에 반하여 겉으로 평온을 지키지 않을 수 없게 만드는 세속 정부. 따라서 바울은 세속의 칼, 로마서 13〔:3〕을 해석하면서 그것은 선한 행위에 대해서는 두려움이 되지 않으며 악한 행위에 대해서만 두려움이 된다고 말하고 있다. 베드로는 세속의 칼은 악행을 하는 자들을 처벌하기 위한 것이라고 말한다〔베드로전서 2:14〕.

그 어떤 사람이 모든 사람이 세례를 받았고 그리스도인이며 복음을 따르면 그들 가운데 어떠한 율법이나 칼도 없어야 하며 그런 것들이 필요하지도 않다는 이유로 세상을 복음으로 다스리려 하고 모든 세속의 법과 세속의 칼을 제쳐놓는다면 무슨 일이 벌어질까? 그 사람은 야생의 사나운 짐승들의 끈과 사슬을 풀어놓고 그 짐승들로 하여금 모든 사람들을 물어뜯도록 해놓고는 그 짐승들은 아주 잘 길들여져 있는 온순한 짐승이라고 말하는 것이나 다름

없다. 그러나 나는 나의 상처 속에 그 증거를 갖고 있다. 악한 자가 그리스도인이라는 이름 아래 복음의 이러한 자유를 남용하여 깡패짓을 일삼으면서 자기들은 율법이나 칼에 순복하지 않는 그리스도인들이라고 말하는 것과 마찬가지로 어떤 사람들은 이미 미쳐 날뛰며 큰소리치고 있다.

그런 자에게 우리는 그리스도인들은 그들 자신에 관한 한 율법이나 칼에 순복하지 않으며 그럴 필요도 없지만 세상을 그리스도적이고 복음적인 방식으로 통치하기 전에 세상을 진정한 그리스도인들로 가득채우는 데 진정 유의하여야 한다고 말하지 않을 수 없다. 당신은 이것을 결코 이루지 못할 것이다. 왜냐하면 세상과 많은 사람들은 비록 그들이 모두 세례를 받고 명목상으로는 그리스도인이라 할지라도 언제나 비그리스도인이며 장래에도 그럴 것이기 때문이다. 하지만 그리스도인들은 성경 말씀처럼 극히 드물기 때문이다. 그러므로 온 세상, 아니 한 나라 또는 한 집단을 다스리는 기독교 정부가 있을 수 있다는 것은 말도 되지 않는다. 왜냐하면 악한 자들은 언제나 선한 자들보다 수효가 많기 때문이다.

그러므로 한 나라 전체나 세상을 복음으로 통치하고자 하는 사람은 한 우리에 늑대, 사자, 독수리, 양을 한꺼번에 몰아넣고 그것들로 하여금 자유롭게 서로 섞여서 서로 선하게 평화롭게 잘 살아보라고 말하는 양치기와 똑같을 것이다. 우리는 열려져 있고 음식은 풍부하다. 개들과 몽둥이를 두려워하지 말라. 과연 양들은 평화를 지킬 것이고 평온 중에서 잡아먹히고 지배당하도록 스스로 허용할 것이다. 그러나 양들은 오래 살지 못할 것이다. 또한 짐승들은 서로를 괴롭히게 될 것이다.

이런 이유로 이 두 왕국은 날카롭게 구별되어야 하며 둘 모두가 존속하도록 허용되어야 한다. 하나는 경건을 낳기 위하여, 다른 하나는 외적인 평화를 가져오고 악행을 막기 위하여. 다른 쪽이 없다면 어느 한 쪽만으로는 세상에서 불충분하다. 그 누구도 하나님의 영적인 통치 없이 세속 정부로 말미암아 하나님 앞에서 경건하게 될 수는 없기 때문이다. 그런 까닭에 하나님의 통치는 모든 사람들에게 미치지 않고, 그리스도인들은 언제나 소수이며 비그리스도인들 가운데 있다. 세속의 통치 또는 법만이 존재하는 곳에서는 계명들은 하나님 자신의 것이긴 하지만 필연적으로 완전한 외식(外飾)이 존재한다. 마음 속에 성령이 없이는 그 누구도 자기가 원하는 훌륭한 일들을 할 수는 있겠지만 실제로 경건해질 수는 없다. 반면에 영적 정부만이 나라와 사람들을 통치하게 되는 곳에서는 악이 횡행하고 온갖 종류의 깡패짓을 자행할 수 있는 문이 열려있게 된다. 자연적인 세상은 영적인 것들을 받거나 이해할 수 없기 때문이다.

당신은 우리가 위에서 마태복음 5[:39]으로부터 인용한 그리스도의 말씀의 취지를 알게 되었을 것이다. 그 말씀은 그리스도인들은 자기들 가운데서 법이나 세속의 칼에 호소하지 않을 것임을 의미한다. 실제로 그리스도는 그 말씀은 자신의 사랑하는 그리스도인들에게만 적용된다고 말씀하고 있는 것이다. 또한 그들만이 그 말씀을 받고 그에 따라 행하며, 그들은 궤변론자들이 하는 것처럼 그 말씀을 충고로 받아들이는 것이 아니라 성령으로 말미암아 그들은 아무에게도 악을 행치 않으며 기꺼이 모든 사람들에 의해 행해지는 악을 견딜 마음의 자세가 되어 있다. 온 세상이 그리스도인이라면, 이 모든 말씀들은 온 세상에 적용될 것이고 세상은 그 말씀을 지킬 것이다. 하지만 온 세상은 비그리스도인이기 때문에 말씀은 세상에 적용되지 않으며 또한 세상은 말씀을 지키지도 않고 또 다른 통치 아래 있게 되는데 그 가운데서 그리스도인이 아닌 사람들은 외적인 속박 아래 있고 평화를 지키지 않을 수 없고 선한 것을 행하지 않을 수 없게 된다.

이런 이유로 그리스도는 칼을 휘두르지도 않았고 자기 나라에 칼이 들어설 여지도 주지 않았다. 왜냐하면 그리스도는 그리스도인들을 다스리는 왕이며 법이 아니라 자신의 성령을 통하여 통치하기 때문이다. 그리고 그리스도는 칼을 인정함에도 불구하고 칼을 사용하지는 않으셨다. 칼은 경건한 자밖에 없는 자기 나라에서는 아무 쓸데가 없기 때문이다. 그런 까닭에 옛날 다윗은 많은 피를 흘렸고 칼을 지녔기 때문에 성전을 건축하지 못했다. 다윗이 칼을 가지고 나쁜 짓을 해서가 아니라 칼 없이 평화의 나라를 건설하기로 되어 있는 그리스도의 모형이 될 수 없었기 때문이다[사무엘하 7:5ff.].

성전은 솔로몬에 의해 지어져야 했는데[열왕기상 5:17ff.], 그의 이름은 "평화로운"이라는 뜻으로서 그는 평화롭게 나라를 다스렸고 따라서 진정한 솔로몬, 그리스도의 참된 평화의 나라를 나타낼 수 있었다. 마찬가지로 성경 본문이 말해주듯이[열왕기상 6:7] 성전을 짓는 전 기간 동안에 도구의 소리는 들리지 않았다. 이 모든 이유로 그리스도는 속박과 강제 없이, 법과 칼 없이 자신을 자유롭게 섬기는 사람들을 가질 수 있었다.

이것이 선지자들이 다음과 같은 구절들에서 의미하는 것이다: 시편

110〔:3〕, "주의 백성이 … 즐거이 헌신하니"; 이사야 11〔:9〕, "나의 거룩한 산 모든 곳에서 해됨도 없고 상함도 없을 것이니"; 이사야 2〔:4〕, "무리가 그 칼을 쳐서 보습을 만들고 그 창을 쳐서 낫을 만들 것이며 이 나라와 저 나라가 다시는 칼을 들고 서로 치지 아니하며 다시는 전쟁을 연습지 아니하리라." 이 말씀과 다른 구절들을 그리스도의 이름이 고백되는 곳마다에 적용하려고 하는 사람은 누구나 성경을 완전히 왜곡하고자 하는 것이다. 왜냐하면 이 말씀들은 자신들 가운데 진실로 이것을 행하는 참된 그리스도인들을 상대로 해서 말씀되어진 것이기 때문이다.

V. 그러나 아마 당신은 그리스도인들에게는 세속의 칼과 법이 필요없는데 왜 바울은 로마서 13〔:1〕에서 모든 그리스도인들에게 "각 사람은 위에 있는 권세들에게 굴복하라"고 말하고 있으며 위에서 인용한 대로 성 베드로는 "모든 제도를 순복하되"〔베드로전서 2:13〕라고 말하고 있는가 하고 물을 것이다. 나는 이미 말했듯이 그리스도인들은 그들 사이에서와 스스로에 대해서는 법이나 칼이 필요치 않는데, 이는 그것이 그들에게 필요하지도 유익하지도 않기 때문이라고 대답할 것이다. 하지만 참된 그리스도인은 이 땅 위에서 자신을 위해서가 아니라 이웃을 위하여 살고 노력하기 때문에 그의 삶의 모든 정신은 그로 하여금 자기에게는 필요치 않지만 이웃에게 유익하고 필요한 것을 행하지 않을 수 없도록 만든다.

칼은 온 세상에 대하여 평화를 유지하고 죄를 벌하며 악을 방지하기 위하여 매우 유익하고 필요한 것이기 때문에 그는 아주 기꺼이 칼의 통치에 복종하며 세금을 내며 권세있는 자들을 높이며 정부를 촉진시키는 일을 돕고 이에 있어서 자신이 할 수 있는 모든 것을 행함으로써 정부가 존중과 두려움 속에서 유지될 수 있게 한다. 그 자신에게는 이러한 것들이 하나도 필요하지 않고 그가 그것들을 행할 필요도 없지만, 그는 바울이 에베소서 5〔:21〕에서 가르치고 있듯이 무엇이 다른 사람들의 선과 유익을 위한 것인지를 생각한다.

그는 자기에게 필요치 않은 모든 다른 사람의 일을 행하듯이 국가를 섬긴다. 그는 자기가 잘 되기 위하여 병든 자들을 방문하는 것이 아니다. 자기에게 음식이 필요하기 때문에 다른 사람을 먹이는 것이 아니다. 자기에게 국가가 필요하기 때문이 아니라 다른 사람들이 보호를 받고 악한 자들이 더 악해지지 않도록 하기 위해 국가가 필요하기 때문에 국가를 섬긴다. 그는 그렇게 함으로써 아무것도 잃지 않으며 그러한 섬김은 결코 그를 해하지 않지만 그것은 세상에 큰 유익이다. 그가 그것을 하지 않는다면 그는 그리스도인으로서 행하는 것이 아니며 사랑에 반하여 행하는 것으로서, 그리스도인이 아닌 다른 사람들에게 그들도 자기처럼 권세에 복종하지 않아도 될 것이라는 나쁜 예를 보여주는 꼴이 될 것이다. 이런 식으로 복음은 실제로 그리스도인을 만들며 모든 사람의 종이 되게 만드는 것임에도 불구하고 복음이 다른 사람의 유익을 위하거나 섬기려고 하지 않고 반역을 가르치며 자신의 뜻대로만 행하는 사람을 만드는 것처럼 사람들 속에 잘못된 인식을 심어주게 된다. 따라서 마태복음 17〔:27〕에서 그리스도는 공세를 바쳤는데, 이는 자기는 그럴 필요도 없었지만 그들에게 걸림돌이 되지 않도록 하기 위함이었다.

따라서 당신은 마태복음 5〔:39〕으로부터 위에서 인용한 그리스도의 말씀 속에서 그리스도는 실제로 그리스도인들은 자기들 사이에서 세속의 칼이나 법이 필요없다고 가르치고 있다는 것을 알게 되었을 것이다. 하지만 그리스도는 세속의 칼과 법을 지니고 있는 사람들을 섬기고 복종하는 것을 금하지 않는다. 하물며 당신에게는 그러한 것들이 필요없고 그것들을 가지려고도 하지 않는데 당신이 당신만큼 나아가지 않고 여전히 그것들을 필요로 하는 사람들을 섬기는 것을 금할 이유가 있겠는가.

당신은 당신의 원수가 처벌받는 것을 필요로 하지 않지만, 당신의 약한 이웃은 그것을 필요로 한다. 당신은 그가 평화를 지니고 그의 원수가 재갈물려질 수 있도록 그를 도와야 한다. 이것은 권능과 권세가 존중되고 두려움의 대상이 되지 않는다면 불가능하다. 그리스도는 "너희는 국가를 섬기거나 복종하지 말라"고 말씀하는 것이 아니라 "너희는 악에 대적지 말라"고 말씀하고 있다. 그는 이렇게 말씀하고 있는 듯하다: "너희는 모든 것을 참도록 유의하라. 그리하여 너희가 국가를 돕고, 섬기고, 유익하게 하고, 이롭게 하되, 국가가 너희를 돕고, 섬기고, 유익하게 하고, 이롭게 할 것을 기대하지 말도록 하라. 나는 여러분들이 아주 존귀하고 고상한 사람들이 되어 국가를 필요 없는 것으로 여기고, 국가가 여러분을 필요로 하기를 바란다."

VI. 당신은 그리스도인도 세속의 칼을 지니고 악한 자를 벌할 수 있는지를 물을 것이다. "너희는 악을 대적지 말라"고 한 그리스도의 말씀은 너무

448

도 분명하고 명확하기 때문에 궤변론자들은 그 말씀을 충고로 만들지 않으면 안되었기 때문이다. 나는 당신은 지금 두 가지 명제를 들었다고 대답하겠다. 하나는 칼은 그리스도인들 사이에서는 들어설 여지가 없다는 것이다. 그러므로 당신은 그것을 필요로 하지 않는 그리스도인들 사이에와 그리스도인들에 대하여 칼을 지닐 수 없다. 그러므로 그리스도인으로서 당신이 칼을 지닐 수 있는지 없는지의 질문은 다른 한편, 즉 비그리스도인들을 향한 경우에 돌려져야 한다. 여기에서는 다른 명제, 즉 당신은 당신이 할 수 있는 무슨 수단을 통해서, 몸으로든지 영혼으로든지 명예 또는 물품으로든지 칼을 섬기고 촉진시켜야 하는 의무 가운데 있다는 명제가 적용된다. 칼은 당신이 필요로 하는 것이 아니고 온 세상과 당신의 이웃에게 정말 유용하고 유익한 그 무엇이기 때문이다. 그러므로 당신은 교수형 집행인, 하급관료, 재판관, 군주, 제후가 부족하고 당신이 그 자리에 적임자라면 당신은 그 자리를 구하여 봉사함으로써 꼭 필요한 정부가 결코 사람들로부터 무시를 당하거나 비효율적이 되거나 망하지 않도록 해야 할 것이다. 왜냐하면 세상은 정부 없이는 되어나갈 수가 없기 때문이다.

당신이 이렇게 해야 하는 이유는 이 경우에 당신은 전적으로 다른 사람들을 위하여 섬기고 일하는 것이기 때문이다. 이것은 당신 자신이나 당신의 재산 또는 당신의 성품이 아니라 당신의 이웃과 다른 사람들에게 유익이 된다. 당신은 스스로 복수하거나 악을 악으로 갚기 위하여 그렇게 하는 것이 아니라 당신의 이웃의 선(善)과 다른 사람들의 안전과 평화의 유지를 위하여 하는 것이다. 당신 자신으로 말하자면 당신은 당신과 당신의 주장에 관한 문제라면 복음에 의해 살고 그리스도의 말씀을 따라 스스로를 다스리며 기쁘게 다른 뺨을 돌려대며 속옷을 달라는 자에게 겉옷까지 벗어줄 것이다〔마태복음 5:39, 40〕. 그러므로 이런 식으로 모든 것들은 잘 균형이 잡히며, 당신은 내적으로는 하나님의 나라, 외적으로는 세상의 나라를 동시에 만족시키며, 악과 불의를 참아내면서 동시에 악과 불의를 벌하고, 악을 대적지 않으면서 동시에 악에 대적한다.

한 경우에 당신은 당신 자신과 당신의 것을 고려하고 다른 경우에 당신은 당신의 이웃과 이웃의 것을 고려하기 때문이다. 당신과 당신의 것에 있어서 당신은 복음에 의해 스스로를 다스리며 참된 그리스도인으로서 스스로 불의를 감내한다. 다른 사람들과 그들의 것에 있어서 당신은 사랑에 따라 스스로를 다스리며 당신의 이웃을 위하여 불의를 감내하지 않는다. 이것을 복음은 금하지 않고 오히려 다른 곳에서 이를 명하고 있다.

　이런 식으로 모든 성도들은 세상이 시작되던 날부터 칼을 휘둘렀다; 아담과 그의 자손들; 자신은 철저히 복음적인 사람이었지만 자기 동생의 아들인 롯을 구하고 네 명의 왕을 쳐부순 아브라함〔창세기 14:15〕; 거룩한 선지자 사무엘은 아각 왕을 베었고〔사무엘상 15:33〕, 엘리야는 바알의 선지자들을 베었다〔열왕기상 18:40〕. 모세, 여호수아, 이스라엘의 자손들, 삼손, 다윗, 구약에 나오는 모든 왕들과 군주들이 그랬다. 마찬가지로 다니엘과 그의 친구들, 아나냐, 아사랴, 미사엘은 바벨론에서 그렇게 했다; 마찬가지 방식으로 요셉은 애굽에서 그랬다.

　누가 구약은 폐하여졌고 더이상 쓸데가 없으므로 그러한 예들은 그리스도인들 앞에 제시될 수 없다는 주장을 내세운다면, 나는 그건 옳지 않다고 대답하겠다. 왜냐하면 성 바울은 고린도전서 10〔:3f.〕에서 "다 같은 신령한 식물을 먹으며 다 같은 신령한 음료를 마셨으니 이는 저희를 따르는 신령한 반석으로부터 마셨으매 그 반석은 곧 그리스도시라"라고 말하고 있기 때문이다; 즉, 그들은 우리를 비롯한 그리스도인들과 마찬가지로 동일한 영과 그리스도에 대한 동일한 믿음을 지니고 있었다.

　그러므로 그들이 올바르게 행한 것은 모든 그리스도인들에게 세상의 시초부터 그 끝까지 올바르게 행하는 것이다. 시간과 외적인 상황은 그리스도인들 사이에서는 문제가 되지 않기 때문이다. 성 제롬을 비롯한 많은 사람들이 잘못 생각하고 있는 것처럼 구약은 폐하여져서 지킬 필요가 없다거나 어느 누가 그것을 온전히 지키려고 하는 것은 잘못된 것이라고 하는 것은 사실이 아니다. 우리가 구약을 지키든지 안 지키든지 자유하며 이전에 그랬던 것처럼 구약을 어떤 사람의 영혼을 벌하는 데 사용하는 것은 더이상 필요하지 않다는 의미에서 구약은 실제로 폐하여졌다.

　바울은 고린도전서 7〔:19〕과 갈라디아서 6〔:15〕에서 할례나 무할례나 아무 소용이 없고 그리스도 안에서의 새로운 피조물만이 소용이 있다고 말하고 있기 때문이다. 즉, 유대인들이 생각했듯이 할례받지 않는 것이 죄인 것이 아니며, 이방인들이 생각했듯이 할례를 받는 것이 죄인 것도 아니다. 자신이 그런 것들을 행함으로써 구원받을 것이라고 생각하지 않는 자에게는 어느 것이나 옳으며 허용될 수 있다. 이것은 또한 구약의 다른 모든 부분들에

450

대해서도 사실이다. 그것들을 생략하는 것이 그릇된 것이 아니며 그것들을 행하는 것도 그릇된 것이 아니다. 하는 것과 하지 않는 것, 모든 것이 허용되어 있고 선하다. 아니, 만약 그것들이 동료의 구원을 위하여 필요하거나 유익하다면, 그것들 모두를 지킬 필요가 있다.

모든 사람은 바울이 고린도전서 12〔:13〕에서 가르치고 있듯이 그것이 구약이든 신약이든, 유대적이든 이방적이든 이웃의 선을 위하는 것이면 해야 할 의무가 있다. 왜냐하면 사랑은 모든 것에 스며들어가며 모든 것을 초월하여 오로지 다른 사람들의 유익을 위한 것만을 생각하고 그것이 옛 것이냐 새 것이냐를 묻지 않기 때문이다. 그런 까닭에 칼의 사용에 대한 전례들도 자유의 문제이며, 당신은 그것들을 따를 수도 있고 따르지 않을 수도 있다. 그러나 당신의 이웃이 그것을 필요로 하는 것을 볼 때 사랑은 당신을 강제하여, 그렇지 않으면 선택적이고 불필요해서 해도 되고 안 해도 될 것을 당신으로 하여금 하게 한다. 단지 유대인들이 자기들의 행위를 통하여 구원받을 것처럼 행동했던 것과는 달리 당신은 그런 것으로써 경건하게 되거나 구원받을 것으로 생각하지 말고 행위 없이 당신을 새로운 피조물로 만드는 믿음에 구원을 맡겨두라.

우리의 입장을 신약을 통해 입증해본다면 누가복음 3〔:14〕에 나오는 세례 요한의 증언은 이 점에서 확고부동하다고 할 수 있다. 그리스도를 가리키고 그리스도를 증거하고 그리스도에 관하여 가르치는 것은 그의 일이었다. 사람들을 그리스도를 위하여 준비시켜서 그리스도에게로 이끌었던 세례 요한의 가르침은 필연적으로 전적으로 신약이며 복음적일 수밖에 없다. 그는 군인들의 일을 승인하고 그들이 자신의 급료로 만족해야 할 것이라고 말하고 있다. 칼을 지니는 것이 비기독교적인 일이었다고 한다면, 그는 군인들이 칼을 지닌 것에 대하여 비난하였을 것이고 그들에게 급료와 칼을 모두 버리라고 말했거나 그들에게 기독교 세계를 올바르게 가르치지 못한 것이 될 것이다.

따라서 성 베드로가 사도행전 10〔:34ff.〕에서 그리스도를 고넬료에게 전하였을 때, 그는 고넬료에게 그의 일을 버리라고 말하지 않았다. 고넬료는 자신의 일이 그리스도인이 되는 데 장애가 되었다면 자신의 일을 버렸을 것이다. 더욱이 그가 세례를 받기 전에 성령은 그에게 임했다〔사도행전 10:44〕. 성 누가도 베드로의 설교 이전에 고넬료를 경건한 사람이라고 칭찬하고 있는데 그가 이방인 황제 아래 있는 백부장이라는 것이 그의 결점이라고 말하지 않는다. 성령이 고넬료의 경우에 그대로 남아있는 것을 허용하고 비난하지 않은 것을 우리도 허용하고 비난하지 않는 것이 합당하다.

이와 비슷한 예를 사도행전 8〔:30ff.〕에 나오는 에디오피아의 내시의 사례에서도 찾아볼 수 있다. 전도자 빌립은 그를 회개시키고 세례를 주었으며 자신의 일에 머물러서 고향으로 다시 돌아가도록 하였다. 그런데 그 내시는 칼을 지니지 않았다면 그는 아마 에디오피아의 여왕 아래에서 그토록 높은 직위에 오르지 못했을 것이다. 이것은 사도행전 13〔:12〕에 나오는 구브로의 총독 서기오 바울의 경우도 마찬가지였다. 성 바울은 그를 회개시켰지만 이방인들 가운데 이방인들을 다스리는 총독으로 남아 있도록 하였다. 많은 거룩한 순교자들도 마찬가지로 이방인 로마 황제들에게 복종하였고 그들 아래에서 전쟁에 나갔으며 또한 틀림없이 평화를 유지하기 위하여 사람들을 죽였을 것이다. 이는 성 마우리키우스(St. Maurice), 성 아가이고(St. Achacius), 성 게레온(St. Gereon)을 비롯하여 율리아누스 황제 아래에서의 많은 다른 이들에 관한 전기들이 이를 보여준다.

이러한 것들 외에도 로마서 13〔:1〕에서 성 바울은 분명하고 명확하게 말을 하고 있다: "권세는 하나님께로 나지 않음이 없나니"; 또한, "그가 공연히 칼을 가지지 아니하였으니 곧 하나님의 사자가 되어 악을 행하는 자에게 진노하심을 위하여 보응하는 자니라"〔로마서 13:4〕. 내 친구여, 너무 악하여 하나님의 특별한 일이라고 되어 있는 것, 정하신 것과 만드신 것을 하지 않아도 된다고 말하지 말라. 그렇지 않으면 당신은 그리스도인은 먹지도 마시지도 결혼하지도 말아야 한다고 말해야 한다. 이러한 것들은 하나님의 일이자 정하신 것이기 때문이다. 그것이 하나님의 일이며 만드신 것이라면, 그것은 선하며, 그리고 선하기 때문에 모든 사람은 그것을 바울이 디모데전서 4〔:4〕에서 "하나님의 지으신 모든 것이 선하매 감사함으로 받으면 버릴 것이 없나니"라고 말하고 있는 것처럼 기독교적이고 구원에 도움이 되는 방식으로 사용할 수 있다. "하나님의 지으신 모든 것"에 당신은 단지 음식과 마실 것, 의복과 신발만이 아니라 정부, 시민권, 정의의 보호와 운용도 포함시켜야 한다.

간단히 말해서, 성 바울은 여기서 권세는 하나님의 사자라고 말하고 있기 때문에〔로마서 13:1〕, 우리는 권세는 이방인들에 의해서만이 아니라 모든 사람들에 의해 행사되어야 한다는 것을 인정하여야 한다. 권세가 하나님의 사자라고 말할 때 권세는 그 본질상 우리가 그것을 통하여 하나님을 섬길 수 있는 그러한 것이라는 것을 뜻하지 않고 다른 무엇을 뜻하겠는가? 어떤 섬김이 그리스도인이 아닌 다른 사람들에게 속해 있어서 그리스도인은 참여해서는 안되는 그러한 하나님에 대한 섬김이 있다고 말하는 것은 정말 비기독교적임에 틀림없다. 모든 제후들이 참되고 선한 그리스도인이라면 그것은 실제로 선하고 유익할 것이다. 왜냐하면 하나님에 대한 특별한 섬김으로서의 칼과 정부가 이 땅의 다른 모든 사람들보다도 그리스도인들에게 속해 있는 것이 정당하기 때문이다. 그러므로 당신은 하나님이 제정하신 결혼, 가정 및 다른 지으신 것과 마찬가지로 칼이나 정부를 소중히 여겨야 한다. 사람이 결혼과 가정에서 또는 교역에서 자신의 동료의 유익을 위하여 하나님을 섬길 수 있고 꼭 필요하다면 하나님을 섬겨야 하듯이 국가에서도 하나님을 섬길 수 있고 자기 이웃이 그것을 요구한다면 국가를 통해 하나님을 섬겨야 한다. 왜냐하면 국가는 악을 벌하고 선을 보호하기 위한 하나님의 사자이자 일꾼이기 때문이다. 사람들은 결혼하거나 농사를 지을 필요가 없는 경우에는 결혼을 하지 않고 농사를 짓지 않을 자유가 있듯이 그렇게 할 필요가 없는 경우에는 국가도 생략될 수 있다.

당신은 왜 그리스도와 사도들이 칼을 지니지 않았느냐고 물을 수 있다. 그렇다면 왜 그리스도는 아내를 취하거나 구두 수선공 또는 재단사가 되지 않았는지를 내게 말하라. 그리스도 자신이 그것에 종사하지 않았기 때문에 어떤 직업이나 직분이 선하지 않은 것이라면, 그리스도가 수행한 사역을 제외하고 나머지 모든 직업들과 직분들은 도대체 무엇이란 말인가? 그리스도는 자기 자신의 직분과 소명을 성취하였지만 그렇다고 다른 직분과 소명들을 거부한 것은 아니었다. 그리스도가 칼을 지닌다는 것은 합당치 않다. 왜냐하면 그리스도는 자신의 나라를 통치하고 적절하게 섬길 직분만을 지녀야 했기 때문이다. 그리스도가 결혼한 사람, 구두 수선공, 재단사, 농부, 제후, 교수형 집행인, 하급관료가 되는 것은 그의 나라와 아무 상관도 없고, 또한 칼과 세속의 법도 아무 상관이 없으며, 오로지 자기 백성을 내적으로 통치할 하나님의 말씀과 성령만이 상관이 있다.

그때 그리스도가 수행하였고 지금도 수행하고 있는 이 직분은 언제나 하나님의 말씀과 성령을 수여한다. 이 직분 속에서 사도들과 모든 영적 통치자

들은 그리스도를 따라야 한다. 왜냐하면 그들은 영적인 칼인 하나님의 말씀
과 이러한 그들의 부르심을 수행하는 데 아주 바쁘기 때문에 실제로 세상의
칼을 소홀히 할 수밖에 없고 하나님의 말씀을 설교하지 않아도 되는 사람들
에게 그것을 맡겨두지 않을 수 없다. 물론 이미 말한 대로 세상의 칼을 사용
하는 것이 그들의 부르심에 모순되는 것은 아니다. 왜냐하면 모든 사람은 자
기 자신의 부르심과 일에 관여하여야 하기 때문이다.

　　그러므로 그리스도가 칼을 지니거나 명하지 않았다고 하더라도 그리스
도께서 그것을 금하거나 폐하지 않고 승인하였다는 것만으로도 충분하다. 그
리스도 자신은 아내를 취하거나 결혼에 관한 계명을 주지 않았지만 그리스도
가 결혼 제도를 폐하지 않고 승인한 것만으로 충분하듯이 말이다. 그리스도
는 자신의 나라를 촉진시키는 데 적절하고도 전적으로 기여하는 업(業)과 일
에 전념하여야 했기 때문에 오직 하나님의 말씀과 성령에 의해서만 하나님
나라가 존재할 때 하나님 나라가 결혼 제도와 칼 그리고 그러한 외적인 것들
없이 존재할 수 없다고 가르치고 믿을(왜냐하면 그리스도의 예들은 구속력이
있기 때문이다) 기회와 구속력 있는 예를 만들 수가 없었다. 이것은 하나님
나라에서의 최고의 왕으로서의 그리스도 특유의 일이었고 그래야 했다. 하지
만 이 직분은 선천적으로 모든 그리스도인들에게 속해 있긴 하지만 그들 모
두가 이와 동일한 직분을 가지고 있는 것은 아니기 때문에 그들은 하나님을
섬길 수 있는 뭔가 다른 외적인 직분을 가져야 한다.

　　이 모든 것으로부터 우리는 "악한 자를 대적지 말라"는 마태복음 5〔:39〕
에 나오는 그리스도의 말씀의 참된 의미가 무엇인지를 알게 된다. 그것은 이
런 것이다: 그리스도인은 모든 악과 불의를 감내하고 스스로 복수하거나 소
송하지 말고 세속의 권세와 법을 스스로를 위해 사용하지 않아야 한다. 하지
만 다른 사람들을 위하여 그리스도인은 복수, 정의, 보호, 도움을 구하여야
하고 이런 목적으로 자신이 할 수 있는 것을 행할 수 있다. 마찬가지로 국가
는 자발적으로 또는 다른 사람들의 고발을 통해 스스로 불평하거나 호소하거
나 고발하지 않는 그를 돕고 보호하여야 한다. 국가가 이런 일을 하지 않을
때, 그는 스스로 강탈당하도록 허용하고 그리스도의 말씀대로 악에 대적치
말아야 한다.

　　또한 그리스도의 이 가르침은 우리의 궤변론자들이 신성모독을 자행하
며 그릇되게 말하고 있는 것과는 달리 완전을 위한 충고가 아니라 모든 그리

454

스도인들을 위한 보편적이고 엄격한 명령이라는 것을 굳게 확신하라. 그러면 당신은 스스로 복수하거나 법에 호소하거나 자신의 재산과 명예를 놓고 소송을 거는 자들은 모두 그리스도인이라는 미명 아래 이방인들의 가장무도회를 행하는 것에 지나지 않는다는 것을 알게 될 것이다. 그것은 다른 것일 수 없다고 나는 당신에게 말한다. 대중들과 공통적인 관습에 신경을 쓰지 말라. 왜냐하면 의심할 여지 없이 이 땅에는 그리스도인은 소수이고 하나님의 말씀은 공통적인 관습과는 아주 다른 그 무엇이기 때문이다.

그리스도께서 "눈은 눈으로 이는 이로 갚으라 하였다는 것을 너희가 들었으나 나는 너희에게 이르노니 악한 자를 대적지 말라"[마태복음 5:38]고 말씀하실 때 그리스도는 율법을 폐하고 있는 것이 아님을 당신은 알 것이다. 그러나 그리스도는 율법의 의미를 어떻게 이해해야 하는가를 설명하고 있다. 마치 이렇게 말씀하고 계시는 것 같다: 너희 유대인들은 너희가 율법을 통해 너희에게 속하는 것을 회복한다면 율법을 하나님 앞에서 올바르고 선한 것으로 생각하고 "눈은 눈으로 … "등과 같이 모세가 말한 것에 의지하고 있다. 하지만 내가 너희에게 말하건대 모세는 하나님 나라에 속하지 않은 악한 자를 위하여 율법을 주셨기 때문에 외적인 율법과 통치를 통하여 그들이 권세 아래 있을 수 있도록 하기 위하여 그들은 스스로 복수하거나 더 악한 일들을 하지 않고 그러한 외적인 율법에 의해 악행을 멈추도록 강제되고 있다. 그러나 너희는 그러한 율법이 필요하거나 율법에 호소하지 않아도 될 정도로 행실을 올바로 가져야 한다. 세속 권세는 믿지 않는 자들을 판단하기 위한 법을 가지고 있어야 하고 너희 자신도 그 법을 이용하여 다른 사람들을 판단하지만, 너희는 너희를 위해서나 너희의 일을 위해서는 법에 호소하거나 법을 사용해서는 안된다. 너희는 하늘 나라를 갖고 있다. 그러므로 너희는 이 땅의 나라를 그것을 취하기를 원하는 자에게 맡겨야 한다.

그러므로 당신은 그리스도의 말씀이 자기가 모세의 율법을 폐하거나 세속 권세를 금하는 것이 아니라 자기에게 속한 자들을 그것들로부터 제외시킨다는 것을 의미하는 것임을 알게 된다. 그들은 자신을 위하여 그것들을 사용하지 않고 법의 도움을 필요로 하는 믿지 않는 자들에게 그것들을 맡긴다. 왜냐하면 믿지 않는 자들은 그리스도인이 아니고 아무도 그리스도인이 되는 것을 강제할 수 없기 때문이다. 그러나 그리스도의 말씀(완전을 향한 명령들:역주)이 오직 그리스도에게 속한 자들에게만 적용된다는 것은 명백하다.

나중에 그리스도는 그들이 원수를 사랑하고 하늘에 계신 아버지처럼 완전해야 한다고 말씀하고 있기 때문이다〔마태복음 5:44, 48〕. 하지만 원수를 사랑하는 자는 "눈은 눈으로"를 요구하기 위하여 법을 사용하지 않고 내버려둔다. 또한 그는 원수를 사랑하지 않고 법을 사용하기를 원하는 비그리스도인들을 반대하지 않는다. 아니, 그는 이 법이 악한 자들이 더 나쁜 일을 하지 못하도록 막는 것에 자신의 도움을 빌려준다.

이런 식으로 그리스도의 말씀은 칼을 확증하는 구절들과 조화를 이룬다고 나는 본다. 따라서 다음과 같은 의미를 갖는다: 어떤 그리스도인도 스스로를 위하여 또는 자신의 주장을 위하여 칼을 휘두르거나 칼에 호소해서는 안된다. 그러나 다른 사람을 위하여 그는 악함을 방지하고 불경건함을 막을 목적으로 칼을 휘두르거나 칼에 호소할 수 있다. 동일한 구절에서 주님께서는 이렇게 말씀하고 있다: 그리스도인은 맹세하지 말고 예, 예 그리고 아니오, 아니오라고 말할 것이다 ― 즉, 스스로를 위하여 그리고 자신의 선택과 욕구를 놓고 그리스도인은 맹세해서는 안된다〔마태복음 5:34ff.〕. 하지만 필요성, 복지, 구원, 하나님의 존귀가 그것을 요구할 때 그리스도인은 맹세를 하여야 한다. 따라서 그리스도인은 다른 사람을 섬길 목적으로 금지된 칼을 사용하듯이 다른 사람을 섬기기 위하여 금지된 맹세를 사용한다. 그리스도와 바울이 자주 자신의 가르침과 증언이 다른 사람들에게 가치있고 믿을 만하다는 것을 보이기 위하여 맹세하였듯이 사람들은 "주로 맹세한 자마다 자랑할 것이나"라고 시편 63〔:11〕이 말씀하고 있듯이 언약과 협정에서 그렇게 할 권리를 갖고 있다.

그러나 나아가 당신은 교수형 집행인, 하급관료, 사법관들, 변호사 등등이 그리스도인이며 구원받은 상태에 있을 수 있는지를 물을 것이다. 나는 이렇게 대답할 것이다: 국가와 그 칼은 위에서 입증된 대로 하나님을 섬기는 것이라면, 국가가 칼을 휘두르기 위하여 필요로 하는 것도 하나님을 섬기는 것임에 틀림없다. 악한 자들을 체포하고 고발하고 참수하고 죽이며 선한 자들을 보호하며 그 무죄를 입증해주며 변호하고 구해주는 사람들이 있어야 한다. 그러므로 그러한 의무들이 자기 자신의 목적을 이루기 위한 의도가 아니라 법과 국가를 유지하는 데 도움을 주어서 악한 자들을 억제할 수 있도록 하기 위한 의도로 행해진다면, 그것들 속에는 어떠한 위험도 없으며 그것들은 다른 어떤 일들과 마찬가지로 추구되고 후원 수단으로 사용될 수 있다.

이미 말했듯이 이웃에 대한 사랑은 자신의 것을 구하지 않고 얼마나 크냐 작냐를 따지지 않고 그 일들이 이웃이나 공동체에 얼마나 유익하고 필요한 것인가를 생각하기 때문이다(고린도전서 13:5).

당신은 왜 내가 나 자신을 위해서 그리고 나의 주장을 위하여 그렇게 함으로써 나 자신의 이익이 아니라 악의 처벌을 하려는 의도를 가지고 칼을 사용해서는 안되는가 라고 물을 것이다. 나는 이렇게 대답한다: 그러한 기적은 불가능하지는 않지만 정말 이례적이고 위험스럽다. 성령의 감화가 있는 곳에서는 그렇게 할 수 있다. 우리는 사사기 15(:11)에서 삼손이 "그들이 내게 행한대로 나도 그들에게 행하였노라"고 말했다는 것을 읽고 있기 때문이다. 그렇지만 이와는 반대로 잠언 24(:29)에서는 이렇게 말씀하고 있다: "너는 그가 내게 행함 같이 나도 그에게 행하여 그 행한대로 갚겠다 말하지 말지니", 그리고 잠언20(:22)은 "너는 악을 갚겠다 말하지 말고"라고 했다. 삼손은 블레셋 사람들을 무찌르고 이스라엘 자손들을 건져내기 위하여 하나님께로부터 부름을 받았다. 비록 그는 블레셋인들을 자신의 명분을 내세울 기회로 사용하긴 했지만, 그래도 그는 스스로 복수하거나 자신의 이익을 구한 것이 아니라 다른 사람들을 섬기고 블레셋인들을 벌하기 위하여 그렇게 하였다. 참된 그리스도인, 성령으로 충만한 사람이 아닌 그 어떤 사람도 이 예를 따르지 말아야 할 것이다. 이성으로서 이 예를 따른다면 그것은 실제로 자기 자신의 이익을 구하지 않는 것처럼 가장하는 것이 되며 이것은 진실치 않을 것이다. 은혜 없이는 그렇게 될 수가 없다. 그러므로 먼저 삼손 같이 되라. 그러면 당신은 삼손이 했던 대로 행할 수 있다.

제 2 부

세속 권세는 어느 정도까지 미치는가

우리는 이제 이 글의 본론에 도달하였다. 우리는 이 땅에는 세속적인 권세가 있어야 하고 그것이 기독교적이고 이로운 방식으로 어떻게 채택되어야 하는가를 배웠으므로, 이제 세속적인 권세의 범위가 너무 확장되어서 하나님 나라와 그 통치를 침식하지 않도록 하기 위하여 그 권세의 범위가 어느 정도까지 미치며 그 손길이 어느 정도까지 미치는가를 알아야 한다. 그리고 그 권세에게 너무 광범위한 범위가 주어지는 곳에서는 참을 수 없고 무시무시한 해악이 뒤따르기 때문에 이것을 아는 것은 매우 필요하다. 한편 이 권세는 해악을 행하지 않는 범위 내에서는 너무 많이 제약되어도 안된다. 후자의 경우에 처벌이 너무 경미하게 되고 전자의 경우에는 너무 가혹하게 된다. 하지만 후자의 오류를 범하여 너무 경미하게 처벌을 하는 편이 오히려 더 참을 만하다. 선한 사람을 죽이는 것보다는 깡패를 살려두는 편이 언제나 더 낫다. 세상에는 항상 깡패들은 있을 것이며 있을 수밖에 없지만 선한 사람들은 소수이기 때문이다.

먼저 아담의 자손의 두 부류, 즉 그리스도 아래에서 하나님 나라에 있는 자손들과 국가 아래에서 세상의 나라에 있는 자손들은 위에서 말했듯이 두 종류의 법을 갖고 있다. 각각의 나라는 자기 자신의 법과 규율을 가지고 있어야 하는데, 일상의 경험이 충분히 입증하여 주듯이 법 없이는 어떠한 나라나 정부도 존재할 수 없다. 세상 정부는 생명과 재산, 이 땅 위에서의 외적인 것에만 미치는 법을 갖고 있다. 영혼에 대해서는 하나님 외에는 아무도 다스릴 수 없고 다스리게 하지 않을 것이다. 그러므로 세속 권세가 영혼에 대한 법을 규정하려고 하는 곳에서는 그것은 하나님의 정부를 침해하고 영혼들을 그릇 인도하고 파괴하는 결과만을 가져온다. 우리는 이 점을 아주 분명하게 해둠으로써 모든 사람이 그것을 이해하고, 우리의 귀족들(junkers)과 제후들과 감독들이 자신의 법과 계명들을 지닌 백성들을 강제로 이것 또는 저것을 믿게 하려고 하는 것이 얼마나 바보같은 짓인가를 알 수 있게 되기를 바란다.

이것 또는 저것을 믿게 만들려고 사람이 만든 법을 영혼에 강제할 때 거기에는 영혼에 대한 하나님의 말씀은 존재하지 않는다. 영혼에 대한 하나님의 말씀이 존재하지 않는다면 하나님이 영혼을 가질 것인지 아닌지는 불확실하다. 왜냐하면 우리는 하나님이 명하시지 않은 것이 하나님을 기쁘시게 할 것인지를 확신할 수 없기 때문이다. 아니, 우리는 그것이 하나님을 기쁘시게 하지 못할 것을 확신한다. 왜냐하면 하나님은 "내가 이 반석 위에 내 교회를 세우리니"라는 마태복음 16〔:18〕의 말씀, "내 양은 내 음성을 들으며 나는 저희를 알며 … 타인의 음성은 알지 못하는고로 타인을 따르지 아니하고 도리어 도망하느니라"는 요한복음 10〔:27, 5〕의 말씀처럼 우리의 믿음이 전적으로 하나님의 말씀에만 토대를 둘 것을 원하시기 때문이다. 이로부터 세속 권세는 그러한 주제넘은 법을 가지고 영혼들을 영원한 죽음으로 강제한다는 결론이 나온다. 왜냐하면 세속 권세는 영혼들에게 그 법이 올바르고 분명히 하나님을 기쁘시게 하는 것으로 믿게 하기 때문이다. 그럼에도 불구하고 그 법이 하나님을 기쁘시게 하느냐 하는 것은 불확실하다. 아니, 영혼에 대한 하나님의 분명한 말씀이 없기 때문에 그것은 하나님을 기쁘시게 하지 못할 것은 분명하다. 그릇되거나 불확실한 것을 옳다고 믿는 자마다 하나님 자신인 진리를 부인하고 거짓과 오류를 믿으며 그릇된 것을 옳다고 여긴다.

그런 까닭에 그것에 대한 하나님의 말씀이 없음에도 그들이 어떤 사람으로 하여금 교회와 교부들과 공의회를 믿도록 명하는 것은 참으로 어리석은 짓이다. 그러한 것들을 명하는 것은 마귀의 사도들이지 교회가 아니다. 왜냐하면 교회는 성 베드로가 "만일 누가 말하려면 하나님의 말씀을 하는 것같이 하고"〔베드로전서 4:11〕라고 말하고 있는 것처럼 그것이 하나님의 말씀이라는 것이 확실치 않다면 아무것도 명하지 않기 때문이다. 하지만 공의회의 말이 하나님의 말씀임을 그들이 증명하려면 아주 오랜 시간이 걸릴 것이다. 그들이 왕들과 제후들과 대중들이 그렇다고 믿는다고 단언하는 것은 더더욱 어리석다. 뜻밖이라 생각될 것이지만 우리는 왕과 제후와 대중들에게 세례를 받은 것이 아니라 그리스도와 하나님 자신으로부터 세례를 받았다. 또한 우리는 왕이나 제후, 대중이라 불리지 않고 그리스도인으로 불린다. 어느 누구도 그가 그것이 하늘로 가는 길임을 보일 수 없다면 영혼에게 명하지 않아야 하고 또 명할 수도 없다. 어떤 사람도 이것을 할 수 없고 하나님만이 이것을 하실 수 있다. 그러므로 영혼의 구원에 관한 문제들에 있어서 하나님의 말씀 이외의 그 어떤 것도 가르치거나 받아들여지지 않아야 할 것이다.

또한 더할 나위 없는 바보라 할지라도 그들은 자기들이 영혼들에 대하여 어떠한 권세도 갖고 있지 않음을 고백하여야 한다. 그 어떤 인간도 한 영혼을 죽이거나 살리거나 할 수 없으며 또 하늘이나 지옥으로 인도할 수 없기 때문이다. 그리고 그들이 이 점에서 우리를 믿지 않으려 한다면, 그리스도는 실제로 이를 아주 강력하게 보증할 것이다. 마태복음 10〔:28〕에서 그리스도는 이렇게 말씀하고 있기 때문이다: "몸은 죽여도 영혼은 능히 죽이지 못하는 자들을 두려워하지 말고 오직 몸과 영혼을 능히 지옥에 멸하시는 자를 두려워하라."

나는 여기서 영혼이 모든 인간의 통제를 벗어나서 오직 하나님의 권세 아래 놓여 있다는 것이 충분히 분명해지고 있다고 생각한다. 이제 내게 자기가 전혀 권세를 갖고 있지 못한 곳에서 계명들을 강제하는 자의 머리 속에 얼마나 많은 재치가 있는가를 말하라. 그가 자신이 원한다고 해서 달에게 빛을 비추라고 명한다면 그 사람을 제정신이 아니라고 생각하지 않겠는가? 라이프치히 사람들이 우리 비텐베르크 사람들에게 법을 강제하거나, 또는 비텐베르크에 사는 우리들이 라이프치히에 사는 사람들에게 법을 부가한다면 그것이 과연 얼마나 적합할까? 그들은 분명히 두뇌를 깨끗이 하고 코감기를 치료하기 위하여 입법자들에게 감사의 선물로 종려나무를 보낼 것이다. 그럼에도 불구하고 우리의 황제들과 현명한 제후들은 계속해서 교황, 감독들, 궤변론자들로 하여금 자신들을 이끌고 그들의 신민들을 하나님의 말씀 없이 그들이 기뻐하는 것을 믿도록 명하도록 허용하고 있으며 여전히 그리스도인 제후들로 행세하고 있다. 하나님이여 우리를 도우소서!

게다가 우리는 어떤 권세가 보고, 알고, 판단하고, 바꾸고, 고칠 수 있는 곳에서만 어떻게 행하여야 하고 행할 수 있는지를 이해할 수 있다. 자기가 듣도 보도 못한 문제들을 맹목적으로 판단하는 자는 어떤 유의 재판관일까? 사람이 어떻게 사람의 마음을 보고, 알고, 판단하고, 정죄하고, 변화시킬 수 있는지를 내게 말하라. 이것은 다음의 말씀처럼 오직 하나님만이 하실 수 있다: 시편 7〔:9〕, "의로우신 하나님이 사람의 심장을 감찰하시나이다"; 시편 7〔:8〕, "여호와께서 만민에게 심판을 행하시오니"; 사도행전 15〔:8〕, "마음을 아시는 하나님이"; 예레미야 17〔:9f.〕, "만물보다 거짓되고 심히 부패한 것은 마음이라 누가 능히 이를 알리요마는 나 여호와는 심장을 살피며." 법정이 선고를 내리려면 모든 것에 대하여 아주 확실하고 분명해야 한다. 그러나 마음의 생각과 의도들은 하나님 이외에는 그 누구도 알 수 없다. 그러므로 어떤 사람으로 하여금 강제로 이것 또는 저것을 믿으라고 명하거나 강제하는 것은 쓸데없고 불가능하다. 그것은 다른 식으로 파악되어야 한다; 강제력은 그것을 이룰 수 없다. 그리고 나는 그들 자신이 모두 "교회는 은밀한 것들을 판단하지 않는다"(De occultis non judicat ecclesia)라고 말하기 때문에 이 엄청난 바보들을 보고 놀란다. 교회의 영적인 다스림이 단지 공공의 문제들만을 통치한다면, 감각없는 세속 권세가 어떻게 믿음과 같은 그러한 은밀하고 영적이고 감춰진 문제를 판단하고 통제하겠는가?

나아가 모든 사람은 자기 자신의 믿음에 대하여 책임이 있고 자기가 올바르게 믿고 있는가를 스스로 살펴야 한다. 어떤 사람이 나를 위하여 지옥에 가거나 천국에 갈 수 없듯이 어떤 사람이 나를 위하여 믿거나 믿지 않거나 할 수 없다. 그리고 어떤 사람이 나를 위하여 천국이나 지옥을 열거나 닫을 수 없듯이 어떤 사람이 나를 믿음이나 불신으로 이끌 수 없다. 그렇다면 믿음이나 불신은 각자의 양심의 문제이고 이것은 세속 권세를 축소하는 것이 결코 아니기 때문에, 세속 권세는 자기 자신의 일에 만족하고 그 일을 수행하여야 하며 사람들이 자기가 할 수 있고 하고자 하는 대로 이것 또는 저것을 믿도록 허용하고 강제로 사람들을 구속하여서는 안된다. 왜냐하면 믿음은 아무에게도 강요받을 수 없는 자유로운 일이기 때문이다. 아니, 믿음은 분명히 외부의 권세가 강제하거나 만들어낼 수 있는 문제가 아니라 성령 안에서 행해지는 하나님의 일이다. 그런 까닭에 아우구스티누스에게서도 찾아볼 수 있는 다음과 같은 잘 알려진 말이 나온다: "아무도 믿는 것이 강요될 수 없고 강요되어서도 안된다."

게다가 맹목적이고 비참한 대중은 그들이 얼마나 철저하게 절망적이고 불가능한 것을 시도하고 있는지를 알지 못한다. 그들이 아무리 안달을 하고 초조해할지라도 그들은 백성들로 하여금 말과 행위를 통해서 그들에게 복종하게 만드는 것 이상을 할 수는 없다. 그들이 애를 쓰다가 지쳐버리더라도 사람의 마음을 그들은 강요할 수는 없다. "생각은 자유"라는 속담은 진리다. 그렇다면 왜 그들은 그것이 불가능하다는 것을 알면서도 백성들이 마음으로부터 믿도록 강요하는 것일까? 이런 식으로 그들은 약한 양심들을 강제하여 거짓말하게 하고 부인하게 하고 그들이 마음 속으로 믿지 않는 것을 말하게 함으로써 무시무시한 이질적인 죄들을 짓게 만든다. 그러한 약한 양심들이 내뱉는 모든 거짓말들과 그릇된 고백들은 그들을 강제하는 자에게 다시 돌아오기 때문이다. 그들이 신민들로 하여금 거짓말하고 자기 마음 속에 없는 말을 하도록 강요하기보다는 그들의 신민들이 잘못을 저지른다면 그들로 하여금 잘못을 저지르도록 내버려두는 편이 훨씬 더 나을 것이다. 또한 더 악한 것을 가지고 악을 변호하는 것은 옳지 않다.

당신은 왜 하나님이 세속 제후들이 그토록 무시무시하게 죄를 범할 수밖에 없도록 정하시고 있는가를 알고자 하는가? 내가 당신에게 말할 것이다. 하나님은 그들에게 비뚤어진 마음을 주어 영적인 귀족들과 마찬가지로 그들을 처리하실 것이다[로마서 1:28, 예레미야 30:11, 아모스 9:8]. 나의 무례한 군주들을 위해 교황과 감독들은 감독들이 되어야 하고 하나님의 말씀을 전파하여야 한다. 그들은 이것을 하지 않은 채로 내버려두고 세속 제후들이 되어서 생명과 재산에만 관계되는 법을 가지고 통치한다. 그들은 얼마나 철저하게 사태를 역전시켜놓았는지! 내적으로 그들은 하나님의 말씀으로써 영혼들을 다스리고 있어야 한다. 그런데 그들은 외적으로 성과 도시와 땅과 백성들을 통치하고 말도 안되는 무도한 행위들로 영혼들을 괴롭히고 있다.

마찬가지로 세속 군주들은 땅과 백성을 외적으로 통치하여야 한다. 그런데 그렇게 하고 있지 않다. 그들이 할 수 있는 모든 것은 어떤 때는 곰이 되고 어떤 때는 늑대가 되어 세금과 공세로써 백성들의 고혈을 짜내는 것이다. 이것 외에는 그들 가운데 정의, 충성, 진실이라고는 하나도 없다. 그들이 하는 짓은 강도와 깡패보다 못하고, 그들의 세속적 통치는 영적인 독재자들의 것만큼이나 저질이었다. 그러므로 하나님도 그들의 마음을 비뚤게 하여서 그들은 자신들의 감각없음 속에서 달려가며 어떤 이들이 세속적 통치를 확립하고자 하는 것처럼 영혼들에 대한 영적인 통치를 확립함으로써 만족스러울 정도로 자기 자신에게 이질적인 죄들과 하나님을 비롯한 모든 사람들의 증오로 씌워서 감독들과 사제들과 수도사들과 손을 잡고 깡패짓을 일삼는다.

그러므로 그들은 복음을 온통 욕되게 하고도 참회를 하는 것이 아니라 하나님을 모독하여 우리의 설교는 그들이 멸망받았을 때 로마서가 했던 대로 그들의 왜곡된 악함이 마땅히 받아야 했고 여전히 끊임없이 받아야 하는 것을 가져왔다고 말한다. 여기서 당신은 지극히 높고 권능있는 것에 관한 하나님의 영(令)을 가지고 있다. 그러나 하나님의 이 엄한 영이 그들의 회개로 인하여 방해받지 않도록 하기 위하여 그들은 그것을 믿지 않을 것이다.

그러나 바울은 로마서 13[:1]에서 "각 사람은 위에 있는 권세들에게 굴복하라"고 말했고 베드로는 "인간에 세운 모든 제도를 … 순복하되"[베드로전서 2:13]라고 말하고 있지 않느냐고 당신은 말할 것이다. 그것이 바로 내가 원하는 것이라고 나는 대답하겠다! 이 말씀들은 내가 좋아하는 것이다.

성 바울은 권세에 관하여 말하고 있다. 지금 당신은 방금 하나님 외에는 그 누구도 영혼들에 대하여 권세를 가질 수 없다고 들었다. 그런 까닭에 바울은 합당한 권세가 있는 곳이 아니라면 어떠한 복종도 말할 수 없다. 이로부터 바울은 믿음에 관하여 말하고 있는 것이 아니며, 세속 권세는 믿음을 명할 권리를 갖고 있다고 말하는 것이 아니라 외적인 선(善)들에 관하여 말하고 있으며, 이러한 선들은 이 땅에서 질서가 잡혀야 하고 규제되어야 한다고 말하고 있다는 결론이 나온다. 바울이 권세와 복종 모두에 한계를 규정하면서 다음과 같이 말할 때 바울은 이 점을 분명히 보여주고 있다: "모든 자에게 줄 것을 주되 공세를 받을 자에게 공세를 바치고 국세 받을 자에게 국세를 바치고 두려워할 자를 두려워하며 존경할 자를 존경하라"〔로마서 13:7〕. 당신이 알다시피 세속 권세와 복종은 단지 외적으로 공세, 국세, 존경, 두려움에만 적용이 된다. 마찬가지로 "관원들은 선한 일에 대하여 두려움이 되지 않고 악한 일에 대하여 되나니"〔로마서 13:4〕라고 말하면서, 바울은 권세에 제한을 가함으로써 권세가 믿음이나 하나님의 말씀을 주관하지 않고 악한 행위들을 주관하게 하고 있다.

이것은 성 베드로가 "인간에 세운 모든 제도"〔베드로전서 2:13〕라고 말할 때 그가 말하고자 하는 것이다. 인간에 세운 제도는 그 권세를 하늘과 영혼들에게까지 미칠 수는 없고 오직 이 땅, 사람들이 보고 알고 판단하고 선고하고 벌하고 무죄를 입증할 수 있는 사람들간의 외적인 교섭에만 속한다. 그리스도 자신도 "가이사의 것은 가이사에게 하나님의 것은 하나님께 바치라"〔마태복음 22:21〕고 말씀하셨을 때 이것을 분명히 구별하고 아주 간략하게 요약하였다. 제국의 권세가 하나님 나라와 하나님의 권세에까지 미치고 별도의 그 무엇이 아니었다면, 하나님은 제국의 권세를 별개의 것으로 만들지 않았을 것이다. 이미 말한 대로 영혼은 가이사의 권세 아래 있지 않다. 가이사는 영혼을 가르칠 수도 지도할 수도 없으며 죽이거나 살릴 수도 없고 구속하거나 풀어줄 수도 없으며 판단하거나 정죄할 수도 없고 붙잡거나 놓아줄 수도 없다. 가이사가 영혼을 명하고 영혼에게 법을 강제할 권세를 갖고 있다면 그렇게 해야 한다. 그러나 가이사는 생명과 재산과 명예에 대해서는 실제로 이러한 권리를 갖고 있다. 그러한 것들은 그의 권세 아래 있기 때문이다.

또한 다윗도 오래전에 시편 115〔:16〕의 짧은 말 속에서 이것을 말했다:

"하늘은 여호와의 하늘이라도 땅은 인생에게 주셨도다." 즉, 이 땅에 있고 이 땅의 세속적인 나라에 속하는 것에 대해서 사람은 하나님으로부터 권세를 부여받아 가지고 있지만 하늘의 영원한 나라에 속한 것은 전적으로 하늘에 계신 여호와 아래 있다. 또한 모세도 창세기 1〔:26〕의 말씀 속에서 이를 잊지 않고 있다: "하나님이 가라사대 … 우리가 사람을 만들고 그로 바다의 고기와 공중의 새와 육축과 온 땅과 땅에 기는 모든 것을 다스리게 하자 하시고." 여기를 보면 사람들은 오직 외적으로만 다스릴 수 있다. 요컨대 이것은 성 베드로가 사도행전 5〔:29〕에서 "사람보다 하나님을 순종하는 것이 마땅하니라"라고 말할 때와 똑같은 의미이다. 이를 통하여 베드로는 세상 정부에 대하여 제한을 분명하게 가하고 있다. 왜냐하면 만약 우리가 세상 정부가 요구하는 것을 모두 행한다면 그것은 "사람보다 하나님을 순종하는 것이 마땅하니라"라는 말씀의 취지에 따르는 것이 아니게 될 것이기 때문이다.

그러므로 만약 당신의 제후나 세속 군주가 당신에게 교황을 지지하고 이것 또는 저것을 믿으라고 명하거나 어떤 책들을 버리라고 명한다면 당신은 하나님 옆에 앉는 것은 루시퍼에게는 합당치 않은 일이라고 말해야 한다. 경애하는 군주여, 나는 당신께 생명과 재산을 가지고 복종할 것이니 이 땅에서 당신의 권세의 한계 내에서 내게 명하면 내가 복종할 것이다. 그러나 만약 당신이 내게 믿으라고 명하거나 책들을 치우라고 명한다면, 나는 복종치 않을 것이다. 왜냐하면 이 경우에 당신은 독재자이며 권세를 남용하여서 당신이 전혀 권세나 권한을 가지고 있지 않은 것을 명하고 있기 때문이다. 군주가 이를 위해 당신의 재산을 취하고 당신의 불복종을 벌하고자 한다면 당신은 복되다. 당신이 하나님의 말씀으로 인하여 고난을 당할 가치가 있음을 하나님께 감사하고 바보인 그로 하여금 미쳐 날뛰게 하라〔베드로전서 4:14, 16; 사도행전 5:41〕. 그는 자신의 재판관을 만나게 될 것이다. 내가 당신에게 말하건대 만약 당신이 그에게 대적지 않고 그가 하고 싶은 대로 내버려두어서 그로 하여금 당신의 믿음 또는 당신의 책들을 취하게 한다면 당신은 실제로 하나님을 부인한 것이 된다.

예를 들어보자. 마이센(Meissen), 바바리아(Bavaria), 마르크(Mark)와 기타 지역에서 독재자들은 모든 곳에서 신약성경을 법원에 제출하라는 영을 내렸다. 이 경우에 그들의 신민들은 자신들의 구원을 걸고 성경의 한 페이지나 한 글자도 내놓지 않아야 한다. 그렇게 하는 자는 그리스도를 헤롯의 손에 넘겨주는 꼴이 된다. 왜냐하면 그들은 헤롯처럼 그리스도를 죽인 자들처럼 행하고 있기 때문이다. 그러나 만약 그들의 집을 수색하여 책이나 물품을 강제로 가져간다면, 그들은 그것이 행해지도록 감내하여야 한다. 그들은 불법에 대적지 않고 참아야 하지만 그렇다고 발이나 손가락을 움직여서 그 불법을 승인하거나 돕거나 복종하여서는 안된다. 그러한 독재자들은 세상 제후들이 행하는 것처럼 행한다 — 그들은 "세상적인" 제후들이다. 그러나 세상은 하나님의 원수이다. 그러므로 그들은 하나님에 반하고 세상과 일치되는 것을 행하고 있음에 틀림없는데, 그들은 결코 모든 명예를 잃지 않고 여전히 세상 제후들로 남아 있다. 그러므로 그들이 미쳐 날뛰며 복음을 조롱하는 것을 이상히 여기지 말라. 그들은 그들의 이름과 명성에 맞춰 살아갈 수밖에 없다.

당신은 세상의 시초부터 현명한 제후는 사실 드물며 경건한 제후는 더더욱 드물다는 것을 알아야 한다. 그들은 보통 이 땅에서 가장 바보들이거나 가장 악한 깡패들이다. 그러므로 우리는 항상 그들로부터 최악을 예상하고 그들로부터 선(善)을 기대하지 않아야 한다. 특히 영혼의 구원과 관련된 신적인 문제들에 있어서는 더욱 그렇다. 그들은 하나님의 교도관이자 교수형 집행인들이다. 하나님의 진노는 그들로 하여금 악한 자를 처벌하고 외적인 평화를 유지하는 것을 필요하게 한다. 우리의 하나님은 위대한 군주이시기 때문에 그러한 고상하고 영예로우며 부유한 교수형 집행인과 하급관료들을 가져야 하고, 그들이 부유하고 모든 사람들로부터 온전하게 공경을 받기를 원하신다. 그들이 자신들의 업무를 벗어나지 않고 교수형 집행인이 아니라 신민들을 돌보는 목자가 되기를 바라는 한 우리는 하나님의 교수형 집행인들을 자비로운 군주라 부르고 그들의 발에 꿇어 엎드리며 모든 겸손함으로 그들에게 복종하는 것은 하나님의 뜻을 기쁘게 하는 것이다.

제후가 현명하거나 경건하거나 그리스도인이 된다면, 그것은 큰 이적들 가운데 하나이며 그 땅 위에 내린 하나님의 은혜의 가장 귀중한 징표들 가운데 하나이다. 이사야 3〔:4〕, "그가 또 아이들로 그들의 방백을 삼으시며 적자들로 그들을 다스리게 하시리니", 호세아 13〔:11〕, "내가 분노하므로 네게 왕을 주고 진노하므로 폐하였노라"의 말씀처럼 되는 것이 정상이기 때문이다. 세상은 너무도 악해서 많은 현명하고 경건한 제후들을 가질 자격이 없다. 개구리는 황새를 필요로 한다.

또한 당신은 이렇게 말할 것이다: 세속 권세는 사람들에게 믿으라고 강제하는 것이 아니라 믿는 자들이 이단 교리에 의하여 오도되지 않도록 방어할 뿐이다. 그래서 이단들이 설교를 할 수 없게 될 것이다. 하지만 나는 이렇게 대답한다. 이는 제후들이 아니라 감독들에게 그러한 책임이 맡겨져 있기 때문이다. 이단은 결코 강력력에 의해서 막아질 수 없다. 그것은 다른 식으로 처리되어야 하며 칼이 아닌 다른 방식을 통해 반대되고 다루어져야 한다. 여기서 하나님의 말씀이 힘을 써야 한다. 만약 하나님의 말씀이 그 목적을 달성하지 못한다면 그것은 세속 권세가 세상을 피로 물들인다고 할지라도 세속 권세를 통하여 달성되지 못할 것이다. 이단은 강철로써 칠 수도 없고 불로써 태울 수도 없으며 물로도 빠뜨릴 수 없는 영적인 문제이다. 여기서는 하나님의 말씀만이 효과가 있다. 바울은 고린도후서 10〔:4f.〕에서 이렇게 말한다: "우리의 싸우는 병기는 육체에 속한 것이 아니요 오직 하나님 앞에서 견고한 진을 파하는 강력이라 모든 이론을 파하며 하나님 아는 것을 대적하여 높아진 것을 다 파하고 모든 생각을 사로잡아 그리스도에게 복종케 하니."

더욱이 사람들이 하나님의 말씀 없이 완전한 강제력으로써 이단에 반대할 때 믿음과 이단은 결코 그렇게 강하지 않다. 사람들은 그러한 강제력이 그릇된 주장을 위한 것이며 올바른 주장에 대항하여 행사되는 것이라고 확신한다. 강제력이 하나님의 말씀 없이 나오고 사나운 짐승들이 하듯이 강제력 아닌 다른 방식으로 그 주장을 촉진시키는 방법을 모르기 때문이다. 세속적인 일들에 있어서조차도 강제력은 잘못된 것이 법적으로 단죄를 받은 후에야 사용될 수 있다. 하물며 이 지극히 높고 영적인 문제들에 있어서 공의와 하나님의 말씀 없이 강제력으로써 행하는 것은 얼마나 불가능하겠는가! 그러므로 그들이 얼마나 교묘하고 약삭빠른 귀족들인지를 보라. 그들은 이단을 몰아내고 공격하는데, 그것은 오히려 반대를 강화시키고 그들 자신이 의심을 받고 이단을 정당화하는 꼴이 되어 버린다.

친구여, 당신이 이단을 몰아내고자 한다면 당신은 무엇보다도 이단을 마음으로부터 떼어내서 사람들의 뜻을 이단으로부터 멀어지도록 할 계획을 세워야 한다. 강제력은 이러한 것을 이루지 못하고 단지 이단을 강화시킬 것이다. 마음 속에 이단을 강화하고 단지 그 외적인 표현만을 약화시키며 입술로 거짓말을 하게 하는 것이 무슨 소용이 있단 말인가? 하지만 하나님의 말씀은 마음을 일깨운다. 그렇게 함으로써 모든 이단들과 오류들은 마음으로부터 저절로 사라진다. 이렇게 이단을 압도하는 것을 이사야 선지자는 이사야 11장에서 선포하고 있다: "그 입의 막대기로 세상을 치며 입술의 기운으로 악인을 죽일 것이며"〔이사야 11:4〕. 알다시피 악한 자를 쳐서 회개시킬 수 있다면 그것은 입을 통해 이루어진다. 요컨대 그러한 제후들과 독재자들은 이단에 대항해 싸우는 것은 바울이 에베소서 6〔:12〕에서 말하고 있듯이 사람들의 마음을 오류로 가득 채우는 마귀에 대항하여 싸우는 것임을 알지 못한다: "우리의 싸움은 혈과 육에 대한 것이 아니오 정사와 권세와 이 어두움의 세상 주관자들과 하늘에 있는 영들에게 대함이라." 그러므로 마귀가 마음으로부터 쫓겨나지 않는 한 내가 마귀의 졸개들을 불이나 칼로 멸하는 것은 마귀에게 아무런 문제도 되지 않는다. 이는 마치 지푸라기로 번개와 맞서 싸우는 것과 같다. 욥기는 이에 대한 풍부한 증언을 담고 있다. 욥기 41장에서 욥은, 마귀는 강철을 지푸라기로 여기며 이 땅의 어떠한 권세도 두려워하지 않는다고 말하고 있다〔욥 41:27〕. 우리는 또한 경험으로부터도 이것을 안다. 왜냐하면 모든 유대인들과 이단들이 화형에 처해졌지만 어느 누구도 그렇게 함으로써 회심하지 않았고 앞으로도 회심하지 않을 것이다.

그럼에도 불구하고 이러한 세상은 자신의 의무를 다하지 않는 그러한 제후들을 가져 마땅하다. 감독들은 하나님의 말씀을 제쳐놓고 하나님의 말씀으로써 영혼들을 다스리는 것이 아니라, 세속의 제후들에게 칼로써 영혼들을 다스리라고 명한다. 마찬가지로 세속의 제후들은 고리대(高利代), 절도, 간음, 살인을 비롯한 기타 악행들을 허용하고 스스로도 그러한 것들을 행하고는 감독들에게 파문으로써 벌하도록 허용하고 있다. 이렇게 하여 그들은 일들을 엉망진창으로 만들어버리고 영혼들을 강철로써 다스리며 육체를 파문으로써 다스림으로써 세속의 제후들은 영적인 방식으로 다스리고, 영적 제후들은 세상적인 방식으로 다스린다. 이렇게 바보짓을 하면서 자신의 백성들과 함께 사육제를 벌이는 것 말고 마귀가 이 땅에서 다른 무엇을 해야 하는가? 이들은 믿음을 옹호하고 회교도들(터키사람들:역주)을 파멸시키는 우리의 그리스도인 제후들이다. 물론 그러한 정교한 지혜로써 그 무엇을 성취하기 위하여, 이 제후들은 회교도들의 목을 꺾고 이들의 땅과 이들을 고통과 궁핍으로 몰아넣기 위하여서는 우리는 그 사람들을 잘 신뢰할 수 있다.

하지만 나는 모든 정성을 다하여 맹목적인 대중들에게 시편 107〔:40〕의 짧은 말씀, "여호와께서는 방백들에게 능욕을 부으시고"(Effundit contemptum super principes)[5]에 주의를 기울이라고 충고하고자 한다. 나는 하나님을 두고 당신에게 맹세한다: 만약 당신의 잘못으로 이 작은 본문이 당신에게 효력이 있게 된다면 당신들 각자가 회교도처럼 강력하다고 할지라도 당신은 잃어버린 자이다. 그리고 당신의 기세등등함과 미쳐 날뛰는 것은 당신이 아무것도 아니게 되는 것을 도울 것이다. 상당 부분이 이미 현실로 되어 있다. 바보나 깡패로 취급되지 않는 제후들은 극히 드물기 때문이다. 그것은 그들이 스스로 그렇게 보이고 있기 때문이다. 보통 사람은 생각하는 것을 배우고 있으며 하나님께서 '능욕'이라고 부르신 제후에 대한 징벌은 폭도들과 보통 사람 사이에서 힘을 더해가고 있다.

제후들이 제후답게 행동하고 다시 한번 이성적이고 철두철미하게 통치하는 것을 시작하지 않는다면 그것을 멈출 길이 없을까봐 나는 두렵다. 사람들은 당신의 독재와 주제넘음을 더이상 참지 않아야 하고 참을 수도 없으며 참지 않을 것이다. 경애하는 제후들과 군주들이여, 현명하게 되고 합당하게 행동하라. 하나님은 더이상 그것을 용납하지 않으실 것이다. 세상은 이제 당신이 백성들을 사냥하듯이 몰아부쳤던 과거와는 다르다. 그러므로 당신의 무도한 언동과 강제를 그치고 공평하게 일을 처리하는 것을 기억하며 하나님의 말씀이 제대로 시행되게 하라. 그렇게 될 것이며 되어야 하고 또 당신은 그것을 막지 못할 것이다. 이단이 널리 퍼져 있다면 하나님의 말씀으로써 합당하게 극복하도록 하라. 그러나 만약 당신이 계속해서 칼을 휘두르려고 한다면, 칼을 칼집에 넣으라고 명할 자 — 그것도 하나님의 이름으로가 아니라 — 가 나타나지 않도록 유의하라.

그러나 만약 당신이 그리스도인들 사이에서는 세속의 칼이 존재하지 않아야 하는데 어떻게 그리스도인들이 외적으로 다스려질 수 있느냐고 하면서 분명히 그리스도인들 사이에서도 권세가 있어야 한다고 말한다면 나는 이렇게 대답할 것이다: 그리스도인들 사이에서는 어떠한 권세도 있어서는 안되고 있을 수도 없다. 바울이 로마서 12〔:10〕에서 "존경하기를 서로 먼저 하며"라

---

5) "여호와께서는 방백들에게 능욕을 부으시고".

고 말하고 있고 베드로가 베드로전서 5[:5]에서 "다 서로 겸손으로 허리를
동이라"고 말하고 있듯이 모두가 똑같이 서로에게 복종한다. 이것은 또한 누
가복음 14[:10]에서 그리스도께서 "청함을 받았을 때에 차라리 가서 말석에
앉으라"고 말씀하신 것이 뜻하는 것이다. 그리스도인들 사이에서는 우월한
자란 없고 그리스도 자신만이 우월하다. 그리고 모두가 평등하고 동일한 권
리, 권세, 소유, 명예를 가지고 있으며 그 누구도 다른 사람보다 우월하려고
하는 자가 없고 각자가 다른 사람을 더 낫게 여기는 곳에서 어떤 유의 권세
가 있을 수 있는가? 그들의 성품과 본성으로 인하여 남들 위에 있을 수 없는
까닭에 누가 하고자 하여도 그는 그러한 사람들이 있는 곳에서는 권세를 세
울 수 없다. 왜냐하면 아무도 우월한 자가 되고자 하지 않고 그럴 수도 없기
때문이다. 그러나 그러한 사람들이 없는 곳에는 참다운 그리스도인은 존재하
지 않는다.

　　그렇다면 사제들과 감독들은 무엇하는 사람들인가? 나는 이렇게 대답할
것이다: 그들의 정부는 권세를 지닌 정부가 아니라 섬김과 직분이다. 왜냐하
면 그들은 다른 그리스도인들보다 더 높거나 더 나은 자들이 아니기 때문이
다. 그러므로 그들은 다른 사람들의 의지와 동의 없이 다른 사람들에게 어떤
법이나 영(令)을 부과하여서는 안된다. 그들의 다스림은 하나님의 말씀을 다
루고 그리스도인들을 하나님의 말씀으로 이끌며 이단을 하나님의 말씀을 통
해 극복하는 것 이외에 아무것도 아니다. 이미 말했듯이 그리스도인들은 오
직 하나님의 말씀에 의해서만 다스려질 수 있기 때문이다. 그리스도인들은
외적인 행위들에 의해서가 아니라 믿음 속에서 다스려져야 한다. 하지만 믿
음은 사람의 말이 아니라 오직 하나님의 말씀을 통해서만 올 수 있다.

　　바울은 로마서 10[:17]에서 이렇게 말하고 있다: "믿음은 들음에서 나
며 들음은 그리스도의 말씀으로 말미암았느니라." 믿지 않는 자들은 그리스
도인이 아니며 그리스도의 나라에 속하지 않고 세상의 나라에 속함으로 칼과
외적인 통치에 의해 강제되며 통치된다. 그리스도인들은 강제 없이 온갖 선
한 일을 자발적으로 행하며 그들에게는 하나님의 말씀만으로 충분하다는 것
을 발견한다. 하지만 이에 대해서는 나는 다른 곳에서 자주 그리고 상세하게
쓴 바 있다.

제 3 부

　이제 우리는 세속 권세의 한계를 알았기 때문에 제후가 어떻게 그 권세를 사용하여야 하는가를 탐구할 차례이다. 기꺼이 그리스도인 제후들과 군주들이고자 하며 내세에 들어가기를 원하는 사람은 극히 드물다. 그리스도 자신이 누가복음 22〔:25〕에서 세속 제후들의 본성을 묘사하고 있다: "이방인의 임금들은 저희를 주관하며 그 집권자들은 은인이라 칭함을 받으나." 그들은 나면서부터 제후이거나 제후에 선택되었다면 섬김을 받고 권세로써 다스리는 것은 그들의 권리라고 생각한다. 그리스도인 제후이고자 하는 사람은 분명히 통치하고 강제력을 사용할 의도를 제쳐두어야 한다. 이기적인 이익과 선을 위해 살고 구하는 모든 종류의 삶은 저주받고 정죄를 받는다. 사랑 속에서 행해지지 않는 모든 일들은 저주를 받는다. 그러나 이기적인 쾌락, 이익, 영예, 편안함, 구원을 위해서가 아니라 다른 사람들의 이익, 영예, 구원을 위하여 전심으로 행해지는 것은 사랑 속에서 행해지는 것이다.

　나는 여기서 세속의 일들과 정부의 법에 대해서는 아무것도 말하지 않을 것이다. 왜냐하면 그것은 방대한 주제이고 이미 너무도 많은 법률책들이 존재하기 때문이다. 어떤 제후 자신이 자신의 사법관들보다도 더 현명하지 못하고 법률책들에 있는 것 그 이상을 알지 못한다면, 그는 "무지한 통치자는 포학을 크게 행하거니와"라는 잠언 28〔:16〕의 말씀에 따라 통치할 것이 확실하다. 법들이 아무리 선하고 공정하다고 할지라도, 법들은 모두 어쩔 수 없는 경우들에 있어서 예외가 있는데, 이때 법들은 강제로 집행될 수 없다. 그러므로 제후는 칼과 마찬가지로 법을 손에 굳게 부여잡아야 하며 자신의 마음 속에서 언제 어디에서 법이 엄격하게 적용되어야 하고 온건하게 적용되어야 하는가를 결정함으로써 이성이 언제나 모든 법을 통제하고 모든 법에 대한 최상위의 법이자 통치가 될 수 있도록 하여야 한다.

　관리자는 자기 하인들과 자녀들에게 일정한 시간과 일의 분량, 음식을 지정하지만 자기 하인들이 뜻하지 않게 병이 들거나 감옥에 갇히거나 구류를 당하거나 사기를 당하거나 다른 방식으로 방해를 받는 경우, 그러한 규율들을 변경하거나 생략할 권세를 행사해야 하고 병든 자를 건강한 자와 동일하게 심하게 다루어서는 안될 것이다. 내가 이것을 말하는 것은 사람이 명문화된 법이나 법률 고문을 좇는다면 그것으로 충분하고 뛰어난 것이라고 생각하지 않도록 하기 위함이다. 그것 이상의 것이 요구된다.

제후가 충분히 현명하지 않고 사법관들과 법률책들의 지시 사항들을 따를 수밖에 없다면 제후는 무엇을 해야 하는가? 나는 이렇게 대답할 것이다: 이런 이유 때문에 나는 제후라는 직책은 위험스러운 것이라고 말했다. 제후가 법과 자신의 고문들을 충분히 통제할 정도로 현명하지 않다면 솔로몬의 말이 성취된다: "왕은 어리고 … 이 나라여 화가 있도다"[전도서 10:16]. 솔로몬은 이것을 깨닫고 있었다. 그러므로 그는 모든 법, 모세가 하나님을 통하여 자기를 위하여 규정해 놓은 율법에 대해서조차도 절망하였으며, 자신의 모든 방백들과 참모들에 대해서 절망하고 하나님 자신에게 눈을 돌려 하나님께 백성들을 다스릴 수 있는 지혜로운 마음을 달라고 기도하였다[열왕기상 3:9]. 제후는 이러한 모범을 좇아 경외함으로 나아가야 한다.

그는 죽은 책들이나 살아있는 머리들에 의존해서는 안되고 오로지 하나님께만 의뢰하여 쉬지 않고 하나님께 기도하며 모든 책들과 법학자들을 뛰어넘어 현명하게 자신의 신민들을 다스릴 수 있는 올바른 이해력을 구하여야 한다. 그러므로 나는 제후를 위하여 규정된 어떤 법에 대해서도 알지 못하며 단지 제후에게 그의 마음과 생각의 태도가 모든 법들, 충고들, 결정들, 행동들과 관련하여 어떠해야 하는가만을 가르칠 것이다. 그래서 제후가 스스로를 그렇게 다스린다면, 하나님은 분명히 그에게 모든 법, 충고, 행동들을 적절하고 경건한 방식으로 수행하는 권세를 허락하실 것이다.

I. 제후는 자신의 신민들을 생각하고 이 문제에 있어서 그들에 대한 자신의 마음 자세를 올바로 가져야 한다. 그가 자신의 온 마음을 어떻게 하면 그들에게 유익하고 그들을 섬길 수 있을까 생각하는 데 바치고 '땅과 백성은 나의 것이다; 나는 내가 기뻐하는 대로 행할 것이다'라고 생각하는 것이 아니라 '나는 땅과 백성에 속하여 있다; 나는 그들에게 이롭고 선한 것을 행하여야 한다. 나의 관심은 내가 어떻게 하면 통치하고 높아질 수 있을까가 아니라 어떻게 하면 그들이 선한 평화에 의해 보호를 받고 옹호될 수 있을까이어야 한다'라고 생각한다면, 그는 올바른 마음 자세를 가지고 있는 것이다. 그리고 그는 그리스도를 마음 속에 그리면서 이렇게 말해야 한다: "보

라, 제일의 통치자이신 그리스도는 오셔서 나를 섬겼고 나로부터 권세, 이익, 영예를 구하지 않고 오직 나의 필요만을 생각하셨으며 내가 그로부터 또 그로 말미암아 권세와 이익과 영예를 가질 수 있도록 그가 할 수 있는 모든 것을 행하셨다. 나도 그와 똑같이 행하여 나의 신민들 속에서 내 자신의 이익을 구하는 것이 아니라 그들의 이익을 구함으로써 나의 직분을 통하여 그들을 섬기고 보호하고 그들의 말을 들으며 그들을 밑받침함으로써 내가 아니라 그들이 내 직분으로 말미암아 유익과 이익을 가질 수 있도록 할 것이다." 이렇게 제후는 마음 속에서 자신의 권세와 권한을 스스로 비우고 자신의 신민들의 필요에 관심을 쏟으며 마치 그들의 필요가 나의 필요인 양 처리해야 한다. 그리스도께서는 우리에게 그렇게 하셨다. 그리고 이러한 것들은 기독교적인 사랑에 합당한 일들이다.

　당신은 이렇게 말할 것이다: 그렇다면 누가 제후가 되고자 하겠는가. 만약 그렇게 한다면 제후라는 자리는 괴로움과 수고와 슬픔으로 가득찬, 세상에서 가장 나쁜 직책이 될 것이기 때문이다. 춤추고 사냥하고 경주하고 게임을 하며 기타 다른 세상적인 즐거움들을 누리는 등 제후로서의 기쁨을 찾을 여지는 어디에 있단 말인가? 나는 이렇게 대답할 것이다: 우리는 지금 세속의 제후가 어떻게 살 것인가가 아니라 세속의 제후가 어떻게 해야 그리스도인이 됨으로써 하늘에 다다르게 되는가를 서술하고 있다. 제후가 하늘에 있는 드문 새라는 것을 누가 모르는가? 내가 이렇게 말하는 것은 제후들이 내 말에 주의를 기울일 것이라는 희망 때문이 아니라 그들 가운데 기꺼이 그리스도인이 되고자 하고 자기가 무엇을 해야 하는가를 알고자 하는 사람이 한 사람쯤은 있지 않을까 생각해서이다.

　하나님의 말씀은 제후들에 대하여 굽거나 휘어지지 않을 것이고 오히려 제후들이 스스로를 하나님의 말씀에 따라 굽혀야 한다는 것을 나는 확신한다. 제후가 그리스도인이 된다는 것은 드문 일이고 수많은 난관들에 둘러싸여 있긴 하지만 그러한 것이 불가능하지 않다는 것을 지적하는 것으로 나는 충분하다. 그들이 춤추고 사냥하고 경주하는 것을 자신의 신민들에게 상처를 주지 않게 행하며 그밖의 일에 있어서 자신의 직분을 신민들에 대한 사랑 속에서 수행하고자 한다면, 하나님은 그들이 춤추고 사냥하고 경주하는 것을 꺼릴 정도로 완고하지 않으실 것이다. 그러나 만약 제후들이 자신의 직분이 요구하는 대로 자신의 신민들을 섬기고 보살핀다면 아주 많은 무도회, 사냥,

경주, 시합은 포기되어져야 할 것이라는 결론이 저절로 나올 것이다.

　II. 제후는 고관대작들과 자신의 참모들을 경계하고 자신이 그들 가운데 누구도 무시하지 않고 그 가운데 누구를 신임하여 모든 것을 그에게 맡기지 않도록 처신하여야 한다. 하나님은 그 어느 쪽도 참을 수 없기 때문이다. 하나님은 언젠가 나귀를 통하여 말씀하셨다. 그러므로 어떤 사람이 아무리 보잘 것없다고 하더라도 그를 무시해서는 안된다[민수기 22:28]. 한편 제후는 천사장이 하늘로부터 떨어지는 것을 허용하셨다[요한계시록 12:9]. 그러므로 어떤 사람이 아무리 지혜롭고 거룩하고 위대하다고 하더라도 그 사람을 신임해서는 안되며, 오히려 모든 사람의 말에 귀를 기울이고 그들 가운데 누구를 통하여 하나님이 말씀하시고 행하시는가를 눈여겨보아야 한다. 제후가 자신의 생각을 고관대작들과 아첨꾼들의 노예로 만들어버리고 현실을 있는 그대로 보지 못할 때 궁정에서 최대의 해악이 벌어진다. 제후가 현실을 제대로 못보고 우롱을 당하게 되면 한 사람이 다치는 것이 아니라 그 땅과 백성 전체가 그러한 바보짓의 결과를 짊어져야 하기 때문이다.

　그러므로 제후는 자신의 통치자들에게 신임과 권세를 부여하기는 하되 여전히 통치권의 핵심을 자기 수중에 지니고 있어야 한다. 제후는 눈을 부릅뜨고 주의를 게을리하지 않아야 하며 여호사밧처럼 정부와 법이 어떻게 운용되고 있는가를 온 땅을 두루 돌아다니며 살펴보아야 한다[역대기하 19:4ff.]. 이런 식으로 제후는 사람은 누구를 절대적으로 신임해서는 안된다는 것을 스스로 깨달을 것이다. 어떤 사람이 성령으로 충만하고 선한 그리스도인이 아니라면 그가 당신만큼 당신과 당신의 땅에 관심을 가질 것이라고 생각해서는 안될 것이기 때문이다. 자연인은 그렇게 하지 않는다. 하지만 당신은 그가 그리스도인인지 아닌지 또는 얼마 동안 그가 그리스도인으로 남아 있을 것인지를 모르기 때문에, 당신이 그를 의존하는 것은 안전할 수 없다.

　특히 "자애로우신 군주시여, 왜 각하께서는 나를 더욱 더 신임하지 않으십니까? 저보다 각하를 기꺼이 섬기고자 하는 사람이 어디 있습니까?"라고 말하는 사람들을 경계하라. 그러한 사람은 분명히 속임수가 없지 않으며 그 나라에서 군주가 되고자 하는 사람으로서 당신을 건방진 젊은이로 만들고자 한다. 만약 그가 참되고 경건한 그리스도인이라면, 그는 당신이 그 어떤 것에서도 자기를 온전히 신임하지 않고 자기를 그토록 주의깊게 살피는 것에 대하여 당신을 기꺼이 칭송하고자 할 것이다. 왜냐하면 그는 하나님의 뜻에 따라 행하므로 그리스도께서 요한복음 3〔:21〕에서 말씀하고 있는 대로 자신의 행위들이 당신이나 다른 사람에 의해서 밝히 드러나는 것을 기꺼워하고 감내할 수 있기 때문이다: "진리를 좇는 자는 빛으로 오나니 이는 그 행위가 하나님 안에서 행한 것임을 나타내려 함이라." 하지만 전자는 그리스도께서 동일한 구절에서 말씀하고 있는 것처럼 당신의 눈을 멀게 하고 은폐된 어두운 곳에서 행하고자 할 것이다: "악을 행하는 자마다 빛을 미워하여 … 이는 그 행위가 드러날까 함이요"〔요한복음 3:20〕. 그러므로 그런 사람을 경계하라. 만약 그가 이런 처사에 불평을 한다면 이렇게 말하라: "친구여, 나는 그대에게 잘못한 것이 없다. 하나님은 내가 나 자신이나 다른 사람을 신뢰하기를 원치 않으신다. 그러니까 하나님을 상대로 흠을 잡아라. 왜냐하면 하나님이 그렇게 하라고 하셨고 하나님이 당신을 인간 이상으로 만들지 않았기 때문이다. 당신이 천사라 할지라도 루시퍼를 신뢰하지 않은 것처럼 나는 당신을 온전히 신뢰하지 않을 것이다. 우리는 하나님만을 신뢰하여야 하기 때문이다."

어떠한 제후도 자기가 모든 제후들의 모범인 다윗보다 잘 살아나갈 것이라 생각하지 않도록 하라. 다윗은 아히도벨이라는 지혜로운 참모를 두고 있었는데 성경 본문은 이렇게 말씀하고 있다: "아히도벨의 베푸는 모략은 하나님께 물어 받은 말씀과 일반이라"〔사무엘하 16:23〕. 그럼에도 불구하고 그는 넘어졌고 너무도 아래로 가라앉아서 자신의 주(主)인 다윗을 배반하고 죽이고 멸하려고 하였다〔사무엘하 17:1ff.〕. 그때 다윗은 그 누구도 신뢰해서는 안된다는 것을 배워야 했다. 제후들과 군주들에게 그들에게 닥칠 수도 있는 가장 위험한 불행에 대하여 경고함으로써 그들이 아무도 신뢰하지 않도록 하기 위함이 아니라면 당신은 왜 하나님께서 그러한 무시무시한 본보기가 일어나도록 허용하셨을 것이라고 생각하는가? 아첨꾼들이 궁정에서 판을 치거나 제후가 다른 사람들에게 의존하고 이들에게 자신을 맡겨 이들 각자로 하여금 제멋대로 하게 하는 일은 가장 통탄할 일이기 때문이다.

아무도 신뢰해서는 안된다면 어떻게 땅과 백성을 다스릴 것인가 라고 말할지도 모르겠다. 나는 이렇게 대답할 것이다: 당신은 다른 사람들에게 일을 맡기고 모험을 감행하여야 하지만 하나님 외에는 그 누구도 신뢰하고 의존하여서는 안된다. 당신은 확실히 직분들을 어떤 사람에게 맡겨야 하고 그에게 운을 걸어야 한다. 그러나 당신은 그를 신뢰하여서는 안되고 그가 당신을 실 망시킬 수도 있다고 생각하며 끊임없이 경계심을 가지고 지켜보아야 한다. 마부가 자신이 모는 말들과 마차에 신뢰를 두고 있지만 그것들로 하여금 자 기 멋대로 가게 내버려두지 않고 손에 채찍을 들고 졸지 않고 몰아가는 것과 마찬가지이다. 경험으로부터 얻은 확실한 열매인 옛 격언들을 기억하라: "주 의깊은 주인이 좋은 말을 만든다", "주인의 발자국들은 풍요롭게 결실하는 밭을 만든다" — 즉, 주인이 일들을 잘 살피지 않고 참모들과 하인들에게 의 존한다면 일은 결코 올바로 되지 않는다는 것이다. 하나님도 모든 사람이 자 신의 부르심을 수행하고 모든 피조물이 자신의 일을 해야 하듯이 군주들도 필연적으로 자신의 직분들을 스스로 수행하도록 내몰기 위하여 그렇게 하실 것이며 그런 일이 일어나도록 하신다. 그렇지 않는다면 군주들은 살찐 돼지, 가치없는 존재, 자기 자신 외에는 그 누구에게도 유익하지 않은 자가 되어버 릴 것이다.

III. 제후는 악을 행하는 자들을 공정하게 다루는 데 주의를 기울여야 한다. 여기서 그는 아주 지혜롭고 현명하게 다른 사람들에게 해를 줌이 없이 벌을 할당하여야 한다. 나는 여기서도 다윗보다 더 좋은 본보기를 알지 못한 다. 다윗에게는 요압이라는 장군이 있었는데, 그는 두 번 악한 장난질을 하 여 두 명의 왕실의 장군을 속여서 죽였다〔사무엘하 3:27; 20:10〕. 이로써 그 는 두 번 사형에 처해져야 마땅했다. 그렇지만 다윗은 요압이 살아 있는 동 안에 그를 사형에 처하지 않고 자기 아들 솔로몬에게 반드시 요압을 죽이라 고 명하였다. 왜냐하면 다윗은 요압을 벌하면 큰 상처와 혼란이 일어날 것을 알았기 때문이었다〔열왕기상 2:5f.〕. 제후는 숟가락을 집으려고 접시를 밟고 지나가지 않는 그런 방식으로 악한 자들을 벌하여야 하고, 한 사람의 머리로 인하여 온 땅과 백성을 궁핍에 빠뜨리고 땅을 과부와 고아로 채워서는 안된 다. 그러므로 제후는 전쟁을 시작하라고 자신을 충동질하면서 "무엇 때문에 우리가 그런 모욕과 불의를 감내해야 하는가?"라고 말하는 참모들과 호전적 인 사람들의 말을 좇아서는 안된다. 단 하나의 성(城) 때문에 온 땅을 전쟁 터로 만들어버리고자 하는 그 사람은 사실 그리스도인이라고 할 수도 없을 것이다.

간단히 말해서 여기서 우리는 "잘못들을 눈감아줄 수 없는 자는 통치할 수 없다"는 격언을 부여잡아야 한다. 잘못을, 더 큰 잘못을 저지르지 않고는 벌할 수 없는 경우에는 그것이 아무리 정당하다고 하더라도 자신의 권리들을 포기하도록 하라. 그는 자기 자신의 해악을 보는 것이 아니라 자기가 부과하는 형벌의 결과로서 다른 사람들이 겪어야 하는 해악을 고려하여야 한다. 당신이 당신에게 해를 끼친 게으른 입 또는 악한 손에 대하여 스스로 복수하기 위하여 많은 여자들과 아이들을 과부와 고아로 만들어야 한다면 어떻게 해야 하겠는가?

당신은 이렇게 물을 것이다: 그러면 제후는 전쟁을 하지 않고 자신의 신민들로 하여금 자신을 따라 전쟁터로 나가지 않게 하여야 하는가? 나는 이렇게 대답할 것이다: 그것은 매우 광범위한 문제이지만 여기서 간단히 대답해 보겠다. 여기에서 그리스도인으로서 행하기 위해서 제후는 자신의 주군 — 왕, 황제 또는 다른 군주 — 에 대항하여 전쟁을 벌여서는 안되고 전쟁을 수행하는 자로 하여금 수행하게 하여야 한다. 왜냐하면 우리는 정부에 무력으로써가 아니라 오직 진리를 아는 지식으로써 대항해야 하기 때문이다. 만약 정부가 그 지식에 의해 감화를 받는다면, 좋은 일이다. 만약 그렇지 않다면 당신은 무죄하고 하나님으로 인하여 해악을 겪는다. 그러나 당신의 대적이 당신과 동료, 당신의 부하 또는 외국의 정부라면 당신은 모세가 이스라엘 자손을 가르쳤던것과 마찬가지로 그에게 먼저 공의와 평화를 제안하여야 한다.

그가 그렇게 하고자 아니 한다면 그때 모세가 신명기 20〔:10ff.〕에서 잘 묘사하고 있듯이 당신의 최선의 전략을 사용하고 스스로를 무력에 대항하여 무력으로써 방어하라. 이렇게 함에 있어서 당신은 당신 자신의 이익과 당신이 군주로써 계속적으로 남아 있는 방법을 고려하는 것이 아니라 당신이 도움과 보호를 책임지고 있는 당신의 신민들을 고려하여야 하고 그럼으로써 모든 것은 사랑 속에서 행해질 수 있다. 당신의 땅 전체가 위험에 처해 있는 까닭에 당신은 모험을 감행하여야 하고 그렇게 함으로써 하나님의 도우심으로 모든 것이 잃어버려지지 않을 수 있다. 그리고 이러한 조치의 결과로 몇몇 사람들이 과부와 고아가 될 수밖에 없는 상황이라면 당신은 모든 것이 파멸에 이르러서 온통 과부와 고아만이 남을 수밖에 없는 상황을 막아야 한다.

이 문제에 있어서 신민들은 그러한 조치를 따르고 이를 위하여 생명과 재산을 바칠 의무가 있다. 그러한 경우에 우리들은 다른 사람을 위하여 자신의 재산과 자기 자신을 바쳐야 하기 때문이다. 그러한 전쟁에서 자신만만하게 원수를 죽이고 약탈하며 전쟁이라는 방식에 따라 원수를 정복할 때까지 원수에게 해를 가할 수 있는 모든 것을 행하는 것은 그리스도인다운 행위이며 사랑의 행위이다. 단지 우리들은 죄를 경계하고, 부인들과 처녀들을 범하지 말아야 하며, 승리가 얻어졌을 때 투항하여 오는 자들에게 자비와 평화를 제공하여야 한다. 그러므로 그러한 경우에 "하나님은 스스로 돕는 자를 도우신다"는 격언이 꼭 들어맞게 행하라. 창세기 14〔:14ff.〕이 우리에게 말해주듯이 아브라함이 네 왕들을 쳤을 때 그렇게 하였다. 아브라함은 그들을 정복할 때까지 대살육을 감행하였으며 조금도 자비를 보여주지 않았음이 분명하다. 그러한 일은 하나님에 의해 보내심을 받고 행해진 것으로 생각되어야 한다. 하나님은 그때나 지금이나 온 땅을 깨끗케 하시며 깡패들을 몰아내시고자 하신다.

그러나 제후가 잘못된 행동을 할 때에도 그의 백성들은 그를 따라야 하는가? 나는 아니라고 대답할 것이다. 왜냐하면 잘못된 것을 행하는 것은 그 누구의 의무도 아니기 때문이다. 우리는 사람들이 아니라 옳은 것을 원하시는 하나님께 복종하여야 한다〔사도행전 5:29〕. 제후가 옳은 행동을 하는 것인지 그릇되게 행하는 것인지를 신민들이 알지 못하는 경우에는 어떻게 되는가? 나는 이렇게 대답한다: 그들이 모든 가능한 수단을 통해서 알 수 없거나 발견해낼 수 없는 한 그들은 자신들의 영혼을 위태롭게 하지 않은 채 복종할 수 있다. 그러한 경우에 우리는 출애굽기 21〔:13〕에 나오는 모세의 율법을 적용하여야 한다: 자신도 모르게 고의 없이 사람을 죽인 살인자는 도피성으로 도망해서 회중의 판단에 따라 구원을 받을 것이다〔민수기 35:12〕.

어느 쪽이 패하든, 그 판단이 옳은 것이든 그른 것이든 그것을 하나님으로부터의 벌로 받아들여야 한다. 그러나 그런 것을 모르고 어느 편이 싸움을 해서 이기면 그들의 싸움을 마치 어떤 사람이 지붕에서 떨어져 다른 사람을 죽인 것인 양 취급하여 그 문제를 하나님께 맡겨야 한다. 하나님이 공평한 군주를 통해서 당신으로부터 재산과 생명을 앗아가든 불공평한 군주를 통해서 앗아가든 그것은 하나님께는 동일한 것이기 때문이다. 당신은 하나님의 피조물이며, 하나님은 자신이 원하시는 대로 당신을 다룰 수 있다 ― 오직 당신의 양심이 깨끗하다면. 하나님도 창세기 20〔:6〕에서 아비멜렉이 아브라함의 아내를 취하였을 때 그가 올바른 것을 행했기 때문이 아니라 그녀가 아브라함의 아내임을 몰랐기 때문에 아비멜렉의 행위를 용서하고 있다.

IV. 우리는 진정 가장 우선이어야 하는 것에 이르렀고 이에 대해서 우리는 위에서 말을 했다. 제후는 또한 자신의 하나님에 대하여서도 그리스도 인다운 방식으로 행하여야 한다. 즉, 제후는 솔로몬이 하였던 것과 마찬가지로〔열왕기상 3:9〕온전한 신뢰 가운데서 하나님께 복종하여야 하고 잘 다스릴 수 있는 지혜를 기도로써 구하여야 한다. 그러나 하나님에 대한 믿음과 신뢰에 대해서는 다른 곳에서 많이 썼기 때문에 여기서는 더이상 말할 필요가 없을 것이다. 그러므로 우리는 제후의 의무가 네 가지라는 것을 간단하게 말함으로써 글을 마감하고자 한다: 첫째, 하나님에 대하여서는 참된 신뢰(신앙:역주)와 진실한 기도; 둘째, 자신의 신민들에 대하여서는 사랑과 그리스도인다운 섬김; 셋째, 자신의 참모들과 통치자들에 대하여서는 열린 마음과 걸림이 없는 판단; 넷째, 악행을 하는 자들에 대하여서는 합당한 열심과 확고부동함. 이렇게 할 때 그의 나라는 외적으로나 내적으로 올바르며 하나님과 백성들을 기쁘게 한다. 그러나 제후는 많은 시기와 슬픔을 겪을 예상을 하여야 한다 — 그러한 통치자의 어깨 위에는 십자가가 곧 걸머지워질 것이다.

끝으로 반환, 즉 부당하게 획득한 재산의 반환에 관하여 이론을 제기하는 사람들에 대한 대답을 덧붙여 두어야 하겠다. 이것은 세속의 칼의 일반적인 과제이며 그것에 관하여서는 많이 썼고 그것을 논의함에 있어서 시시콜콜한 문제까지도 제기되어 왔다. 나는 그것 모두를 몇 마디 말로 표현함으로써 단번에 모든 이러한 법들과 그에 수반되는 가당찮은 핑계들을 동시에 처리하고자 한다. 이 주제에 대해서는 사랑의 법보다 더 명확한 법을 찾아볼 수 없다. 먼저 어떤 사람이 다른 사람에게 재산을 반환하여야 하는 그러한 경우가 당신 앞에 제기될 때 그들이 모두 그리스도인이라면 문제는 금방 해결된다. 왜냐하면 어느 쪽도 다른 사람에게 속한 것을 움켜쥐고 있지도 않을 것이고 그것을 반환하라고 요구하지도 않을 것이기 때문이다. 단지 한 사람, 즉 반환을 받아야 하는 사람이 그리스도인이라면 그것 또한 해결하기 쉽다. 왜냐하면 그는 그것이 반환되어야 하는지 그렇지 않은지에 신경을 쓰지 않을 것이기 때문이다. 반환을 해야 하는 사람이 그리스도인이라도 마찬가지이다. 그는 그렇게 할 것이다.

그러나 어떤 사람이 그리스도인이든 아니든 당신은 다음과 같이 반환을 결정하여야 한다. 채무자가 가난하여 반환을 할 수 없고 다른 쪽이 가난하지 않다면 당신은 사랑의 법을 적용하여 채무자의 빚을 탕감해 주어야 한다. 사랑의 법에 따르면 다른 쪽은 그 채무를 탕감해주고 거기에다가 필요하다면 채무자에게 뭔가를 더 줄 의무를 지기 때문이다. 그러나 채무자가 가난하지 않다면 그로 하여금 자기가 할 수 있는 만큼 전부든 절반이든 삼분의 일이든 사분의 일이든 자기 자신과 아내와 자녀들의 의식주에 지장이 없는 만큼 남겨놓고 돌려주도록 하라. 이렇게 남겨놓는 이유는 만약 당신이 그것을 줄 수 있다면 그에게 그러한 것을 줄 의무를 지고 있기 때문이고, 당신이 그러한 것을 필요로 하지 않고 그는 그것 없이는 살아갈 수 없는 지금 그것을 가져가서는 안되기 때문이다.

그러나 어느 쪽도 그리스도인이 아니거나 사랑의 법에 의해 판단받기를 꺼려한다면, 당신은 그들에게 다른 재판관을 부르도록 요구할 수 있고 그들에게 그들이 인간의 법에 의해 절대적으로 정의롭게 행하고 있다고 할지라도 그들은 하나님과 자연법에 대항하여 행하고 있음을 선언할 수 있다. 자연은 사랑과 마찬가지로 내가 대접받고자 하는 대로 대접하여야 한다고 가르치고 있기 때문이다〔마태복음 7:12〕. 그러므로 나는 나 자신이 무일푼이 되기를 원하지 않는다면 내가 그렇게 할 권리가 충분히 있다고 하더라도 다른 사람을 무일푼으로 만들 수 없고, 나는 다른 사람이 그러한 경우에 나에 대한 그의 권리를 포기해줄 것을 바라듯이 나도 나의 권리들을 포기하여야 한다. 우리는 그것이 공적이든 사적이든 부당하게 획득한 모든 재산을 그런 식으로 처리함으로써 사랑과 자연의 법을 언제나 적용할 수 있다.

당신이 사랑에 따라 판단할 때, 당신은 어떤 법률책 없이 문제들을 쉽게 결정하고 조정할 것이다. 그러나 당신이 사랑과 자연법을 무시할 때 당신은 모든 법률책들과 사법관들을 총동원한다고 하더라도 결코 하나님을 기쁘시게 할 수 없을 것이다. 그러한 것들은 당신을 오류에 빠지게 하고 당신으로 하여금 그것들에 더욱더 의존하게 만들 것이다. 선하고 공정한 결정은 책들로부터 나와서는 안되고 또 나올 수도 없으며 단 한 권의 책도 없는 양 자유로운 마음으로부터 나와야 한다. 하지만 그러한 자유로운 결정은 사랑과 자연법에 의해 주어져야 하는데, 이성은 그러한 것들로 가득차 있다. 그러나 책들로부터는 완고하고 모호한 판단들만이 나온다. 이에 대한 예를 하나 들어보자.

　　이런 유의 사건은 부르군디의 찰스 공에 대해서 언급되고 있다. 어떤 귀족이 원수를 감옥에 가두었고 그 죄수의 부인이 남편을 구하러 왔다. 그 귀족은 그녀가 자기와 함께 동침한다면 남편을 그녀에게 돌려주겠다고 약속하였다. 그 여자는 덕스러운 사람이었지만 남편이 풀려나기를 바랐다. 그래서 그녀는 남편에게 가서 그를 풀려나게 하기 위하여 이러한 것을 할 것인지 말 것인지를 물었다. 남편은 풀려나서 목숨을 구하기를 바랐기 때문에 그의 부인에게 허락하였다. 그러나 그 귀족은 그녀와 하룻밤을 지낸 후, 그녀의 남편을 목베고 그 시신을 그녀에게 갖다주었다. 그래서 그녀는 찰스 공에게 이 사건을 진정하였는데, 찰스는 그 귀족을 불러서 그녀와 결혼할 것을 명령하였다. 결혼식이 끝나자, 찰스는 그 귀족을 목베고 그녀를 자신의 사유재산에 귀속시켰고, 그녀에게 높은 영예도 주었다. 이처럼 찰스는 군주다운 방법으로 범죄를 처벌하였다.

　　그와 같은 결단은 교황이나 법률가나 법률책으로부터 나올 수 없었고 책에 기록된 법률을 능가하는 자유로운 이성에서 나온 것임을 여러분은 안다. 그러나 그것은 누구나 인정하지 않으면 안될 만큼 탁월하며 누구나 그것이 자기자신의 마음 속에 기록되어 있다는 사실을 발견해야 할 것이다. 성 아우구스티누스 역시 그의 「산상수훈에 대한 설교」에서 같은 식으로 언급했다. 따라서 우리는 기록된 법을 이성 밑에 두어야 한다. 기록된 법은 정의의 원천으로부터 흘러나온 것이니 이 원천(샘터)을 지류들에 예속시키거나 이성을 문자에 예속시켜서는 안된다.

480

기독교계의 상태 개선에 관하여 독일 민족의 귀족에게 호소함[1]

「교회의 바벨론 포로」와 「그리스도인의 자유」보다 앞서 1520년에 씌어진 이 저작에서 루터는 교회가 스스로 개혁하지 않으려 하기 때문에 귀족이 교회를 개혁하기를 요청하고 있다. 이 저작에 언급된 교회의 부패상들은 인문주의자들과 개혁자들에 의해 똑같이 공격을 받았으며 사실 그것들 가운데 다수는 후대에 로마 가톨릭에 의해서도 반론되기도 했다. 이 문헌은 종교개혁 교회들의 등장에 앞선 것으로서 본질적으로 개혁에 대한 요구라는 점을 주목하여야 한다.)

예수

신학박사 마르틴 루터는 성경 학사이자 비텐베르크 대성당의 참사원인 경애하는 친구, 존경하는 훌륭한 명사(名士) 암스도르프의 니콜라스(Nicholas)에게 헌정함.

인사

---

1) Bertram Lee Woolf가 번역하고 편집한 *The Reformation Writings of Martin Luther*, volume I, *The Basis of the Protestant Reformation* (London: Lutterworth Press, 1953), pp. 109-200에서 발행인의 허락을 얻어 전재(轉載).

　　존경하고 훌륭하고 경애하는 친구인 당신에게 하나님의 은혜와 평화가 있으시기를 빕니다.

　　전도서〔3:7〕에서 말씀하고 있듯이 침묵의 시간은 지나고 말할 때가 왔습니다. 나는 우리의 계획에 따라 기독교계의 개선에 관한 몇몇 소론들을 묶어 보았습니다. 나는 이 글을 독일의 귀족에 속하는 그리스도인들을 생각하며 씁니다. 하나님께서 평신도를 통하여 자신의 교회를 도와주실 것을 나는 바랍니다. 이는 이 일에 더욱 더 적임자인 성직자들이 완전히 무심해졌기 때문입니다. 나는 내가 쓴 모든 글을 당신에게 보냅니다. 부디 검토해 주시고 필요하다면 수정해 주시기 바랍니다. 보잘 것없고 하찮은 존재인 내가 사회에서 책임있는 분들에게 매우 특별하고 중대한 문제에 대하여 감히 말을 꺼낸다는 것이 너무나 주제넘은 짓이라는 비판을 피하지 못하리라는 것을 압니다. 세상에서 그리스도인으로서의 임무를 감당하고 교양과 학식을 지닌 사람들에게 충고할 사람이 루터 박사 이외에는 아무도 없는 것처럼 내가 행동하고 있다는 것을 나는 고백합니다.

　　그러나 누가 내게 변명을 요구한다고 하더라도 나는 변명하지 않을 겁니다. 아마 나는 하나님과 세상에 대하여 또 하나의 어리석은 짓을 행하여야 할 의무가 있는 것 같습니다. 그것이 가치있는 것일진대 내가 한 번 궁정의 바보가 된다고 할지라도 이 소책자는 내가 할 수 있는 한도 내에서 그 빚을 갚으려는 시도입니다. 아무도 내게 바보의 모자를 보내거나 내 머리를 자를 필요는 없습니다.[2] 문제는 우리 가운데 누가 다른 사람에게 방울을 달 것인가 하는 것입니다. "세상이 무엇을 하든 수도사는 자기가 가식되게 비친다 할지라도 세상 가운데 있어야 한다"[3]는 격언을 좇아 나는 행동하지 않을 수 없습니다. 어리석은 자가 때로는 지혜롭게 말하며, 지혜있는 자가 자주 매우 어리석게 말을 합니다. "누구나 지혜롭게 되려고 하면 어리석은 자가 되라"〔고린도전서 3:18〕고 바울이 말했습니다. 더욱이 나는 어리석은 자일 뿐만 아니라 성경학 박사로 선서하였기 때문에 어리석은 자의 탈을 쓰고서라도 나의 서약을 이행할 수 있는 기회를 갖게 된 것을 기뻐합니다.

　　나는 당신이 통상적인 이해력이 있는 사람들에게 나를 변호해 주시기를

---

2) 즉, 수도사의 두건은 어릿광대의 모자와 종(bells)에 해당하는 것이었다.
3) 삽화 또는 연극의 배경막으로서.

간곡히 요청합니다. 왜냐하면 나는 지적으로 매우 뛰어난 사람들의 호의와 선의를 얻으려고 하는 시도를 하지 않을 것이기 때문입니다. 나는 종종 그렇게 하려고 몹시 노력을 하였습니다만 이제 다시는 그러한 것을 시도하지도 않고 신경을 쓰지도 않을 것입니다. 하나님께서 우리를 도우셔서 우리로 하여금 자신의 영광이 아니라 당신의 영광만을 구하게 하소서. 아멘.

비텐베르크, 아우구스티누스 수도원에서,

주후 1520년 세례 요한의 날 전야에.

호소

가장 걸출하시고 가장 권능 있으신 황제 폐하와 독일 그리스도인 귀족에게 신학박사 마르틴 루터가.

걸출하신 폐하와 가장 자비로우시고 고명하신 명사들인 여러분들께 하나님으로부터 은혜와 능력이 있으시기를.

일개 평범한 인간에 지나지 않는 내가 존엄하신 여러분들에게 말씀을 드리고자 펜을 잡은 것은 순전히 건방지고 무모한 자세 때문만은 아니다. 기독교계 특히 독일에 있는 모든 계층의 사람들은 지금 궁핍과 환난에 짓눌려있는데, 이러한 상황이 나뿐만 아니라 모든 사람을 움직여서 도움을 갈구하며 부르짖게 하였다. 그것은 나로 하여금 하나님께서 어떤 사람에게 성령을 주셔서 이 불행한 민족에게 도움을 가져올 수 있게 해달라고 기도로써 간구하지 않을 수 없게 하였다. 공의회들에서 종종 개혁안들이 제안되었으나 그 개혁안들은 어떤 사람들의 술수에 의해 방해를 받아왔으며 사태는 점점 악화되어 왔다. 나는 하나님의 도우심으로 그들의 간계와 사악함을 밝히고자 한다. 일단 밝혀지면 그들은 다시는 그러한 방해를 하지도 못하고 그렇게 해를 끼칠 수도 없을 것이기 때문이다.

하나님은 우리에게 고귀한 혈통의 젊은이를 주셔서 우리의 머리가 되게 하심으로써[4] 많은 심령들 속에 고귀한 소망들을 불러일으키셨다. 이러한 상황에서 우리가 우리의 할 수 있는 모든 것을 다하여 현재의 때와 우리에게

---

4) 황제 찰스 5세.

주신 하나님의 은혜로운 은사를 잘 사용하는 것이 합당하다.

바로 지금에 있어서 가장 절실한 첫번째의 일은 우리 각자가 모든 진지함으로 스스로를 준비하는 것이다. 우리가 세상에서 모든 권세를 가지고 있다 하더라도 우리는 큰 힘이나 지혜를 소유하고 있다고 믿고 일을 시작해서는 안된다. 왜냐하면 우리가 우리 자신의 힘과 지혜를 의뢰한다면 하나님은 그런 식으로 선한 사업이 시작되는 것을 참을 수도 없고 또 참지도 않을 것이기 때문이다. 하나님은 시편 33〔:16)에서 말씀하고 있는 것과 같이 그러한 교만을 낮추실 것이 분명하다: "많은 군대로 구원 얻은 왕이 없으며 용사가 힘이 커도 스스로 구하지 못하는도다." 이런 이유로 이전 시대에 훌륭한 제후들과 황제 프리드리히 1세와 2세 및 다른 많은 독일 황제들이 온 세계가 두려워하는 교황들에 의하여 수치스럽게도 짓밟히고 억압당한 것이 아닌가 생각한다. 아마 그들은 하나님보다는 자기 자신의 힘을 더 의뢰했을 것이고, 따라서 넘어질 수밖에 없었다. 우리 시대에도 생각컨대 프랑스와 독일과 베니스가 스스로를 의지한 것이 아니라면 그 외에 다른 무엇이 피에 굶주린 율리우스 2세[5]를 이와 같이 높이 올려 놓았겠는가? 베냐민의 후손들은 자기 자신의 힘을 의뢰하였다는 이유로 사만이천 명의 이스라엘 사람들을 죽였다.[6]

우리는 우리의 고귀한 황제 찰스 아래에서 이와 동일한 체험을 겪지 않도록 하기 위해 이 문제에 있어서 사람들을 영구적으로 상대하는 것이 아니라 세상을 전쟁과 피로 물들이고자 하면서도 스스로는 홍수에 의해 엄몰당하는 것을 피하고자 하는 지옥의 임금들을 상대하고 있다는 것을 분명히 알지 않으면 안된다. 우리는 육체적인 힘이 아니라 겸손히 하나님을 의뢰하는 가운데 죄악된 사람들이 마땅히 받아야 했던 것 이상으로 고난을 겪고 있는 모든 기독교계의 참담함과 고뇌만을 염두에 두고 열렬한 기도로써 하나님의 도움을 구하면서 이 일을 행하여야 한다. 그렇지 않으면 우리의 노력들은 좋은 전망을 가지고 시작될 수는 있어도, 우리가 깊이 개입되게 될 때 악한 영이 분란을 일으켜 온 세계를 피바다로 만들어 아무것도 이루어지지 못하게 할 것이다. 그러므로 이 문제에 있어서 하나님을 두려워하는 자들로서 지혜롭게 행하자. 우리가 하나님을 경외하는 가운데 겸손히 행하지 않으면 우리가 힘

---

5) 교황 율리우스 2세, 1503-13년.
6) 사사기 20:21에는 22,000명으로 되어 있다.

을 쓰면 쓸수록 우리는 더 큰 파멸을 겪을 것이다. 이제까지 교황들과 로마 교도들은 마귀의 도움으로 왕들로 하여금 서로 갈등하게 할 수 있었는데, 만일 우리가 하나님의 도우심 없이 우리 자신의 힘과 영악함으로만 무장하여 나아간다면 그들은 지금도 다시 그러한 일을 행할 수 있을 것이다.

I. 세 개의 담

로마교도들은 아주 영악하게 자기들 주위에 세 개의 담을 둘러쳐 놓았는데, 이것들은 이제까지 그들을 보호해주었으며 아무도 그것들을 개혁할 수 없었다. 그 결과 온 기독교계는 통탄스러운 부패를 겪어 왔다. 첫째로 그들은 속권(俗權)에 의해 위협을 받을 때에 속권은 자기들에 대한 관할권이 없으며 오히려 정반대로 영권(靈權)이 속권보다 우월하다는 입장을 확고하게 밝혀왔다. 둘째로 그들은 성경에 의거하여 책망하고자 할 때에 교황 외에는 그 누구도 성경을 해석할 수 있는 자격이 없다는 반응을 보여왔다. 셋째로 그들은 공의회에 의해 위협을 받을 때에 교황 외에는 그 누구도 공의회를 소집할 수 없다고 뻔뻔스럽게 답변하여 왔다. 이런 식으로 그들은 능수능란하게 이러한 세 가지 교정 수단을 무력화시키고 벌을 피하여 왔다.

그럼으로써 그들은 여전히 이 세 개의 담벼락을 안전하게 확보하고서는 우리가 오늘날 목도하고 있는 온갖 비행과 악행을 행하고 있다. 공의회를 열지 않으면 안 되게 되었을 때에는 그들은 군주들로 하여금 현상을 그대로 둘 것이라는 서약을 강제로 미리 받아둠으로써 공의회를 쓸모없이 만들어 버렸다. 더욱이 그들은 공의회의 모든 결정들에 대한 전적인 권한을 교황에게 부여함으로써 공의회를 많이 열거나 하나도 열지 않거나 결국은 마찬가지가 되어버렸다. 그들은 겉치레와 가상전(假想戰)으로 우리를 속이는 것일 뿐이기 때문이다. 참으로 자유로운 공의회가 열린다면 그들은 매우 두려워할 것이다. 나아가 로마교도들은 왕들과 제후들을 위압하여 그들의 이 모든 기만적이고 교활한 책략에 복종하지 않는 것은 불경건한 것이라고 그들로 하여금 믿게 하였다.

하나님께서 우리를 도와주시고 여리고성을 무너뜨렸던 나팔들 가운데

하나를 우리에게 주옵소서. 그리하여 우리로 하여금 종이와 지푸라기로 된
이 담들을 무너뜨려서 죄를 벌하고 마귀의 간계와 허위를 백일하에 드러내기
위하여 기독교적인 교정 조치들을 자유롭게 쓰게 하여 주옵소서. 그렇게 하
여 우리가 고난을 통하여 개혁되고 하나님의 축복을 다시 받을 수 있게 하옵
소서.

i. 첫번째 담에 대한 공격으로부터 시작하자.

교황들, 주교들, 사제들, 수도사들, 수녀들을 영적 계급(the spiritual
or religious class)이라고 부르고, 제후들·영주들·장인들·농부들을 세속
적 계급(the secular class)라고 부르는 것은 어떤 기회주의자들에 의해 만
들어진 허울좋은 고안물이다. 아무도 그것으로 인해 놀라서는 안되는데 그럴
만한 이유가 있다. 왜냐하면 모든 그리스도인은 참으로 영적 계급에 속하며
그들 사이에서는 그들이 서로 다른 일을 하고 있다는 것 외에는 아무런 차이
도 없기 때문이다. 이것은 성 바울이 고린도전서 12〔:12f.〕에서 우리는 다
한 몸이나 각각의 지체는 다른 지체들을 섬기기 위해 자기 자신의 일을 가지
고 있다고 말하는 것의 의미이다. 이 말씀은 우리 모두에게 적용된다. 우리
는 하나의 세례, 하나의 복음, 하나의 믿음을 지닌 동일한 기독교인들이기
때문이다. 하나의 세례, 하나의 복음, 하나의 믿음만이 사람들을 영적이게
하고 기독교인들이 되게 한다.

교황이나 주교가 기름을 붓고 삭발을 허용하고 서품을 하고 성별하고 평
신도들과는 다르게 옷을 입는 일은 사람을 위선자 또는 조상(彫像)을 만들
뿐 결코 그리스도인이나 영적인 인간을 만들지 못한다. 사실인즉 우리는 다
예외없이 세례를 통하여 성별되고 제사장이 된다. 성 베드로는 베드로전서
2〔:9〕에서 "너희는 … 왕같은 제사장들이요 거룩한 나라요"라고 말하고 있
고, 요한계시록에서는 "사람들을 피로 사서 … 저희로 … 나라와 제사장을
삼으셨으니"〔요한계시록 5:9f.〕라고 하고 있는 바와 같다. 우리가 그리스도
인으로서 교황이나 주교에 의해 주어지는 성별보다 더 존귀한 성별을 받지
않는다면, 아무도 교황이나 주교의 손으로 행해진 서품 안수례에 의해서 결
코 사제가 되지 못할 것이며 성찬을 집례하거나 설교를 하거나 사죄선언을

하지 못할 것이다.

주교가 서품 안수례 할 때에 그는 단지 모두가 동일한 권능을 가진 전체 회중을 대신하여 행하는 데 지나지 않는다. 전체 회중은 그들 가운데서 하나를 택하여 그에게 다른 사람들을 대신하여 이 권능을 행사하도록 명할 수 있다. 이것은 마치 다같이 왕의 아들이고 상속자들인 열 형제가 그들 가운데서 한 사람을 택하여 자기들을 대신하여 왕국을 다스리게 하는 것과 같다. 한 사람이 다스리는 일에 지명되었지만 그들 모두가 왕들이며 동등한 권세를 가지고 있는 것이다.

더 분명히 하기 위하여 신실한 평신도 그리스도인들의 작은 무리가 포로가 되어 사막 가운데에 있게 되었는데 그들 가운데 주교로부터 서품을 받은 사제가 없었다고 하자. 그리고 그들이 합의하여 그들 가운데서 한 사람 — 그가 결혼을 했든 안 했든 — 을 택하여 그에게 세례를 베풀고 성례를 거행하고 사죄를 선언하고 설교하는 직무를 부여하였다고 하자. 그렇다면 이 사람은 모든 주교들과 교황들에 의해 서품을 받은 사제와 똑같게 될 것이다. 필요한 경우에는 어떤 사람이나 세례를 베풀고 사죄를 선언할 수 있다는 결론이 나온다. 만약 우리 모두가 제사장이 아니라면 이런 일은 불가능할 것이다. 세례 및 세례가 수여하는 그리스도인이라는 신분이 이토록 엄청난 은혜와 권능을 지니고 있다는 사실은 로마교도들이 그들의 교회법에 의해 유린해 왔고 우리로 하여금 이에 대해 무지하게 하였던 바로 그것이다. 그러나 이전 시대에는 그리스도인들은 자기 지체들(개 교회의 구성원들:역주) 중에서 주교와 사제들을 먼저 택한 다음 나중에 오늘날과 같은 허례허식 없이 다른 주교들의 인준을 받았다. 성 아우구스티누스, 암브로시우스, 키프리아누스는 각기 이런 식으로 주교가 되었다.

속권(俗權)을 행사하는 사람들은 우리와 같은 세례를 받았고 또 동일한 믿음과 동일한 복음을 지니고 있다. 그러므로 우리는 그들이 사제이자 주교라는 것을 인정하여야 한다. 그들은 자신의 직무를 기독교 공동체의 직무로서 수행하고 그 공동체의 유익을 위하여 수행한다. 세례를 받은 사람은 누구나 비록 어떤 특정한 사람이 자의적으로 그 직무를 수행하는 것이 적당치 않을지라도 자기가 이미 사제, 주교, 교황으로 성별되었다고 주장할 수 있다. 우리는 모두 동일한 지위를 가진 사제들이기 때문에 그 누구도 스스로를 내세워서 나머지 사람들의 동의와 선택 없이 우리 모두가 동등한 권능을 갖고 있는 일을 행하려고 해서는 안 된다. 오직 공동체의 동의와 명령에 의해서만 어떤 개인은 모두에게 동등하게 속한 것을 자신의 일이라고 주장하여야 한다. 만일 어떤 사람이 자기에게 맡겨진 직무를 남용하여 그런 이유로 파면을 당한다면 그는 자신의 이전의 지위를 다시 갖게 될 것이다.

그러므로 그리스도인들 가운데서 사제라는 지위는 단지 직무를 맡은 자의 지위에 불과하다는 결론이 나온다. 그가 직무를 맡고 있는 동안에는 그는 직권을 행사한다. 그가 직무에서 물러나게 되면 공동체에서 자신의 지위를 다시 얻어서 다른 사람들과 마찬가지가 된다. 따라서 사제가 성직을 박탈당하면 그는 더이상 사제가 아닌 것이 분명하다. 그러나 로마교도들은 "지울 수 없는 성질"(characteres indelebiles:서품 안수례때 각인되는 은사)이라는 권리 주장을 고안해 놓고 비록 성직에서 물러났다고 하더라도 사제는 단순한 평신도와는 다르다고 못을 박는다. 그들은 사제는 사제 이외의 다른 그 무엇일 수 없으므로 결코 다시 평신도로 될 수 없다는 환상까지 갖고 있다. 이런 모든 것들은 사람이 만들어낸 규례들일 뿐이다.

그런 까닭에 우리는 평신도, 사제, 제후, 주교 또는 로마교도들의 용어를 사용하자면 영적인 계급과 세속적인 계급 사이에는 실제로 직무의 차이 이외에 아무 차이도 없으며 그리스도인으로서의 지위에 관한 차이는 전혀 없다고 추론할 수 있다. 모두가 다 영적인 지위를 갖고 있으며 모두가 다 진정으로 사제요 주교요 교황이다. 그러나 그리스도인들은 모두 동일한 일에 종사하지는 않는다. 마찬가지로 사제들과 수도사들도 모두 동일한 일을 수행하는 것은 아니다. 이 점은 내가 위에서 말한 대로 로마서 12〔:4f.〕과 고린도전서 12:〔12f.〕 그리고 베드로전서 2〔:9〕에 의해 밑받침된다. 이 구절들에서 성 바울과 성 베드로는 우리는 다 한 몸으로서 머리 되신 예수 그리스도에게 속하며 우리는 다 서로에 대하여 지체들이라고 말한다. 그리스도는 두 개의 몸 또는 세속적인 몸과 영적인 몸이라는 두 종류의 몸을 지니고 계신 것이 아니다. 그분에게는 하나의 머리와 하나의 몸이 있을 뿐이다.

그러므로 지금 "영적 계급"으로 불리는 자들, 즉 사제, 주교, 교황들은 다른 그리스도인들보다 더 큰 위엄을 지니고 있는 것이 아니며 단지 하나님의 말씀을 해설하고 성례를 거행하는 것을 그들의 의무로 가지고 있을 따름이다 ─ 이것이 그들의 직무이다. 마찬가지로 세속적인 권세들은 "칼과 회초리를 가지고" 있는데, 그들의 임무는 악행하는 자를 벌하고 법을 지키는 자를 보호하는 것이다. 제화공, 대장장이, 농부는 각기 자신의 직업과 일을 갖고 있으면서도 그와 아울러 그들 모두는 사제와 주교로서 행할 자격이 있다. 그들은 각기 자기의 직업이나 일 속에서 다른 사람들을 이롭게 하고.섬겨야 한다. 따라서 다양한 직업들은 모두 공동체의 최선의 유익을 지향하여야 하고 몸의 모든 기관들이 서로 서로를 섬기듯이 몸과 영혼의 복리를 증진시키도록 하여야 한다.

이제 세속 권세가 영적인 직무를 맡은 자들에 대하여 관할권을 행사하지 못하며 그들에게 형벌을 가해서도 안된다고 단언하고 공언하는 것이 기독교적인지를 생각해보도록 하자. 이것은 눈이 심하게 고통을 당할 때에 손은 아무런 도움도 주지 않아야 한다고 말하는 것과 같다. 한 기관이 다른 기관을 돕지 않고 다른 기관을 멸망시키고 있는 것을 막지 않는다고 하는 것이 부자연스러우며 비기독교적이지 않은가? 오히려 한 기관이 소중하면 할수록 다른 기관이 이를 더욱 더 도와야 한다. 그러므로 세속 권세는 악행하는 자들을 벌하고 법을 지키는 자들을 보호하도록 하나님에 의해 정해진 것이기 때문에 우리는 교황이든 주교들이든 사제들이든 수도사들이든 수녀들이든 또는 그 누구이든 기독교 나라들 모든 곳에서 공평하게 아무런 방해를 받지 않고 자유롭게 자신들의 일을 할 수 있도록 해주어야 한다고 나는 주장한다.

세속 권세의 행사를 방해하기 위하여 시민 행정은 기독교적 관점에서 볼 때 설교자나 고해 신부나 성직자의 직무보다 열등한 직능이라고 말하는 것으로 충분하다면, 재단사, 제화공, 석공, 목수, 요리사, 급사, 농부 및 모든 세속적인 수공업자들은 열등하므로 신발과 의복과 집과 먹고 마실 것들을 만드는 일을 못하게 하고 교황, 주교들, 사제들, 수도사들에게 조세를 바치는 일도 못하게 해야 한다. 그러나 이 평신도들이 자신의 일들을 방해받지 않고 행하도록 허용되어 있다면, 세속의 그리스도인 권세들로부터 자신들이 면제받는 법을 만든 로마교도 서기관들의 의도는 무엇이겠는가? 그것은 단지 그들이 악을 행하고도 벌을 받지 않고 또 성 베드로가 "너희 중에도 거짓 교사들이 있으리라 … 저희가 탐심을 인하여 지은 말을 가지고 너희로 이를 삼으니"라고 말한 것을 이루려하는 것이다.

그러므로 세속의 그리스도인 권세들은 자기들이 다루고 있는 사람이 교황이든 주교든 사제든 아무런 방해도 받지 않고 자유롭게 자신의 직무를 행사하여야 한다. 사람이 죄를 지었으면 그는 벌을 받아야 한다. 교회법이 이

에 반대되게 말하고 있는 것은 다 로마교의 주제넘은 순전한 조작품일 뿐이
다. 왜냐하면 이것이 성 바울이 모든 그리스도인들에게 말하고 있는 것이기
때문이다: "각 사람(교황도 포함된다고 생각된다)은 위에 있는 권세들에게
굴복하라 … 그가 공연히 칼을 가지지 아니하였으니 곧 하나님의 사자가 되
어 악을 행하는 자에게 진노하심을 위하여 보응하는 자니라"[로마서 13장].
성 베드로도 "인간에 세운 모든 제도를 주를 위하여 순복하되"[베드로전서
2:13, 15]라고 말한다. 또한 성 베드로는 이러한 사람들이 나타나서 세속 권
세를 경멸할 것이라고 선포하였는데, 이러한 일은 실제로 교회법에 의하여
일어났다.

　이러한 것은, 내 견해로는, 이 첫번째 종이로 만든 담을 무너뜨린다. 그
이유는 기독교 세계(Christendom)라는 사회 집단은 세속 정부를 그 구성
직능들 가운데 하나로서 포함하고 있기 때문이다. 이 정부는 세속적 의무를
수행하고 있지만 지위에 있어서 영적이다. 그러므로 그 정부는 전체 집단의
모든 지체들에게 자유롭고 아무런 방해도 받지 않는 가운데 작용하여야 한
다. 교황이든 주교들이든 사제들이든 벌을 주어 마땅하거나 필요한 때에는
언제든지 처벌하고 강제하여야 한다. 그들이(교황, 주교 혹은 사제들) 자기
들 마음 내키는 대로 위협을 하거나 파문을 하거나 아랑곳하지 않고 말이다.
이것이 죄된 사제들이 세속 권세에게 인도되기에 앞서서 그들의 직무의 존엄
을 박탈당하게 되는 이유이다.

　이것은 세속의 "칼"이 이미 하나님의 정하심에 따라 그들에 대하여 권세
를 소유하고 있지 않다면 옳지 않을 것이다. 더욱이 교회법에서 성직자의 자
유와 인격과 재산에 이러한 면제가 부여되고, 마치 평신도는 그들과는 달리
영적이고 선한 그리스도인이 아니거나 교회에 속하지 않는 것처럼 하고 있는
것은 참을 수 없는 노릇이다. 우리는 다 동일한 세례, 죄의식, 성령, 그밖의
모든 것을 가진 그리스도인임에도 불구하고 무슨 이유로 당신들의 인격, 생
명, 재산, 명예는 면제를 받고 나의 것은 그렇지 못한가? 만약 사제가 살해
를 당하면 그 지방은 성무금지령(聖務禁止令) 아래 놓여있게 되는데 왜 농민
이 살해를 당하면 그렇게 하지 않는가? 똑같이 그리스도인인 두 사람을 이와
같이 크게 차별하는 것은 어디로부터 오는가? 단지 사람들이 만들어낸 법과
조작품일 따름이다.

　그러한 차별을 고안해내고 어떤 죄들에 대하여 면제와 면죄를 허용한 사

람은 선의를 지닌 사람일 수 없다. 왜냐하면 악한 자(the Evil One)와 그의 사역들에 대항하여 우리가 할 수 있는 만큼 싸우고 그를 몰아내는 것은 우리의 의무이기 때문이다. 그리스도와 그의 사도들이 그렇게 우리에게 명하였다. 그런데 교황이나 그의 추종자들이 불경건한 말이나 행위를 꾀하고 있을 때 잠자코 있어야 된다고 말하는 것은 도대체 어디서 나온 말인가? 우리는 우리가 세례를 받을 때에 몸과 생명을 다하여 옹호하기로 맹세한 바 있는 하나님의 계명과 진리를 어떤 사람들 때문에 무시하여야 하는가? 그렇다면 우리는 진정 이로 인해 버림받고 어그러진 길로 인도되는 모든 영혼들에 대하여 책임을 져야 할 것이다.

"비록 교황이 수많은 사람들을 마귀에게 인도할 만큼 악하다고 할지라도 그를 파면시킬 수 없다"고 말하고 있는 교회법을 제안한 자는 마귀의 왕 자신이었음이 틀림없다. 그들이 우리는 그들의 악행에 대항하기보다는 온 세상을 조만간 마귀에게 넘겨주어야 한다고 주장하면서 이같은 불경건하고 저주받을 토대 위에 로마의 기초를 이룩한 것이다. 만약 어떤 사람이 다른 사람들보다 우위에 있다는 사실을 토대로 그가 처벌받지 않아도 된다면 그리스도인은 아무도 다른 사람을 벌할 수 없을 것이다. 왜냐하면 그리스도께서 우리를 비롯한 모든 사람에게 자신을 가장 낮고 가장 작은 자로 여기라고 명하셨기 때문이다.

죄가 있는 곳에서는 벌을 면할 어떠한 변명도 더이상 없다. 성 그레고리우스는 우리가 다 동등하나 범죄가 한 사람을 다른 사람들에게 굴복하게 만든다고 썼다.[7] 이 모든 것은 어떻게 로마교도들이 기독교인들을 다루고 있는지를 분명히 보여준다. 그들은 성경으로부터의 어떠한 보증도 없이 자기들 멋대로 그리스도인들로부터 그들의 자유를 빼앗아 버렸다. 그러나 하나님과 사도들은 그들을 세속의 "칼"에 복종하게 만들었다. 적그리스도가 활동하여 왔거나 자신의 준비작업들을 완료하고 있다는 것을 우리는 염려하는 것이 좋을 것이다.

---

7) 교황 그레고리우스 1세(590-604년), *Regula pastoralis*, II, 6 (Migne, Patrol. Ser. Lat., 77, 34).

ii

두번째 담은 한층 더 느슨하게 지어져 있고 허술하다. 로마교도들은 비록 자신들의 생애 가운데 성경에 담겨있는 그 어떤 것도 배우지 않지만 성경의 유일한 해석자들이라고 공언한다. 그들은 자신들만이 권위를 갖고 있다고 주장하면서 교황은 악하거나 선하거나 신앙 문제에 있어서 오류를 범할 수 없다고 뻔뻔스럽게 말장난을 한다. 그러면서도 그들은 자신들의 주장을 밑받침할 만한 증거로서 성경의 단 한 글자도 인용하지 못한다. 이렇게 하여 그토록 많은 이단적이고 비기독교적이며 부자연스럽기까지 한 규정들이 교회법 속에 담겨지게 되었다 — 이 문제들에 대해서는 지금 시점에서 말할 필요가 없다. 그들은 자기들이 아무리 무식하고 악하다고 할지라도 성령께서 자기들을 버리지 않으신다는 것을 믿는다고 공언하기 때문에 무엇이나 자기들이 하고 싶은 것을 뻔뻔스럽게 단언한다.

그러한 경우에 성경은 무슨 필요가 있으며 무슨 가치가 있는가? 성경을 태워 버리자. 그리고 실제로는 오직 경건한 심령들 속에만 거하시는 "성령을 내면에 소유하고 있는" 로마의 무식한 명사(名士)들로 만족하자. 만약 내가 성경을 읽지 않았다면 나도 마귀가 로마에서 이처럼 서투른 수작을 하여서 그러한 추종자들을 모았다는 것을 믿을 수 없는 일로 생각하였을 것이다. 그러나 우리가 단순히 말로만 그들과 싸우지 않기 위하여 성경을 증거로 인용하여 보자. 성 바울은 고린도전서 14〔:30〕에서 "만일 곁에 앉은 다른 이에게 계시가 있거든 먼저 하던 자는 잠잠할지니라"고 말하고 있다. 만일 우리가 유일한 화자(話者) 또는 가장 높은 지위에 있는 사람만을 믿어야 한다면 이 계명은 무슨 가치가 있는가? 그리스도 자신은 요한복음 6〔:45〕에서 "저희가 다 하나님의 가르치심을 받으리라"고 말씀하고 있다.

그러므로 교황과 그의 추종자들이 악한 사람들이고 참된 그리스도인이 아니라면, 즉 올바른 이해를 갖기 위하여 하나님으로부터 가르치심을 받지 않는다면 그리고 반면에 보잘것 없는 사람이 참된 이해를 가지고 있다고 한다면, 왜 우리는 그 사람을 좇아서는 안되는가? 교황도 많은 잘못들을 저지르지 않았던가? 성경의 밑받침을 받고 있는 어떤 사람의 말을 교황보다 더 믿지 않는다면 교황이 잘못을 저질렀을 때 누가 그리스도인들을 깨우칠 수 있는가?

그러므로 성경을 해석하거나 어떤 특정한 해석을 확증하는 것이 교황만의 직능이라고 주장하는 것은 이를 밑받침할 수 있는 성경의 증거를 한 획도 들 수 없는 악하고 나쁜 조작이다. 그리고 그들이 성 베드로에게 열쇠가 주어졌을 때에 그러한 권세를 받았다고 주장한다면, 그 열쇠는 성 베드로에게만 주어진 것이 아니고 전체 기독교 공동체에 주어졌음이 분명하다. 더욱이 그 열쇠는 교리나 방침에 대한 것이 아니고 단지 죄를 사하는 것을 거절하거나 기꺼이 행하는 것과 관련되어 있다. 로마교도들이 열쇠에 대하여 다른 무엇을 말한다고 할지라도 그것은 근거없는 조작에 지나지 않는다. 그러나 그리스도께서 베드로에게 "내가 너를 위하여 네 믿음이 떨어지지 않기를 기도하였노니"〔누가복음 22:32〕라고 하신 말씀은 교황에게 적용될 수 없다. 왜냐하면 대다수의 교황들은 믿음이 없었기 때문이다. 그러므로 그리스도는 베드로만을 위해서가 아니라 모든 사도들과 그리스도인들을 위해서 기도하셨다. 이는 그리스도께서 요한복음 17〔:9, 20〕에서 "내가 저희를 위하여 비옵나니 … 내가 비옵는 것은 내게 주신 자들을 위함이니이다 … 내가 비옵는 것은 이 사람들만 위함이 아니요 또 저희 말을 인하여 나를 믿는 사람들도 위함이니"라고 말씀하신 바와 같다. 이 말씀들로 충분히 명백하다는 것이 확실하다.

이에 대하여 스스로 생각해 보라. 당신은 우리 가운데 참된 믿음, 성령, 이해, 말씀, 그리스도의 마음을 지닌 선한 그리스도인들이 있다는 것을 인정하여야 한다. 그런데 왜 그 사람들의 의견과 판단을 거부하고 믿음도 성령도 없는 교황의 의견과 판단을 받아들여야 하는가? 그것은 신앙 전체와 그리스도의 교회 자체를 폐기하는 것이 될 것이다. 더욱이 "하나의 거룩한 그리스도의 교회를 믿습니다(루터는 "one holy catholic church"의 "catholic" 대신에 "Christian"이라는 말을 사용하는데, 그 이유는 로마 가톨릭교회의 비기독교성을 지적하고자 하기 때문이다:역주)"라는 신조의 조항이 옳다면 교황만이 언제나 올바른 것일 수는 없다. 그렇지 않다면 "로마의 교황을 믿습니다"라고 고백하여야 할 것이다. 그러나 이것은 그리스도의 교회를 한 인간 안에 전적으로 집중시키는 것이 될 것이고 이러한 것은 모든 점에서 불경건하고 해로운 오류가 될 것이다.

이에 덧붙여 이미 위에서 말한 바와 같이 우리는 다 하나의 믿음, 하나의 복음, 하나의 동일한 성찬을 가지고 있기 때문에 우리는 다 각기 사제들이다. 그렇다면 왜 우리는 신앙에 있어서 옳고 그른 것을 시험하고 판단할 자격을 가져서는 안되는가? 만약 그렇지 않다면 고린도전서 2[:15]에서 "신령한 자는 모든 것을 판단하나 자기는 아무에게도 판단을 받지 아니하느니라"고 한 성 바울의 말과 고린도후서 4[:13]에서 "우리가 같은 믿음의 마음을 가졌으니"라고 한 말은 어떻게 되는가? 그렇다면 왜 우리는 믿지 않는 교황과 마찬가지로 무엇이 신앙에 적합하고 무엇이 적합하지 않은가를 구별해서는 안 되는가? 이러한 구절들과 그밖의 다른 많은 구절들이 우리에게 용기를 주고 우리를 자유롭게 한다.

우리는 자유의 영 ― 바울의 용어를 사용하자면 ― 이 교황들의 날조된 선언들로 인하여 위협을 당하도록 허용해서는 안된다. 우리는 담대하게 앞으로 전진하여 로마교도들이 행하거나 행하지 않은 채 내버려둔 모든 것들을 시험하여야 한다. 우리는 우리가 신자들로서 소유하고 있는 성경에 대한 이해를 적용하여서 로마교도들로 하여금 그들 자신의 해석이 아니라 사실 보다 더 나은 해석을 좇도록 강제하여야 한다. 옛날에 아브라함은 우리가 세상의 어느 누구에게 복종하는 것보다 더 아브라함에게 철저하게 복종하였던 사라의 말을 들어야 했다[창세기 21:12]. 마찬가지로 발람의 나귀도 선지자 자신보다 더 명민하였다[민수기 22:28]. 하나님께서 예전에 나귀를 통하여 말씀하셨는데, 왜 오늘날 신앙의 사람을 통하여 교황에게 반대하는 말씀을 하실 수 없겠는가? 더욱이 성 바울은 성 베드로를 잘못 행한 사람으로 책망한다[갈라디아서 2:11]. 그런 까닭에 신앙이 내포하고 있는 의미를 받아들이고 그것을 이해하고 변호하며 모든 그릇된 것들을 책망하는 것은 모든 그리스도인들의 의무이다.

iii

세번째 담은 처음의 두 담이 무너질 때에 제풀에 넘어진다. 왜냐하면 교황이 성경에 반하여 행한다고 할지라도 우리 자신은 성경에 거하여야 하기 때문이다. 우리는 "네 형제가 죄를 범하거든 가서 너와 그 사람과만 상대하여 권고하라 만일 들으면 네가 네 형제를 얻은 것이요 만일 듣지 않거든 한 두 사람을 데리고 가서 두 세 증인의 입으로 말마다 증참케 하라 만일 그들 의 말도 듣지 않거든 교회에 말하고 교회의 말도 듣지 않거든 이방인과 세리 와 같이 여기라"〔마태복음 18:15-17〕는 성경 구절에 따라 교황을 벌하고 강 제하여야 한다. 이 구절은 각각의 지체는 자신의 동료에 대하여 관심을 가져 야 한다고 명하고 있다. 그렇다면 악을 행하는 자가 우리 모두를 다스리고 있는 자이고 그의 행위로 인하여 나머지 지체들에게 많은 해악과 거리낌을 야기시키는 자일 때 그렇게 하는 것은 더욱더 우리의 의무이다. 그리고 만약 내가 교회 앞에서 그를 송사하려고 한다면 교회를 한데 모으지 않으면 안된 다.

교황만이 공의회를 소집하거나 인준하는 권리를 갖는다는 로마교도들의 주장은 아무런 성경적 근거가 없다. 그것은 그들 자신의 규정이므로 그리스 도인의 복리에 해를 끼치지 않거나 하나님의 법에 반하지 않는 한에서만 유 효할 뿐이다. 하지만 교황이 잘못을 범하고 있다면, 이 규정은 유효하지 않 게 된다. 왜냐하면 공의회를 통하여 교황을 벌하지 않는 것은 그리스도인의 복리에 해를 끼치는 것이기 때문이다.

따라서 사도행전 15〔:6〕을 보면 사도회의를 소집한 사람은 성 베드로가 아니라 모든 사도들과 장로들이었다. 만약 그것이 성 베드로만의 권한이었다 면, 그 공의회는 기독교적인 공의회가 아니라 이단적인 집단 (conciliabulum)이었을 것이다. 게다가 모든 공의회 중에서 가장 유명한 니 케아 공의회를 소집하고 인준한 사람은 로마의 주교가 아니라 콘스탄티누스 황제였다. 콘스탄티누스 황제 이후 다른 많은 황제들도 이와같이 하였는데 이 공의회들은 모든 공의회 중에서 가장 기독교적이었다. 그러나 만약 교황 만이 공의회를 소집할 권한을 실제로 가지고 있다면, 그 공의회들은 모두 이 단적이었을 것이다. 더욱이 교황 자신이 소집한 공의회들의 결정 사항들을 내가 검토해 본 결과 나는 그 공의회들이 특별한 중요성을 가지는 결정들을 아무것도 하지 않았다는 것을 볼 수 있었다.

그러므로 필요성이 있고 또 교황이 그리스도인의 복리에 해가 되게 행하 고 있을 때에는 전체 기독교 공동체의 참된 지체인 어떤 사람으로 하여금 가 급적 조기에 진정으로 자유로운 공의회를 소집할 수 있는 조치들을 취하게 하자. 세속 권세들만큼 이 일을 잘 할 수 있는 사람도 없다. 왜냐하면 특히 그들도 동료 그리스도인들, 동료 사제들이며 마찬가지로 영적이며 모든 점에서 비슷한 권세를 지니고 있기 때문이다. 그들은 그렇게 할 필요가 있거나 그렇게 하는 것이 유익할 때에는 아무런 방해도 받지 않고 자신의 직무를 수행하고 자신의 일을 하여야 한다. 하나님께서 모든 사람을 다스리는 권세를 그들에게 주셨기 때문이다.

만약 어느 도시에서 화재가 발생했는데 단지 아무도 시장의 권한을 가지고 있지 않다는 이유만으로 또는 그 화재가 시장의 집에서 시작되었다고 하여 모든 사람이 가만히 서서 불이 계속 타게 내버려둔다면, 그것은 분명히 부자연스러운 일일 것이다. 그러한 경우에 다른 사람들을 일깨우고 그들에게 도움을 요청하는 것이 모든 시민의 의무가 아니겠는가? 그렇다면 교황청이든 어떤 다른 곳이든 범죄라고 하는 화재가 일어났다면 그리스도의 영적 도시에서는 훨씬 더 그래야 하지 않는가. 이와 마찬가지의 논리로 만약 적이 어느 도시를 공격한다면 가장 먼저 다른 사람들을 불러모은 사람이 명예와 감사를 받아 마땅할 것이다. 그렇다면 극악무도한 적들이 나타난 것을 알리고 그리스도인들을 깨워 불러 모으는 사람에게 왜 명예가 돌아가서는 안되는가?

감히 이의를 제기해서는 안 된다고 하는 권위를 소유하고 있다는 로마교도들의 자랑은 공론(空論)에 지나지 않는다. 기독교 세계(Christendom)에 있는 그 누구도 악을 행하거나 악에 대하여 저항하는 것을 금하는 권세를 갖고 있지 않다. 교회는 더 큰 선을 증진하는 것 외에는 어떠한 권세도 갖고 있지 않다. 그러므로 만약 교황이 자유로운 공의회의 소집을 막기 위하여 자신의 권세를 행사함으로써 교회의 개혁을 방해한다면 우리는 교황과 그의 권세를 존중해서는 안된다. 만약 교황이 파문하고 위협한다면 우리는 그러한 소행을 한 바보스러운 사람의 소행으로 경멸하여야 한다. 우리는 하나님의 보호를 의뢰하는 가운데 역으로 교황을 파문하고 우리가 할 수 있는 최선을 다하여야 한다. 왜냐하면 이러한 교황의 권세는 주제넘은 것이고 공허한 것이기 때문이다. 교황은 이러한 권세를 소유하고 있지 않으며 성경의 말씀에 의해 쉽게 무너지고 말 것이다. 왜냐하면 바울은 고린도 교인들에게 "주께서 주신 권세는 너희를 파하려고 하신 것이 아니요 세우려고 하신 것이니"〔고린도후서 10:8〕라고 말하고 있기 때문이다. 누가 이 본문 말씀을 감히 무시하려고 하는가? 기독교 세계의 개혁에 이바지하는 것들을 저지하려고 하는 것은 마귀와 적그리스도의 세력뿐이다. 그러므로 우리는 그러한 세력에 생명과 몸, 혼신의 힘을 다하여 대항하여야 한다.

비록 어떤 초자연적인 기적이 일어나서 세속 권세에 대하여 교황을 지지하는 것처럼 보인다고 할지라도, 즉 그들이 때때로 자랑하듯이 어떤 사람이 역병에 걸리는 일이 일어나더라도 우리는 그것을 하나님에 대한 우리의 신앙의 결여로 인하여 순전히 마귀에 의해 일으켜진 것으로 여겨야 한다. 그것은 그리스도께서 "거짓 그리스도들과 거짓 선지자들이 일어나 큰 표적과 기사를 보이어 할 수만 있으면 택하신 자들도 미혹하게 하리라"〔마태복음 24:24〕라고 밝히 말씀하신 것이다. 성 바울은 데살로니가 교인들〔데살로니가후서 2:9〕에게 적그리스도가 사단으로 말미암아 거짓된 기사(奇事)들을 권능있게 행하리라고 말하고 있다.

그러므로 어떠한 그리스도인의 권세도 그리스도를 거스려 행사될 때에는 유효하지 않다는 것을 굳게 견지하도록 하자. 성 바울은 "우리는 진리를 거스려 아무것도 할 수 없고 오직 진리를 위할 뿐이니"〔고린도후서 13:8〕라고 말하고 있다. 어떤 권세가 그리스도를 거스려 어떤 것을 행한다면 비록 그 권세가 이적들과 역병들을 비오듯 쏟아지게 한다고 할지라도 그것은 다 적그리스도와 마귀의 세력에 기인하는 것이다. 이적들과 역병들은 특히 이 마지막 악한 때에는 아무것도 증명해 주지 않는다. 왜냐하면 이런 유의 특별한 이적들은 성경의 도처에 예언되어 있기 때문이다. 그러므로 우리는 확고한 신앙으로 하나님의 말씀을 부여잡아야 한다. 그러면 마귀는 이내 자신의 이적들을 포기하게 될 것이다.

이제 나는 이러한 그릇되고 거짓된 두려움들을 가라앉혔기를 바란다. 로마교도들은 오랫동안 이러한 두려움들을 사용하여 우리의 양심을 무기력하고 두렵게 만들어 왔다. 로마교도들도 우리와 마찬가지로 국가의 권세에 복종하여야 하며 특별한 지식도 없이 자의적으로 성경을 해석할 권한을 가지고 있지 않다는 것은 모두에게 분명하다. 그들은 공의회를 저지하거나, 제멋대로 미리 공의회의 결정 사항들을 결정하거나, 공의회를 속박하거나, 공의회로부터 자유를 빼앗을 권한이 없다. 그러나 만약 그들이 그렇게 행한다면, 나는 진실로 그들은 적그리스도와 마귀의 무리에 속하며 이름 외에는 그리스도와 아무 상관이 없다는 것을 보여주었기를 바란다.

II. 공의회들이 논의해야 할 주제들

이제 공의회에서 논의되어야 마땅한 주제들 또는 교황들, 추기경들, 주교들 및 모든 학자들이 그리스도와 그의 교회를 사랑한다면 마땅히 밤낮으로 전심해야 할 주제들을 생각해보자. 만약 그들이 그렇게 하지 않는다면 온 그리스도인들 및 국가에서 권세를 행사하는 자들은 로마교도들의 파문과 심한 비난에도 불구하고 그렇게 하여야 한다. 왜냐하면 한 번의 부당한 파문은 열 번의 정당화 되는 사면보다 나으며, 한 번의 부당한 사면은 열 번의 정당화 되는 파문보다 못하기 때문이다. 그러므로 사랑하는 나의 동포들이여, 로마의 뻔뻔스럽고 불경건한 지배 체제로 인하여 너무나 가엾게도 어그러진 길로 가버린 모든 가련한 인생들처럼 되지 않으려면 깨어서 사람들보다 하나님을 두려워하자. 이 체제 아래에서 마귀는 더욱 더 번성하고 있다. 그러한 일이 가능하다면 이 불경건한 지배 체제는 그 결과 보다 더 악화되고 있음에 틀림 없는데, 어떻게 그런 일이 있을 수 있는지 나는 여전히 이해할 수도 믿을 수도 없다.

1. 먼저 그리스도의 대리자이며 성 베드로의 후계자로 자처하는 기독교 세계의 수장(首長)이 어느 왕이나 황제도 그에 미칠 수 없고 그와 경쟁할 수 없을 정도로 세속적이고 화려하게 살아간다는 것을 아는 것은 고통스럽고 충격적이다.[8] 그는 "가장 거룩한 자", "가장 영적인 자"라는 칭호를 받을 자격이 있다고 주장하지만 세상 자체보다도 더 세속적이다. 가장 힘있는 왕들도 한 겹의 면류관을 쓰는데 교황은 삼중의 면류관을 쓴다. 만약 이것이 낮아지신 그리스도 또는 성 베드로를 닮는 것이라고 한다면 그것은 내게 하나의 새로운 유형의 닮음이다. 그것에 거슬리는 말을 하면 로마교도들은 이단이라고 울부짖으며, 그러한 일이 얼마나 비기독교적이고 불경건한 것인지를 생각하려 들지 않는다. 하지만 내가 생각하기로는 만약 교황이 하나님 앞에서 두려운 마음으로 기도를 드리려고 한다면 그는 자신의 삼중의 면류관을 벗어버려

---

8) 이때 재임하고 있던 교황은 메디치가의 레오 10세였는데, 그 아래에서 교황권은 극대화되었다.

야 할 것이다. 왜냐하면 우리 하나님은 교만을 용납하지 않으시기 때문이다. 물론 교황의 직무는 모든 그리스도인을 위하여 날마다 눈물로써 기도하고 깊은 겸손의 본을 보이는 것이 그 전부여야 한다.

자신의 기호(嗜好)가 어떠하든지 간에 교황의 그러한 화려한 삶은 악한 것이다. 자신의 영혼의 구원을 위하여 교황은 그러한 화려한 삶을 버려야 한다. 이는 성 바울이 "악은 모든 모양이라도 버리라"(데살로니가전서 5:22)고 말하고 있으며, 또한 "모든 사람 앞에서 선한 일을 도모하라"(로마서 12:17)고 말하고 있기 때문이다. 교황도 보통 주교의 관으로 충분하다. 교황은 지혜와 거룩함에서 다른 사람들보다 나아야 하며, 그의 전임자들이 여러 세기 전에 그랬던 것처럼 교만의 면류관은 적그리스도에게 돌려주어야 한다. 로마교도들은 교황은 이 땅의 주(主)라고 선언한다. 이것은 잘못이다. 왜냐하면 교황이 그의 대리자이자 청지기라고 자랑하는 바 그리스도께서는 빌라도 앞에서 "내 나라는 이 세상에 속한 것이 아니라"(요한복음 18:36)고 말씀하셨기 때문이다.

그 어떠한 대리자도 주인의 통치권보다 더 큰 통치권을 가질 수 없다. 또한 교황은 부활하신 그리스도가 아니라 십자가에 못 박히신 그리스도의 대리자이다. 왜냐하면 바울은 "내가 너희 중에서 예수 그리스도와 그의 십자가에 못 박히신 것 외에는 아무것도 알지 아니하기로 작정하였음이라"(고린도전서 2:2), "너희 안에 이 마음을 품으라 곧 그리스도 예수의 마음이니 … 오히려 자기를 비어 종의 형체를 가져"(빌립보서 2:5-7), "우리는 십자가에 못 박힌 그리스도를 전하니"(고린도전서 1:23)라고 말하고 있기 때문이다. 그러나 지금 로마교도들은 교황을 하늘에 계신 부활하신 그리스도의 대리자로 만들었다. 그리고 몇몇 교황은 마귀로 하여금 자기들을 완전히 지배하게 하여 교황이 하늘의 천사들보다 위에 있고 또 그 천사들을 부릴 권세를 가지고 있다고 주장하였다. 이것은 바로 적그리스도 자신의 행위이다.

2. 추기경이라 불리는 성직자들은 어떠한 기독교적 목적에 이바지하는 가? 나는 이에 대해 말하고자 한다. 이탈리아와 독일에는 부유한 수도원들, 시설들, 영지들, 교구들이 많이 있다. 이러한 것들을 로마의 소유로 귀속시키기 위하여 고안해 낸 가장 좋은 방법이 추기경이라는 직책을 만들어 그들에게 주교구와 수도원과 고위 성직을 그들의 재산으로 주는 것이었는데, 이

렇게 함으로써 하나님에 대한 예배는 무너지고 말았다. 그 결과 지금 이탈리아는 황폐화되어 있다. 수도원들은 엉망진창이고 주교들은 피폐되어 있으며 고위 성직자들과 모든 교회의 수입은 로마로 흘러들어가고 도시들은 쇠퇴하고 땅과 국민들은 황폐해져 있다. 이는 이젠 예배도 없고 설교도 행해지지 않기 때문이다. 왜 그러한가? 추기경들이 수입을 올려야 하기 때문이다. 회교도들도 이탈리아를 이렇게까지 황폐하게 하거나 하나님에 대한 예배를 그치게 할 수는 없었다.

추기경들은 이탈리아를 완전히 고갈시킨 지금에 와서 독일로 들어와 치밀한 계산 아래 점잖게 일을 시작하고 있다. 그러나 깨어서 지켜보자! 독일도 머지않아 이탈리아처럼 될 것이기 때문이다. 이미 독일에도 몇 명의 추기경들이 있다. 그들은 술에 취해 있는 독일 사람들은 단 하나의 주교구나 수도원, 교구, 영지도 남지 않고 한 푼의 돈도 남아 있지 않을 때까지 이 책략이 무엇인지를 알지 못할 것이라고 생각하고 있다. 성경에 기록된 바와 같이 〔요한일서 2:15-18〕 적그리스도는 세상의 보화들을 취할 것이 틀림없다. 이것이 지금 벌어지고 있는 일이다. 그들은 주교구들과 수도원들, 영지들에 무거운 세금을 물린다. 그들은 이탈리아에서 했던 것과는 달리 아직은 감히 이 나라를 완전히 망쳐놓고 있지는 않고 당분간은 열 명이나 이십 명의 고위 성직자들을 모아서 그들 각자로부터 매년 세금을 받아서 전체적으로 상당한 금액을 만드는 약삭빠른 편법을 사용하고 있다. 부르츠부르크 수도원은 천 굴덴을 바치고 있고, 밤베르크 수도원도 기부금을 내고 있으며, 마인츠(Mayence), 트레브(Trève)를 비롯한 다른 수도원들도 마찬가지이다. 이런 식으로 해서 천 내지 만 굴덴을 모을 수 있기 때문에 추기경은 로마에서 왕처럼 살 수 있게 된다.

상황이 이런 단계에 이르렀기 때문에 그들은 하루에도 삼십 내지 사십 명의 추기경을 만들고 한 추기경에게 밤베르크 근처의 뮌히베르크 수도원과 부르츠부르크 주교구, 여기에 몇 곳의 부유한 교구를 덧붙여서 모든 교회들과 도시들이 황폐해질 때까지 주려고 할 것이다. 그런 후에 그들은 "우리는 그리스도의 대리자들이며 그리스도의 양들의 목자들이다. 어리석고 술 취한 독일 사람들은 이를 참지 않으면 안 된다"라고 말함으로써 그런 행위를 정당화할 것이다.

나의 제안은 추기경의 수를 줄이든지 교황이 자신의 비용으로 그들을 부양하라는 것이다. 한 사람당 천 굴덴의 수입을 얻는 추기경이기 때문에 열두 명도 너무 많다. 어떻게 우리 독일 사람들이 우리 재산을 이처럼 약탈당하고 강탈당하는 것을 참아야 하는 일이 일어났는가? 프랑스 왕국은 이런 것을 막 았는데 왜 우리 독일 사람들은 로마교도들이 이런 식으로 우리를 우롱하고 조롱하도록 내버려두고 있는가? 만약 그들이 이런 식으로 우리의 재산만을 훔쳐가기만 한다면 더 참을 수도 있을 것이다. 그러나 그들은 그런 행위를 통하여 교회들을 황폐화시키고 그리스도의 양들에게서 경건한 목자들을 빼앗 아가며 또 하나님에 대한 예배와 하나님의 말씀을 타락시키고 있다. 추기경 이 한 사람도 없다고 하더라도 교회는 망하지 않을 것이다. 사실이 보여주듯 이 그들은 기독교계에 이바지하는 것이 아무것도 없다. 그들은 단지 강도들 처럼 주교구와 교구들의 수입을 앞다투어 빼앗아갈 뿐이다.

　　3. 교황청 성직자의 구십구 퍼센트가 없어지고 단 일 퍼센트만 남는다 고 할지라도 그 인원만으로도 기독교 신앙의 문제들을 다루는 데 충분할 것 이다. 그러나 지금 로마에는 교황에게 충성을 맹세하는 많은 기어다니는 파 충류들이 있다. 그러나 바벨론에도 이와같이 사악한 자들은 없었다. 교황의 비서들만 해도 삼천 명 이상이다. 직책들이 무수히 많이 있는 만큼 교황이 고용하고 있는 사람들은 아무도 헤아릴 수 없을 정도로 많다. 양떼를 노리고 있는 늑대들처럼 독일의 시설들과 영지들을 바라보고 누워있는 사람들의 수 효는 이루 다 헤아릴 수가 없다. 독일은 이전에 황제들에게 바치던 것보다 훨씬 더 많은 것을 로마 교황에게 바치고 있는데, 이는 걱정스런 일이다. 해 마다 삼십만 굴덴 이상의 돈이 전혀 쓸데없이 그리고 아무 목적도 없이 독일 에서 로마로 흘러들어간다고 몇몇 사람들은 추산하였다. 우리는 그 대가로 경멸과 비웃음 외에는 아무것도 돌려받은 것이 없다. 제후들, 귀족들, 도시 들, 시설들, 나라, 백성이 궁핍해지는 것은 전혀 이상한 일이 아니다. 우리 는 아직까지 우리에게 먹을 것이 남아 있다는 것을 이상하게 여겨야 한다.
　　이제 문제의 중심부에 이르렀으므로 잠시 멈춰서 독일 사람들이 로마교 도들의 책략을 파악하거나 이해하지 못할 정도로 어리석은 자들인지 아닌지 를 생각해보자! 잠시 동안 나는 로마에서 하나님의 계명들과 기독교의 정의 가 멸시받고 있다고 통탄하는 말은 하지 않을 것이다. 우리가 지금 그러한 고상한 문제들에 이의를 제기할 수 있을 정도로 기독교 세계의 상태 특히 로마의 상태가 좋은 것이 아니기 때문이다. 또한 나는 자연적 또는 현세적 권리와 이성이 아무 소용없다고 불평하지도 않을 것이다. 문제의 뿌리는 한층 더 깊은 곳까지 내려간다. 나의 불평은 로마교도들은 자기들 자신이 고안해 낸 교회법조차도 지키지 않는다는 것이다. 물론 교회법이라는 것 자체가 법이라기보다는 압제와 탐욕과 세상적인 허례허식 덩어리에 지나지 않기는 하지만 말이다. 이에 대해 알아보기로 하자.

오래 전에 독일 황제들과 제후들은, 교황이 독일의 모든 영지로부터 "첫 수입세", 즉 개개의 영지의 첫 해 수입의 절반을 거두도록 허용하였다. 이 세금을 허용한 목적은 교황이 회교도들과 이교도들에 대항하여 싸워 기독교를 지키는 데 필요한 재물을 비축할 수 있게 함으로써 전쟁을 수행하는 부담이 귀족에게 너무 과중하게 부과되지 않고 성직자들도 어느 정도 기여할 수 있게 하기 위해서였다. 교황들은 독일 사람들의 이러한 진솔하고 칭찬받을 만한 정성을 이용하여 백 년 이상이나 이러한 수입을 취해왔으며 오늘날에는 이것을 의무적인 조세와 조공으로 전환하였다. 그들은 아무것도 비축하지 않았을 뿐만 아니라 로마에 많은 성직과 공직을 두고 첫 수입세는 고정세처럼 되어 이들에게 연봉을 주기 위하여 그 돈을 사용하였다. 지금 회교도들과 싸움을 하려고 하면 교황들은 사절들을 내보내어 돈을 거두게 할 것이다 — 때로는 회교도들과 싸운다는 것을 구실 삼아 면죄부를 발부한다. 독일 사람들은 언제나 철저하게 바보짓만 하고 그들에게 계속해서 돈을 대줌으로써 말로 다 표현할 수 없는 그들의 탐욕을 채워줄 것이라고 그들은 생각하고 있다. 그리고 이제 우리 모두는 첫 수입세나 면죄부 판매대금이나 그밖의 다른 기부금들이 회교도들과 싸우는 데 사용되는 것이 아니라 모조리 밑빠진 자루 속으로 들어갈 것임을 분명하게 알고 있다. 교황들은 거짓말을 하고 속이며 눈꼽만큼도 지킬 의향이 없는 협정을 우리와 맺는다. 그럼에도 이 모든 것들은 표면상으로는 그리스도와 성 베드로의 거룩한 이름으로 행해지고 있다.

독일 국민들과 그들의 주교들과 제후들은 자신들이 그리스도인임을 생각하고 자기들이 다스릴 책임을 맡고 있는 백성들을 보호하여야 한다. 그들은, 양의 옷을 입고 목자와 통치자들인 체하며 약탈하는 이리들을 대항하여 세속적인 소유(세속 권력:역주)와 영적인 소유(영적인 권세:역주) 모두를 가지고 백성들을 방어하여야 한다. 더욱이 첫 수입세가 너무나 수치스럽게 오용되고 합의 사항들이 지켜지지도 않기 때문에 주교들과 제후들은 그들의 토지와 백성들이 그처럼 비참하게 정의에 대한 어떠한 고려도 없이 약탈당하고 황폐화되게 하여서는 안된다. 오히려 그들은 황제의 칙령이나 국가의 법으로써 첫 수입세의 납부를 중단하거나 완전히 폐지해야 한다. 교황과 그의 추종자들은 합의 사항들을 지키지 않고 있기 때문에 그들에게는 첫 수입세를 징수할 권리가 없다. 오히려 주교들과 제후들은 법이 요구하는 대로 이러한 절도와 강도 행위를 벌하거나 방지할 의무 아래 있다.

교황이 이러한 성격의 악폐들을 척결하는 데 있어서 도움을 받고자 한다면 주교들과 제후들은 교황 편에 서서 도와야 한다. 교황은 그러한 악폐들을 홀로 척결하기에는 힘이 강하지 못할 것이기 때문이다. 그렇지 않고 교황이 이러한 악폐들을 옹호하고 견지하려고 한다면, 그들은 교황에게는 악을 막을 권세가 없음을 알고 교황을 이리와 독재자로 취급하여 대항하고 물리쳐야 한다. 더욱이 회교도들을 대비하여 전비(戰備)를 비축하고자 한다면 우리는 독일 국민이 교황보다 더 훌륭히 회교도들을 방어할 수 있다는 것을 알 정도의 충분한 지각을 가지고 있다. 왜냐하면 독일 사람들은 전비만 있다고 한다면 전쟁을 수행하기에 충분한 숫자이기 때문이다. 첫 수입세의 사례는 다른 많은 로마교의 허울좋은 명목을 붙인 것들과 유사하다.

나아가 일 년은 교황 및 법적 관할권을 가진 주교들과 참사회들 사이에 분할되어 있어서 교황은 일 년에 육 개월, 즉 격월로 비는 성록령들에 수록(受祿) 성직자들을 지명한다. 관할권을 가진 주교들과 참사회들은 나머지 육 개월 동안 비어있는 성록령들에 지명되게 된다. 이러한 책략의 결과로서 거의 모든 성록령들이 로마 특히 가장 부유하게 살아가는 고위 성직자들의 수중에 들어가게 된다. 이런 식으로 로마의 수중에 떨어진 성록령들은 비록 나중에 교황의 달〔月〕에 공석이 생기는 일이 없다고 할지라도 로마에 의해 결코 도로 넘겨지지 않는다. 그런 까닭에 참사회들은 너무도 적은 수의 성록령만을 받는다. 이것은 순전히 강도 행위로서 그 의도는 분명히 아무것도 회피하지 못하게 하는 것이다.

이제 이러한 강탈 행위는 끝장을 내야 한다. 교황의 달들을 폐지할 뿐만 아니라 이런 식으로 로마로 가져간 모든 것을 다시 찾아 올 시기가 무르익었다. 그렇기 때문에 제후들과 귀족들은 장물을 반환케 하고 절도들을 처벌하며 특권을 남용한 자들에게서 그 특권을 빼앗는 조치들을 취하여야 한다. 교황이 선출된 직후에 교황청 법무성에서 자신이 그렇게 행할 도덕적 권리도 없는 것을 행할, 즉 우리의 참사원직과 성직들을 강탈할 수 있는 규례를 만드는 것이 법적으로 타당하다면, 찰스 황제가 대관식 직후에 독일 전역에 걸쳐 어떤 성록령이나 교구령이 교황의 달에 로마의 수중으로 들어가지 못하게 하고 또 이미 그 수중에 들어간 영지들은 다시 방면되어 로마의 강도들로부터 해방되게 하는 규례를 만드는 것은 한층 더 타당할 것이다. 찰스 황제는 통치자로서의 자신의 권세로 인하여 그렇게 할 공식적인 권한을 가지고 있기 때문이다.

그러나 탐욕과 강도의 대명사인 로마 교황청은 모든 성록령이 교황의 달이라는 책략에 의해 자기에게 넘어올 때를 기다릴 정도의 인내심을 갖고 있지 못하다. 오히려 그의 충족될 줄 모르는 욕구에 충동되어 모든 성록령의 재산을 가능한 한 속히 낚아채려고 첫 수입세와 교황의 달 이외에도 성록령들과 교구령들을 세 가지 방법으로 로마의 수중에 떨어지게 하는 계책을 고안해 냈다:

(i) "자유" 교구령을 소유한 어떤 사람이 로마에서 사망하거나 로마로 오는 도중에 사망하면 그 교구령은 영원히 로마(Romish) — 나는 절도(thievish)라고 말하고자 한다 — 교황청의 재산이 된다. 로마 교황청은 아무도 들어보지도 못하고 읽어보지도 못한 강도질을 행하면서도 강도라고 불려지지 않고 있다.

(ii) 이와 비슷하게 교황이나 추기경들의 직원에 속한 어떤 사람이 성록령을 가지거나 물려받는 경우 또는 이미 성록령을 가지고 있는 사람이 후에 교황이나 추기경의 직원으로 들어오는 경우에는 그 성록령들은 교황에게 귀속된다. 그러나 교황이 단지 말을 타고 산책하는 때조차도 누가 교황과 추기경들의 직원 수를 셀 수 있는가? 교황은 모든 황제들과 제왕들이 무색할 정도로 삼사천 명의 승마자들을 대동한다. 그리스도와 성 베드로는 자기 대리자가 한층 많은 화려함과 교만을 뽐내게 하려고 발로 걸어 다니셨는가? 그러나 교황의 탐욕은 더 많은 교활한 책략들을 발전시켰고 로마 바깥에 있는 많은 사람들이 마치 그들이 로마에 사는 것처럼 교황의 직원에 속한다고 말해지는 일이 일어났다. 이리하여 어디에서나 "교황의 직원"이라는 교활하기만 한 짧은 용어가 모든 성록령을 로마 교황청으로 가져가고 또 거기에 영원히 매어두고 있다. 이러한 것들은 괘씸하고 불경건한 작은 책략들이 아닌가? 우리가 잘 살펴보면 마인츠, 마그데부르크, 할버슈타트가 수월하게 로마의

수중으로 넘어갈 것이며 추기경직에 대하여 아주 비싸게 지급될 것이다. 곧 독일의 모든 주교가 추기경으로 되어 아무것도 남지 않게 될 것이다.

(iii) 세번째 책략은 어떤 성록령에 관하여 로마에서 분쟁을 창출해내는 것이다. 이것은 교구령을 로마의 수중으로 가져가는 가장 보편적인 길인 듯하다. 분쟁이 일어난 일이 없어도 로마에는 중요치 않은 것들을 문제삼아 분쟁을 일으켜서 어느 곳에 있는 교구령이든 강탈하고자 하는 무수한 악당들이 있다. 그 결과 많은 신실한 사제들이 자신의 교구령을 상실하거나 많은 돈을 들여 한동안 분쟁을 해결하지 않으면 안된다. 정당하든 부당하든 이런 식으로 분쟁에 휘말린 교구령은 결과적으로 영구히 로마에 귀속될 것이다. 하나님께서 예전에 소돔과 고모라에 행하신 것처럼 하늘에서 불과 유황을 내리시어 로마를 지옥으로 내던진다고 하여도 누가 놀랄 것인가? 교황이 그처럼 큰 악을 옹호하고 행하는 데 자신의 권능을 사용한다면 교황은 기독교계에 무슨 가치가 있는가? 오, 나의 고귀한 제후들과 영주들이여, 얼마동안이나 당신의 토지와 백성을 이 약탈하는 이리들이 마음대로 유린하도록 내맡겨두려고 하는가?

그러나 이러한 책략들도 자신들의 탐욕을 채우는 데 충분치 못하고 또 모든 주교구들을 장악하는 데 너무나 오랜 시간이 걸린다. 그래서 우리의 선한 친구인 탐욕자들은 주교구들이 지방의 이름을 지니고 있는 것이 사실이긴 하지만 원래 그 주교구들은 로마에 속한다는 이론을 고안해 냈다. 그러므로 주교는 자신의 팔리움(Pallium)[9]에 대하여 거액의 돈을 지불하고 엄숙한 서약으로 그 자신을 교황의 종으로 얽매지 않고서는 자신의 주교직을 비준받을 수 없다. 주교가 감히 교황에게 대항하지 못하는 이유가 이것이다. 그리고 로마교도들이 서약을 강제하였을 때도 그것이 그들의 목적이었고, 이것은 가장 부유했던 주교구들이 부채를 걸머지고 영락하고 마는 이유를 설명해준다. 나는 마인츠가 이만 굴덴을 지불한다고 들었다. 이것이 전형적으로 로마 교황청의 진면목이다.

얼마 전에 그들은 교회법을 통하여 팔리움은 거저 수여하여야 하고 교황의 세금은 축소되어야 하며 분쟁을 감소시키며 참사회와 주교들에게 행동의

---

9) 직위를 나타내는 짧은 모직 케이프인데 로마에서 사야 했다.

자유가 부여되어야 한다는 영을 내렸다. 그러나 이러한 법은 돈을 끌어들이지 못하였으므로 그들은 방침을 뒤엎었다. 주교들과 참사회로부터 모든 권한을 빼앗아 버렸다. 그들은 명목상의 우두머리로서 자리에 앉아 있을 뿐 직무도 권한도 직능도 없다. 로마에 있는 대악당들이 거의 개 교회의 교회지기와 종지기에 이르기까지 모든 것을 통제한다. 모든 분쟁은 로마로 소환되고 또 교황의 허락을 얻은 모든 사람은 교황이 하고 싶어하는 대로 행한다.

바로 이 해에 무슨 일이 일어났는가? 슈트라스부르크의 주교는 자신의 참사회를 적절히 관리하고 예배를 개선하려고 하였다. 그는 이러한 뜻을 염두에 두고 여러 가지 경건하고 기독교적인 규정들을 만들었다. 그러나 경애하는 교황과 로마 교황청은 지방 사제들의 요청으로 이 거룩하고 영적인 규정을 철저히 분쇄하고 단죄하였다. 이것이 그리스도의 양떼를 먹이는 본보기인가! 사제들은 그들 자신의 주교들에 대항하여 지지되며 불경건한 규례들에 불순종하는 것에 있어서 옹호되어야 한다! 나는 적그리스도라 할지라도 이와 같이 하나님을 경멸하는 일이 있을까 의심을 하게 된다. 그러나 그것이 바로 당신들을 위한 교황이다! 그것은 당신들의 마음을 따른 것인가? 왜 교황은 그와 같이 행동하는가? 슬프다, 만약 한 교회가 개혁된다면 그 움직임은 확산되어 로마에까지 이르게 될지도 모르기 때문이다! 그것보다는 차라리 어떤 사제들이라도 두 사람이 서로 화합하지 못하게 하고 제후들과 왕들도 이제까지의 관습처럼 서로 다투게 하고 또 세상을 그리스도인의 피로 물들게 함으로써 그리스도인 가운데에서의 일치가 로마 교황청에 개혁을 강제하지 않도록 하는 것이 나은 것이다.

이제까지 로마교도들이 공백으로 비는 교구령들을 어떻게 취급하는가를 고찰했다. 하지만 그들의 수치스러운 탐욕에 비해서 비는 곳이 너무나 적은 까닭에 그들은 아직 수록(受祿) 성직자가 있는 성록령에 미리 조치들을 취한다. 그리하여 성록령들이 아직 비어 있지 않음에도 불구하고 비어 있는 것처럼 조치들이 취해진다. 이러한 목적을 위하여 몇 가지 계략들이 행해진다:

(a) 나의 주 탐욕자는 나이들거나 병든 수록 성직자 또는 몇몇 날조된 실격사유로 고소되어 있는 수록 성직자가 차지하고 있는 수익 많은 성록지나 주교구를 기다리고 있다. 교황청은 그러한 재직자에게 재직자가 원하든 원치 않든 보좌 주교(cooadjutor), 즉 "조수"직을 준다. 이것은 보좌 주교가 교황

의 직원이거나 그 지위를 돈으로 샀거나 로마교도들이 그에게 강요한 어떤 봉사의 대가로 이것을 얻었기 때문에 그를 위한 것이다. 이로 인해 지방 참사회의 자유로운 선택권이나 교구령의 후원자는 종결된다. 모든 것은 로마로 들어간다.

(b) 다음으로 "위탁"(Commend)이라는 작은 낱말이 생겨났다.[10] 이것은 교황이 추기경이나 자신의 지지자들 가운데 어떤 사람에게 부유한 수도원이나 교회의 관리를 위탁하는 것을 의미한다. 이것은 마치 내가 당신에게 백 굴덴을 주어 관리하게 하는 것과 같다. 이것은 수도원을 주거나 수여하는 것이 아니고 하나님에 대한 예배를 파괴하거나 폐지하는 것도 아니며 다만 관리하도록 하는 것뿐이다. 수탁자는 그것을 보존하거나 세워나가는 의무를 지지 않고 오히려 수록 성직자를 내쫓고 재산과 수입을 취하거나 자신의 수도원에서 빈둥거리는 변절한 수도사를 세우는 일을 한다. 이 수도사는 일 년에 오류 굴덴을 받고 온 종일 교회에 앉아서 순례자들에게 성화들과 작은 성상들을 판다. 그리하여 더이상 그 성당에서는 찬송을 드리거나 성경을 봉독하는 일이 없어진다. 그러나 만약 이것이 수도원을 파괴하고 하나님에 대한 예배를 폐하는 것이라고 한다면 교황은 수도원을 파괴하고 하나님에 대한 예배를 없이 하는 자라고 불리지 않으면 안될 것인데, 이런 유의 짓을 교황은 아주 많이 저지르고 있다. 그러나 로마에서는 이것이 무례한 말로 생각될 것이므로 수도원을 위탁하는 것을 "위탁", 즉 "관리"라고 부른다.

(c) "인콤파티빌리아"(incompatibilia)로 불리는 성록령들이 있다. 이것은 교회법의 규정에 따라 두 성록령, 예를 들자면 두 교구, 두 주교구 등등을 한 사람이 관리할 수 없다는 것이다. 하지만 이러한 경우에 로마 교황청의 탐욕자는 "연합"(unio) 또는 "통합"(incorporatio)이라고 하는 주석[11]을 달아 교회법을 교묘히 빠져나간다. 이것은 교황이 많은 "인콤파티빌리아"를 하나로 통합함으로써 개개의 인콤파티빌리아가 한 통합체의 일부가 되어

---

10) "위탁된"(in commendam) 직위를 받는 것은 어떠한 의무도 내포하지 않았고 단지 공석이 생겼을 때 교구령이나 수도원의 수입 전체에 대한 권리만을 내포하고 있었다.

11) 처음에는 어렵거나 의심스러운 구절의 의미나 적용을 밝히기 위한 보통 간략한 설명적 문서였는데, 이것은 가장 초기의 주석이었다. 후에 이 주석은 훨씬 확장되어서 흔히 본문의 일부가 되었고 본문과 동일한 권위를 갖게 되었다.

그 전부가 하나의 교구로 다루어지게 된다는 것을 의미한다. 그러므로 그것들은 이제 "통합할 수 없는 것들"이 아니며 모든 것이 교회법에 따라 이루어진다. 이리하여 실제로 교회법은 이러한 주석들을 교황과 그의 거래소 관리자(datarius)[12]에게서 사지 않는 사람들 외에는 결코 구속력이 없다.

"연합", 즉 결합도 이러한 교구령들의 다수를 하나의 나무 다발처럼 묶어놓음으로써 이제는 하나의 다발만이 존재하기 때문에 그들은 그것을 하나의 교구령으로 부른다는 것을 의미한다는 점에서 동일한 성격의 것이다. 그리하여 로마에는 현재 이십이 개의 교구와 칠 개의 수도원과 사십사 개의 대성당 참사원직을 가진 한 교황청 종사자가 있다. 약삭 빠른 "말"이 이 모든 결과를 가져오고 있고 아울러 이러한 관행이 교회법에 거슬리는 것이 아니라는 것을 보여준다. 추기경들과 다른 고위 성직자들이 소유하고 있는 것을 각자가 헤아려 보도록 하자. 독일 사람들은 지금 이런 식으로 지갑을 털리고 기쁨을 빼앗기고 있는 것이다!

"명칭들(glosses)" 가운데 또 하나는 "관리"(administratio)라 불린다. 이 용어는 한 사람이 "관리자"(administrator)라는 칭호를 가지고 있다는 이유만으로 자신의 주교구 외에 대수도원장직이나 성직을 그에 속하는 모든 재산과 함께 소유하는 경우에 적용된다. 왜냐하면 로마에서는 그 의무들이 행해지든 말든 고귀한 칭호들이 인정을 받으면 그것으로 충분하기 때문이다. 이것은 마치 내가 사창가의 포주를 시장 부인으로 불러야 하지만 여전히 지금 하고 있는 것을 계속해야 한다고 말하는 것과 같다. 베드로는 이런 유의 로마의 통치를 예언하였다: "너희 중에도 거짓 선생들이 있으리라 … 저희가 탐심을 인하여 지은 말을 가지고 너희로 이를 삼으니"[베드로후서 2:3].

훌륭한 교황, 로마의 탐욕자는 매도자 또는 양도자가 그것의 반환권을 보유한다는 조건으로 교구령이나 성록령을 팔거나 증여하는 계책을 짜냈다. 곧 새로운 소유자가 죽을 경우에 그 교구령은 이전에 그에게 팔거나 증여하거나 양도한 사람에게 거저 귀속된다는 것이다. 이렇게 그들은 교구령을 상속할 수 있는 재산으로 만들어 버렸다. 그리하여 매도자가 자기 뜻에 의해 기꺼이 증여해 주고자 하는 사람이나 죽을 때에 자기 권리를 유증해줄 사람

---

12) "Datum ad Petrum"이라는 어구가 부기(附記)된 문서들을 등록하고 발행하는 교황청의 기구(Dataria)의 우두머리로서 보통 추기경이 맡았다.

외에는 아무도 교구령들을 소유할 수 없게 되었다. 성록령에 대한 명의만을 다른 사람에게 이양하는 사람들도 많은데, 이렇게 수록 성직자의 명의를 얻은 사람들은 그 성록령에서 한 푼의 수입도 가져오지 못한다. 성록령을 다른 사람에게 주고 연간 수입에서 일정 분량을 내놓게 하는 것은 이미 확립된 관습으로 되어 있다 — 옛날에는 성물매매라 불렸던 관행. 이런 유의 것들은 너무도 많기 때문에 다 말할 수도 없다. 로마교도들은 십자가 밑에 있던 이방인들이 그리스도의 겉옷을 처분한 것보다도 더 수치스럽게 교구령들을 처분한다.

그러나 로마에서는 위에서 말한 것들이 모두 오랜 역사를 가진 것들로서 하나의 관행이 되어 있다. 그렇지만 탐욕자는 한 가지를 더 고안해 냈다. 나는 이것이 마지막이 되어 그를 질식시키기 바란다. 교황은 "가슴 속의 유보" (pectoralis reservatio), 즉 교황의 마음의 유보와 "자신의 충동"(proprius motus), 즉 교황 자신의 자유 의지와 권능이라고 불리는 고상한 계책을 가진다. 이것은 이렇게 운용된다. 어떤 후보자가 로마에 와서 관례에 따라 특정한 성록령을 얻고 정식으로 서명을 받은 후에 또 다른 사람이 동일한 성록령을 돈으로 사려 하거나 여기서 말하려고 하지는 않으나 교황에게 선심을 쓰고는 같은 성록령을 원하면 교황은 이미 행한 지명을 무효로 하고 그 성록령을 두번째 사람에게 준다. 만약 누가 이러한 거래는 부당하다고 항의하면 가장 거룩한 교황은 공공연하게 범법을 행한다는 비난을 받지 않기 위하여 변명을 하여야 한다. 그래서 교황은 자기가 그 특정한 성록령에 대하여 자신의 마음과 양심 속에 유보를 해두고 그것에 대한 관할권을 그대로 보유하고 있었다고 말한다 — 사실은 그는 그 성록령에 대하여 다른 생각을 하거나 그것에 대하여 다른 말을 들어본 적도 없으면서 말이다. 이러한 예는 교황이 훌륭한 작은 "주석"을 발견해내어서 그것을 이용하여 비난 받음이 없이 거짓말을 하고 속임수를 써서 얼굴 하나 붉히지 않고 모든 사람들을 공공연하게 바보로 만들고 있다는 것을 보여준다. 이렇게 철면피한 거짓말장이로서 악한 자의 지배를 받으면서도 교황은 언제나 자기가 기독교회의 수장(首長)이라고 주장한다.

이러한 교황의 자의적이고 기만적인 "마음의 유보"는 로마에서 말로 형언할 수 없는 상황을 만들어 내고 있다. 당신은 로마에서 사고 파는 것, 담합과 헐값의 처분, 사기와 기만, 강도와 절도, 허례허식, 간음, 깡패짓 및 하나님을 모욕하는 온갖 계략들이 행해지고 있으며 적그리스도도 이보다 더 악하게 통치하지는 못할 정도라는 것을 볼 수 있다. 로마에서 열리고 있는 시장에 비하면 베니스나 안트워프, 카이로 등지에서 열리는 시장은 아무것도 아니다. 그러한 도시들에서는 정의와 이성이 어느 정도 존중되고 있지만 여기 로마에서는 모든 것이 마귀의 뜻대로 행해진다. 이런 유의 도덕이 조류처럼 온 세계로 흘러들어간다. 이러한 사람들은 개혁 또는 속박받지 않는 공의회를 두려워한다. 그들은 모든 왕들과 제후들이 연합하여 공의회로 모이는 것보다 오히려 그들 서로가 적대시하게 하고자 한다. 누가 이러한 악행들이 백일하에 드러나는 것을 용인할 수 있겠는가?

마지막으로 교황은 이 모든 고상한 거래의 편의를 위하여 로마에 거래소를 세웠다. 로마에 있는 거래소(datarius)가 그것이다. 이곳은 성록령과 교구령을 이런 식으로 거래하고자 하는 모든 사람들이 모이는 곳이다. 그들은 여기서 이러한 "주석들"과 재가(裁可)들을 사고 그들의 큰 악행을 실행할 수 있는 권한을 얻어야 한다. 이전 시절에는 로마가 관대해서 웬만한 가격으로 정의를 팔거나 억눌렀었다. 그러나 오늘날에는 로마는 터무니없이 높은 가격을 요구하기 때문에 거액의 돈을 지불하기 전에는 아무도 악행을 실행하지 못하게 되었다. 이것이 우리가 상상할 수 있는 강도의 소굴 가운데서 가장 악한 강도의 소굴이 아니라면 나는 무엇이 강도의 소굴인지 모르겠다.

그러나 당신이 이 종교 시장에 돈을 가지고 가면 당신은 내가 이제까지 말한 모든 것을 살 수 있다. 여기서는 누구나 갖가지의 고리대금업을 합법적으로 행할 수 있다. 당신은 훔치거나 강탈한 모든 재산에 대한 합법적인 소유권을 얻을 수 있다. 여기서는 서약이 파기되고 수도사들이 수도회를 떠날 수 있는 자유를 얻을 수 있다. 성직자들에게 결혼이 매매되며 사생아가 적자(適子)로 될 수 있다. 그리고 어떤 형태의 불명예나 수치도 고상함을 얻을 수 있다. 온갖 종류의 범죄와 악에 작위가 수여되고 고상하게 될 수 있다. 여기에서는 금지되어 있는 결혼이나 어떤 다른 결합이 있는 결혼이 허락된다. 오, 여기서는 어떠한 협잡과 착취가 계속해서 행해지고 있는지! 교회의 모든 법이 도금한 올가미를 낳기 위하여 만들어진 것같이 보인다. 어떤 사람이 그리스도인이 되고자 한다면 이 올가미로부터 벗어나야 한다. 실제로 여기에서는 마귀가 성자가 되고 신이 된다. 하늘과 땅의 어디에서도 행해질 수 없는 것이 이 집에서는 행해질 수 있다. 그들은 이러한 행위를 "조정"

(compositiones)이라 부른다. 그래, 조정 (compositions)이라기보다는 혼란 (confusions)이다. 아, 이 거룩한 집의 강제징수에 비하면 라인강의 통행세는 얼마나 가벼운 것인가!

아무도 내가 과장해서 말하고 있다고 생각하지 말라. 이 모든 것은 공공연하기 때문에 로마에 있는 자들은 그 상황이 우리가 묘사할 수 있는 것보다 더 무시무시하다는 것을 인정하지 않으면 안된다. 나는 아직 개인들의 가증스러운 쓰레기 같은 악덕들을 건드리지도 않았고 그럴 생각도 없다. 나는 단지 상식에 속하는 것들만을 다루고 있을 뿐인데도 그것들을 다 말하려면 지면이 부족하다. 주교들과 사제들, 특히 이러한 일을 위하여 급료를 받는 대학교의 박사들은 그들의 의무를 다했어야 했으며 이러한 일들에 대항하여 한 목소리로 글을 쓰고 부르짖었어야 했다. 그러나 그들은 정반대로 행해 왔다.

나는 끝을 내야 하고 이 단원을 마무리지어야 한다. 내가 지금까지 설명한 밑도 끝도 없는 탐욕은 아마도 세 명의 막강한 왕들에게도 충분할 정도의 이 모든 부(富)로도 충족되지 않기 때문에 이제는 그 거래를 아우그스부르크의 후거 가(家)[13]에게 넘겨 팔고 있다. 그리하여 주교구와 성록령을 팔거나 교환하거나 요구하는 일과 영적인 자산들을 거래하는 일이 자리를 잡아서 이제는 영적인 자산과 현세적인 자산들을 거래하는 일이 단일한 사업으로 통합되었다. 그러나 나는 로마의 탐욕자가 아직 행해지지 않은 그 무엇을 할 것인가를 알아낼 만큼 영리한 사람의 말을 듣고 싶다. 아마 후거(Fugger)는 이제 하나로 통합된 이 두 방면의 사업을 다른 사람에게 넘겨 팔 것이다. 내 생각으로는 우리는 이제 갈 데까지 다 갔다.

그들이 모든 나라들에서 면죄부, 교서, 고죄장,[14] 버터식용허가증,[15] 기타 특면장(confessionalia)[16] 등을 통해 이제까지 훔쳐갔고 아직도 여전히 훔쳐가고 강탈해 가고 있는 것을 서술하는 것은 돈 때문에 이것저것 잡일을 하는 사람들이 하는 일이며 지옥에 있는 마귀와 동전치기 놀이를 하는 것과 같다. 그것은 적은 수익을 가져오는 것이 아니다. 그것은 한 명의 막강한 왕에게 풍부한 수입을 제공할 정도로 충분하다. 그러나 그것은 위에서 말한 흘

---

13) 후거가는 로마 교황청이 거래한 은행가였다.
14) 고해신부와 고해할 사항들을 선택하는 것을 허용하는 것.
15) 금식일에 어떤 음식을 허용하는 것.
16) 대가를 받고 어떤 사람의 여러 가지 짐스러운 의무들을 면제해주는 증서들.

러넘치는 막대한 재물과는 비할 바가 못된다. 나는 한동안 면죄부에 의한 수입이 어떻게 충용되었는지에 대해서는 입을 다물고 말하지 않을 것이다. 나는 나중에 이 문제를 살펴볼 것이다. 캄포피오레(Campofiore),[17] 벨벤데레(Belvendere)[18]와 다른 몇몇 곳들은 그것에 관하여 무언가를 알고 있을 것이다.

이 악한 체제는 철면피한 강도행위이고 사기행각이며 지옥에서나 적합한 전횡일 뿐만 아니라 기독교계의 몸과 영혼을 파멸시키는 것이다. 그러므로 우리는 이러한 해악과 손상으로부터 기독교계를 보호하기 위하여 모든 노력을 기울여야 한다. 우리가 회교도들을 물리치려고 한다면 최악의 상태에 있는 이곳에서부터 시작하자. 우리가 절도들을 교수형에 처하고 강도들을 참수형에 처하는 것이 옳다면 왜 우리는 로마의 탐욕자를 처벌하지 않은 채 그대로 놓아두어야 하는가? 여기에 과거에 이 땅에 있었고 앞으로 이 땅에 있을 모든 절도와 강도들 중에서 가장 큰 절도와 강도가 있으며 또한 모든 악행은 그리스도와 성 베드로의 거룩한 이름으로 행해지고 있다. 누가 이를 더 이상 참거나 침묵을 지킬 수 있겠는가? 탐욕자가 소유하고 있는 거의 모든 것은 절도와 강도 행위에 의해 얻어졌다.

역사에 기록된 모든 것들은 이와 동일한 이야기를 들려준다. 교황은 이미 말한 바 있는 보물 광산들과 영토 수입은 그만두고라도 자신의 교회의 직위들로부터 나오는 수입만도 백만 두캇(ducat)이나 될 정도로 막대한 재산들을 결코 구입한 적이 없다. 그것은 그리스도와 성 베드로에게서 유산으로 물려받은 것도 아니며 누가 그에게 주었거나 빌려준 일도 없으며 시효취득이나 오래된 권리에 의해 그것을 취득한 것도 아니다. 그렇다면 그가 그것을 어디서 얻었는가를 내게 말하라. 그들이 회교도들에 대항한다는 명목으로 기금을 모으기 위하여 사절들을 파견할 때에 그들이 무엇을 염두에 두고 있으며 무슨 목적을 지니고 있는가를 이 시점에서 잘 살펴보라.

III. 기독교세계를 개선하기 위한 스물일곱 가지의 제안

17) 유게니우스 4세(1431-47)에 의해서 많은 비용을 들여 복원되었다.
18) 고대와 현대의 많은 예술 작품들을 소장하고 있는 바티칸의 시설.

비록 나는 사실 이와 같이 엄청난 상황을 개선하기 위한 제안들을 하기에는 너무나 변변치 않은 자이지만, 나는 바보스러울지라도 끝까지 계속해나갈 것이며 또한 내가 이해하고 있는 한도 내에서 세속의 당국과 교회의 공의회에 의해 무엇이 행해지는 것이 좋고 또 행해져야 하는가를 밝히고자 한다.

1. 첫째로, 모든 제후와 귀족과 도시는 그들의 신민들이 로마에 임명세(annates, 성직취임후 첫 해의 수입)를 지불하는 것을 엄격하게 금하고 그것을 완전히 폐지하여야 한다고 나는 제안한다. 왜냐하면 교황은 임명세에 관한 합의를 어기고 임명세를 강탈하여 전독일 국민에게 손상과 모욕을 주었기 때문이다. 교황은 임명세를 친구들에게 하사하고 거액의 돈을 받고 팔며 또한 이것을 받는 어떤 직분들을 수여한다. 그런 까닭에 교황은 이것에 대한 권리를 상실했으며, 마땅히 처벌을 받아야 한다. 이제 바울과 베드로가 가르치고 있고 또한 교회법 제16항 제7문 '데 필리스'(de filiis)에 나와 있는 것처럼 세속 당국은 무죄한 자를 보호하고 부정(不正)을 방지할 의무 아래 있다. 그런 까닭에 사람들은 교황과 그 추종자들에 대하여는 "기도하라"(Tu ora)고 말하고, 황제와 그의 신하들에 대하여는 "보호하라"(Tu protege)고 말하며, 일반인에 대하여는 "일하라"(Tu labora)고 말하여 왔다. 그러나 기도하고 보호하고 일하는 것이 각 사람의 의무가 아닌 것처럼 말하는 것은 아니다. 왜냐하면 자신의 일에 충실한 사람은 기도하고 보호하고 일하기 때문이다. 그러나 각 사람은 자신의 특별한 직능이 할당되어 있어야 한다.

2. 교황은 로마 가톨릭의 관행들 곧 위탁제도, 보좌제도, 유보, 양도예약(gratiae expectativae),[19] "교황의 달", 통합, 연합, 팔리움(pallium), 상서원의 규칙 등등의 악행들을 통하여 어떤 권세나 정당성도 없이 독일의 모든 재단들을 강탈하고 있고, 그 재단들을 독일을 위해서는 아무것도 하지 않는 로마의 외국인들에게 하사하고 매각하고 있다. 이리하여 합당한 수록(收錄) 성직자들은 그들의 권한을 빼앗기고 주교들은 허수아비가 되어 조롱거리가 되는 결과가 생겨난다. 이것은 교회법과 상식과 이성을 거스려 행동

---

19) "post obit"의 일종. 아직 공석이 아닌 교구령을 주기로 약속하는 것인데 흔히 제3자의 권리들을 무시하고 행해졌다.

하는 것을 의미한다. 결국은 순전히 탐욕으로 인하여 교구령과 성록령이 로마에 있는 난폭한 무식장이들과 악당들에게 팔리게 될 것이다. 경건하고 박식한 사람들은 지혜와 공로로써 아무것도 얻지 못하게 되어 그 결과 독일의 가난한 계층들은 착하고 학식있는 고위성직자를 갖게 되지 못하고 영원히 멸망하게 될 것이다. 이것은 그리스도인 귀족들이 기독교 세계를 파괴하고 있는 교황을 공동의 적으로 규정하고 대항해야 할 충분한 이유가 되며, 또한 교황의 횡포 아래에서 멸망을 피할 수 없는 가난한 자들을 구원하기 위해 그렇게 해야 한다.

그리스도인 귀족들은 앞으로는 한 성록령도 로마의 수중에 들어가지 않게 하며 또 차후로는 어떠한 방법으로든지 로마로부터 성직 임명을 받지 않고 오히려 성록령들을 이 포악한 권력 아래에서 구출해내고 보존할 것이라는 영을 내리고 명령하고 포고하여야 한다. 그리고 합당한 수록 성직자들이 자신의 권리를 되찾고 독일에 속한 이러한 성록령을 가능한 한 가장 좋은 교단에 귀속시켜야 한다. 만약 교황특사가 로마에서 오면 그에게 가까이오지 못하게 하든지 라인강이나 가까운 강 속으로 뛰어들어가라고 명령을 내리며 또 로마의 파문장을 그 인장 및 서신과 함께 냉수욕을 시켜야 한다. 그러면 로마에 있는 자들은 독일 사람들이 언제나 술에 취해 있는 어리석은 자들이 아니라 오히려 진정으로 회심한 그리스도인이며 따라서, 악당들을 살리고 영혼들을 죽임으로써 그리스도의 거룩한 이름이 조롱당하고 멸시당하는 것을 더 이상 용인하지 않는다는 것을 유의하게 될 것이다. 독일 사람들은 사람의 권세보다 하나님의 영예를 존중히 여긴다.

3. 지금부터는 어떠한 주교도 자신의 팔리움과 일체의 성직의 인준을 로마로부터 받지 않게 하는 제국의 칙령이 공포되고, 그 대신에 모든 공의회 가운데서 가장 거룩하고 유명한 니케아 공의회의 법령이 회복되어야 한다. 니케아 공의회의 법령은, 주교는 가장 가까운 곳에 있는 두 명의 주교 또는 대주교의 인준을 받아야 한다고 규정하고 있다. 만약 교황이 이 니케아 공의회와 다른 모든 공의회들의 법령을 폐하려고 한다면 공의회를 여는 것이 무슨 소용이 있는가? 더욱이 누가 교황에게 공의회들을 경멸하고 무효화시킬 수 있는 권세를 주었는가? 만약 교황이 그러한 권한을 가지고 있다면, 우리는 모든 주교들과 대주교들과 수석주교들을 다 파면시키고 그들을 교구 신부

로만 있게 하고 사실 그런 것처럼 교황만이 그들의 상급자가 되게 하는 것은 더더욱 합당할 것이다. 왜냐하면 교황은 주교, 대주교, 수석주교들에게 아무런 정규적인 권한이나 직무도 주지 않고 있기 때문이다.

교황은 모든 것을 자기가 다 갖고 있으면서 그들에게는 단지 이름과 헛된 직함만을 보유하게 한다. 이리하여 교황의 "면속"(exemption)에 의해 수도원장과 고위 성직자들이 더이상 주교의 정상적인 권세에 복종하지 않게 됨으로써 그 결과 기독교계에는 아무런 위계질서도 없게 되고, 그 필연적인 귀결로 이미 볼 수 있는 바와 같이 징계들이 느슨해지고 온갖 종류의 악을 자유로이 저지를 수 있게 되었다. 사실 나는 교황을 "불법의 사람"(man of sin)이라고 부를 수 있지 않을까 염려스럽다. 기독교계 전체에 걸쳐 치리도 징벌도 규칙도 질서도 없다면 누가 책망을 받아야 하는가? 다름아닌 교황이 책임을 져야 한다. 교황은 자신이 강탈한 자의적인 권세를 이용하여 모든 고위 성직자들로부터 권능을 박탈한다. 그러면서 선물이나 매매를 통하여 그들이 통제하여야 하는 사람들을 그들의 권세로부터 자유롭게 해준다.

교황이 권세를 빼앗겼다고 불평하지 못하도록 하기 위하여, 수석주교나 대주교들이 어떤 문제를 해결하기에 적당치 않거나 또는 그들 가운데 분쟁이 일어날 때는 그 문제는 충분히 중요한 문제라고 생각될 때 교황에게 이송되어야 한다는 칙령이 있어야 한다. 옛날에도 이와 같이 행해졌으며 또한 저 유명한 니케아 공의회에서는 그것을 명문화하였다. 다른 사람들이 다룰 수 있는 사소한 문제들로 교황에게 짐을 지워서는 안 된다. 교황은 기독교계를 위하여 연구하고 돌보는 데에 전념할 수 있어야 한다. 실제로 교황은 사도들이 했던 대로 자기도 그렇게 한다고 주장하고 있다. 사도들은 이렇게 말하였다: "우리가 하나님의 말씀을 제쳐 놓고 공궤를 일삼는 것이 마땅치 아니하니 … 우리는 기도하는 것과 말씀 전하는 것을 전무하리라"(사도행전 6:2). 그러나 지금 로마에서는 설교와 기도가 경멸을 받고 모든 것이 공궤하는 일, 즉 세속적인 이득에 전념하고 있다. 사도들의 통치와 교황의 통치가 일치한다고 하는 것은 그리스도와 루시퍼, 하늘과 지옥, 밤과 낮이 일치한다고 말하는 것과 같다. 그런데도 교황은 그리스도의 대리자요 사도들의 계승자라고 불린다.

4. 세속적인 문제는 로마에 가져가서는 안된다는 칙령이 내려져야 한

다. 그러한 모든 사건들은 로마교도들이 자신의 교회법에서 스스로 규정하고 있는 바와 같이 세속 당국에 맡겨져야 한다. 그렇지만 그들은 이를 지키고 있지 않다. 그리스도인들의 신앙과 거룩한 삶에 관련된 문제들을 규율하고 수석주교들과 대주교들로 하여금 이러한 일에 전념하게 하고 또 그들과 합하여 이러한 문제들을 다루고 이러한 염려들을 짊어지는 것이 성경에 가장 해박(該博)하고 명목상으로만이 아니라 실제로 가장 거룩한 자인 교황의 의무여야 한다. 따라서 성 바울은 고린도전서 6[:7]에서 이와 같이 가르치면서 그들이 세속적인 일에 관여하는 것을 심하게 책망한다. 왜냐하면 이러한 사건들이 로마에서 다루어짐으로써 모든 나라에 참을 수 없을 정도의 손상을 끼치기 때문이다. 이러한 것은 비용을 증대시키며 재판관들은 다른 나라들의 관습과 법률과 생활양식을 알지 못하기 때문에 흔히 자기들 나름대로의 판단에 따라 판결을 내린다.

위에서 말한 것 외에도 교회 법정의 재판관들의 난폭한 악행들도 금해져야 한다. 그들은 오직 신앙과 도덕의 문제만을 다룰 수 있게 하고, 돈, 재산, 생명, 명예 등에 관한 문제들은 세속의 재판관들이 다루도록 맡겨져야 한다. 그러므로 세속 당국은 신앙이나 바른 행실에 관련된 문제를 제외하고는 파문이나 추방의 선고를 허용해서는 안된다.

그럼에도 불구하고 교구령과 성록령에 관한 사건들은 주교, 대주교, 수석주교들이 관할하도록 허용되어야 한다. 그러므로 분규와 다툼을 해결하기 위하여 독일의 수석주교들은 가능하다면 로마에서처럼 '시그나투라이 그라티아이'(signaturae gratiae)와 '시그나투라이 유스티티아이'(signiturae justitiae)[20]의 수장들인 배심 판사들 및 상서원 의원들과 함께 교회법정을 열어야 하며, 이 교회법정들이 독일에서 일어나는 사건들에 대하여 최종적인 공소원(公訴院)이 되어야 한다. 이 법정들은 로마에서처럼 명시되지 않은 기부금들에 의해 운영되어서는 안된다. 이런 관습은 정의와 불의를 파는 결과를 가져오는데, 지금 로마에서는 이런 일이 필연적으로 벌어지고 있다. 교황이 아무런 급료도 지급하지 않기 때문에, 그들은 자기들이 받는 기부금들로 자신의 수입을 삼지 않으면 안된다. 그 결과 로마에서는 아무것도 한 사건의 옳고 그름에 좌우되는 것이 아니라 오직 돈이 되는가 안되는가에 좌우된다.

---

20) 교황이 자신의 대권들이라고 주장하는 것들을 집행하는 두 부서.

이러한 재정적인 뇌물 대신에 이 법정들은 임명세 또는 나보다 더 뛰어나고 경험이 많은 사람들에 의해 고안된 다른 방식을 통해 유지되어야 한다. 나의 목적은 독일 국민이 교황의 비참하고 이교적이고 비그리스도교적인 통치로부터 자유롭게 되고, 기독교적인 신앙을 되찾는 데 도움을 줄 수 있는 자들에게 주의를 환기시키고 생각할 거리를 제공하려는 데 있다.

　　5. 유보 제도가 더이상 선한 것으로 받아들여져서는 안 되며 성록령도 더이상 로마에 귀속되어서는 안된다. 비록 그 재직자가 사망하거나 성록령에 관한 분쟁이 일어나거나 재직자가 추기경이나 교황의 직원(staff)이라 할지라도 마찬가지이다. 법정의 브로커는 엄격하게 금해져야 하고, 성록령을 지니고 있는 자들에 대하여 소송을 제기하거나 충실한 사제들을 로마로 소환하여 괴롭혀서 그들로 하여금 어떤 타협을 하도록 강요하는 일은 처음부터 방지되어야 한다. 만약 그렇게 한 결과로 로마에서 파문을 선포하거나 영적인 압력을 가해온다면, 이것은 마치 도둑이 그에게 도둑질하지 못하게 하는 어떤 사람을 파문하는 것이나 다름없으므로 무시해버려야 한다. 사실 로마교도들은 자기들의 강도 행위를 밑받침하기 위하여 파문과 하나님의 이름을 모독하고 오용하고 있는 것임으로 엄하게 징벌을 받아야 한다. 그들은 거짓된 위협들을 날조하여 우리로 하여금 이러한 하나님의 이름에 대한 신성모독과 기독교 권세의 남용을 용인하고 심지어 찬양하며 하나님 보시기에 악한 그들의 악행에 동참하지 않을 수 없게 하고 있다.

　　그들을 지지하는 것이 아니라 하나님 앞에서 그들에게 항거하는 것이 우리의 의무이다. 성 바울은 로마서 1〔:32〕에서 그들과 같은 자들은 사형에 처해야 마땅하다고 정죄하고 있다. 그러나 그들은 그러한 일들을 행할 뿐만 아니라 그러한 것들을 권장하고 합법화한다. 무엇보다도 가장 참을 수 없는 것은 허위로 가득찬 "마음속의 유보"이다. 왜냐하면 그것은 기독교를 모독하며 공공연하게 수치와 조롱을 당하게 하는데, 이는 그 수장이 공공연히 거짓을 일삼고 또 가증스러운 돈에 대한 애착심 때문에 모든 사람을 파렴치하게 속이고 우롱하기 때문이다.

　　6. 교황만이 사죄할 수 있는 "유보 사항"도 폐지되어야 한다. 교황은 이 제도를 통하여 사람들에게서 많은 돈을 사취(詐取)하였을 뿐만 아니라 포악

한 독재자들이 이를 통해 연약한 양심들을 유혹하고 혼란시켜 하나님에 대한 신앙에 참을수 없는 손상을 끼치기 때문이다. 특히 "코이나 도미니"(coena domini)라고 하는 교서[21]가 허풍선이처럼 떠들어대는 저 가소롭고 유치한 사건들에 대해서 그러하다. 그것들은 "평범한 죄들"이라고 부를 수도 없는 것들로서 더욱이 교황조차 사면할 수 없을 정도로 큰 죄들도 아니다. 거기에 열거되어 있는 것들 가운데서 예를 들면, 로마로 가고 있는 순례자를 방해하는 것, 회교도들에게 무기를 제공하는 것, 교황의 서신을 위조하는 것 등이다. 그들은 이와 같이 조야하고 무례하고 서투른 궤계들로 우리를 우롱한다. 그렇지만 소돔과 고모라, 하나님의 계명을 거스려 행해지거나 행해질 수 있는 모든 죄들은 유보 사항이 아니다. 하나님께서 결코 명령하신 적이 없고 그들이 스스로 날조한 것들을 범하는 것은 틀림없이 유보 사항이 된다. 그 이유는 로마교도들이 회교도들로부터 안전하게 사치스럽게 살면서 무모하고 쓸데없는 교서들과 서신들로써 세계를 묶어놓고서 아무런 방해도 받지 않고 로마로 돈을 가져오려는 것이기 때문이다.

　사실 공적(公的)으로 고소를 당하지 않은 은밀한 죄는 유보 사항이 아니며 그 죄가 무엇이든지 또는 무어라 불리든지 모든 사제는 사죄를 선포할 권능을 갖고 있다는 것을 모든 사제는 알아야 하며 공적인 칙령으로 선포하여야 한다. 그 죄가 은밀한 것이라면, 수도원장이나 주교나 교황은 그 죄를 자신 있게 유보시킬 권능이 없다. 비록 그들이 짐짓 유보를 하려고 할지라도 그들의 행위는 무효이며 헛된 것이다. 오히려 그들은 아무 권세도 없이 하나님의 판단에 간섭하고 아무 이유도 없이 무지한 자들의 연약한 양심들을 얽매고 괴롭힌 자들로서 징벌을 받아야 한다. 그러나 그 죄들이 공공연하고 널리 퍼져있는 것일 때, 특히 하나님의 계명을 거스려 범해진 것일 때, 그것은 실제로 "유보 사항"으로 삼을 이유가 된다. 그러나 그러한 경우들은 수적으로 많아서는 안되며, 자의적으로 아무 이유도 없이 유보되어서는 안된다. 왜냐하면 성 베드로가 말한 바와 같이〔베드로전서 5:3〕그리스도께서는 그의 교회에 폭군들이 아니라 목자들을 세우셨기 때문이다.

---

21) 이단자들 그리고 교황만이 사할 수 있는 범죄들에 대하여　매주　세족의 목요일에 로마에서 내려지는 교서.

7. 로마 교황은 "직위들"(officia)[22]을 폐지하고 로마에 우글거리는 해충 떼들을 줄여야 한다. 이러한 폐지의 목적은 교황의 가족을 교황 자신의 재정으로 부양할 수 있도록 하기 위해서이다. 교황의 궁정은 화려함과 사치스러움에 있어서 왕들의 궁정을 능가해서는 안 된다. 이러한 상황이 결코 기독교 신앙에 아무런 기여도 하지 못했으며 오히려 조신(朝臣)들이 연구하고 기도하는 데 크게 방해를 받아 마침내 기독교 신앙에 대하여 거의 알지 못하는 지경에까지 이르게 되었다는 것에 주의를 기울여야 한다. 이것은 최근에 로마에서 열린 공의회에서 명백하게 입증되었다.[23]

로마교도들은 이 공의회에서 다른 많은 유치하고 사소한 조항들 가운데서, 인간의 영혼이 불멸한다는 것과 사제는 한 달에 한 번씩 기도를 드려야 하며 이를 위반하면 성록령을 상실할 것이라는 조항을 규정하였다. 큰 탐욕과 부(富)와 세속적인 화려함으로 인하여 어리석게 되고 눈이 멀어 겨우 이제서야 영혼은 불멸한다는 것 정도밖에 선포하지 못하는 자들이 어떻게 기독교계와 신앙의 문제들을 해결할 수 있겠는가? 로마에서 신앙을 그렇게도 수치스럽게 다룬다는 것은 결코 사소한 수치가 아니며 모든 그리스도인들에게 영향을 미치는 수치이다. 만약 로마교도들의 부와 허영이 좀더 적다면 그들은 아마 더 부지런히 기도하고 연구할 수 있을 것이며 신앙의 문제들을 다룰 수 있는 자격이 있게 되고 다룰 수 있게 될 것이다. 이전에 그들은 그랬고 주교가 된 것으로 만족하였으며 부와 화려함에 있어서 왕을 능가하고자 아니했다.

8. 광범위하게 영향을 미치는 두려운 서약은 폐지되어야 한다. 주교들은 그릇되게 교황에 대한 서약을 강요당하는데, 이 서약으로 인해 주교들은 가사 노예들처럼 구속받게 된다. 이 규정은 교회법 가운데 쓸모없고 비학문적인 장(章)인 "시그니피카스티"(Significasti)[24]에 나오는데, 이는 자의적인 권세이며 대단히 어리석은 것이다. 로마교도들은 신앙을 약화시키고 기독교계를 파멸에 이르게 하는 그들의 수많은 어리석은 법령들을 우리의 몸과 영

---

22) 돈을 받고 파는 직위들.
23) 제5차 라테란 공의회, 주후 1512-17년.
24) *Decret. Greg.*, *lib.* I, tit. 6, cap. 4. 이것은 주교들에 의해 행해진 순종의 서약을 다루고 있다.

혼과 재산에 부과하여 괴롭히는 것으로 충분하지 않은가? 이제 그들은 서임권(敍任權)을 비롯하여 주교들의 직무와 일들을 장악하고 있다. 이전에 이것은 독일 황제에 의해 행해졌으며, 프랑스와 다른 나라들에서는 아직도 왕에 의해 행해지고 있다. 이 점을 놓고 로마교도들은 황제들과 치열하게 싸우고 논쟁을 벌였다. 그리하여 그들은 마침내 철면피한 뻔뻔스러움으로 그 권리를 빼앗아 지금까지 보유하고 있다.

그들은 독일의 그리스도인들은 다른 누구보다도 교황과 교황청의 앞잡이가 되어 다른 어느 누구도 참거나 행하지 않을 일을 행하고 참기 위하여 존재한다고 생각하고 있음에 틀림없다. 그런데 이러한 압제와 강도 행위는 주교가 자신의 정당한 권한을 행사하는 것을 방해하고 곤핍한 영혼들을 손상시키기 때문에, 황제들과 황제를 보좌하는 귀족들은 이러한 횡포를 방지하고 징벌할 의무가 있다.

9. 주교가 왕에게 왕관을 씌워주듯이 교황은 제단에서 황제에게 기름을 붓고 왕관을 씌워주는 일 외에는 황제에 대하여 다른 어떤 권한도 가져서는 안 된다. 앞으로 다시는 황제로 하여금 교황의 발에 입맞추게 하거나 그의 발 아래 앉게 하거나 그들이 말하는 대로 교황이 말을 탈 때에 등자와 말고삐를 붙잡게 하는 교황의 사악한 교만은 허용되어서는 안 된다. 마치 교황이 그런 권리를 지니고 있는 듯이 이제까지 뻔뻔스럽게 감히 요구해온 바 교황에게 경의를 표하고 자신의 주군으로 교황에게 충성을 맹세하는 일은 더더욱 해서는 안된다. 교황의 권능을 황제의 권능보다 더 높이고 있는 "솔리테"(Solite)[25] 장(章)은 한 푼의 값어치도 지니고 있지 않으며 또한 그것에 근거를 두거나 그 권위를 인정하는 사람도 한 푼의 값어치도 없다. 왜냐하면 그 장(章)이 실제로 하고 있는 것은 내가 라틴어 논문에서 보여준 것처럼[26] 하나님의 거룩한 말씀의 의미를 왜곡시켜 그 합당한 해석을 도외시하고 자기들의 야심에 맞춰 억지로 곡해하고 있는 것이기 때문이다.

교황의 이러한 과도하고 교만하고 천박하며 주제넘은 행위들은 곧 적그

---

25) *Decret. Greg.*, *lib.* I, tit. 33, cap. 6.
26) Resolutio Lutheriana super propositione XIII de potestate papae (1520).

리스도를 끌어들이고 이미 많은 사람들이 행했고 행하고 있듯이 교황을 하나님 위에 올려놓을 목적으로 사용하기 위하여 마귀가 고안해 낸 것이다. 설교하는 것과 사죄를 선포하는 것과 같은 영적인 직무 이외에는 교황을 세속 권세들보다 더 높이는 것은 마땅하지 못하다. 다른 일들에 있어서는 교황은 열등한 위치에 놓인다. 이는 바울과 베드로가 로마서 13장과 베드로전서 2〔:13〕에서 가르치고 있고 또 내가 이미 말한 바와 같다. 교황은 하늘에 계신 그리스도의 대리자가 아니라 이 땅에서 사셨던 그리스도의 대리자일 뿐이다. 왜냐하면 하늘에 계신 그리스도께서는 보좌에 앉으셔서 모든 것을 보시고 아시고 행하실 수 있다. 그분은 전능하시다. 그러나 그리스도는 이 땅에서 다니셨을 때의 형체, 즉 종으로서의 대리자를 필요로 하신다. 그리스도는 수고하며 전도하고 고난을 당하시고 죽으셨다. 그런데 로마교도들은 이것을 뒤엎고 그리스도에게서 하늘의 지배자의 지위를 빼앗아 교황에게 주고 종이라는 개념을 완전히 지워버렸다. 교황은 성경에서 적그리스도라 부르는 "반(反)그리스도"(Counter-Christ)라고 해야 할 것 같다. 왜냐하면 교황 제도와 교황의 노력들과 주제넘은 짓 전체는 그리스도께서 자신의 성령을 통해 알려준 것과 자신이 행하였던 사역을 지워버리고 파괴하는 것일 뿐이기 때문이다.

더욱이 교황이 "파스토랄리스"(Pastoralis)라는 교서에서 어리석고 사악한 말들을 사용하여 제위가 공석으로 될 경우 교황이 제국의 합법적인 상속자가 된다고 주장하는 것은 가소롭고 유치하다. 누가 그에게 그런 권리를 주었는가? "이방인의 임금들은 저희를 주관하며 … 너희는 그렇지 않을찌니"〔누가복음 22:25f.〕라고 그리스도께서 말씀하실 때에 그런 권리를 주셨는가? 아니면, 교황은 성 베드로로부터 그런 권리를 상속받았는가? 우리가 교회법에서 이와 같이 뻔뻔스럽고 조악하고 어리석은 거짓말들을 읽고 배워야 하며 또한 그런 것들이 사악한 거짓말임에도 불구하고 기독교의 교리로 받아야 한다는 것이 나를 괴롭힌다.

나아가 "콘스탄티누스 황제의 기증 문서"(Donation of Constanine)라는 전대미문의 거짓말도 역시 이와 같은 부류에 속한다.[27] 그토록 많은 알만한 사람들이 이러한 거짓말을 믿도록 설득당했다는 것은 하나님이 보낸 특별한 재앙임에 틀림없다. 이러한 거짓말들은 너무나도 조악하고 서툰 것이기 때문에 어떤 술취한 농부라도 이보다는 더 교묘하고 능란하게 속일 수 있으

리라고 나는 생각한다. 어떻게 제국을 통치하는 동시에 불쌍한 사람들을 위
하여 설교하고 기도하고 연구하며 돌보는 것을 함께 병행하며 조화시키는 것
이 가능한가? 모든 직무들 가운데서 이러한 일들은 교황에게 가장 고유한 일
들이다. 그것들은 그리스도께서 제자들에게 겉옷이나 돈을 가지고 가지 말라
고 금하실 정도로 아주 절박하게 맡겨 주신 일들이다. 왜냐하면 한 가정이라
도 책임을 맡고 있는 사람은 이러한 의무들을 거의 이행할 수 없기 때문이
다. 그러나 교황은 그대로 교황으로 남아 있으면서 제국을 다스리려고 한다.
이것은 교황의 이름을 빌어 세상을 지배하고 또 교황과 그리스도의 이름으로
로마 제국을 이전의 상태로 회복시키려고 하는 악당들이 생각해낸 것이다.

　　10. 교황은 세속사로부터 물러나고 국가 예산에서 손을 떼어야 하며 나
폴리 왕국과 시칠리아 왕국의 왕위에 대한 어떤 권리를 주장해서는 안된다.
교황은 그 왕위에 대하여 내가 가지는 것 이상의 권리를 가지고 있지 않다.
교황의 왕위 주장은 그의 거의 모든 다른 소유물들과 마찬가지로 폭력에 의
한 강도 행위이다. 그러므로 황제는 교황의 그러한 권리의 보유를 확정해서
는 안되며, 만약 이미 그렇게 한 경우들에 있어서는 지지를 철회하여야 한
다. 그 대신에 교황은 황제에게 성경과 기도서를 가리켜 주어야 한다. 교황
자신은 설교하고 기도하고 세속의 군주들로 하여금 나라와 백성을 다스리게
해야 한다.

　　이와 같은 원칙은 볼로냐(Bologna), 이몰라(Imola), 비첸자(Vicenza),
라벤나(Ravenna) 그리고 안코나(Ancona)와 로마냐(Romagna) 지방들 및
다른 이탈리아 지방들에 있는 모든 영토들에도 적용되어야 한다. 이러한 영
토들을 교황은 강제로 빼앗아 아무런 정당성도 없이 소유하고 있다. 교황은
그리스도와 성 바울의 모든 명령을 어기고 이러한 일들에 참견하여 왔다. 왜
냐하면 성 바울은 이렇게 말하고 있기 때문이다: "군사로 다니는 자는 자기

27) 1440년에 로렌초 (라우렌티우스) 발라는 울리히 폰 후텐이 1517년에 간행한 저
　　작에서 이 문서가 위작임을 증명하였는데, 이 저작은 아마 1520년에 루터에게
　　입수되었고 그를 매우 격노케 하였을 것이다. "콘스탄티누스의 기부"는 8세기의
　　문서로서 콘스탄티누스 황제에 의해 씌어진 것으로 가장하여 교황에게 로마와
　　이탈리아의 일부, "바다의 섬들"에 대한 관할권을 수여하고 있다. 이를 토대로
　　중세의 교황들은 세속권을 주장하였다. 루터는 이에 대한 주석판을 1537년에
　　간행하였다.

생활에 얽매이는 자가 하나도 없나니"〔디모데후서 2:4〕. 그런데 지금 교황은 이 기사단의 수장이자 지도자이어야 하는데도 어떤 황제나 왕보다도 더 세상 사에 참견하고 있다. 그러므로 우리는 교황이 이 모든 것을 포기하고 자신의 기사단을 돌보도록 도와야 한다.

교황이 자신을 그 대리자라고 자랑하는 그리스도는 세속의 통치를 다루기를 결코 원하지 않으셨다. 어떤 사람이 자기 형제에 관하여 판정을 해달라고 그리스도께 요청해 왔을 때, 그리스도께서는 "누가 나를 너희의 재판장으로 세웠느냐"〔누가복음 12:14〕고 말씀하셨다. 그러나 교황은 청함을 받지도 않고 뛰어들어서, 마치 자기가 하나님으로부터 권리를 수여받은 양 모든 것을 장악하여 마침내 스스로 대리자임을 자처하는 그리스도가 어떤 분이신지도 더이상 알지 못하게 된다.

11. 아무도 다시는 교황의 발에 입을 맞춰서는 안 된다. 한 가련한 죄인이 자기보다 100배나 더 선한 사람으로 하여금 자기 발에 입맞추게 하는 것은 비기독교적이다 못해 반기독교적이다. 만약 이것이 교황의 권위에 경의를 표하는 것이라면, 왜 교황은 다른 사람들에게 그들의 거룩함에 경의를 표하여 그와 같이 행하지 않는가? 그리스도와 교황을 서로 비교해 보라. 그리스도께서는 제자들의 발을 씻으시고 닦아 주셨다. 그러나 제자들은 그리스도의 발을 씻기지 않았다. 그리스도보다 더 높은 체 하는 교황은 이 관계를 뒤집어서 마치 큰 호의를 베푸는 양 사람들로 하여금 자기 발에 입맞추게 한다. 그러나 교황은 어떤 사람이 자신의 발에 입맞추려고 한다면 그러한 짓을 행하지 못하도록 온갖 노력을 다하는 것이 합당하다. 바울과 바나바는 루스드라에서 사람들이 자기들을 신으로 섬기려고 하자 이를 막으며 오히려 "우리도 너희와 같은 성정을 가진 사람이라"〔사도행전 14:11-16〕라고 밝혔다.

그러나 우리의 아첨꾼들은 우리를 위하여 우상을 만드는 경지에까지 사태를 발전시켰다. 그 결과 이제는 아무도 하나님을 교황만큼 두려워하지 않으며 또한 아무도 하나님을 교황을 대하듯이 공경하지 않는다. 이러한 사실은 로마교도들을 괴롭히지 않는다. 그들은 교황의 광휘가 털끝만큼이라도 손상되는 것을 용납하지 않을 것이다. 만약 그들이 그리스도인이고 또 하나님의 영예를 자기들의 명예보다 더 높인다면, 교황은 하나님의 영예가 경멸을 당하고 자기 자신이 높여지는 것을 보고 만족해하지 못할 것이다. 교황은 하나님의 영예가 다시 높여지고 자신의 영예보다 더 높여지는 것을 볼 때까지 아무도 자기에게 영예를 돌리지 못하게 할 것이다.[28]

〔이와 같은 과도하고 수치스러운 교만의 또다른 예는 교황이 야외에서 운동을 하는 가증스러운 방식인데 교황은 말을 타거나 또는 마차에 타는 것으로 만족하지 않고 힘이 있고 건강함에도 불구하고 들어보지도 못한 정도로 화려하게 우상처럼 가마꾼들에 의해 운반된다는 것이다. 사랑하는 독자들이여, 어떻게 이러한 사단적인 교만이 모든 제자들과 마찬가지로 맨발로 걸어 다니셨던 그리스도와 조화를 이루는가? 세속적인 영광을 경멸하고 그것으로부터 도피하여야 하는 모든 사람들 곧 그리스도인들의 수장이라고 자처하는 사람의 세속성과 허영을 따라갈 왕이 과연 세상에 있었던가? 이러한 것이 교황에 대한 우리의 생각을 혼란시키지 않고 우리가 이러한 교만을 칭찬하고 전혀 분개하지 않는다면, 분명히 우리는 하나님의 진노를 받을 위험에 처해 있는 것이다. 교황 자신이 어리석은 허영에 빠져서 이와 같이 야단을 떠는 것으로 충분하며, 우리가 그것에 동의하고 승인한다는 것은 안될 일이다.

더욱이 교황이 성찬을 받는 모습을 지켜보면서 어떤 그리스도인이 마음으로 즐거워할까? 교황은 황금 지팡이를 지니고 영주처럼 근엄하게 앉은 채로 추기경이 무릎을 꿇고 허리를 굽혀서 가져다주는 성찬을 받는다. 그것은 마치 이 거룩한 성례가 실제로 교황만큼도 가치가 없는 것처럼 보이게 한다. 왜냐하면 교황은 가련하고 더러운 죄인인데도 하나님 앞에서 서서 경의를 표하지 않기 때문이다. 이것은 가장 거룩한 아버지인 교황보다 훨씬 더 거룩한 다른 모든 그리스도인들이 성찬을 받는 방식 — 가장 경건한 태도로 — 을 보여준다. 하나님께서 재앙을 보내신다고 하여도 그것이 놀랄 일이겠는가? 왜냐하면 우리는 고위성직자들이 하나님을 이런 식으로 모욕하는 것을 묵인하며 또한 우리 자신도 침묵이나 아첨으로 이 가증스러운 교만에 동참하고 있기 때문이다.

교황이 행렬 중에 성찬을 가지고 다닐 때도 이와 같은 것을 볼 수 있다. 교황은 이동하고 있음에 틀림없건만 성찬은 식탁 위에 놓인 포도주 병처럼 그의 앞에 놓여 있다. 요컨대 로마에서 그리스도는 아무것도 아닌 것으로 여김을 받으며, 교황은 가장 중요한 존재로 여김을 받는다. 그런데도 로마교도

---

28) 이하의 세 단락은 루터의 가장 초기의 판본에는 없다.

들은 우리에게 이러한 적그리스도적인 범죄들을 시인하고 찬양하며 합류하며 존경하라고 강요하며 위협한다. 이것은 하나님과 모든 기독교적 가르침에 반하는 것이다. 하나님께서 자유로운 공의회를 도와주셔서 교황도 하나의 인간이며 지금 그가 자처하고 있듯이 하나님보다 크지 않다는 것을 교황에게 가르치소서.)

12. 로마 순례는 폐지되어야 한다. 단지 호기심이나 자신의 종교심에 의해 충동적으로 결심한 사람에게는 이러한 순례가 허용되어서는 안된다. 오히려 그는 먼저 교구사제나 시 당국이나 주군에 의해 순례를 할 만한 충분하고 타당한 이유가 있음을 인정받아야 한다. 내가 이렇게 말하는 것은 순례가 나쁘기 때문이 아니라 오늘날 무분별하게 행해지고 있기 때문이다. 왜냐하면 사람들은 로마에서 좋은 본이 아니라 거리끼게 하는 것만을 보기 때문이다. 로마교도들 자신이 "로마에 가까우면 가까울수록 그리스도인이 더 나쁘게 된다"라는 격언을 만들어 냈다. 로마교도들은 하나님과 그의 계명에 대해 경멸하는 마음을 사람들에게 일으킨다. 또 이런 말이 있다: "처음에 사람들은 로마에 가서 악당을 찾아야 하고, 두번째는 악당을 찾으며, 세번째는 그를 집으로 데리고 온다." 그러나 지금은 로마교도들은 매우 똑똑해져서 세 번의 여행에서 얻을 것을 단번에 얻게 해주는데, 실제로 로마에서 그들은 "로마를 보지 않았거나 알지 않았더라면 더 나을 것이다"라는 말을 우리에게 만들어 주었다.

비록 이것이 사실이 아니라고 할지라도 더 중대한 이유가 있다. 즉 이러한 순례는 훈련받지 못한 사람들을 유혹하여 그릇된 공상과 하나님의 계명에 대한 잘못된 이해에 빠지게 한다. 단순한 사람들은 순례를 하는 것이 드물게 귀한 선행이라고 생각하는데, 이것은 사실이 아니다. 순례는 전혀 공로가 될 수 없는 행위이며, 자주 반복한다면 악하고 미혹적인 행위가 된다. 하나님께서는 그러한 명령을 주신 적이 없다. 오히려 하나님께서는 인간에게 아내와 자녀들을 돌보고 결혼 생활에 따르는 의무들을 행하며, 이외에도 이웃을 섬기고 도우라고 명하셨다. 아무도 명령하지 않았는데 로마 순례를 하고, 고향에서는 아내와 자녀들 또는 이웃이 고통에 시달리고 있는데도 50굴덴이나 100굴덴의 돈을 소비한다. 그런데도 이 어리석은 자는 하나님의 계명에 대한 이러한 불순종과 경멸이 자기 멋대로 행한 순례 ― 이는 순전히 자기 생각에 의한 것이거나 사단의 꼬임이다 — 에 의해 속죄될 것이라고 생각한다. 교황들은 기만적이고 날조되고 어리석은 "황금의 해"(Golden Years)를 설정해 이러한 것을 조장하였다. 그리고 이것은 사람들을 선동하여 하나님의 계명에 대해 눈멀게 하며 잘못된 일들로 그들을 미혹한다. 이런 식으로 교황들은 바로 자기들이 마땅히 금해야 할 바로 그 일을 오히려 일으켜 왔다. 그러나 이런 일은 돈을 가져오고 거짓된 권위를 강화하는 역할을 하였다. 그러므로 그들은 하나님의 뜻과 영혼의 구원에 반하는 것은 문제삼지도 않고 이런 일을 계속하지 않으면 안되었다.

순진한 그리스도인들에게서 이와 같이 잘못되고 미혹적인 신앙을 발본색원하고 공로가 되는 행위에 대한 올바른 이해를 재정립하기 위하여 모든 순례는 중단되어야 한다. 순례는 아무런 가치도 없다. 순례를 명하는 계명은 없으며, 교회법에 대한 복종도 순례를 요구하지 않는다. 오히려 순례는 죄를 범할 기회와 하나님의 계명을 경멸할 수 있는 기회를 아주 자주 제공한다. 여기서 이런 순례 도중에 무수한 악행을 행하고 궁핍하지도 않을 때에 구걸하는 습성을 배우는 많은 거지들이 생겨난다.

순례는 여기서 일일이 열거할 수 없는 방종과 다른 많은 폐단들을 생겨나게 한다. 이제 만약 어떤 사람이 순례를 행하거나 순례의 서약을 행하려고 하면 먼저 교구사제나 주군에게 가서 그 이유를 말하도록 해야 한다. 만약 그의 목적이 선행을 하는 것으로 밝혀지면, 사제나 군주는 서약과 선행을 마귀의 미혹으로 보고 가차없이 짓밟아 버리고, 순례에 필요한 돈과 노력을 하나님의 계명을 지키는 일, 또 자신의 가정이나 가난한 이웃들의 필요들을 위하여 천 배나 더 좋은 일을 하는 데 사용하도록 그에게 말해주어야 한다. 그러나 만약 그의 목적이 자신의 호기심을 충족시키는 것이고 새로운 나라와 도시들을 관광하려는 데 있다면, 그가 원하는 대로 순례를 행하도록 허용하는 것이 좋다. 그러나 만약 그가 병중에 서약을 했다면, 이러한 서약은 무효화되고 폐기되어야 한다. 이와는 반대로 하나님의 계명을 강조하고 앞으로는 그가 세례를 받을 때에 행한 서약 곧 하나님의 계명을 지킨다고 한 서약으로 충분하다는 것을 알게 하여야 한다. 그러나 그의 양심을 만족시키기 위하여 자신의 어리석은 서약을 이행하도록 이런 순례를 한 번은 허용할 수 있을 것이다. 사람들은 모든 사람에게 공통적인 하나님의 계명이라는 곧게 뻗은 길을 걸으려고 하지 않는다. 마치 자기가 하나님의 다른 모든 계명에 대한 순종을 완수하기라도 한 듯이 모든 사람은 각자 새로운 길을 발견하며 스스로 새로운 서약을 한다.

13. 이제 많은 서약을 하지만 지키는 것은 적은 저 큰 무리들에 대하여 말하고자 한다. 나의 사랑하는 독자들이여, 화내지 말라. 나는 그릇된 것을 의도하지 않는다. 탁발 수도원은 건립되어서는 안된다는 것은 진리로서 달콤함과 동시에 쓰다. 이미 이러한 탁발 수도원들이 너무나 많다는 것을 하나님은 아신다. 하나님께서 원하신다면 이러한 것들을 다 해체하거나 두세 개의 수도단으로 통합하는 것이 좋을 것이다. 단지 이 땅을 여기 저기 유랑하는 일은 이제까지 아무런 선한 것도 가져오지 못했으며 앞으로도 가져오지 못할 것이다. 그러므로 나는 열 개의 수도원 또는 필요한 만큼의 수도원을 하나의 수도원으로 통합하여 단일한 기관으로 만들라고 충고하고자 한다. 그런 수도원은 모든 것이 충분히 공급되어 더이상 구걸하지 않아도 되게 하여야 한다. 성 프란체스코, 성 도미니쿠스, 성 아우구스티누스 또는 다른 어떤 사람이 창설한 탁발 수도단들을 위해 규정된 규칙들보다도 수많은 일반 사람들의 구원을 위하여 무엇이 필요한가에 관심을 갖는 것이 훨씬 더 중요하다. 이는 특히 그 수도단들의 목적이 이루어지지 못했기 때문이다.

이러한 수도단들은 주교, 교구사제, 교회, 세속 권세에 의해 특별한 요청을 받는 경우를 제외하고는 설교하고 고해를 듣는 일을 피해야 한다. 그들이 설교하고 고해를 듣는 것은 단지 사제와 수도사간의 증오와 시기만을 불러일으킬 뿐이었는데, 이것은 일반 사람들에게는 큰 거리낌과 장애물이 되어 왔다. 그러므로 그러한 것이 없이도 잘 지낼 수 있으므로 중지하는 것이 마땅하며 아주 바람직하다. 거룩한 로마 교황청이 이러한 큰 무리를 괜히 증가시킨 것은 아닌 듯하다. 이것은 교황청의 횡포에 지친 사제들과 주교들이 언제고 교황청으로서는 감당할 수 없을 정도로 지나치게 강해져서 교황의 마음에 들지 않을 개혁을 시작하지 못하게 하기 위해서이다.

이와 아울러 하나의 수도단 내의 여러 분파와 차이들도 폐기되어야 한다. 이러한 것들은 흔히 사소한 이유에서 생겨났으며, 한층 더 사소한 이유로 유지되어 왔다. 분파들은 말로 다할 수 없는 증오와 시기심으로 서로 싸우고 있다. 그 결과 본질적으로 아무런 차이도 나지 않는 기독교 신앙을 양편 모두가 잃어버리게 된다. 이 모든 것의 결과는 참된 그리스도인의 삶의 정수와 의미는 외적인 법령들과 행위들과 관습들 가운데서 찾아질 수 있다는 견해이다. 그러나 모든 사람이 스스로 볼 수 있듯이 이러한 것들은 위선만을 불러일으키고 영혼을 파멸시킬 따름이다.

교황이 이러한 수도단(orders)을 더이상 세우고 승인하는 것도 금지되어야 한다. 사실 교황은 몇몇 수도단을 해체하라는 영을 내리거나 그 수도단들로 하여금 그 수를 줄이지 않을 수 없도록 해야 한다. 왜냐하면 유일한 최고의 선(善)이고 수도단 없이도 존재할 수 있는 그리스도에 대한 신앙이 적지않은 위협을 당하고 있기 때문이다. 서로 다른 많은 행위들과 관습들은 사람들을 잘못 인도하여 믿음을 돌보기보다는 이러한 행위들과 관습들에 의존하도록 하기 쉽다. 자기 수도단의 규칙보다 기독교 신앙을 설교하고 실천하는 데 마음을 쓰는 지혜로운 고위성직자들이 수도원에 없으면, 그 수도단은 단지 행위만에 주의를 기울이기 때문에 단순한 사람들에게 해를 끼치고 미혹시킬 수밖에 없다.

그러나 오늘날에는 거의 모든 곳에서 신앙을 가지고 수도단들을 창설한 고위성직자들은 거의 다 죽고 없다. 옛날에 이스라엘 자녀들 가운데서 하나님의 역사(役事)와 기사(奇事)를 알고 있었던 족장들이 죽었을 때에 그 자녀들이 하나님의 역사와 신앙에 대한 지식이 없어서 곧 우상을 숭배하고 자신들의 인간적인 행위들을 내세우기 시작하였다. 이와 마찬가지로 불행히도 오늘날에도 수도단들은 하나님의 역사와 신앙에 대한 지식이 없어서 그들의 규칙과 법령과 관습을 따라 지키려고 온갖 노력을 하며 스스로를 불쌍하게 괴롭힐 뿐 경건하고 덕스러운 삶을 이루고 있는 것이 무엇인지를 올바르게 이해하지 못하고 있다. 이것을 사도는 미리 예언한 바 있다: "경건의 모양은 있으나 경건의 능력은 부인하는 자니 … 항상 배우나 마침내 진리의 지식에 이를 수 없느니라"(디모데후서 3〔:5-7〕). 기독교 신앙에 정통한 영적인 고위성직자가 수도원의 우두머리로 있지 않다면 오히려 그 수도원은 없는 것이 더 낫다. 왜냐하면 그렇게 영적이지 못한 자가 다스리게 되면 사람들을 해치고 해롭게 할 것이며, 그의 외적인 행실이 거룩해 보이고 경건한 삶에 관심을 갖는 듯이 보이면 보일수록 그러한 해는 더욱 클 것이기 때문이다.

내 생각에는 특히 우리 시대와 같이 위험한 시대에는 모든 수도원들은 사도 시대와 그 이후의 오랜 기간에 있어서 규율되었던 방식으로 되돌아가도록 영을 내릴 필요가 있다고 본다. 그 시절에는 수도자들은 자기가 원하는 대로 자유롭게 머물 수 있었다. 수도원들은 성경과 기독교적인 방식에 따른 행실을 가르치는 기독교 학교들이었을 따름이다. 수도원들은 배우는 사람들에게 교회를 이끄는 법과 설교하는 법을 훈련시켰다. 따라서 성 아그네스가 학교에 다녔다는 것을 우리는 읽으며, 또한 아직도 퀘들림부르크와 그밖의 곳들에 있는 것들과 같은 몇몇 수녀원에서는 이와 동일한 관례가 행해지고 있는 것을 우리는 볼 수 있다. 사실 모든 수도원과 수도단들이 아주 자유로워서 형제들이 어떤 구속 아래에서가 아니라 자발적으로 온전히 하나님을 섬길 수 있어야 한다.

그러나 후대에 수도원과 수도단들은 서약에 의해 제한되었고 평생의 감옥으로 변해 버렸다. 그리하여 오늘날 이러한 서약은 세례의 서약보다도 더 중요시되었다. 그러나 우리는 그것들이 어떠한 열매를 맺고 있는지를 날마다 점점 더 많이 보고 듣고 읽고 배운다. 나의 의견이 극히 어리석은 것으로 여겨질까 두렵지만, 그런 것을 염려하지는 않는다. 누가 뭐라고 해도 나의 견해는 나의 양심과 합치한다. 나는 서약, 특히 금욕(아래에서 계속 사용되는 continence는 결혼하지 않는 금욕:역주)의 서약이 어떻게 지켜지고 있는지를 잘 안다. 금욕의 서약은 이러한 수도원들 가운데 널리 퍼져있으나 그리스도께서 이를 명령하신 적은 없다. 사실 그리스도와 성 바울은 금욕을 지키는 것은 단지 소수에게 주어졌다고 말씀하고 있다. 이것이 모든 사람에게 도움이 되기를 바라며 또한 그리스도인들의 영혼이 인간이 고안해낸 자의적인 관습과 규칙들에 의해 사로잡히지 않기를 바란다!

14. 또한 우리는 사제직이 얼마나 타락했는지를 알고 있다. 많은 가련한 사제들이 아내와 자식을 책임지고 있으며 양심에 가책을 받고 있다. 그러나 그들을 돕는 것이 매우 자비로운 행위임에도 불구하고 아무도 손을 빌려주지 않는다. 교황과 주교들은 이러한 폐단들을 방치하여 파탄 — 이것이 파탄에 틀림없다면 — 에 이르게 할 수 있지만, 나는 교황과 주교들 또는 그밖의 다른 사람들을 해치는 한이 있어도 내 양심에 따라 내 생각을 자유로이 말하고자 한다. 내가 말하고자 하는 것은 그리스도와 사도들이 제정한 것에 따라 한 도시에 한 명의 교구목사(a pastor) 또는 주교(a bishop=감독=여러 목사들 가운데 선출된 목사:역주)를 두어야 한다는 것이다. 바울은 디도서 1장에서 이것을 분명하게 말하고 있고 그 목사(감독=주교:역주)로 하여금 강

제로 아내 없이 살게 해서는 안 된다고 말하고 있다. 성 바울이 디모데전서 3〔:2, 4〕과 디도서 1〔:6〕에서 말하고 있듯이 목사(감독=주교:역주)는 한 명의 아내를 가질 수 있다: "감독은 책망할 것이 없으며 한 아내의 남편이 되며 … 자녀들로 모든 단정함으로 복종케 하는 자라야 할찌며 …" 성 바울에 따르면 주교(=감독)와 교구목사는 동일한데, 성 제롬도 이를 증거하고 있다. 기독교회의 규례에 따라 여러 목사들을 다스리는 오늘날과 같은 주교들을 성경은 아무것도 모른다.

이렇게 그리스도인들이 따라야 할 방식은 각각의 도시가 개 교회의 교인들 가운데서 한 사람의 학식있고 경건한 시민을 택하여 그에게 사제의 직무를 맡기고 교회의 비용으로 그를 부양하며 또한 결혼을 하든지 안하든지 자유로운 선택권을 그에게 주어야 한다는 것임을 사도는 우리에게 분명히 가르치고 있다. 그 사람은 자신들의 결심에 따라 결혼할 수도 있고 하지 않을 수도 있는 사제나 부제들을 몇 사람 두어 설교와 성례로써 교회와 많은 사람들을 돌보는 데 있어서 자신을 돕도록 하여야 한다. 이것은 아직도 그리스 교회에서 행해지고 있는 관습이다. 많은 박해가 일어나고 이단자들과의 많은 논쟁이 일어난 사도 시대 이후에는 연구하는 일에 더욱 더 온전히 헌신하거나 언제든지 신앙을 옹호하다가 죽을 준비를 할 목적으로 자발적으로 결혼을 포기하는 거룩한 교부들이 많았다.

그런데 이 시점에서 교황청은 완전히 자신의 주도하에 개입하여 이 관행을 보편적인 준칙으로 변질시켰다. 서품받은 자가 결혼하는 것을 금하였던 것이다. 마귀가 이것을 명하였음에 틀림없다. 왜냐하면 성 바울은 디모데전서 4〔:1-4〕에서 "귀신의 가르침을 좇으리라 …혼인을 금하고"라고 밝히 말하고 있기 때문이다. 불행히도 헤아릴 수조차 없이 많은 통탄스러운 일들이 벌어졌다. 더욱이 그것은 그리스도의 교회가 분리되는 계기가 되었으며, 또한 마귀가 주도하고 일으키는 일들이 다 그러하듯이 분규와 죄와 수치와 추문들이 끝없이 이어졌다.

우리는 이에 대해 어떻게 해야 하는가? 나는 그러한 속박을 깨뜨리고 모든 사람들로 하여금 결혼을 하든지 않든지 자유로이 선택할 수 있도록 하라고 충고한다. 그러나 그런 경우에는 급료 지불이 상당히 달라져야 할 것이고, 교회법 전체가 토대로부터 파괴되어야 하며, 많은 성록령이 로마의 것이 되지 않아야 한다. 나는 탐욕이 통탄스럽고 억제하기 힘든 독신의 한 원인이 아닐까 두렵다. 그 결과 모든 사람이 사제(priest=중세의 신부:역주)가 되기를 원하고 또 모두가 자기 아들에게 이를 염두에 두고 공부를 시키기를 원한다. 그러나 금욕은 그가 생각하는 삶이 아니다. 왜냐하면 금욕은 사제직과 결합되지 않고서도 실천될 수 있기 때문이다. 오히려 그 목적은 일을 하지도 않고 걱정도 없이 현세적인 재물을 취하는 것이다. 이것은 창세기 3〔:19)에 나와 있는, "네가 얼굴에 땀이 흘러야 식물을 먹고"라는 하나님의 명령에 반하는 것이다. 로마교도들은 예식을 거행하고 성례를 집행하는 것이 그들의 일이라는 것을 이 명령이 의미하고 있다고 해석한다.

나는 여기서 교황, 주교, 참사회원, 수도사들을 가리키는 것이 아니다. 이것들은 하나님께서 제정하지 않으신 직분들이다. 그들은 스스로 짐을 짊어졌으니 그 짐을 운반해야 한다. 나의 목적은 하나님께서 제정하셨고 또 설교와 성례에 의해 한 개 교회를 훈련시킬 목적으로 제정된 직무에 대하여 말하는 것이다. 목회자들은 교구민 가운데서 살고 그들 가운데 거처하여야 한다. 이러한 목회자들에게는 유혹과 죄를 피하게 하기 위하여 결혼할 수 있도록 교회 공의회에서 허락하여야 한다. 이는 하나님께서 그들에게 금하지 않았다면 아무도, 교황은 말할 것도 없고 하늘의 천사라 할지라도 그들을 속박해서는 안되며 또 속박할 수도 없기 때문이다. 이에 배치되게 교회법에 규정되어 있는 모든 것은 전적으로 지어낸 것이며 무익한 잡담에 지나지 않는다.

더욱이 서품을 받거나 어떤 다른 소명을 택하는 사람은 누구든지 결코 주교에게 독신으로 남을 것을 서약하지 말기를 나는 충고한다. 오히려 주교에게 그가 그러한 서약을 요구할 권리가 없으며 그러한 것을 요구하는 것은 불경건한 횡포라는 것을 지적해주라. 만약 어떤 사람들이 말하는 것처럼 "인간의 본성이 허락하는 한"[29]이라고 말하기를 원하거나 그렇게 말할 수밖에 없는 경우에는, 그 사람은 솔직하게 이 말을 "나는 금욕을 약속하지 않는다"[30]는 부정의 의미로 해석하도록 하라. 왜냐하면 "인간의 연약함은 금욕의 삶을 허락하지 않고"[31] 오직 "천사의 힘과 하늘의 영웅적 능력"[32]만이 이를 허락하기 때문이다. 이는 그의 양심이 서약에 의해 짐을 짊어지지 않도록 하기

---

29) "Quantum fragilitas humana permittet".
30) "non promitto castitatem".
31) "fragilitas humana non permittet caste vivere".
32) "angelica fortitudo et celestis virtus".

위함이다.

아직 결혼하지 않은 사람이라면 결혼해야 하는가 또는 안해야 하는가 하는 문제에 대해서는 어느 쪽으로도 충고하고 싶지 않다. 나는 이 문제를 교회의 기독교적 공의회와 그 사람의 더 나은 자기(self)의 양심에 맡긴다. 그러나 나는 고통 속에 있는 많은 사람들에게 나의 진정한 견해를 숨기지 않을 것이며 그들로부터 위로의 말을 거두지도 않을 것이다. 내가 의미하는 것은 지금 자기들의 아내가 "사제의 창부"라고 불리고 자녀들이 "사제의 새끼들"이라고 불림으로 인하여 수치를 당하고 양심의 고뇌를 당하고 있는 사람들이다. 나는 광대가 되겠다는 나의 주장으로 인하여 이러한 권리를 갖는다.

자신의 연약함으로 인하여 여자와의 불미스러운 관계에 빠진 것 외에는 아무것도 흠잡을 데 없는 충실한 사제가 많다. 이 사제와 여자는 마음 속 깊이 서로를 사랑하기 때문에 좋은 양심으로 가능하기만 하다면 정상적인 부부로 결합되어 신실하게 영원히 함께 살기를 기뻐할 것이다. 이러한 두 사람은 공공연한 불명예를 겪긴 하겠지만 분명히 하나님 보시기에 결혼한 사람들이다. 그리고 이 두 사람이 그럴 마음이 있고, 그러한 바탕 위에서 정상적인 삶으로 들어간다면, 그들은 대담하게 자신들의 양심을 지켜야 한다는 말을 나는 덧붙이고 싶다. 그 사람은 그 여자를 자신의 합법적인 아내로 취하여 지키고 또 다른 점들에 있어서 그녀 남편으로 그녀와 정상적인 방식으로 살아야 한다. 그리고 교황이 그런 것을 원하는지 않는지 또는 그것이 교회법이나 인간이 만든 법령에 위배되는지 않는지에 대해서는 전혀 개의치 말라. 당신 영혼의 구원이 포악하고 압제적이며 자의적인 법령보다 훨씬 더 중요하다. 이러한 법령은 구원을 위하여 필요한 것이 아니며 하나님께서 명령하신 것도 아니다. 당신은 애굽에서 자기들이 일하여 번 임금을 몰래 가져온 이스라엘 자녀들처럼 되어야 하며 또는 악한 주인에게서 자기가 번 임금을 훔친 어떤 종처럼 되어야 한다. 이와 같이 당신도 교황에게서 당신의 아내와 자녀를 훔치라.

이러한 모험을 감행할 만한 신앙이 있는 사람은 담대하게 나의 말을 따르라. 나는 그를 잘못 인도하지 않을 것이다. 나에게 교황의 권위는 없으나, 모든 죄와 유혹을 피하라고 나의 이웃을 충고하고 도울 수 있는 그리스도인의 권위는 있다. 그리고 여기에는 그럴 만한 원인 또는 이유가 있다. 모든 사제는 아내 없이 지낼 수 없다. 이는 육신이 연약함으로 인해서만이 아니라 오히려 가정을 필요로 하기 때문이다. 그러므로 만약 사제가 한 여인을 고용하고 또 교황이 그에게 그런 일을 허락하면서도 그 여자와 결혼하지 못하게 한다면, 남녀를 홀로 있게 하면서 그들이 타락하는 것을 금하는 일이 아니고 무엇인가? 이것은 불과 짚을 함께 모아놓고는 연기도 내지 말고 타지도 말라고 명령하는 것과 마찬가지이다.

둘째로, 교황은 먹고 마시는 것이나 그밖의 자연스러운 기능의 수행이나 살찌는 것을 금할 권능이 없는 것처럼 그러한 규칙을 만들 권능이 없다. 그러므로 아무도 이 규칙을 지킬 의무가 없다. 반면에 교황은 이러한 규칙으로 인하여 범해진 모든 죄와 그것으로 인하여 망하게 된 모든 영혼과 그것으로 인하여 혼란에 빠지고 괴로워하는 모든 양심에 대하여 책임을 져야 한다. 그러므로 사실은 교황은 사단의 올가미로 너무나도 많은 불쌍한 사람들을 목졸라죽인 죄로 오래전에 세상에서 추방당했어야 했다. 그러나 나는 살아있을 때 교황의 은혜를 입은 사람보다 임종시에 하나님께 은혜를 입은 사람들이 많기를 바란다. 교황 제도와 그 법령으로부터는 이제까지 좋은 것이 나온 일이 없으며 앞으로도 나오지 않을 것이다.

교황의 법령에 어긋남에도 불구하고 결혼 상태가 교황의 법령에 거슬려 시작되었다면, 교황의 법령은 무효화되었으며 아무런 타당성도 보유하지 못한다. 왜냐하면 아무도 남편과 아내를 떼어 놓지 말라고 하는 하나님의 계명은 교황의 법령보다 훨씬 우월하기 때문이다. 또한 하나님의 계명은 교황의 명령들 때문에 파괴되거나 무효화될 수 없다. 그럼에도 불구하고 많은 무모한 법학자들이 교황의 편을 들어 결혼에 대한 장애들을 고안해 내어 결혼 상태를 방해하고 파괴하고 혼란에 빠뜨림으로써 하나님의 계명을 완전히 파괴했다. 내가 이에 대해 더 자세하게 말할 필요가 있을까? 교회법 가운데는 경건한 그리스도인에게 교훈이 될 만한 것이 단 두 줄도 없다. 그리고 불행히도 그릇되고 위험스러운 법령들이 너무나 많기 때문에 이것을 불살라 버리는 일보다 더 좋은 일은 없을 것이다.

만약 당신이 교황이 사전에 특면을 하지 않은 성직자의 결혼은 거리끼는 짓이라고 하여 반대한다면, 나는 그 결혼 속에 거리낌이 있다면 그것은 아무 권리도 없이 하나님에게 거슬러 이러한 법령을 제정한 로마 교황청의 잘못이라고 대답할 것이다. 하나님과 성경 앞에서는 아무런 거리낌도 없다. 더욱이 만약 교황이 돈을 위하여 탐욕적이고 억압적인 법령으로부터의 특면을 허락할 수 있다면, 모든 그리스도인은 하나님과 영혼의 구원을 위하여 바로 그 법령으로부터의 특면을 허락할 수 있다. 왜냐하면 그리스도께서는 우리를 모든 인간의 법령에서 해방시켜 주셨기 때문이다. 특히 인간의 법령이 하나님과 영혼의 구원에 배치될 때 더욱 그러하다. 성 바울은 갈라디아서 5〔:1〕과 고린도전서 9〔:4f.〕에서 그렇게 가르치고 있다.

15. 또한 나는 수도원들의 슬픈 현실을 잊지 않을 것이다. 오늘날 인간의 법령으로 이 세상의 모든 계층의 사람들을 혼란에 빠뜨리고 또 삶을 견딜 수 없는 것으로 만든 악한 영은 몇몇 수도원장, 수녀원장, 고위성직자들을 사로잡았다. 그 결과 그들은 형제들과 자매들을 다스리면서 아주 속히 그들로 하여금 지옥에 이르게 하고 있다. 마귀의 모든 희생자들이 그러하듯이 가없은 존재들은 여기 이 땅에서 비참한 생을 보내고 있다. 자세히 말하자면, 교황옹호론자들은 은밀하게 범해진 대죄(大罪)들 전부나 적어도 일부를 자신의 특면 사항으로 유보해 둔다. 따라서 어떤 수도사도 복종의 서약 아래 있고 파문의 형벌하에 있는 자의 이 대죄를 사면하지 못한다. 어떤 곳에서도 사람들은 내내 천사가 아니며 살과 피를 지닌 인간일 따름이다. 고위성직자들이나 지정된 고해 신부에게 자신의 은밀한 죄들을 고백하기보다는 차라리 파문과 위협을 감내하고자 하는 사람들이 있다. 이리하여 이런 사람들은 "범칙자"(irregulares)[33]가 되는 양심과 다른 많은 비참한 것들을 지닌 채 성찬을 받게 된다. 오, 눈먼 목자들이여, 오, 무모한 고위성직자들이여, 오, 탐욕스러운 이리들이여!

이에 대해 내가 말하고자 하는 것은 이렇다: 공공연하게 흉악한 죄들을 고위성직자가 징벌하는 것은 옳다. 그는 이런 죄들만을 유보할 수 있고 다른 죄들에 대해서는 그렇게 할 수 없으며 그러한 죄들을 예외로 만들지 못한다. 그러나 그는 아무리 거리끼는 죄라 할지라도 은밀한 죄들을 다룰 권세가 없다. 만약 고위성직자가 이러한 죄들에 대한 관할권을 주장한다면, 그는 아무런 정당성 없이 하나님의 판단을 침해하는 폭군으로 행하는 것이 된다. 그런 까닭에 나는 수도사이든 수녀이든 그와 같은 가없은 자들에게 이런 충고를

---

33) 세 종류의 죄를 범한 수도사들과 수녀들에 대하여 적용되는 용어: 특히 육신의 범죄들, 성례를 게을리한 죄, 23가지 구체적인 사례의 범죄들.

하고 싶다. 만약 당신의 상급자가 당신이 원하는 사람에게 당신의 은밀한 죄를 고백하는 것을 허락하지 않는다면, 누구나 원하는 수도사나 수녀에게 그 죄를 고백하고 사죄와 위로를 받은 후에 돌아가서 무엇이든 자신이 원하고 또 해야 할 일을 행하라. 당신은 사함을 받았다는 것을 확고하게 믿기만 하라. 그 이상의 것은 아무 것도 필요치 않다. 그리고 파문이나 "범칙자"(irregulares)가 되는 것 등등의 위협에 마음을 쓰거나 그런 위협으로 인해 그릇된 길로 나가지 말라. 이러한 것들은 자진하여 고백하려고 하지 않는 공공연하게 드러난 죄나 널리 알려진 죄의 경우에 있어서만 타당하다. 이러한 것들은 당신에게 전혀 적용되지 않는다.

　오, 눈먼 고위성직자여, 은밀한 죄들을 배제시켜 위협의 울타리 안으로 몰아 넣는 것에 대해 당신은 어떻게 생각하는가? 당신이 공적으로 다룰 수 없는 것은 그대로 두라. 하나님의 판단과 자비가 당신이 돌보는 사람들 가운데서 역사하게 하라. 하나님께서는 그들에게서 완전히 손을 떼실 정도로 그들을 당신의 손에 전적으로 맡기신 것이 아니다. 사실 당신이 다스리는 것은 극히 적은 부분에 지나지 않는다. 당신의 법령은 법령으로 그치게 하라. 그 법령을 하늘의 법령으로까지 높이지 말며, 거기에다가 하나님의 공의의 효력을 부여하지 말라.

　16. 나아가 기념일에 드리는 미사와 죽은 자를 위한 미사를 완전히 폐지하거나 적어도 그 수효를 줄여야 한다. 이러한 것들은 돈벌이와 과도하게 먹고 마시기 위한 변명으로 거행되는 것으로서 하나님께서 크게 분노하시는 것이며 단순한 조롱거리에 불과하다는 것이 너무나 명백하기 때문이다. 성경봉독도 아니고 기도도 아닌 방식으로 철야기도와 미사를 떠들썩하게 드린다고 해서 하나님께서 어찌 기뻐하시겠는가? 그것들을 기도라도 쳐도 이는 하나님을 위하여 사랑으로 드려지는 것이 아니라 돈을 벌기 위하여 지워진 의무를 이행하는 것이다. 속박받지 않는 마음으로부터 나오는 사랑으로 드려지지 않는다면 어떤 것이나 하나님을 기쁘시게 하지 못하며 하나님에게서 아무 것도 얻지 못한다. 그러므로 우리가 아는 대로 점점 더 오용되고, 하나님을 화해시키기보다 오히려 더 진노하게 하는 모든 것들을 폐지하거나 적어도 줄이는 것은 언제나 기독교적인 행위이다.

　참사회나 교회나 수도원이 모든 기념 미사와 철야기도들을 한데 모아서 그 지정된 한 날에 진실한 마음과 경건과 신앙을 가지고 모든 자선가들을 위하여 하나의 참된 철야기도와 미사를 드리는 것이 그 자체로 훨씬 좋을 뿐더러 하나님을 분명히 더 기쁘시게 하는 것으로 훨씬 바람직한 듯하다. 이것이 어떤 헌신이나 신앙 없이 해마다 몇천 번이고 모든 자선가를 위하여 각기 특별 미사를 올리는 것보다 나을 것이다. 오, 사랑하는 그리스도인들이여, 하나님께서는 얼마나 자주 기도를 드렸느냐가 아니라 얼마나 진실되게 우리가 기도하느냐를 보신다. 하나님께서는 장황한 기도를 자주 드리는 것을 정죄하시기까지 하며〔마태복음6:7〕 그런 자들은 그렇게 함으로써 더 많은 벌을 받을 뿐이라고 말씀하신다. 그러나 하나님을 신뢰하지 못하는 탐욕스러운 사제들은 그렇게 하지 않으면 굶어 죽지나 않을까 하여 이러한 것들을 행하게 된다.

17. 교회법에 규정되어 있는 몇몇 보속(報贖)과 징벌들은 폐지되어야 한다. 특히 악한 자의 고안물임에 틀림없는 성례금지(interdict)가 그것이다. 한 가지 죄를 보다 더 악한 많은 죄들을 야기시킴으로써 도말하려고 하는 것은 마귀의 궤계가 아닌가? 왜냐하면 하나님의 말씀을 침묵시키고 하나님을 예배하는 것을 폐하는 것은 한 사람의 사제를 살해하거나 교회 재산의 일부를 숨기는 것은 말할 것도 없고 20명의 교황을 단번에 죽이는 것보다 더 큰 죄이기 때문이다. 이것은 교회법에서 가르치는 우아한 덕목의 또하나의 예이다. 이 법을 "영적"이라고 부르는 이유는 그것이 영으로부터 나오기 때문이다 ─ 그러나 성령으로부터가 아니라 악령으로부터.

파문은 성경이 그 용도를 규정하고 있는 곳 외에는 징벌로써 사용되어서는 절대 안된다. 즉, 파문은 참 신앙을 가지지 않은 자들이나 공공연한 죄 가운데서 사는 자들에 대해서만 사용되어야 한다. 현세적인 이득을 얻기 위하여 사용되어서는 안된다. 그러나 오늘날에는 이것이 거꾸로 되어 있다. 모든 사람들이 자기가 뜻하는 대로 살며 믿는다. 그들 가운데 대부분은 성례금지를 통해 다른 사람들을 괴롭히고 약탈하는 사람들이다. 그리고 모든 파문은 순전히 현세적인 재산을 위해서만 행해진다. 이 모든 것은 거룩한 불의의 교회법 덕분이다. 이 문제에 대해서는 이미 어떤 설교[34]에서 자세하게 다룬

---

34) Sermon von dem Bann.

536

바 있다.

　나머지 징벌과 보속들, 성직 정지, 범칙, 중형, 재중형, 면직, 번개, 우레, 저주들 그리고 이런 유의 다른 것들은 삼십 피트 깊이의 땅속에 묻어버려서 땅 위에서는 그런 이름이나 그것들에 대한 기억도 남아있지 않도록 해야 한다. 교회법에 의해 족쇄가 풀린 악한 자는 거룩한 교회의 하늘나라에 이와 같이 무서운 역병과 고통을 가져다주었으며, 그것들로 사람들의 영혼을 파멸시키고 그들의 신앙을 훼방하는 일만을 해왔다. 다음과 같은 그리스도의 말씀은 여기에 잘 적용될 것이다: "화 있을찐저 외식하는 서기관들과 바리새인들이여 너희는 천국 문을 사람들 앞에서 닫고 너희도 들어가지 않고 들어가려 하는 자도 들어가지 못하게 하는도다"[마태복음 23:13].

　18. 모든 축제일을 폐지하고 다만 주일만을 보존하여야 한다. 그러나 만약 성모의 축일과 위대한 성인들의 축일을 지키고 싶다면, 그 날들을 주일로 옮기든지 아니면 아침 미사 때에 지키게 하여 미사를 드린 이후에는 온종일 노동일이 되도록 하여야 한다. 이렇게 바꾸자는 이유는 오늘날의 축일은 잘못 사용되어 음주, 도박, 태만 및 온갖 종류의 죄로 점철되어 있기 때문이다. 이런 식으로 우리는 다른 날들보다도 거룩한 날들에 하나님을 더 진노케 한다. 또한 모든 것을 완전히 전도시켜 "거룩한 날들"은 거룩하지 않고 "노동일"은 "거룩하다"라고 말할 수 있게 되어야 한다. 또한 많은 거룩한 날에는 하나님과 그 성인들에게 예배를 드리는 것이 아니라 오히려 큰 불명예를 돌리기 때문이다. 그럼에도 불구하고 몇몇 지각없는 고위성직자들은 자신들의 맹목적인 경건심에 따라 성 오틸리아(St. Ottilia)나 성 바르바라(St. Barbara)의 축일을 지키면 자기들이 선행을 행한 줄로 믿는다. 만약 그들이 어떤 성인을 기려서 성인의 날을 노동일로 바꾼다면 그들은 훨씬 더 좋은 일을 행하는 것이 될 것이다.

　이에 덧붙여 일반 사람들은 이러한 영적인 손상 이외에도 두 가지 물질적인 손상을 받는다. 곧 자기 일을 등한시하며 또한 다른 때보다 더 많은 비용을 쓴다. 또한 그는 자기 몸을 약하게 하여 노동에 부적합하게 만든다. 우리는 이런 일을 매일 보는데도, 아무도 이를 개선하려고 하지 않는다. 이와 같은 경우에 우리는 교황이 그 축일을 제정했는지 안했는지 또는 특면이나 허가를 받아야 하는지 어떤지를 물어보지 않아야 한다. 각각의 공동체, 의

회, 정부는 하나님에게 배치되고 또 인간에게 영육간에 해로운 것은 무엇이
든지 교황이나 주교의 의사 또는 동의 여부와 상관없이 이를 폐지하고 중단
시킬 권리가 있다. 또한 지배 계층에 속하는 사람들은 교황과 주교의 의사에
배치된다고 할지라도 영혼의 구원을 위태롭게 하는 것을 막을 책임이 있다.
교황이나 주교 자신이 이러한 것을 막아야 할 장본인들이어야 한다.

특히 우리는 교회의 봉헌을 축하하는 기념일들을 완전히 폐지하여야 한
다. 왜냐하면 이 기념일들은 선술집과 시장과 노름판밖에 되지 않으며 또한
하나님께 불명예를 더하게 하고 영혼의 멸망을 가져오게 하는 것뿐이기 때문
이다. 그것의 시작은 선했으며 또 그것을 거행하는 것이 좋은 일이라는 주장
을 되풀이해 봐야 아무 쓸데도 없다. 하나님께서는 율법을 하늘로부터 주셨
으나 그것이 오용되자 자기 자신의 율법의 효력을 중지하셨다. 그리고 하나
님은 날마다 이러한 오용으로 인하여 친히 정하신 것을 바꾸시고 친히 만드
신 것을 멸하신다. 하나님에 대하여 시편 18〔:26〕에는 "사특한 자에게는 주
의 거스리심을 보이시리니"라고 씌어 있다.

19. 결혼이 금지되는 촌수가 변경되어야 한다. 예를 들면 대부(代父)에
게 영향을 미치는 촌수 또는 삼촌이나 오촌의 친족 등이 그러하다. 만약 교
황이 이런 문제에 있어서 돈과 수치스러운 거래를 위하여 특면을 허용할 수
있다면, 모든 교구사제도 대가 없이 관련된 사람의 영원한 선(善)을 위하여
동일한 특면을 행할 수 있어야 한다. 모든 교구사제가 로마에서 돈을 주고
사야 하는 모든 것을 거저 은혜로 허용할 수 있게 해주시기를 하나님께 기원
한다. 그렇게 되면 교회법의 돈 올가미가 풀어 헤쳐질 것이다. 예를 들면,
로마에서 팔고 있는 면죄(indulgences), 면죄부(letters of indulgence),
버터 식용허가증, 미사증, 그밖에 로마에서 구입해야 하는 모든 특면들과 사
기들. 가엾은 백성들은 이러한 것들에 속아 돈을 강탈당한다. 만약 교황이
돈으로 올가미를 팔고 영적인 진리의 그물(나는 교회의 규정들이라고 말해야
한다)을 팔 권리가 있다면, 분명히 어떠한 사제라도 교황의 그물을 찢고 하
나님을 위하여 그 그물을 발로 짓밟을 수 있는 훨씬 더 많은 권리를 갖고 있
다. 그러나 사실인즉 사제나 교황은 시장에서 물건을 팔듯이 이러한 것들을
팔 권리를 갖고 있지 않다.

이와 관련하여 복음서가 명하고 있듯이 금식은 자유로운 선택의 문제여

야 하며 또한 모든 종류의 음식물은 어떠한 제약도 받지 않고 자유롭게 먹을
수 있어야 한다는 것도 말해야 한다. 왜냐하면 로마에 있는 자들 자신은 금
식을 비웃고, 우리 외지인들에게는 그들이 구두도 닦으려고 하지 않는 기름
을 먹게 하며 또한 우리에게 버터와 갖가지 다른 모든 것을 먹을 수 있는 허
가를 팔기 때문이다. 그러나 거룩한 사도는 복음서는 이 모든 것을 할 수 있
는 완전한 자유를 우리에게 주었다고 말한다. 그러나 로마교도들은 자기들의
교회법으로 우리를 속박하고 우리에게서 권리를 강탈했다. 이는 우리로 하여
금 그 권리를 돈으로 다시 사게 만들기 위함이다. 이와 같이 그들은 우리의
양심을 너무나 소심하고 가슴조리게 만들어 놓았기 때문에 이제는 이 자유에
대하여 설교도 제대로 할 수 없게 되었는데, 이는 일반 사람들이 이를 듣고
곧 몹시 놀라기 때문이다. 그들은 버터를 먹는 것은 속이고 욕하고 음행을
저지르는 것보다도 더 큰 죄라고 생각한다. 그러나 인간들이 만든 것은 인간
의 행위이다. 그것이 어디에서부터 연유하였든 그것으로부터 선한 것은 결코
나오지 않는다.

20. 사람들의 거주지로부터 멀리 떨어져 있는 교구 밖의 기도처들과 교
회들은 허물어 버려야 한다. 그것들은 최근에 순례의 목적지로 된 빌스낙
(Wilsnack), 슈테른베르크(Sternberg), 트리브(Trèves), 그림멘탈
(Grimmenthal) 그리고 지금의 레겐스부르크(Regensburg)와 다른 여러
곳에 있는 것들을 말한다. 오, 이와 같은 마귀의 궤계들에 동의하고 그 이익
금을 받는 주교들은 얼마나 무겁고 가여운 헤아림이 기다리고 있는지! 그들
은 이러한 것들을 금지하는 데 앞장을 서야 할 사람이어야 한다. 그런데 그
것을 경건하고 거룩한 것으로 여긴다. 그리고 이것이 마귀가 그 배후에서 탐
욕을 증대시키고 거짓되고 조작된 신앙을 만들어 내며 교구의 교회들을 약화
시키고 주막을 늘게 만들고 음행을 퍼뜨리며 돈과 노력을 쓸데없이 허비하게
하며 가난한 백성들을 마음대로 휘두르게 하고 있다는 것을 알지 못한다. 만
약 그들이 저주스러운 교회법을 읽은 것처럼 성경을 읽었다면, 그들은 이러
한 문제를 어떻게 치료해야 하는지를 알 것이다.

이러한 장소들에서 이적들이 행해진다고 주장하는 것은 아무 소용도 없
는 것이다. 왜냐하면 그리스도께서 밝히 말씀하셨듯이(마태복음 24〔:24〕) 악
한 영도 이적들을 행할 수 있기 때문이다. 만약 그들이 문제를 중대하게 다

루고 또 이러한 유(類)의 일을 금지한다면 이적들은 곧 그칠 것이다. 한편 그 이적들이 하나님에 속한 것이라면, 그들의 금지가 이적들이 일어나는 것을 막지 못할 것이다. 만약 이 관행이 하나님에 속한 것이 아니라는 다른 증거가 없다면, 사람들이 마치 상식을 잃은 것처럼 가축 떼와 같이 흥분한 무리가 되어 이러한 곳들을 뛰어 다니는 것으로 하나님에 의한 것이 아니라는 충분한 증거가 된다. 왜냐하면 그것이 하나님에 속하는 것이라면 그렇게 하는 것이 불가능하기 때문이다. 더욱이 하나님께서는 이러한 모든 것을 하나도 명하지 않으셨다. 그것을 행하는 것은 "순종"도 아니고 공로도 아니다. 그러므로 우리가 해야 할 일은 담대하게 개입하여 사람들을 저지하는 일이다. 왜냐하면 명령되지 않고 또 하나님의 명령보다 오히려 자신에게 마음을 쓰는 것은 분명히 마귀에 의해 고무된 진리에 속하기 때문이다. 그리고 사람들이 교구 교회들을 존중하지 않기 때문에 교구 교회들에게도 해가 된다. 요점만 간단히 얘기하자면, 이러한 것들은 사람들에게 있는 큰 불신앙을 보여주는 지표이다. 만약 그들의 신앙이 정상적이라면, 그들은 자신들이 필요로 하는 모든 것들을 자기가 참석하도록 명령을 받은 자신의 교회에서 발견할 수 있을 것이기 때문이다.

그러나 나는 도대체 무엇이라고 말해야 하는가? 모든 주교들은 오직 어떻게 하면 자기 교구 내에 이러한 순례의 장소를 만들어 보존할 수 있는가 하는 것만을 생각하며, 사람들을 올바로 믿고 살게 하는 일에 대해서는 전혀 관심을 두지 않는다. 위정자들도 백성들과 마찬가지이다. 한 소경이 다른 소경을 인도한다. 그리고 순례가 잘 되지 않는 장소에서는 성자 추대 운동이 시작된다. 이것은 성자들을 위한 것이 아니고 사람들을 끌어모아 돈을 흘러들어오게 하기 위함이다. 왜냐하면 성자들은 추대되지 않아도 충분히 존경을 받기 때문이다. 이 점에 있어서 교황과 주교는 서로 돕는다. 면죄부를 뿌리는데, 거기에는 언제나 풍족한 돈이 있다. 그러나 하나님께서 명령하신 일들에 대해서는 아무도 관심을 갖지 않으며 그것들을 따르지도 않고 돈을 공급하지도 않는다. 우리가 이처럼 눈이 멀어서 마귀가 제멋대로 궤계들을 부리게 놓아둘 뿐만 아니라 마귀를 지지하고 그의 궤계들을 배가시킨다는 것은 슬픈 일이다. 성자들을 평안하게 내버려두고 가난한 백성들을 잘못 인도하지 말기를 나는 바란다. 어떤 영이 교황에게 성자들을 추대할 수 있는 권한을 주었는가? 누가 교황에게 그들이 거룩한지 아닌지 말해 주는가? 하나님을 시

540

험하고 그의 판단에 간섭하며 복된 성자들을 돈을 버는 미끼로 삼지 않아도 이미 이 땅에는 충분한 죄들이 있지 않는가?

그러므로 나는 성자들이 스스로 추대 받을 수 있도록 내버려두어야 한다고 생각한다. 오직 하나님만이 성자들을 추대하여야 한다. 각 사람은 자기의 교구 안에 머물러 있게 하라. 그는 교구 안에서 성지를 순례하는 것 — 이 순례들을 하나로 다 모은다고 해도 — 보다 더 유익한 일을 발견할 것이다. 여기 고향에서 당신은 세례, 성례, 설교, 이웃을 발견할 것이다. 그리고 이런 것들은 하늘에 있는 모든 성자들보다 당신에게 더 중요한 것들이다. 왜냐하면 성자들은 모두 하나님의 말씀과 성례에 의해 거룩하게 되었기 때문이다. 우리가 계속해서 이와 같이 큰 일을 경멸한다면, 하나님께서 진노의 심판을 우리에게 내리시는 것도 당연하며 마귀를 명하셔서 우리를 이리저리 끌고 다니게 하고, 순례를 하게 하고, 교회당과 기도소들을 세우게 하고, 성자 추대를 하게 하며 또한 다른 어리석은 일들을 행하게 하는 것도 당연하다. 우리는 이러한 것들로 인하여 올바른 신앙에서 신기하고 거짓된 미신에 떨어지게 된다. 옛날에 마귀가 이스라엘 백성에게 행한 것이 이러하였다. 그때에 마귀는 이스라엘 백성을 예루살렘에 있는 성전에서 끌어내어 다른 수많은 곳으로 잘못 인도하였다. 물론 이것은 모두 하나님의 이름과 거룩함의 온갖 외관을 갖추고 행해졌고 또한 모든 선지자들은 이에 대항하는 설교를 하였고 그런 일로 인하여 순교를 당했다. 그러나 지금은 여기에 대항하여 설교하는 사람이 하나도 없다. 아마도 교황과 사제와 수도사들에 의해 순교를 당하지 않을까 염려해서일 것이다! 이러한 성자 추대의 관행을 따라 피렌체의 성 안토니우스(St. Antonius)와 다른 몇몇 사람들이 곧 성자가 되고 추대될 것이다. 이렇게 하여 오직 하나님의 영광에만 기여하고 좋은 모범이 될 그들의 거룩함은 이제 명성과 돈을 벌어들이는 데에 이용되고 있다.

비록 옛날에는 성자 추대가 합당한 일이었는지 모르나 지금은 결코 그렇지 못하다. 마치 옛날에는 다른 많은 것들이 좋은 일이었으나 지금은 불명예스럽고 해로운 것과 같다. 예를 들면 축일, 교회들에 보존된 유물들, "장식들"이 그러하다. 왜냐하면 성자를 추대하는 목적이 하나님의 영광과 그리스도인의 개선을 도모하는 데 있지 않고 오히려 돈과 명성만을 구하는 데 있는 것이 분명하기 때문이다. 한 교회는 이를 통해 다른 교회들보다 특별한 교회가 되고자 하고 또한 만약 다른 교회도 동일한 것을 가져서 그 특장점이 공동 재산이 된다면 유감스럽게 생각하게 될 것이다. 이 악한 오늘날에는 영적인 보화들이 철저히 오용되어서 현세적인 재물을 증식하는 데 쓰여져 왔다. 그리하여 하나님의 이름에 의해 불릴 수 있는 모든 것은 탐욕을 도모하는 데 기여하게 된다. 게다가 한 교회가 다른 교회들과 다른 게 있다면 그러한 특별한 자산은 불화와 분열과 교만만을 가져온다. 이것은 다시 서로 다른 교회를 경멸하고 자기 교회를 높이는 일을 불러일으킨다. 그렇지만 하나님 보시기에 좋은 모든 것들은 모든 교회들이 동등하게 그것들을 처분할 수 있는 공동의 자산이다. 왜냐하면 그것들은 오로지 전체에 기여하도록 되어 있기 때문이다. 그러나 교황은 현재의 상태를 좋아한다. 모든 그리스도인이 동등해지고 하나가 된다면 교황은 유감으로 생각하게 될 것이다.

　이제는 교황이 로마의 약탈소에서 파는 교회의 면장(免狀)과 교서(敎書) 등을 폐지하고 무시하거나 모든 교회에 공통적으로 귀속시키도록 하여야 한다고 말할 때이다. 왜냐하면 만약 교황이 교구령에 대한 권리들을 팔거나 주고 특권, 면죄, 은혜, 이익, 특허를 비텐베르크, 할레, 베니스 그리고 그외에도 자신이 살고 있는 로마에 허용한다면, 왜 이런 것들을 모든 교회에 똑같이 주지 않는가? 교황은 모든 그리스도인들을 위하여 아무런 대가도 받지 않고 하나님으로 인하여 자기가 할 수 있는 모든 것을 행할 의무가 있고 또 피를 흘리기까지라도 해야 할 의무가 있지 않은가? 그런데 왜 그는 한 교회에는 주거나 팔거나 하면서 다른 교회에는 그렇게 하지 않는 것인가? 아니면, 저 가증스러운 돈이 교황의 눈에는, 모두가 동일한 세례와 복음과 그리스도와 하나님과 그밖의 모든 것들을 가지고 있는 그리스도인들을 그렇게 서로 크게 달리 차별하게 만든다는 것이 사실인가? 로마교도들은 우리에게 볼 수 있는 눈이 있는데도 눈멀게 하고 우리의 이성이 엄연히 있는데도 우리를 바보로 만들어서 우리로 하여금 이러한 탐욕과 비행과 협잡에 순종하게 하려 하고 있는가? 교구사제는 돈이 있는 한 우리에게 교구사제이지만 돈이 없으면 그렇지 않다. 그런데도 교황들은 교서로써 여기저기 모든 곳에서 비행을 저지르면서도 조금도 수치스럽게 여기지 않는다.

　따라서 내 생각으로는 만약 이러한 얼빠진 짓이 폐지되지 않는다면 모든 경건한 그리스도인은 눈을 똑바로 뜨고 로마의 교서와 인장과 가장(假裝)에 현혹되지 말고 자기 교회에 머물러 있으면서 자기가 알고 있는 세례, 복음, 신앙, 그리스도, 하나님으로 만족해야 한다. 이러한 것들은 어디서나 동일하다. 교황은 눈먼 자들의 눈먼 인도자로 머물러 있게 하라. 하나님께서 당신의 교구 교회에서 당신에게 주시는 것만큼을 천사나 교황은 주지 못한다. 오히려 교황은 당신이 거저 얻는 하나님의 은사로부터 당신을 떠나게 하여 돈으로 사지 않으면 안될 자기의 "선물"로 이끌고 간다. 그리고는 교황은 황금 대신에 납을, 고기 대신에 가죽을, 지갑 대신에 끈을, 꿀 대신에 초를, 물품 대신에 말을, 영 대신에 문자를 당신에게 준다.

　당신은 바로 자신의 눈 앞에서 이런 것을 보면서도 이를 보려고 하지 않는다. 만약 당신이 교황의 초와 양피지를 타고 하늘로 가려고 한다면 당신의 병거는 곧 부서져 당신은 하나님의 이름 ─ 천만에 말씀! ─ 이 아니라 지옥으로 떨어질 것이다. 한 가지 확실한 규준으로 만족하라: 당신이 교황에게서 사는 것은 선하지도 않고 경건한 것도 아니다. 하나님으로부터 오는 것 곧 복음과 하나님의 역사들은 거저 주어질 뿐만 아니라 이것을 받으려고 하지 아니하여 온 세계가 정죄 아래 놓이고 고통을 겪고 있다. 우리는 세례를 받을 때 주어진 하나님의 거룩한 말씀과 은혜를 경멸하였기 때문에 이렇게 어그러진 길로 가게 된 것을 하나님으로부터 받아 마땅하다. 성 바울은 이렇게 말하고 있다: "하나님이 유혹을 저의 가운데 역사하게 하사 거짓것을 믿게 하심은 진리를 믿지 않고 불의를 좋아하는 모든 자로 심판을 받게 하려 하심이니라"〔데살로니가후서 2:11f.〕. 그것들은 그들이 마땅히 받아야 할 것들이었다.

　21. 가장 절실하게 필요한 일 중의 하나는 기독교 세계의 도처에서 행해지고 있는 모든 구걸 행위를 금지시키는 일이다. 그리스도인들은 그 누구도 구걸을 나가서는 안된다. 만약 우리가 진지하게 하고자 하기만 한다면, 각각의 도시들이 그곳에 사는 가난한 자들을 부양해야 한다는 법을 제정하는 것은 쉬운 일일 것이다. 순례자로 자처하든 탁발 수도사로 자처하든 도시 밖의 거지들은 도시 안으로 들어오게 해서는 안된다. 모든 도시는 자체 내의 가난한 자들에게 필요한 것을 공급할 수 있어야 한다. 만약 그 도시가 너무 작다면, 그 주변에 있는 마을 사람들을 강권하여 기부하게 하여야 한다. 왜냐하면 어쨌든 그들은 오늘날 탁발 수도사의 이름을 빌린 매우 많은 유랑자와 악당들을 먹여 살리지 않으면 안되기 때문이다. 이렇게 하면 누가 실제로

가난하고 누가 가난하지 않은가도 알 수 있을 것이다.

모든 가난한 자들을 다 알아서 그들이 필요로 하는 것을 시의회나 사제들에게 보고할 관리자나 감시자가 있어야 할 것이다. 아니면, 더 좋은 어떤 다른 제도를 만들 수도 있을 것이다. 내 생각으로는 구걸 행위에서처럼 그렇게 많은 악행과 기만이 행해지는 다른 일이 없으며, 그렇지만 이런 모든 것들은 쉽게 폐지될 수 있다. 더욱이 이와 같이 공개적이고 일반화된 구걸 행위로 인하여 일반 사람들은 많은 화를 당한다. 내가 계산을 해보니까 오륙 개의 탁발 수도단[35]의 각각이 같은 곳을 한 해에 예닐곱 차례 이상이나 방문한다. 그밖에도 보통의 거지들과 수호성인의 이름으로 자선을 구걸하는 자들과 직업적인 순례자들이 있다. 이것을 모두 합하면 모든 도시는 일 년에 육십 번이나 기부를 하지 않으면 안된다. 세금과 부과금과 조정금으로 세속 정부에 내는 것, 매물을 제공함에 있어서 로마 교황청에 도적맞는 것 그리고 쓸데없이 소모되는 것 등은 계산에 넣지도 않았다. 이 모든 것에도 불구하고 우리가 여전히 살아가며 우리 자신을 보존해 나갈 수 있다는 것이 내게는 하나님의 가장 큰 이적 가운데 하나이다.

그러나 어떤 사람들은 만약 나의 제안이 받아들여진다면 가난한 사람들이 적절하게 공급을 받지 못할 것이며 또한 큰 석조 가옥과 수도원들이 그렇게 많이 세워지지 못할 것이며 잘 장식될 수도 없을 것이라고 생각한다. 나도 이 모든 것을 충분히 믿을 수 있다. 또한 그러한 것이 꼭 필요한 것도 아니다. 가난을 선택한 사람은 부유하게 되지 않아도 된다. 그리고 만약 부유하게 되고 싶으면 손에 쟁기를 잡고 땅에서 부를 얻으면 된다. 가난한 사람들이 알맞게 도움을 받아 굶어 죽거나 얼어 죽지 않는 것으로 충분하다. 현재의 악한 관행에 따라 한 사람이 다른 사람들의 노동의 덕택으로 게으르게 지내거나 또는 다른 사람들의 고통에 의해 부유하게 되고 평안하게 사는 것은 옳지 않은 일이다. 성 바울은 "누구든지 일하기 싫어하거든 먹지도 말게 하라"[데살로니가후서 3:10]고 말하고 있다. 하나님께서는 자신들의 영적인 수고를 인하여 설교하는 자들과 다스리는 사제들 외에는 아무도 다른 사람의 비용으로 살아서는 안된다고 명하셨다. 성 바울은 고린도전서 9[:14]에서 말

---

35) 프란체스코 수도회, 도미니쿠스 수도회, 아우구스티누스 수도회, 갈멜 수도회, 성모하복회(Servites).

하고 또 그리스도께서도 사도들에게 말씀하신 것처럼 "일군이 그 삯을 얻는 것이 마땅하니라."

22. 성록령들과 수도원들에서 드려지는 수많은 미사들이 거의 쓸데없을 뿐만 아니라 크게 하나님의 진노를 불러일으킨다는 것에도 나는 관심을 갖는다. 그러므로 그런 미사들을 더이상 드리지 않는 것이 현명하고 이미 드려진 많은 미사도 폐지하는 것이 현명할 것이다. 왜냐하면 이 미사들은 세례 및 참회와 마찬가지로 실제로 받는 사람들에게만 이롭고 받지 않는 다른 사람들에게는 이롭지 않은 성례임에도 불구하고 희생제사와 선행으로 여겨지고 있음이 분명하기 때문이다. 그러나 지금은 미사가 산 자와 죽은 자를 위하여 드려지고 또 이러한 미사들에 모든 소망을 거는 것이 일반화되어 있다. 이리하여 많은 미사 제도가 수립되었으며 또한 오늘날과 같은 상황이 일어나게 되었다. 특히 이러한 유의 미사가 중단됨으로 인하여 직업과 생계를 잃게 되는 것을 두려워하는 사람들에게는 나의 제안이 너무도 대담하고 전례가 없는 것일지 모른다. 불행히도 미사를 드리는 것이 현세적인 생계를 위한 직업이 된 지도 꽤 많은 세월이 흘렀다. 그러므로 앞으로는 미사를 드리는 것이 어떠한 것임을 먼저 잘 알기 전에는 사제나 수도사가 되기보다 오히려 양치는 목동이 되든지 다른 직업을 구하라고 나는 충고하고 싶다.

여기서 내가 말한 것은 옛날의 수도원들과 성당의 부속학교들에는 적용되지 않는다. 그러한 것들은 의심할 여지 없이 귀족의 자제들을 위하여 설립되었다. 독일의 관습에 따르면 귀족의 자제들 가운데 오직 몇몇만이 지주(地主)나 통치자가 될 수 있으므로, 나머지는 이 수도원들에 들어가 거기서 자유롭게 하나님을 섬기며 연구하고 학자가 되게 하고, 또 다른 사람들을 학자로 만들기 위하여 이것들이 설립되었다. 내가 지금 말하고 있는 대상은 예식을 거행하고 미사를 드리기 위한 목적으로만 설립된 수도원들이다. 그것들의 본보기를 좇아서 옛날의 수도원들까지도 동일한 기도와 미사에 의하여 괴로움을 겪어 왔기 때문에 거의 무용하거나 또는 전혀 무익하다. 그러나 하나님의 은혜로 옛날의 시설들이 결국 마땅하게도 성가대와 오르간 연주자의 고된 일을 하게 되고 또 속된 기부금을 받아 소비하는 냉랭하고 매력없는 미사를 드리게 되었다. 분명히 이러한 것들은 교황과 주교들과 박사들이 가서 보고 검토하여야 한다. 그러나 그러한 것들에 대하여 책임있는 자는 바로 그들이다. 그들은 돈이 들어오기만 하면 뭐든지 통과시킨다. 언제나 소경이 소경을 인도한다. 이것이 탐욕과 교회법에 의해 행해지는 것이다.

나아가 한 사람이 하나 이상의 참사회원직이나 교구령을 갖지 못하도록 하여야 한다. 각 사람이 자기에게 알맞는 직분에 만족하고 다른 사람들을 위하여 직분들을 남겨두어야 한다. 이렇게 함으로써 적절한 지위를 유지하기 위하여 이러한 직무를 한 가지 이상 맡아야 한다고 말하는 사람들의 변명을 물리칠 수 있을 것이다. "적절한"이라는 말은 너무나 광범하게 해석할 수 있으므로 이것을 유지하기 위해서는 나라 전체로도 충분하지 못할 것이다. 더욱이 탐욕과 숨은 불신앙이 이와 같은 경우에 실제로 함께 하기 때문에 "적절한 지위"를 위해 필요하다고 내세우는 것은 단순히 탐욕과 불신앙의 가면에 지나지 않는다.

23. "형제단들"[36], 면죄, 면죄부, 버터 식용 허가증, 미사증, 특면 등과 같은 것들은 모두 선한 것을 조금도 포함하고 있지 않으므로 물 속에 넣어 멸해버리려 한다. 만약 교황이 당신에게 버터를 먹거나 미사에 참석하지 않아도 되는 특면을 허락할 수 있다면, 교황은 교구사제에게도 그러한 권능을 허용하여야 한다. 실제로 교황은 사제에게서 이 권능을 박탈할 아무 권리도 없다. 나는 (교황과 더불어) 면죄를 허용하고 미사를 드리며 선행들을 규정하는 "형제단들"을 포함하여 말하고 있다. 사랑하는 친구여, 당신은 세례를 받을 때 그리스도와 모든 천사들과 성자들 및 이 땅에 있는 모든 그리스도인들과의 교제를 나누게 되었다. 이 교제를 굳게 붙들고 그것이 요구하는 것을 행하라. 그러면 당신은 꼭 필요한 모든 형제단들을 갖게 될 것이다. 다른 것들은 하고 싶은 대로 하게 하라. 그런 것들은 동전에 비하면 모조 화폐에 지나지 않는다. 그러나 만약 어떤 "형제단"이 가난한 사람들을 먹이고 어떤 사람을 돕는 그런 단체라면, 이러한 "형제단"은 건전할 것이며 하늘에서 그 면죄와 공로를 발견하게 될 것이다. 그러나 지금은 그것들에 주어진 특권들은 진탕 먹고 마시는 것만을 초래하고 있을 뿐이다.

첫번째로 우리가 해야 할 일은 교황의 특사들을 그들이 거액의 돈을 받고 우리에게 팔려고 가져온 "특권들"과 함께 독일 영토에서 추방하는 일이

---

36) 기도와 선행을 위한 평신도들의 단체들.

다. 이러한 거래는 속임수에 지나지 않는다. 현실적으로 그들은 돈을 받고 불의를 의롭다고 하며 맹세와 서약과 합의들을 해제해줌으로써 사람들이 서로에 대하여 약속한 신의와 믿음을 저버리도록 우리를 가르치고 우리를 파멸시키고 있다. 그리고 그들은 교황이 이러한 일들을 행할 수 있는 권한을 가지고 있다고 주장한다. 이것은 악한 영이 그들을 통하여 말하고 있음을 의미한다. 또한 그들은 우리에게 불경스러운 가르침을 팔며 우리에게 죄를 가르치고 우리를 지옥으로 인도하는 대가로 돈을 빼앗아 간다.

비록 교황이 진짜 적그리스도임을 명백하게 보여주는 다른 교활한 책략이 없다고 할지라도 이 한 가지 예만으로도 그러한 것은 입증이 된다. 오, 가장 거룩한 자가 아니라 가장 죄된 교황이여, 그대는 이 말을 듣는가? 오, 하늘에 계신 저 하나님께서 머지않아 그대의 보좌를 파괴하시어 그것을 지옥의 나락으로 떨어지게 하시리라! 그대 자신을 하나님보다 높이는 권능을 누가 그대에게 주었는가? 하나님의 명령들을 해제하고 깨뜨리며 그리스도인들 특히 그의 고귀함과 지조와 성실함으로 인하여 모든 역사 가운데서 찬양을 받은 독일 국민을 변덕스럽고 위증하는 배신자와 신실치 못한 난봉꾼이라고 가르칠 수 있는 권능을 누가 그대에게 주었는가? 우리는 비록 원수와 상대한다고 하여도 우리의 서약과 영예를 지켜야 한다는 것이 하나님의 명령이다. 그런데 그대는 이러한 하나님의 명령을 해제하려고 개입하고 또 그대의 이단적이고 적그리스도적인 교령(敎令)으로써 그대에게 그렇게 할 권능이 있다고 규정하고 있다. 악한 자, 사단은 그대를 대변자로 삼아 이전에 결코 없었던 거짓말을 행하고 있다. 그대는 자기 자신에게 맞춰서 성경의 의미를 강요하고 왜곡시킨다. 오, 나의 주 그리스도여! 굽어보시사 당신의 심판의 날을 보내시어 로마에 있는 마귀의 소굴을 멸하여 주소서. 거기에는 성 바울이 "저 불법의 사람 곧 멸망의 아들이 … 범사에 일컫는 하나님이나 숭배함을 받는 자 위에 뛰어나 자존하여 하나님 성전에 앉아 자기를 보여 하나님이라 하느니라"[데살로니가후서 2:3ff.]고 말한 자가 앉아 있다. 지금 교황이 하고 있는 대로 교황권을 행사하는 것은 죄와 악을 가르치고 증가시키며, 하나님의 이름과 대권 아래에서 영혼들을 멸망으로 인도하는 것 외에 무엇인가?

옛날에 이스라엘의 자손들은 알지 못하고 속아서 그들의 적인 기브온 사람들과 더불어 서약을 맺었지만 이를 지켜야 했다[여호수아 9:6ff.]. 시드기야 왕은 바벨론 왕과 맺은 서약을 어겼기 때문에 모든 백성과 더불어 비참하게 패했다〔열왕기하 24:20과 25:4ff.〕. 우리 가운데서도 백 년 전에 폴란드와 헝가리의 훌륭한 왕이었던 라디슬라우스(Wladislaus)가 매우 많은 자기 백성과 함께 살해되었다. 그는 교황의 특사와 추기경에게 속아 넘어가서 터키인들과 체결한 좋은 이로운 조약을 어겼기 때문이었다.[37] 경건한 황제 지기스문트(Sigismund)는 콘스탄틴 공의회 이후에 잘 되는 일이 없었다. 그는 이 공의회에서 요한 후스와 프라하의 제롬[38]에게 부여한 안전 통행권을 유린하도록 악당들에게 허용했던 것이다. 이로부터 보헤미아와 우리 사이에 온갖 분규들이 일어났다.

우리 시대에도 교황 율리우스(Julius)가 막시밀리안 황제와 프랑스의 왕 루이로 하여금 체결하게 하였다가 나중에 깨뜨린 조약으로 인하여 얼마나 많은 그리스도인들이 피를 흘렸는가? 교황들이 자신들의 망상에 맞추고 자신들의 호주머니를 채우기 위하여 마귀와 같은 교만으로 막강한 제후들 사이에 맺은 맹세와 서약들을 깨뜨림으로써 야기된 분규를 어떻게 다 일일이 열거할 수 있겠는가? 나는 마지막 날이 가까이 오기를 바랄 뿐이다. 로마 교황청이 저지른 행실보다 더 악한 것은 아무것도 있을 수 없다. 교황청은 하나님의 계명을 유린하고 자기 자신의 계율로 그것들을 대체하였다. 만약 그것이 적그리스도가 아니라면, 적그리스도가 무엇인지를 다른 사람이 말해 보라. 그러나 이에 대해서는 다른 기회에 좀더 예리하게 논하고자 한다.

24. 후스파 문제를 신중하게 거론할 좋은 시기이다. 우리는 후스파들로 하여금 우리와 합류하게 하고 우리도 그들과 하나가 되고자 하는 진지한 노

---

37) 터키 조약은 1443년에 맺어졌고 이듬해에 추기경 율리아누스 케사린(Julian Cesarine)의 권유로 깨졌다. 이 왕은 1444년 11월 10일 바르나에서 죽었다.
38) 제롬이 아니다. 물론 그도 1416년에 콘스탄스에서 화형당했기는 했다. 요한 후스는 지기스문트로부터 안전 통행권을 받았으나 이것이 유린되었고 후스는 1415년에 콘스탄스에서 화형당했다.
39) 후스파는 보헤미아의 대중적인 종교 운동을 대표하였는데, 이 운동은 1415년 7월 6일 콘스탄스에서 요한 후스가 화형당한 것에 대한 분노가 널리 퍼지면서 매우 활발하게 되었다. 보다 온건한 칼릭스파(Calistines) 또는 양형성만찬파(Utraquists)는 자기 고장의 언어로 설교할 것, 두 요소로 성찬을 거행할 것, 성직자단의 개혁, 성직자가 재산과 세속적 사법권을 갖는 것을 금할 것을 요구하였다. 극단적인 종파인 타보르파(Taborites)는 성상(聖像) 사용과 성인 숭배를 금하였고 연옥을 정죄하였다.

력을 기울여야 한다.[39] 그렇게 함으로써 양편에서 무서운 비방과 증오와 시기를 끝낼 수 있을 것이다. 나는 담대하게 제일 먼저 이 문제에 대한 나의 생각을 털어놓을 것이지만 나보다 상황을 더 잘 이해하고 있는 사람에게 이를 떠넘길 것이다.

(a) 먼저 우리는 정직하게 사실을 고백하고 자신을 정당화하는 일을 중지하지 않으면 안된다. 우리는 요한 후스(John Huss)와 프라하의 제롬(Jerome)이 교황과 황제에 의해 그들에게 보증된 기독교적인 안전 통행권에도 불구하고 콘스탄틴에서 화형을 당했다는 것을 후스파에게 인정하지 않으면 안된다. 이런 일은 하나님의 계명에 반하는 것으로서 후스파에게 적개심을 품을 수 있는 충분한 이유가 주어졌다. 물론 그들(후스파)은 완전한 그리스도인이어야 했고, 하나님에 대한 이러한 우리의 큰 잘못과 불순종을 끈기 있게 참는 것이 그들의 의무였다. 그러나 이러한 것을 시인하고 그것을 올바른 것으로 인정하는 것은 그들의 의무가 아니었다. 사실 그들은 오늘날 황제와 교황에 의해 보증된 안전 통행권을 어기고 불성실하게 이에 어긋나는 행동을 하는 것이 옳다고 고백할 경우 생명과 수족을 희생하지 않으면 안 된다. 따라서 후스파의 조급함이 잘못이기는 하지만 교황과 그의 추종자들은 콘스탄틴 공의회 이후에 일어난 온갖 비참한 일들과 모든 잘못된 것들, 모든 생명의 손실에 대해 훨씬 더 책임이 있다.

나는 이 시점에서 요한 후스의 신앙 명제들을 정당화하거나 그의 잘못을 옹호할 생각이 없다. 물론 그가 쓴 것 가운데는 그릇된 것이 아무것도 없다는 것이 내 생각이다. 기독교의 안전 통행권을 그런 신실치 못한 방식으로 처리하고 하나님의 계명을 어긴 자들이 공정한 판결이나 올바른 정죄를 내리지 못했다고 믿는 것은 어렵지 않은 일이다. 분명히 그들은 성령이 아니라 악한 자에게 사로잡혀 있었다. 성령이 하나님의 계명에 어긋나는 행위를 하지 않는다는 것은 아무도 의심할 수 없다. 그리고 안전 통행권과 맹세를 깨뜨리는 것이 하나님의 계명에 어긋난다는 것을 알지 못할 정도로 무지한 사람은 한 사람도 없을 것이다. 비록 이러한 약속들이 이단자는 말할 것도 없고 마귀 자신에게 주어졌다고 할지라도 그러하다. 이러한 약속이 요한 후스와 보헤미아 사람들에게 주어졌으나 지켜지지 않았고 오히려 후스가 이 약속에도 불구하고 화형을 당했다는 것은 누구나 다 아는 일이다.

그러나 나의 의도는 보헤미아 사람들이 더러 행하는 것처럼 후스를 성자나 순교자로 만들려고 하는 것이 아니다. 그러나 나는 후스가 부당하게 다뤄졌고 또 그의 책들과 가르침이 부당하게 정죄를 당했다는 나의 믿음을 밝히 말하고자 한다. 하나님의 무서운 심판들은 은밀하게 행해지며, 하나님 한 분 외에는 아무도 그 심판을 표현하거나 나타내려고 해서는 안된다. 내가 말하려고 하는 요점은 이것이다: 요한 후스는 그렇게 악한 이단자가 아니었음에도 불구하고 부당하게 하나님의 뜻에 반하여 파문과 화형을 당했다는 것이다. 아무도 보헤미아 사람들에게 이러한 행동을 인정하도록 압력을 가하거나 강요해서는 안된다. 만일 그렇지 않으면 우리는 합의에 도달하지 못할 것이다. 완고한 고집이 아니라 명백한 진리가 우리를 하나가 되게 하여야 한다. 그 당시에 행해진 것처럼 이단자에게 주어진 안전 통행권은 지킬 필요가 없다고 말하는 것은 문제 해결에 아무런 도움도 되지 못한다. 이것은 하나님의 계명을 지키기 위하여 하나님의 계명을 지켜서는 안된다고 말하는 자기모순과 똑같다.

마귀가 로마교도들을 제정신이 아니고 어리석게 만들었거나 그들은 자기들이 무엇을 말하고 행하는지조차도 알지 못했던 것이리라. 세계가 멸망한다고 할지라도 서약은 지켜져야 한다고 하나님께서는 명령하셨다. 한 이단자를 풀어주는 문제뿐이라면 얼마나 더 그러하겠는가. 이단자들은 화형으로가 아니라 논증으로 설득시켜야 한다. 이것이 초대 교부들의 방식이었다. 만약 이단자들을 화형으로 억제하는 것이 현명한 정책이라면, 교수형 집행관은 이 땅에서 가장 박식한 박사일 것이다. 우리는 이젠 더이상 책들을 연구할 필요가 없다. 왜냐하면 자기 동료를 폭력으로 정복할 수 있는 사람은 그를 자기 마음대로 화형에 처할 수도 있을 것이다.

(b) 둘째로, 황제와 제후들은 보헤미아 사람들에게 경건하고 현명한 주교들과 학자들로 구성된 사절단을 보내야 한다. 그러나 추기경이나 교황 특사나 종교 재판관을 보내서는 결코 안된다. 왜냐하면 이러한 직분을 가진 사람들은 기독교 문제에 있어서 전혀 학문을 닦지 않은 자들이기 때문이다. 또한 그들은 영혼의 선(善)을 구하는 것이 아니라 오히려 교황의 모든 위선자들처럼 그들 자신의 권세와 이익과 영광만을 구한다. 이러한 사람들이 콘스탄틴에서 있었던 이 비참한 일의 주동자들이었다. 따라서 보헤미아에 파송되는 사람들은 보헤미아 사람들의 신앙의 본질에 대하여 알아야 하며 또한 그들의 모든 종파들을 하나로 통합할 수 있는지의 여부를 알아야 한다.

다음으로 교황은 자신의 영혼의 선(善)을 위하여 오래 전에 자신의 권한을 천명하여야 했다. 가장 기독교적인 니케아 공의회의 규정에 따라서 교황은 보헤미아 사람들로 하여금 자기들 가운데서 프라하의 대주교를 선출하도록 허용했어야 했고 그 사람으로 하여금 모라비아에 있는 올무츠(Olmutz)의 주교나 헝가리에 있는 그라우(Grau)의 주교나 독일에 있는 마그데부르크(Magdeburg)의 주교에 의하여 인준을 받도록 해야 했다. 성 키프리아누스 시대에 있던 관습대로, 이러한 주교들 가운데서 하나 또는 두 사람의 인준을 받으면 충분할 것이다. 교황은 이러한 것을 반대할 아무런 권리도 가지고 있지 않다. 만약 교황이 이에 반대한다면 그는 이리와 폭군으로 행동하는 것이 될 것이다. 그리고 아무도 교황을 추종해서는 안되며 또한 교황의 파문을 역(逆)파문으로 대응하여야 한다.

만약 교황권을 존중하여 교황에게 알린 후에 그러한 절차를 밟으려 한다면 그렇게 하게 하라. 그러나 우리는 후스파 사람들이 이로 인하여 동전 한 푼도 쓰지 말게 해야 하며 또 교황은 서약과 의무로 그들을 조금도 속박하지 말고 그들에게 횡포를 부려서도 안된다는 것을 유의하여야 한다. 교황은 하나님과 정의에 반하여 다른 모든 주교들과 더불어 이와 같이 하고 있다. 만약 교황이 자기에게 동의를 구하는 영예로 만족하지 않는다면, 교황으로 하여금 자신의 서약들, 권리들, 법령들, 횡포들을 스스로에게만 적용하게 하라. 선출을 독립적으로 행하며 또한 위험에 처한 모든 영혼들의 피로 하여금 그를 규탄하게 하라. 아무도 그릇된 것에 동의해서는 안되기 때문이다. 만약 우리가 교황에게 영예를 돌린다면, 폭군에 대한 경의는 그 정도로 충분하다. 만약 다른 방법이 없다면, 일반 사람들의 선택과 동의는 폭군의 인준만큼이나 유효하다는 것을 기억하라. 그러나 나는 대중의 선거가 불필요하기를 바란다. 로마교도들과 경건한 주교들과 학자들 중 어떤 이들은 머지않아 교황의 횡포를 알게 되고 이를 반대하게 되는 일이 일어날 것이다.

또한 나는 후스파로 하여금 두 요소로 성찬(二種배찬:역주)을 드리는 것을 포기하도록 강요해서는 안 된다고 생각한다. 왜냐하면 그러한 의식이 비기독교적이거나 이단적이 아니기 때문이다. 그들이 원한다면 그들의 의식을 자유롭게 따를 수 있게 하여야 한다. 그러나 새로운 주교는 이러한 관습과 관련하여 불화가 일어나지 않도록 조심하고 어느 의식이나 그릇된 것이 아니라고 친절히 그들에게 가르쳐 주어야 한다. 마찬가지로 사제들이 평신도들과 다르게 옷을 입고 생활하는 것이 분쟁을 유발시켜서는 안된다. 만약 그들이 로마의 교회법을 기꺼이 준수하려고 하지 않으려 할 때에도 동일한 원칙이 적용되어야 한다. 그들에게 어떤 압력을 가해서는 안된다. 그들이 신앙과 성경에 따라 진실하게 산다는 것이 그들의 일차적인 관심사여야 한다. 왜냐하면 그리스도인의 신앙과 그리스도인이라는 지위는 용납하기 어려운 교황의 법령 없이도 잘 존재할 수 있으며, 사실 이러한 로마의 법령이 줄어들거나 폐지되지 않는다면 그러한 신앙과 지위는 잘 존재할 수 없기 때문이다. 우리는 세례를 받을 때 자유롭게 되며 오직 하나님의 말씀에만 복종하게 된다. 왜 어떤 인간이 자신의 말로써 우리를 속박해야 한는가? 성 바울은 "너희는 자유롭게 되었으니 사람의 노예가 되지 말라"〔고린도전서 6:20; 갈라디아서 5:1〕고 말하고 있다. 즉 사람이 만든 법령에 따라 다스리는 자들의 노예가 되지 말라는 것이다.

만약 베가르회(Beghards)[40]에 있어서 두 요소(떡과 즙:역주)가 실제로 자연 그대로의 떡과 포도주로 있으나 그리스도의 몸과 피가 그것들 아래에 임재한다는 것 외에 제단의 성례에 관하여 다른 잘못이 없음을 내가 안다면, 나는 그들을 정죄하지 않고 오히려 그들로 하여금 프라하 주교에게 복종하게 할 것이다. 왜냐하면 떡과 포도주가 그것들의 실질과 본질로써 성찬 가운데 존재하지 않는다는 것은 하나의 신앙내용이 아니다. 그것은 성 토마스 아퀴나스와 교황의 날조된 의견에 불과하기 때문이다. 반면에 자연 그대로의 떡과 포도주 가운데 그리스도의 자연 그대로의 몸과 피가 임재한다는 것은 하나의 신앙내용이다. 따라서 떡이 있다거나 없다고 믿는 것은 전혀 위험성이 없기 때문에 이 둘이 합의를 볼 때까지 양편의 의견을 너그럽게 용납하지 않으면 안된다. 신앙을 위태롭게 하지 않는 온갖 다양한 의식과 규례들을 용인하는 것이 우리의 의무이기 때문이다. 그러나 만약 후스파들이 우리와는 다른 신조들을 주장한다면, 나는 그들을 교회 밖에 두고 그들에게 진리를 가르치는 편을 택하고 싶다.

보헤미아에서 드러날 수 있는 그밖의 다른 오류와 불일치들은 대주교가 복귀되어 하나의 일관된 교리로써 사람들을 일치시킬 때까지 너그럽게 용인되어야 한다. 우리가 폭력이나 위협을 사용한다거나 조급하게 행동한다고 해

---

40) 후스파의 일파인 "보헤미아 형제단"을 루터가 이렇게 지칭하고 있다.

서 그들이 다시 통합되지는 않을 것이 분명하다. 여기에는 인내와 온유가 필요하다. 그리스도께서도 제자들과 오랫 동안 함께 계시면서 그들이 자기 부활을 믿을 때까지 그들의 불신앙을 참지 않으셨던가? 만약 보헤미아에 로마의 횡포 없이 선한 주교와 적절한 질서가 회복된다면, 나는 사태가 곧 호전될 것이라고 확신한다.

이전에 교회에 속했던 세속적인 재산의 반환은 너무 엄격하게 요구해서는 안된다. 우리는 그리스도인들이고 또 우리들 각자는 이웃들을 도와야 할 의무 아래 있으므로 일치를 위하여 그들에게 그 자산들을 주어 그들로 하여금 하나님과 사람들 앞에서 보관하게 할 권한이 우리에게 있다. 왜냐하면 그리스도께서 "두세 사람이 내 이름으로 모인 곳에는 나도 그들 중에 있느니라"(마태복음 18:19)고 말씀하고 계시기 때문이다. 우리가 양편에서 이러한 일치를 위하여 힘쓰고, 서로가 형제처럼 겸손한 마음으로 악수의 손을 내밀며, 우리의 권세나 권리를 완고하게 주장하지 않게 해주실 것을 하나님에게 간절히 바란다! 사랑은 로마의 교황권보다 더 위대하고 더 필요하다. 왜냐하면 사랑 없는 교황권은 있을 수 없고 사랑은 교황권 없이도 있을 수 있기 때문이다. 이상과 같이 말했으므로 나는 내가 할 수 있는 일은 다했다. 만약 교황이나 그의 추종자들이 이를 방해한다면, 그들은 하나님의 사랑에 거슬려 이웃의 일보다 자기 자신들의 이익을 도모한 데 대하여 해명을 하지 않으면 안될 것이다. 만약 교황이 한 영혼이라도 구원할 수 있다면, 그는 자신의 교황권과 모든 재산과 영광을 기꺼이 포기해야 한다. 그러나 지금은 그가 자신의 권위를 털끝만큼이라도 양보하기보다는 오히려 세계를 멸망하게 할 것이다. 그러면서도 그는 "거룩한 자"라는 칭호를 보유하고 있다. 이상으로 나는 이 주제에 대한 논의를 마치고자 한다.

25. 대학교들도 건전하고 철저한 개혁을 필요로 한다(나는 이것이 어떤 사람에게 걸림돌이 된다고 할지라도 말하지 않으면 안된다). 교황권이 제정했거나 명령한 모든 것은 오로지 죄와 오류를 증대시키는 방향으로만 기울어져 있다. 만약 현재 이제까지의 상태로부터 철저하게 변화되지 않는다면, 대학교들은 마카베오서에 기록되어 있는 바와 같이 바로 "젊은이들과 헬라풍을 위한 경기장"(마카베오 하 4:9, 12)이라고 하는 것이 적절할 것이다. 거기서는 해이한 생활이 행해지고 있고 성경이나 기독교 신앙은 가르쳐지고 있지

않으며 그리스도보다 이교의 눈먼 스승인 아리스토텔레스가 더 중요시된다. 내 생각에는 이제까지 가장 중요한 책으로 여겨져 온 아리스토텔레스의 「물리학」, 「형이상학」, 「영혼에 대하여」, 「윤리학」을 자연의 문제를 다룬다고 자랑하는 다른 모든 책들과 아울러 제거해 버려야 한다. 왜냐하면 사실 그 책들은 자연의 문제나 영적인 문제에 대하여 아무것도 가르치지 않기 때문이다. 아무도 이제까지 아리스토텔레스의 가르침을 이해하지 못했으며 또한 많은 사람들이 무익한 노력과 연구로 많은 귀중한 시간을 허비하며 괴로움을 겪어 왔다. 도자기공이 이러한 책들 가운데 씌어져 있는 것보다 자연에 대한 지식을 더 많이 가지고 있다고 나는 감히 말한다. 이 저주스럽고 교만한 이교도 건달이 자신의 오도된 저술들로써 매우 많은 선량한 그리스도인들을 미혹하고 우롱한 것을 나는 몹시 마음 아프게 여긴다. 하나님께서는 우리의 죄로 인하여 우리에게 하나의 역병으로 그를 보낸 것이다.

자신의 명저 중의 하나인 「영혼에 대하여」라는 책에서 이 불쌍한 작자 (아리스토텔레스)는 영혼이 육신과 더불어 죽는다고 가르치고 있다. 그리고 많은 사람들은 헛되이 그를 옹호하려고 애를 써왔다. 마치 우리가 모든 주제에 대하여 풍족하게 가르침을 받는 성경을 가지고 있지 않은 것처럼 말이다. 아리스토텔레스는 이 모든 것들에 대하여 조금만치의 분별력도 갖고 있지 못하다. 그런데도 이 죽은 이교도가 살아계신 하나님의 성경을 침해하고 억압하며 우위를 차지해 버렸다. 나는 이 통탄스러운 사태를 생각할 때에, 악한 자가 아리스토텔레스에 대한 연구를 이끌어들였다고 밖에는 달리 믿을 수가 없다.

동일한 원리로 「윤리학」에 관한 아리스토텔레스의 책도 다른 책들보다 더 악하다. 이 책은 하나님의 은혜와 그리스도인의 덕목을 정면으로 반대한다. 그런데도 이 책은 그의 가장 훌륭한 작품 중의 하나로 여겨진다. 오, 이러한 책들을 그리스도인의 손에서 모두 없애 버려라! 아무도 내가 사태를 과장한다거나 이해하지 못한다고 나를 비난하거나 반대하지 못하게 하라. 경애하는 친구여, 나는 내가 말하는 것을 잘 알고 있다. 나는 아리스토텔레스를 당신이나 당신의 동료들과 마찬가지로 잘 알고 있다. 나는 그의 책들을 읽었으며 또한 성 토마스 아퀴나스나 둔스 스코투스가 이해하고 있는 것보다 더 잘 이해할 정도로 아리스토텔레스를 연구하였다. 나는 이러한 것을 자랑으로 여기지 않고 말할 수 있으며 또한 필요하다면 이것을 입증할 수도 있다. 매우 많은 위대한 지성인들이 수백 년 동안 아리스토텔레스 연구에 노고를 바쳤다는 것이 여기서 상황을 변화시키지 않는다. 그러한 반론들은 한때 그랬던 것처럼 내게 영향을 미치지 않는다. 왜냐하면 시간이 가면 갈수록 세계와 대학교 안에 남아 있는 오류들이 더욱 더 커진다는 것이 분명하기 때문이다.

나는 「논리학」과 「수사학」과 「시학」에 관한 아리스토텔레스의 책들을 보유하는 것을 기꺼워하지 않는다. 이러한 책들은 유용한 형태로 요약되어 읽히며 젊은이들에게 웅변이나 설교를 훈련시키는 교재로 사용된다. 그러나 주석서들과 주해서들은 없어져야 한다. 그리고 키케로의 「수사학」이 주해서와 주석서 없이 읽히는 것과 마찬가지로 아리스토텔레스의 「논리학」도 이와 같이 방대한 주석 없이 있는 그대로 읽혀야 한다. 그러나 오늘날에는 아무도 그 책에서 웅변이나 설교를 배우지 않는다. 그 책 전체는 단순히 논쟁의 주제와 육신을 피로하게 하는 것이 되었을 뿐이다.

다음으로 라틴어, 헬라어, 히브리어 등 어학과 수학적인 훈련, 역사 과목이 있다. 그러나 이 주제를 나보다 더 많은 지식을 갖고 있는 사람들에게 넘긴다. 만약 개혁이 진지하게 수행된다면, 개혁은 스스로 이루어질 것이다. 많은 것들이 여기에 달려 있다. 왜냐하면 기독교세계의 장래가 달려 있는 그리스도인 청년과 우리 국민의 상류 계층의 사람들이 대학교에서 교육과 훈련을 받을 것이기 때문이다. 교황과 황제에게 있어서 대학교의 철저한 개혁보다 더 가치 있는 일이 없다고 나는 생각한다. 반면에 개혁되지 않은 대학교보다 더 악하고 또 마귀에게 더 잘 기여하는 것도 없다.

나는 의학자들에게는 스스로가 자신들의 분야를 개혁하도록 맡겨 두고 법학자들과 신학자들의 일을 다루려고 한다. 법학자들과 관련하여, 나는 교회법, 특히 교령집은 첫 글자부터 마지막 글자까지 완전히 말살시켜 버리는 것이 좋을 것이라고 주장한다. 성경에는 모든 상황에서 우리의 행실이 어떠해야 하는지가 아주 풍부하게 들어있기 때문에, 다른 것들에 대한 연구는 단지 성경 연구를 방해할 뿐이다. 더욱이 이러한 연구는 대부분 탐욕과 교만으로 물들어 있다. 비록 교회법 가운데 가치있는 것도 많기는 하지만 교황이 모든 교회법을 자기 마음의 방에 안치해 놓고 있다고 주장하기 때문에 이를 폐지하는 것이 현명하리라. 그러므로 교회법을 연구하는 것은 단순히 시간 낭비요 자기 기만에 불과하다.

오늘날 교회법은 책들에 씌어 있는 것이 아니라 교황과 그의 아첨꾼들에 의한 자의적인 선택에 있다. 당신의 사례가 성문의 교회법에 따라 아주 확실하게 규정되어 있다고 할지라도, 교황은 여전히 그것보다 우월한 자신의 "마음의 방"(scrinium pectoris)를 보유하고 있다. 그리고 이것에 따라 교황은 무엇이 합법적인가를 결정하며 세상을 다스릴 것이다. 교황들은 성령이 자신의 마음의 방을 다스린다고 자랑스레 주장하지만 이 방을 다스리는 자는 흔히 악당이며 악마 자신이기도 하다. 이것이 그들이 그리스도에게 속한 불쌍한 백성들을 다루는 방식이다. 그들은 그리스도의 백성들에게 많은 법령을 부과하지만 자신은 하나도 지키지 않는다. 그리고 그들은 다른 사람들에게 이러한 법령들을 지키게 하거나 황금을 주고 면제받으라고 강요한다.

　　교황과 그의 측근들은 모든 교회법을 무효로 돌리고, 존중할 생각도 하지 않으며, 세상 무서운 줄 모르고 오로지 자신들의 방자한 뜻만을 관철시키고자 하기 때문에, 우리도 그들의 본보기를 좇아서 이러한 책들을 거부하여야 한다. 우리는 오늘날 교회법을 이루고 있는 교황의 모든 자의적인 뜻을 결코 철두철미하게 알아낼 수 없을 것이다! 마귀의 이름으로 높여진 교회법을 하나님의 이름으로 없애버리자. 이제 '교회법 박사들'(doctores decretorum)[41]은 존재하지 않고 오직 '방 박사들'(doctores scrinii) 곧 교황의 꼭두각시들만 있게 하자! 세속적인 통치는 터키 사람들 가운데서보다 더 좋은 것이 아무데도 없다고 한다. 터키 사람들은 오직 코란 외에는 영적인 법도 없고 세속적인 법도 없다. 그러나 우리는 영적인 법과 세속적인 법이 있음에도 불구하고 참으로 우리에게 있는 것보다 더 수치스러운 통치도 없다는 것을 인정하지 않으면 안된다. 우리 국민의 어떤 계층도 성경은 말할 것도 없고 자연적인 이성에 순종하여 사는 사람은 없다.

　　세속적인 법! 그것은 얼마나 중요시되어 왔는가. 허울만 좋을 뿐 선한 것이 아무것도 없는 "영적인 법"보다는 세속법이 훨씬 더 낫고 현명하고 더 합당하지만 그럼에도 불구하고 너무나 많은 세속법이 존재한다. 현명한 통치자가 성경을 따른다면 그것으로 충분한 법이 될 것이다. 성 바울은 고린도전서 6[:1f.]에서 이렇게 말하고 있다: "불의한 자들 앞에서 송사하고 성도 앞에서 하지 아니하느냐 … 그 형제간 일을 판단할 만한 지혜 있는 자가 이같이 하나도 없느냐." 내 견해로는 소송은 황제에 의한 제국법보다 지방법과

---

41) 교회법 박사들.

지방 관습이 먼저 적용되어야 하며 제국법은 단지 꼭 필요한 경우에만 적용되어야 한다고 본다. 모든 지방은 자기 나름대로의 생활방식과 관습들을 가지고 있는 것처럼 각 지방이 나름대로의 법을 가지게 되고 이 법들은 수적으로 적고 간략했으면 한다. 이것은 제국법이 도입되기 이전에 이 지방들에서 통용되었던 것이며 또한 지금도 많은 지방들에서는 제국법이 없다. 이러한 장황하고 무리한 법령들은 사람들에게 짐이 될 뿐이며 또한 사건들을 해결하기보다 오히려 방해할 뿐이다. 그러나 나는 이 문제를 논의하기에 더 적절한 다른 사람들이 이 문제를 고찰하고 검토해주기를 바란다.

우리의 훌륭한 신학자들은 이제까지 수고하고 일하려고 하지 않았다. 그들은 성경은 그대로 놓아 두고 「명제집」(Sententiae = Peter the Lombard의 조직신학에 해당함:역주)을 읽는다. 나는 신학생들은 「명제집」에 대한 연구로부터 시작을 하고 성경은 박사들에게 맡겨두어야 한다고 생각했다. 그러나 지금은 생각이 바뀌었다. 성경을 먼저 붙잡고 학사 학위를 받을 때까지 연구한다. 「명제집」은 나중에 취해서 박사 학위를 받은 후에도 계속 읽는다. 매우 신성한 의무가 여기에 부가되어 있다. 사제가 아닌 사람은 성경을 읽을 수 있지만, 사제는 「명제집」을 읽어야 한다. 나는 결혼한 사람은 성경 박사는 될 수 있으나 결코 「명제집」 박사는 될 수 없다고 생각한다. 만약 우리가 이와 같이 고집을 부리고 하나님의 거룩한 말씀을 뒷전으로 치워버린다면 어떻게 우리가 잘되기를 바랄 수 있겠는가? 더욱이 교황은 매우 단호한 말로 학교와 법정에서 그의 법령을 읽고 사용하라고 명령하지만 복음에 대해서는 거의 말하지 않는다. 그의 명령은 준수된다. 그 결과 복음서는 학교와 법정의 먼지 속에 놓여 있고 교황의 추악한 법령만이 홀로 힘을 발휘하고 있다.

만약 우리가 성경 박사들이라는 칭호를 지니고 있다면 우리는 그 이름에 걸맞게 성경를 가르치도록 강제되어야 한다. 그러나 이 직함은 너무나 훌륭하고 자랑스러우며 지나치게 높여진 것이기 때문에 아무에게나 성경 박사라는 직함을 주거나 자랑해서는 안 된다. 그러나 자신의 직함에 맞는 일을 한다면 용인될 수 있을 것이다. 그러나 현실적으로 「명제집」이 대세를 장악하고 있다. 신학자들 가운데서는 성경의 거룩하고 확실한 가르침보다는 이교적이고 인간적인 견해들을 더 많이 찾아볼 수 있다. 그렇다면 우리는 어떻게 해야 하는가? 이 점에 있어서 나는 하나님께서 참된 신학박사들을 주시도록 겸손히 기도드리는 일 외에는 다른 길이 없다고 생각한다. 교황과 황제와 대학교들은 문학박사, 의학박사, 법학박사들을 만들어낸다. 그러나 하늘로부터의 성령 이외의 그 누구도 성경 박사를 만들 수 없다는 것을 분명히 알라. 그리스도께서는 요한복음 6〔:45〕에서 "다 하나님의 가르치심을 받으리라"고 말씀하셨다.

이제 성령께서는 붉은색이나 갈색의 비레타(biretta)[42], 다른 장식들, 또는 그가 젊었는가 늙었는가, 평신도인가 사제인가, 수도사인가 속인인가, 독신인가 기혼자인가 대해서 묻지 않으신다. 아니, 성령께서는 옛날에 나귀를 탄 선지자에게 그 나귀를 통하여 말씀하셨다. 우리는 평신도이든 사제이든, 결혼한 자이든 독신이든 이러한 박사들을 가질 수 있을 자격이 되기를 하나님께 바란다. 그러나 오늘날 교황과 주교들과 박사들 가운데 성령이 계신 징조나 징표가 전혀 없음에도 불구하고, 그들은 지금 성령이 그들 가운데 계신 것처럼 억지로 나타내려고 하고 있다.

신학 서적의 수효도 줄여서 가장 좋은 것만을 남겨두어야 한다. 왜냐하면 사람들을 유식하게 하는 것은 많은 책이나 다독(多讀)이 아니기 때문이다. 오히려 아무리 짧은 것이라도 좋은 책을 골라 자주 읽는 것이 사람들로 하여금 성경을 익히게 하고 경건하게 하는 것이다. 사실 거룩한 교부들의 저술들은 우리가 성경으로 인도를 받기 위하여 잠시 동안만 읽지 않으면 안된다. 그러나 오늘날 우리는 교부들의 저술들만을 읽으며 더이상 나아가지를 않는다. 우리는 성경에는 들어가지도 않는 것이다. 우리는 도표(道標)만을 조사하고 여행은 전혀 하지 않는 사람들과 같다. 초대 교부들이 글을 쓴 목적은 우리를 성경으로 인도하려는 것이었으나 우리는 그것들을 이용하여 성경을 피하는 방법을 발견하고자 한다. 그럼에도 불구하고 성경은 우리의 포도원이고 우리 모두는 거기에서 땀흘려 일해야 한다.

무엇보다도 대학교 및 하급 학교들에서 가장 중요하고 가장 통상적인 가르침은 성경에 두어야 하는데, 어린 소년들에게는 복음서로부터 시작하여야 한다. 그리고 모든 도시에는 소녀들이 매일 한 시간씩 독일어나 라틴어로 복음서를 배울 수 있는 여학교도 있게 되기를 하나님께 바란다. 사실 옛날에 성 아그네스와 다른 성자들의 이야기를 읽어보면, 학교들과 수도원들, 수녀

---

42) 박사들의 모자.

원들은 그러한 칭찬할 만한 기독교적 목적을 위하여 창설되었다. 그 시대는 거룩한 처녀들과 순교자들의 시대였는데, 당시에는 기독교 공동체 전체가 잘 되었다. 그러나 지금은 사람들은 기도하고 찬송하는 일 외에는 거기에서 아무것도 하지 않는다. 모든 그리스도인은 아홉 살이나 열 살 때에는 거룩한 복음서 전체를 알게 되어야 마땅하지 않겠는가? 왜냐하면 그리스도인이라는 이름과 지위는 그 복음에 근거하고 있기 때문이다. 방직공이나 침모는 딸에게 어릴 적부터 그 일을 가르쳐준다. 그러나 오늘날에는 위대하고 박식한 고위성직자들과 주교들까지도 복음을 알지 못한다.

아, 우리는 우리가 훈련시키고 교육을 시키도록 명령받은 바 있는〔잠언 22:6〕 우리의 가엾은 젊은이들을 얼마나 현명치 못하게 다루고 있는가! 그러나 우리는 우리의 청지기직에 대하여 중대한 책임을 져야 할 것이고 그 젊은이들에게 하나님의 말씀을 들려주지 않은 이유를 해명해야 할 것이다. 그들의 운명은 예레미야 애가 2장에서 예레미야가 말하고 있는 것이다: "내 눈이 눈물에 상하며 내 창자가 끓으며 내 간이 땅에 쏟아졌으니 이는 처녀 내 백성이 패망하여 어린 자녀와 젖먹이는 아이들이 성읍 길거리에 혼미함이로다 저희가 성읍 길거리에서 상한 자처럼 혼미하여 그 어미의 품에서 혼이 떠날 때에." 우리는 오늘날의 젊은이들의 이 비참한 고뇌를 보지 못하고 있다. 젊은이들은 기독교 세계의 한복판에서 살면서도 복음의 결핍으로 인하여 비참하게 쇠진해가고 멸망해가고 있다. 우리가 복음으로 젊은이들을 늘 훈련시키고 가르쳐야 한다.

더욱이 만약 대학교들이 성경을 부지런히 연구한다고 할지라도, 우리는 오늘날처럼 많은 학생들을 가지기 위하여 또 자기 가족 중에 박사를 갖기 위하여 아무나 대학교에 보내서는 안된다. 하급학교들에서 잘 교육을 받은 가장 똑똑한 학생들만을 보내야 한다. 제후와 시의회는 이것을 잘 살펴서 좋은 자질을 갖춘 사람들만을 보내도록 유의하여야 한다. 그러나 성경을 우선으로 하지 않는 곳에는 아무도 자기 아들을 보내지 말라고 나는 충고한다. 하나님의 말씀을 정규적으로 가르치지 않는 모든 시설은 반드시 망한다. 이것이 대학교에 있고 또 거기에 있을 사람들이 그와 같이 되는 이유이다. 이렇게 된 것에 대해서는 젊은이들의 교육을 담당하고 있는 교황과 주교들과 고위성직자들 외에는 아무의 잘못도 아니다. 왜냐하면 대학교는 학생들을 성경으로 철저하게 훈련시켜야 하기 때문이다. 그들 가운데 약간은 주교와 사제가 되어 이단자와 마귀와 온 세상에 대항하여 최전선에 서게 된다. 그러나 그러한 것은 아무리 찾아 보아도 찾아볼 수 없다. 만약 대학교들이 젊은 학생들에게 성경을 열심히 가르치고 감명을 주지 않는다면 그 대학교들은 활짝 열린 지옥문이 되지 않을지 나는 크게 염려가 된다.

〔26. [43]〕 교황이 신성 로마 제국을 헬라 황제에게서 빼앗아 독일 사람들에게 준 것을 로마교도들은 반대하며 목청을 돋우리라는 것을 나는 잘 알고 있다.[44] 교황은 이러한 영예와 호의의 대가로 우리의 자발적인 복종과 감사와 온갖 감사의 표시들을 마땅히 받을 자격이 있고 받았음에 틀림없다. 이러한 이유로 그들은 그것들을 개혁하려는 모든 계획을 무시해 버리고 로마 제국의 수여 외에는 아무것도 하지 못하게 하고 있는지도 모른다. 이렇게 시작하여 그들은 지금에 이르기까지 많은 훌륭한 황제들을 말하기조차 민망할 정도로 자의적이고 거만하게 박해하고 억압해 왔다. 그리고 그들은 이와 똑같은 수법으로 거룩한 복음을 거스려 자신들을 모든 세속 권세와 정부의 주군으로 만들었다. 그러므로 나는 이 문제에 대해서도 말하지 않으면 안 된다.

실제의 로마 제국은 오래 전에 멸망하여 없어졌다는 것은 의심의 여지가 없다. 이 제국과 그 멸망은 모세의 저작인 민수기 24장과 다니엘서에 예언되어 있다. 발람은 민수기 24장에서 이렇게 분명히 예언하였다: "로마인들이 와서 유대인들을 멸망시킬 것이다. 후에 그도 멸망하리로다."[45] 이런 일은 고트족에 의해 이루어졌으나 천 년 전에 터키 제국이 출현했을 때 확고히 되었다. 시간이 지남에 따라 아시아와 아프리카가 망했으며, 그후에 프랑스와 스페인, 마지막으로 베니스가 망했고, 로마에는 과거의 권세가 하나도 남아 있지 않게 되었다.

교황이 헬라인들 및 황제를 자신의 자의적인 뜻에 굴복시킬 수 없었을 때에 그는 그에게서 황제의 지위를 빼앗아 당시에 용감하고 평판이 좋았던 독일 사람들에게 넘겨 주려는 계책을 생각해 내었다. 그렇게 함으로써 로마

---

43) 이 부분은 루터의 초판에는 나오지 않는다.
44) 이하의 논증 전체는 주후 800년 크리스마스에 교황 레오 3세가 로마에서 샤를마뉴에게 황제의 관을 씌워줌으로써 독일 백성의 신성 로마 제국을 창설하고 교황의 우위권을 주장하기 위한 토대를 마련한 것에 의존하고 있다.
45) 민수기 24:24. 인용문이라기보다는 해석이다.

교도들은 로마 제국의 권력을 자신들의 수중에 넣고 그 제국을 봉토(封土)의 형태로 양도하려고 하였던 것이다. 모든 것은 계획에 따라 진행되었다. 로마 제국은 콘스탄티노플 황제에게서 탈취되어 그 이름과 칭호가 우리 독일 사람들에게 주어졌다. 그리하여 우리는 교황의 봉신들이 되었으며 또한 교황이 독일 사람들 위에 세운 제2의 로마 제국이 있게 되었다. 왜냐하면 제1의 제국이었던 다른 로마 제국은 앞에서 말한 바와 같이 이미 멸망한 지 오래이기 때문이다.

이렇게 로마 교황은 소원을 이루게 되었다. 교황청은 로마를 점령하고 독일 황제를 추방했으며, 서약으로써 그를 속박하여 로마에 살지 못하도록 하였다. 그는 로마 황제여야 함에도 로마에서 살 수 없었다. 그는 언제나 교황과 그의 추종자들의 비위를 맞추며 살아가야 했다. 그 결과 우리는 이름을 가지게 되고 그들은 영토와 도시들을 가지게 되었다. 언제나 그들은 우리의 순박함을 오용하여 그들 자신의 거만함과 횡포로 이득을 챙겼다. 그들은 우리를 "지각없는 독일 사람들"이라고 부르는데, 이는 우리가 그들의 뜻대로 속고 우롱당하기 때문이다.

그러나 그대로 놔두어라. 왜냐하면 모든 제국과 공국(公國)들을 이리저리 흔드는 것은 주 하나님에게는 사소한 일이기 때문이다. 하나님께서는 매우 관대하시기 때문에 때로는 악하고 신실치 못한 사람들의 변절을 통하여, 때로는 상속의 법령을 통하여 한동안 나라를 악한에게 주시고 선한 사람에게서 빼앗으신다. 이것은 페르시아 왕국과 그리스 왕국 그리고 거의 모든 제국들에서 우리가 본 바이다. 다니엘서 2〔:21〕과 4〔:19ff.〕에는 이렇게 씌어 있다: "만물을 다스리는 자는 하늘에 거하시며 또한 나라들을 뒤엎고 이리저리 흔들며 세우는 자는 하나님 한 분이시다." 특히 그리스도인일 경우 그에게 한 나라가 주어지는 것을 큰 일로 생각할 수 없기 때문에 우리 독일 사람들도 새로운 로마 제국이 주어졌다고 하여 우쭐거릴 이유가 없다. 왜냐하면 이것은 하나님 보시기에 하나의 보잘 것 없는 선물에 지나지 않기 때문이다. 하나님께서는 이런 선물을 종종 가장 무가치한 자에게 주신다. 다니엘서 4〔:35〕에서는 이렇게 말하고 있다: "땅의 모든 거민을 없는 것 같이 여기시며 …땅의 거민에게든지 그는 자기 뜻대로 행하시나니."

그러나 교황이 참된 황제에게서 로마 제국이나 그 이름을 부당하게 폭력으로 빼앗아 우리 독일 사람들에게 준 것은 사실이지만 하나님께서 독일 백

성에게 그러한 제국을 주심에 있어서 교황의 사악함을 이용하셨음이 분명하
다. 처음의 로마 제국이 멸망한 후에 하나님께서는 지금 존재하고 있는 또
하나의 로마 제국을 세우셨다. 비록 우리가 이러한 거래에 있어서 교황들에
게 사악함을 발휘할 기회를 제공하지 않았고 또 그들의 기만적인 목적과 의
도를 이해하지 못하기는 했지만, 그럼에도 우리는 불행히도 교황의 교활하고
비양심적인 행위로 말미암아 헤아릴 수 없을 정도의 피흘림, 우리의 자유의
억압, 우리의 재산 특히 우리 교회의 재산의 손실과 강탈, 이루 말할 수 없
는 협잡과 경멸을 겪은 것을 통하여 이미 이 제국에 대한 대가를 너무나 비
싸게 치렀다. 우리는 제국의 이름을 가지고 있으나, 교황은 우리의 재산, 명
예, 몸, 생명, 영혼 및 우리에게 속한 모든 것을 가지고 있다. 이와 같이 교
황들은 우리 독일 사람들을 속였고, 우리가 독일 사람이기 때문에 계속해서
우리들을 속일 것이다.[46] 교황들이 황제가 되기를 바랐을 때 마음에 두고 있
었던 것이 바로 그것이었다. 그들은 이를 이룰 수 없었지만 적어도 자신들을
황제들 위에 있게는 하였다.

　　그러므로 제국이 우리의 잘못 없이 하나님의 섭리와 악한 자들의 노력에
의하여 우리에게 주어졌기 때문에 나는 우리가 그것을 포기해야 한다고 믿지
않는다. 오히려 하나님을 기쁘시게 하는 한, 하나님을 두려워하는 가운데 그
제국을 합당하게 다스려야 한다고 믿는다. 왜냐하면 이미 말한 바와 같이 하
나님께서는 한 제국이 어디로부터 생겨났는가를 알아보시는 것이 아니라 그
제국이 올바르게 다스려지도록 하는 것이 하나님의 뜻이기 때문이다. 비록
교황들이 제국을 합당치 못하게 다른 사람들에게서 빼앗기는 했으나 우리가
그것을 합당치 못하게 얻은 것은 아니다. 제국은 하나님의 뜻에 의해 악한
자들의 손을 통해 우리에게 주어진 것이다. 우리는 교황들이 황제 아니 황제
이상이 되는 것이 목표였던 그 그릇된 의도보다도 하나님을 더 의뢰한다. 그
들은 그 이름으로 우리를 속이고 비웃었다.

　　바벨론 왕도 그의 나라를 강탈과 폭력으로 빼앗기는 했으나, 하나님께서
는 이 나라가 거룩한 방백들인 다니엘, 하나냐, 아사랴, 미사엘을 통하여 다
스려지는 것을 원하셨다〔다니엘 3:20; 5:29〕. 교황이 이 제국을 훔쳤든 강탈
하였든 새로이 세웠든, 현재의 제국이 독일 그리스도인 제후들을 통하여 다

---

46) 번역이 불가능한 언어 유희: Szo sol die Deutschen teuschen und mit
　　teuschen teuschenn.

스러지게 하는 것은 더더욱 하나님의 뜻이다. 이 모든 일은 하나님의 뜻에 의해 이루어졌으며, 우리가 그것을 이해하기 이전에 일어난 일이다.

이런 이유들로 교황과 그의 추종자들은 자기들이 이 로마 제국을 독일 사람들에게 수여함으로써 독일 사람들에게 큰 호의를 베풀었다고 자랑할 여지가 없다. 첫째로, 그들이 제국을 우리에게 준 것은 우리를 이롭게 하기 위해서가 아니라 오히려 우리의 순박함을 이용하여 콘스탄티노플의 참된 로마 황제에 대한 교활한 음모를 강화하려고 한 것이기 때문이다. 교황이 제국을 빼앗은 것은 하나님을 거스르는 것이었고 올바른 일이 아니었으며 그렇게 할 권세도 없었다. 둘째로, 교황의 목적은 그 제국을 우리에게 주려는 것이 아니라 오히려 그 제국을 자신을 위하여 보존해두고 우리의 모든 권력, 자유, 재산, 몸, 영혼을 주장하고 또 우리를 이용하여 만약 하나님께서 막지 않으셨다면 전세계를 정복하는 것이었기 때문이다. 그는 교령들 가운데서 이와 같이 분명히 말하여 왔으며 또한 여러 독일 황제들에 대한 많은 술책으로 이를 실행하려고 애서 왔다. 우리 독일 사람들은 얼마나 그럴듯하게 우리의 독일어를 가르쳐 왔던가! 우리는 우리가 영주가 되었다고 생각했을 때 가장 기만적인 폭군의 노예가 되어 있었다. 우리는 제국의 이름과 칭호와 문장(紋章)을 가지게 되었고, 그 제국의 보화와 권능과 권리들과 자유는 교황의 수중에 남게 되었다. 이와 같이 교황은 알맹이를 빼먹고 우리는 빈껍데기를 가지고 놀고 있다.

이미 말한 대로 이 제국을 우리에게 주신 하나님께서 우리로 하여금 우리가 그것을 위탁받은 그대로 그것을 다스릴 수 있도록 도와주소서. 우리는 제국의 이름과 칭호와 문장에 걸맞는 실질을 회복하고 우리 자유를 되찾아야 한다. 우리는 로마교도들로 하여금 우리가 그들을 통하여 하나님에게서 받은 것이 무엇인가를 보게 하여야 한다. 그렇게 하면 그렇게 될 것이다! 교황은 우리에게 로마 제국과 그것이 의미하는 모든 것을 주어야 하고, 우리 나라는 교황의 참을 수 없을 정도의 세금과 협잡들로부터 자유로워야 한다. 우리의 자유, 권능, 명예, 몸과 영혼을 되돌려달라. 우리는 마땅히 되어야 하는 그대로의 제국이어야 하고 교황의 말과 주장들을 그쳐야 한다.

만약 교황이 그렇게 하지 않으려고 한다면, 왜 이러한 거짓과 기만과 주문과 술책으로 허튼 소리를 하는가? 이 고귀한 국민을 그토록 오랜 세월 동안 그렇게도 무례하게 다스린 것만으로도 충분하지 않은가? 교황이 황제의

관을 씌워주거나 황제를 임명한다고 하여 황제보다 우월하여야 한다는 법은
없다. 선지자 사무엘은 하나님의 명령으로 사울왕과 다윗왕에게 기름을 붓고
왕위에 오르게 했으나 그는 여전히 그들의 신민으로 남아 있었다〔사무엘상
10:1; 16:13〕. 선지자 나단은 솔로몬왕에게 기름을 부었으나 그 일로 인하
여 자신을 솔로몬보다 위에 두지 않았다. 엘리사도 그의 한 종으로 하여금
이스라엘의 예후왕에게 기름을 붓게 했으나 그들은 예후왕에게 복종하였다
〔열왕기하 9:1ff.〕. 교황의 경우 이외에는 전세계 역사 가운데서 왕을 성별
하고 왕의 관을 씌워준 자가 그 왕보다 위에 있은 일은 결코 없었다.

　　교황의 경우에도 자기 아래에 있는 세 사람의 추기경에 의하여 교황 자
리에 오르게 됨에도 불구하고 교황은 그들 위에 있다. 그렇다면 왜 그는 자
기 자신이 세운 본보기 그리고 전세계의 관습과 성경의 가르침에 반하여 단
순히 황제에게 관을 씌워주고 그를 성별한다고 하여 자기 자신을 속권과 황
제보다 더 높이고 있는가? 교황은 하나님의 일, 즉 설교하고 가르치고 성례
를 베푸는 일에 있어서 황제보다 우월한 것으로 충분하다. 이런 점들에 있어
서는 어떤 주교나 사제도 다른 모든 사람의 위에 있게 된다. 이것은 성 암브
로시우스가 테오도시우스 황제 위에 있었고, 선지자 나단이 다윗 위에 있었
으며, 사무엘이 사울 위에 있었던 것과 마찬가지이다. 그러므로 독일 황제를
진정하고 자유로운 황제가 되게 하며 또 그의 권위와 통치가 교황의 위선자
들의 맹목적인 주장에 의하여 억압받지 않도록 하라. 그들은 세속 권세보다
우월한 체하며 모든 일에 있어서 통치자가 되려고 한다.〕

　　27. 이제 나는 성직자들의 범죄들에 관하여 충분히 자세하게 말하였다.
물론 당신이 올바른 위치에서 본다면 그것들보다 더 많은 것을 찾을 수 있을
테지만 말이다. 이제는 현세적인 문제들을 고찰해보기로 하자.

　　먼저 독일은 매우 많은 귀족들과 부호들이 입는 의복의 낭비와 사치로부
터 독일 국민들을 보호하는 일반적인 법령을 절실하게 필요로 한다. 하나님
께서는 다른 나라들에게 주신 것과 마찬가지로 우리에게도 모든 계층에게 어
울리는 훌륭한 의복으로 적합한 양모, 모피, 아마(亞麻) 및 다른 모든 것을
충분히 주셨다. 우리는 비단과 비로도와 귀금속 장신구와 다른 외국 수입품
들을 위하여 이와 같이 거액의 돈을 낭비할 필요가 없다. 비록 교황이 참을
수 없는 착취로 우리 독일 사람들을 약탈하지 않는다고 할지라도 아직 우리

에게는 이러한 국내 강도들인 비단과 비로도 상인들이 너무나 많다고 나는 믿고 있다. 우리가 아는 대로 의복 문제에 있어서 모든 사람이 다른 사람들과 똑같이 되려고 하므로 당연히 우리 가운데서 교만과 질투가 일어나 점점 더해간다. 만약 이러한 과시 욕구가 하나님께서 우리에게 주신 재물로 만족하고 감사하는 마음으로 바뀐다면, 비참함을 가져오는 이런 모든 것과 그밖의 다른 많은 것들은 그치게 될 것이다.

마찬가지로 향료 거래도 줄여야 한다. 왜냐하면 이것은 돈이 독일 밖으로 운반되는 또하나의 큰 통로이다. 하나님의 은혜로 우리에게서는 다른 나라에서보다 먹고 마실 것이 더 많이 생산되며 또한 품질도 좋다. 아마 내가 내놓은 제안은 어리석고 불가능한 것으로 보이고 또 내가 상인들의 주요한 장사를 위태롭게 할지도 모른다. 그러나 나는 내 자신의 견해를 피력하고 있는 것이다. 만약 공동체에서 상황이 호전되지 않는다면, 그렇게 할 수 있는 사람이 개혁을 하여야 한다. 나는 상업을 통하여 많은 선한 습관들이 나라에 들어 온 일을 알지 못한다. 그리고 하나님께서는 옛날에 이러한 이유로 인하여 이스라엘 백성을 바다에서 멀리 떨어져 살게 하셨으며 또한 그들로 하여금 상업에 종사하지 못하게 하셨던 것이다.

그러나 독일 국민이 겪는 가장 큰 불행은 분명히 연부금 거래이다. 만약 이런 것이 존재하지 않았다면 많은 비단, 비로도, 귀금속 장신구, 향료 및 각종 장식품들이 팔리지 않았을 것이다. 이러한 거래가 생겨난 지 수많은 세월이 지난 것도 아닌데 벌써 거의 모든 제후들, 수도원들, 도시들, 귀족들 및 그들의 상속자들을 빈곤과 비참과 파멸에 이르게 하였다. 만약 앞으로 백년만 더 계속된다면 독일은 틀림없이 한푼도 남지 않게 되고 또한 우리는 서로를 잡아먹지 않을 수 없게 될 것이 확실하다! 이것은 마귀의 고안물이다. 교황은 이것을 인준함으로써 전세계에 재앙을 가져왔다.

그러므로 나는 모든 사람이 눈을 뜨고 자기 자신과 자녀들과 상속자들의 파멸을 보기를 간청하며 기도한다. 이 파멸은 눈 앞에 와 있을 뿐만 아니라 이미 집안에서 출몰하고 있다. 그리고 황제, 제후들, 군주들 및 도시들은 되도록 빨리 이러한 거래를 정죄하고 또 앞으로는 금하여야 한다. 비록 교황과 그의 모든 법 또는 불법이 이러한 조치에 반하는 것이고 교구령들과 수도원들도 그것들 위에 세워져 있는 것이긴 하지만 말이다. 한 도시에 연부금 제도를 토대로 세워진 백 개의 교구령보다 공정한 자유보유 재산이나 세입을 토대로 한 한 개의 교구령이 있는 것이 더 낫다. 실제로 연부금 제도를 토대로 세워진 한 교구령은 자유보유 재산을 토대로 세워진 스무 개의 교구령보다 더 악하고 압제적이다. 사실 연부금은 세계가 그 많은 죄들로 인하여 마귀에게 팔려 있다는 표시와 상징임에 틀림없다. 그리하여 현세적인 재산과 영적인 재산은 우리를 파산시키고 있음에 틀림없는데도 우리는 이러한 것을 전혀 깨닫지 못하고 있다.

　여기서 나는 우리가 분명히 후거가와 이와 유사한 기업체에 대해서 제동을 걸어야 한다고 말하고자 한다. 어떻게 단 한 사람의 생애 동안에 군왕에 상당하는 큰 재산을 모을 수 있으며 그러면서도 모든 것이 합법적으로 하나님의 뜻에 따라서 행해질 수 있는가? 나는 셈에 밝은 사람은 아니다. 그러나 어떻게 백 굴덴으로 일년 동안에 이십 굴덴의 이익을 남길 수 있거나 어떻게 한 굴덴으로 또 한 굴덴을 만들 수가 있는지 내게는 이해가 되지 않는다. 부의 증가가 인간의 재간이 아니라 하나님의 축복에 달려 있는 농업이나 목축에 의해서는 이와 같은 일이 일어나지 않는다. 이것을 국사(國事) 담당자들이 눈여겨 살펴보라고 나는 권한다. 나는 신학자이기 때문에 그것의 사악하고 거리끼는 모습을 책망하는 것 이상으로 나아가지는 못한다. 성 바울은 "악은 모든 모양이라도 버리라"〔데살로니가전서 5:22〕고 말하고 있다. 우리가 농업을 늘리고 상업을 줄이는 것이 하나님을 훨씬 더 기쁘시게 하며 또 성경이 말씀하고 있는 바 대로 토지를 갈고 그런 식으로 생계를 구하는 사람이 훨씬 더 올바르다는 것을 나는 알고 있다. 이 모든 것은 아담의 경우를 빌어 우리와 다른 모든 사람들에게 말해졌다. "땅은 너로 인하여 저주를 받고 너는 종신토록 수고하여야 그 소산을 먹으리라 땅이 네게 가시덤불과 엉겅퀴를 낼 것이라 … 네가 얼굴에 땀이 흘러야 식물을 먹고"〔창세기 3:17ff.〕. 아직도 경작되지 않고 있는 땅이 많이 있다.

　다음으로는 외국에서 우리 독일 사람들의 특별한 악습이나 되는 것처럼 우리에게 좋지 못한 평판을 가져다 주는 먹고 마시는 것의 폐단이다. 이 폐단은 설교로도 아무런 영향을 끼칠 수 없다. 이 폐단은 너무나 뿌리가 깊고 너무나 만연되어 있다. 돈의 낭비는 말할 것도 없고 여기에는 살인, 간음, 도적질, 신성모독을 비롯한 온갖 형태의 부도덕들이 수반된다. 여기에 세속 정부가 해야 할 일이 있다. 그렇지 않는다면 그리스도께서 말씀하신 것처럼 "방탕함과 술취함과 생활의 염려로 마음이 둔하여지고 뜻밖에 그 날이 덫과

같이 너희에게 임하리라"〔누가복음 21:34 이하〕는 말씀이 응할 것이다. 비록
사람들은 여기에 대하여 조금도 생각하고 있지 않으나 심판날이 가까이 왔기
를 내가 진심으로 바랄 정도로 오늘날 상황이 그런 지경까지 이르렀다.

마지막으로 우리 그리스도인들이 다 세례를 받을 때에 성적 순결
(chastity)의 서약을 했음에도 불구하고 우리 가운데 창가(娼家)가 있는 것
을 공공연하게 용납하고 있는 것은 통탄스러운 일이 아닌가? 어떤 사람들은
이에 대하여 이렇게 말하는 것을 나는 잘 안다. 이러한 것은 어떤 한 국민만
의 관습이 아닌 것으로 타파하기 어려운 것이며 결혼한 부인이나 처녀 또는
보다 고귀한 신분을 가진 사람들이 능욕을 당하는 것보다는 이러한 창가들이
있는 것이 더 낫다고 말하는 것이다. 그러나 세속 정부가 아니라 그리스도교
정부는 그것이 이교 관습을 제거하는 방식이 아니라고 생각해서는 안되는가?
만약 이스라엘 백성이 그러한 가증스러운 일 없이 지낼 수 있었다면 분명히
그리스도인들은 그들보다 더 잘 지낼 수 있을 것임에 틀림없다! 많은 도시들
과 마을들과 촌락들이 이러한 창가 없이 잘 지내지 않는가? 왜 대도시들도
이러한 창가 없이 존재해서는 안되는가?

나는 이 문제와 또 이제까지 말한 다른 문제들 가운데서 이 세상 정부가
얼마나 많은 선행을 행할 수 있으며 또 모든 정부의 의무가 어떠해야 하는가
를 지적하려고 하였다. 모든 사람은 통치자로서 높은 자리에 앉아 다스리는
것이 얼마나 두려운 책임인가를 이로부터 알 수 있을 것이다. 만약 한 군주
가 이러한 일에 있어서 자기 밑에 있는 사람들을 열심히 도우려고 하지 않는
다면 그가 자기 생활에 있어서 성 베드로처럼 거룩하다고 할지라도 무슨 소
용이 있겠는가? 바로 그의 권위가 그를 대항하여 소리를 지를 것이다. 왜냐
하면 자신의 신민들의 선을 도모하는 것이 권세 있는 자들의 의무이기 때문
이다. 그러나 만약 위정자가 어떻게 하면 젊은이들을 결혼하게 할 수 있는가
하는 것에 마음을 쓴다면, 결혼 생활에 대한 희망이 모든 사람으로 하여금
유혹을 참고 물리치게 하는 데 크게 도움이 될 것이다.

그러나 모든 사람이 성직에 매력을 갖고 있는 지금 무슨 일이 일어나고
있는가? 그들 가운데 생계를 도모하는 일 이외의 어떤 다른 이유를 가진 사
람이 백의 하나라도 있는가 의심스럽다. 아울러 이러한 사람들이 결혼 생활
을 할 때에 스스로 자립할 수 있을는지도 의심스럽다. 그런 까닭에 그들은
먼저 매우 방탕한 생활을 하며 마음껏 정욕을 채우며 난봉을 부린다. 그러나

경험이 보여주는 바와 같이 그들은 정욕을 내부에 뿌리는 경향이 있다. 나는 "대부분의 수도사와 사제는 의심하는 자들이다"라는 속담이 사실이라고 생각한다. 그리고 모든 상황은 우리가 보는 대로이다.

우리 안에서 그들의 길을 진저리쳐지게 갉아먹는 많은 죄들을 피하기 위해 나는 소년 소녀들이 30세 이전에는 금욕(continence=결혼하지 않고 지내는 금욕:역주)의 서약이나 "영적 생활"의 서약을 하지 못하게 해야 한다고 간곡하게 충고한다. 성 바울이 말하는 것처럼 이것은 특수한 은사를 필요로 한다(고린도전서 7:7). 그러므로 하나님에 의해 특별히 이끌리지 않는다면 당신은 성직자가 되는 것이나 서약하는 것을 미루라. 아니 더 나아가 이렇게 말하고자 한다: 당신이 결혼해서 자립할 수 있을 것인가를 의심할 정도로 하나님을 신뢰하지 못하고 또 단순히 이러한 불신앙으로 인해서 성직자가 되려고 한다면, 나는 당신이 성직자가 되지 말고 오히려 농부나 당신이 원하는 다른 것이 되라고 간청하고 싶다. 왜냐하면 만약 현세적인 생계를 유지하는 일에 있어서 필요한 하나님에 대한 신뢰가 하나라고 한다면, 성직자의 생활을 계속하는 데는 열의 신뢰가 필요하기 때문이다. 하나님께서 세상에서 당신을 부양할 것임을 신뢰하지 못한다면, 어떻게 당신은 당신이 성직자로서의 삶을 영위함에 있어서 하나님을 신뢰할 수 있겠는가? 슬프다, 불신앙과 불신뢰는 모든 것을 망쳐 놓고 우리가 모든 계층들 속에서 보는 바와 같이 우리에게 모든 비참한 일을 가져온다. 이러한 비참한 상태에 대해서는 많은 말을 할 수가 있다. 젊은이들은 자신을 돌보아 줄 사람을 하나도 가지고 있지 않다. 그들은 하고 싶은 대로 행하며, 정부는 전혀 존재하지 않는 것과 마찬가지이다. 그러나 이 일은 교황, 주교들, 지배 계층, 의회들의 주요 관심사가 되어야 한다. 그들은 널리 권세를 행사하려고는 하지만 아무짝에도 쓸모가 없다. 바로 이런 연유로 하늘나라에서는 지도자나 통치자들을 보기가 힘들다. 비록 그들이 하나님을 위하여 백 개의 교회를 세우고 또 모든 죽은 자들을 일으킨다고 할지라도 말이다!

지금으로서 나는 할 말을 다했다. 나는 세속 권세와 귀족이 해야 할 일에 대해서는 「선행에 관하여」(On Good Works, 1520)라는 소책자에서 충분히 논의했다. 그들의 생활과 통치에는 개선의 가망성이 있다. 그러나 내가 거기서 보여준 것처럼 세속적 폐단과 영적 폐단을 서로 비교해서는 안된다. 영적인 폐단이 말로 할 수 없을 정도이기 때문이다. 나는 내가 강력하게 말을 했고 내가 제안한 많은 것들이 불가능한 것으로 생각될 것이며 많은 주제들을 너무 심하게 공격했다는 것을 알고 있다. 그러나 나는 도대체 무엇을 해야 하는가? 나는 말하는 것 이외에 할 수 있는 것이 없다. 만약 내가 할 수 있다면, 행하리라. 나는 하나님께서 내게 진노하시는 것보다 세상이 내게 대하여 진노하는 것을 택할 것이다. 사람들은 내 생명을 빼앗는 일 이상은 하지 못한다. 이제까지 나는 나의 대적자들에게 화평을 여러 번 제의하였다. 그러나 내가 지금 아는 대로는 하나님께서 그들을 통하여 내가 목청을 더 끈 질기게 높이지 않을 수 없게 하셨다. 그런데도 그들은 만족하지 않기 때문에, 나는 그들이 충분하다고 할 때까지 말하고 외치고 부르짖고 쓰지 않을 수 없다. 나는 로마와 로마교도들에 대하여 여전히 작은 노래[47]를 갖고 있다. 그들의 귀가 나의 노래를 듣고 싶어 근질근질하다면 나는 그 노래도 가장 높은 고음으로 부르겠다. 훌륭한 로마여, 내가 말하는 것이 무슨 뜻인지 그대는 이해하는가?

나는 내가 쓴 책들을 조사를 받기 위하여 여러 번 제출하였었다. 그러나 아무 소용이 없었다. 내 주장이 바르다면 이 땅에서는 필연적으로 정죄를 받 겠지만 하늘에서는 인정을 받을 것이 틀림없다는 것을 나는 안다. 왜냐하면 성경 전체는 그리스도인들과 기독교의 주장은 홀로 하나님 한 분에 의해서만 심판을 받을 것임을 보여주고 있기 때문이다. 그것은 결코 이 땅에서 사람들 에 의해 판단을 받은 적이 없었다. 그것은 언제나 나의 대적자들에게 너무나 크고 강했기 때문이다. 나는 내 주장이 정죄받지 않고 그대로 남아 있을까 가장 염려되고 두렵다. 그것은 아직 하나님을 기쁘시게 하지 못하고 있다는 것을 보여주는 것이기 때문이다. 그러므로 교황, 주교, 사제, 수도사, 학자 들은 담대히 앞으로 나오라! 그들은 진리를 박해하는 데에 합당한 사람들이 다. 그들은 내내 그래왔다. 하나님께서 우리에게 그리스도인의 마음을 허락 하시고, 특히 독일 국민의 지배 계층에게 참다운 경건한 용기를 허락하셔서 이토록 비참한 처지에 있는 교회를 위해 그들이 할 수 있는 최선을 다할 수 있게 하소서.

아멘.

비텐베르크에서,

주후 1520년.

---

47) 루터가 거의 즉시 쓰기 시작하였던 「교회의 바벨론 포로」를 가리키는데, 이 글 을 그는 음악 용어를 사용하여 "전주(前奏)"라 불렀다.

제V부

부 록

95개 조항[1]

〔보통 95개 조항으로 일컬어지는 「면죄의 권능과 효능에 대한 논쟁」은 루터가 쓴 그 어떤 글보다도 사람들의 입에 널리 오르내리고 있다. 그러나 이 글은 통상적으로 읽든 주의깊게 읽든 이해하기 힘들다. 이 글은 상당한 정도의 예비지식을 필요로 하는 면죄 문제를 다루고 있기 때문이다. 바로 이 점이 비록 연대순으로 볼 때 앞에 와야 함에도 불구하고 이 책의 말미에 이 글을 배치한 이유들 가운데 하나이다. 95개 조항은 1517년 10월 31일 또는 11월 1일에 비텐베르크 성(城) 교회 문에 게시되었다. 이 글을 이 책의 말미에 있는 부록에 수록한 두번째 이유는 이 글은 루터의 성숙한 신앙을 이해하기 위한 출발점이 되는 입지점으로서가 아니라 루터의 성숙한 신앙의 관점으로부터 바라볼 때에 더 적절하게 이해된다는 것이다. 학자들은 루터의 근본적인 통찰들이 논쟁을 위한 95개 조항의 체계적 제시 속에 이미 어느 정도 엿보이고 있는가 하는 문제에 대해서 서로 의견을 달리 할 수 있다. 하지만 신앙에 대한 완전히 만개한 이해가 95개 조항의 한정된 주제 속에 밝히 드러나 있지 않다는 것은 확실하다. 사실 이 글은 결국 처음 의도했던 것보다 더 근본적인 교회의 개혁을 요구하는 신학적 사상으로 이끌었던 면죄부의 남용과 관련된 논쟁을 촉진시켰다는 점에서 의의가 있다고 하겠다.〕

---

1) Bertram Lee Woolf가 번역하고 편집한 *The Reformation Writings of Martin Luther*, volume I, *The Basis of the Protestant Reformation* (London: Lutterworth Press, 1953), pp. 32-42에서 발행인의 허락을 얻어 전재(轉載).

진리에 대한 사랑과 관심으로부터 그리고 진리를 밝히 드러내려는 목적을 가지고 아래의 논제들은 문학석사이며 신학석사인 아우구스티누스 수도회 소속 수사 존경하는 마르틴 루터 신부의 주재 아래 비텐베르크에서 공개적으로 논의될 주제가 될 것이다. 마르틴 루터는 그곳에서 이 주제들에 대하여 강의를 하도록 공식적으로 임명받은 바 있다. 그는 직접 토론에 참여하여 이 문제를 토론할 수 없는 사람들은 서신으로 토론하기를 요청한다.

1. 우리의 주님이시며 스승이신 예수 그리스도께서 "회개하라"[2]고 말씀하셨을 때, 그는 신자들의 삶 전체가 참회(penitence)의 삶이 되어야 할 것을 요구하셨다.

2. 이 "회개하다"는 말씀은 고해성사, 즉 사제에 의해 수행되는 고해(告解)와 보속(報贖)을 가리키는 것으로 이해되어서는 안된다.

3. 그러나 이 말씀의 의미는 마음 속에서의 참회에 국한되지 않는다. 만약 그러한 참회가 육신의 여러 가지 정욕들을 죽이는 외적인 표지(標識)들을 낳지 않는다면 그 참회는 아무것도 아니다.

4. 자기 자신을 미워하는 것이 존재하는 한(즉, 진정한 내적 참회) 죄의 형벌은 존재하게 된다. 즉, 우리가 하늘나라에 들어갈 때까지 존재하게 된다.

5. 교황은 자신의 직권 또는 교회법에 의해 부과된 형벌들 이외에는 그 어떤 형벌도 사할 의지나 권세를 지니고 있지 않다.

6. 교황은 스스로 죄를 사할 수 없으며, 단지 죄가 하나님에 의해 사하여졌다는 것을 선언하거나 확증할 수 있을 따름이다. 기껏해야 그는 자신의

---

2) 마태복음 4:17에서 가져온 이 인용문은 유럽 전체에서 라틴어로 잘 알려져 있었다: poenitentiam agite. 불행히도 이 구절은 두 가지 의미를 지닐 수 있었다: '회개하라'와 '고해하라'

직권에 맡겨진 경우들에 있어서 죄를 사할 수 있을 뿐이다. 이러한 경우들을 제외하고는 죄는 그대로 남는다.

7. 이와 아울러 하나님께서는 자신의 대리자인 사제에게 겸손하게 복종하지 않는 자의 죄를 결코 사하지 않으신다.

8. 참회(고해성사:역주)에 관한 교회법은 오직 살아있는 사람들에게만 적용되는 것이며, 교회법 자체에 따르면 그 어떤 것도 죽은 자들에게는 적용되지 않는다.

9. 그러므로 교황을 통하여 역사하시는 성령께서는 교황의 규례들은 죽음 또는 어떤 어려운 상황에서는 언제나 적용하기를 멈춘다는 사실을 통해 우리에게 은혜를 베풀어 주신다.

10. 사제들이 죽은 자에 대한 연옥에서의 교회법상의 형벌들을 견지하고 있는 것은 무지에 기인한 그릇된 행위이다.

11. 교회법상의 형벌들이 전환되어 연옥에 적용되게 된 것은 감독들이 잠자고 있을 때 가라지들이 뿌려진 것임에 틀림없는 것으로 보인다.

12. 이전 시대에는 교회법상의 형벌은 진정한 통회의 시험으로서 사면의 선언 이후가 아니라 이전에 부과되었다.

13. 죽음은 교회의 모든 요구들에 종지부를 찍는다. 임종을 맞고 있는 사람들조차도 이미 교회법에 대하여 죽은 것이며 더이상 교회법에 의해 구속받지 않는다.

14. 임종을 맞고 있는 사람의 결함있는 경건과 사랑은 반드시 커다란 공포를 수반하게 되는데, 이 공포는 경건 또는 사랑이 최소일 때 최대가 된다.

15. 그밖의 다른 것은 말하지 않는다 하더라도 이 공포는 그 자체로 연옥의 고통을 이루기에 충분하다. 그 공포는 절망의 공포에 매우 가까이 근접하고 있기 때문이다.

16. 지옥과 연옥과 천국의 차이는 절망과 불확실과 확신의 차이와 같은 것으로 보인다.

17. 사실 연옥에 있는 영혼들의 고통은 경감되어야 하고 이에 비례하여 자비는 증가되어야 한다.

18. 더욱이 이 영혼들이 공덕의 상태 바깥에 있거나 은혜 속에서 자라갈 수 없다고 하는 것은 이성 또는 성경을 근거로 입증될 수 없는 것같다.

19. 또한 우리는 스스로 구원을 확고하게 확신하고 있다고 할지라도 이 영혼들이 구원을 확신하고 있다는 것은 언제나 사실이라는 것은 입증될 수 없는 것같다.

20. 그러므로 교황이 모든 형벌의 완전한 사면을 말할 때 그것은 엄격한 의미에 있어서의 "모든" 형벌을 의미하는 것이 아니라 단지 자신에 의해서 부과된 형벌들만을 의미하는 것이다.

21. 따라서 면죄부(indulgences)를 설교하는 자들이, 교황의 면죄부(免罪付)에 의해 인간은 모든 형벌로부터 사면되며 구원받는다고 말한다면 그것은 오류에 빠져 있는 것이다.

22. 실제로 교황은 연옥에 있는 영혼들에 대하여 교회법이 현세에서 치러야 한다고 선언하고 있는 그 어떠한 형벌도 사할 수 없다.

23. 만약 완전한 죄사함이 그 어떤 사람에게 허용될 수 있다고 한다면 그러한 사면은 단지 가장 완전한 사람, 즉 극소수의 경우에만 가능할 것이다.

24. 그러므로 대부분의 사람들은 형벌로부터 해방된다는 무차별적이고 어마어마한 약속에 의해 기만당하고 있다는 것은 사실임에 틀림없다.

25. 교황이 연옥에 대하여 전반적으로 행사하는 권세는 모든 감독과 교구 사제에 의해 자신의 감독구나 교구 안에서 제한적으로 행사되고 있다.

26. 교황이 열쇠의 권세(이 권세를 연옥에 있는 영혼들에게 행사할 수 없다)에 의해서가 아니라 그들을 위한 중보기도의 방법으로 연옥에 있는 영혼들에게 사면을 허락한다면 그것은 아주 잘하는 일이다.

27. 연보궤에 넣은 돈이 바닥에서 딸랑 소리를 내자마자 영혼은 연옥에서 빠져나온다고 설교하는 것은 하나님의 인정을 받은 것이 아니다.

28. 연보궤에 넣은 돈이 바닥에서 딸랑 소리를 낼 때 탐욕이 증가한다는 것은 확실히 그럴 듯하다. 그러나 교회가 중보기도를 올릴 때 모든 것은 하나님의 뜻에 달려 있다.

29. 마치 성 세베리누스(St. Severinus)[3]와 성 파스칼리스(St. Paschalis)[4]에 관한 전설에 비추어 볼 때 연옥에 있는 모든 영혼들이 그곳으로부터 구원받기를 원하는지 어떤지를 누가 알겠는가!

30. 그 누구도 자신의 통회의 진실성에 대해서 확신하지 못하는데 하물며 완전한 죄사함을 받은 것에 대해서 어떻게 확신할 수 있겠는가.

31. 진심으로(bona fide) 회개한 사람이 드문 것같이 진심으로(bona fide) 면죄부를 사는 사람은 드물다. 즉, 실제로 극히 드물다.

---

3) 주후 638-40년의 교황, 호노리우스 1세의 후계자.
4) 파스칼리스 1세, 교황 주후 817-24년. 그와 세베리누스는 신실한 자들의 유익을 위하여 연옥의 고통을 기꺼이 참아내었다는 전설이 있다.

32. 면죄부에 의하여 자신의 구원이 확실하다고 스스로 믿는 모든 사람은 그렇게 가르치는 사람들과 함께 영원히 저주를 받을 것이다.

33. 교황의 면죄부는 측량할 수 없는 하나님의 선물이며 그 면죄부로 말미암아 인간은 하나님과 화해된다고 말하는 사람들을 우리는 각별히 경계하지 않으면 안된다.

34. 왜냐하면 이 면죄부가 가져다주는 은혜는 단지 인간에 의하여 규정된 성례적인 "보속들"의 형벌들과만 관련되어 있기 때문이다.

35. 영혼들을 속량하거나 고해장(告解狀)을 사는 사람은 자기 자신의 죄들을 회개할 필요가 없다고 설교하고 가르치는 것은 그리스도의 가르침과 부합하지 않는다.

36. 진정으로 회개하는 그리스도인은 그 누구든지 형벌과 죄로부터 완전한 사함을 누리게 되는데, 이는 면죄부 없이 그에게 주어진다.

37. 참된 그리스도인은 누구나 죽은 자나 산 자를 막론하고 그리스도와 교회의 모든 유익들에 참여한다. 그리고 이 참여는 면죄부 없이 하나님에 의해 그에게 허락된다.

38. 그렇지만 교황의 면죄와 그의 특별사면을 결코 무시해서는 안된다. 왜냐하면 이미 말한 대로 그것들은 하나님의 사면을 선포하는 것이기 때문이다.

39. 면죄부에 담겨진 커다란 유익을 사람들에게 칭송함과 동시에 하나의 미덕으로서 통회를 찬양하는 것은 아무리 박식한 신학자들에게라도 매우 어렵다.

40. 참으로 통회하는 죄인은 자신의 죄들에 대한 형벌을 구하며 이를 달게 받는다. 그러나 면죄부의 만연은 사람들의 양심을 무디게 하고 사람들

로 하여금 형벌들을 미워하게 만드는 경향이 있다.

41. 교황의 면죄부는 사람들이 그것을 그릇되게 이해하여 다른 선한 행위들 곧 사랑의 행위들보다 더 중요한 것으로 생각하지 않도록 신중하게 설교하지 않으면 안된다.

42. 면죄부의 구입이 자비의 행위들에 비견될 수 있는 것으로 이해되는 것은 교황의 의도가 아니라는 것을 그리스도인에게 가르쳐야 한다.

43. 가난한 사람을 도와주고 곤궁한 사람에게 꾸어주는 사람은 면죄부를 사는 것보다도 더 좋은 일을 행하고 있는 것이라는 것을 그리스도인들에게 가르쳐야 한다.

44. 왜냐하면 사랑의 행위들로 말미암아 사랑이 자라고 사람은 더 선한 사람이 되지만 면죄부에 의해서는 사람은 더 선하게 되지 못하고 단지 어떤 형벌들을 피할 수 있을 따름이기 때문이다.

45. 곤란에 빠진 사람을 보고도 그냥 지나쳐버리는 사람은 비록 면죄를 위해 돈을 바친다고 하더라도 교황의 면죄로 인하여 유익을 얻는 것이 아니라 도리어 하나님의 진노를 불러일으킨다는 것을 그리스도인들에게 가르쳐야 한다.

46. 자기들이 필요로 하는 것보다 더 많은 것을 갖고 있지 않은 경우에는 사람들은 자기 가족의 유지를 위하여 필요한 것을 지니고 있어야 하고 그것을 면죄를 위하여 낭비하여서는 결코 안된다는 것을 그리스도인들에게 가르쳐야 한다.

47. 사람이 면죄부를 사는 것은 자발적으로 해야 하지 그렇게 하라고 강요된 것이 아니라는 것을 그리스도인들에게 가르쳐야 한다.

48. 교황은 면죄부를 허용함에 있어서 준비된 돈보다도 자기를 위한 경

건한 기도를 더 필요로 하고 바란다는 것을 그리스도인들에게 가르쳐야 한다.

49. 교황의 면죄는 사람이 그것에 의존하지 않을 때에만 유용하고, 사람이 그것으로 인하여 하나님에 대한 경외를 잃어버리는 경우에는 아주 해로운 것이라는 것을 그리스도인들에게 가르쳐야 한다.

50. 만약 교황이 면죄부 설교자들의 강매 행위를 안다면 자기 양의 가죽과 살과 뼈로써 성 베드로 성당을 세우느니 차라리 그 성당을 불태워 재로 만드는 것을 좋아할 것이라는 것을 그리스도인들에게 가르쳐야 한다.

51. 면죄부의 상인들로부터 구슬림을 당하여 돈을 빼앗긴 많은 사람들에게 교황은 필요하다면 성 베드로 성당을 팔아서라도 자신의 재산으로 그 돈을 갚아주려고 한다는 것을 그리스도인들에게 가르쳐야 한다.

52. 비록 판매 대리인 또는 교황 자신이 면죄부의 유효성에 대하여 자기 영혼을 걸고 맹세한다고 할지라도 면죄부로 말미암아 구원받을 수 있다고 믿는 것은 헛된 것이다.

53. 면죄부를 어떤 교회들에서 설교하기 위하여 다른 교회들에서 하나님의 말씀을 설교하는 것을 금하는 사람들은 그리스도와 교황의 적(敵)이다.

54. 설교에 있어서, 면죄부에 관한 설교에 하나님의 말씀에 관한 설교와 동일한 분량의 시간 또는 보다 더 긴 시간을 할애한다면 하나님의 말씀은 손상을 입게 된다.

55. 만약 면죄부(아주 작은 일)를 하나의 방울과 하나의 축하행렬과 하나의 의식으로 축하한다면, 복음(아주 중한 일)은 백 개의 방울과 백 가지 축하행렬과 백 가지 의식으로 설교되어야 한다는 생각을 교황은 갖고 있음에 틀림없다.

56. 교황이 면죄를 베푸는 토대가 되는 교회의 보화들은 그리스도의 백성들 가운데 충분히 말해지거나 알려져 있지 않다.

57. 이 보화들이 현세적이지 않다는 것은 많은 상인들이 이 보화들을 자유롭게 나누어주지 않고 도리어 모으고만 있다는 사실에서 분명히 알 수 있다.

58. 또한 그 보화들은 그리스도와 성자들의 공로도 아니다. 왜냐하면 이 공로들은 교황과는 전혀 상관없이 언제나 속사람에게 은혜를 주고 겉사람에게는 십자가와 죽음과 지옥을 주고 있기 때문이다.

59. 성 라우렌티우스(St. Laurentius)는 가난한 사람들은 교회의 보화들이라고 말했지만, 그는 당시의 관례에 따라 이 용어를 사용했던 것이다.

60. 교회의 보화들은 교회의 열쇠들인데, 이것들은 그리스도의 공로로 말미암아 주어진 것이라고 말해도 무모하지는 않을 것이다.

61. 왜냐하면 형벌들의 면죄와 보유 사건(reserved case)들의 면죄를 위해서는 교황의 권능 자체로도 충분하다는 것은 분명하기 때문이다.

62. 교회의 참 보화는 하나님의 영광과 은혜의 거룩한 복음이다.

63. 이 보화는 먼저 된 것을 나중 된 것으로 하기 때문에 매우 증오를 받는 것은 당연하다.

64. 반면에 면죄라는 보화는 나중 된 것을 먼저 된 것으로 만들기 때문에 매우 애호를 받는다.

65. 그러므로 복음이라는 보화는 이전 시대에 부자들을 낚던 그물이었다.

66. 면죄라는 보화는 오늘날에도 부자를 낚는 데 사용되고 있는 그물이다.

67. 상인들이 가장 큰 은총이라고 칭송하는 면죄부는 사실 돈을 긁어모으는 좋은 수단인 것으로 보인다.

68. 그럼에도 불구하고 면죄부는 하나님의 은혜와 십자가에서 보여진 자비에 비할 바가 아니다.

69. 감독들과 본당 사제들은 직무상 교황의 면죄의 대리자들을 전적인 경의를 가지고 받들어야 한다.

70. 그러나 이들이 교황이 위임한 것 대신에 자기들의 꾸며낸 말들을 설교하지 않도록 눈을 크게 뜨고 지켜보고 주의깊게 경청해야 하는 한층 큰 의무 아래 그들은 놓여 있다.

71. 사도적 사죄의 진리를 부인하는 자는 저주를 받을지어다.

72. 반면에 면죄부 상인들의 설교의 뻔뻔스러움과 방종에 대항하는 자는 복이 있을지어다.

73. 마찬가지로 면죄부 판매를 방해하고자 하는 사람을 교황이 파문하는 것은 당연하다.

74. 면죄를 구실로 거룩한 사랑과 진리를 방해하려고 기도하는 사람을 파문하는 것은 교황의 뜻에 훨씬 더 부합한다.

75. 교황의 면죄는 아주 큰 능력이 있어서 불가능한 말이기는 하지만 하나님의 어머니를 능욕한 인간까지라도 면죄할 수 있다고 생각하는 것은 어리석다.

76. 우리는 그 정반대를 단언하는 바, 교황의 사면은 그 죄책에 관한 한 가장 작은 죄라 할지라도 그 죄를 없이할 수 없다고 말한다.

77. 성 베드로가 지금 교황이라 하더라도 면죄부보다 더 큰 은혜를 나누어줄 수 없다고 말하는 것은 성 베드로와 교황에 대한 모독이다.

78. 우리는 그 정반대를 단언하는 바, 베드로 그리고 그밖의 교황들은 면죄보다 더 큰 은혜 즉 고린도전서 12장에서 선언되고 있는 복음과 영적인 능력들, 병 고치는 은사 등등을 지니고 있다고 말한다.

79. 교황의 문장(紋章)으로 장식된 십자가상이 그리스도가 매달려 죽으신 바 있는 그 십자가와 똑같은 가치를 지닌다고 말하는 것은 신성모독이다.

80. 이런 유의 가르침들이 사람들 가운데 선포되는 것을 묵인하는 감독들과 본당 사제들과 신학자들은 이에 대한 책임을 져야 할 것이다.

81. 이와 같은 뻔뻔스런 면죄부 설교는 아무리 박식한 사람이라 할지라도 그릇된 비방들 또는 평신도들의 날카로운 비판으로부터 교황에 대한 적절한 존경을 수호하는 것을 어렵게 만든다.

82. 그들은 예를 들면 다음과 같이 묻는다: 왜 교황은 사랑(가장 거룩한 것)과 그 영혼들의 최고의 필요를 위해서 연옥에서 모든 영혼들을 해방하지 않는가? 이것은 도덕적으로 모든 이유들 가운데 최고의 이유일 것이다. 그러면서도 교황은 성 베드로 성당을 건축한다는 아주 사소한 목적으로 인하여 가장 썩어지기 쉬운 것인 돈을 받고 헤아릴 수 없이 많은 영혼들을 구원하고 있다.

83. 또 이렇게 묻는다: 왜 죽은 자를 위한 장례와 기년(忌年) 미사는 계속하라고 하는가? 그리고 왜 교황은 이제 구원받은 영혼들을 위해 기도하는 것은 잘못된 것이라는 이유로 이러한 목적으로 교회에 바친 기부금을 돌려주지 않으며 또 그것의 반환을 허용하지 않는가?

84. 또 이렇게 묻는다: 불경건한 자와 하나님의 원수로 하여금 하나님의 벗인 경건한 영혼을 돈을 지불하여 연옥으로부터 구하도록 허용하면서, 하나님의 사랑을 받는 그 경건한 영혼이 구원의 필요성과 사랑을 위하여 돈의 지불 없이 연옥에서 구원받는 것을 허용하지 않는 것은 정녕 하나님과 교황의 새로운 유의 자비임에 틀림없다.

85. 또 이렇게 묻는다: 참회(고해성사:역주)에 관한 교회법은 사실상 오랫동안 사용치 않아 사문화되어 왔는데 왜 마치 그 모든 것들이 완전히 효력을 발생하고 있는 것처럼 오늘날 그 교회법이 면죄의 부여에 대한 그 대가로 돈을 걷는 데 여전히 사용되고 있는가?

86. 또 이렇게 묻는다: 오늘날 교황의 수입은 세상에서 제일 부유한 부자의 수입보다도 더 많은데 왜 교황은 가난한 신자들의 돈이 아니라 자신의 돈으로 성 베드로 성당 같은 성당 하나를 세우지 않는가?

87. 또 이렇게 묻는다: 교황은 완전한 고해성사로 완전한 면죄 또는 특별사면을 받을 권리를 가지고 있는 사람들에게 무엇을 사하여주거나 베풀어 주고 있는가?

88. 또 이렇게 묻는다: 교황이 이러한 면죄와 특별사면을 해당 신자의 유익을 위하여 지금처럼 하루에 한 번이 아니라 백 번 준다고 한다면 교회에 더 큰 유익이 될 것이 분명하다.

89. 교황이 면죄부를 통해 구하는 것은 돈이 아니라 영혼의 구원이라고 한다면 왜 교황은 이전에 인정되었고 여전히 이전처럼 효력을 발휘하는 증서들과 면죄부들의 효력을 중지하지 않는가?

90. 이러한 질문들은 평신도들의 양심을 괴롭히는 중대한 문제들이다. 이 질문들에 대하여 정당한 이유들을 들어 반박하지 않고 다만 힘으로만 억압하는 것은 교회와 교황을 그들의 원수의 조롱거리가 되게 만들고 그리스도의 백성들을 불행하게 만드는 것이다.

91. 그러므로 만약 면죄가 교황의 취지와 생각에 따라 설교된다면(루터는 교황의 취지에 동의하고 있음:역주) 이 모든 난제들은 쉽사리 해결될 것이고 아니 실제로 더 이상 존재하지 않을 것이다.

92. 따라서 평안이 없는 그리스도의 백성들을 향하여 "평안, 평안" 하고 말하는 선지자들은 물러가라.

93. 십자가 없는 그리스도의 백성들을 향하여 "십자가, 십자가" 하고 말하는 선지자들이여 만세, 만세.

94. 형벌이나 죽음이나 지옥을 통하여, 머리 되신 그리스도를 따르는데 열심을 내도록 그리스도인에게 권면하여야 한다.

95. 이같이 하여 그리스도인으로 하여금 평안에 대한 그릇된 확신이 아니라 많은 고난을 통하여 하늘에 들어간다는 확신을 더 확고하게 가질 수 있도록 해주어라.

하이델베르크 논제[1]

〔루터는 아우구스티누스 수도회의 수사로서 1518년 4월에 열린 독일 아우구스티누스 수도회 총회에 참석하였다. 이 회의에서 이 수도회의 독일 대리사제인 요한 슈타우피츠(Johann Staupitz)는 루터와 몇몇 그의 동료 들에게 한층 새로운 복음적 사상들에 관한 논의에 참여하도록 요청하면서 아울러 한층 논쟁적이거나 논의가 분분할 수 있는 사항들은 피하라는 말을 덧붙였다. 이런 목적으로 루터는 통상적인 관례에 따라 이 논제를 기초하였 다. 이 논제는 루터가 발전시킨 신학적 방향을 상당히 잘 드러내준다. 그러 나 본질적으로 이 논제는 로마 교회의 정곡을 찔러 공격하고 있지도 않고 교회에 관한 다른 인식을 필연적으로 요구하는 개념들을 드러내 보여주고 있지도 않다. 이런 이유로 이 논제를 95개 조항과 더불어 부록으로 수록하 였다.〕

1. 하나님의 율법은 삶의 가장 건전한 지침이긴 하지만 인간을 의의 길로 나가게 할 수 없으며 도리어 그렇게 하는 것을 방해한다.

2. 하물며 자연적인 교훈의 도움을 받아 흔히 "반복되는" 인간의 행위들은 더욱 더 그렇게 할 수 없다.

---

1) 여기에 실린 신학적 논제들은 나의 동료 Karlfried Froehlich가 WA I, 353-4 에 실린 라틴어로부터 번역한 것이다. 논제들의 다른 한 짝인 열두 개조의 철학적 논제들은 이 선집에 수록하지 않았다.

3. 인간의 행위들은 언제나 매력있고 선한 것처럼 보인다. 그럼에도 불구하고 그 행위들은 "죽을 죄들"인 것으로 보인다.

4. 하나님의 행위들은 언제나 매력 없고 좋지 않은 것처럼 보인다. 그럼에도 불구하고 그 행위들은 참으로 불멸의 공적들이다.

5. 인간의 행위들(선한 것처럼 보이는 행위들을 말한다)은 그것들이 범죄(crimes)라는 의미에서 죽을 죄인 것은 아니다.

6. 하나님의 행위들(인간을 통해 행해지는 행위들을 말한다)은, 그것들이 죄가 아니라는 의미에서, 공로들은 아니다.

7. 만약 의인들 자신이 하나님에 대한 경건한 경외 속에서 그들의 행위들을 죽을 죄로 생각하고 두려워하지 않는다면, 그들의 행위들은 죽을 죄가 될 것이다.

8. 인간의 행위들이 두려움 없이 전적으로 악한 확신 가운데서 행해진다면 그 행위들은 한층 더 죽을 죄가 된다.

9. 흔히 말하듯이 그리스도 없는 행위들은 죽은 것이기는 하지만 죽을 죄는 아니라고 말하는 것은 하나님에 대한 경외를 포기하는 위험한 일인 것으로 보인다.

10. 실제로 어떤 행위가 죽은 것이기는 하지만 해롭고 죽을 죄는 되지 않는다는 것을 이해하기는 매우 어렵다.

11. 모든 행위에 있어서 정죄의 심판을 두려워하는 것이 없다면 교만을 피할 수 없거나 참 소망이 있을 수 없을 것이다.

12. 인간들이 죄를 죽음에 이르게 하는 것으로 생각하고 두렵게 여길 때 죄는 하나님 앞에서 진정으로 용서받을 수 있다.

13. 타락 이후 "자유 의지"는 단지 내용없는 빈말에 지나지 않으며, 자유 의지의 능력범위 안에 있는 것을 행하고 있는 한 그것은 죽을 죄를 범하고 있는 것이다.

14. 타락 이후 "자유 의지"는 선에 대해서는 단지 실현할 수 없는 능력으로서의 잠재력을 지니고 있을 뿐이지만, 악에 대해서는 실현할 수 있는 능력으로서의 잠재력을 지니고 있다.[2]

15. 또한 자유 의지는 무죄 상태에서도, 실현할 수 있는 잠재력으로 머물러 있을 수 없었다. 무죄 상태에서조차도 자유 의지는 선을 향하여 어떤 진보를 할 수 없음은 말할 것도 없고 하나의 실현할 수 없는 가능성이었다.

16. 자기의 자유의지로 최선을 다함으로써 의에 도달하기를 원한다고 생각하는 사람은 죄에 죄를 더함으로써 이중으로 범죄하게 된다.

17. 이렇게 말하는 것은 실망을 주려는 것이 아니라 겸비케 하여 그리스도의 은혜를 구하고자 하는 열심을 불러일으키려는 것이다.

18. 그리스도의 은혜를 받을 수 있도록 적절하게 준비되기 위해서는 인간은 자기 자신에 대하여 철저하게 절망하여야 한다는 것은 확실하다.

19. 하나님의 보이지 않는 것들을 그 만드신 것들에 대한 인식을 통해서 바라보는 사람[cf. 롬 1:20]은 신학자로 불릴 자격이 없다.

20. 그러나 고난과 십자가를 바라봄으로써 하나님의 보이는 것, 하나님의 '등'[출 33:23]을 인식하는 사람은 도리어 신학자로 불릴 자격이 있다.

21. '영광의 신학자'는 악을 선이라 부르고 선을 악이라 부른다. '십자

---

2) 여기서와 다음 논제에서는 "주관적 잠재력"(subiectiva potentia)과 "현실화된 잠재력"(activa potentia)을 대비하고 있다.

가의 신학자'는 사실 그대로 말한다.

22. 행위들로부터 인식되는 대로 하나님의 보이지 않는 것들을 바라보는 그러한 지혜는 사람을 극히 교만하게 하고 눈멀게 하며 완악하게 한다.

23. 또한 율법은 하나님의 진노를 불러일으킨다 ― 그리스도 안에 있지 않은 모든 것을 죽이고 욕하고 죄되게 하고 심판하며 정죄한다.

24. 그럼에도 불구하고 그러한 지혜는 악하지 않으며 또한 율법은 회피되어야 할 것은 아니다. 그러나 십자가의 신학이 없이는 사람은 가장 선한 것들을 가장 나쁜 방식으로 오용하게 된다.

25. 많이 '행하는' 사람이 의로운 것이 아니라 '행위'가 없더라도 그리스도를 굳게 믿는 사람이 의로운 것이다.

26. 율법은 "이것을 행하라!"고 말하지만 그것이 이루어진 적은 결코 없다. 은혜는 "이것을 믿으라!"고 말하나 모든 것은 즉시 이루어져 있다.

27. 그리스도의 행위는 능동적인 행위라 부르고, 우리의 행위는 그 능동적인 행위에 의해 이루어진〔수동적인:역주〕행위라고 부르는 것이 정당할 것이기 때문에, 우리의 수동적인 행위는 능동적인 행위 덕분으로 하나님을 기쁘시게 하는 것이 된다.

28. 하나님의 사랑은 〔사랑받을 만한 가치가 있는〕 대상을 발견하는 것이 아니라 도리어 〔사랑할〕 대상을 창조하신다. 인간의 사랑은 〔사랑받을 만한 가치가 있는〕 대상과 함께 시작된다.

참고문헌

Biography

Bainton, Roland H., *Here I Stand*, Nashville: Abingdon-Cokesbury Press, 1950; New York: New American Library, 1955 (Paperback).

Boehmer, Heinrich, *Road to Reformation*, trs. by John W. Doberstein and Theodore G. Tappert, Philadelphia: Muhlenberg Press, 1946; New York: Meridian, 1957 (Paperback).

Rupp, Gordon, *Luther's Progress to the Diet of Worms*, Chicago: Wilcox and Follett Co., 1951.

Thiel, Rudolf, *Luther*, trs. by Gustav K. Wiencke, Philadelphia: Muhlenberg Press, 1955.

Luther in Context

Bornkamm, Heinrich, *Luther's World of Thought*, trs. by Martin H. Bertram, St. Louis: Concordia Publishing House, 1958.

Fife, Robert H., *The Revolt of Martin Luther*, New York: Columbia University, 1957.

Schwiebert, E. G., *Luther and His Times*, St. Louis: Concordia Publishing House, 1950.

Reformation Period

Grimm, Harold J., *The Reformation Era*, New York: The Macmillan Co., 1954.

Harbison, E. Harris, *The Age of Reformation*, Ithaca, N. Y.: Cornell University Press, 1955.

Holborn, Hajo, *A History of Modern Germany, The Reformation*, New York: Alfred A. Knopf, 1959.

Lindsay, T. M., *Luther and the Reformation,* Grand Rapids, Michigan: Zondervan, 1955.

The New Cambridge Modern History, II, The Reformation, Cambridge at the University Press, 1958.

Theological Views

Pauck, Wilhelm, *The Heritage of the Reformation,* Glencoe, Illinois: Free Press, 1950, 1960.

Rupp, Gordon, *The Righteousness of God,* London: Hodder and Stoughton, 1953.

Watson, Philip S., *Let God Be God,* Philadelphia: Muhlenberg Press, 1950.

Special Problems

Bizer, Ernst, *Fides ex Auditu, Eine Untersuchung über die Entdeckung der Gerechtigkeit Gottes durch Martin Luther,* Neukirchen Kreis Moers, 1958.

Cranz, F. Edward, *An Essay on the Development of Luther's Thought on Justice, Law, and Society,* Cambridge, Mass.: Harvard University Press, 1959.

Erikson, Erik H., *Young Man Luther; A Study in Psychoanalysis and History,* New York: W. W. Norton and Co., 1958.

Forell, George W., *Faith Active in Love,* New York: The American Press, 1954.

Gyllenkrok, Axel, *Rechtfertigung und Heiligung in der frühen evangelischen Theologie Luthers,* Uppsala und Wiesbaden, 1952.

Lazareth, William H., *Luther on the Christian Home,* Philadelphia: Muhlenberg Press, 1960.

Pelikan, Jaroslav, *Luther's Works, Companion Volume, Luther the Expositor,* St. Louis: Concordia Publishing House, 1959.

Prenter, Regin, *Spiritus Creator,* trs. by John M. Jensen, Philadelphia: Muhlenberg Press, 1953.

Sasse, Hermann, *This Is My Body; Luther's Contention for the Real Presence in the Sacrament of the Altar,* Minneapolis: Augsburg Publishing House, 1959.

Vajta, Vilmos, *Luther on Worship,* trs. and condensed by U. S. Leupold, Philadelphia: Muhlenberg Press, 1958.

Wingren, Gustaf, *Luther on Vocation,* trs. by Carl C. Rasmussen, Philadelphia: Muhlenberg Press, 1957.

General Essays
Martin Luther Lectures, Decorah, Iowa: Luther College Press.
    Volume I—*Luther Today*, 1957
           II—*More About Luther*, 1958
           III—*The Mature Luther*, 1959
           IV—*Luther and Culture*, 1960

"크리스천의 영적 성장을 돕는 고전"
세계기독교고전 목록

1 데이비드 브레이너드 생애와 일기
   조나단 에드워즈 편집

2 그리스도를 본받아 | 토마스 아 켐피스

3 존 웨슬리의 일기 | 존 웨슬리

4 존 뉴턴 서한집 – 영적 도움을 위하여 | 존 뉴턴

5 성 프란체스코의 작은 꽃들

6 경건한 삶을 위한 부르심 | 윌리엄 로

7 기도의 삶 | 성 테레사

8 고백록 | 성 아우구스티누스

9 하나님의 사랑 | 성 버나드

10 회개하지 않은 자에게 보내는 경고
   조셉 얼라인

11 하이델베르크 요리문답 해설 | 우르시누스

12 죄인의 괴수에게 넘치는 은혜 | 존 번연

13 하나님께 가까이 | 아브라함 카이퍼

14 기독교 강요(초판) | 존 칼빈

15 천로역정 | 존 번연

16 거룩한 전쟁 | 존 번연

17 하나님의 임재 연습 | 로렌스 형제

18 악인 씨의 삶과 죽음 | 존 번연

19 참된 목자(참 목자상) | 리처드 백스터

20 예수님이라면 어떻게 하실까 | 찰스 쉘던

21 거룩한 죽음 | 제레미 테일러

22 웨이크필드의 목사 | 올리버 골드스미스

23 그리스도인의 완전 | 프랑소아 페넬롱

24 경건한 열망 | 필립 슈페너

25 그리스도인의 행복한 삶의 비결 | 한나 스미스

26 하나님의 도성(신국론) | 성 아우구스티누스

27 겸손 | 앤드류 머레이

28 예수님처럼 | 앤드류 머레이

29 예수의 보혈의 능력 | 앤드류 머레이

30 그리스도의 영 | 앤드류 머레이

31 신학의 정수 | 윌리엄 에임스

32 실낙원 | 존 밀턴

33 기독교 교양 | 성 아우구스티누스

34 삼위일체론 | 성 아우구스티누스

35 루터 선집 | 마르틴 루터

36 성령, 위로부터 오는 능력 | 앨버트 심프슨

37 성도의 영원한 안식 | 리처드 백스터

38 웨스트민스터 소요리문답 해설 | 토머스 왓슨

39 신학총론(최종판) | 필립 멜란히톤

40 믿음의 확신 | 헤르만 바빙크

41 루터의 로마서 주석 | 마르틴 루터

42 놀라운 회심의 이야기 | 조나단 에드워즈

43 새 큐얼 러더퍼드의 편지 | 새뮤얼 러더퍼드

44-46 기독교 강요(최종판)상·중·하 | 존 칼빈

47 인간의 영혼 안에 있는 하나님의 생명
   헨리 스쿠걸

48 완전의 계단 | 월터 힐턴

49 루터의 탁상담화 | 마르틴 루터

50-51 그리스도인의 전신갑주 I, II | 윌리엄 거널

52 섭리의 신비 | 존 플라벨

53 회심으로의 초대 | 리처드 백스터

54 무릎으로 사는 그리스도인 | 무명의 그리스도인

55 할레스비의 기도 | 오 할레스비

56 스펄전의 전도 | 찰스 H. 스펄전

57 개혁교의학 개요(하나님의 큰 일)
   헤르만 바빙크

58 순종의 학교 | 앤드류 머레이

59 완전한 순종 | 앤드류 머레이

60 그리스도의 기도학교 | 앤드류 머레이

61 기도의 능력 | E. M. 바운즈

62 스펄전 구약설교노트 | 찰스 스펄전

63 스펄전 신약설교노트 | 찰스 스펄전

64 죄 죽이기 | 존 오웬